ローマ教皇庁の歴史　古代からルネサンスまで

人間科学叢書 47

ローマ教皇庁の歴史

古代からルネサンスまで

B.シンメルペニッヒ著
甚野尚志・成川岳大・小林亜沙美訳

刀水書房

Das Papsttum
Von der Antike bis zur Renaissance
by
Bernhard Schimmelpfennig

Japanese translation rights arranged with
Wissenschaftliche Buchgesellschaft
through Japan UNI Agency, Inc., Tokyo

ローマ教皇庁の歴史　古代からルネサンスまで

目次

装丁　的井　圭

ローマ教皇庁の歴史　古代からルネサンスまで

序文

教皇庁はヨーロッパの古代に始まり、中世から現代にまで続く制度である。教皇庁の歴史は、ヨーロッパの歴史にしばしば決定的な影響を及ぼしてきたので、特別に宗教的な関心がなくても歴史を知ろうとする者には大きな関心の的になってきた。実際、カトリック信者でない多くの研究者が、教皇庁研究を行っていることは特筆すべきことだろう。自身がカトリック信者であるかどうかと関係なく、教皇庁研究に自身の人生の多くの時間を費やし、また現在も費やしている多くの歴史家がいるのである。

史料批判にのっとった歴史学的な教皇史研究は、教皇レオ一三世がヴァチカン枢密文書館を公開した一八八一年に始まった。その後ローマにはイタリア以外の国々の研究機関が数多く設立され、ヴァチカンの文書館にある史料の研究が本格的に開始された。その結果、とくにドイツ語による多数の教皇史の著作が一九世紀末に刊行されることになった。

これまでの教皇史研究は、研究がなされてきた時代の状況も反映して、国家の視点により規定されてきたといえよう。たとえばドイツ人の歴史家は、カール大帝からシュタウフェン朝までの皇帝権の絶頂期を教皇権の研究対象の時代とする一方、フランス人の歴史家は、現在のフランスに属するアヴィニョンに歴代教皇が座所を置いた一四世紀の教皇権の重要性を強調してきた。その一方で、イタリア人は同じ一四世紀の時代を、ペトラルカ以来の伝統に従い、教会の「バビロン捕囚」とみなしてきた。さらに国家の視点以外では、「教皇の不謬性」をめぐる論争が教皇史研究に影響を与えてきた。「教皇の不謬性」の教義は一八七〇年に第一ヴァチカン公会議で規定されてから、歴史家を含めて激しい論争を呼び起こすことになった。また教会とは無関係な視点では、イタリアの政治史とかかわるものがある。つまり、教皇が一八七〇年まではイタリアの統一を妨げ、後にはムッソリーニの同盟者となったという政治史的な教皇権の役割の考察である。

教皇は今日でもなお、「ローマ司教」、「西方教会の総大司教」、そして「普遍教会の最高位の司牧者」としての権威、特権、義務を有している。これらの称号は古代末期と中世に歴代の教皇が獲得し、それ以来受け継いできたものだが、「ローマ司教」が歴史的に見て最古の教皇の称号であり、また最初の千年間については、最も重要な意味を持つ称号であった。なぜなら、教皇が西方教会全体の指導者となった以降でも、教皇は都市ローマや中部イタリアの利害からその政策を決定していたからである。そのこともあり、本書の記述では、ローマ司教座と都市ローマ、そして中部イタリアについて頻繁に言及している。

教皇はまた「ローマ司教」として、ローマでの最高位の典礼執行者であった。したがって以下の記述では、政治、教義、法、制度とともに、典礼の歴史にも詳しく触れている。さらに、教皇庁の経済的および社会的な側面、教皇やその補佐役たちの考え方や心性についてもわかる範囲で考察したが、それにより教皇庁と社会の接点が明らかになろう。

本書は他の教皇史の概説と違い、教皇と世俗支配者との対立についてほとんど触れない章がある。その理由は、すでに多くの研究が解明してきたように、教皇と世俗支配者の対立は教皇権にとり、実際にはそれほど重要な問題ではないと私が判断したからである。

本書の多くの内容は、私が行った講義や演習に基づいている。私は講義や演習の過程で、カトリックの学生でさえ、教皇庁の歴史や教会組織の基本について十分に理解していないことがわかった。そのため本書では理解を助けるため、教会組織については手短な解説を入れるように心掛けた。だが、公会議や異端といった教会史の他の分野については、本書での範囲を超えてしまうこともあり、叙述を断念せざるをえなかった。

出版社の当初の構成案は、教皇史の現代に至るまでの流れを扱うものだったが、出版社は、本書が宗教改革の初期で終わることに同意してくれた。何より、そのようにした最大の理由は書物の分量の問題であったが、それだけでなく、近現代における教皇庁の基盤がすでに、一五世紀頃までには形成されていることも大きな理由である。いずれにしても、近現代の教皇史に関心がある読者にとっても本書はよい入門書となるであろう。

最後になるが、まずベルリン時代の同僚や学生に謝辞を申し述べたい。彼らは私の研究に対して、多くの的確な助言をしてくれた。それに加え、草稿に注意深く目を通してくれたアーヘンのルートヴィヒ・ファルケンシュタイン氏に感謝の意を表したい。さらに、草稿の整理や校閲、文献目録と目次の作成にあたり、協力してくれたアウクスブルク大学中世史講座の助教の皆さんにも感謝申し上げげる。

第六版への序文

ローマ教会は一五世紀以降、四半世紀に一度「聖年 annus iubileus」を祝い、その聖年に信徒は完全贖宥を得ることができた。本書にとっても今年二〇〇九年は、初版が出た一九八四年から数えて二五年目のいわば聖年にあたる節目である。これまでの二五年間に本書を購入してくださった方々に感謝を申し上げたい。また、これまでドイツ語版で五版を重ねただけでなく、一九九二年には英語訳が出て、さらに二〇〇六年にはイタリア語でも本書を読むことができるようになった。翻訳の刊行を可能にしてくれた、ロバート・L・ベンソンとロバート・サマヴィル両教授、またアゴスティーノ・パラヴィチーニ・バリアーニとロベルト・パチョッコ教授に篤く御礼申し上げる。

この記念すべき二五周年にあわせて改訂を行うのが本来なら筋だっただろう。だが、三つの病院に何か月にもわたって入院しなければならなかったため、遺憾ながらその作業を行うことができなかった。それでもこの第六版では、ドイツ語、英語、イタリア語の多数の新たな研究文献を補った。文献目録の作成を引き受けてくれたエルケ・ゲッツ女史に心から感謝したい。また本書は、この前の聖年［二〇〇〇年］の初めに亡くなった我妻ユッタの思い出に捧げられる。

B・シンメルペニッヒ

一章　コンスタンティヌス大帝期までのローマのキリスト教信徒共同体

原始キリスト教時代には、それ以後のどの時代とも異なった特徴がある。その特徴とは、知られている限りで、キリスト教がもっぱらローマ帝国のなかで布教されたため、当時のローマ帝国で支配的であった社会構造、慣行、思考様式に順応せねばならなかったことで生じたものである。それはまた、キリスト教が発展の初期に詳細まで定まった教義を持たず、信徒共同体の形成に際して本来キリスト教的ではない諸要素に強く影響を受けた、ということも意味する。だが一方で、四世紀初頭までは、キリスト教徒はローマ帝国における皇帝崇拝の敵、そして帝国存続を危険にさらす脅威とみなされ、しばしば法の保護の外で生き、さらには、自らの信仰を死をもって証する覚悟も求められることになった。当初、迫害が行われた地域的あるいは時間的な広がりは限定的なものだったが、キリスト教信徒共同体が帝国中に確立された三世紀半ば以降になり、国家当局による地域の枠組みを越えた迫害が始まった。だが、迫害による大規模虐殺の試みは失敗せざるをえなかった。すでにこの時代には、キリスト教徒は全帝国住民の約一〇パーセントを占めており、彼らすべてを皆殺しにしたり、あるいは追放したりすることはできなかったからだ。このような背景を踏まえるなら、コンスタンティヌス大帝および彼の共同統治帝のリキニウス帝（後にコンスタンティヌス帝と対立し処刑された）が、三一一年から三一三年にかけ、「寛容令」と俗に呼ばれる布告を発し、キリスト教を容認したことは政策上賢明な行為だったといえる。

この原始キリスト教時代は、二つの段階に区分することができる。第一段階は、イエスその人、あるいは彼の弟子から教えを授かった信仰の証人がいまだ存命だった時期である。その段階ではキリスト教徒は、「油塗られた者」すなわち「救世主キリスト」の再臨が迫っていると考えていた。つまりこの時期には、福音の説教者たちが信徒共同体の中で最高の権威を持っており、信徒共同体の指導体制の持続的な枠組みを作る必要はまだなかった。しかし二世紀初頭になると、再臨は起きない、あるいはもっと長い間待たねばならない、との認識がキリスト教徒の間で広まった。それを受け彼らには、既に死去した第一世代のキリストの証人の助けなしに、長く俗世で生き長らえ、さらには自らのアイデンティティーを確立することが求められるようになる。その結果、それ以前にもまして正統教説とは何かをめぐる対立が激しさを増すこととなった。この動きが、第二段階を特徴づけるものである。この段階では、聖典の正典（カノン）を確立し、最初のキリストの証人とのつながり、よく知られた表現で言い換えるとすれば、「使徒に連なる系譜」（1）を構築し、信徒共同体の間の関係を階層化しようとする動きが見られた。このような過程の中で、ローマの信徒共同体やその他の信徒共同体の間で、シモン＝ペトロの事績とその意義を強調する言説もまた出現する。

（1）「使徒継承」とも。ただし、この概念が出現した当初、二〜三世紀頃は指導権の正統性を担保するための主張でなく、グノーシス主義的な教理を唱える人々を批判する理念としてもっぱら用いられた。

一　使徒と使徒後時代（紀元一一〇〜一三〇年頃まで）

教会の伝統的な教えに則るならば、ローマの司教は特別な存在である。その理由は、ローマの司教が、イエスが彼の「教会」の指導を委ねた使徒ペトロの後継者とされるからである（マタイ16‐18）。ペトロとローマの信徒共同体を緊密に結びつけるこの解釈は、遅く見積もっても三世紀半ばには存在が確認される。ペトロとローマの信徒共同体との関係についての証言は、さまざまなものが数多く残されている。一方で、使徒であるペトロ本人が生前に行った事績についてはほとんど証言がない。ゆえに歴史家は、史実と教義上のフィクションとを分けながら、ペトロについて実際のところ何がわかっているのかを問わねばならない。

近年の研究によれば、新約聖書の文言では、イエスとともに到来した神の国の告知が前面に出ていると広く認められている。つまり、新約聖書の著者たちが、史的イエスの生涯と事績について知っていたことを書き記そうとしたのではなく、復活祭にイエスが復活し、それに続き聖霊が降臨するという彼の教えについて、彼らが信じていたことを書き記した、ということである。したがって、最初のイエスの証人の生涯を記すことはまったく重要とみなされず、ペトロについてもそれは例外ではなかった。それゆえ、新約聖書のテクスト群からペトロについてわかることがほとんどないのは驚くべきことではない。さらに、マタイとルカの福音書におけるペトロに関する短い記述は、ペトロの死後数十年後に初めて書き起こされたものであり、書き手が生きた状況や、誰のためにそれを書いたのかという背景を考慮せねばならない。その一方で、非キリスト教徒の同時代の著作家は、ペトロについて何も語っていない。

ペトロがイエスにとり最初の弟子の一人で、イエスの復活について最初の証人の一人でもあったことは確かだろう。聖霊降臨の後、ペトロは大ヤコブとともに「十二人」の団体を率いる立場になった。「十二人」はイェルサレムのキリスト教徒共同体の指導会議であり、イスラエル王国の一二部族の「古い盟約」をモデルに、「新たな盟約」の合議体として組織されたものだった。「十二人」が全共同体を指導する立場にあったことは事実だが、彼らはとりわけ、イスラエル王国の一二部族に属した、ユダヤおよびガリラヤのユダヤ人集団に対する宣教に強い関心を寄せていた。「十二人」に加え、信徒共同体から選ばれた七人の奉仕者がいたが、彼らは後に「助祭」（ディアコノス）と呼ばれることとなる。彼らは、パレスティナから離散し「ギリシア語話者（ヘレニスト）」(2)となっていたユダヤ人の間で宣教を行った（ステファノ(3)はそのような奉仕者の一人であった）。この初期の共同体では、少なくとも理論的には、各構成員が「使徒」つまり新しい福音の宣教者であった。「十二人」を「使徒」とみなす図式は、後代に初めて成立したものである。そして、あらゆる重要案件が共同体全体により決定された。ただし、ペトロを含む「十二人」はイエスに以前近しかったという理由で、その発言には特別な重きが置かれた。このような状況のもと、迫害者から新しい福音の宣教者となったパウロは、ペトロ、大ヤコブらの「十二人」のもとを訪れ、彼らとともに自ら宣教にたずさわろうとしたのである。また「十二人」は、その全権委任者（ペトロ、バルナバなど）を、カイサレア、アンティオキアなど他の共同体に対して派遣している。

（2）史的イエス研究において、イエスの思想、あるいは初期共同体とユダヤ教、あるいは当時のユダヤ教と地中海世界の複雑な関係性の持つ意義はシュヴァイツァーの古典で既に指摘されている。一九七〇年代以降の研究では、初期ヘレニズム時代以降、これまで考えられてきたよりもさらにユダヤ教内へのギリシア文化の浸透の時期が早く、かつ主流と分けて考えることができないことが明らかとなった。

（3）原始キリスト教共同体で七人が任じられた執事の一人。最初の殉教者とみなされている。その生涯に唯一触れた「使徒言行録」六章から七章の記述に従うならば、告発を受け、ユダヤ教のあり方を告発する説教を行った結果としてユダヤ人の集団に石で打たれ死亡したという。彼の死をきっかけに、イェルサレム教会に対する風当たりが強まった、とも。四世紀以前から東西の教会で彼に対する崇敬は行われていたが、四一五年に彼の墓とされるものが発見され、聖遺物がコンスタンティノープル、さらにローマへと移葬されたことが、各地でその崇敬が人気を博す上で大きな役割を果たした。

イェルサレムの共同体の離散

ステファノの処刑を別とすれば、イェルサレムの信徒共同体が迫害に直面したのは、おそらく紀元四二年が初めてだったと思われる。大ヤコブは殺され、ペトロは間一髪逃れた（この事件は後世さまざまに脚色され伝説となった）が、これにより、共同体は指導者の支柱を失うこととなった。イェルサレムの信徒共同体はなお、ユダヤ教徒の特別な一集団という自己認識を持っていたので、以後は、パレスティナのユダヤ教徒が行っていた世襲による聖職者――レビ人や大祭司――の補充の慣習を模倣し、指導体制を固めた。この段階で彼らを指導する立場に就いたのは、マリア、イエスの兄弟ヤコブおよび彼の親族たちであった。おそらくこの一団の人々の間で、イエスの幼少時代やマリアの生涯と死といったような、後代のルカ福音書や外典テクストが伝える諸伝承が成立したのだろう。イェルサレムの信徒共同体は、その後も数十年にわたりキリスト教徒の間での中心としての地位を維持した。他の信徒共同体の構成員は、イェルサレムの共同体に対して寄付金を上納し、教説や共同体の生活規範について彼らの見解に従わねばならなかった。ティトゥス帝によるイェルサレムの占領（紀元七〇年）によりイェルサレムの信徒共同体は離散し、キリスト教は以前からの中心地を失うことになった。これによりその後、他の共同体がそれぞれの特別な立場を理由として、イェルサレムの地位に取って代わることになった。

イェルサレムから逃げ延びた後のペトロの生涯について、確実なことは何も知られていない。彼はイェルサレム以外で宣教に従事したと推測されている。だが、その際にローマへと向かったとする伝承は後代の見解にすぎない。パウロの筆になる『ローマの信徒への手紙』からわかるのは、ローマには一世紀半ば以前に、数多く居住していたユダヤ人共同体のなかにおそらくキリスト教の共同体が存在していたことである。だが、パウロはペトロと個人的に面識があったにもかかわらず、『ローマの信徒への手紙』でも、後におそらくローマで書かれた『フィリピの信徒への手紙』でも、ペトロの事績について何一つ触れていない。言及しない理由がパウロとペトロのライバル関係のためでないとすれば、パウロはペトロのローマ滞在を知らなかったか、ペトロは紀元後五五年頃まではローマにやってきていなかった、ということになる。さらにそれ以後の数十年間についても、ペトロのローマでの活動は何も知られていない。

ローマの信徒共同体

紀元後九六年頃になってようやく、ローマの共同体がコリントの共同体に宛てた一通の書簡（聖書外典『クレメンスのコリントの信徒への手紙』）(4)で、ペトロとパウロのローマでの活動が言及される。約一〇〇年後に聖書の正典に入れられかけたが正典にならなかったこの書簡はさまざまな点で興味深い。まず、差出人は個人ではなく共同体全体である。ここからわかるのは、当時のローマには異論なく共同体内部で受け入れられ、対外的にも認められた共同体の指導者がまだいなかった、ということだ。長老司祭（後代の伝承で教皇とされる）クレメンスを手紙の差出人とみなす同定は、二世紀半ば以降になって初めて行われたものである。また、書簡内の多くの箇所で旧約聖書とストア派哲学の学説からの引用がみられる。この引用は、少なくとも書簡の書き手が単数であれ、複数であれ、ユダヤ人の伝承にとどまらずローマ人の哲学についても十分な知識を持っていた、ということを前提とする。そこから導き出せる推測は、書簡の書き手が当時の教育状況に照らして社会の相当上層部出身であり、信徒共同体がおそらくはユダヤ人と

「異邦人」の双方からなる集団であったということだ。そしてペトロとパウロについていわれるのは、ただ彼らがローマで活動しそこで死んだ、ということだけである。彼らの事績がどのようなもので、どのように死を迎えたか、そしてさらにどこに埋葬されたかについては書簡中で言及されない。ローマの信徒共同体は一世紀末の段階ではまだ組織が確立していなかった以上、ペトロとパウロの両方あるいは二人のうちの一人がローマの信徒共同体を指導していた、と考えるのは実情とは異なるはずである。一一〇年頃にローマに書簡をしたためたアンティオキア「司教」イグナティオスも同様に、ローマの信徒共同体の「君主的」指導体制については何も知らず、共同体を「団体的なもの」として扱っている。ここから、次のように推測できる。一世紀のローマの信徒共同体内部では、他の場所の共同体と同様、「聖霊を受けた者」が「教師」、「使徒」、「預言者」として、すなわち福音の宣教者として活動していて、ペトロやパウロもおそらくはその中の一人だった。さらに「聖霊を受けた者」の下には、「エピスコポス（司教）」、「ディアコノス（助祭）」、おそらくまた「長老司祭」といった信徒共同体の他の構成員がいて、彼らが典礼や共同体の運営を執り行っていた、ということである。

（4）『クレメンスのコリントの信徒への手紙』と名付けられたテクストは、第一、第二の二通が存在するが、ここで問題とされているのは第一の方である。日本語訳は、小河陽訳「クレメンスの手紙」荒井献編『使徒教父文書』（講談社文芸文庫、一九九八年）所収。

よく知られているように、両使徒の墓、とりわけペトロの墓を発掘によって発見しようとする試みが行われてきた。だが、当時支配的であった再臨への期待、あるいは「クレメンス作」とされた手紙中での言及、さらには皇帝ネロによる迫害から難を逃れねばならなかったという状況を踏まえるなら、処刑された信徒仲間の亡骸を葬り、しかも大っぴらに墓を造営することに対しては信徒たちの関心もなく、実際に彼らが行った可能性もほとんどありえない。ゆえに、ローマのサン・ピエトロ大聖堂の発掘によっても、ペトロのローマ滞在に関する明白な証拠が得られないのは驚くに値しない。ちなみに、サン・パウロ大聖堂地下の発掘でも、パウロのローマ滞在を裏付ける一世紀の遺物は出土していない。もっとも、ペトロと異なりパウロは文字史料からローマに滞在していたことが確認できるのだが。また、サン・ピエトロ大聖堂地下で発見されたいくつかの墓は一世紀に遡るものだが、被葬者にキリスト教徒はいなかった。ただし、伝承でペトロが埋葬されたとされる「コンフェッシオ」(5)の地下からは数点の墓が発見された。そこでは、二世紀の半ば以降、一つの墓が特別な崇敬の対象となり、それがそこに墓を造営するにあたり配列の基準点となっていたと推定されている。しかし、この中心の墓自体は未発見であり、それがいつの時代にまで遡るものか、また墓の被葬者がペトロであるかについては依然わかっていない。さらに、ペトロのものとされる遺骨をパウルス六世が新たに製作した聖遺物箱におさめ崇敬の対象とした事実については、ここでは触れないでおこう。また、埋葬場所でみつかった碑文からも、何らかの手がかりを得ることもできない。それらの碑文は年代同定を行うのが困難であり、断片でしか残されていないからである。

（5）ペトロが行ったとされる、自らの殉教につながる信仰告白（コンフェッシオ Confessio）を語源とする。現サン・ピエトロ大聖堂の主祭壇地下に位置。現存する建築物は、一七世紀初頭にマデルノが手掛けたバロック様式のものである。

したがって、発掘がそれ以前にわかっていたことに付け加えた内容は何もない。一世紀末の段階で、ローマの信徒共同体はペトロとパウロが彼らの間で活動したことがあると考えていた。二世紀半ば以降、各地の信徒共同体が確立し、ローマ以外の場所で使徒たちの墓が古典古代の英雄崇拝にならい人々の崇敬を集めるようになるにつれ、ローマでも両使徒を記念する記念碑（トロパイア）が、ペトロのものはヴァチカンに、そしてパウロのものはオスティア街道沿いに建立された。今日まで続く両使徒に対する崇敬は、この二つの記念碑に由来する。これらは地域的な崇敬として始まるものの、すぐにローマ以外の人々の崇敬も集めた。ペトロが活動したとされるコリントやアンティオキアのような他の場所が、ペトロの墓が自分たちの所にあるという主張を行うことはなかった。その後、三世紀に西南アジアで成立した外典テクストは、ペトロの生涯とローマにおける死に伝承の衣をまとわせた。「主よ、いずこに行かれるのですか（クオ・ヴァディス）」で有名なイエスとの邂逅、あるいはヴァチカンでの十字架上の死がそれにあたる。一方、それと同時期に、ペトロを最も権威ある使徒に押し立て、ローマ司教の優位を正当化しようとする動きが、まずローマの外で始まった。

二　初期カトリック時代（三一二／三一三年頃まで）

すでに述べたように、再臨への期待が持てなくなったため、キリスト教徒は信徒共同体をより確固たるものとして組織する必要に迫られた。外部すなわちローマ帝国からの圧力も組織化を促す方向に働いた。だが、トラヤヌス帝治世以降のローマ帝国でキリスト教徒の迫害を行うことができたのは、彼らが正式に訴追され、裁判において「有罪」とされた際のみだった。あわせて、将来のキリスト教の発展にとり重要だったのは、すでに述べた「使徒に連なる系譜」という指導者の系譜が作られたことである。この系譜の構築により、共同体の教えの起源が最初の信仰の証人まで遡るものとされた。また、聖務執行の際に読み上げられる聖書の正典（カノン）が確定された。この二つの方策により、外部環境に対して十分に適応するだけでなく、「異端者」と呼ばれる逸脱者を容易に同定し、共同体外部に放逐することもできるようになった。さらに、共同体での祝祭は礼拝としての性格を帯び、時代が下るにつれてその傾向は動かぬものとなる。その一方で、自身の霊感に従って活動していた「聖霊を受けた者」は、共同体により任命される役職者に取って代わられ重要性を失い、時代の経過の中で完全に姿を消すこととなった。

ローマの信徒共同体の発展

こうして二世紀後半に、まずは東方においてその後には西方でも役職者の集団が成立した。「クレーロス」と呼ばれたこの集団の語源は、「くじにより神から任じられた人々」というものである。この「クレーロス」はキリスト教信徒共同体の一般構成員とは距離を置き、集団内部には階層関係が存在した。彼らの頂点に位置したのが「エピスコペイン」であり、その言葉は監督を意味し、後には「司教（主教）」と呼ばれる役職者となる。この役職者はミサを執り行い、彼だけが新たな構成員に洗礼を授け信徒共同体に迎え入れることができた。また当時すでに、信徒共同体内における規律と教義についての最上位の監督権も有していた。「エピスコペイン」は規律と教義の問題を解決するにあたり、同一地方の他の「エピスコペイン」たちと会合を持ったが、そこから教会全体にとって非常に重要な制度となる「教会会議（シノドス）」が生まれた。

また「エピスコペイン」は自分の共同体内部で、「プレスビュテロス」の一団を統括した。この「プレスビュテロス」という語は後に司祭を意味するものとなるが、はじめは長老、年長者程度の意味しかなかった。「プレスビュテロス」がどの共同体でも同じ職務を遂行していたのかどうかはわからない。ローマのような大規模な信徒共同体では、「プレスビュテロス」たちは「エピスコペイン」とともに重要な祝祭日にミサを執り行い、共同体の中でそれぞれが受け持つ下部組織において聖体拝領を主宰し、洗礼志願者の洗礼式を行うこともあった。「プレスビュテロス」の存在からは、とくに大都市の信徒共同体が多数の地域ごとの信徒グループの連合体として構成されていたことが明らかになる。さらに、奉仕者を意味する「ディアコノス（助祭）」が、共同体運営や慈善に関して「エピスコペイン」を補佐した。

三世紀のローマには、その他の役職者もいた。「スブディアコノス（副助祭）」は「ディアコノス」の下で補佐を務めた。ギリシア語で奉仕者、従者を意味する「アコロウトス（侍祭）」はおそらく、「エピスコペイン」と「プレスビュテロス」の間の連絡役だったと思われる。祈禱師を語源とする「エクソルキステス（祓魔師）」はふつう洗礼の司式前に行われる悪魔祓いを担当し、「レクトル（読師）」は典礼テクストを読み上げ、あるいは歌うことを務めとしていた。「オスティアリオス（守門）」は共同体のミサが開かれる部屋への出入りを見張る存在だった。

三世紀半ばのローマでは、一人の「エピスコペイン（司教）」の他に、「プレスビュテロス（司祭）」が四六人、「ディアコノス（助祭）」が七人、「スブディアコノス（副助祭）」が七人、「アコロウトス（侍祭）」が四二人、さらに「エクソルキステス（祓魔師）」「レクトル（読師）」「オスティアリオス（守門）」があわせて五二人いた。彼ら一五五人の聖職者は、一五〇〇人以上の寡婦や貧者とともに信徒共同体から生活必需品の供給を受けていた。おそらく聖職者の多くは、聖職に就いた際に俗世での生業を放棄してしまったのだろう。その一方で、この統計からは別のこともわかる。聖職者と寡婦の数の多さから、寄進による収入が相当額にのぼったに違いない。さらに、寄進だけではなく不動産からの地代収入によっても、彼らの扶養の費用はまかなわれていたと思われる。だが迫害の際には、信徒共同体は財政面でも損害を被った。一五〇人以上の人数の聖職者を扶養するためには、ローマのキリスト教徒信徒数は数万人にのぼったに違いない。この人数すべてが、司教が主宰して執り行うミサに参加することは不可能だったはずである。つまり、何より司祭に司牧が委託されていたことになる。それに伴い、典礼で後代にまでみられるような独自の信徒共同体の発展が徐々に始まる。助祭と副助祭の七人という数は、『使徒言行録』で言及された七人の奉仕者を受けてのものである。古代末期に早くもローマが七つの教区に分割されるが、その起源はおそらくここに求められるのだろう。

ローマのキリスト教信徒共同体は、史料から他の詳細もわかる。信徒共同体には遅くとも二世紀末以降は、奴隷から元老院身分までの全社会層の出身者が含まれていた。ただし、元老院身分ではほとんどが女性であった。またカリクストゥス一世のように、奴隷出身者でさえ司教になることができた。皇帝の宮廷にもキリスト教徒がおり、宮廷の顕職に就く者もいた。だが逆に、このことはキリスト教徒に危険ももたらした。王朝断絶に伴い大規模な粛清が行われた場合には、故人となった皇帝の支持者であったキリスト教徒の身が危地に陥るだけでなく、信徒共同体全体にまでそれが波及する可能性すらあったからだ。ローマの信徒共同体の指導層は、三世紀より前は、ローマ以外の共同体と同様にギリシア語話者が中心であったが、三世紀になるとラテン語話者の占める割合がそれまで以上に増加した。この変化は、ラテン語の人名が司教に頻出するようになることや、あるいは三世紀半ば以降、司祭や助祭たちに宛てられた書簡がラテン語で書かれたこと、さらに後で取り上げる司祭ノウァティアヌスの書物がラテン語で書かれたことなどに見て取れる。

信徒共同体が組織化され大規模になると、三世紀には包括的な監督の必要が生じた。これを受け、助祭や副助祭が各地域を管轄するだけでなく、助祭に管理が委ねられることもあったカタコンベが埋葬のために確保されるようになる。おそらくそれまでの段階ですでに、各地で決まった建物がミサで使われるようになっていただろう。これに伴い、原始キリスト教時代の厳格な生活様式からのずれも生じた。上流階層のうちで共同体に加わったのはもっぱら女性であったが、ローマ法では法的身分が等しい二人の結婚のみに法的効力が認められていたので、カリクストゥス一世は二二〇年に、上流階層出身のキリスト教徒の女性がキリスト教徒の奴隷、あるいは自由人にすぎない男性と結婚してもよいことを認めた。しかしその結果、このようなローマ法では婚姻が認められない身分差のある結婚に際しては、堕胎や避妊がなされたり、生まれた子供の相続権が認められないという事態が生じた。さらに司教は、信徒共同体からの追放つまり「死罪」にあたる犯罪の数を制限し、その種の重大な罪からの赦免を行う権限も持つようになった。司教がその根拠としたのは、ローマ教会で司教が着座する「カテドラ（司教座）」の権威、そして、もみ殻と麦を分別するのが神であるとするイエスの言葉（マタイ13－29以下）であった。こうした措置とその論拠からは、すでにこの段階で司教が「君主にも似た」地位を主張していたものの、その地位を正当化する根拠としてまだペトロの後継者であることを持ち出してはいないことがわかる。

この結婚に関するカリクストゥスの布告からは、彼の現状理解とともに、それ以前のキリスト教の伝統を事実上無視する態度が見て取れる。この二つの傾向は、これ以後のローマでしばしばみられるものだ。だが、ローマのキリスト教信徒共同体はカリクストゥス支持の一枚岩ではなかった。その例としては、司祭ヒッポリュトスが彼を批判するテクストを書き残していることが挙げられる。この二人の論争は、個人的な対抗心による部分が大きかったのかもしれないが、そこには信徒共同体の変化と、助祭であったカリクストゥスと司祭ヒッポリュトスという共同体指導者層内での対立関係を見て取ることができる。カリクストゥスが地に足を着けた現実主義者とするなら、ヒッポリュトスは伝統的な教説をよりどころとする伝統主義者であり、教条主義的ではあるものの、使徒時代の基準に則るならば後者こそが神学についてはよりよきキリスト教徒の立場を代弁していた。だが、勝利を収めたのは現実主義者カリクストゥス側である。ヒッポリュトスの記憶はすぐにローマから消し去られ、彼の影響力と著作は東方教会の写本からしか知ることができない。カリクストゥスとヒッポリュトスの間の対立がシスマ（教会分裂）と呼びうる、言い換えるならば共同体の分裂にまで至ったかはよくわからない。

キリスト教迫害とローマの信徒共同体

ローマで初めて明確な教会分裂に至った見解の不一致は、デキウス帝時代のキリスト教信徒共同体の迫害の際に生じた。その迫害は、歴史上初めて全帝国規模で計画的に行われたものであった。デキウス帝は、帝国の理念的な統一を明確にするため皇帝崇拝を強化し、帝国の全住民に対して皇帝像の前に犠牲を捧げることを要求した。以前の時代とは違い、キリスト教徒の多くは信仰に深く身を捧げていたわけではなかったので、彼らの間からたくさんの「棄教者」が出ることになった。彼ら「棄教者」を再び共同体に迎え入れるべきか、あるいはその際の手続きがどうあるべきかをめぐっては、ローマだけではなく他の共同体でも指導者間で意見の統一ができなかった。ローマでは、迫害の際に共同体を指導した司祭ノウァティアヌスが司教選挙で現実主義者のコルネリウスに敗北すると、対立は先鋭化した。ノウァティアヌスは対立司教となり、さらに厳格な態度を示すようになった。彼が指導した「純粋派（カタロイ）」の共同体は北アフリカや東方でも支持者を持ち、地域によっては七世紀まで存続した。そしてこの「カタロイ」というギリシア語は、後に「異端者」の意味になる。その後の信徒共同体の発展にとり重要なことは、ノウァティアヌス派の拡大がローマ外の信徒共同体の地位を高めたこと、またこの対立において――カリクストゥスの在位期間や後の時代のローマでも頻繁にみられたことだが――、神学の議論で優る厳格主義のエリートよりも現実的に行為できる人物が指導者として選ばれたことである。またこの対立に際しては、勝者となったコルネリウスが敗北したノウァティアヌスに対して誹謗中傷を繰り返し、敗北したノウァティアヌスの名前は信徒共同体の典礼書からも抹消された。

ウァレリアヌス帝も二五七年から二五八年にかけてデキウス帝の迫害政策を再び実施し、キリスト教の聖職者と、元老院議員、騎士、高位役職者といった社会上層のキリスト教徒に対し、死罪の脅しで棄教を迫ったが、コルネリウスはこれに際して、棄教者を寛大に信徒共同体に再び迎えることで、彼に敵対する者たちよりも信徒共同体の維持に成功した。ウァレリアヌス帝はこのとき、教会の建物を没収し集会の禁令を出すことで、キリスト教徒の共同体の生活を不可能にすることをもくろんだ。この厳格な措置にもかかわらず、デキウス帝治下での迫害よりも棄教者の数は少なかった。だが、代わりに多くの殉教者が出ることになった。ローマで例を挙げるならば、当時司教職に就いていたシクストゥス二世に加え、彼とともに指導する立場にあった助祭全員が殺害されている。後に特別な崇敬を集めることになるラウレンティウスもそのうちの一人だった。だが、このウァレリアヌス帝の迫害も皇帝が望んだような結果をもたらすものではなかったので、二六〇年頃、彼の息子で後継者のガリエヌス帝は信徒共同体に対し、教会財産を返還している。その後四〇年は、少なくともローマでは信徒共同体は迫害を受けることがなく、彼らはさらなる信者を獲得し、組織と財産の双方を拡大することができた。最後の大規模な迫害がディオクレティアヌス帝およびガレリウス帝の治世下の三〇二年に生じるが、それも失敗に終わった。それでもこの迫害の際、司教マルケリヌスが一時的に棄教したり、彼の後を継いだマルケルスおよびエウセビウスによる厳格な罰則の適用に対し、ローマの信徒共同体の内部で反発が生じ、最終的にこの二人の司教が追放される事件も起こった。だが、ローマでの迫害自体は三〇八年には終わっており、二人の司教の追放事件は迫害の余波によるものとみなすことができる。ローマの信徒共同体は再び長期にわたり活気を取り戻し、組織も確立された。そして、新たに司教となったミルティアデスの在位期間中の三一一年と三一三年の間に、複数の正帝や副帝がそれぞれの支配領域内で一連の「寛容令」を発布し、キリスト教信仰と礼拝の実践を公に認めることになった。

三世紀における教会の発展

迫害が終わる前の一世紀間に生じたのは、ローマの信徒共同体の拡大と組織の確立だけではなかった。建築物や典礼の中で今日なお目にすることができる最古のものが、この時期に作られた。それよりさらに前の時期のものは、後にペトロとパウロのための大聖堂が建てられることになる場所に、もともとあった両者の記念碑だけである。カリクストゥス一世はおそらくまだ助祭であった頃に、後に彼の名が付けられることになるカタコンベを信徒共同体のために獲得した。三世紀半ばにそこには司教のための特別な納骨堂が設けられたが、それは今日なお現存している。最大の難局に直面した時代の二人の司教、コルネリウスとシクストゥスは、助祭の中でとりわけ敬愛されたラウレンティウスとともに、今に至るまで変わることがないミサのカノンに名をとどめる。その一方、聖人伝中で高く評価されたアグネスやセシリアといった女性聖人、あるいはペトロの初期の後継者であるリヌス、クレトゥス、クレメンスといった人々は後代、おそらくは六世紀から七世紀になって初めて典礼のなかで名が挙げられるようになった。また同様に、教皇にとり最も重要な祝祭日である聖ペトロおよびパウロの祭日（六月二九日）も、三世紀半ばに起源を持つものだ。またこの時期から、歴代司教がいつ就任し、死去したかについて信頼できる記録が残されるようになった。ローマの信徒共同体の存在が確実にわかる年代も、三世紀の二三五年である。これよりも古い日付のものは、すべて虚構の産物である。かつて礼拝が行われた場所に四世紀以降教会が建立された事例は、サン・ピエトロ大聖堂、サン・パウロ大聖堂、そしてサン・セバスティアーノ大聖堂以外には存在しない。また、ローマ司教がどこに住んでいたかについての情報も欠落している。しかし、三世紀から四世紀初めの時代がローマ教会の伝統の形成で重要な意義を持っていた。そのことは、その後の四世紀から五世紀に創設された教会に、シクストゥスやマルケリヌスといった当時の司教の名前が冠されるようになったことにも見て取ることができる。一方で、二世紀の歴代司教は幻のような存在にすぎない。二世紀の司教ではクレメンスだけが、ペトロの弟子でかつ後継者として、教会の守護者として記憶にとどめられた。

ローマの信徒共同体の地位

最後に、いわゆる「コンスタンティヌス帝による転換（キリスト教公認）」の前の段階で、ローマの信徒共同体がローマの外からどれだけ重要な存在とみなされていたかについて簡単に述べておこう。この問題に答えることは、後の時代の教皇が行った主張を歴史的・教義的に裏付けるためにもとくに重要である。だが史料が極めて乏しく、史料で述べられている内容も曖昧であり、あらゆる点で明確な見解を見出すことはおよそできない。パウロの時代は、まだイエルサレムがキリスト教世界の中心であった。パウロは『ローマの信徒への手紙』の中でローマ人を模範的で信仰において揺るぎない人々として言及しているが、そこには帝国の首都の共同体への讃辞が含まれていたに違いない。また、二世紀にアンティオキアのイグナティオスがローマに対して讃辞を述べたことや、ローマ外の司教、キリスト教徒、異端者たちが数多くローマを訪問したことも、ローマの共同体の重要性を示している。ともあれ、ローマの共同体はとりわけイェルサレムの破壊後に重要な存在となったが、それはこの共同体の所在地が帝国の首都だからであった。また一方で、アンティオキア、アレクサンドリア、カルタゴといった政治の中心である大都市の共同体もそれぞれの地域でのキリスト教世界の中心となり、後代になると、ミラノ、ラヴェンナ、コンスタンティノープルといった都市も新たに重要な中心となった。いずれにせよローマが帝国の中心であることでローマの共同体は権威を持っていた。例を挙げれば、いわゆる『クレメンスの手紙』はローマの共同体からコリントの共同体に対する訓戒の書簡であるが、その書簡がコリントの共同体により長く権威あるものと認められたのは、ローマが帝国の中心であったということが理由の一つである。また、この『クレメンスの手紙』が持った権威について他の理由を挙げるとするなら、それが、複数の共同体が文通で互いを譴責しあうというユダヤ教の共同体の伝統に則っていたことも指摘できるだろう。ただ、ローマの権威を批判する例も見出される。すなわち、二世紀末にローマ司教ウィクトルが自身の権威で復活祭の正しい日付をめぐる論争に決定を下そうとした際に、リヨン司教エイレナイオスのような親ローマ派の人物からでさえ批判を受けた例がある。

ローマの優位の確立を導いた契機はもう一つある。それは「使徒に連なる系譜」の主張である。ただし「使徒に連なる系譜」とは本来、ローマ司教はペトロの後継者としてその職に就いている、ということを意味するものではなかった。むしろ、使徒時代以来連綿と共同体の指導層が存続しており、彼らを介して使徒時代の正しい教説にまで遡ることができる、という意味であった。またそのような「使徒に連なる系譜」の観念は、アンティオキアやスミュルナといった他の共同体でもみられた。さらに『クレメンスの手紙』からわかるように、ローマにとって重要な使徒はペトロとパウロ両名であり、ペトロだけではなかった。そして、教皇が二人の使徒を拠り所とする姿勢は、少なくとも典礼の分野では中世後期に至るまで続いた。「使徒に連なる系譜」の教説が確立する過程で、教皇権をめぐる教説の中で今日なお用いられている二つの概念、つまり「カテドラ」および「使徒座」の概念が形成された。この二つの呼称は、ローマの共同体でも他の共同体でも用いられたものだが、『旧約聖書』や古代ローマの異教的観念の影響を受けて生まれたもので、「カテドラ」に着座する者は特定の、つまりここでは両使徒にまで遡る教説上の伝統の継承者であるということを意味した。まずこの語は、ローマの外にいる者が、具体的に使徒の名を言及することなくローマ教会を指す言葉として用いた。二世紀末に北アフリカで活動したテルトゥリアヌス、あるいはリヨン司教であったエイレナイオスがその用例を示している。そして三世紀半ばになると、「カテドラ」の概念がペトロと結び付けられるようになる。そのことは、カルタゴ司教キプリアヌスがローマの文通相手や論敵と交わした書簡から明らかになる。後の時代、教皇の首位権の主張者は最古の証拠としてこれらのテクストを引用するが、エイレナイオス、テルトゥリアヌス、あるいはキプリアヌスがそこで述べているのは、使徒に連なる系譜を有する信徒共同体と同じ教説を保持することがすべての共同体にとり重要であること、そして、帝国西半分において使徒に連なる系譜を有する共同体の一つがローマであることに過ぎない。キプリアヌス以降、ローマの地位が「あなたはペトロ。わたしはこの岩の上にわたしの教会を建てる」という後代とくに重視される『マタイ福音書』の一節（マタイ16‐18）により権威づけされるようになったが、その意味はローマの共同体とその司教が特別な地位にあるというにとどまり、他の教会への上位権を有するというものではなかった。ガリアやイスパニアの地域の共同体が紛争への介入をローマ司教に要請した理由も、後代の歴代教皇が主張したような裁治権上の首位権に基づくものではなかった。なぜならこの種の介入の要請は、ローマ以外の共同体の司教に対しても行われていたからだ。ウィクトル、カリクストゥス、コルネリウス、ステファヌスといったローマ司教は、キリスト教徒にとって普遍性のある問題には介入を試みたが、自身の主張を貫徹できたのはそれが現実的に理にかなっていると認められた時のみであった。この時代、ローマ司教が行った上位権者としての主張はしばしば批判されたり、あるいは撤回を余儀なくされた。確証をもっていえるのは、ローマの共同体とその司教は遅くとも二世紀以降、ペトロとパウロの事績と結び付けられ、はっきりとは定義されていない上位権を帝国西半部で認められていた、ということのみである。これは、続く時代に教皇の地位が上昇していくための基礎としては十分なものだった。しかし、この発展が生じるのはまだ後のことである。

二章　テオドリック大王没時（五二六年）までの教皇とローマ

これから以下の数章では、章題から見てもわかるように、教皇が政治支配に従属する存在であったことを強調したい。つまり一一世紀半ばまでの時期、教皇権がそのあり方と機能の両面で政治的諸要因に規定される部分が多かったことと、その一方で、教皇権側が政治的諸要因に対して影響を与えることがほとんどできなかったことが述べられる。また、教皇史での一般的な区分とは異なり、本書では東ゴート王テオドリックの死をもってこの章を区切り次の章を始める。その理由は、テオドリックが西ローマ帝国の後継者として自分を位置付け、それにふさわしい統治行為を実践していたからである。テオドリックの死後に勃発したゴート戦役により、ビザンツ帝国支配期、言い換えるならば中世教皇権にとっての最初の時期が幕を開けることになる。

ローマでは四世紀から五世紀にかけてキリスト教化が貫徹され、司教が都市内部で最重要な権限を持つ存在にまでのぼりつめた。また、この時期に教皇の首位権をめぐる教説の重要ないくつかの構成要素が発展した。

四～五世紀のローマをめぐる状況

この三つの傾向［キリスト教化の貫徹、ローマ司教の政治的地位の確立、教皇の首位権の教説の出現］について理解するためには、以下の諸論点に着目すべきだろう。まず、この章が扱う時期の終わりまで、ローマは帝国にとっての理念上の首都ではあったものの、帝国の統治者はつねにローマの外に滞在していたことである。このローマの政治的影響力の喪失がとりわけ顕著となった契機は、三二四年以降、新たに単独皇帝となったコンスタンティヌス大帝、そして帝国東方に君臨した彼の一連の後継者が「新しいローマ」としてコンスタンティノープルを作り上げたことにある。その一方、帝国西方はもっぱらミラノ、そしてラヴェンナを拠点に支配が行われた。こうして権力の重心が移行した結果、ローマに留まった元老院は政治的な重要性を完全に失ったので、元老院は長きにわたり統治者の政策に異を唱えることでかつての威信を取り戻そうとした。その結果、元老院は、その他の社会集団よりも古代ローマの祭礼をかたくなに護持した。帝国東方とは異なり、五世紀初頭に至るまでローマでは「異教的」神殿が新造あるいは改築され続けた理由がそこにある。ローマの都市景観を特徴づけたのは、新たに勝利を収めた宗教［キリスト教］の宗教建築ではなく、キリスト教以外の宗教建築だった。一方でローマ司教は、統治者が遠く離れた場所に居住する状況に乗じ、自らの支配権を構築し、統治者からできる限り自立的な立場を獲得しようとした。

この支配拠点の移行は、同時にローマの人々にも影響を及ぼした。帝国の首都ローマに東方から移住した人々の子孫であるギリシア語話者は、そのかなりの部分がこの段階でローマを離れ、多数の人々が話す言葉は再びラテン語となった。また、北アフリカでの反乱の勃発と、四二九年以降にヴァンダル人が北アフリカで権力を掌握したことにより、四世紀後半以降、ローマの住民に地中海経由での輸入穀物を供給することが容易でなくなった。凶作もまたこれに追い打ちをかけ、ローマの人口は減少した。だがさらに深刻だったのは、ローマが四一〇年には西ゴート人、四五五年にヴァンダル人によって占領されたことだ。「新しいローマ」であるコンスタンティノープルが政治および経済的に力を強め、すでに西暦五〇〇年頃には住民の人口は五〇万を数えるまでになっていたのに対し、「もともとのローマ」、つまりローマの人口は四世紀以降の二世紀の間で約五〇万人から一〇万人前後にまで落ち込んでしまった。ローマの外港であるオスティアやポルト、ローマ外縁のカンパーニャ地方もまた同様の人口減少に見舞われた。カンパーニャ地方ではその頃、耕地の多くで湿地化が始まり、その進行は中世を通じて歯止めがかからなかった。進行が止まるのは一九世紀になってからのことである。

さらに、西欧世界を変容させたゲルマン民族の移動が、とくにイタリア外部におけるローマ司教の権威と権力に大きな影響を及ぼした。四世紀にはローマ司教の支配がブリタニアとライン低地地方にまで及んでいた。ただし、これらの地方ではキリスト教化は都市を中心とした部分的なものにとどまった。首都大司教が指導する確立した教会組織が存在したのはイタリア半島と北アフリカだけである。これに相当するような教会運営のシステムは、ガリアやヒスパニアではまだ草創期にあった。だが五世紀に入ると、この動きもほぼ完全に中断してしまう。シチリアからドナウ川にかけ、さらにローヌ川河口に至る領域をおさえた東ゴートの勢力圏とギリシア地域ではカトリック共同体は存続した。その一方で、四三〇年頃以降ガリア、ヒスパニアではカトリック共同体の影が薄くなり、北アフリカやサルデーニャでは迫害を受け、あるいはブリタニアやライン低地地方、ドナウ川上流流域などではほぼ完全に消滅してしまった。

都市ローマのキリスト教化

宗教の自由を獲得してからの一世紀間のローマ司教にとり、主要課題は、自らの司教座都市であるローマ内部での教義と礼拝を一つにすることだった。いまだキリスト教以外の宗教を奉じていた人口の多数派に対してキリスト教を広めるのに加え、さまざまなキリスト教共同体をローマ司教の監督下に置き、礼拝と信条を統一する作業がそれには含まれた。さらにローマのキリスト教化の過程では、ラテン語をすべての共同体で通用する言語とする努力がなされたが、それとともに、正統信仰の立場だが厳格で独自の司教に指導された分派（モンタノス派、ノウァティアヌス派、あるいはドナティストのような諸共同体）をローマ司教のもとに統合する努力もなされ、場合によってはそれらを異端集団（しばしば「マニ教徒」と呼ばれた）として根絶することもなされた。これらの努力のうち、後者［異端の撲滅］の実行は困難だった。四世紀から五世紀にかけての教皇のほとんどが異端者を「発見」している。彼らがローマ内で教説の監督を行うまでに長い時間がかかったことは、この事実から明らかであろう。この時期の教皇の一人で、後に教会学者としても令名を博すこととなるレオ一世が、異端集団に暴力的手段をもってあたるように世俗権力に対し要請した史上初の教皇であることは驚くにはあたらない。それに先立つ四世紀末には、初めてのユダヤ人迫害が起きている。言い換えるならば、ローマのキリスト教化はすべてが平和的に行われたわけではなかったのだ。そしてローマ司教が、俗人統治者の支援を抜きに自分たちの計画を実行できなかったことも事実である。この両者の協力関係は、コンスタンティヌス帝とその息子たちの治世以降の一世紀についてはとりわけ顕著であった。

三一一年から三一三年にかけての時期にキリスト教が法的に認められた結果、共同体に財産が返還された。ローマにとってこのことの意義は、放射状に延びる街路沿いのカタコンベ、そして集会場として聖餐が行われた諸家屋が彼らの手に戻ったことにある。このカタコンベの配置は今日も知られている。そのなかにはその後長くにわたり利用され、修復されたものがあるだけでなく、近代になって再発見されたものもある。だが、諸共同体の中心地がどこにあったのかについて正確なことは何もわかっていない。四世紀以降に建造された名義教会については後でまた取り上げるが、その名義教会が建てられた場所には、先行して初期キリスト教の集会場があったと長い間考えられてきた。だが、この仮説を実証する事例は一つとして見つかっていない。四世紀以降、居邸の中に名義教会が建立された事例は複数見られるが、それらもその仮説を裏付けるものではない。これらの事例では、在地の寄進者が不動産として所有する場所に新たな教会が建てられた。このことから四世紀における教会の場所として、さまざまな社会層の人間が住む居住地域がキリスト教徒により選ばれたわけではないことがわかる。そのようなわけで、初期キリスト教時代のローマにおけるキリスト教徒の社会史は書くことができない。四世紀前半については文字史料がほとんどないので、コンスタンティヌス帝とその一族が寄進した建造物が、迫害終了後のローマにおけるキリスト教化の第一段階を考える上で最重要の手がかりとなる。

ほぼすべての代表的なキリスト教の教会建築は、当時ローマで一般的であった多目的ホールすなわちバシリカをモデルに建造されている。そのため、さまざまな機能で用いることができた。コンスタンティヌス帝の母、皇母ヘレナは自らの宮殿パラッツォ・セッソリアーノ(1)の中に個人的な祈禱の場を設け、その中にはおそらく彼女が発見した

「真の十字架」(2)のかけらが保管されていた。そのことから、後にこの祈禱の場はイェルサレムにちなんだ「ジェルザレンメ」というあだ名を持ち、今日に至るまで「サンタ・クローチェ・イン・ジェルザレンメ」と呼ばれている。この教会はおそらくヘレナの死後もかなりの間私有物のままであり、司教によるミサの執行に使われるのはその後の時代のことであったろう。これ以外に、次の六つの建造物が、もっぱら帝室関係者とローマのキリスト教徒の墓所として機能していた。まず、ヘレナの墓廟が設けられたラビカーナ街道沿いのサンタ・マルチェリーノ・エ・ピエトロ、そしてティブルティィナ街道沿いで聖ラウレンティウスの墓廟近くのサン・ロレンツォ、ノメンターナ街道沿いで聖女アグネスと皇女コンスタンティアの墓廟近くのサンタニェーゼ、ヴァチカンのサン・ピエトロ、アッピア街道沿いのサン・セバスティアーノ、そして最後に、おそらくパウロの墓の上に設けられていたであろう小規模の建造物がその六つの教会建築である。屋根つきのカタコンベであるこれらの建築物では、本来埋葬とその後に行われた死者を悼む酒付きの食事会である「葬礼の会食」だけが催された。つまり、ミサは初めのうち執り行われることはなく、専門の聖職者も擁してはいなかった。この六つの建築のうち、三つはローマにおけるキリスト教信徒共同体の創始者として令名高い有力な両使徒つまりペトロとパウロの崇敬のために建造されたものだ。サン・セバスティアーノはペトロおよびパウロという二人の聖人に対する崇敬のため、サン・ピエトロとサン・パウロは当時の共同体で信じられていたところによれば、そこに埋葬されたというそれぞれの聖人に崇敬の念を表するための教会である。教皇権の理念的な基盤としてこの二人の聖人に対する崇敬の規模とその重要性が増す中で、これらの建築物、そしてとくにサン・ピエトロは、四世紀半ば以降ローマ司教が行う典礼の中にますます分かちがたく組み込まれることになる。これに対し、コンスタンティヌス帝以前のローマの信徒共同体には、固定された大聖堂や定まった司教邸があったとは知られていない。

(1)　セプティミウス・セウェルス帝治世（一九三～二一一）に建造が開始された、ローマ帝政期の複合宮殿建築物。バシリカへの改装は、後代の伝承では、ヘレナの息子であるコンスタンティヌス帝の事績に帰されている。

（2）キリストが磔にされた十字架のこと。ソクラテス・スコラティクス（四世紀後半）以降の記述で、ヘレナが、発見された十字架のコンスタンティノープルへの移送にかかわったとする伝承が形成された。

ラテラノ大聖堂の発展

当初、サン・ジョヴァンニ・イン・ラテラノと洗礼堂で構成されるラテラノの複合建造物のみが司教の典礼の場所であった。当時の典礼暦はまだ発展不十分であったが、司教はそこで最重要祝祭としての復活祭を祝った。つまり司教は、復活祭前の徹夜課で新たにキリスト教徒となる者に洗礼を施し――初めはおそらく三週間、後に六週間に延長された洗礼準備期間があった――、彼らとともに復活祭の日曜礼拝を行った。それに加え、大聖堂はローマの聖職者会議、あるいは聖職者の裁判にも使われた。司教は大聖堂の近くに住んでいたと推定されるが、司教邸が存在したという証拠は六世紀までしか遡ることができない。都市壁の近くに建てられたこれらの建造物は、コンスタンティヌス帝の治世にすでに住居区画から外れた場所に立地しており、中世になるとその傾向は一層強まった。それにより、司教と都市ローマの住民の間でのコミュニケーションは困難となったが、その一方で、この都市の外れという立地は、早くも六世紀半ば以降住民の一部と紛争が生じた際には有利に働いた。今日に至るまで、少なくとも理念の上でこの大聖堂はキリスト教ローマの中心であり続けている。そのことは、この後の時代からラテラノ大聖堂を指す称号として「全教会の頭にして母（caput et mater omnium ecclesiarum）」が使用されることからもわかる。

サン・ジョヴァンニ・イン・ラテラノ大聖堂は、その規模で都市ローマのすべてのバシリカを凌駕し、約一万人の人々をその内部に収容することができたが、この数字は当時ローマにいた成人キリスト教徒の大半に相当する。大聖堂は信徒共同体にとり重要な教会であったので、皇帝によりさまざまな調度が備え付けられた。司教がその近くで典礼を執り行う主祭壇に加え、大聖堂には七つの祭壇が備えられ、それぞれの祭壇に各一人ずつ全部で七人の助祭が、それぞれ一人の副助祭から補佐を受けつつ、信徒からの供物としてパンとワインを聖餐式のために受け取っていた。このためには大きな聖体拝領皿（パテナ）や杯（カリス）をはじめとした器が必要となったことだろう。寄進者と受領した聖職者の地位に応じて、器は金銀製品が用いられることもあった。これらの器に使われた貴金属を合算すると、金は約八二キログラム、銀は約七七五キログラムにのぼる。これにさらに、内陣用の彫刻やランプ、さらには洗礼堂の調度が加わる。司教の典礼執行の舞台となった大聖堂と洗礼堂という両建築からの調度をすべて合算した場合には、金の総量は約三〇〇キログラム、銀については約三・七トンにもなる。緊急時にこれらは溶かされることもあった。これに加えて、とりわけローマ南東の所領からは夜の聖務執行に必要な蠟をはじめとする貢租が納入された。より規模は小さくなるものの、その他のバシリカも類似した調度を備えていた。たとえば、サン・ピエトロ大聖堂はシリアやエジプトにも所領を所有し、そこからの収入で調度を備えていた。まとめるならば、これら新たな教会建築は非常に裕福に飾り立てられていたといえる。だが、収入の用途はすでに定められており、ローマ司教は際限なくこれらの諸収入を使えたわけではない。それに加えて司教は、助祭を養っていくために信徒からの寄付を必要としていた。

都市ローマでの教会の増加

コンスタンティヌス帝治世の晩年以降、司教シルウェステルの在位期（三一四〜三三五）か司教マルクスの在位期（三三六）から、ローマ司教や司祭や後には裕福な俗人もが自らの所有する邸宅の中に教会を建立し始めた。これらの教会が、いわゆる「名義教会」と呼ばれるものだ。四世紀半ばにおいてはおよそ六つ存在したが、五世紀初めには二五を数えるまでになる。もともと地所を所有した寄進者の名前を取って、たとえば「エクイテスの所領もしくは寄進物」というように名付けられていたが、六世紀以降は聖人にちなんだ名称がつけられるものが一層増加した。また寄進者の名前から、聖人が作られ、その聖人伝まで編纂されることもあった。名義教会の数は増し、もはや不要となっていたかつての集会施設が名義教会に代わっていった。西暦五〇〇年頃になると、都市ローマ中でこの種の新しい教会建築がみられるようになり、ある家屋から最寄りの名義教会までの距離は、どんなに離れていた場合でも最大で五〇〇メートルにも満たなくなっていたほどである。中世末に至るまでローマでは定まった小教区の区割りがなかったが、おそらく信徒は住居の最寄りの名義教会の所属となっていたらしい。各教会では、平均すると三人から四人の司祭が奉職していた。この数字は、五世紀初めに少なくとも七〇人の聖職者がローマにいたとする記述に基づく。司祭はミサを司式し、守門、読師、侍祭の補佐を受けて信徒の面倒をみた一方、祓魔師の補佐を受けつつ洗礼志願者の洗礼を執り行う準備をした。洗礼志願者への洗礼は、もともとは司教の権限であった。だが、四世紀に洗礼志願者が増加し、また幼児洗礼が広まる中で、司教は自らの特権を下位の聖職者に移譲することを余儀なくされる。これを受け四世紀末以降、いくつかの名義教会のかたわら、あるいはサン・ピエトロ、サンタニェーゼ、あるいはサン・ロレンツォといった外縁部に立地する元カタコンベの大聖堂のそばにも洗礼堂が建てられた。日曜礼拝や司祭の前での結婚式といったキリスト教化による習慣も四世紀末にはローマで確立したが、そこには司祭の尽力があったに違いない。

キリスト教化に際し、司教と司祭にとってのもう一つの責務は、死者供養のキリスト教化である。キリスト教徒となったローマ人も、彼らの祖先と同じく、死者を追悼する目的で葬礼での会食を催した。ワインの飲む量がたしなむ程度にとどまらないこともしばしばであったため、この慣行は共同体指導者の怒りを買っていた。それを受け、この種の供養の儀式は一般に四世紀末以降カタコンベから追放された。それに代わりにカタコンベはそこに埋葬されている殉教者に対する崇敬の場として機能する傾向が強まる。一般的に、司教や他の聖職者、さらに俗人が、自らの墓所として、また殉教者に対する崇敬の目的で、小規模な殉教者の記念霊廟やそれよりは大きいバシリカを、ふつう地下にあったカタコンベの内部や傍らに建立している。その点で、費用のかかる建築物を墓廟として建てたコンスタンティヌス帝とその家族の場合は、例外であったといえる。

上層市民へのキリスト教の浸透

教会建築の増加だけからも、この新たな宗教がローマで急速に支持者を獲得したのは明らかだ。四世紀半ば頃には信者の数も増え、それにつれて信者の教会とのかかわりも大きくなった。三六六年に司教リベリウスが没した際には、多数のキリスト教徒が司教位をめぐり争う対立候補を擁する二つの派閥に分かれ、街路を練り歩いた。勝利を収めた側の候補者はダマススだったが、彼を支持した人々には信徒共同体の標準的な構成員に加え、芸術家やカタコンベで埋葬にたずさわる墓掘り、さらには剣闘士もいて何とも奇妙な取り合わせだった。この集団の力は目を見張るものがあり、対立候補ウルシヌスの支持者一〇〇人以上が、彼を支持した廉で命を奪われてしまったほどである。彼らはダマスス派の信者により、リベリウスがかつてエスクイリヌス（エスクイリーノ）丘に建てた大聖堂の中で焼き殺された。だが抗争に決着をつけたのは、皇帝の宮廷とそのローマにおける代理人からの干渉だった。こうして勝利を収めた教皇ダマススは元助祭で「女たらし」のあだ名のある人物であった。また彼の先任者リベリウスに対しては、アリウス派信徒の皇帝に対抗してローマの元老院議員と手を組んだという非難がなされていた。こうした事実は、四世紀半ばの段階ですでに社会上層の構成員がキリスト教徒となっていたことを示している。彼らは遺言状起草の際に助祭の手を借りたが、その際、助祭は教会に有利な形で遺言状を取りまとめようともした。ダマススの教皇在位中、これら社会上層出身の女性たちがアウェンティヌス（アヴェンティーノ）丘などで信者サークルを結成したことも驚くにはあたらない。時に彼女たちはヒエロニムスのような苦行者を指導者に仰ぎ、神のみに身を捧げようとベールをまとい、教会に財産を寄進さえした。だが、苦行の実践者の数があまりに増え、その度があまりに過ぎたことで親族と諍いが起こることもあった。それでも、ダマススに至る歴代ローマ司教、そしてダマスス本人の後継者であるシリキウスもまた、皇帝が望んでも、元老院のキリスト教化を強硬に推し進めることがなかったことは強調しておく必要がある。この慎重な態度をローマ司教が撤回するのは、シリキウスの後継者の代になってからのことだ。この態度の変化、そしてとくに、古代ローマでの原則に従い、元老院が対立皇帝の擁立も念頭に置きつつ対抗政策を行う試みが失敗するようになると、とくにインノケンティウス一世の在任期間の晩年には、シュンマクス家やニコマクス家といった非常に保守的な元老院家門もキリスト教徒となった。この社会上層のキリスト教化を示すものとして、今日にまで伝わるのが四〇〇年頃に完成したサンタ・プデンツィアーナ教会の後陣（アプシス）のモザイクだ。そこには、元老院議員の衣をまとったペトロとパウロが描かれている。そこからは、四一〇年頃のローマは少なくとも表面的なレベルではキリスト教化されていた、という結論を導き出すことができるだろう。だがその頃になると逆に、ローマ司教の後継者の決定に際して、社会上層の人々の影響力がますます大きくなった。その一方で、ローマ司教もイタリア半島外に影響力を拡大することに力を注ぐようになる。この動きについては、以下で述べることにしよう。

ローマ司教による典礼の統一

だが、まずローマ司教が取り組まなければならなかったのは、祭礼および教会組織を監督し、自らの支配下に置くことだった。すでに四世紀半ば以前の段階で、帝国西半ではキリストの誕生日を一二月二五日に祝っていた。これはかつての「不敗なる太陽神」の祭礼日であり、キリストは「新しい太陽」として位置付けられた。その一方、帝国東半ではそれと同じ頃、キリストが地上に姿を現した、という意味である公現祭の祭日の一月六日を重視し、ほとんどの共同体でこの日にキリストの誕生を祝っていた。ローマでは早くもこの段階で、両方の祭日を祝っていた。両方の祭日を祝った理由は、さまざまな在地の信徒共同体をまとめあげたことが影響しているのだろう。これとともに、対となる重要な祝祭日としての復活祭が重要なものとなり、この日をローマ司教はサン・ピエトロで祝った。そして第三の重要な祝祭日としての聖霊降臨祭にもまた、おそらくは五世紀の段階ですでにサン・ピエトロで礼拝が執り行われていた。このサン・ピエトロ大聖堂は、それ以後、主要教会としては二番目の位置を確保し、一番重要なラテラノ大聖堂の対抗馬的存在となる。それと並行して、シクストゥス三世はエフェソス公会議（四三一年）(3)後に最初の聖母教会（サンタ・マリア・マッジョーレ）を建立する。それに加えて市壁の外に立地する大聖堂がいくつか建立されているが、それらの教会がローマ司教による聖務執行にこの時期組み込まれていたかについてはわからない。この時点ですでにローマ司教がたとえば復活祭前のような特定の日に、名義教会の一つで司教としての指定参詣聖堂ミサ(4)を行う慣行が確立していたかも同様に不確かだ。司教がこれらの日に礼拝を執り行っていたとしても、それは日曜に行うのと同様司教本人の司教座教会での開催だった可能性の方が高い。だが、下部組織としての共同体とのコミュニケーションを維持する目的で、四世紀後半以降になると侍祭が司教により聖別されたパンの一部であるフェルメントゥム(5)をいくつかの名義教会に運ぶ役割を担うようになる。名義教会ではそれぞれの教会付の司祭が礼拝を執り行い、このフェルメントゥムを今度は彼らが聖別したワインへと浸した。この司教と名義教会とのつながりにとって重要であったと同時に、司祭枢機卿団の形成の先駆となる二つの発展が五世紀から六世紀にかけて生じた。一つ目の動きは、特定の名義教会の司祭がカタコンベ大聖堂で聖務を執り行うようになったことである。この初期の兆候は、インノケンティウス一世の司教在位中にすでに現れていた。そして、最終的にはシンプリキウスがおそらくは特定の教会行政区の司祭に対し、サン・ピエトロ、サン・パウロ、そしてサン・ロレンツォにおいて毎週聖務を執り行うべしとの通達を出した。この通達の発布の目的は、市壁外に居住する人々や巡礼者を対象とした司祭の司牧の水準を向上させることであった。おそらくは同様の理由から、五世紀以降これらの教会のかたわらに最初の修道院が建立されている。二つ目の動きは、六世紀初頭以降、名義教会を活動の場とする司祭集団内に区分が生まれたことである。とりわけ、教会財産・所領の運営にたずさわる者は「筆頭司祭（presbyteri priores）」として他の司祭から区別されることとなった。この役職保持者が、後の時代の司祭枢機卿の先駆的存在である。

（3）　小アジアのエフェソスで開催された公会議であり、ネストリウス論争の収拾のために東ローマ皇帝テオドシウス二世が聖職者を召集したもの。会議の参加者は分裂したが、「神の母（テオトコス）」の呼称はキリストの人性を損なうとするコンスタンティノープル総主教ネストリウスの教説が弾劾され、彼が罷免されたことで有名。
（4）　重要な祝祭日に、教皇や枢機卿が定められた教会を訪問してミサを執り行う慣行、およびそのミサが執り行われる教会双方の呼称。中世初期以降になると、ミサに先立ち、教皇は行列を行って指定された教会に向かうようにもなった。
（5）　聖体（ホスチア）の一部。他教会との統一性の象徴として、割かれた一部が他教会へと運ばれ、そこのカリスにおさめられた。

典礼の言語のラテン語化

さらに典礼を統一するために、礼拝で用いられる共通の言葉を定める努力がなされた。すでに三世紀の段階でローマでは、司祭の名前がラテン語で表記されたり、またラテン語で書かれた教会関係の書簡が存在することから、すべての信徒共同体の構成員がギリシア語を話していたわけではないことがわかる。ラテン語への傾斜は四世紀とりわけダマススのローマ司教在位中にさらに顕著となった。ただこの時点ではまだ、ギリシア語の定式文も使われ続けている。そのことからわかるのは、典礼言語のラテン語化は長期間にわたるプロセスであり、おそらくは五世紀初めになって初めて貫徹されただろう、ということだ。それ以後、ラテン語でのミサの挙行が大部分を占める状況は動かぬものとなった。典礼言語のラテン語化との関連でしばしば指摘されることは、ダマススが彼の協力者でもあったヒエロニムスの聖書翻訳を支援していたことである。この事実から、「ヴルガータ」と呼ばれるこの聖書の翻訳が早い段階からローマで用いられていたと推論するのは、残念ながら誤りだろう。ヒエロニムスが翻訳を仕上げる前にローマでは典礼言語のラテン語化はほぼ完了し、より古い聖書のラテン語訳が存在しており、ダマススの後継者たちは、誰もヒエロニムスの翻訳をほとんど評価していなかったからである。実際ローマでは、他の信徒共同体においてよりも長い間、古い聖書の翻訳が使われ続けている。そのことは、最も頻繁に典礼で引用される聖書テクストの『詩編』についての検討から明らかになる。というのは、新約および旧約聖書の一部の朗読については七世紀以降ローマでもヴルガータが使用されるようになるのに対し、教皇宮廷でヒエロニムス訳の『詩編』が最終的に定着するのは一四世紀を待たねばならなかったからである。

聖人崇敬の始まり

典礼言語のラテン語化と並んで重要だったのは、殉教者記念日の祝祭である。このことを理解する上では、ローマで公的な効力を有していた古代ローマの神法に照らすと、遺体の移葬は死者への冒瀆とみなされる瀆聖行為であった、ということが顧慮される必要がある。つまり、殉教者は埋葬された場所で崇敬されなければならなかった。これと同じ理由で、法律上、運び出されることが許されたのは布やランタンの油のような副次的聖遺物だけであった。だがこの禁令は、カタコンベで働く墓掘りがひそかに遺骨を転売することに対しての歯止めにはならなかった。ただ、この行為が違法転売とみなされるためには、共同体の指導者層が特定の殉教者の遺骨を公に認定していることが前提となる。このような殉教者を認定する試みは四世紀半ばに始まる。リベリウスの司教在位中の三五四年には、彼の承認のもと祝祭の対象となった聖人の記念日が月別に記載された目録が作られた。その種の記念日のほとんどは、聖霊降臨祭（ペンテコステ）と一〇月に挟まれた間に位置していた。この目録は、聖人の祝祭日と、クリスマスあるいは公現祭、復活祭、そして聖霊降臨祭という三大祝祭日とをあわせたもので、これによりリベリウス以降、ローマで一年の典礼暦が確立することになった。リベリウスの後を継いだダマススは、多くの殉教者について彼らを称える詩を作って墓石に彫り、祝祭を執り行い、公に聖人としての認定を行ったが、そのことで聖人認定の動きにはさらに拍車がかかった。彼の手になる碑文の詩は、助祭集団の教養の水準がかなり高かったことを示すだけでなく、教会指導者がとんでもない聖人伝が作り上げられることを忌避していたことも明らかにする。こうした理性的な態度は、五世紀から伝わるミサの際の祈禱文、あるいはレオ一世、ゲラシウス一世といったローマ司教の説教にも見て取ることができる。だが、殉教者を目録に記載する試みは、このような限定した規模にとどまるものではなかった。五世紀から六世紀にかけ殉教者目録の拡充が行われたが、その編纂にはローマ帝国の政治地図の再編が反映されている。というのは、ラヴェンナの聖人であるクリュソゴヌス(6)、あるいは東方の諸聖人——ヨハネ、パウロ、コスマス(7)、ダミアヌス、「四人の戴冠聖人（クアトロ・コロナティ）」(8)——の名がそこに含まれているからである。聖人の中には、ローマ司教の典礼の中で特別扱いされる者も現れ、西暦五〇〇年を迎える頃になると、その種の聖人はミサ奉献文の中にまで名が記載されることになる。このような聖人の人数は、初期は一四人ほどにすぎなかった。つまり、マリア、ペトロ、パウロ、クレメンス一世、シクストゥス二世、コルネリウス、キプリアヌス、ラウレンティウス、洗礼者ヨハネ、ステファノ、マルケリヌス、ペトルス、ペルペトゥア、アグネスといった面々である。しかし、これに続く時期には三九人にまでこの枠は拡張された。最初の殉教者目録では、マリア、ヨハネ、ステファノを始めとするごく少数の例外を除き、記念日が祝われたのは、もっぱらローマの信徒共同体の草創期に重要な存在であった者か、あるいはキプリアヌスのように密接なかかわりがあった者にとどまる。とりわけ七世紀以降顕著になるローマ発の殉教者目録の流布に伴い、この都市ローマを基準とした聖人の取捨選択はイタリア、ガリア、そしてイングランドにおける聖人崇敬に強くその刻印を残すこととなる。この展開がみられた当初から、ペトロがとくに尊崇を集めたのは驚くに値しないが、強調すべき点であろう。ペトロに関する記念日は二日ある。一つ目は彼が没した六月二九日、そしてもう一つは、彼が初代ローマ司教になったとされる二月二二日（「ペトロの座」Cathedra Petri の祝祭日）である。この二月二二日には、古代ローマでは広く死者を悼む祭礼を行う日であった。それを踏まえるなら、ペトロの第二の祝祭日は、少なくともローマ司教にとっては、ローマの信徒共同体の開祖となった彼をしのぶ日であったということになる。ほぼ時を同じくして、サン・ピエトロ大聖堂がローマ司教の典礼で二番目に重要な教会となったことを考えるならば、すでにこの時代のローマではペトロに対する崇敬が他の諸聖人の崇敬を上回っていたことは明らかだ。

（6）初期キリスト教の殉教者聖人。帝国役人であったものの、ディオクレティアヌス帝により収監、アクィレイアで斬首されたといわれている（三〇三年殉教）。紀元五〇〇年頃に建造された、ラヴェンナのサント・アポリナーレ・ヌオヴォ教会のモザイクに描かれていることで有名。祝祭日は一一月二四日。

（7）ダミアヌスとともにシリアのキュロスで殉教したとされる聖人。五世紀には彼らに献堂されたバシリカがコンスタンティノープルに建立されていたが、その生涯について信頼に足る古代末期の史料は現存しない。西方教会における祝祭日は九月二七日。

（8）一一月八日を祝祭日とする氏名不詳の四人の殉教者聖人（四世紀初頭に殉教？）。後代の聖人伝によれば、ディオクレティアヌス帝と対立して殉教に至ったと伝えられる。遺骨はカエリヌス丘（チェリオの丘）に移葬され、そこで彼らを崇敬の対象とするバシリカが建立された。

ローマにおけるペトロ崇敬は、同時に教皇のローマ外に対する諸権利の主張の根拠ともなったが、それは図像学的にも見て取ることができる。図像学においてペトロが比較されたのはモーセであった。旧約（古き契約）の法をモーセが神から受領したように、新たな契約、新約の法をペトロはキリストから受け取ったとみなされた。その結果、モーセに対する「律法の引き渡し」（traditio legis）と、『マタイによる福音書』（16－18）(9) で示唆されるペトロへの「鍵の引き渡し」（traditio clavium）は、図像表現で好まれた主題となった。

（9）「わたしはあなたに天の国の鍵を授ける。あなたが地上でつなぐことは、天上でもつながれる。あなたが地上で解くことは、天上でも解かれる」（新共同訳）。

ローマ司教とペトロの結び付き

ローマ司教の主張を確かなものにする上で、もう一つ必要だったのは、ローマ司教とペトロとの間が偽りなくつながっていることを示すことだった。すでに一章で述べたように、二世紀以降、まずは都市ローマの外部で、次いでローマにおいても、歴代ローマ司教の継承リストが作成されるようになった。三世紀半ば以降にはアッピア街道沿いのカリクストゥスのカタコンベにローマ司教独自の霊廟が造営されたが、その霊廟は他の諸聖人のものと同様、ダマススにより装飾が施され、碑文が刻まれ人目を惹く存在となった。ダマススの在位期間までには、すでに歴代ローマ司教のリストが存在していた。そのリストでは、各ローマ司教の在位期間の詳細な日付は架空のものであっただけではなく、ペトロを初代ローマ司教と名指しし、彼の司教就任がキリストの没年から始まることを記している。ローマで成立したリストでペトロが初代司教とされるのと対照的に、ローマ外で成立したリストでは、ふつうリヌスかクレメンスを初代司教としてリストが始まっている。四世紀末に、ローマと密接な関係にあったアクィレイアのルフィヌスが、『偽クレメンス文書』を抄訳ではあるがラテン語に訳したことは、ローマ司教とペトロを結びつけるために幸運なことであった。この作品は、クレメンス一世の生涯を題材とした英雄譚的な聖人伝であり、東方でユダヤ教の影響を強く受けたキリスト教徒がイェルサレムの諸伝承を擁護する目的で三世紀に執筆したものだ。作品の構成は、クレメンスがイエスの弟のヤコブに宛てたとされる書簡を取りまとめたものであり、その中ではイェルサレムのキリスト教信徒共同体の指導者であるヤコブに対し「司教の中の司教」、つまりキリスト教徒の指導者という称号が与えられている。だがローマにとって重要だったのは、クレメンスがどのような形でペトロから「つなぎ、解く力（マタイ16-18）」を授かったかについて記されている点である。この真作と信じられた書簡は、ローマ司教がクレメンス同様ペトロの力のすべてを保持していることの証拠を与えてくれるものだった。そして四世紀末には、ローマ司教は皆「ペトロの座（cathedra Petri）」の保有者であるとする教説が提唱されることとなる。このようにさまざまな構成要素を結びつけることで、使徒座（sedes apostolica）をめぐる教説が成立したのだった。その教説では、歴代ローマ司教は皆ペトロの後継者であり、ペトロに対し授与された職権のすべてを保持する存在とされた。この全権は司教個々人と結びつくものではなく、非人格的であり、神その人が基礎づけたものであるがゆえ不可侵とみなされた。レオ一世はローマ法の助けを借りてこの教義をさらに発展させ、ローマ司教をペトロの完全な形での相続人とまで規定した。これ以降、ローマ司教自身の認識によれば、ローマ司教はペトロの代理人であり、ゆえに教会全体に対してはキリストの代理人でもある、という図式が成立することになった。

ローマ司教とパウロの結び付き

ローマ司教の地位をさらに支えたのは、四世紀後半からパウロが祭礼と教説の両方の面でより強調されるようになったことである。ダマススの教皇在位期間中、偽アンブロシウスと通称される著述家(10)が一三通に及ぶパウロの書簡に注解を付したこともあり、パウロが注目されるようになる。ローマ司教ダマススの在位の晩年に、パウロの墓の上に、それまでの小規模な殉教者霊廟に代えてサン・ピエトロと同水準の大聖堂が皇帝の援助で建てられた。その結果、地域的にも祭礼の点でも二人の聖人は類似の存在となったので、それからは、二人の使徒はともに一つの図像に描かれるようになった。つまり二人の使徒は、個人が私的な崇敬で用いたガラス絵とか、既に触れたサンタ・プデンツィアーナ教会のモザイクで二人いっしょに描かれるようになった。二人の使徒の図像表現からは、この二人がキリストから直接全権を委ねられていることがわかる。ペトロが「つなぎ、解く力」を授かる一方、パウロには人々を説諭する権限が授けられていた。さらに、より古く一世紀末以降ローマで伝えられてきた二人とローマとの関わりの伝承も加わり、一人は最上位の司牧者としての権限を持ち、もう一人は教説に関する最高の権限を持つローマ司教の祖とみなされるようになる。これに伴い、二人の使徒を記念した六月二九日の祝祭日がローマ司教職の重要性を強調するものとなっていった。たとえばレオ一世は六月二九日の説教で、ペトロとパウロをロムルスとレムスに代わるローマの守護者として称讃しさえした。こうした称讃の背景には、古代ローマの祭礼がローマのキリスト教化の結果衰えたことや、ゲルマン人の侵入によりローマ帝国が力を失ったこともある。さらに、古代ローマの伝承でロムルスとレムスのうちロムルスがより重要であったように、二人の使徒のうちではペトロがより重要であった。このことはレオ一世自身にとっても明らかであった。レオ一世はサン・パウロにおいて、そしておそらくはサン・ピエトロでも、ペトロを始まりとする歴代ローマ司教をメダイヨンに彫らせ、それにより両教会を訪れる都市ローマの人々と巡礼者に対し、ローマ司教の権利の拠り所を目に見える形で示したのである。レオ一世はまた、サン・ピエトロ大聖堂に埋葬された最初のローマ司教でもある。彼以降、彼の後継者のローマ司教のほとんどがその職の開祖であるペトロのかたわらに埋葬されるという慣行が成立する。この慣行に基づいて西暦五〇〇年頃には、ウィクトル（一九九年没？）までの一世紀から二世紀のローマ司教もまたサン・ピエトロ大聖堂の内部かかたわらに埋葬されたという伝承が成立した。ただ、ウィクトル以降のローマ司教はサン・ピエトロ以外のカタコンベに埋葬されたことが事実としてわかっていたので、ウィクトル以降については伝承の捏造はされなかった。

(10) 偽アンブロシウス Ambrosiaster パウロ書簡のラテン語注解の執筆を行った他、長らくアウグスティヌス作とされてきた『旧約と新約の聖書の問い（Quaestiones Veteris et Novi Testamentii）』の作者でもあると推定されている。作者本人がテクスト中でそう名乗ったわけではなく、後代の写本中でアンブロシウス作とする人物同定が行われてきたが、『パウロ書簡注解』の著者をアンブロシウスとは別人とみなす伝統は、一六世紀のエラスムス以降長らく確立している。詳細な人物同定の手がかりは少ないが、ダマスス治世にローマで活動し、ヒエロニムスによる聖書ラテン語訳や女性サークルでの活動に批判的な立場を取る人物であったらしい。

ローマ司教と都市ローマの聖職者

ペトロとパウロに対する崇敬の高まりは、他の典礼の変革と同様に、ローマ司教が都市ローマの聖職者や個々の信徒共同体を自らの揺るぎない管轄下に置くことで初めて可能となった。都市ローマの聖職者は二世紀から三世紀の教会の発展に基づいて、二つの所属領域に区分されていた。一つは司教に属する聖職者、もう一つは名義教会に属する聖職者である。司教座教会と名義教会の双方で聖体拝領と洗礼が執り行われていたため、司祭以外にも他の聖職者たち（守門、読師、祓魔師）が両方の教会で必要となった。職務の詳細は、とくに読師についてよくわかっている。読師は、文字を読むことができることに加え、『詩編』を朗誦するために、歌を歌う能力を備えている必要があった。つまり最低限の教養があればよかった。それゆえこの職務は年少者も行うことができたため、読師が聖職者としてのキャリア・パスの入り口となるのが常だった。読師になってからも名義教会で神に仕えることを望む者は、侍祭や司祭となることができ、司教のもとで活動する者には副助祭や助祭への道が拓けた。前者のキャリア・パスの終点となるのが司祭、後者では助祭である。どちらの出世街道を歩んでも司教になることはできた。助祭出身の司教は、司教叙階とともに司祭として聖餐を司式する権限を獲得した。同じ頃、ヒスパニアやガリアで固まった規則とは異なり、ローマでは司教への叙階の前に五つの下級聖職（守門、読師、祓魔師、侍祭、副助祭）および二つの上級聖職（助祭、司祭）のそれぞれに続けてなっていることは求められなかった。しかし、生涯にわたり一つの下級聖職にとどまる聖職者の方が一般的ではあった。

この時期、名義教会の下級聖職者もまた司教によって任命されていたかどうかはわからない。司教は、少なくとも叙階年齢の下限と在任期間について法規を作り、それを貫徹させようとした。だが、この試みに対する異論が存在したことは、シリキウスとゾシムスという二人のローマ司教の主張が互いに矛盾していることからも明らかだ。ゾシムスの在位期以降、少なくとも助祭になるには二五歳、司祭になるには三〇歳になっているのが条件となった。助祭は司教に直属し人数も多くなかったので、彼らの申告をチェックし、法規を適用することは容易だった。司祭に対しては、聖職叙階前に助祭が司祭候補についての情報を集め、司教に伝えることである程度はこの規定が実行された。また上級聖職への叙階は、下級聖職とは異なり司教のみが叙階を行うことができ、通例一二月に執り行われたことがわかっている。あわせて叙階の際、司教は候補者の暮らしぶりをチェックした。その際に重視されたのは貞潔の遵守である。司祭と助祭という上位聖職の二つの集団について、四世紀末より貞潔の遵守は義務とされたが、下級聖職者については義務として求められなかった。こうしたチェックにより、受け入れがたい教説を奉じる候補者の叙階を防ぐことができた。それだけではなく、倫理的にふさわしくない、あるいは以前の経歴ゆえに不適とされた候補者を排除するのにも役立った。贖罪者、重婚した男性、あるいは寡婦と婚姻を結んだ男性が前者（倫理的にふさわしくない人物）に該当する。他方、後者（以前の経歴が問題とされた）で問題とされたのは、兵士や裁判官のような流血とかかわりを持つ者や他者に従属する者である。他者に従属する者とみなされたのは、奴隷や小作民、解放奴隷だけではなく、手工業者のような強制加入の組合の構成員、さらに都市の参事会員といった人々である。都市の参事会員は、徴税に個人的に責任を負う存在であったので従属する者とみなされた。

都市ローマの聖職者の出自

古い時代に都市参事会員層を聖職者候補から排除していたことからは、この法規の基本理念が聖職者身分の社会的名声を上げることより、その自立性を保つことに力点が置かれていたことがわかる。しかし、すでにこの時期、その他の社会集団出身者が排除される一方で、特例措置として都市参事会員層出身者は聖職者に迎え入れられる可能性はあった。都市ローマの聖職者は、社会の「中の上」層出身者だけからなるのが常だったが、後には上層の元老院議員層出身者も含まれるようになった。その結果、中世を通じてみられる聖職者と通常の教会民との社会的格差は、この段階ですでに確立していたといえる。聖職者に認められた広範な免税特権は、多くの者にとり聖職者を魅力的な存在にした。貞潔の遵守は聖職者の中でも司祭と助祭にだけ求められた。レオ一世は副助祭にまで貞潔の義務付けを拡大しようとしたが、その試みが成功したかどうかわからない。このため、しばしば一つの家門が同時期に多数の聖職者を輩出したり、あるいは聖職が家門内で世襲されるような事態が生じた。ローマ司教の多くもまた、このような家の出身者だった。ダマススの父はローマ以外の司教座ではあったにせよ司教であり、シルウェリウスはローマ司教であったホルミスダスの息子だった。フェリクス三世、アガピトゥス、グレゴリウス一世という三人のローマ司教を筆頭とした数多くの聖職者が、一つの元老院家門から出ている。これらの事例からは、聖職者集団の中でも血のつながりが五世紀以降非常に重要となり、教会内でのキャリア・パスにとって決定的意味を有したことが明らかになる。

家柄と並んで、とりわけ助祭として仕えるなどの形でローマ司教と近しい間柄にあったことが多くのローマ司教の経歴から見て取れる。また、在地の信者共同体の内部では司祭と助祭は同格とみなされていたが、司祭の方が叙階の条件としての最低年齢が助祭より高かったこと、あるいは時にはローマ司教の中に司祭擁護の主張を行う者がいたことからわかるように、司祭は司教に次ぐ地位が与えられていた。このような司祭の高い地位の根拠は、司祭が新たなキリスト教徒に対し洗礼を施して共同体に受け入れ、聖餐式を司式し、さらに司牧活動を行うことができる唯一の存在であるということだった。これらの点において司祭は司教と変わりがなく、位階と職においてのみ司教は司祭の上位とされた。このため、司祭もまた司教と席をともにし、信仰にかかわる問題の決議を行い、あるいは聖職裁判の一翼を担った。司教が助祭出身の場合、司祭の方が典礼と司牧の経験で上回ることがあった。そのため、ローマ司教がローマ外で開かれた教会会議や公会議に使節を派遣する際には、司祭が使節の役を務めるのが慣例であった。しかし、ローマで司教となる可能性は、ここで扱っている時期には助祭の方が恵まれていた。三五二年から五六二年までの計一六人のローマ司教とその対立候補の中で、以前の経歴が少しでもわかっているものに限定するなら、前職が司祭だったのはボニファティウス一世、シクストゥス三世、ラウレンティウスの三人のみで、残りはすべて助祭であった。

助祭の重要性

助祭の地位が高かった理由は、司教に近しかったことに加え、助祭集団が閉鎖的であり、わずか七人で同輩集団を形成していたという点にある。市内各地に散在していた司祭とは異なり、彼らはずっと司教がつとめを行う直近で活動していたため、互いに顔見知りだったし、国家行政のエリートにも顔が売れていた。この種の活動により、彼らは強力な人脈を作り上げた。司教の聖餐式で果たした役割につながる寄付集めを助祭は担当し、金品や司教の貴重品、さらには所領の管理経営を行い、助けを必要としている者に手を差し伸べ、おそらくは司教文書のアーカイブの管理にも責任を負っていたものと思われる。あるいは文書の起草そのものにも助祭が関与していたかもしれない。司祭とは対照的に、助祭は四世紀の段階ですでに大助祭の指導下で一つの同輩集団を形成していた。これにより、彼らの影響力はさらに高まった。最終的に、ローマ司教シンマクス在位の五〇一年頃に起草された「シルウェステルの定め」という教書の中で、助祭には読師から副助祭までのすべての下級聖職者の統制が委ねられることとなった。さらに、信徒共同体の「ちょうつがい（cardo）」にたとえられた司教に近しいことから、助祭はすでにこの教書から、つまり

「枢機卿助祭（diacones cardinales）」と呼ばれることとなった。だが、助祭は常に敬愛を集めていたわけではない。四世紀の時点ですでに傲慢な存在とみなされていた。ゾシムスに至るまでほぼすべてのローマ司教は助祭の経験者であったが、四一八年、司祭集団が彼らの司祭の一人を新たなローマ司教に据えようとした。帝国の行政官と皇帝の宮廷は当初、現状維持を意図して対立候補であった大助祭エルラリウスを支持した。だがエルラリウスが皇帝の禁令をないがしろにしたことで、俗人の指導者層も司祭であったボニファティウス支持に舵を切った。これがローマ司教位初のシスマだが、その原因となったのはまぎれもなく司祭と助祭の間の対立であった。つまり、政治、教義、あるいは規律をめぐる差異が論点ではなかった。

ローマ司教選挙をめぐる対立

世俗権力がローマ司教の二重選挙に介入し、対立候補のどちらが正当かを定める事例は、三六六年のリベリウス没後、そして四九八年アナスタシウス二世の没後に見られる。このように、聖職者以外の機関が教皇選挙に対して事実上の影響力を持つ状況は、その後も二〇世紀初頭に至るまで続いた。だが五世紀のローマ司教はすでに、教令やローマの教会会議の決議を引き合いに出し、この種の干渉を防ぐための規範を作り上げようとしている。当時の法理念に従えば、ローマ司教は「聖職者と民衆」により選ばれるものであった。しかし五世紀の記録によれば、ここでの「聖職者」はもっぱら助祭と司祭を意味し、一方「民衆」が指すのは都市の上層市民であった。そこからは、選挙権そのものは上層の聖職者に留保され、上層の俗人には合意を与える権限だけが認められていたということが推察できる。二重選挙時は、聖職者の過半数が支持し最初に叙階された者が選出されたとみなされた。また、オスティア司教を初めとする何人かの周辺地域の司教たちが、ニケーア公会議（三二五年）での決議に従い、新しいローマ司教の叙階を執り行った。このことは、周辺地域の司教たちも叙階を通じて、よりよい候補者を選ぶために影響力を及ぼしたといえる。さらに四九九年の教会会議では――これは四九八年の二重選挙の後、シンマクスを正統なローマ司教と決定した会議でもあった――、聖職を得るために金品のやりとりをしたり、誓約により聖職を約束することが禁じられた。

このことは逆に、この時期のローマで聖職売買の行為があったことを示している。異議が差し挟まれることがなかった、つまり通常の選挙の際にこの決議がどこまで遵守されていたかはわからない。どちらにせよ、選挙人の間での対立があった場合には、これらの法規では完全に事態を収拾することはできなかった。聖職者と社会上層の人々は繰り返し派閥を作り、四九八年の選挙では元老院も分裂したことが史料で触れられている。ほとんどの場合、これらは流血事件へとつながり、その時点での統治者もしくはその代理人の介入が必要となった。

ローマ司教の社会的活動

ローマ司教が都市ローマの上流層の出身であったことは、すでに触れたように、都市の大多数の者との社会的な隔たりを生む結果となった。だが、都市民の多数派にとっても好都合だったのは、四世紀前半以降、司教に新たにさまざまな社会的な義務が課されたことだ。かなりの額の金銭の裁量権を司教が手にしたことが、これらの義務を彼が負う前提条件となった。当時のローマ司教が資産家の出身であったこと、そして同列の者と良好な関係を築いていたことが、このために好都合であった。四世紀末以降、海上交通を介し、規則正しく行われてきたローマ都市民に対する食糧供給が途絶え、四〇八～一〇年にかけ西ゴート人がローマを脅かすなか、帝国政府がローマ住民の日々の食糧需要と安全をもはや実質的に確保できない状況にあることが明らかとなった。同時に、都市総督が頂点に立つ世俗の都市行政も機能が低下していた。この状況下でローマ司教は、機能不全に陥っていた国家機関に代わって慈善活動を拡充したが、それはローマ司教にとり権力拡大の好機であったにとどまらず、重要な責務ともなった。このような新たな都市行政への関与は、インノケンティウス一世やレオ一世のようなローマ司教が後代の伝説的な叙述の中で、都市ローマの上層民や都市行政の代表者とともに西ゴート人、フン人、ヴァンダル人に対して交渉しローマの利害を守った人物として描かれるところで少なからず見て取ることができよう。

だが、実際にもっと重要な意味を持ったのは、ローマにおける司教の社会的活動であった。彼らの活動の一端は、六世紀に記された『教皇列伝（Liber pontificalis）』で――この著作については本書で後で詳しく取り上げることになる――、ゲラシウス一世が「貧者を愛し、聖職者を拡充した。彼は都市ローマを飢えの危機から解放した」と称えられていることからわかる。さらに、ゲラシウスの後継者の一人シンマクスは、サン・ピエトロ大聖堂、サン・パウロ大聖堂、そしてサン・ロレンツォ大聖堂のかたわらに貧者のための宿泊施設を設ける一方、捕虜の解放についても出資を行った。またゲラシウスの司教在位期間に、後代に正典となる教会財産の司教、聖職者、貧者、教会建築の間での四分割の原則が認められた。だが、この原則の実現のためには、教会収入を効率的にやりくりするだけでなく、収入そのものの増加が前提となった。そこで、ゲラシウスは教皇史上初の教会財産目録（polyptichum）の作成を命じたのである。

ローマ司教の経済活動とその補佐役

教会財産はおそらく信徒の寄付や遺言状による寄進によって増大したのだろう。この頃、死亡した聖職者の遺産が教会に帰することになっていたのか、司教が職に就いた際に「カテドラティクム（cathedraticum）」と呼ばれる何がしかの支払いを受け取ったのかは、本章で扱う時期のローマでははっきりしない。だが強調すべき点は、社会上層部のキリスト教化後、彼らの財産の一部が教会の手にわたる一方で、基本的に一度教会のものとなった財産は特例を除きさらなる譲渡や売却は禁止されていたということである。四世紀末以降には、全教会財産を監督していたと思われるローマ司教でさえ、この禁止事項を遵守しなければならなかった。ゆえに教会財産が減少したのは、略奪（四一〇年の西ゴート人、四五五年のヴァンダル人による略奪）か、敵対勢力による後背地のヴィラ[11]の占有によってであった。また、ヴィラからの収入は農作物の収穫に左右される部分が多かったことも指摘しておきたい。

(11)　古代ローマの富裕層が農村部に建てた屋敷が語源。しばしば屋敷には大所領（ラティフンディウム）が付随し、農業生産を行う社会経済上の拠点となった。土地所有者の屋敷だけでなく、奴隷や家畜小屋など複数、多様な機能を持った居住施設の複合体として構成されることも多い。

多くの教会が建築されたことや、いくつかの史料が触れるローマ司教の社会的活動からは、ローマ教会の財産が五世紀にそれほど大きくは侵害されなかったことがわかる。正確な記録は残っていないが、ローマ教会のヴィラの所領が広大であったので、四世紀半ば以降、国家をモデルとした管理の方法が採用された。司教と助祭が上級監督権を行使した一方、実務の遂行には「代理人（defensores）」と呼ばれる経営や法に通じた俗人があたった。彼ら「代理人」は、おそらく五世紀にはすでに、「首席代理人（primicerius）」の指導下で一つの団体（schola）を形成していたと思われる。彼らは法的な係争があれば雇用主である教会の代理を務める一方、ほぼ都市内の不動産と後背地の所領で構成される教会財産から、その収益を確保するよう取り計らっていた。教会領は当時の経済システムに則って経営されており、労働力はもっぱら奴隷や土地持ち小作農（コロヌス）であった。そのため、代理人の管轄事項には、寄進や遺贈、担保や財産の交換だけでなく、彼ら従属民の解放までもが含まれた。

ローマ法に照らすなら、すべての法的行為は文書の形で記録しておく必要があった。そこで、教会行政当局は読み書き能力を備えた協力者として公証人を雇い入れた。ちなみに公証人を意味する「ノタリア（notaria）」とは速記文字を意味する言葉で、彼らが一般的な速記法を理解していたことでこの名が付いた。公証人は文書の作成以外にも、司教から依頼された仕事を助祭の監督下で行い、殉教録やローマで開かれた教会会議の議事録を取りまとめた。このような公証人の作業により、聖人崇敬がローマ司教のもとに一元化され監督されるようになった。公証人には下級聖職者だった者もいた。公証人たちは五世紀の間に、「首席公証人」が指導する一つの団体にまとまっていたと思われる。司教文書の起草にあたっては秘書もかかわったが、秘書と公証人とを区別することができない場合もある。すべての文書は「箱」を元来意味した文書庫（scrinium）に保管されたが、この文書庫の設置は、後代の伝承によればユリウス一世の事績とされた。この文書の記録保存に向けた動きは、教皇の歴史にとって非常に重要なものだった。教皇がローマ外部に対して権利の主張を行う際、早い時代から、過去からの連続性を引き合いに出すことができたからだ。

ローマ皇帝の役割

ローマ司教の権威の主張について、もう少しこまかく述べておきたい。まず、ローマ司教が皇帝や皇帝代理に対して地位を主張する場合と、他の教会組織に対して地位を主張する場合を分けて考える必要がある。皇帝としてのコンスタンティヌス帝は彼の前任者と同様、「大神祇官（pontifex maximus）」であった。すなわち、認可された宗教や祭礼の最上位の保護者であり、神法の遵守を監督する立場にあった。この職権と政治上の動機の双方からコンスタンティヌス帝は、正統とみなされない、宗教上の平和や社会秩序を脅かすような教説や宗教運動を抑圧して、キリスト教を統一しようとした。その種の抑圧を行わなければ、帝国の政治的統一さえもが脅かされる、という事情もこの態度の背後にはあった。この姿勢は、コンスタンティヌス帝の後継者にも受け継がれた。ただし、彼らは異教的とみなされた「大神祇官」という称号をもはや名乗ることはなかった。皇帝たちは、教会の建立や寄進を通じて自らの敬虔な姿勢を表明する一方、特権付与を通じて、キリスト教の聖職者が他宗教聖職者と同列の存在であることを保証した。さらに、皇帝たちは、信仰を護持し規律を統制する目的で司教を裁判官に据えた。皇帝たちは、地方での教会会議や帝国規模での公会議を主宰し、さらに自ら特定の教説を広めることにもかかわり、教義の編纂にまでたずさわった。

皇帝の宗教政策によって当時の教会は、疑いなく確固としたものになった。皇帝による召集がなければ、ニケーア（三二五年）、コンスタンティノープル（三八一年）、エフェソス（三八一年）、カルケドン（四五一年）(12)での四つの大規模な公会議は開催されなかっただろう。なぜなら、「人間の住む世界（エクメーネー）」すなわちローマ帝国の全土を統括するような教会行政機構は、当時まだ存在していなかったからだ。そしてまさに、この四つの公会議が、今日までカトリック教会も正教会も同様に認めている信仰箇条を定式化した。だが同時に、東の帝国ではとくに、政治的な意図や皇帝個人の宗教理念によって、教会諸機関がふりまわされる状況が生じた。その結果、教会と世俗の指導層の間で繰り返し紛争が起こった。

(12)　キリストの人性、神性双方を認め、単性論やネストリウス派の教説を正統と認めなかったことで有名。カルケドンはボスフォラス海峡のアジア側に立地する。

教会の自由の教説

そのような中、西の帝国で発展した教会の自由の教説は、現在でもなお国家と教会の間の関係に部分的にであれ影響を与えている。とくに五世紀にローマ司教は、教会側の教会の自由の見解を練り上げる作業に決定的にかかわっていた。ローマ司教が国家権力に対抗してどのような立場を取ったかは、ここまで述べてきた教会の歴史からも理解できよう。ただし重要なことは、教皇だけが教会の自由の唯一重要な擁護者であったわけではないことである。この時期、ローマ司教は教会の自由の問題で、他の重要な仲間を持っていた。それは、コルドバ司教ホシウス、アレクサンドリア司教アタナシウス(13)、ポワティエ司教ヒラリウス、ミラノ司教アンブロシウス(14)、ヒッポ司教アウグスティヌス、コンスタンティノープルのヨハネス・クリュソストモスといった者たちである。しかしローマ司教とこれらの司教との違いは、五世紀のローマで教会の自由の教説は、それ以前から連続する伝統を持っていたことである。またローマでの教会の自由の教説は、個々の教皇――インノケンティウス一世、レオ一世、ゲラシウス一世といった教皇――の個性が生み出したものとだけいえるものではない。それだけでなく、ローマが理念上の帝国の中心として名声を持ちながら、俗人統治者の座所からは遠く隔たっていたこと、また、助祭の団体の働きと文書の記録保存によりローマの信徒共同体の指導層の教会政治が一貫性を保っていたことが教会の自由の教説の発展にとり重要な要素となった。

(13) アレクサンドリア司教/主教(三七三年没)。父と子(後には聖霊)の同質性を主張し、キリスト教神学の主流確立に大きな役割を果たしたことで有名。ニケーア公会議でアリウス(アレイオス)支持者を攻撃した段階では、司教の随員として参加しており、まだ司教職にはついていなかった。ただし、皇帝の宗教政策や教会内部での対立もあり、生涯五度にわたり追放されてもいる。

(14) 司教在位三七四~九七年。司教就任前は行政職(州総督)についており、また、帝国西半部における行政の中心地であるミラノの司教として、歴代皇帝と密接なかかわりを持つなど同時代の政治においても重要な役割を果たした。その一方、聖餐に代表される典礼・司牧についても重要な著作を残している。

皇帝によるローマ司教の特権授与

ところで四世紀の前半において、ローマの信徒共同体が他の信徒共同体と異なっていた点は、ローマの信徒共同体にはコンスタンティヌス帝と彼に続く後継者が手厚い支援を行っていたことである。皇帝側の厚遇は、すでに取り上げた教会建築に加え、特権付与にもみることができる。ローマ司教には、他の司教同様、キリスト教の規律にかかわる紛争で裁判官としてふるまう権利が認められていた。ローマのキリスト教聖職者はほとんどの他宗教の神殿の祭司より立場は上であり、国家の裁判権から免除された存在だった。また、教会の所領についても諸貢課が免除されていた。だが、四世紀後半になると皇帝は帝国財政事情の逼迫を持ち出して特権を制限した。特権は、国家組織により常に遵守されていたわけではなかったのだ。コンスタンティヌス帝の治世以降、ローマ司教が称号と位階の点で皇帝の行政機構の高位の人物と同列とされたかについては、かつての定説とは対照的に、ほとんど不明のままである。わかっているのは、ダマスス以降のローマ司教が国家の高官同様に馬車でローマの街道を移動することが認められたということだけである。

皇帝による特権授与は裏を返せば、皇帝がローマ司教を利用していた、ということにもなるだろう。そのような最古の例は、しばしばローマ司教への特権的地位の授与を示すものとして誤って解釈されてきた三一三年にラテラノで開催された教会会議である。この教会会議は皇帝コンスタンティヌスの命で召集され、ローマ司教ミルティアデスの主宰のもとでカルタゴ司教と厳格派のドナティストの一団の間で起きていた対立を収拾することを目的としたものだった。皇帝は、教会会議での決議が受け入れられなかったので、この事件をアルルで再度教会会議を開催して扱うよう命じている。つまり、コンスタンティヌスはミルティアデスを自分の帝国首都の司教という以上に特別視しておらず、ローマ司教を帝国西方のキリスト教信徒共同体にかかわる重大事件の最高裁判官とはみなしていなかった。ローマ司教がより重要な立場に立ったのは、アリウス派の教説をめぐる論争においてである。ユリウス一世とリベリウスの二人はアリウスを異端視するニケーアでの決議を支持した。ただリベリウスはこれが理由で一時追放の憂き目に遭っている。しかし、ローマ司教の全教会内での指導力は、皇帝に対するローマ司教の影響力と同じく小さなものにすぎなかった。

それでも、この頃のローマが西の帝国のなかでは卓越した地位を有していたことは強調すべきであろう。その地位は、最初は政治的な重要性に基づくものだけだったが、すぐにペトロの後継者という主張が加わった。サルディカ（今日のソフィア）で三四三年に開催された教会会議(15)の決議文の一条項は、ローマ司教を規律と教説にかかわる案件についての上訴審の裁判官とみなしている。このサルディカ教会会議を筆頭とする西側の教会会議でローマの地位は強調され、三八〇年にはまず西の皇帝グラティアヌスおよびヴァレンティニアヌス二世により、次いで東の皇帝テオドシウスにより、ローマの共同体の教説が他の共同体に対する指針とされるべきことが認められた。この西の帝国におけるローマへの特別な地位の付与に対応して、その翌年（三八一年）のコンスタンティノープル公会議――ローマはこの会議を長い間、公認しなかったが――は、コンスタンティノープルに「新しいローマ」としての地位が認めることになる。この内容は、四五一年のカルケドン公会議でも時のテオドシウス帝が首都としてのコンスタンティノープルを考慮して持ち出し、決議文に再録された。このことは、皇帝と公会議に参加した教父がローマの高い地位の根拠をいまだ政治的な地位に求めていたことを示している。政治上重要な場所が、教会の事項においても中心地となるというこの両者の結び付きには、当時、同様の例が数多くみられる。ローマとコンスタンティノープル以外には、アレクサンドリア、アンティオキア、カルタゴ、それらより規模は小さいがテッサロニキ、アルル、ミラノ、ラヴェンナといった皇帝の座所や行政上の中心地が、その地方の教会の中心として成長していった。同様の理由からイェルサレムは、五世紀に入るまで国家行政の拠点であったカイサレア首都大司教の管轄下に置かれた。この時期、ローマのキリスト教信徒共同体は皇帝の権力に従属していたが、それを如実に示す事例は、分裂司教選挙の際に国家権力が介入したことにとどまらない。たとえば、ローマで三七八年に開かれた教会会議の決議事項の一つでは、ローマ司教がかかわった紛争においては、皇帝が最終的な裁判官となることが定められている。

(15) 西の皇帝コンスタンス帝が教皇の要請を受け、帝国聖職者を召集した教会会議。アタナシウスの追放問題の解決を当初の主眼としており、コルドバ司教ホシウスが主宰した。裁判以外にも、司教の権限をめぐり数多くの決議文が定められ、後代の教会制度に大きな影響を残す。

「両剣論」の教説の誕生

だが、ほどなくして西の帝国では、教会と国家との関係についての見解に変化が生じた。まずローマ外でこの動きが生まれ、それからローマに波及した。ミラノ司教であったアンブロシウスは皇帝テオドシウスに対し、キリスト教徒として皇帝が司教に従うよう徹頭徹尾説き伏せた。ヒッポ司教であったアウグスティヌスは、四一〇年の西ゴート人によるローマ占領などを背景として、自らの著作『神の国』のなかで地の国と神の国という形での理論構成を新たに行っている。ここから、後代何世紀にもわたり、西方で非常に影響力を持つ教説が展開することとなる。アウグスティヌスはあわせて、地の国の統治者は天の国に仕える人々に助力を行う必要があると強調した。このような見解は同時期のローマでも受け入れられていた。ボニファティウス一世が四二〇年に西の皇帝ホノリウスに宛てた書簡を典拠として挙げることができよう。また四四五年に、レオ一世がアルル司教と対立した際、皇帝ウァレンティニアヌス三世が西の帝国の教会に対するローマ司教の権威を承認していることも、この流れに沿ったものといえるだろう。このレオ一世は、東の皇帝であったレオンに対し四五七年に書簡をしたため、その中で、皇帝が統治権を委ねられている理由は、「主に教会を庇護するため」であると主張している。この教説をフェリックス三世はさらに推し進め、皇帝ゼノンへの書簡のなかで、皇帝は教会の息子であり司教ではない以上、皇帝もまた神の法と信仰について教会に従わなければならないと述べた。

このフェリックス三世の書簡の起草には、もしかすると当時助祭であった後のゲラシウス一世がかかわっていたのかもしれない。このゲラシウス一世はローマ司教に着任後、四九四年に皇帝アナスタシオスに宛てた書簡中で、とりわけ一一世紀以降教会と国家の間の関係を規定することとなる、いわゆる「両剣論」の教説を提唱した。この教説は、世俗と教会の権力とその保持者が持つ異なった職務を定義している点で後の時代に重視された。それによれば、「司教の聖なる権力と支配者の権力」のうち、「司祭に課せられた務めの方がはるかに重要である。彼らは神の裁きの場で、人々の王の名代としてその善行と罪業を読み上げねばならないのだから」といわれる。それゆえにゲラシウスは、信仰と教会上の規律については皇帝でさえ彼らに従わなければならないと主張する。さらにゲラシウスは、謙虚な言い回しをしつつもきっぱりと、ローマ司教は「至高なる神に選ばれ、すべての司祭の上に立つ」、つまり教会内で最高の権威の持ち主であると主張した。ただし彼は、後に続く中世の教皇とは異なり、聖俗両権力の不干渉を強調している。これは、他の書簡からも明らかになる。それによれば、「キリスト教徒の皇帝は、永遠の命のために司教を必要とする。他方で、司教もまた世俗の事柄を処理する上で皇帝の命令を活用することになる。そうすることで、聖職は世俗の影響を受けることなく、『神に仕える者は俗事にいかなる形でもかかわりを持たない（二テモ２‐４）』(16)ことになる」とされる。

(16)「nemo militans implicat se negotiis saecularibus ut ei placeat cui se probavit：兵役に服している者は生計を立てるための仕事に煩わされず、自分を召集した者の気に入ろうとします」（新共同訳）。

教会関係の事項について国家の影響力を忌避する傾向は、シンマクスの在位期間にさらに強まった。シンマクスは東ゴート王テオドリックという世俗権力の支援を受けてローマ司教となったのだが、政敵から倫理面で誤りを批判され五〇一年にテオドリックが召集した合法的な教会会議で断罪の判決が下されたとき、シンマクスと彼の支持者はこの判決を受け入れなかった。この新たな姿勢を確かなものとすべく、さまざまな文書が起草されたが、それらは五〇〇年頃にはすでに伝説化されていたシルウェステルの司教在位時代に遡るものとされた。その中で、位において劣った者が上位の者を裁くことは許されない、という理由を挙げて、皇帝を含め「いかなる者も首座についた者を裁くことはできない（Nemo iudicabit primam sedem）」と簡潔に主張される。ゲラシウスの教説同様この文言もまた、異なる文脈のもとで、一一世紀以降になって初めて十分な影響力を持つに至った。

ローマ司教の理念と現実の乖離

いずれにせよ五世紀末、つまり西ローマ皇帝が四七六年に姿を消した後、ローマ司教には皇帝と同等の地位が割り当てられるようになる。それは、ローマ司教の姿を見れば信徒の目にも明らかであった。ローマ司教はおそらくこの当時に、遅くとも六世紀には肩の上にかける狭い帯状のパリウム(17)を着けていただけでなく、それをオスティア司教のような自分の管轄の司教に対し授与していた。このパリウムの授与は本来皇帝にのみ認められた行為だったので、パリウムは、少なくとも一二世紀までローマ司教の権威の象徴であり続けた。さらに五世紀の後半以降、ローマ司教は皇帝にならい、行列を挙行する際に蠟燭と香をたずさえさせるようになる。

（17）司教や大司教が服の上に身に付ける帯状の肩衣。

だが、現実がすべてローマ司教の理念どおりのものだったわけではない。四七〇年に軍長官リキメルが、ローマの最も重要な駐屯地の近隣にアリウス派兵士のための教会を建造したが、このときローマ司教は、正統信仰の守護者としてそれを止めさせることはできなかった。この教会（現在のサン・アガータ・ディ・ゴーティ教会）は後にゴート人が使用し、その他のアリウス派教会同様にグレゴリウス一世の時代になって初めてカトリック典礼が導入されることとなる。シンマクスがシルウェステルのものとした偽造文書を起草してから約二〇年後に、ヨハネス一世は、正統信仰を持たずアリウス派に帰依する俗人統治者のためにさらに苦しむこととなる。ヨハネス一世はローマ司教として初めてコンスタンティノープルに旅し歓迎を受けたが、彼の任務は教皇の威信を増すこととはまったく異なるものであった。つまり彼はそのときテオドリックからの依頼で、東の帝国で迫害されていたアリウス派ゴート人の信仰の認可を得るために行ったのであった。当然ながら、ヨハネスの任務は失敗に終わった。ローマに戻った後、ヨハネスは捕えられゴート人の牢獄で死を迎えた。その結果、ヨハネスはローマで殉教者と見なされ、テオドリックには異端者の暴君としてのうわさが立った。このヨハネスの司教位の期間は、本章が扱う時代の終わりの時期に、ローマ司教の理念と現実が乖離していたことをとくに明白に示している。

この理念と現実の乖離は、教会自体の内部におけるローマ司教の立場にも見て取ることができる。そしてこのローマ司教の立場を理解するためには、イタリア、西の帝国、東の帝国という三つの地政学的な領域を区別することが必要である。

ローマ司教に属する管区

ディオクレティアヌス帝は、帝国行政の効率化を目的として帝国を広域行政管区としての「道」に分割したが、この「道」は、通常数多くの、より下位の「管区」により構成されていた。コンスタンティヌス帝とその後継者は、同じく行政の効率化の理由から、この細分体制に手を加え、この過程でイタリア「道」は以下のような形に変わった。アルプス山脈からフィレンツェの南のアペニン山脈までを占めるイタリアの北半分はミラノの皇宮に糧食を供給する「イタリア・アンノナリア（Italia annonaria）」となり、イタリア半島の南半分とシチリア、サルディニア、コルシカ各島をあわせた部分はローマに生活必需品を供給するよう割り当てられ、「ローマに属するイタリア（Italia suburbicaria）（urbs＝都市＝ローマ）」となった。この両行政管区の支配はそれぞれミラノとローマが担当した。そして世俗の中心地は教会行政上の中心地ともなり、ミラノとローマの司教は、それぞれの行政管区にあったキリスト教信徒共同体に対し監督権を行使するようになる。とりわけ五世紀初頭以降の政治状況の変化を受け、ミラノ司教の管区はラヴェンナおよびアクィレイアに侵食され縮小した一方、ローマ司教の管区はゴート戦役時点までおおむね変化がなかった。ローマ司教の管区内の司教にはローマから典礼と規律の遵守の指示が送られ、彼らはローマ司教により叙階され、ローマで開かれる教会会議に出席した。管区内の司教には、ローマの信徒共同体の司祭が任じられることもあった。ローマ司教と管区司教の支配関係がどのようなものであったのかは、インノケンティウス一世が四一六年にグッビオ司教デケンティウスに宛てた書簡からわかる。その書簡でインノケンティウス一世は次のようにいう。西の帝国で使徒として活動したのはペトロだけであり、イタリア、ガリア、ヒスパニア、アフリカ、シチリアや西方の島々の全共同体を創設したのは、ペトロとそのローマにおける後継者が任じた司教をおいて他にいない。ゆえに、これらのキリスト教共同体はローマが定めた法規を遵守しなければならない、と。インノケンティウス一世の書簡は後代のローマ司教がしばしば好んで行った、自身の主張の根拠として真偽が不確かな歴史上の証拠を持ち出す手法を使った最古の例の一つである。すでに同時代人の目にもこれが史実でないことは明らかだった。にもかかわらず、後代の教皇やその党派の者はこれを史実とみなすことになったのである。書簡の書かれた時期から時代が下るにつれ、この「証拠」が確かであるという見解はさらに強まることになった。

地政学上の諸条件がキリスト教受容以前の共和政期のローマの版図を規定したが、それは中世に至るまで重要性を保ち続けた。地政学的な理由から、「ローマに属するイタリア」管区の中で、テヴェレ川下流、アルバーノ山地、トスカーナ南部が一つの領域を構成した。教皇が都市ローマ出身でない場合には、この領域の出身者であることが多かった。たとえば、インノケンティウス一世はアルバーノの出身であった一方、ケレスティヌス一世とホルミスダスはカンパーニャ地方の出身であった。またレオ一世とヨハネス一世はトスカーナ、そしてシンプリキウスはティヴォリの出身だった。それだけでなく、この領域は四世紀以降教皇を叙階した一群の司教が管轄する場所でもあった。その司教とは、叙階の際に最初の祈禱を行うアルバーノ司教、二番目の祈禱を行うポルト司教、そして三番目の祈禱を行うオスティア司教である。彼らのなかでオスティアの司教が最も重要であった。おそらく五世紀の段階でローマ司教はオスティア司教にパリウムを授与していたのではないかと思われる。六世紀の『教皇列伝』はこのパリウムの授与がマルクス（在位三三六）のローマ司教在位中に既に行われていたと記しているが、これは史実ではない。いずれにせよ、オスティア司教の教皇の叙階への関与はすでに当時には、教皇叙階の不可欠な構成要素となっていた。続く時代には、おそらくオスティア司教が空位であったためか、教皇ペラギウス一世はオスティアの司祭の一人から叙階を受けている。この例は、一二世紀に定められる規定の先例となった。

管区以外でのローマ司教の権威

「ローマに属するイタリア」がローマの管轄下に置かれたことは既に述べたが、この状況は本章で扱う時期を通じて変わりなかった。ローマ司教が西の帝国のうちこの管区以外の諸地域に対して及ぼす変化は政情の変化に左右されていた。イタリア外部に対するローマ司教の影響力が強くなったのは、ダマススの司教在位期からである。だがその影響力は、帝国の権力が四〇〇年頃からブリタニア、低ライン地域、あるいはドナウ川以北には及ばなくなったため、ヒスパニア、ガリア、アルプス地域を含む北イタリア、ギリシアを含むバルカン半島西部、そしてエジプト以外の北イタリアの方に向かった。三四三年に開催されたサルディカ教会会議についてはすでに触れたが、その決議を文字通りに解釈するなら、ローマはその時点からずっと西の帝国のすべての信徒共同体の上訴機関となったかのように見える。しかし、ミラノ司教アンブロシウスがしばしば主宰した教会会議の参加者からは、少なくとも彼の司教位の時期には、ガリア南部やイリュリクムの司教にとってミラノがローマよりずっと重要な存在であったことがわかる。教義の研究者や法制史家は、ひとたび成立した教会会議の決議が永続的な効力を持ったと考えたがるが、そうした見方とは対照的に実際には、このような決議がローマ司教による諸種の決定事項と同様に特定の具体事例についてのみ適用されたり、教会内の特定党派の見解を代弁するにすぎないことがしばしばあった。ゆえに、このような教会会議の決議には、普遍的、長期的な効力を認めることはできないのである。

北イタリアはローマに地理的に近かったため、教皇による統合政策の際の優先目標だったのではないかと考える人もいるかもしれない。だが、実はそうではなかった。西の皇帝の座所がまずミラノ、そして四世紀末からはラヴェンナに据えられたために、この教会管区では教会の独立の気風が強かった。ミラノ司教を務めたアンブロシウスのような重要人物の影響も加わった。北イタリアの司教たちとローマとの間には人的な接触があり、典礼の定式文や聖人崇敬でも共通のものがあったことは事実だ。たとえば、ゲラシウス一世はイタリア北西部での捕虜の買い戻しにも尽力した。また、時にはローマの司祭が北イタリアの司教となることもあった。だが六世紀半ばまで、ローマの北イタリアの信徒共同体に対する直接的な監督権は全面的に認められていたわけではなかった。

アドリア海を隔てた地域でのローマ司教の権威

一方、「イリュリクム」と呼ばれた地域やガリア南東部では、長い間、ローマ司教はより強い影響力を維持していたと思われる。テッサロニキやアルルの司教がローマ司教の代理者としての役割を果たしたことがその影響力を示している。ただ、これについては両司教座の国家のなかでの位置を考える必要がある。テッサロニキはドナウ川に至るイリュリクムとギリシアから構成されるマケドニア道の行政の集約地点であった。一方、アルルは四世紀に一時皇帝の座所となり、五世紀初頭以降はガリアにとどまったローマ帝国市民の避難所と行政上の中心となった。

ところでマケドニアは、すでにダマススの司教在位期からローマの管轄下に入っていた。ダマススは西の帝国ではローマ教会会議の布告によって、アリウス派の司教を排除しようとした。ただ実際にこのアリウス派司教との戦いの立役者は、ダマススではなくミラノ司教アンブロシウスであった。というのは、アンブロシウスが当時ミラノを座所としていた皇帝グラティアヌスと協力し、複数の正統側の司教をアリウス派の司教に代えて任命したからである。だが、もともとマケドニア道が属していた東の帝国では状況が違っていた。マケドニアは東の皇帝テオドシウスの命令に復したが、コンスタンティノープル司教の影響下に入るのをよしとしないテッサロニキ司教がローマを頼ることで自立を確保しようとした。だが、その後すぐにバルカン半島では西ゴート人の略奪などで秩序が乱れ、その結果東の帝国の統治者への従属をマケドニアが余儀なくされたので、ただでさえ稀薄だったローマとの接触はさらに妨げられた。だが、そのような難局の中にあってもシリキウスはイリュリクムに正統教会の秩序を浸透させようとした。彼はローマ司教自身が「ローマに属するイタリア」管区内で享受していたのと同様の地位をテッサロニキ司教に約束し、テッサロニキ司教を利用することでこの目的を達成しようとした。テッサロニキ首都大司教はこの職権を用いることで、教皇の意向をその代理として実現させることになっていた。この計画は失敗に終わったが、後代の教皇が同様の試みを行う際のモデルにはなった。その種の試みには、インノケンティウス一世、そしてレオ一世によるものがある。この両者は一時的にシリキウスよりも成功を収めたようだが、彼らの試みは長期的に現状を変化させるものではなかった。その理由として、まず東の帝国の皇帝、そしてコンスタンティノープル総大司教が自らの権力をマケドニアに拡大しようとしていたことがまず挙げられる。これはローマ側の企てと対立するものだった。もう一つの理由は、テッサロニキの司教がローマから特権の承認を受けた自らの立場を、ローマの承認抜きで統制、管掌できる領域の拡大のために利用しようとした点である。これにより、テッサロニキ司教とローマ司教は対立することになる。「アカキオスのシスマ」(18)（四八四〜五一九年）と呼ばれるローマとコンスタンティノープル間の断絶が、五世紀末にローマ側のマケドニア管轄の努力を挫折させる決定打となった。だがこれらの努力が完全に無駄に終わったわけでもない。

八世紀まで、ローマはイリュリクムに対する教会上の上位監督権を主張し、少なくとも同地域の西半分については共通の典礼を保持し、また書簡のやりとりをしていたからである。カロリング期以降にとくに重視された書簡は、レオ一世が四四六年に自立を志向していたテッサロニキ司教アナスタシオスに送った書簡である。その書簡中で教皇は、「アナスタシオスは職責の一部を有しているにすぎず、教皇のように完全な職権の所有者ではない」と強調している。この書簡は司教の権能のうち教皇の代理人としての部分だけを扱っており、司教や大司教の権能そのものについて述べたものではない。だが、この書簡は九世紀以降になると、文面に変更が加えられた上で、すべての司教が教皇の至高権（plenitudo potestatis）に服することの典拠として用いられるようになる。

(18) コンスタンティノープル総主教（司教）アカキオス（在位四七一～八九）が、皇帝と融和的な態度を取り、単性論者ペトロス・モンゴスをアレクサンドリア主教（司教）に任じた他、カルケドン派と単性論派の対立の解消を図る皇帝発布の「統一令（ヘノティコン）」を支持したことに端を発する東西教会で初めての教会分裂（シスマ）。ローマ司教フェリクス三世が四八四年にアカキオスを破門して以降、三五年間東西両教会の間の交渉が断絶した。

ガリア南部でのローマ司教の権威

一方、アルルに対するローマの政策は一時的ではあったが成功している。すでに述べたように、アルルは五世紀初め以降ゲルマン人の「蛮族」に対する抵抗の軍事および政治上の中心となった。この状況を利用したのがアルル司教パトロクルスである。彼は、古くからあるアルル司教座の特権を引き合いに出し、マルセイユやヴィエンヌの司教座に対する管轄権を打ち立てようとした。この目的を達成するため、パトロクルスは時のローマ司教ゾシムスに頼った。ゾシムスもまた、まだローマ帝国支配下にあったガリアでの自らの権威を確立し、同時に荒廃していた教会の状況を改善したいと考えていた。このためにローマ司教は、興味深い一見もっともらしい歴史的典拠の引用を行った。つまりゾシムスは、パトロクルスからの要請で出した書簡で、先に触れたグッビオ司教デケンティウス宛にインノケンティウス一世が書いた書簡と同じように、アルルとアルル司教管区は後に初代アルル司教となる聖トロフィヌスがローマ司教の命を受け宣教した土地であると主張した。これにより、地域で尊崇を集めた聖人とペトロが直接結び付けられ、後代の諸教皇がガリアやラインラントで行った同様の企てのモデルとなった。だが、ゾシムスが一方的にパトロクルスに肩入れして干渉を行ったため、ゾシムスの行為は結局のところガリア南部の混乱を助長しただけに終わった。ゆえにゾシムスの後継者たちは、前任者の政策とは距離を置くことで、ローマ司教の声望を再び高めようとした。いずれにせよアルルは、ローマ司教にとり、ガリア南部の教会に対し影響力を浸透させるための司教座であることに変わりはなかった。

マケドニア同様、ガリア南部でも最も成功を収めた教皇はレオ一世だった。パトロクルスの後継者であったホノラートゥス、そして四三〇年にその後を継いだヒラリウスは、カンヌ近郊のレランスの島に設けられた修道院の出身だったが、彼らはガリアにおいて、自分たちの理想にかなった司教をできるだけ多く任命しようとした。それに際し彼らは、自分たちの権限をローマの代理人という形で根拠付けるのではなく、キリスト教徒の手本となる禁欲生活を実現しようとする意図を理由としてガリアの司教を任命した。だが、この姿勢はローマ側の反発を招いた。インノケンティウス一世はアルルにおける諸問題を受け、司教に関する重大案件（causae maiores）は一般にローマ司教の所管事項に属すると教令で定めた。ただし、どのような案件を「重大案件」とみなすべきかについては、中世盛期に至るまできちんとした定義は定められていない。しかし後代の諸教皇は、この明確に定義されていないことを逆手にとり、この教令を拠り所として他の司教座に干渉することができた。たとえば、レオ一世はこの教令に基づきローマの教会会議で、アルル司教ヒラリウスから司教職に授与された全権能を奪うことに成功した。こうして教会法とローマ司教の命じる規律が、自主性を重んじ、神学的あるいは社会的な視角から「キリストの模倣」を実現しようとする試みに勝利することになった。しかしまもなく、東の帝国のマケドニアと同様に、ガリア南部でも、東ゴート族とフランク族の王国が支配を樹立したために、ローマ司教が対アルル政策のような干渉を続けることは不可能となった。だが、マケドニアとガリア南部の双方に対するローマ司教の上位権の主張はその後も続いた。そのことは、ローマとガリア南部の司教との間で活発に交わされた書簡から見て取れる。

ローマ司教のガリア全体との関係

ところで、後にプロヴァンスと呼ばれるようになる地域では、ローマ時代の支配機構と統治理念がその後も長く生き続けたにもかかわらず、教皇権は、政治的、社会的大変動のために長期的な成功を勝ち取ることができなかった。また、ガリアの大部分では状況はさらに悪かった。ガリアではすでに二世紀から、リヨン司教イレナエウスがローマとのつながりを維持し、四世紀になるとポワティエ司教ヒラリウスのような司教が、アリウス派を初めとする異端諸派との戦いでローマ司教と協調する路線を取っていた。だが、四〇〇年頃から一連の「蛮族」――アラン人、ヴァンダル人、スエビ人、西ゴート人、ブルグント人、フランク人、アラマン人――がガリアを通過し、また定住する者も出てくるが、これにより、司教座の存続はできても、ローマの行政管区をモデルとした教会組織の構築は困難になった。そしてこうした不安定な政情が、ガリアのローマに対する服属を阻んだのである。それでも、ガリアの司教たちは典礼や教会組織、あるいは規律に関する問題では、ローマの助力を得て、その指示に従って問題を解決しようとした。四世紀末から五世紀初め、シリキウスからレオ一世にかけての時期のローマ司教の書簡には、ガリアの全司教宛か、あるいはナルボンヌ、トゥールーズ、ルーアンといった個別の司教宛のもので、上述の諸問題を扱う書簡が数多くある。そしてまた、この混迷を極めた時代であっても、地方の教会会議はローマの提示する指針を実行しようとしていた。ローマとの関係を支えたのが、五世紀以降、聖職者か俗人かを問わず多くの巡礼がローマへと向かい、ペトロの墓に参詣しようとしたことである。彼らは帰郷した後、ガリアでペトロとパウロに献堂された教会を建立した。またガリアではローマより早くから、ペトロの座の祭日（cathedra Petri　ローマとは違い一月一八日）の他に、パウロの回心の祭日（conversio Pauli　一月二五日）を祝っていた。だが時代が下ると、政治的な変化や民族移動により引き起こされた変動を受け、ローマとガリアの間のつながりは制度上の保証を失い、五世紀末になるとほぼ完全に切り離されることとなる。その当時のフランク人とローマとのつながりが非常に弱体であったことは、四九八年頃とされるクローヴィスの改宗からもわかる。このクローヴィスの改宗は、ゲルマン人の支配者が集団の指導者層とともにカトリックに改宗した例として史上初の事例だった。にもかかわらず、これを受けてローマ側はいかなる動きも見せていない。ローマでは、クローヴィスがローマのサン・ピエトロ大聖堂に冠を寄進したことだけが、その没後の時期の記録に残されている。クローヴィスの治世以降にガリアで開かれた教会会議とその時期の教皇の間にもつながりはない。だが、これらの教会会議ではすでに述べたような過去の教皇の書簡が決議の上での法的規範として使われており、その点ではローマの影響力を間接的に反映したものだといえる。教会会議の決議を通じ、すでにこの時期に教皇書簡のいくつかはガリアで編纂された教会法集成に入ることになった。だが、フランク教会で指導的立場にあったのは王だった。

ヒスパニアの教会とローマ司教

ヒスパニアの教会の状況はガリアと似ていた。ヒスパニアの司教はすでに三世紀に、教説と規律をめぐる争いが生じた際、ローマに伺いを立てていた。コルドバ司教ホシウスは、コンスタンティヌス帝とその息子たちの治世にヒスパニア教会の指導者だったが、彼の三四三年のサルディカ教会会議での立場から、彼もまたローマ司教の権威の擁護者であったことがわかる。それ以後もヒスパニア教会はローマ司教に助言と指示を求めたが、その有名な事例として、ローマ司教シリキウスがタラゴナ司教ヒメリウスに宛てた書簡がある。この書簡は教皇による初の「教令」と位置付けられている。教皇の「教令」の概念については改めて述べることにしよう。シリキウスはこの書簡で、貞潔の問題に関するローマの法規はヒスパニアのすべての信徒共同体に対して拘束力を持つと述べている。だが、このローマからの指令がどこまでヒスパニアで実際に受け入れられたかはわからない。また、ヒスパニアで広がっていたプリスキニアヌス主義を初めとする諸異端に対する戦いで、ローマ側が成功したことを示す史料は残っていない。この点については、ヒスパニアでは中央集権的な教会組織がガリアよりもさらに展開が遅れたことを考慮に入れる必要があろう。また西の帝国の政治的状況から、ヒスパニアの数多くの司教はローマより、典礼上でも共通点が多かったミラノ司教への照会を行っていた。その直後の四〇〇年に開催されたトレドの教会会議は、インノケンティウス一世への使節を派遣し、インノケンティウスがシリキウス同様に規律の問題について返答を行っている。だが、この件でも実際の成果があったのかどうかはわからない。これと同じような例としては、教皇ゾシムスが四一七年に書いた書簡もある。この時点ですでに「蛮族」の侵入は始まっており、またローマの軍事指導者の分離主義的な政策が混乱を助長したこともあり、ヒスパニアとローマの緊密な関係は妨げられ、両者の緊密な関係は、西ゴート勢力が全ヒスパニアに対する支配を確立する五〇七年になって初めて樹立された。ただしこの間でも、ヒラリウスやシンプリキウスといった教皇はスペインの何人かの司教に宛てた書簡を出してはいる。

北アフリカの教会とローマ司教

ガリア、ヒスパニアでは、現地の教会組織の発展が不十分で、かつ戦時であったため、ローマの影響力は阻害された。一方、教会の組織化が進んでいた北アフリカでは逆に、教会組織の発達がローマ側に不利に働いた。ローマと北アフリカの間での関係を示す最も有名な例は、三世紀のカルタゴ司教キプリアヌス、五世紀初頭のカルタゴ司教アウレリウス、ヒッポの司教アウグスティヌスらの書物や彼らの事績である。とくにキプリアヌスやアウグスティヌスは有名な神学者であり、中世後期以降になると、ローマによる教会指導体制に批判的な人物からも権威として引用されることになる。そして今日もなお、数多くのカトリックの教会史家や教義史の研究者は、この両者を教皇の首位権に関する、きわめて初期の影響力ある証拠として位置付けようとしてきた。だがこの見解は正しくない。キプリアヌスはすべてのキリスト教の創始者としてペトロを称讃したが、ローマの信徒共同体が指導的立場にあるとする主張は一切行っていない。アウグスティヌスもこの立場をおおむね踏襲している。アウグスティヌスはペトロを聖人として尊崇し、ペトロの後継者がローマの信徒共同体を支えることの重要性を認めていた。だが彼は、ローマとの紛争の際には、カルタゴが頂点に立つ北アフリカ教会の独立性を支持した。彼とその同志は、ドナティストに加え、ペラギウス派（恩寵と原罪をめぐる教説で意見を異にしたグループ）(19)を攻撃の対象とした。北アフリカでの教会会議はペラギウス派を断罪する決議を繰り返し行い、ローマに対して連帯を呼びかけたが、ペラギウス派はローマ司教と北アフリカの在地の上流階層からは長い間大目に見られていた。アウグスティヌスも参加した四一八年のカルタゴ教会会議は、ローマ側の対応への抗議として北アフリカの全聖職者に対し、今後、司教の裁決を不服とした場合のローマへの上訴を禁じた。つまり、北アフリカの聖職者にとっての最高上訴機関はカルタゴ大司教もしくは普遍公会議であると定めたのである。すぐにゾシムスは妥協し、ローマ側でもペラギウス派に対する非難を行うようになった。アウグスティヌスは、このカルタゴ教会会議の決議によりペラギウス派の問題が解決したとみなした。彼はそのことを『説教一三一番』で「問題が解決された。ペラギウス派の誤りがいつか終わらんことを願う」と述べている。だが、後代のローマの権威の擁護者はこの文を勝手に変え、アウグスティヌスが「ローマに問い合わせたので、問題は解決した」と記したということにした。こうすることで、アウグスティヌスをローマの首位権要求の代弁者に仕立て上げたのである。だが、アウグスティヌスの生前にすでにヴァンダル人が北アフリカを支配し、ほとんどの司教が殺されるか追放され、その結果、北アフリカの教会組織は壊滅してしまう。こうして、ローマの首位権を否定する北アフリカ教会という厄介な邪魔者は消え去ることになったのである。

(19)　ブリタニア出身の修道士ペラギウスとその弟子が中心に唱えた神学上の教説。人間の原罪を否定、恩寵と救済に重きを置かない一方、自由意志と責任、倫理面の実践を前面に押し立てた。地中海一円に支持者を獲得した。

ローマ司教の書簡の意義

ローマと西の帝国の諸地域が築いた関係をもう一度振り返ってみるなら、この時期の教皇は「ローマに属するイタリア」の外部で広くその権威を認められたが、長期的に監督権、あるいは裁治権を獲得することには失敗したことがわかる。だが彼らの政策は、後の時代にその重要性が再認識されることになった。ローマ司教が政策の実現のために書いた書簡はローマだけでなく、ガリアやヒスパニアでも収集の対象となり、後代の利用に供されるべく伝承され、時には歴史的根拠を持つ教会法として利用されることもあった。これらの教会法集成では、とくにローマでゲラシウス一世の在位期間以降の時期にまとめられたものが重要であり、スキタイ出身の修道士ディオニシウス・エクシグウス(20)の手になるものがそのなかで最も重要な集成である。おそらくディオニシウスは、教皇シンマクスの在位期間中に、シリキウスからアナスタシウス二世の司教在位期に記された一連の教令を集め体系的に整理した。このディオニシウスの集成以外の教会法集成は、年代順に整理されており、体系的にではなかった。すぐに『ディオニシウス集成』の使いやすさが評価され、とくに八世紀後半以降になるとこの集成は初期の教令集集成の決定版として重要な役割を果たすことになる。

(20) 復活祭暦算定法の確立や西暦の考案者として有名。西暦五三五年から六二六年に至る九五年分の復活祭暦を計算に基づき算出、周期表を作成する一方、「西暦」五二五年の時点からキリスト誕生へと遡る形で西暦の起点を定めた。

ところで、シリキウスの在位期間以降のローマ司教の書簡は一般に「教令」と呼ばれる。ローマ司教の書簡は、皇帝が発布した答書と同様に、自身の方針の表明として位置付けられた。それは個別事例のために書かれたものだが、同時に普遍的に有効となる方針を定めたものでもあった。このような書簡の特徴は、シリキウス以降レオ一世の在位期間に至るまでの書簡に見て取ることができる。ただし、それらの書簡のなかには、決定、命令を示す「定める（decernimus）」、「命ずる（iussimus）」、「禁じる（prohibemur）」といった語が用いられたものから、インノケンティウス一世が用いた「驚いている（miramur）」のような皮肉を込めた批判までさまざまなものが見出される。いずれにしてもそれらは、後代の人々から法規として認められることになった。ダマススやシリキウス以降のローマ司教が初めて、イタリア以外の地域に対しローマ司教の権威を浸透させる要求を行った。それゆえに、ダマススやシリキウス以降のローマ司教を最初の「教皇」だと呼ぶことができるのだ。

東方教会とローマ司教

ローマ司教が東の帝国で指導的立場にあった聖職者に対し、曖昧な名誉的地位以上のものを主張しようとする試みはこの時期にはまったく門前払いされていた。コンスタンティヌス帝の治世以降、ローマ司教はとくに正統信仰の問題について東方教会とかかわりを持つ機会が増えたが、そこでの主要関心事はキリスト論の問いであり、アリウス派、ネストリウス派、あるいは単性論がそれにあてはまる。だがローマ司教は、レオ一世を例外として、東方教会の代表者に比べると神学にあまり通じていなかった。さらに、公会議で決議が必要となったような場合、西方教会の代理人はわずかな数の出席にとどまるか（三二五年のニケーア、四三一年のエフェソス、四五一年のカルケドンの公会議）、あるいは誰も出席していないことさえあった（三八一年のコンスタンティノープル公会議）。このことは当時西方教会で、神学上の問題にほとんど関心がなかったことを示している。後代に自ら作り上げたイメージとは対照的に、教皇もまた信仰の問題を重視していなかった。そのなかでレオ一世は例外として有名である。レオ一世は「強盗会議」として知られる第二エフェソス公会議（四四九年）(21)を受け、キリストの神性についての単性論の教説の研究に力を注ぎ、皇帝マルキアヌスに新たな公会議の召集を要求した。その結果、二年後にカルケドンで公会議が開催された。その公会議への参加者の多くは、皇帝の召集に応じ、教皇同様に反単性論の立場を取る者たちだった。使節がレオの立場表明を読み上げた際、それが会議参加者の意向に沿うものだったため、参加者たちは東方教会の内部で激化する対立に対し中立的な立場からの発言者が見つかったと喜び、「ペトロがレオの口を通じて発言を行った」と称讃したと伝えられている。そしてこの称讃の言葉を拠り所にして、レオや後代の教皇たちは、教皇が全キリスト教徒に対する教導職であると主張することになった。だが実際には、このときの公会議参加者は、自分たちの見解と合致する場合のみしかローマ側の見解を受け入れていない。同じ四五一年のカルケドン公会議の場で、参加者たちは三八一年のコンスタンティノープル公会議同様、東の帝国においてコンスタンティノープル総主教が西の帝国におけるローマ教皇と同等の立場であることを承認している。レオ一世は当然、この点に関しては二つの公会議の決議文を受け入れなかった。その後、後代の教皇たちもレオ一世と同じ立場を維持した。教皇が皇帝に対し教導権を保持することについては、教会政治がうまく行っていたホルミスダスやアガピトゥスといった教皇の場合には、一時的なものではあったが口頭での承認を得ることができた。しかし、ゴート戦役やそれに伴う政情の変化により、ローマにあってさえこうした成功はすぐに忘れ去られた。

(21) 「強盗会議（Latrocinium）」第一エフェソス公会議の決議を覆すべく召集された第二エフェソス公会議の本会と前後の混乱を、教皇レオ一世が批判した文面に由来する同公会議の通称。

ところで、「新しいローマ」に有利な三八一年と四五一年の公会議決議の背景には、コンスタンティノープルが東の帝国で有した重要性があった。同様に、三二五年のニケーア公会議や後の教会会議の場ではアレクサンドリアとアンティオキアの地位が定められたが、こうした決定は、政治上の中心地が教会上の中心も兼ねるというすでに述べた原則に対応したものであった。ローマでは、このような地位の決議をまったく認めないか、あるいは決議文のラテン語訳を行う際に自己流に改変することでローマでの理解に合わせようとした。ニケーア公会議の決議文が改変されたことは有名だが、四大公会議の決議のほとんどは、このような改変を経た上でローマで受け入れられ、グレゴリウス一世以降の時代になると四福音書と等しい権威を持つものとされた。このことは、東西教会が交渉や紛争の際に四大公会議決議を引用しても、東方とローマではテクストの伝承が異なっていたので、そもそも議論の土台が違っていたことを意味する。

ペトロの後継者としてのローマ司教

東西教会の関係に影響を与えたのは、四世紀半ば以降のローマ側の議論で、ローマの地位を世俗的な帝都の起源に求めるのではなく、ペトロの後継者としての地位を強調するようになったことである。ダマススとその後継者にとり、この議論は完全に明白なものになっていた。初代ローマ司教としてのペトロの地位は、彼らにとっては祭礼においても、また、すでに確立していた使徒継承の教説によっても自明なものだった。しかし一方で、東方教会もペトロ崇敬と密接なつながりを持っていたことも事実である。数多くのペトロに関する伝説——たとえば、「主よ、いずこに行かれるのですか（クォ・ヴァディス）」、あるいは磔刑、もしくは『偽クレメンス文書』といったような——は、まず東方教会で成立し、そこで流布していた。また、アンティオキアの信徒共同体はペトロ、アレクサンドリアの信徒共同体はペトロの弟子のマルクスを自分たちの教会の創建者とみなしていた。だが、ペトロの墓を持つと主張する信徒共同体は東方教会に存在しなかったため、ペトロに関するローマ側の言説に対抗できなかったといえる。五世紀以降、コンスタンティノープルもまた、使徒アンデレを創建者であると主張するようになったが、この主張はエフェソスやコリントの使徒共同体の主張と同様に、使徒の一人により創建されたという伝承でしかない。ただコンスタンティノープルの場合、アンデレがペトロに先立ってイエスの召命を受けたことを根拠に、この伝承は後代になるとローマに対する優位の主張の根拠として用いられることもあった。一方ローマではペトロに関する新しい教説に基づいて、以下の理念が生まれた。つまり、ローマより格下であるがローマと並んでペトロと直接・間接のつながりを持つ信徒共同体の所在地のアンティオキアやアレクサンドリアを総大司教座――いわゆる「ペトロの三総大司教座」――とみなすようになり、五世紀以降には、コンスタンティノープルやイェルサレムもそれより格下の総大司教座として認めるようになった。また、東方に所在する四つの総大司教座でも、ローマでのペトロの事績と死は信じられており、ローマ司教に対するペトロの使徒継承も疑われてはいなかった。だが、ローマ司教に対し認めていたのは相対的に高い位階のみであり、教説や規律についての上位権力ではなかった。東方の四つの総大司教座は、自らの管轄内では自身が最高権威と任じていた。そして、アレクサンドリアやアンティオキアの総大司教などの東方教会側が自身の内部対立の際にローマに支持を求めることがあったが、それはローマが上位権力であったことを示すものではない。彼らは緊急時には、それぞれの地域で力があったカルタゴやミラノといった他の信徒共同体にもこの種の要請を行っていた。したがって、こうした機会に書かれた請願状の文面を史料として、ローマの首位権が広く認められていたと解釈すべきではない。教皇の主張が東の帝国で受け入れられなかったのは、公会議決議、皇帝や司教の書簡などの受容と解釈において相違があったことだけが理由ではない。さらに、帝国の政治上の東西分裂、典礼の相違、ギリシア語話者とラテン語話者の間の言語障壁、教会の規律の相違が挙げられる。また一般的に東方の神学者の方が優れていたことも、ローマ側の首位権の要求にとっては不利に働いた。

五世紀以降の影響力の縮小

五世紀以降、教皇の影響力が及ぶ領域が縮小したことが、現存する教皇の書簡からわかる。これらの書簡はしばしば答申に対する返書として出されているので、そこからはローマ側の関心が及ぶ範囲がわかるとともに、司教などの高位聖職者がローマ司教に頼る必要を感じ、そうすることが有益だとみなしていた領域がどの程度の広がりであったのかもわかる。実際、インノケンティウス一世やレオ一世の書簡が往来した地理的な広がりと比較すると、ゲラシウス一世の書簡の地理的な範囲は驚くほど限定されている。ゲラシウス一世の書簡の多くは「ローマに属するイタリア」管区の司教たちに宛てられ、それに次いで多いのは、イリュリクムの受取人に宛てられた書簡である。これに対し、コンスタンティノープル宛（皇帝あるいは総大司教宛）の書簡とシリア、北アフリカ、ガリア南部に宛てた書簡はごくわずかだ。北アフリカ、ヒスパニア、エジプト、フランク王国内を宛先とする書簡は一通も存在しない。受取人の地理的な分布は、ゲラシウスの後継者の代になるとさらに狭くなる。かつての「ローマに属するイタリア」管区の外部では、少数の教皇が重点的に特定の地域に働きかけを行うこともあった。シンマクス在位期間におけるプロヴァンス、ホルミスダス在位期間中のイリュリクムとコンスタンティノープルがそのような例である。

ローマ司教の側近でさえ視野が非常に限定されていたことは、これまでもしばしば言及した『教皇列伝』からもわかる。おそらくこの著作はシンマクスのシスマを背景に書かれ、フェリクス四世の在位期間以前に全体が編纂されたものだが、ペトロ以来の歴代ローマ司教の「短い伝記」の集成である。著者はローマ司教の宮廷にいた人物と考えられ、それ以前の司教人名録、教会の財産目録、あるいは聖人伝に基づきながら著述した。この叙述の中心となるのは、ローマ司教座にかかわる事柄である。まず各教皇の名前、出自と在位期間が記され、それぞれの教皇が叙階した司祭、助祭、さらには「ローマに属するイタリア」管区の司教の数に触れることもある。ローマにおける各種施設の新造、あるいは教会の修改築、さらに典礼の改訂には十分な紙幅が割かれている。その一方で、イタリア外部の出来事についての記述は非常に限定されたものだ。頻繁に言及されるのは、ビザンツとの対立のみであり、その場合でもローマ側の立場にしか注意が払われていない。レオ一世のような重要な教皇の記述が、彼の後継者であるヒラリウスよりも短いのはそのような事情を踏まえるなら驚くに値しない。レオ一世の教会建築への関与について書くことがあまりなかったからだろう。クローヴィスについては、サン・ピエトロ大聖堂に対する冠の寄進しか言及されない。このような『教皇列伝』の記述での視野の狭さは、この章で扱ってきた時期の終わりにおける教皇側近の自己理解を印象的に示している。『教皇列伝』は各教皇の死去とともに各伝記が終わる形で、この後九世紀に至るまで書き継がれているが、この著作は教皇側近の間でどのような心性が支配的だったかを知る上での重要な手がかりを与えてくれる。

結びとして、以下の点を確認しておこう。本章で扱う時期の終わりの段階で、教皇はローマを完全にキリスト教化して全体を統合しており、国家行政にも部分的に影響力を行使していた。その一方、都市ローマ外部については「ローマに属するイタリア」管区においてのみ、祭礼、規律、教会裁判に関して支配権を有した。西の帝国の他地域については、勢力を伸ばすことが考えられていたとしてもそれを実行に移すことはできなかった。だが、後世に実を結ぶ政策の典拠となる文面が作られたのもこの時期であった。また、東方教会との距離はすでに相当程度拡大しており、その距離はもはやそれを克服することができないまでになっていた。その一方で教皇は五世紀以降、西の帝国に対してと同様に東の帝国に対しても、自らを最高の教導の権威者だとする主張を行っている。このようにして、とくにゲラシウス一世を代表とする教皇たちは、皇帝が世俗領域において持つような地位を、教皇が全教会内で持つものとした。この主張はその後の時期も維持されたので、教皇権とビザンツ皇帝の宮廷との対立はすでに定められていたといってよい。

三章　ビザンツ支配下の教皇権（七七四年まで）

五二六年に死去した東ゴート王テオドリックの後継争いは、ユスティヌスとユスティニアヌス両皇帝にイタリア政情に干渉するきっかけを与えた。ユスティニアヌス帝が北アフリカをヴァンダル人の支配下から解放し、スペインの一部を西ゴート人から奪還した後、ベリサリオスとナルセスが指揮するユスティニアヌスの軍勢は五三五年に始まり五五三年にまで及んだ長く、血なまぐさい戦いの末に東ゴート人の支配を壊滅させることに成功した。これ以降、西地中海全域がビザンツ帝国に帰属することになる。しかしイタリアでは五六八年のランゴバルド人による侵攻もあって、ユスティニアヌスの栄光は長続きしなかった。ランゴバルド人は東ゴート人のように全イタリアを支配することはなかった。だが、一進一退の戦いの末、トスカーナを含む北イタリア、そしてスポレート公領とベネヴェント公領という形で中南部イタリアの一部を支配下に置くことに成功した。七世紀と八世紀にも、ロタリ、リウトプランド、アイストゥルフなどのランゴバルド王に加え、何人かのランゴバルド系の公が、繰り返し支配領域の拡大を試みている。これにより、イタリア半島でビザンツの支配下にとどまっていた領域は以後もランゴバルドの脅威にさらされることとなった。この中にはローマも含まれる。この脅威は七七四年にフランク王カールがランゴバルドの首都パヴィアを占領後に自らランゴバルド王を称し、イタリアと教皇権にとっての新たな時期が幕を開けるまで続いた。

もちろんローマとビザンツ帝国の関係が断ち切られるきざしはもっと以前、とくにグレゴリウス二世の統治下以降に見られた。また同じ時期に、教皇権は西方でキリスト教を維持している地域に対して影響力を獲得し始めていた。それを踏まえ、この章で扱う時期については二つの節に分けて論じていくことにする。

一　教皇コンスタンティヌス一世在位期（七一五年）までの教皇権

辺境となったローマ

ランゴバルド人の侵攻は、一九世紀になって初めて解消されるような政治的分裂をもたらしただけでなく、ビザンツ帝国の支配下に置かれた諸地域での政治的な再編をもたらした。これ以後、ローマ時代に帝都であったラヴェンナに拠点を置いた総督（エクサルコス）がビザンツ皇帝の代理人の職務を行うことになった(1)。総督の下には数名の「辺境軍指揮官（ドゥクス）」がおり、彼らはそれぞれのドゥクス管区（デュカートゥス）内の軍事を統括するとともに行政の一部をも統制した。それぞれのドゥクス管区の中心になっていたのは、ヴェネツィア——そこではナポレオン時代までこのドゥクスに由来する「ドージェ（統領）」という称号が用いられていた——、ナポリ、ラヴェンナ、そしておそらくはローマであった。一方でシチリアは皇帝の直轄統治下に置かれていた。ラヴェンナとローマをつないでいたのはフラミニア街道だけだったが、この街道は常にランゴバルド勢力の脅威にさらされていた。その結果、ローマは小さな陸の孤島のような飛び地の中心地となる。一時的ではあったが、ランゴバルド人の軍事拠点がローマから六〇キロメートル足らずしか離れていないことさえあった。ローマがローマ帝国の辺境となったのは、このときが歴史上初めてである。皇帝にとってローマは、もはや帝国の中心地ではなく、辺境の一都市にすぎなかった。

(1)　四世紀末に東西ローマ帝国に分裂して以降、西ローマ帝国の滅亡や東ゴート王国時代を通じて政治・軍事上ラヴェンナは重要性を維持した。総督（エクサルコス）はこのラヴェンナに総督府を構え、皇帝の軍事・民政双方の代理人として機能した。

ゴート戦役の影響

ローマとその司教がビザンツ帝国に組み込まれた経緯を述べる前に、ゴート戦役とそれに続くランゴバルド人との戦争が、人口学的、あるいは経済学的、社会学的にどのような結果をもたらしたかについて簡単にまとめておこう。この二つの戦役前後でのイタリアの人口の変化を統計上正確に把握することは不可能だが、少なくとも人口の三分の一が戦争に伴い命を失った。また多くの農民が死亡するか都市へ逃亡したので、こまめな世話を必要とするオリーブやブドウのような植物の栽培が至る所で不可能となり農業に大きな被害が及んだ。ビザンツ支配下の地域にランゴバルド勢力の脅威が残っただけでなく、このような事情があって復旧の速度は非常に緩やかなものでしかなかった。その一方、諸都市も甚大な被害を受けた。トティラが東ゴート王であった一時期、ローマは短期間であるものの完全なゴーストタウンとなっている。難民も流入したので、ローマに戻った住民の暮らしは非常に厳しいものだった。ローマの人口は全体で約三万人だったと思われる。かつてヴィラや宮殿が立地したような都市壁の内部にも、その当時にはブドウや穀物が栽培されることもあった。スブラやカンプス・マルティウスといった低地に住む者は以後、ほとんどいなくなる。社会の上層の者で生き残った者の中にはコンスタンティノープルに亡命する者もいたが、それより多くの者が聖職者となることを選択した。これにより、それ以前のローマ時代からの教育や伝統の担い手が姿を消し、禁欲や隠遁、奇跡に重きを置くような心性に塗り替えられていく。この種の心性が広まる背景には戦争による荒廃があった。テオドリックや彼の協力者でローマの有力家門出身のカッシオドルスらは、旧ローマ帝国の住民とゴート人との間の共生を実現させることで伝統を維持しようとつとめた。だが、ユスティニアヌス帝による帝国再生政策の結果、ローマ由来の建築物や荘園は荒廃にまかされ、伝統的な生活様式は過去のものとなった。これ以降、ローマではかつての栄光のあかしに注意が留められることはほとんどなくなり、それに代わり教会に敬意が払われるようになる。

ユスティニアヌス帝の『ローマ法大全』

ユスティニアヌス帝の事績で、後世にとり最も大きな意義があったのは征服事業ではなく、彼の命を受け行われた法の編纂事業であろう。『ローマ法大全』と後に呼ばれることとなるこの法集成には、ガイドブック的存在である『法学提要（Institutiones）』（2）、過去の法学者の学説をまとめた『学説彙纂（Digesten）』（3）、そして過去の法をまとめた『勅法彙纂［いわゆるユスティニアヌス法典］（Codex）』（4）、さらにユスティニアヌス帝その人の立法を収めた『新勅法彙纂（Novellae）』（5）が含まれる。この法集成は帝国全土に適用された。つまり、ビザンツ支配期のイタリアでもそれに収録された法が効力を持ったことになる。そして、フランク王やドイツ王がローマで影響力を行使するようになった八〜一一世紀にかけても、民事にかかわる裁決はおおむねこの法集成に基づいて行われた。ビザンツ帝国支配下でのローマを始めとする司教の地位については、とくに現行法としての『新勅法彙纂』が手がかりを与えてくれる。ユスティニアヌス帝はゲラシウス一世に言及しつつ、司祭は魂の安寧を配慮する義務を負う一方、皇帝には帝国臣民の幸福を保護する義務があることを強調している（『新勅法彙纂』第六）。だが、教皇側の見解とは異なり、ユスティニアヌスは教義と教会上の規律を遵守させる上での最高位の責任者は皇帝であるという主張をそこから導き出し、教会に対する統制を揺るがぬものとした。これに伴い、異端の根絶もまた皇帝の責務とみなされる。また、教皇グレゴリウス一世以前に四度開かれた公会議の決議が福音書と同等の権威を持つことを定めたのもユスティニアヌス帝だった（『新勅法彙纂』第一三一）。この同じ条項でユスティニアヌス帝は、「古いローマ」の司教はすべての司祭の筆頭格であること、そして「新しいローマ」つまりコンスタンティノープルの司教はそれに次ぐことも定めている。これにより、教皇の権威は事実上、旧の西帝国の版図に限定されることとなった。他の条文でユスティニアヌス帝は、司教に対し、皇帝の命に従い都市内の民政部門においても役割を果たすよう求めている。五五四年に発布された政教和約以後は、イタリアの司教たちには地域の官吏任命に関与する権利が与えられた。教皇が都市ローマの行政に関与する傾向はこの時期にますます強まったが、それは少なくともその始まりにおいてはユスティニアヌスによる法集成の理念に沿うものだった。

（2）五三三年発布。主としてガイウス（二世紀）の同名の著作を基礎に作成された四巻本であり、諸学者向けの欽定教科書と位置付けられた。編纂を指揮したのはテオフィルスとドロテウスであるとされる。

（3）「パンデクタエ」とも呼ばれる。五三三年発布。帝政初期の法学者の見解を主体に、主題別に五〇巻に再編集したもの。

（4）　五二九年に旧版を発布した勅法集の改訂版。五三四年発布。ハドリアヌス帝から五三四年に至るまでに発布された勅法四六〇〇点を収録し、主題別に一二巻に整理している。
（5）『勅法彙纂』発布以降、五六五年に至るユスティニアヌス帝治世に発布された勅法をまとめたものであり、最終的にその数は一六八にのぼる（ギリシア語・ラテン語で一部重複あり）。

皇帝に従属するローマ司教

皇帝が教会を保護する責務を有する一方、司教には民政にかかわる業務も委ねられたので、皇帝政府が重要な司教座の司教任命に介入するのが当然のこととなり、実際に介入しようとした。その結果、新たに教皇に選出された人物は、その選挙を皇帝もしくはラヴェンナ総督に承認してもらうよう義務付けられ、彼らの認可を受けることが叙階の前提となった。皇帝側が教皇のこの義務をかなり重視していたことは、マルティヌス一世の運命を見ればわかる。彼は皇帝による認可を受けずに六四九年に教皇としての叙階を受けた。そのため、当時総督の地位にあったオリンポスが彼の身柄を拘束すべきであったが、オリンポスは自ら皇帝を称し、シチリア島でムスリムと戦っていた。このときマルティヌスはオリンポスの共謀者としての嫌疑がかけられ、皇帝の認可を受けずに叙階を受けたかどで六五三年に身柄を拘束され、退位させられた。その後、彼はコンスタンティノープルで皇帝コンスタンティノス二世により裁判にかけられた。マルティヌスは大逆罪のかどで死罪の宣告を受けたが、後に追放刑に減刑され、六五五年にクリミアで死去している。それより前の六世紀にも、シルウェリウスやウィギリウスといった教皇が同様の運命をたどっている。だが、以下で述べるように、これ以降、七世紀後半にローマにとっての大きな転機が訪れる。皇帝や総督による干渉の試みは、七世紀後半以降に状況が変化すると、もはや実現が不可能なものになった。

ローマ司教は皇帝に従属するようになったことで、皇帝の宮殿に常設の代理人を滞在させておく必要があった。この役目を担ったのが使節（アポクリジアル）である。使節は教皇の利害を代弁すると同時に、皇帝の命をローマに伝える存在でもあった。教皇になる可能性が最も大きかったのは、前章で扱った時期には大助祭だったが、この時期にはこのビザンツへの使節であった。最も有名な例はグレゴリウス一世である。こうして、教皇の統治はビザンツ皇帝の利害を反映するものとなった。しかしこれも間もなく、マルティヌス一世の在位期以降に変化していく。

都市ローマがビザンツ帝国に統合されたことは、トラスヴェステレ地区やトラヤヌス広場北部（後に「トッレ・デッレ・ミリティエ」と呼ばれた地区）にビザンツ軍の駐屯地が置かれたことや都市総督の下でビザンツの役人や裁判官が活動したことに加え、とりわけ典礼において見ることができた。教皇が行うすべてのミサで皇帝に祈りが捧げられ、聖金曜日には帝国の安寧が神に対し祈願された。この時期に教皇は、クリスマスには聖アナスタシア教会で二度目のミサを行うことが習慣になっていった。この聖アナスタシア教会はパラティヌス丘つまり名前から言えば皇帝の宮殿があるべき場所に建つ、宮廷礼拝堂的な教会だった。教皇とその宮廷の構成員は新たに皇帝が即位するたびに肖像画をローマ市外で厳かに受け取り、行列を挙行してそれをパラティヌス丘へと運んだ。また、この時代もなお公共生活の中心であったフォロ・ロマーノではしばしば新皇帝の顕彰碑が建てられた。今日でも残る最後のビザンツ皇帝の顕彰碑は、グレゴリウス一世が皇帝フォーカスに捧げたものである。この皇帝フォーカスはグレゴリウス一世の前任者であり友人でもあったマウリキオスとその家族を暗殺させた人物でもある。にもかかわらず、グレゴリウス一世が皇帝フォーカスの顕彰碑を作ったことは、後に列聖されたグレゴリウス一世が政情と折り合いをつける作法に通じていたことを示している。それはまた、グレゴリウス一世がフォーカスに劣らず血を好んだフランク王妃ブルンヒルドとも折り合いをつけようと尽力したことにも現れている。さらに、ローマはビザンツ帝国の教会に属していたため、教皇の中には、ウィギリウスやペラギウス一世のように政治上の理由から、あるいはホノリウス一世のように無知のゆえに、西方では受け容れられなかった東方の神学上の教説を支持する者もいた。

グレゴリウス一世や他の教皇が皇帝の歓心を買おうと努力したのとは対照的に、皇帝は都市ローマに対し無関心だった。ローマに建築物を建立したり、すでにある建築物を改築するビザンツ皇帝は一人もいなかった。コンスタンス二世が六六三年にローマを訪問して以降、ビザンツ皇帝はその後長くローマを訪問することはなくなる。このときのコンスタンス二世のローマ訪問の際に、彼が行った唯一の大事業といえば、パンテオンのような建造物から金属製の彫刻と屋根を取り外し、売却して武器の購入にあてたことである。このようなことがあっても、以後の教皇たちはさしあたりビザンツへの忠誠を維持した。ウィタリアヌスは六六八年、コンスタンス二世の殺害後、皇帝位を簒奪しようとした者を阻止している。レオ二世は、第三回コンスタンティノープル公会議（六八一～八二年）での故ホノリウス一世に対する異端宣告を受け入れたのみでなく、その異端宣告を西側で一層厳しい形で周知させた。

ローマに背を向けるビザンツ帝国

七世紀末にビザンツ帝国はローマと教皇権に対する影響力を次第に失っていくが、その理由としては、帝国東方辺境での苦境、イタリアの総督の弱体化とその専横な政策、さらにイタリアのビザンツ帝国駐留軍や行政官たちの心性の変化などが挙げられる。

すでに数世紀にわたり、帝国の東方境界はペルシア人の脅威にさらされていた。七世紀初めに、ササン朝ペルシアが西アジアとエジプトを征服した。その後、フォーカスの後を継いだヘラクレイオス帝がペルシア人を打ち破り、かつての境界まで国境を再び拡大することができたのは事実だが、平和は長く続かなかった。ヘラクレイオス帝がまだ存命の六三三年にムハンマドの信奉者たちがシリアとパレスティナを征服したが、ヘラクレイオス帝はこれを座視することしかできなかった。彼らイスラーム教徒は、七世紀末にはかつてローマ帝国の版図であった北アフリカの全域、そしてキプロス島やクレタ島といった重要な島々を征服し、七〇〇年前後には繰り返し首都コンスタンティノープルもおびやかした。イスラーム教徒の勢力拡大を助長した要因として、ビザンツ帝国の住民の間で宗教上の分裂が生じていたことがある。シリアやエジプトの住民は主として単性論を奉じており、自分たちの言語で典礼を行っていた。それに対して、帝国の一体性を重視する皇帝やコンスタンティノープル総主教は、単意論(6)や単働論(7)といった妥協的な教説で歩み寄りを図ったが、これにより西方教会との溝が逆に深まった。また一方で、帝国西部や北アフリカの住民に配慮して正統信仰を擁護した皇帝もいた。このような正統信仰の擁護は、ビザンツが課す重税も手伝って、ペルシアとの戦いで苦難を強いられた多くのシリア、エジプトの住民にビザンツの統治を忌避させる結果をもたらした。

（6）「Monotheletism」キリストの神性、人性を前提としつつも、唯一の意志（テレーマ）しかないとする教説。最終的に第六回公会議（コンスタンティノープルで六八一年開催）で断罪された。
（7）「Monergism」キリストの神性と人性を前提としつつも、一つの活動原理（エネルゲイア）しか存在しない、という見解。コンスタンティノープル総主教セルギウスを主唱者とする。

また同時期、アヴァール人やスラヴ人、さらにブルガール人がバルカン半島の多くの土地とギリシアを勢力下におさめている。イベリア半島に残ったビザンツ帝国の領土も、七世紀の間に最終的に西ゴート人の手に渡った。こうして、イタリア以外のビザンツ帝国の版図は七〇〇年頃までに、コンスタンティノープルを含むトラキアの一部と小アジアに限定された。そして、これらの領土もつねにアラブ勢力を筆頭とする外敵に脅かされていた。ビザンツの皇帝たちは、この残された領土の死守と、少なくともギリシアを奪還することを主として考えていた。この二つの目標は八世紀にレオン三世とその息子コンスタンティノス五世が達成したが、このような苦境の中イタリアへの軍事介入は不可能だった。

ビザンツ軍が東方に釘付けとなったことは、イタリアの総督にも影響を与えた。すでに権力を手にして成功を収めていた総督は、皇帝からの独立を模索し、自らが皇帝になることをもくろむ者も出た。その一方、弱体であった総督は、軍隊や行政機構に自らの権威を浸透させることができず、ランゴバルド勢力に対しても反抗できなかった。いずれにせよ総督は、俸給が支払われたときにしか戦わない軍隊に頼っていたので、軍事力の不足は総督府の成立当初から存在した。すでにグレゴリウス一世が、反乱を鎮圧する目的で当時のローマの駐屯兵を金で雇っており、彼の後継者の何人かもそれにならった。この問題を解消するために、七世紀にはますます兵士たちに土地が与えられるようになり、その結果、彼らとその子孫たちは、遠いコンスタンティノープル発の指令に従う気が次第になくなっていった。同様に官吏たちも農村に定住するようになり、また、農村にすでに居住していた住民の中から官吏が登用されたりしたので、官吏でも軍と同様の現象が見られた。こうして新しい官職貴族や軍人貴族が誕生し、七世紀末頃からこれらの貴族は、よそ者の総督や皇帝ではなく、地元出身の司教に頼るようになっていった。セルギウス一世統治下で起こったある有名な事件がこの状況をよく示している。総督代理人が教皇セルギウス一世を逮捕しようとした際、軍人たちはこの命令に従うことを拒否した。そして民衆に威嚇されると、総督代理人はラテラノ宮殿に逃げ、教皇のベッドの下に隠れ、教皇に助けを懇願することとなった。ところでその後、コンスタンティヌス一世という派手な名のローマ司教がビザンツに旅したが、彼がビザンツに赴いた最後の教皇となった。その後継者グレゴリウス二世の時代から、ビザンツとの完全な分離に至る教皇権の新しい「ローマ国家」時代が始まる。

「ギリシア人教皇」の時代

七世紀の終わり頃と八世紀前半は、しばしばギリシア人教皇の時代と呼ばれる。ギリシア人の出自の理由でビザンツに従属していたと考えるのはまったくの誤りである。ウィギリウス、グレゴリウス一世、ホノリウス一世、ウィタリアヌスといったローマや中部イタリア出身の教皇の方が、多くの「ギリシア人教皇」よりもビザンツに従属していた。

コノンは軍の将校の息子だったし、ヨハネス七世はパラティヌス宮の監督の息子だった。つまり彼らは、ビザンツ支配下のローマで新たに上昇した階層の出身であった。その他の教皇には、テオドルスのような過去の教皇と同様、かつてビザンツの支配下にあった地域、とくにシリアやパレスティナからの亡命者や亡命者の子孫もいた。そのカテゴリーには、アガト、セルギウス一世、グレゴリウス三世、ザカリアスなどの素晴らしい手腕を持った一連の教皇が属する。彼らはコンスタンティノープル総主教の権力拡大政策に対抗し、東方とは異なった典礼様式を西側教会に導入することに成功したが、その際にはこの出自が役立った。いずれにせよ、彼ら「ギリシア人」教皇のほとんどが皇帝の尖兵ではなかった。彼ら「ギリシア人」教皇は、教皇権とローマの教会が六世紀末から「ギリシア化」するに際し、ラテン系の先任者や後任と同じ程度の貢献をしたとしかいえない。

「ペトロの世襲領」の経営

このことは、教皇の行政機構からも明らかだ。すでに述べたように、元老院上層の多くの者は六世紀の戦火で死亡したり、東方に亡命したりした。それ以後、教皇がイタリアにおける最大の大土地所有者となる。というのも、それまでに一度でも教皇が所有した土地は、名目的にずっと教皇領になっていたからである。教皇やその他の聖職者による遺贈や、古くからの上層民や新興階層の人々による寄進があいまって教皇の所領が拡大した。教皇の所領は大きな行政単位として「ペトロの世襲領」にひとまとめにされるが、個々の領地――それはマッサ（massa）、フンドゥス（fundus）、ヴィラ（villa）などと呼ばれる――は地域ごとに統括された。教皇の所領はもともとローマ帝国全域に散在していたが、海路での往来が困難となったことと、アラブ人、スラヴ人、フランク人による征服があいまって、プロヴァンスやイストリア、あるいはダルマティア地方の小規模な所領を例外として、次第に中南部イタリアとシチリア島のものだけに限定されることとなった。シチリア島はゴート戦役とランゴバルド人の侵入の被害をほぼ受けずに済んだので、六世紀末以降、ローマとその司教にとって重要な食糧供給地としての役割を果たすことになる。その他の「ペトロの世襲領」では、農業経営をまず安定させる必要があった。たとえば、アドリア海岸のピケヌムの「ペトロの世襲領」での農業生産量は戦火の影響を受け、それまでの四分の一にまで減少していた。

所領の大半は小作に出された。小作に出す際には「短期小作契約」と「相続小作契約」という二つの異なった形態があったが、そこからは当時の社会史や教皇の影響力についての情報が得られる。前者では、小規模な土地が一人の人間に一九年か二九年間の契約で貸し出され、相続による用益権の移転や集積は認められなかった。一方、後者は、より大きな所領――しばしばマッサ、フンドゥス、ヴィラ全体に及ぶこともある――の小作契約であり、家族単位で数世代にわたって結ばれ、合意された地代の支払いを対価として土地が小作に委ねられた。後者は小作契約という形を取るものの、教会財産の分散を促進した。注目に値するのは、六世紀末から七世紀末までは短期小作契約が主であり、その後、相続小作契約に重点が移ることである。つまり、「ペトロの世襲領」を再建するにあたり、初期は主に小規模の小作人がそれを担ったが、その後は、新たに台頭してきた官職貴族や軍人貴族層が担うことになったことがわかる。この変化は同時に、教皇権がこの新たな社会層に依存するようになることを示している。

「ペトロの世襲領」の監督（レクトル rectores）は、現地の聖職者であることもあったが、ローマから派遣された聖職者が多数を占めた。グレゴリウス一世の書簡によると、監督は地代をローマに運搬する際の監督役も務めていたようだ。少なくともグレゴリウス一世の在位期間中にはイタリア半島の所領とローマとの間のつながりは、かなり密であったように思われる。これに加えて監督は、地元社会のキリスト教徒共同体に対して、しばしば教皇の代理人としての職務を果たしたが、その中には、現地の司教を任命・廃位する権限も含まれた。だが、監督もローマから派遣される使節の統制を受けていた。そしてローマの助祭が、以前と同様、これらの監督と派遣された使者とを統括した。ただこの時期には、各地の所領と書簡のやりとりを行う役職として、助祭の他に教皇の助言者（consiliarii）が新たに出現する。そして彼らの中には非聖職者もいた。このような状況からは、助祭の支配的地位がこの時期に以前と比べ減少したことがわかる。

教皇宮廷の構成員

教皇宮廷の構成員で教皇個人に直接奉仕した者たちと、伝統的な集団――つまり高位聖職者、公証人、代理人といった者たち――は、六世紀後半からますます区別されるようになった。すでに助祭がそうなっていたように、この時期になると司祭たちは司祭長の指導下、緩やかではあるが同輩集団を形成した。大助祭と司祭長は、教皇に対してローマの聖職者たちの利害を代表した。彼らは教皇が空位になった場合に、首席公証人（公証人の primicerius）とともに時には数か月にわたり司教座を取り仕切り、さらには教皇選挙を主宰した。公証人たちは、それ以外にも書簡のやりとりとその保存に関して重要な役割を果たした。首席公証人がこのような形でしばしば重要な政策に参与することを受け、その代理としての次席公証人も設置された。これに対し、代理人の同輩集団のあり方にはそれ以前の時期と変化はなかった。この時期には、公証人、代理人の双方とも聖職者であることが求められた。それは、ローマ教皇の行政機構が聖職者により担われるようになったことの一つの証拠である。特定の家門にとり、この動きは有利に働いた。というのも、一般的に公証人や代理人は結婚を許されていた下級聖職者であり、官職を子孫に相続させることができたからだ。また、近年の歴史研究では必ずしも好意的に扱われない事象だが、この時期、東方教会の慣習に従い聖職に就く前に結婚していた助祭や司祭の妻たちも教会組織の構成員として受け入れられ、女助祭（diaconissae）や女司祭（presbyterissae）と呼ばれていた。次の章で扱う時代には数名、女司教（episcopissae）も登場し、サン・プラセーデ教会内の九世紀初頭に建立されたと思われる石碑にも見られる。しかしこのことは、聖職者の独身制を弛緩させることにはつながらなかった。

こうした集団の構成員は通常その職務に生涯従事し、その職を代々相続する者もいたので、独自の統治を望む教皇にとって、彼らは危険因子となった。グレゴリウス一世は彼らの破門を試み、自ら任命した助言者に加え、修道士たちに行政の業務を委ねた。その反動で、その後七〇年間は助祭と司祭が教皇の選挙人として大きな影響力を発揮し、修道士が教皇に選出されるのを妨害した。グレゴリウス一世の統治を手本とする教皇は、八世紀半ばまでローマでは稀だった。グレゴリウス一世に続く教皇は、他の手段に頼ることになる。そのうち最も成功した方策は宮廷構成員の増強であった。すでにグレゴリウス一世の時期以前から、教皇補佐役（vicedominus）が置かれていた。この役職に関する文献はあまり残っていないが、補佐役の職に就いた者が大助祭に次ぐ大きな影響力を教皇の統治に及ぼしていたことは間違いないだろう。とくに七世紀には、教皇宮廷は皇帝の行政機構を手本に整備され、衣服や高価な道具を管理する保管担当官（vestiarius）、収入担当官（arcarius）、支出を担当する会計官（sacellarius）といった役職が新たに設置された。また教皇から個人的に任命される請願受付官（nomenculator）は、請願書を受け取りそれへの対応を行ったと思われる。さらに典礼においても、役職の新たな区別が見て取れる。すなわち、伝統的な聖職者集団の構成員が教皇の前を堂々と闊歩し、教皇の地位を外に向かって誇示したのに対し、新しく設置された職務の者たちは教皇の後ろを歩き、狭義の宮廷をそこで形成したのである。行列時の序列、つまり教皇の前後のどこに位置するかというテーマは、中世を通じて特定の役職が持つ重要性の変化を知る上での指標となる。

官職の構成の変化を受け、官職者の出自にも変化が見られる。グレゴリウス一世の在位期間以前から、教皇の寝室侍従（cubiculum 直訳すれば「居室」）と呼ばれる一団がいた。彼らは教皇の側近だった。すなわち、第三者の統制を受けることなく直接教皇に仕える集団である。グレゴリウス一世はこの側近集団から俗人を排除し、聖職者と修道士に限定しようとした。だが彼の後継者たちはこの試みを断念し、引き続き俗人も聖職者と同様に寝室侍従として教皇に仕えた。一般的には名望家門の成人していない子供たちであったが、八世紀には孤児たちもまた教皇の寝室侍従となりそこで教育を受けた。彼らは教皇庁の規範を身につけ、その後、宮廷で支出会計官、公証人、代理人、または、稀ではあったが助祭や司祭などの職を務めた。つまり、教皇の寝室侍従の地位は、社会の上層の人々が教会内の顕職に就くための橋渡しの役割を果たしていた。この他にも、歌い手の同輩集団（schola cantorum）が同様の役割を担った。この同輩集団は、おそらく実際には七世紀半ばに成立したものだが、グレゴリウス一世により設立されたものと伝えられている。この同輩集団では、その名の通り少年たちが讃美歌の歌唱の訓練を受けた。讃美歌の画定についても後世、グレゴリウス一世に帰せられているがそれは誤りである。教皇の寝室に属した者と異なり、讃美歌の歌い手はしばしば助祭や司祭まで上り詰めることができた。しかし、この種のキャリア・パスを経て実際に教皇になった者は、八世紀半ばまでは稀だった。すでに述べたように、本章で扱う時期の教皇の多くは「ギリシア人」で、さらにそのなかでも成人してからローマの聖職者になった者が多数派を占めていた。こうした「ギリシア人」の教皇が輩出した背景には、七世紀から八世紀初期のローマにおいて、ビザンツ皇帝の代理者たちとは別にギリシア系住民の「植民地」が存在していたことがある。

都市ローマでのギリシア系住民の影響

ローマのギリシア系住民の影響は、教皇以外では、典礼、修道院、社会奉仕機関（ディアコーニー）、あるいは商人・職人集団、軍や行政機構の役人においても認められる。すでに述べたように軍の将校や行政機構の役人はもともと東方の出身者だった。だが、まもなく彼らはイタリア現地に同化し、それまでの元老院家門のほとんどを追いやり、新たな社会の上層となった。さらに後になると、テオフィラクトゥスやクリストフォルスのような、八世紀以降の教皇権の歴史を動かす人々がこの集団から出た。すでに七世紀の段階で、彼らは「執政官（コンスル consul）」や「ドゥクス（dux）」といったすでに意味を失っていた過去の官職名を自らの箔付けに用い、社会的地位を顕示しようとした。彼らの財産や職務について正確にはわからないが、それでも『教皇列伝』や『教皇定式集』(8)といった史料からは、彼らが社会的あるいは政治的に影響力を持つ集団になっていたことが示唆される。ちなみに『教皇定式集』とは教皇書簡に使用される書式集だが、それはおそらく第三回コンスタンティノープル公会議（六八〇〜八一年）の後に初めて集成されたと考えられている。この集成は増補され改変されたが、一一世紀末まで教皇に仕える者は重要な書簡を作成する際にこれを文例集として用いていた。ギリシア系住民が持った政治的影響力は『教皇定式集』からも見て取れるが、その一例を挙げれば、この書の書式番号六〇－六三を見れば彼らが少なくとも理念上は教皇選挙にかかわるべき存在であったことがわかる。この理念が現実でもあったことは、七世紀末のなかなか決着が付かなかった教皇選挙の例が示している。ギリシア系住民で都市行政にたずさわる者は、ギリシア語からの借用語である「アクシオマティキ（axiomatici）」（高位高官）や「ユディケース（iudices）」（直訳では裁判官という意味だが、実際には高位高官にある者を指した）と呼ばれた。また軍隊は二つのグループからなっていた。トリブヌスが指揮する軍と、「執政官（コンソリ／コンスル）」の指導下、徴兵されたローマ市民による「ローマ軍（exercitus Romanus）」である。これらの集団は教皇選挙にも深く関与したが、そこからは、教皇がその統治に俗人指導層を取り込むようになったことや、それにより教皇が彼ら俗人指導層に依存するようになったことが見て取れる。

(8) 直訳すると「日々の慣行の書（Liber Diurnus）」。

グレゴリウス一世はある書簡で、ローマで唯一営業している両替商も廃業するに至った、と当時の状況を嘆いている。だがこの言説から、これ以降ローマでは両替商がいなくなったと結論付けることはできない。少なくとも巡礼者が、ローマ以外で作られた硬貨をローマにもたらしていた。しかし、グレゴリウスのこの嘆きからは、大規模な交易が当時ほとんど姿を消していたことがわかる。交易品の輸入元は、初期はコンスタンティノープルや帝国の他の地域だったが、イスラーム勢力の攻撃が激化した後はとくにイタリア半島南部やシチリアの教皇の所領となった。輸送と販売は主にギリシア系住民が行った。彼らはテベレ川沿いの港や市場の近くに居住し、「スコラ・グレカ（schola Graeca）」と称する同業組合的な団体を形成していた。彼らの主要な教会もそこにあった。つまり、古代の両替商が建造したアーチ「アルジェンタリ門（Arcus Argentariorum）」の近くにあるサン・ジョルジョ・イン・ヴェラルボ、その後の時代のサンタ・マリア・イン・コスメディン大聖堂である。このサンタ・マリア・イン・コスメディン大聖堂は「イン・スコラ・グレカ」という呼び名も添えられた。ギリシア系住民は、商業の他に建築、フレスコ画やモザイク画の制作など高度な職人の仕事にも従事していた。

ギリシア系住民が商業を支配していたこともあり、ローマ住民への食糧供給は、六世紀に東方で生まれた制度である慈善施設（ディアコニ）を通じて行われた。ローマでの慈善施設（ディアコニ）は、フォロ・ロマーノに所在するサンティ・コズマ・エ・ダミアーノ教会のような既存の教会の脇に立地した場合もあれば、古代に同様の機能を果たしていた建造物の内部に付設されることもあった。時代が下ると、慈善施設（ディアコニ）に教会が付設される事例も見られる。今日のサンタ・マリア・コスメディン教会へと発展する慈善施設（ディアコニ）が古代の食料配給施設（アンノーナ）の跡地に建っていたり、サン・テオドーロ、およびサンタ・マリア・イン・ヴィア・ラータとして今日知られる教会の前身としての慈善施設（ディアコニ）が古代の穀物倉庫（horreae）の跡地に建っていたりするのは、そのような事例である。これらの慈善施設（ディアコニ）を含め、ほとんどの慈善施設（ディアコニ）はギリシア系の聖人に献堂されていた。主として七世紀から八世紀の初頭にかけてこれらの慈善施設（ディアコニ）は建立されたが、九世紀に新たな慈善施設（ディアコニ）が建てられた例もある。慈善施設（ディアコニ）は、「ディアコニの父（pater diaconiae）」、「分配者（dispensator）」などと呼ばれる一人の保護者により通常は運営されていたが、教会が付属する場合には当然、一人か複数の司祭がそこに属していた。

多くの修道院でも、慈善施設（ディアコニ）と同様にギリシア系住民の影響が見られる。五世紀に始まったローマでの修道院の建築は、七世紀には二四を数えるまでになったが、そのうち六つにはギリシア系修道士が住んでいた。そのような修道院で最も重要なものは、アウェンティヌス（アヴェンティーノ）丘に立地するサン・サーバ修道院だった。ラテン系修道院のうちおよそ八つは、いわゆる「バシリカ修道院」として、教皇の大聖堂——ラテラノ、サン・ピエトロ、サンタ・マリア・マッジョーレといった大聖堂——で行われるのと同じ時禱の義務を果たさねばならなかった。またラテン系修道院の二つの修道院がそれぞれ、サン・ロレンツォ、サン・パウロ大聖堂という墓地のある大聖堂の聖務を補佐した。残る八つのラテン系修道院は特別なものではなく、ギリシア系修道院よりは少し大所帯であるものだった。ほとんどのギリシア系修道士は東方の修道士と同様、ほとんど教育を受けていなかったが、それでもこれらの修道院には、わずかながら高度な教養のある修道士がいて、彼らは教皇にとり重要な存在となった。この種の修道士として名高いのは、ホノリウス一世とヨハネス四世の教皇書簡の書記を担当した修道院長ヨハネスであったが、彼は単意論の論争が勃発した際にはっきりしない態度を取ったことでも知られる。こうした当時の状況は、六四九年にローマで開催された教会会議がギリシア系聖職者によって準備され指導されたことによく現れている。

最後に、典礼におけるギリシアの影響を見てみよう。前の章でも述べたように、東方でビザンツ帝国時代に崇敬を集めた諸聖人は、ローマ式ミサの奉献文のなかにすでに取り込まれていた。さらにローマの信徒共同体は当時、東方から受容した祝日も祝うようになっていた。それは、主の奉献の祝日（二月二日）、受胎告知（三月二五日）の祝日、皇帝ヘラクレイオスがササン朝ペルシアから聖十字架を奪還した記念日（九月一四日）、聖母マリアの被昇天の祝日（八月一五日）や聖母マリアの誕生の祝日（九月八日）などである。また、シリア出身のセルギウス一世は、ミサなどでキリストを指す呼称として「神の子羊」を意味する「アグヌス・デイ（Agnus Dei）」という言い方を採用した。だが、このような典礼の変化は、帝国の中心地と隔たりができていたことも示している。なぜなら、ローマで新たに導入された「アグヌス・デイ（Agnus Dei）」の言い方はシリアでは一般的だったが、コンスタンティノープルでは禁止されていたからである。ローマにとっては、この呼称を用いることで初めて、ミサでキリスト自身に対し祈り（adoratio）を捧げることができるようになった。それまではキリストは人間と神との媒介者とされ、ミサで祈りを捧げる対象は神のみであった。

都市ローマの教会建築と典礼

またローマではキリスト教化が以前より一層進展し、教皇の定めた典礼がローマに浸透していった。古代ローマ時代の宗教建築物が荒廃する一方、キリスト教の教会は増改築され、かつての異教の建築物に組み込まれることもあった（その最古の例はパンテオンである）。教会建築においても東方教会の影響は際立っており、そのことは、教会の守護聖人として多くの東方の聖人が選ばれたことだけでなく、フレスコ画やモザイク画の様式、円形建造物やマトローネといった東方起源の建築様式においても見ることができる。古代ローマの宗教建築だけでなく、古代ローマで行政機関として使用された建築も、教皇によりキリスト教の宗教建築物に改築された。この事実は、今やローマを統べる存在が誰になったのかを如実に示している。前章で扱った時代の末にすでに、ホルミスダスはフォロ・ロマーノ近隣にあった建造物をサンティ・コズマ・エ・ダミアーノ教会へと改築したが、この元の建造物は都市総督の座所だった可能性がある。七世紀に入ると、ゴート戦役後に廃墟となっていた元老院の議場と別棟もまた、それぞれサン・アドリアーノとサンタ・マルティナ教会に改築された。パラティヌス丘にあった大きな皇帝宮殿は半ば崩壊していたが、そこに居住していたビザンツのイタリア総督代理も崩壊するに任せていた。この建物もその後、一部は教会や修道院へと改築された。そこに作られた教会であるサンタ・マリア・アンティクア教会は注目に値する。とくに、皇帝宮殿の監督者プラトンの息子のヨハネス七世が教皇に在位した期間、この教会は重要な存在となった。ヨハネスはこの教会に自らの邸を構えたほどである。だが、彼の先任者や後継者はむしろラテラノを好んだ。ウィギリウス、テオドルス、ホノリウス一世といった教皇が礼拝堂と応接室を備えた大聖堂と修道院を建設することで、ラテラノは大規模な複合建築物へと変貌した。この複合建築物は、七〇〇年を過ぎた頃から西方教会の中心として、コンスタンティノープルと同様に「総大司教座（patriarchium）」という称号を帯びるようになった。

特権と職務に基づき、ローマの教会は三種類に分けることができる。まず、教皇に直属する大聖堂で、ラテラノ、サン・ピエトロ、サンタ・マリア・マッジョーレ、サン・パウロ、サン・ロレンツォといった教会がこれに属する。そして第二が名義教会、第三が慈善施設（ディアコニ）である。これら三つに区分された教会のすべてが、いわゆる「参詣指定聖堂ミサ」(9)を通じて教皇の典礼に組み込まれた。教皇は伝統に従い、主要な祝祭日には大聖堂のうちの参詣指定聖堂（statio）(10)で聖務を執り行った。また教皇は、とくに断食期間中の日曜日や平日には名義教会やディアコニ教会のうちの参詣指定聖堂でミサを行った。そして、最も重要な祝祭日に参詣指定聖堂で行われるミサには、各地区の住民の他に、ユディケースや軍の指揮官といった世俗社会の代表者の参加も義務づけられていた。ここからは、教皇が典礼においてもローマで卓越した存在であったことがわかる。また典礼は、いまだに残っていたキリスト教以前の祭礼の残滓を完全にキリスト教化するためにも重要だった。教皇はキリスト教以前の祭礼の伝統を完全に抹消しようとしたが、元日を祝う習慣が残ったようにそれを貫徹することはできなかった。そのため、異教的な祭礼の習慣を消滅させるのではなく、キリスト教へと転用するという措置が取られた。これはとくに行列で成功を収めた。かつて、大神祇官（pontifex maximus）がローマの旧暦の一年の終わりにあたる二月にアンブルバリア祭を通じ、松明を掲げ行進することで街から悪魔を追い払おうとしたが、これにならい教皇も最高神祇官（summus pontifex）を称し、新たに祝日として定められた二月二日に、かつてと同じ場所、つまり元老院議場からヤヌス門を通り、サンタ・マリア・マッジョーレまで続く灯明行列を催した。松明を掲げていたため、この行事はドイツ語で「マリアの光のミサ」とも呼ばれる。豊作を祈願するロビガリアと呼ばれる古代の祝祭は、四月二五日の聖マルコの祝日に催される行列に置き換えられた。この行列では、教皇、聖職者、ラテラノ教会に属する信徒共同体の構成員が都市ローマ中を練り歩き、ミルヴィウス橋を通り、ローマの新たな守護聖人のペトロを祀る教会であるサン・ピエトロ大聖堂までたどり着く、というものであった。同様に、古代の豊饒祈年祭は八月一五日に行われる聖母被昇天の祝日の行列に引き継がれた。さらに、古代の四季を祝う祭りがキリスト教に取り入れられ、四季の祭日（クアトル・テンポラ quatuor tempora）――四季の初めの水曜日、金曜日、土曜日――となり、この祝祭日に教皇は新聖職者の叙階を行った。その際、教皇が信仰に関する説教を民衆に行ったことについては、グレゴリウス一世のみが記録に残っている。

（9）教皇が枢機卿などとともに、重要な祝祭日をはじめとした特定の日に、定められた教会に赴き執り行うミサ、およびその慣行。

（10）「参詣指定聖堂ミサ」を執り行うべく指定された教会。教会に赴く際には、教皇は民衆の歓呼を受けつつ行列を行うことで、都市ローマにおける宗教・政治指導者としての教皇の権威を目に見える形で示した。

新たな慣習や祝祭のほとんどは、とくに八世紀以降に他の地域にも伝えられた。各地域での慣習の変容はローマ式典礼の拡大を知る指標となる。七世紀にはミサの最も重要な部分は即興でなされず定式に従うようになり、その定式が集成されて伝承されるようになると、ローマ式典礼の各地への普及が容易となった。こうした集成のなかでは、教皇や司祭が唱えた祈禱文集成（サクラメンタリウム Sacramentarium）、あるいは聖歌の集成が非常に重要である。これらの集成の他に、八世紀になると、ミサや洗礼、献堂式といった儀礼の式次第を定めた「ローマ式典礼書（Ordines Romani）」が書かれた。

帝国内の教義問題とローマ教皇

ローマ帝国内で教皇がどのような地位にあったか、そしてまた西方で教皇の権威がどの程度認められていたのかを考えるにあたり、教義をめぐる対立は重要な問題であり、それゆえに教義論争はどの教皇史の著作でも重点的に取り扱われている。教義の論争は通常、キリストの二つの本性をめぐる解釈をめぐって争われた。この問題については四五一年に教皇の助力を得て、カルケドン公会議の席で定義が行われた。だがその後、五世紀以降とくにユスティニアヌス帝以降の時代、皇帝は自身の神学への関心や帝国の統一性保持の理由から、新たな統一規範や解釈を定めたり、公会議を召集するようになった。ユスティニアヌス帝は神学の素養があったが、自身の信仰については移り気だった。

彼は当時すでに死去していた三人の神学者について、彼らの教義が単性論（Monophysitism）(11)だと疑われるとして有罪とし、その結果、長期にわたる「三章問題」(12)に関する論争が始まった。この論争の結果、アクィレイア総大司教区はアクィレイアとグラドに分裂し、この影響はイタリアの教会組織にまで及んだ。また、ユスティニアヌス帝に続く皇帝たちやコンスタンティノープル総大司教たちは七世紀に、キリストのなかに存在する単独の「エネルゲイア」を強調する単働論、あるいは単意論を前面に押し出すことで、シリアやエジプトの単性論者との妥協を図ろうとした。神学が発展していなかった西方ではこのような試みを拒否された。なぜなら西方では、カルケドン公会議でのキリスト教信仰の定式が揺るがぬものとみなされていたからである。またその背景には、西方ではビザンツ帝国の内政問題の理解が乏しかったこともある。

(11) キリストの中に存在するとされた神性、人性の二つのうち、前者しか認めない教説。カルケドン公会議（四五一年）で断罪された。

(12) 「三章」とは、モプスエティアのテオドロス、キュロス主教テオドロス、エデッサ主教イバスの三人とその著作を指す。ユスティニアヌス帝の勅法に続き、第二コンスタンティノープル公会議の席で彼らに対する断罪が追認されることとなった（本文参照）。

しかし教皇権は、ビザンツ帝国でこのような対立が生ずると苦境に陥った。というのは、教皇は、この問題に関心のなかったガリア、スペイン、北アフリカの司教たちに対し、カルケドン公会議で定められた信条が正統信仰であることを証明する必要があったからだ。また教皇は、皇帝も帝国教会の一構成員として自らの監督下にあるとみなした。その主張の拠り所は、ローマ教会は信仰に関し決して過ちを犯すことがない、という教皇本人の自己認識であり、ホルミスダスやアガトといった教皇はこの点を強調した。ウィギリウスやペラギウス一世などの教皇の態度からもまた、教皇の置かれた苦しい立場が見て取れる。皇帝からの圧力もあって、ウィギリウスはビザンツ帝国で五五三年に開かれた第二回コンスタンティノープル公会議の決議に最終同意した。この決議は、いわゆる「三章」を弾劾するものだった。彼の使節（アポクリジアル）だったペラギウスはウィギリウスのこの行動を批判したが、後に公会議の決議に主人と同じく同意し、その後、皇帝とその代理人ナルセスの影響力で新教皇となった。ローマの聖職者たちは、ペラギウスがウィギリウスの死に関与しているのではないかと疑い、またペラギウスの行為がカルケドン信条に反しているのではないかと考えた。これを受け、教皇史上類例がないことだが、ペラギウスは自らの信仰がカルケドン公会議の信条に沿っていることを公に告白しなければならなかった。一方でペラギウスはビザンツ皇帝側に対しては、それ以後も五五三年の公会議決議の支持者である姿勢を崩さなかった。その結果、後代に教父として尊崇を集めることとなるグレゴリウス一世までの教皇は、西方の司教たちから正統信仰の持ち主ではないのではないかという嫌疑を繰り返し受けることになった。しかし七世紀には、教会政治情勢の変化とともに、ウィギリウスとペラギウスは東方でも正統信仰の保持者とはみなされなくなる。第二コンスタンティノープル公会議はその決議が西方での教義と矛盾していたにもかかわらず、この両教皇が支持を表明したためにカトリック教会で普遍公会議とみなされているのは歴史上の皮肉といえるだろう。

さらに教皇権の痛手となったのは、すでに言及した単意論に対するホノリウス一世の態度である。彼はコンスタンティノープル総大司教に宛てた二通の書簡で、カルケドン公会議の教説を疑問視する新興勢力を批判した一方で、総大司教が提起した新しい、キリストのうちに唯一の意志しかないとする単意論を承認した。これに続き、ヘラクレイオス帝は六三八年に発した勅令『エクテージス（Ekthesis）』で、この新しい単位論の教義が全帝国で従うべきものとした。しかし、この『エクテージス』は帝国内の混乱の収拾に役に立たなかった。というのも、この勅令はイェルサレム総大司教ソフォロニオスらのカルケドン信条の支持者からだけでなく、過激な単性論支持者からも拒否されたからである。この勅令は、西方では教皇テオドルスと証聖者マクシモスが開催を準備し最終的にマルティヌス一世が六四九年に開催したラテラノ教会会議の場で弾劾された。この教会会議で興味深いのは、マクシモスとマルティヌスがこの会議に普遍公会議としての効力を与えようとしたことである。しかし、この西方での試みは成功を収めることはなかった。この失敗は、当時の教皇が信仰の問題についてわずかな権威しか持たなかったことを示している。しかしこの教会会議を受けて、上述したホノリウスの二通の書簡が教皇の文書庫から抹消された。ただしそれ以前のヨハネス四世の教皇在位期に、両書簡を起草した修道院長ヨハネスが両書簡の内容から逸脱した解説をそれに付けていたので、それによりホノリウスのローマでの立場はそれほど危ういものにはならなかった。そのために教皇アガトの使節は、第三回コンスタンティノープル公会議（六八〇～八一年）の席で両書簡の真正な版を提示され狼狽することとなる。結局、ホノリウスはこの公会議で、他の単意論支持者と同様に弾劾された。これに対して教皇アガトが、ローマ教会とその指導者は正統信仰から逸れたことは一度もないと抗弁したが、アガトの後継者のレオ二世はホノリウスに対する弾劾宣告を受け入れた。この宣告を受けて今後の新教皇は即位前に、『教皇定式集』が収録する定型文に従い、ホノリウスの有罪判決を認めつつ自らの正統信仰を公式に告白しなくてはならなくなった。西方教会の叙述史料を見るなら、その後まもなくホノリウスは、教皇とは呼ばれず異端者としてのみ言及されるようになり、彼が教皇の称号を帯びていたことは忘れ去られた。後代、教皇が権威の主張を行う際にホノリウスの事件は障害になることはなかったが、東方教会では「ホノリウス問題」の伝承を忘れることはなかった。宗教改革以後には、この「ホノリウス問題」は、教皇が保持する教導権に対する批判者と擁護者の双方が取り上げるようになり、それは第一回ヴァチカン公会議まで続いた。一七世紀に教皇庁は『教皇定式集』のある版を禁書と認定したが、その理由は、この版に上述の正当信仰の告白文が含まれていたからだ。いずれにせよ、七世紀のカルケドン信条の支持者たちが、ホノリウスを異端的な教皇とみなしていたことは疑いのない事実である。

それでも単意論をめぐる論争は、教皇首位権の発展に好都合な結果ももたらした。テオドルスやアガトといったギリシア系の教皇やローマで影響力を持った証聖者マクシモスなどの東方教会の神学者は、この対立のなかで以下の点を強調した。つまり、キリストはペトロにキリストの羊を飼うこと、すなわち信徒の信仰を強化することを責務として与えたので、教皇は正統信仰の担い手となる責務を負うということである。このような見解に従い、続く教皇たちは、それ以前の教皇が裁治権や規律の問題に限定していた教皇の権限を拡大し、ローマ教会が正統信仰から決して逸脱しないという主張に依拠して、ローマ教会が全キリスト教徒に対し教説の監督権を持つという要求を行うようになった。ローマ教会にとっては、なおローマ帝国が――皇帝権力はもはや旧ローマ帝国の版図の一部しか支配していないとはいえ――「普遍世界（エキュメーネー）」つまり人間の住む世界であり、ペトロは、彼の後継者たちが教える正統信仰を霊的に統合する者とみなされた。これにより教皇権の基礎はさらに強固なものとなり、八世紀以降の教皇はこの基礎の上で、教会や政治に関する活動を行うことになった。

ビザンツ支配期の遺産として、最後に「神のしもべのしもべ（servus servorum Dei）」という今日まで使用される教皇の呼称について述べておきたい。グレゴリウス一世がこの称号を創出したが、その理由として、彼が修道士としての恭順を示そうとしたから、としばしば説明される。これは実際には完全に誤っている。グレゴリウスのコンスタンティノープルにおけるライバルつまり総大司教が、ある書簡で自分のことを先任者たちと同様に「全キリスト教世界の総大司教」と記していた。西側ではそれまで誰も、この呼称を不快なものとは感じていなかった。というのもその呼称は、総大司教が全キリスト教世界つまり帝国のなかで一つの特別な地位を有する、ということのみを述べたに過ぎなかったからである。レオ一世以降のローマ司教もまたしばしば同じ呼称を使っていた。グレゴリウスはこの呼称を止めようと努力したが、西方教会内ですら理解を得るのは難しかった。その代わりにグレゴリウスが創案したのが先に述べた恭順を示す呼称であり、それが教皇の呼称として残ることになった。だがこの呼称を用いたグレゴリウスやその後の教皇が実際その呼称にふさわしい人間だったかというとそうではない。グレゴリウス自身、この呼称がコンスタンティノープル総大司教に対する自らの優位を示すものであることを、聖書の一節――「あなた方の間でかしらになりたいと思うものは、すべての人のしもべとならなければならない（マルコ10－44）」――に言及して示唆している。

西地中海諸地域とのかかわり

ユスティニアヌス帝の征服により、北アフリカ、西地中海の島々、スペインの地中海沿岸部が帝国のもとに返り、正統信仰のもとに再び戻った。さらに、六世紀末には西ゴート王レッカレッドとその支配下の貴族と民衆がカトリックに改宗した。また七世紀には、ランゴバルド人もアリウス派を奉じることをやめた。こうして、ローマ帝国であった土地でキリスト教が浸透している地域は皆、一つの信仰に統一されることになった。これらすべての地域からローマに巡礼者が訪れたことは、ペトロに対する崇敬が一般的に広まったことを示している。だがこれは、ペトロの後継者の教皇が至る所で信仰と規律の指導者だと認められていたことを意味しない。ビザンツ支配下のローマでは、教皇がそのような指導者の地位を主張することはできなかった。さらに、ウィギリウス、ペラギウス一世、ホノリウス一世といった教皇が信仰の問題で揺らぎや誤りがあったことが状況を悪化させた。だがそれ以上に、西方のほとんどの地域で教皇権の影響力が教会組織に及ばなかったことが問題であった。

イタリアではグレゴリウス一世以降の教皇が、ランゴバルド王家を正統信仰に導こうとしただけでなく、貢租を支払うことでランゴバルド支配のさらなる拡大を食い止めようとした。だがそれは、ランゴバルド支配下の諸地域の奪還を企てていたビザンツ皇帝や総督の怒りを買った。このため、ビザンツ支配下のイタリアでは教皇の主張が完全に受け入れられることはなかった。さらに、ラヴェンナ司教が独立しようとしたことも問題であった。最終的に六六六年に、皇帝コンスタンス二世がラヴェンナを独立した首都大司教座と認めたが、同時に彼は、ラヴェンナ大司教は選出の際に教皇の認可が不要であること、またローマと同様、管区内の三人の司教により叙階されることも定めた。コンスタンスの息子の皇帝コンスタンティヌス四世は二〇年後にこの特権授与を取り下げたが、ラヴェンナ大司教の独立政策が止んだわけではなかった。またイストリアとヴェネトでは、ウィギリウスとの関係から教会内の分裂が生じている。七世紀末にこの分裂が解消された後も、この地域で教皇は、現地の司教の機嫌を取らないと影響力を行使できなかった。こうして教皇権はビザンツ領の中部イタリアと南イタリア、シチリア島でのみ、従来からの影響力を保持することができた。つまり「ペトロの世襲領」が立地する地域でのみ発言力を保っていたことになる。

イタリアのランゴバルド支配地域の状況は、政治情勢に左右される部分がさらに大きかった。教皇の権威は、伝統的に独立性の強いミラノ教会管区でも揺らぐことはなかったが、ローマで開催される教会会議への参加やローマからの指示の施行は、ランゴバルド系の王や諸侯の認可が必要であった。ランゴバルド系のフリウーリ、スポレート、ベネヴェントといった諸公国は、常にランゴバルド王の上位支配権のもとに置かれていたわけではなかったので、教皇がこれらの諸公国の公と交渉を行いローマの影響力を強めても、狭義の王国内部とりわけ現在のロンバルディア地方では、逆に影響力が弱まる可能性もあった。これに関して、ホノリウス一世がボッビオ修道院に授与した特権について触れておきたい。ボッビオ修道院はアイルランド出身のコルンバヌス(13)により創建され、アイルランドの伝統に基づき自立した修道院とされた。修道院長コルンバヌスは教皇から特権を獲得し、修道院が立地するピアツェンツァ司教の干渉の可能性を制限し、その代わりに修道院を聖ペトロの保護下に置くことが認められた。だが、どの程度この特権が守られたのかは、早い時期についてはよくわからない。

(13) 六一五年没。北東アイルランドのバンゴール修道院で修道士としての修業を積んだ後、大陸に向かい、リュクスイユやイタリアのボッビオの修道院建立にかかわることで大陸の修道制の活性化に貢献した。

北アフリカはユスティニアヌス帝以降、イタリア同様ビザンツ帝国の一部であり、カルタゴに座所を構えた総督の支配下に置かれた。ヘラクレイオス帝の父がカルタゴ総督だったことに示されるようにビザンツとの政治的な結びつきは密接であったが、北アフリカの司教座はイタリアの司教座よりも帝国教会に統合されていなかった。むしろ、ヴァンダル人の侵攻以前から存在する独立への志向が新たに活発になっていた。さらにローマと対照的だったのは、とくに北アフリカから著名な神学者が六世紀に輩出し、彼らは「三章」の断罪に対し果敢に戦ったことだ。教皇ウィギリウスやその後継者たちの曖昧な態度を目の当たりにして、北アフリカではペトロに敬意は払われたものの、ローマの権威はほとんど浸透しなかった。また帝国の教会法が、北アフリカ教会を教皇に直属しないものと見なしたこともあり、そこでは独立志向が高まった。それゆえにグレゴリウス一世は、北アフリカでの紛争解決にあたってはカルタゴ総大司教ではなく、皇帝代理のイタリア総督と交渉を行うことを余儀なくされた。グレゴリウスが北アフリカで直接介入できたのは、腹心とみなせる司教がいたヌミディアに対してのみだった。だがこのヌミディア司教も同僚から非難を受け失脚してしまう。グレゴリウスが行ったイタリア総督管轄下の諸地域――コルシカ島、サルデーニャ島、イベリア半島南部のバエティカなど――への介入はほとんど成功していない。バレアレス諸島への介入があったかどうかは史料上の言及がない。これらの地域では、ローマ教会が「ペトロの世襲領」を所有する場所、つまり自身の所領でのみ介入でき、また確実に介入できたのは教会上の事項だけであった。ただ、単意論をめぐる論争に際しては、ローマと北アフリカの関係はやや密接になった。というのは、教皇テオドルスの在位中に北アフリカで開かれたいくつかの教会会議では、教皇の首位権と信仰の問題での権威が認められているからである。だがこのような形で権威を認めたとしても、それがどれほど実効力を持っていたかはわからない。その後、イスラーム勢力の進出により、七世紀末には北アフリカ全土がイスラーム教徒の支配下になる。これにより、教会の自由な活動も最終的に閉ざされた。キリスト教徒の礼拝は認められ、教会組織も維持されたが、イスラーム勢力の支配下にない世界との接触はほとんど不可能となった。

その後まもなく七一一年から七一二年にかけイスラーム勢力は、七世紀半ば以降ビザンツ領も加えイベリア半島の大半を支配していた西ゴート王国を征服した。この征服によるキリスト教側の損失は、北アフリカの喪失よりもずっと重大だった。七世紀の段階で、イベリア半島の教会は、教会法、規律、神学の一部の分野で西方のどの地域よりも優っていたからである。グレゴリウス一世はレッカレッド王のカトリック改宗を称讃したが、それがいかに重要な意味を持つことになるかを当時グレゴリウスはあまり理解していなかった。イベリア半島の教会の組織化は、とくにレッカレッド王と、兄弟でセビーリャ司教を務めたレアンドルスとイシドルスに負う部分が大きい。この二人はコンスタンティノープルで、教皇の使節（アポクリジアル）であったグレゴリウスと親しくなっていた。だが彼らが教会の活動を行うにあたっては、教皇からの介入をほとんど受けていない。彼らは王の座所のトレドで教会会議を開く伝統を創出し、その慣習は西ゴート王国の滅亡まで続いた。そしてトレドで開かれた教会会議の席では、トレド首都大司教の主宰のもとで信仰、規律、教会組織に関する決議が下され、王国の全土でその決議は拘束力を持った。そこで作られた教会会議の式次第（Ordo）は、しばしばイベリア半島外部でも筆写されて流通し、中世後期に至るまでキリスト教ヨーロッパにおける教会会議の式次第のモデルとなった。同様に、イベリア半島で成立した教会法集成も同様に中世後期まで影響を与えた。また典礼に関しても、八世紀までフランク王国のガリア地域では西ゴート教会の影響が強く見られる。

すでに触れたように西ゴート王国では、王国レベルでの教会会議が王の座所のトレドで開催された。これだけでも教会に対する王の影響力が見て取れる。またビザンツ帝国と同様、トレド司教は教会構成員の最高位の者として王により指名され、しばしば以前に王に奉職していた者が司教を務めた。さらに王権と教会の緊密な関係は、司教が王国の裁判において最高の上訴審の裁判官であったことや、王国の教会会議が新たな王国の法を制定する場であったことに示される。そして七世紀後半には王権が弱体化したことにより、高位貴族と並んで司教もまた王国統治に深くかかわることになった。そのため、初期中世のイベリア半島の教会は、閉鎖的な在地教会の性格を持っていた。教皇権のような地域を超えた組織は、その中で占める場所がなかった。イベリア半島で教皇の介入が認められたのは、現地の見解と一致した時のみであった。たとえば、セビーリャ司教イシドルス(14)が六三三年に開かれた第四回トレド教会会議で、グレゴリウス一世が兄弟のレアンドルスに宛てた洗礼式に関する書簡を、教会会議の決議に入れさせた例がある。だが一般的に、教皇は教皇権の優位を主張しイベリア半島の司教たちを差別し（たとえば、ホノリウス一世はある預言者の言葉を引用し、イベリア半島の司教たちを『吠えることができない口のきけない犬』と呼んでいる）、一方で批判を受けた司教たちは自らの威厳を守り、敵である教皇が聖書に関する知識や一般常識に乏しいことを批判した。その良い例は教皇ベネディクトゥス二世とトレド司教ユリアヌスとの間の対立である。だが三〇年後にはイスラーム勢力の征服により、一部の例外を除き、両者の接触は不可能になった。

(14)　六三六年没。古代末期から中世初期における後期ラテン教父を代表する人物。数多くの著作をものしたが、とくに百科事典的性格を有した『語源』は中世半ばまで西方キリスト教世界で大きな影響力を誇った。

西方や南方ではイスラーム勢力が教皇の活動を妨げたが、東方ではアヴァール人とスラヴ人が教皇にとり障害となった。教皇の代理人を兼ねたテッサロニキ大司教座は敵対勢力に囲まれる形で孤立し、イリュリクムの諸都市も同様の運命をたどった。ローマとそれらの飛び地との間との交流が完全には断絶していなかった証拠として、ラテラノ洗礼堂のかたわらに建てられたダルマティア、サロナにおける殉教者をしのぶ礼拝堂やときたまの書簡のやりとりを挙げることができよう。だが、五世紀に可能であったような形での教会政策の遂行はもはや不可能となった。

ガリアにおける教皇権

ローマとアルルとの間の交流はそれよりは緊密であった。ゴート戦役以後、プロヴァンス地方はフランク人の支配下にあり、またかつてのブルグンド王国の領域もフランク人の支配下に置かれた。イベリア半島の西ゴート王国とは対照的に、フランク王国ではクローヴィスが五一一年に没して以降、一人の王のもとで統一されることは稀だった。統一されたときでも、王権の影響力は王国全土に行き渡らせることはできなかった。七世紀初めから、古くからの領域区分に基づくネウストリア、アウストラシア、アクィタニアの三分割体制が固まった。だが、それぞれの領域が均質な構造を持っていたわけではない。アクィタニアとプロヴァンスは、都市を核とするいくつかの下位領域に細分化されており、王権の強い影響力が及ぶことは稀だった。そこではさらに、伝統の担い手であるガロ＝ローマのセナトール貴族層が七世紀には、より低いゲルマンの文化水準に落ちぶれるか、あるいは断絶してしまう。彼らのなかで最後の偉大な代表者が、六世紀後半に活躍したトゥール司教グレゴリウスである。彼は生き生きとした筆致で自らの作品を記しているが、そこからは当時の教会の状況がすでに混乱していたことがわかる。七世紀になると、状況はさらに悪化する。司教座、修道院はしばしば貴族の支配下に置かれたが、彼らの目的は聖職者としてのつとめを果たすことより、むしろ所領を増やすことにあった。もちろんこの時期にもフランク王国では、王国の北のパリやオルレアン、あるいはリヨンで教会会議がときたま開かれた。だが、教会会議の決議がどこまで影響力を持ったかは疑わしい。アレマニアやバイエルンのようなライン川以東で王国とのつながりが弱い地方では状況はさらに悪かった。そのような地域では教皇が介入しようにも、力がある協力者がいない場合の方が一般的だったからである。

プロヴァンスにはまだわずかながら「ペトロの世襲領」が残っていたために、教皇にとってアルル司教がプロヴァンスでの最も重要な窓口となった。というのは、教皇の分散した所領からの地代の徴収や運搬を、アルル司教が手配したからである。教皇はそれとともにアルル司教にガリアの諸司教の監督も委ねようとしたが、アルル司教に対する諸司教座の監督の委任は、書簡で述べられる以上に具体化されることはなかった。またアルル司教に教皇代理の地位を与える試みも失敗した。その理由は、アルルがあまりに王国の南はずれに位置していたことがある。フランク王国の教会にとっては、より中心部に近いリヨンやオータンの方が重要な存在だった。ところで、グレゴリウス一世はフランク王国の教会の状況を憂慮して、五九九年以降に多くの書簡を王妃ブルンヒルドや彼女の孫、あるいは数人の司教に送り教会会議を開催させようとした。教皇は教会会議の開催により、蔓延する聖職売買や教会財産の俗人所有に対する禁令の布告を望んでいたからである。最終的にクロタール二世の主宰で、六一四年にパリで王国規模の教会会議が開かれたが、そこで扱われた議題はフランク王国の地方教会の組織、そして王、貴族、司教の間の関係をどう定めるかだった。その教会会議でローマの役割に話が及ぶことはなく、その状況はその後一世紀にわたり変わることはなかった。ただ、ローマがフランク王国で完全に忘れられていなかった。それは、ペトロの墓に参詣するフランク王国からの巡礼者が存在したこと、また、以前の教皇書簡がフランク王国の教会会議で伝承されていたことからわかる。

これまでの結論としていえるのは、ビザンツ支配下の教皇権の前半期では、教皇権はイタリア中部と南部、および「ペトロの世襲領」のある地域でのみ直接の影響力を及ぼすことができたということである。しかし、教皇が八世紀以降に西方教会の長として力を増すことに大きく貢献したのは、実はこれらの地域から遠いイングランドの新たな教会であった。

イングランドへの教皇権の拡大

イングランドでの宣教開始の功績はグレゴリウス一世に帰されることが多いが、これは部分的にしか正しくない。彼以前の段階ですでに、アイルランド人の修道士がアングロ・サクソン系諸王国のうち北方の地域で宣教を行い、成功を収めていた。これに対しグレゴリウス一世は、「人間が住む世界（エキュメーネー）」と伝統的にみなされてきた領域――つまりかつてのローマ帝国版図――の外部に向かい意識的に、自らの指導で宣教者を送り込んだ最初の教皇だった。ただし、グレゴリウスはこの政策によりローマ司教座の影響圏の拡大を図っていたわけではない。そのことは、自らが派遣した修道院長アウグスティヌス(15)の司教への叙階をガリアで行わせ、アルルの首都大司教の配下に置いたことからも明らかだ。アウグスティヌスが改宗した人々をうまく扱えなかったことやブリテン島の政治情勢の問題もあり、グレゴリウス一世の教会組織の構想――つまり、ロンドンとヨークの二つの大司教座の下にそれぞれ一二の司教座を所属させる構想――は実現に至らなかった。結局、ローマ発の宣教はケントという小規模な王国にほぼ限定されていたが、その後、ケントのいわば「首都」にあたるカンタベリの司教がイングランド教会で最も重要な存在となる。イングランド教会が力を増しローマとのつながりを深めたのは、グレゴリウスの後継教皇の努力の成果であると同時に、初期は外国人中心で、その後は地元出身者が多い宣教者や司教の努力の賜物でもあった。アウグスティヌスが六〇四年に没して以降――宣教の企画者のグレゴリウス一世も同年に死去した――、イングランドではその後長く、アイルランド人宣教者の優位が揺らぐことはなかった。それでも、ノーサンブリア人のウィルフリッドの尽力でローマが最終的に勝利を収めることになる。このウィルフリッドは若き日にローマに学び、教皇権の支持者になっていた人物だ。ウィルフリッドは、復活祭の算定方法をめぐる問題を扱ったウィットビー教会会議（六六四年）(16)で、ノーサンブリア王オスウィウに対してローマの優位を次のように論じた。すなわち、聖人としてはアイルランド系の教会人が引き合いに出すコルンバよりもペトロの方が優れている、というのは、ペトロは天国の門の開閉を行うからだ、と述べた。このようなペトロの魔術的な力が認められ、ローマがイングランドで勝利することになった。イングランドで教会組織の構築が進んだのは、小アジアのタルスース出身で東方からの亡命者の修道士テオドロスが、教皇ウィタリアヌスによりカンタベリの新しい大司教に任命されて以降である（テオドロスは六六八年に叙階され六六九年に現地に赴任した）。しかしなお、イングランド教会では統治者とくにノーサンブリア王が圧倒的な力を持っていた。そのことはウィルフリッドが追放の身となったことからも明らかだ。その後イングランドはイタリア半島以外では唯一、ローマをモデルとして教会法と典礼が整備された地域となり、他地域よりも多くの修道士や司教が自身の修行のためや裁判の裁決を求めてローマへと旅立った。その一方、「ケルト的」要素が修道院の文化において残っていた。つまりここでは、贖罪規定書――これは当時の司牧や生活の慣習について多くのことを教えてくれる――が書かれたり、異国に宣教に行こうとする切迫した思いがあったが、それらは「ケルト的」要素の名残である。このようなローマの伝統とアイルランドの伝統の結合は、七世紀末以降大陸で活動した宣教者たちにも認められる。ウィルフリッドがこの流れの先駆者となり、それにウィリブロード(17)、ウィンフリッド(18)（七一八年から改名してボニファティウスとなる）が続いた。彼らの中では、最後に名を挙げたウィンフリッド（ボニファティウス）が最も重要な存在だ。これらの宣教者たちは、教会組織、教会法、典礼といった諸分野でローマをモデルとした。その結果、彼らの活動が、フランク王国内とライン川東方の地域でローマ教皇の名声を広めるための最も重要な基礎を作ることになった。このように教皇権は、その将来の成功をイングランドに負うことになったのである。ただ、宣教者を派遣したグレゴリウス一世自身は、文化水準の低かったイングランドからこのような成功が導かれるとは考えてもいなかったであろう。

(15)　初代カンタベリ大司教。イングランド南東部への宣教団の指導者として選ばれる前には、グレゴリウスが創建したローマ、カエリウス丘の聖アンドルー修道院（現サン・グレゴリオ・マグノ・アル・チェリオ）の修道院長だった。フランク王女ベルタを妻としていたケント王エセルベルフトの後援を受け、彼をキリスト教に改宗させたことで有名。

(16)　当時ブリテン諸島北部で支配的立場にあったノーサンブリア（バーニシア）王オスウィウ（六七〇年没）が主宰した教会会議。当時、とくにブリテン島北部では、イングランド北部に位置するノーサンブリア王国のキリスト教化にも重要な貢献を行ったアイルランド系列（「ケルト式」と一般に呼ばれるが、アイルランドにキリスト教が伝来した当時の四世紀ガリアに起源を持つと現在では考えられている）と、その後ローマで確立した「ローマ式」の二つの復活祭算定方法および典礼関係諸規定が併存し、問題となっていた。

(17) 七三九年没。ノーサンブリアのデイラ王国出身だが、アイルランドで学んだ後、大陸に赴き、主としてフリースラントで宣教活動に従事した。六九五年にはローマでユトレヒト司教に叙階され、エヒテルナッハ修道院を創建。俗に「フリースラント（フリーセン）人の使徒」とも呼ばれる。

(18) 七五四年没。ウィンチェスタ近郊の修道院で教育を受け、七一六年にウィリブロードの下で一時フリースラントへの宣教に従事した後、七一八年にローマに赴いた際に教皇グレゴリウス二世から殉教した聖人の名前であるボニファティウスの名を与えられ改名し、対異教徒宣教の任を受ける。ヘッセンやチューリンゲン等で活動を行い、フルダをはじめとする修道院を創建、マインツ大司教にもなった。フリースラント人への宣教中に異教徒に殺害される。俗に「ドイツ人の使徒」とも呼ばれる。

二　グレゴリウス二世在位期からランゴバルド王国の終焉まで（七一五〜七七四年）

ビザンツ皇帝権からの独立

すでにグレゴリウス二世の在位期間中に、ハドリアヌス一世の在位期間までの教皇史を特徴づけるさまざまな動きが見られる。まず挙げられるのが、ビザンツ帝国からの分離傾向である。教皇は世俗支配者としてローマのみならず、辺境軍指揮官（ドゥクス）管区、最終的にはイタリア半島の大半を自らの傘下におさめた。さらに、ランゴバルド王国の拡大に対する闘争は教皇にとり、アルプスの北側の諸地域の宣教者、司教、そして統治者たちとの交渉機会の増加へとつながった。この交渉は第一義的には教会上のものだが、政治的な色合いをも帯びていた。こちらの流れの終着点が、七五四年に結ばれる教皇とフランク王の間の画期的な同盟である。八世紀の歴史は史料上わからないことが非常に多いが、それに続く数世紀の歴史にとっての基礎を作った。すなわち、フランク王、後にドイツ王との関係をどう取り結ぶか、「教皇領」の支配をどのように確立し防衛するか、さらにはローマ貴族とローマ近郊への支配というその後数世紀にわたり教皇権が抱えた諸問題が八世紀の教皇史に由来する。だがこのような変化にもかかわらず、それ以前の時代の積み重ねとして、ローマと教皇庁が八世紀末までビザンツ帝国に従属する存在とみなされていたこと、そしてビザンツやギリシア系の諸要素が法、典礼、芸術あるいは行政といった諸側面でその後数世紀にわたり命脈を保っていたことを看過すべきではない。教皇が新たな政治上の姿勢を打ち出したことは、さしあたりローマの教会組織に変化をもたらすものではなかったので、それについての過剰評価も禁物である。

教皇とビザンツ皇帝の対立は、徴税をめぐる問題に端を発し、最終的には礼拝の分野に行きついた。七一七年から七一八年にかけ、皇帝レオン三世はイスラーム勢力の攻勢からコンスタンティノープルを守り抜くことに成功した。この事件は東方世界にとり、西方でカール・マルテルが七三二年にサラセン人に対して勝利を収めたのと同様に重大な意義を持った。ヨーロッパ世界はこの二つの戦いで勝利を収めて以降数世紀にわたり、島嶼部や沿岸地域を除いてイスラーム勢力により脅かされることがなくなった。皇帝レオンは、イスラーム勢力を小アジアから追い出し、ギリシアとバルカン半島の一部を再征服するため、軍隊と帝国行政の改革に取り組んだ。彼はその取り組みの一環として、先任者よりも厳格な徴税を行い、教会所領も課税対象とした。

この措置により、「ペトロの世襲領」と呼ばれた教皇の諸所領も、それが皇帝の影響圏に立地している場合には課税対象とみなされることとなった。グレゴリウス二世は、自らの収入が減るこの措置を拒否して身柄を拘束されかけたが、拘束の試みは未遂に終わった。それからまもなく七二五年頃、皇帝レオンは聖画像崇敬を禁じようとした。それ以前に、カリフのヤジード二世が七二三年に支配下地域に居住するキリスト教徒に対し発布した聖画像崇敬禁令や、小アジアの司教たちによる聖画像崇敬の批判、あるいはシリアのパウリキアノイ派[19]による同様の煽動があった。皇帝レオン自身がユーフラテス川流域の出身であったので、彼の禁令は、これらの東方の動きに影響を受けた可能性がある。だが、コンスタンティノープルの総大司教が彼に反対した。そこでレオンは、教皇を自陣営に引き入れようとした。だが教皇グレゴリウス二世は、レオンを支持することを拒んだ。それでも、レオンが聖画像を破壊し、政敵を迫害する行為を押しとどめることはできなかった。最終的に、レオンの息子のコンスタンティノス五世が七五四年の教会会議で、帝国全土において聖画像崇敬を禁じることとなった。だがこの禁令は、素朴な信仰心を持っていた一般信徒にとりそれ以前の教義にかかわる論争よりも身近な問題であったため、東方世界では内戦が勃発し、修道士たちは聖画像崇敬の容認派に与することとなった。イタリアでも禁令を実行に移したことにより、東方からの分離を促す反乱が生じた。さらに、迫害を受けた修道士が亡命して来ることもあった。だが教皇にとり、とくに重大な意味を持ったのは次の事件である。すなわち、レオンはコンスタンティノープル総大司教を優遇するために、教皇の管轄下にあったテッサロニキ大司教座の裁治権と、シチリアおよびイタリア南部の教会への裁治権を教皇から剝奪し、コンスタンティノープル総大司教に帰属させた。これ以降、ラヴェンナ総督の管轄区域を除く帝国の全版図が、教会の管轄上でもコンスタンティノープル総大司教のもとに統一されることになった。さらに、皇帝は教皇がシチリア島とイタリア南部に所有していた所領も没収した。この二つの措置は、教皇にとり大きな打撃となった。それは教皇にとり、所領の大部分を失うにとどまらず、教会上の上位権力としての力ももっぱら北部と中部のイタリアに限定されることを意味したからである。ただ一方で、このような制約により、教皇の影響力はイタリアではさらに密なものとなり、西方世界での新たな展開を生み出すことになった。

(19) 七〜九世紀にかけ、アルメニアやビザンツ帝国東部で有力だった宗教運動。敵対者による弾劾によれば、キリスト養子論やマニ教的二元論的教説を奉じたとされるが、実態については不明な点が多い。運動の名称自体は、養子論を唱えたサモサタのパウロスから取られたもの。

イタリアでの反乱は、ラヴェンナ総督支配下の地域では初めての皇帝に対抗する都市同盟の結成を導き、皇帝が任命した軍と行政双方の指揮者が追放される事態になった。総督エウティキオスはランゴバルド王リウトプランドの支援を受け、北イタリアの一部で支配を再び打ち立てることができたが、ローマのドゥクス管区（ドゥカートゥス）にはこれ以後、ラヴェンナ総督により任命された辺境軍司令官（ドゥクス）は存在しなくなり、代わりに、貴族と教皇が軍事・行政双方の新たな指導者を決定するようになった。皇帝が名目上の主君であったとはいえ、ここに至って教皇がローマとドゥカートゥス内の統治を事実上掌握した。この教皇の新たな立場は、具体的な政策にも見ることができる。一つには、ローマの市壁の修復がグレゴリウス二世により計画され、その後継者のグレゴリウス三世により実現されたことがある。それと並んで今日のチヴィタヴェッキア（Civitavecchia）にあたるケントゥムケッレ（Centumcellae）

の港も修復された。使徒中の長であるペトロとパウロの代理人つまり教皇がドゥカートゥスの統治者となっていたことは、征服地の返還をめぐりランゴバルドの王や諸侯と教皇たちが交渉にあたっていたことからも明らかである。これについての最古の事例もグレゴリウス二世にまで遡る。グレゴリウス二世は、スートリの城塞を王リウトプランドから教皇の支配下へと取り戻している。グレゴリウス三世もまた、スポレート公トラサムンドの手からガレーゼ（Gallese）を「聖なる国家［ビザンツ帝国のイタリア領］とローマ軍」のもとに取り戻した。だが、最も巧妙に成功を収めたのは教皇ザカリアスである。ザカリアスの在位期間以降、教皇は北イタリア最大の権威者となった。そのことはザカリアスが、ラヴェンナの総督、大司教、都市民の依頼で彼らの代理としてリウトプランドのもとを訪れ、総督支配地域の存続のために協議したことからもわかる。

「ピピンの寄進」

ランゴバルド王リウトプランドは聖ペトロを崇敬していたので、その代理人である教皇からの要請にしばしば応じていた。だが、彼の後を継いだアイストゥルフは自らの政策を遂行するにあたり、宗教上の背景を斟酌することがなかった。七五一年に総督支配下の地域の残りをアイストゥルフは征服し、中部イタリアで反抗する諸侯を抑圧してローマまでも脅かした。新たに教皇に即位したステファヌス二世(20)はパヴィアまで旅し、そこでアイストゥルフに対して彼が征服した諸領域の返還を要請したが、それが実を結ぶことはなかった。このステファヌス二世は、初めてフランク王国に自ら足を踏み入れた教皇となり、七五四年にピピンとの間に同盟を交わすこととなる。これについては後でまた述べるが、この同盟に基づいてピピンは、聖ペトロと彼の代理人にイタリアの一部を与える約束をし、それにより、いわゆる「教皇領」の礎石が敷かれた。その後、パヴィアでフランク人と教皇を筆頭とするローマ人、さらにはランゴバルド人が集い、それぞれの支配領域を尊重する協定を結んだ。だがこの協定も、アイストゥルフが以前からの政策を続行することを断念させるものではなかった。ステファヌス二世はこのことを警告する数多くの書簡をフランク王とその家臣たちに送っている。その中の一通で彼は、ペトロがフランク人の同盟相手であると書いてさえいた。だが、フランク王国軍がアイストゥルフに戦いを挑んだのは、ランゴバルド王が七五六年にローマ辺境軍管区（ドゥカートゥス）の一部を再び征服し、ローマを脅かす事態になったときであった。この戦いの結果、フランク王国側はアイストゥルフに対し、ラヴェンナを含む旧総督領の一部をペトロの代理人つまり教皇に譲渡する要求を呑ませることになった。諸都市の城門の鍵は、ピピンが派遣した修道院長フルラドの手でペトロの墓に安置された。次のランゴバルド王デシデリウスは七五七年に教皇の支援で王位に就き、支援の代償としてさらなる諸都市の譲渡を約束していたが、デシデリウスも七七一年以降はアイストゥルフの政策を再び行うようになった。これを受け、後に「大帝」と呼ばれるカールがデシデリウス治下のランゴバルド王国を征服し、カールは七七四年にローマで、ピピンの約束（教皇に領土を与える約束）を再確認した。

(20) ザカリアスの死後（七五二年三月）に教皇に選出され、数日で没したステファヌスという人物がおり、長らく教皇庁は教皇ステファヌス二世として認めてきたが、現在の教皇庁は一九六一年以降、正式に聖別されなかった彼を教皇リストから除外している。しかし過去の慣習に従い、この選出後数日で没した人物を教皇と認め、ここで言及されるステファヌス二世をステファヌス三世ということもある。巻末の教皇リストでステファヌス二世（三世）と表記されているのはこの理由による。

ステファヌス二世がピピンと交渉した動機についてはさまざまな議論がある。ステファヌス二世がパヴィアの宮殿に向かう際には皇帝の使節が同行していたが、教皇自身がピピンとその息子たちに「ローマ人のパトリキウス（patricius Romanorum）」の称号を授与している。このパトリキウスの称号はこの時代、皇帝の代理人つまりラヴェンナ総督が保持していたが、「ローマ人の（Romanorum）」という形容は通常付されることがなかった。先行研究では、ステファヌスがこの称号を独断で与えたのか、それとも自らを皇帝の代理人として見なした上で授与したのかが論点となっている。後者の説を支持する者は、教皇ハドリアヌス一世が七八五年に皇帝コンスタンティノス五世に宛てた書簡の中でカール大帝を「ローマ人のパトリキウス（patricius Romanorum）」と呼んでいた事実を傍証に挙げる。つまり、ビザンツはこの称号の授与に同意しており、もしそうでなかったとしたら、教皇はこの書簡によってビザンツの皇帝を侮辱したようなものだ、というのである。しかし、諸教皇の他の書簡からは、彼らが書簡の受取人に何か要求をする場合でも、とくに称号などを利用して文を書いていなかったことも証明されている。さらに、「ローマ人（Romani）」という定義についても当時さまざまな解釈の可能性があった。この時代の教皇宮廷で、皇帝に代わってイタリアを統治しようという意識が高まっていたということは、いわゆる『コンスタンティヌスの寄進状』からも明らかだ。この『コンスタンティヌスの寄進状』についてはまた後で述べることにするが、ここで強調しておきたいのは、ステファヌス二世以来の歴代教皇が、「パトリキウス」職の称号を、ピピンあるいはカールによるイタリアに対する干渉と結び付けて用いている点である。だが、フランク王国の王たちの考えは異なっていた。少なくともピピンは「パトリキウス」という称号を自ら用いることはなく、彼が干渉を正当化した理由は、聖ペトロに対する彼の約束であった。ピピンはこの理由で七五六年に、彼が征服した総督領の一部を皇帝に譲渡するよう求めるビザンツ帝国の使節の要求を撥ねつけている。ピピンにとり、使徒の長である聖ペトロこそが新たな主君だったのだ。

　教皇たちは名目上その後も皇帝に従属していたが、すでに自らが支配権を行使する領域を手にしていた。「ピピンの寄進」の広がりがそれを示している。寄進の対象となったのは、ローマの辺境軍管区（ドゥカートゥス）である。この段階で、この管区は完全に聖ペトロとその後継者のものとされた。その後、かつてビザンツ帝国の支配下にあり、八世紀にランゴバルド勢力によって征服されていたイタリアの諸地方、具体的にはルニ（Luni）の港を含む西から東はラヴェンナとその周辺、さらにその南に位置するペンタポリスと称された五つの港湾都市とそこに至る街道が立地する一帯が、フランク勢力の保護下に入ることとなった。さらに、北イタリアの旧ビザンツ領、ヴェネツィア、ベネヴェントがアイストゥルフの手を離れる。七三一年以降にローマで開催された教会会議への出席者は、おおむねここまで挙げた諸地方からローマを訪れていた。また同時期から教皇は、「牧者」として自身に託された「子羊たち」の司牧を行うことを強調し、ドゥクス管区（ドゥカートゥス）外部の領域についても歴代ランゴバルド王と政治的協議を行うようになった。これらから教皇たちが、皇帝レオン三世による教皇の管轄範囲の削減以降もまだ教会上管轄していた全司教区に対し、その時点で、世俗的支配者としてふるまうか、少なくとも自らの影響圏への統合を望んでいた、という結論を導くことができる。教皇によるこの種の試みは、当時のイタリアではさほど珍しいものではなかった。たとえば、ナポリでは短期間ではあるものの辺境軍司令官（ドゥクス）と大司教の職が結びついていた。またラヴェンナでも歴代大司教が、政治上のライバルであるローマ教皇に代わり、総督の正当な後継者としての地位を幾度となく我がものとしようと試みていた。

都市ローマ内の派閥形成と教皇選挙

教皇の勢力圏拡大はイタリアの政治状況により阻まれたが、教皇は勢力拡大の計画により、イタリア内部の政治にそれまで以上に振りまわされることになった。そして世俗の権力者たちが、以前にもまして教皇選挙の際、自らに有利になるような干渉を行うようになった。この状況が初めて顕在化したのは、七五七年にパウルス一世が没した後の一連の劇的出来事においてである。当時ローマには三つの権力集団があった。第一の集団として、亡くなった教皇パウルスや彼の兄弟および彼の前任者の下で優遇されていた行政部門の長たちがいた。第二の集団として、教皇パウルスに抑圧されていたローマ周辺の大土地所有者たちがいた。第三の集団は、ランゴバルド人の党派である。最初、第二の集団が支持したコンスタンティヌス二世が勝者となった。だが、残る二つの集団が手を組んで反抗したため、コンスタンティヌスは廃位されてしまう。さらにランゴバルド人の党派の支持者が排斥され、最終的にはシチリア出身のステファヌス二世が勝利した。だが彼は、あまりにも力を持ち過ぎた自らの党派の指導者たちを排除することになる。七六七年から七六八年に生じた一連の事件は、数多くの裏切りや、鼻削ぎ、目潰し、拷問などの残虐な行為、さらには殺人に彩られている。この出来事は、ローマがいかにビザンツの影響下にあったか、そして、ローマ自身に教皇選挙を委ねるといかに事が運ぶかを如実に示すものであった。九世紀、一〇世紀になるとこの種の「政策」はさらに発展を遂げる。だが八世紀の段階で、教皇たちはすでにそのような権謀術数と無縁ではなかった。

七六七年の騒乱より前の段階からローマでは、以下で述べるような二つの集団の形成が見られ、それら二つの集団が世俗と教会の統治に参与していた。世俗の統治にかかわる集団がユディケース・デ・ミリティア、教会の統治にかかわる集団がユディケース・デ・クレロと呼ばれた。「裁判官（ユディケース）」という原義を持つものの両集団は裁判官集団ではなく、広義の官職保持者として括られる一群の人々からなる。ゆえにローマでの史料では、フランク人の伯も国王使節も、ユディケースとして記載されている。第一の集団のユディケース・デ・ミリティアは、世俗行政と軍の指導層、つまりローマの内外で指導的立場にあった俗人から構成され、彼らの中には、「ドゥクス」、あるいは「執政官（コンスル）」という称号付きで呼ばれた者もしばしば見られる。一方、第二の集団のユディケース・デ・クレロを構成したのは、教皇の行政機構の指導者である首席公証人と次席公証人、首席代理人、あるいは収入担当官、会計官、請願受付官、保管担当官、教皇補佐役、さらには寝室侍従の首席（sperista）といった者たちであった。彼らは、下級ではあっても聖職に叙階されていたため、聖職者に属する者の集団とみなすことができる。だが彼らは何より、都市ローマの指導層の代表でもあり、もう一つのユディケース（・デ・ミリティア）と同様、教皇の援助によって、自家門の利益、威信、さらには富を増大させることを目指していた。そのようなわけで、ふつう新しい教皇が成功を収めるためには、自身がローマの有力家門の出身で、先任者の支持者をできるかぎり排除し、代わりに自分の縁者や友人を取り立てることが必要となった。こうしてネポティズム（縁故主義）が教皇の個人的な政策の中で、問題はあるが重要な手段の一つとなり、それは一九世紀まで続いた。

　このような状況に対応してステファヌス三世は、司祭や助祭といった高位聖職者の影響力を回復させようとした。彼は、パウルス一世の死後に生じた一連の出来事を鑑みて、七六九年に教会会議を召集し、教皇選出に関する新しい教令を公布した。この教令は、教皇の選挙権保持者をローマの聖職者のみに限定するものであった。その一方で、被選挙資格は司祭枢機卿と助祭のみとされた。選出の後、被選候補者はラテラノの「総大司教座（patriarchium Lateranense）」に連れて行かれ、そこで、軍の指揮官と軍全体、都市民上層、さらにはローマの都市民共同体すべての指導者として歓迎されるべしと定められている。これらの儀礼が都市で執り行われる間、周縁部からのローマ市内への入退出は誰にも認められなかった。少なくとも聖職者は、教皇を唯一の都市の支配者とみなし、その選出に際して俗人の影響力を排除しようとした。ステファヌス本人が定めた上述の教令により、教皇の認識もそれまでとは異なるものとなる。彼の選出は、聖職者の首席（primicerius）であったクリストフォルス、軍隊、そして民衆が古代ローマ時代に民会が開かれたフォロ・ロマーノで会合を開いた上での合意に基づくものだった。『教皇の書』を見るかぎり、次の教皇の選出にあたってもこの教令が遵守されていたことが推察される。だが、有力家門の影響力がこれで削減されたわけではない。先に述べた第二の集団のユディケース・デ・クレロは、有力家門出身の聖職者だったからである。

選出に関する教令では、司祭の集団が、教皇と特別な紐帯を持つ「枢機卿（cardinales）」——この名称は「蝶つがい（cardo）」に由来する——として言及されている。この名称からは、おそらくそれぞれの名義教会の代表者が、八世紀の段階で教皇の支配に深く参与していたことがわかる。これら少数の司祭が、他の多くの司祭から区別され特別な地位が与えられたことは、枢機卿の発展にとり重要な第一歩である。これ以後、「枢機卿」という呼称が、この一団の司祭に対してのみ用いられることになるからだ。また、助祭の重要性が再び大きなものとなっていたことも教令からわかる。さらにステファヌス三世の在位期間以降、司教枢機卿集団についても存在を確認できる資料が出てくる。『教皇の書』によれば、教皇は聖職者改革の一環として、ラテラノ大聖堂で毎週聖務を執り行っていた七人の司教枢機卿に対し、毎日曜にサン・ピエトロ大聖堂の主祭壇で聖務を執り行うべしと定めた。これまでの解釈では、ステファヌスの在位期間以降、七人の司教枢機卿がラテラノ大聖堂に配置されたと理解されてきたがそれは間違っている。というのも上述のラテラノ大聖堂での毎週の聖務は、教令の中ですでに行われていたものとして言及されているからだ。新しい点は、サン・ピエトロ大聖堂の主聖壇で行うミサだけである。日曜にラテラノ大聖堂で教皇本人が聖務を司式するようになった代わりに、サン・ピエトロで司教枢機卿が教皇の代理を務めるべしとされたのだろう。司教枢機卿について確実にわかるのは、すでに八世紀の時点で辺境軍管区（ドゥカートゥス）の司教のうち七人が教皇宮廷と密接な関係にあった、ということである。だが、一二世紀初頭まで七人の司教枢機卿をどの司教が務めるかは明確に定められていなかった。七人の枠にずっと属していたのは、新しいローマ司教の叙階に関与したオスティア、ポルト、アルバーノの司教だけだった。

ステファヌス三世の教令の諸規定では、教皇選出と枢機卿についての規定に加え、教皇とローマの聖職者指導層がローマの貴族家門の影響力をできる限り抑え込もうとした試みも見出される。そうした試みの規定とは、皇帝レオン三世の政策により喪失した教皇の所領を埋め合わせるために、教会が所有する所領を再編し、「ドムス・クルタエ（domuscultae）」――「農場」を意味する言葉――の制度を定めたことである。この農業上の新政策はすでに教皇ザカリアスが開始し、ハドリアヌス一世もその政策を継承していたものだが、この政策により分散していた所領が、水車、ブドウ・オリーブの果樹園、牧草地、耕地を備えたいくつかのより大きな集合体にまとめ上げられた。これにより教皇の所領はフランク王国の王領と組織上類似した存在となった。そこからの農作物はローマ教会の経営のためだけに使われ、教会が所領を監督しその譲渡は禁止された。まとめられた所領はローマからさほど遠くには立地していなかったので、貴族による大土地所有の拡大を妨げることになった。

『コンスタンティヌスの寄進状』

グレゴリウス二世以降の教皇は、ビザンツ帝国と距離を置き、教皇に属する聖職者の地位を向上させ、ローマを政治的、経済的に強化していったが、その結果、ローマの聖職者はより確固とした自己認識を持つようになった。このあらわれと理解されるのが、八世紀後半に教皇の周辺で書かれたと推定される『コンスタンティヌスの寄進状（Constitutum Constantini）』である。五世紀末以降に発展を遂げたシルウェステル伝説を下敷きとしたテクストの前半では、コンスタンティヌス大帝が、ペトロとパウロ、シルウェステルを通じてキリスト教に改宗したことが語られる。そして後半部分ではまず、統治の中心がコンスタンティノープルに移った理由として、天上の皇帝が座を占めるべき場所に、俗界の皇帝が座所を構えるべきではないから、と述べられる。さらに、ローマ教会を厚遇する寄進と諸特権についての言及が続く。そこでは、普遍教会の長としての教皇は皇帝と同格の存在とされ、皇帝は教皇に対し騎乗を手助けする（strator）義務を負い、皇帝は教皇に王冠――後に「教皇冠（tiara）」と呼ばれるもの――を含むさまざまな権標を授け、教皇に皇帝と同様の白馬に乗ることを許す特権を認めることがいわれる。さらに、教皇付の聖職者は皇帝にとっての元老院と同格の存在とされ、教皇が座所としたラテラノは、以前に皇帝の宮殿があったということからここで初めて「宮殿（palatium）」として記されている。そして最後に、皇帝は教皇に対し、西方の諸地域と島々――それがどこまでの範囲であるかは正確には規定されていないが――に対する支配権を譲渡している。ローマでこのテクストがどの程度知られ、利用されたのかについては一〇世紀半ばまでよくわかっていない。そのため、テクストの著者もその執筆の動機についても確実にいえることはない。だがこのテクストは、いわゆる「叙任権闘争」以降、教皇の主張を根拠づけるために重要な役割を果たすことになった。そしてまたこのテクストは、カロリング朝初期の教皇権に関して、ローマ教会の自己意識を証言するものとしても大きな価値を持っている。

さらに『コンスタンティヌスの寄進状』からは、八世紀後半の段階でもまだ教皇権とビザンツとの結び付きが強固であったことがわかる。このテクストに通底する主張は、イタリアにおける教皇の権威の要求と、そのために必要なビザンツ帝国からの分離の正当化であり、その根拠づけである。ここからこのテクストが、ビザンツ帝国の影響はすでに衰えているものの、フランク王国のイタリアでの政治的影響力がまだ顕著ではなかった教皇史の時期の特徴を有しているといえる。そしてまた、フランク王ピピンとの同盟がローマ側の心性に変化をもたらさなかったことも明らかとなる。この点は、後のカール大帝、オットー大帝、さらにオットー三世やハインリヒ三世の統治期についても共通する事実であり、それは過小評価されるべきではない。ただそれでも、教皇権とフランク王国の間の同盟が有した客観的な重要性をまったく否定してしまうのは誤りだろう。その同盟は、その後数世紀にわたり、ローマの政治上そして教会上の方向性を規定したからである。そのような事情を踏まえ、この章の結びとして、この同盟とその前提条件について述べておきたい。

フランク王国での教皇権の拡大

同盟締結の最も重要な背景は、教皇庁の影響圏がアルプス以北の諸教会にまで拡大していたことだ。すでにグレゴリウス二世が、人口の多いバイエルンで、ローマ教会によるキリスト教化を推し進め、ローマ型のモデルに則って教会を組織化しようとしていた。だが、このグレゴリウスの政策はバイエルン公や宣教者の多くの抵抗を受け挫折した。一方で、この時期以降に行われたアルプス以北のキリスト教のいわゆる「ローマ化」は、歴代教皇が主導する政策に基づくものではなく、アングロ・サクソン諸王国出身の宣教者たちをその担い手とするものだった。その筆頭はボニファティウス〔ウィンフリッドが七一八年に教皇からこの名を与えられ改名／103頁参照〕であるが、ボニファティウスは彼以前に宣教したウィリブロードにならい、当初はフリースラント人への宣教に従事していた。だが、その後まもなくして、チューリンゲン、ヘッセン、あるいはバイエルンといった領域を舞台としての宣教に転向する。この宣教を貫徹するにあたり、ボニファティウスはしばしばフランク王国の軍事力に頼った。そして彼は、この三つの地方に、宣教拠点として新たな修道院や司教座を建立した。たとえば、今日まで続くバイエルンの教会組織はおおむねボニファティウスの宣教活動に起源を持っている。ここで重要なのは、ボニファティウスが七二二年にローマで司教として叙階されたことである。彼は叙階に際し、叙階の日を記念日とする聖人の名である「ボニファティウス」をあわせて授かり、それまでローマ周辺の司教のみに義務付けられてきた教皇に対する忠誠を誓い、さらには宣教活動と教会の組織化についての指導をローマに求めた。彼は七三三年以降、教皇の指示を受けた「ゲルマニアの大司教」としての役割を果たすこととなる。したがって彼は、一九世紀以来主張されたような意味での「ドイツの使徒」であったのではなく、ローマ的な諸規定をイタリアの北方に広めることに初めて成功した布教者であったといえる。それを踏まえるなら、ボニファティウスの名が、『教皇列伝』中のグレゴリウス二世伝で一か所触れられる以外では、同時代のローマの歴史記述にまったく出てこない事実は驚愕に値する。そこから、教皇の関心がローマ内部とイタリア情勢にもっぱら釘づけにされていたことが理解できる。

ボニファティウスは、フランク王国の宮宰カール・マルテル宛の推薦状をグレゴリウス三世から入手し、カール・マルテルの支援を受けようと心を砕いていた。だが、フランク王国の権力者から本格的に大規模な支援を受けられるようになったのは、カール・マルテルが七四一年に没し、彼の息子のカールマンが権力を掌握してからである。そのことは七四三年から七四五年にかけて開かれた教会会議からわかる。ボニファティウスは、この教会会議での支持を背景に、カールマンの支配下にあったフランク王国の東部諸地域で教会の改革を行おうとした。一方で彼は、カールマンの弟である（小）ピピンの勢力圏では影響力を持っていなかった。そのため、兄カールマンが七四七年に支配者としての地位を放棄し、ローマで修道士となった際にはボニファティウスの影響力も減少した。またすでに、カールマンの隠遁前の段階で、ボニファティウスに対する殺害予告までをも含む反発の声がフランク人の司教たちから上がっており、彼らからの批判は高まる一方だった。ピピンが兄にならいフランク王国教会の改革に取り組もうとした際も、彼が手を組んだ相手はボニファティウスではなく、このフランク王国の司教たちの方だった。彼らは八世紀初頭以降、主としてリヨンを起点に広まった改革思想の影響を受けていた。それでも、ボニファティウスによる宣教、教会の組織化と改革の活動を通じて、ローマとフランク王国との間の結び付きが強まり、七四五年以降には、バイエルンとフランク王国との関係も再び強化されたことも指摘しておかなければならない。また、フランク王国内での教会改革の諸綱領も、しばしばかつての教皇の教令を典拠とするようになった。フランク王国で伝統的なペトロ崇敬が、この時期に活発になっていることをあわせて考えるなら、教皇庁とフランク人の緊密な協力関係に至る感情的および制度上の基礎がこの時期に築かれたといってよい。

カロリング王家との結び付き

無力なメロヴィング朝のキルデリク三世に代わり、ピピンが自らフランク王を名乗ろうとしたことで、この協力関係が実現に向けて動き始めた。ピピンは自分の主張を正当化するため、使節を教皇ザカリアスのもとへ送り彼の意見を聞いた。ザカリアスは返書の中で、実権を持つ者が王位に就くべきである、と述べたとされる。これを受けピピンは七五一年に、それまでは同列に属した友や政敵を含むフランク王国内有力者を味方に付けた後、おそらくボニファティウスの手でフランク王として塗油され、それまでの王キルデリクを修道院に幽閉した。これ以降、フランク王になるには有力者による選挙に加えて聖職者による塗油が必要となり、そのことは、王国内での教会の影響力を強化することになった。ローマの史料には、この出来事は何も記されていない。ザカリアスの返書の意義がローマで知られておらず、また、宮宰がすでに国王に等しい地位を持っていたことが明らかだったからだろう。すでにザカリアスの伝記中で、カール・マルテルは「フランク人の王」と記されている。そしてこの文は七五〇年以前に書かれていた。

一方、ローマ側にとり強調されるべきものは七五四年の出来事であった。すでに述べたように、ステファヌス二世は七五三年にビザンツ側の使節とともにパヴィアのアイストゥルフのもとに行き、ラヴェンナ総督領の返還を求めた。アイストゥルフはそれを拒否したので、教皇は七五四年にフランクの支配者ピピンを訪ね、ピピンとポンティオンの王宮で会見した。その後、フランクの支配者の墓所であったサン・ドニ教会で、教皇はピピンに二度目の塗油を施し、息子たちのカールとカールマンに対してもあわせてフランク王としての塗油を行った。ポンティオン、サン・ドニ、そしてキイジーで何があったかについては研究者の間でも議論がある。ポンティオンでピピンとステファヌス二世が、フランク人の間での伝統の「友誼の宣誓」に則った相互援助の盟約を結んだ可能性はある。だが確実にいえることは、ピピンが聖ペトロに忠誠を誓い、その代理人を守護することを約束し、代わりにステファヌスから「ローマ人のパトリキウス（patricius Romanorum）」に任命された、ということだけである。最近では、七五四年の同盟は「友誼の宣誓」ではなく、霊的な結び付きであり、その際に教皇がピピンの二人の息子たちの代父、言い換えるならば息子二人についてピピンと父親としての立場を分かち合う存在（compater）となったとする説も出されている。だが、今述べた両説ともに史料上の決め手に乏しい。ピピンはキイジーで、すでに触れたように中部および北部イタリアの一部を聖ペトロとその後継者に対して授与することを約束した。現存しない条約がラテン語で編まれたことを考慮に入れるなら、後の時代にローマ側とフランク側で異なった形でこの条約が解釈された可能性もある。王であったピピン本人はラテン語をおそらく解さず、フランク側の主張もラテン語に翻訳しなければならなかったからだ。だが、両陣営ともに王が聖ペトロに対し義務を負うことは合意していた。ピピンは七五六年にアイストゥルフを屈服させ、約束の対象となっていた諸地方を教皇の支配下に置くことで約束を果たした。一方、教皇は、ピピンの思惑以上に、彼の「ローマ人のパトリキウス（patricius Romanorum）」、つまりイタリアの守護者としての義務を強調した。また両陣営の間では、相互の友好についての条約もあったが、この条約は、ステファヌスとピピンという個人同士の間で結ばれたものであり、彼らの死後はその効力を失った。その後の教皇たちは新たに書面を作成して条約を更新している。カールは七七四年に遠征した際にローマを訪れ、当時の教皇ハドリアヌス一世と会見し、相互の友誼をペトロの墓の前で誓い合った。あわせて、カールが保持していた「ローマ人のパトリキウス」の職――この職は教皇とピピンとの間に結ばれた約束に起源を持つ――もこのときに更新された。ただ、このときには七五四年の所領授与の約束よりも教皇側の要求は増えている。それは、教皇が辺境軍管区（ドゥカートゥス）以外の諸地方も自らの支配下に置こうとしていたからであろう。だが、カールはすべての所領の要求を呑んだわけではなかった。たとえば、教皇側のヴェネツィア、イストリア、ランゴバルド諸公領に対する要求をカールは退けている。七七四年にも、教皇側とフランク側の利害は一致していたわけではなかったのだ。その後数年をかけ、フランク勢力はランゴバルド王国の征服に成功する。それを受け、当初対等であった教皇とフランク王の力関係は、徐々に後者優位、言い換えるなら教皇のフランク王に対する従属へと傾いていった。フランク王への従属の程度は、かつてのビザンツ皇帝に対する従属を上回るまでとなる。それでもこの従属関係にもかかわらず、フランク王国の教会の典礼・法・組織に対する教皇の影響力は、ピピンからカールの治世にかけて一層強まっていった。

四章　カロリング朝支配下の教皇権（七七四～九〇四年）

この時代の最も重要な出来事は、紀元八〇〇年のクリスマスにおけるカール大帝の皇帝戴冠である。なぜなら、それによりナポレオン帝国に至る千年の伝統の基礎が築かれたからである。この出来事はローマにとり、それ以降ほぼ三〇〇年間、皇帝がローマの地域と教皇に対する主君となることも意味していた。ここでは、まず皇帝戴冠に至るまでの前史、そして戴冠そのものの経緯、さらに九世紀における皇帝と教皇との関係を描写しよう。

皇帝戴冠前のカールと教皇権

すでに述べたように、カールは七七四年のパヴィア包囲中に、父ピピンの聖ペトロに対する約束を再確認した。この約束に基づき、教皇ハドリアヌスはラヴェンナ地方、スポレートおよびベネヴェント両公領――ベネヴェント公領はなおランゴバルド族の支配下にあった――を要求したが、カールはそれに対して何の反応も見せなかった。それどころか教皇は――実際、彼は無力だったので――新たにフランク王国領になった地域であるスポレートとトスカーナからの攻撃に堪えねばならなかった。国王カールは七八一年にローマで教皇と再会したが、教皇の要求を聞き入れることはせず、自らランゴバルド人の新しい王として、教皇が要求できる地域を制限した。ベネヴェントの支配権はカールが全ランゴバルド人の王として自身に留保し、スポレートには辺境伯が置かれ、カールの王国に組み入れられた。こうして――中世の歴史で初めて――スポレートとローマの領土との間の境界線がサビーネ地方で正確に引かれた。

ランゴバルド人が八世紀に新たに征服した地域——つまり、ラヴェンナとその南に隣接するペンタポリス地域——のみが名目的に教皇の支配に服した。カールは譲歩として、教皇に南トスカーナの諸都市を譲渡したが、そのなかには、後の教皇権にとり重要な場所となるオルヴィエトとヴィテルボも入っていた。こうしてそれまで続いていた、教皇の領土拡大はひとまず終わりを迎えた。教皇の直接支配が及ぶ地域は、ローマ公領と存続する教皇世襲領のみになった。

カールは、教皇との協力体制について一般的に思い描いていたことを、七九六年にハドリアヌスの後継者レオ三世に宛てた有名な書簡の中で記している。「余の義務は、神の援助のもと、対外的には、異教徒による侵攻、敬虔ならざる者によるキリストの聖なる教会の破壊を防ぎ、対内的には、カトリック信仰を称揚することで、聖なるキリストの教会を確固たるものとすることだ。聖なる父よ、そなたの任務は、モーゼとともに神に手を上げ、我々の戦いの援助をすることである。そうすれば、そなたの祈りと神の導きのもと、キリスト教信者はキリストの敵たちを至る所で打ち負かすことができる」。もちろん、最も重要な祈禱者としての教皇の任務は過小評価されるべきではないが、カールも、地上の教会の監督権を自身のものとして要求していた。

カールがこのような要求を真剣に考えていたことは、ハドリアヌスへの態度からもわかる。七八七年のニケーア公会議で、教皇の代理人が同席するなか、ハドリアヌスの提案に沿って偶像崇拝が再び認められ、その後、教皇がカールとカールの配下の司教たちに公会議決議への同意を求めた。しかし、カールはそれを拒んだ。伝統に従い、教皇はもちろん帝国教会の一員として公会議に招かれていたが、フランク王国の司教は誰も招かれず、これがカールの怒りを買い、彼は王国内での公会議決議の拘束力を認めなかったのである。さらに、カールに送付された公会議決議書のラテン語訳には間違いが多く、フランクの司教たちは、ギリシア系の東方ではローマ同様、宗教的な偶像が実際に崇拝されているような印象を受けた。その結果、おそらくカールの最も重要な神学者の一人テオドゥルフ(1)が執筆にたずさわった『リブリ・カロリニ』(2)の中で、ビザンツと教皇に対して批判的論議がなされた。またカールが七九四年にフランクフルトで召集した教会会議では、上述の七八七年の決議が批判され、それで間接的に教皇も断罪された。教皇にとって間が悪かったことには、彼もフランクフルト教会会議に使節を送っており、この使節たちは彼らの主人である教皇の有罪判決に同意しなくてはならなかった。カールはすでに当時、西方教会全体の長を自認しており、それは、この会議にイングランドの司教たちも参加し、また、ムスリム支配下のスペインで主張された養子説を異端と断罪したことからも見て取れる。そしてハドリアヌスはカールの命令で、この異端判決をローマの教会会議で再度、決議せねばならなかった。教皇はカールの帝国では最高位の司教でしかなかったが、カールは帝国の皇帝であった。ゆえにハドリアヌスが、カールを新しいコンスタンティヌスと称揚したことは驚くべきことではない。

（1）八一八年没。イベリア半島の生まれだが、イスラーム支配下を嫌いフランク王国に来訪。オルレアン司教に加え、フルーリ修道院長にもなった。「カロリング・ルネサンス」と呼ばれるカール宮廷での政治・神学・文芸刷新運動に重要な役割を果たし、数多くの著作をものす。

（2）「カールの書（libri Carolini）」。七九〇年頃、第二ニケーア公会議を受け、公会議決議の誤りを指摘すると同時にフランク王国宮廷の神学的水準の高さを誇示すべくカールの命で編纂された四巻本、計一二〇項目から構成される著作。

それでもローマでは、カールの時代でもまた、聖ペトロと教皇が特別な地位を有しているという理念が生きていた。ハドリアヌスは聖ペトロ大聖堂に、ペトロが教皇とフランク王の守護聖人として描かれている銀箔製の肖像画を掲げさせた。レオ三世も同様のことを行った。それは、レオが教皇になる以前に仕えていたローマのサンタ・スザンナ教会内部と、ラテラノ宮殿の謁見の間として建築されたトリクリニウム（3）の部屋に、七九五年から八〇〇年の間に描かせたモザイク画に見ることができる。トリクリニウムのモザイク画はバロック風に変えられて現在まで残っている。その部屋の後陣のモザイク画で——少なくとも一八世紀に描かれた形では——、キリストが使徒たちをこの世の布教に送り出す様子が描かれているが、その右ではキリストがペトロに鍵、つまり宗教的権力を、そしてコンスタンティヌスに旗を、つまり世俗権力を手渡している様子が描かれている。その左で同様のことをペトロが行っているのが描かれる。つまりペトロがレオにパリウムを、国王であるカールに旗を手渡しているのが描かれている。すなわちこの教皇の理解では、カールはコンスタンティヌスの後継者のみならず、ペトロの後任であり、カールはペトロから権力の正統性を得ていることがわかる。新しい西の皇帝権の基礎が、こうしてペトロの恩寵によりローマで整えられた。そして、皇帝権の創設の最終的なきっかけとなったのは七九九年の騒乱の出来事だった。

（3） トリクリニウム（Triclinium）はローマ時代の邸宅における宴会、正式な食事の間。レオ三世のトリクリニウム（トリクリニウム・レオニヌム）は、ビザンツ皇宮を範に造営された。後、一八世紀に改修される。

カールの皇帝戴冠

レオ三世は七九五年に、おそらくハドリアヌスの親族の援助もあって教皇として選ばれたが、後に、これら支援者の尊敬を失ったように見える。すでに七九八年に、カールの助言者アルクインは、教皇がローマで困難に陥っていることを知っていた。教皇の政敵は、教皇をビザンツ風の方法で職務遂行不能の状況にして廃位に追い込もうとしていた。その目的で彼らは、七九九年の聖マルコの日の大連禱（贖罪の行列）の最中に、レオを不具にし修道院に幽閉しようと試みた。しかしこの計画は失敗に終わる。レオは捕囚されたが、ラテラノ宮の高位役人たちが企んでいたように、目潰しにも舌切りにも遭わずに済んだ。その後しばらくして教皇は逃亡に成功する。フランクの従者とともに、彼はカールのもとに逃げこみ、カールは教皇をパーダーボルンで迎え入れた。レオの政敵もそこへ使節を送ったが、まさにそのときにその後の計画が練られたのである。レオは王の使節たちとともにローマへ戻り、レオが新設していたトリクリニウムで、王の使節たちは、教皇を姦通行為と偽証罪で咎めていた敵対者たちの告発について調査を始める。その結果、この告発は根拠不十分とされたが、調査にあたった裁判官は、教皇が行った別の誤りを見つけてしまう。この誤りは相当重大なものだったようで、アルクインは、この裁判官の一員だったザルツブルク大司教アルノの書簡を驚愕のあまり燃やしてしまったほどだった。アルクイン[4]は、教皇に敬意を抱いていたので、その誤りを真実と認めたくなかったと思われる。

（4）「カロリング・ルネサンス」で中心的役割を果たしたとされる知識人（八〇四年没）。イングランド北部、ヨークの聖堂参事会付属学校の教師だったが、大司教の使いでローマに旅した帰りにカールと出会い（七八一年）、彼の招きに応じて大陸に赴き、その宮廷の一員となった（七八二年頃）。七八九年にカールが発した「一般訓令」の起草にたずさわり、とりわけ「カロリング小文字体」と呼ばれる読みやすい字体の確立、それを採用した写本の大量生産に重要な役割を果たしたといわれている。

八〇〇年末、カールは自らローマに赴いた。一一月二三日に教皇、聖職者、民衆により皇帝さながらに迎えられた。そのとき教皇に対して陰謀を企てた者は、大逆罪を犯した者とみなされた。なぜなら七四〇年にレオン三世とその息子コンスタンティノス五世が布告した法によれば、大逆罪の犯人は皇帝によってのみ裁かれることになっていたからである。しかしローマはますますビザンツから離れ、とくに当時の女帝エイレーネーは、自分の息子で正統的な皇帝のコンスタンティノス六世を謀殺した嫌疑で簒奪者と見なされていたので、この件を裁くにあたっての正統的な裁判官は存在しなかった。他方で、レオ自身も裁かれることはありえなかった。なぜなら彼は、ローマ郊外の司教やフランクの司教たちが述べたのと同様に、シンマクスの偽書を引き合いに出しながら、何人も教皇を裁くことはできない、と主張していたからである。この二つの条件が、これに続く出来事を規定した。一二月二三日にサン・ピエトロ大聖堂で、教皇は——既に六世紀にペラギウス一世が行ったように——自分への嫌疑を晴らすために宣誓を行った。二日後、三回目のクリスマスミサの際、レオはカールを戴冠し、同席していたローマ人たちは彼をビザンツの慣習に従って皇帝として歓呼した。その数日後、新皇帝は教皇に対し陰謀を企てた者たちの裁判を行い、彼らを大逆罪で死刑を宣告した。だが彼らは教皇の嘆願で恩赦され、フランスへの追放刑となった。

後のカールの伝記作家アインハルト(5)は、カールが皇帝戴冠などまったく予想しておらず、それを望んでもいなかったと述べている。しかしこれは、後におそらくカール自身がいった解釈で、こういうことでローマ人や教皇権の影響力を弱めようとしたのではないだろうか。もちろん教皇側は、皇帝戴冠をフランク側とは別の観点で理解していた。『教皇列伝』が教皇とローマ人の主導権を強調するからである。その一方でフランク側の史料では、カールの帝権を正当化するために、彼が多くの民族を支配し、かつての西ローマ帝国の都すべて——トリーア、アルル、ミラノ、ラヴェンナ、ローマ——を保持していることや、ビザンツ皇帝位が空位であることが記されている。アルクインが、皇帝権を全キリスト教徒に対する庇護者の職務と見なしていたことも、以前はあまり重要視されていなかったが顧慮すべきものであろう。

（5）「カロリング・ルネサンス」を代表する知識人の一人（八四〇年没）。カール大帝とルートヴィヒ敬虔帝の二代にわたり、王国宮廷に仕えた。『カロルス大帝伝』はスエトニウスに連なる「伝記」という文芸ジャンルを初期中世ヨーロッパに蘇らせた著作として評価が高い。

カール自身とくにこの新しい地位を利用して、彼の支配領域の中に含まれる異質な地域を聖俗両方の側面で同一のものとしようとしたが、そのために、それまで手つかずのままであった部族法の内容を補充した。さらにこの新しい称号は、ローマ地域を領主としてそれまで以上に統治する可能性を彼に与えた。カールは三か月以上、サン・ピエトロ大聖堂に滞在した後、ローマに自分の利害を代表する代理人を置いた。こうして何より教皇が皇帝に監督されることになったのである。

九世紀の皇帝と教皇

カールの強大な手腕は同様に宗教的分野にも及んでいった。西ゴートの影響もあり、フランクの典礼では信仰告白で「フィリオクエ」を付加した定式文を使用することが一般的となっており、これにより聖霊は父からだけでなく、子からも発出されるという概念が強調されていた。この定式文が内包する神学的意味はビザンツ教会で否定されていたわけではないが、帝国教会では、そしてローマにおいても、四世紀から五世紀に作成された信仰告白の言葉に何らかの改変を加えることは拒否されてきた。しかし九世紀初頭に、フランク系の修道士とギリシア系の修道士が「フィリオクエ」を付加した定式文をめぐりイェルサレムで論争を始めたとき、カールは教皇に対しこの件に関する意見を求めた。レオ三世は、改変されていない伝統的な定式文に固執した。信仰告白は、フランク王国ではすべての日曜礼拝や祝祭日の礼拝の際に読まれたが、ローマでは洗礼の典礼の際に読まれるだけだったので、レオはそれほど重要な問題だとは考えていなかった。それでも彼は自らの立場を明確にするために、改変されていない伝統的な信仰告白をラテン語とギリシア語でサン・ピエトロ大聖堂に掲示した。しかしカールにより召集された帝国教会会議はフランクの慣習［フィリオクエを付加した信仰告白］を改めて肯定的に決議したので、レオの権威がフランク王国でいかに弱いかを見せつけることになった。

教皇権が帝権に服していたことは、カールのビザンツ政策にも見ることができる。エイレーネーは八〇二年に失脚したが、彼女の後継者らは、教皇を帝国教会から分離したシスマ主義者、カールを簒奪者とみなした。ようやく八一一年に、カールがビザンツ領のヴェネト地域の征服を断念し、ビザンツが対ブルガール人の戦いの援助を必要としたことをきっかけに、交渉が開始された。この交渉の結果、ビザンツの権力者の交代を経て八一五年に最終的に相互の立場を容認するに至った。しかし教皇は、他のフランク人の諸侯とともに協定文書に署名しただけであった。八一三年にカールはすでに、ビザンツ皇帝ミカエル一世の使節との交渉を成功させた後に、ビザンツのやり方を模倣して、彼の息子ルートヴィヒ敬虔帝を共同皇帝として戴冠させていた。そしてこの戴冠に教皇がかかわることはなかった。こうしてカールは、教皇と都市ローマが要求する皇帝冠の授与権を否定したのである。またルートヴィヒ敬虔帝も、数年後の八一七年に長男のロタール一世を共同皇帝として戴冠させ同様の態度を取った。

しかしすでにルートヴィヒ敬虔帝のもとで、教皇のみが皇帝冠の授与権を有するという理解が芽生えていた。八二三年にパスカリス一世は、ローマでロタールを改めて皇帝に戴冠した。彼の息子ルートヴィヒ二世は当時イタリア王だったが、帝冠を八五〇年にレオ四世から授かった。そしてルートヴィヒ二世の死後、八七五年にヨハネス八世はシャルル禿頭王を、そして八八一年にカール三世（肥満王）を、他の候補者の中から選び皇帝戴冠し、皇帝位を授与する権利は教皇にある、ということを誇示した。しかし同時に帝権の威信は、イタリア以外の地域では確実に低下していた。ルードヴィヒ敬虔帝は、皇帝の力を利用して帝国の統一を保持し、父帝の時代以上に教会改革を行うことを望んでいたが、権力の弱体からすでに八三〇年に帝国の分裂が生じ、この分裂は八四〇年の敬虔帝の死後、彼の息子と孫の時代に深刻なものになった。皇帝の称号を持っていても、フランク王国の貴族や高位聖職者に対し特別に大きな威厳を示すこともできなかった。その結果、ルートヴィヒ敬虔帝以降の帝権は、帝権が再興された八〇〇年にレオ三世が望んでいた目的を果たすのみとなった。つまり都市ローマと、かつてビザンツ支配下にあった中部イタリアの防衛である。教皇たちが各皇帝に自身たちの意向に沿うことを求めたのも理解できる。

パスカリス一世が八一七年に、この原則に従って行動した。前任者たちと同様、彼は新教皇としてルードヴィヒ敬虔帝と友好同盟を結び、同時に、王に対し教皇の領土的要求も認めさせる条約を結んだからである。父帝が八〇〇年以来行って来た政策と反して、ルードヴィヒ敬虔帝は「教皇領」に干渉することはしなかった。ローマはこうして再び教皇が統治することになった。この状況から、二人の親フランク党派のローマ人がラテラノで殺害されても、パスカリス一世が黙認するという事態も生じた。しかし、この報復として教皇使節がフランク王国で捕囚され、彼らは、新教皇エウゲニウス二世のもとで新しい条約が結ばれるまで帰還が許されなかった。この条約が八二四年のいわゆる「ローマの定め」であり、教皇とローマ人はこの「定め」に誓約を行い、ロタール一世とルードヴィヒ二世の巧みなイタリア政策もあって、八七五年まで教皇権がカール大帝時代以上に皇帝に監督されるということになった。ビザンツ統治下の時代のように、今後新たに選ばれた教皇は、皇帝がその選挙を認可して初めて、聖別を受けることができるとされた。皇帝の利害は二人の常駐の代理人（missi）によって代表され、この二人はそれぞれ皇帝と教皇によって一人ずつ任命された。もちろんこの制度は、ローマの貴族――つまりユディケース・デ・クレロ（iudices de clrero）とユディケース・デ・ミリティア（iudices de militia）――が皇帝の代理人と意見が一致した時にのみうまく機能した。そうでなければ何らかの抗争に発展したが、抗争のよい例が八五五年のベネディクトゥス三世の選挙であった。しかしこの新制度がローマでフランク人への共感を引き起こすということはなかった。

カール大帝がローマで行ったことは、アルプス以北とは違い、伝説になることはなかった。短命だった教皇ウァレンティヌスの伝記で、ローマは「最高位の司祭権と王権（すなわち支配権）を有する」都市として称讃された。セルギウス二世治下の八四四年、彼が皇帝による認可を得ずに聖別されたという理由で、フランク人とスポレート人が再びローマ周辺地域を侵略したが、彼らが去った後、教皇の伝記の著者は彼らに対する嫌悪感を次のように表した。「この後、ローマの元老院も民衆もそして女性も子供もともに、恐ろしい災厄から解放され、暴君の残忍さの軛から解放されたことを喜び、聖なる司教セルギウスを救済者、平和の再建者として崇拝した」。しかしこの教皇が平和の保障者としては不十分な力しか持たず、皇帝の力強い守護が必要不可欠だということを、ローマ人はその後間もなく実感することになった。つまり八四六年にはサラセン人がサン・ピエトロ大聖堂とサン・パウロ大聖堂を掠奪して海岸地域も荒らし、またその後八七五年以降には、独立化したスポレート辺境伯がローマに攻撃をしかけてきたからである。このような背景もあって、フランクの歴史ではそれほど有名ではないロタール一世とルートヴィヒ二世の両皇帝が、ローマでは数十年にわたり比較的安定した状態を継続させるという功績をなした。ルートヴィヒ二世の死後暫くの間、教皇は遠方にいる無力なカロリング家の人間ではなく、スポレートの権力者や、トスカーナや北イタリアの諸侯たちを皇帝として聖別した。これはローマにとっては当然のことだった。アルプス以北では九世紀末以後しばらくの間、帝権は、無視されて構わないものとみなされていた。

九世紀の教皇権とヨーロッパ

教皇権とフランク王国との同盟は、フランク王国の教会における典礼、組織、法に影響を与えた。また教皇権はビザンツとも接触を持ち続けた。この二つの事柄については後に述べることにする。その一方で、七世紀と八世紀初頭に比較的密接だったローマとイングランドとの関係がカロリング期に稀薄になったことは驚くべきことである。八世紀末にマーシア王オッファは、ローマで使徒たちの墓を訪れただけでなく、彼の支配地でサン・ピエトロ大聖堂のための献金を集めた。同時代の他のアングロ・サクソンの支配者たちも同様の行動を取った。この献金から後のいわゆる「聖ペトロ献金」が発展したと思われる。確かに九世紀に入ってもローマに巡礼に赴くアングロ・サクソン人――その中には時にアルフレッド大王のような国王もいた(6)――はいた。また彼らの一部にはローマのアングロ・サクソン出身者居留地（Schola Saxonum）の一員としてそこで生涯を終える者もあった。だが九世紀には、教皇への献金の支払いはなされなくなったように見える。これ以降、教皇権のアングロ・サクソン教会に対する影響力は確認できない。その理由の一つはおそらく、ブリテン島の広大な地域を支配することになるヴァイキングの侵略であろう。他の理由としては、アングロ・サクソン出身の聖職者たちの文化的衰退がある。アルクインの後には、彼に比肩するほどの優秀な学者は現れなかった。ケルト系修道院教会のみ、その後も繁栄し、ヨハネス・スコトゥス・エリウゲナ(7)といった神学者を輩出した。しかしこのケルト系聖職者たちとローマとの関係もそれまでより稀薄になった。

(6) ウェセックス王(在位八七一～九九)。同時代史料は、ブリテン島南部へのヴァイキングの攻勢を阻んだ人物として彼の事績を喧伝する。アッサー『アルフレッド大王伝』によれば、アルフレッドのローマ巡礼は父王エゼルウルフの随員として幼少時のこととされる(第一一節)。

(7) アイルランド生まれの哲学者および神学者(八七七年頃没)。西フランク王シャルル二世(禿頭王)の宮廷に招かれ、ギリシア語著作の翻訳・注解に従事した。

それ以上に教皇権との接触が稀薄になったのは、ムスリムとキリスト教徒が支配したスペインの教会である。ハドリアヌス一世とレオ三世によるキリスト養子説の断罪は、スペインの教会に対しカール大帝により命じられた。教皇はこの地では自身の主導権を発揮することはできなかった。モサラベ(アラブ人支配下のキリスト教徒)は多かれ少なかれムスリム支配に服した。彼らはそれでも、九世紀半ばのトレドのキリスト教徒が行ったように自身の意思で殉教する事件も起こしたが、これもローマでは何の反響もなかった。キリスト教徒支配下のスペインでは、アストゥリアス王国の教会がとくにアルフォンス二世(七九一～八四二)とアルフォンス三世(八六六～九〇九)のもとで繁栄し、後に重要になる聖ヤコブ崇拝の基礎が作られた。教会が従った模範は、世俗の領域と同様に、かつての西ゴート王国の制度であり、それがローマとの緊密な関係の妨げとなった。ナヴァラ地方、ピレネー渓谷といった他の地域の教会と、一時はフランク人に統治されていたスペイン辺境伯領(後のカタルーニャ)の教会は、地域に限定された固有の構造に基づいており、ローマとの接触は不必要であった。さらに北アフリカとの接触も途絶えるようになった。この時代、地中海南部のキリスト教徒共同体の存続を示す証拠は、トリポリ司教のレオ四世への問いの書簡とそれに対しレオが原始教会の贖罪方法を勧めた短い書簡のやりとりのみである。同様に教皇権とスカンディナヴィアとのつながりも稀薄であった。スカンディナヴィアはカール大帝とルードヴィヒ敬虔帝の時代に、とくにデーン人へのフランク人宣教者の尽力で教皇庁との接触があったが、この宣教活動自体が九世紀末には不可能になった。

東方教会と教皇権

こうして教皇の教会政策が及ぶ地域は、フランク王国、ビザンツ、さらにその両者の間に位置するスラヴ人とブルガリア人の地域に限定された。だが、ローマとビザンツ間の定期的な接触も聖像崇敬問題で困難となる。というのも、七八七年に公認された聖像崇敬は、エイレーネー失脚後八〇二年に再び禁止されたからである。さらに八〇〇年のカール大帝の皇帝戴冠に伴い、短期間ではあったが東西教会の断交が生じた。一方でビザンツ帝国には教会の反対勢力があり、その多くは修道士で、とくにこの時代の指導者はストゥディオス修道院長テオドロス(8)であった。彼は聖像崇敬を支持したのみでなく、神学より世俗の学問が優遇されることに反対した。彼は自らの立場を強化するために、コンスタンティノープルに対するローマの優位を強調した。しかしこのローマの優位の主張は戦略的なもので、東方で教皇権の優位が一般的に容認されていた証拠にはならない。

(8) テオドロス・スティディテス（八二六年没）。東方における集住制修道制の改革者としても名高い。七九八年以降、コンスタンティノープルのストゥディオス修道院長に就任し、修道制の刷新を図る。彼の影響下で成立した同修道院の修道規則は、現在のロシア（キエフ）をはじめ帝国内外にその足跡を残す。

九世紀半ばから数十年続いたコンスタンティノープル総主教イグナティオスと同総主教フォティオスの争いも同じように理解されるべきものである。イグナティオスは皇帝家門の出身で修道士の党派に属しており、フォティオスは聡明な学者で神学者であった。その時々の政治状況で両者のどちらかが総大主教位に上り、総大主教の交代が繰り返された。ローマにとり重要だったのは、イグナティオスが彼の以前からの立場に沿って、抗争中に教皇の支援を求め、東方教会に対する教皇の優位を強調したことであった。反対にフォティオスは、他の東方の総主教の支援により、ますます強く東方教会の自律性を主張した。この状況は教皇ニコラウス一世の在位中に急激に変化した。八六三年の春、彼の指導下で開催されたローマの教会会議でフォティオスは廃位された。この後、教皇はフランク王国の司教に連帯を呼びかけ成功した。その結果、八六八年五月のヴォルムスの教会会議は「ギリシア人の愚かさ」を断罪した。これに対しフォティオスは、この教会会議以前の八六七年夏に皇帝ミカエル三世により召集された教会会議で、教皇ニコラウス一世を廃位していた。だが同年九月にミカエルは失脚し、それとともにフォティオスも失脚したので、新皇帝バシレイオス一世はイグナティオスを再び総大司教に就任させた。第四コンスタンティノープル公会議（八六九～七一年）ではローマ側に軍配が上がったが、これもつかの間のことであった。なぜならイグナティオスより長生きしたフォティオスが最終的な勝利者となったからである。このいわゆる「フォティオスのシスマ」で重要な点は、教皇の東方に対する優位の主張をめぐる問題よりも、すでに東西教会の間に形成されつつあった敵意や、典礼、神学の相違が見て取れることであった。とくにフランク人とビザンツ人の聖職者間で相互理解は不可能だった。

フォティオスの態度の背景には、ビザンツ帝国内の抗争や当時すでに存在した「フィリオクエ」をめぐる論争の他に、ブルガール人への宣教問題があった。バルカン半島南部とドナウ川の南側に定住していたブルガール人は八世紀以降ビザンツを繰り返し脅かしていた。八六四年にブルガール人の支配者の一人であったボリスがビザンツの宣教者により洗礼を受け、彼の支配下の民衆も改宗したので、ビザンツ支配が浸透し拡大することが期待された。そのために、ボリスが八六六年に教皇ニコラウス一世に使節を送り、ローマからの使節派遣を要請した時の驚きは大きかった。それに対しニコラウス一世は、ポプロニア司教パウルスとポルト司教フォルモスス――後に教皇になる――を派遣し、とくに大司教座の創設を約束する。これは、ブルガール人が独立的な教会組織をローマの影響下で獲得することを意味した。そのことはまた、コンスタンティノープル総主教区がかなり縮小することや、ブルガール人が西方に政治的に接近することで首都コンスタンティノープルが危険になることを意味していた。それゆえフォティオスはこの教皇の政策を激しく攻撃した。ニコラウス一世とハドリアヌス二世の両教皇は、意図せずにフォティオスを助けることになる。というのも両教皇は、ボリスに対し、彼が望んだローマ人――まずはポルト司教フォルモスス、そして助祭マリヌス――を大司教にすることを拒否し、その結果、ボリスは八七一年に再びビザンツに従ったのである。ハドリアヌス二世や後のヨハネス八世の尽力にもかかわらず、それ以降、ブルガール人は今日まで西方教会から離れた存在のままである。

教皇の政策はスラヴ系のモラヴィア人のもとでより成功を収めた。東フランク王国からの独立を獲得しようと、モラヴィア人支配者ラスティスラフは、八六三年にビザンツに宣教者派遣を要請し、テッサロニキ出身の兄弟キュリロスとメトディオスを受け入れた。二人ともスラヴ語を話し、宣教の企画のために東方教会の典礼をスラヴ語に訳し、そのために特別に作られた文字（glagolica）を使用した[9]。しかしそれにより両宣教者は、東フランクとローマでは反発に遭った。というのは、キリストの十字架に書いてある言語――ヘブライ語、ギリシア語、ラテン語――のみが典礼で使用することが許されたからである。彼らは八六七年に教皇ニコラウスによりローマに召喚され、彼らが発見したとされるペトロの後継者クレメンス一世の遺骨をローマへともたらしたが、その際、彼らは教皇の監督権に服する代わりに、それ以降もスラヴ語で典礼を行う許可を得た。教皇ハドリアヌス二世はメトディオスをパンノニアとモラヴィアの大司教として聖別したので、モラヴィアへの宣教は西方教会が行うこととなった。それ以来、東方教会と西方教会の境界線がバルカン半島を貫くことになる。しかしその後まもなく、ヨハネス八世は使節を通じ、メトディオスに教会言語としてのスラヴ語の使用を禁じた。メトディオスが八八五年に没すると、今度は東フランク王国からの、とくにザルツブルクやパッサウ出身の宣教者たちが、その地での宣教活動を行った。というのも、メトディオスの弟子たちはスヴァトプルク公により追放され、その後、南スラヴ人と東スラヴ人（クロアチア人、セルビア人、後にロシア人も）とブルガリア人に対しての宣教に向かったからである。これらの地域でも後の「キリル文字」の原型となる新しいアルファベットが使用された。

(9)　古教会スラヴ語の文字であるグラゴール文字のこと。

モラヴィア布教においてすでに、教皇権とフランク王国の利害が必ずしもつねに一致していなかったことがわかる。このような利害の相違はすでに以前からあった。その前にまず、ローマの影響と教皇権の権威がどれほどフランク王国の教会を変貌させたかを見ていきたい。

フランク王国とローマ

前章で述べたように、すでにカール・マルテルのもと、ボニファティウスとフランク人の司教たちはフランク王国の教会を改革しようとしていた。この改革でボニファティウスはローマを手本としており、フランク王国の司教たちも、四世紀と五世紀の教皇勅書を含む古い教会法集成を使用した。ピピンもカール大帝も、教会の領域における帝国の統一を図るために、なお一層、教会改革に取り組み、そのための後ろ盾をローマに求めた。この二人の王もしくは彼らの協力者が、典礼の統一のために、ミサ祈禱文のローマ式集成——まず「ゲラシウスのミサ典書（Sacramentarium Gellasianum）」、その後に「グレゴリウスのミサ典書（Sacramentarium Gregorianum）」——と典礼行為の諸規定（Ordines Romani）をローマから手に入れた。しかし後の一六世紀になされた典礼のローマ化とは異なり、カロリング朝下では、ローマの祈禱や教示が盲目的に受け入れられたのではなく、フランク人の必要に応じて改変されて受容された。こうしてローマ・フランクの混合典礼が誕生した。この融合は教会建築にも見られる。すなわち、サン・ピエトロ大聖堂とラテラノ大聖堂にならいフランク王国内の重要教会（フルダ修道院、ケルン大聖堂など）には西の後陣が取り付けられた。とくにフルダ修道院ではサン・ピエトロ大聖堂［で西の後陣にペトロの祭壇があるの］にならい、西の後陣にボニファティウスの墓が置かれた。しかしこれらの教会で典礼は、主として東の後陣で行われた。これ以降一一世紀まで、大聖堂や修道院の教会は、二つの後陣の付いた形が主流になり、西の後陣はしばしば世俗支配者のための祭壇となった。カール大帝の最も重要な代表的建築物であるアーヘンの宮殿教会［アーヘン大聖堂］の内部でも、ローマの模倣が部分的に見られる。宮殿教会の円形構造の手本となったのはラヴェンナとコンスタンティノープルにあるビザンツ様式の建築物である。また聖具室は「ラテラノ」と呼ばれたが、その理由はここに教皇宮殿の聖具室と同じく、典礼用の高価な衣装や聖具が保管されていたからである。

同様のことは教会法にも見られる。カール大帝は教皇ハドリアヌス一世から、ディオニシウス・エクシグウスの法集成を手に入れた。このいわゆる『ディオニシウス・ハドリアナ』(10)はそれ以降の教会法の重要な基礎となった。しかしフランク王国にはこの他に、かつての西ゴート王国から継承した教会法集成もあったので、フランク王国の教会法もまたローマのみに規定されることはなかった。最後に修道院の分野について述べれば、カールがハドリアヌスからベネディクト戒律を取り寄せたことが重要である。これ以降、フランク王国の修道院はますますこの戒律に従うようになり、最終的に八一六／一七年にルードヴィヒ敬虔帝がアーヘン教会会議でベネディクト戒律を全修道院に課した。この時期からフランク王国の修道院が多かれ少なかれベネディクト戒律の修道院になったと考えてよい。

(10)　古代の普遍公会議、古代末期の北アフリカで開催された教会会議の決議録に教皇文書などを補い編集された法集成。ディオニシウス・エクシグウス（六世紀）が会議決議のラテン語訳を行っていたことから、彼の名が集成に冠されることとなる。

教皇権とフランク人支配者との協力体制は、ローマでも多少なりとも変化をもたらした。それまでローマの修道院では、ベネディクト戒律は浸透していなかったが、徐々にベネディクト戒律に従うようになっていった。レオ三世はフランク王国の典礼にならい、キリスト昇天祭の前の三日間に行われる祈願行列を取り入れた。同様にフランクに起源を持つ聖人の祝日もローマに導入された（たとえば一一月一日の万聖節）(11)。そしておそらくピピンの時代から、フランク人支配者はサン・ピエトロ大聖堂の南方に位置する聖ペトロニッラ祭壇の保護権を、聖ペトロとの特別な結びつきの象徴として所有した。ローマで行われた教会会議では、皇帝の圧力もあり、内部の聖職者の改革、たとえば聖職売買の禁止などについて議論されたが、他方で初めて、フランク王国の制度である「私有教会制」(12)を中部イタリアについて認めた。

(11)　一一月一日。「諸聖人の日」とも。東方起源説が有力だが、その後西方ではブリテン島やフランク王国にまず七〜八世紀に広まり、ローマ教皇が追認する形を取った。
(12)　教会の寄進者あるいは建立された土地の所有者に、教会とその聖職者および所領の管理権を認める法慣行。アルプス北方（「ゲルマン」）起源説が伝統的に有力だったが、近年では古代末期、ローマ的法慣行に起源を持つ可能性も提起されている。

教皇権とフランク人支配者の協力が後世まで及ぼした影響としては、ローマにある聖遺物の急激な拡散や巡礼者の往来の増加を除けば、教会の組織化が挙げられる。カール大帝以来、新しい大司教座の創設は慣習的に教皇によりなされるのがふつうであった。というのは、カールが古代末期の首都大司教座の制度を模範にしてフランク王国の教会を大司教に指導される管区に分けたとき、管区の範囲と大司教座の場所の決定権を教皇に認めたからである。ゆえに大司教は、ペトロの墓所で聖別されたパリウムを受領して初めてその職務を行うことができた。こうして、古代教会にあった独立的な教会組織の原則が捨て去られ、教皇を頂点とする階層秩序の体系が構築されるようになった。もちろん実際の教会は世俗の支配者により統括されたが、形式的には教皇がフランク王国の教会に対し決定的な影響力を保持することになっていた。そして世俗支配者の地位が弱体化したときには、教皇はこの影響力を増して現実のものとすることができたのである。

教皇グレゴリウス四世はこのような機会を見逃さなかった。八三〇年にルートヴィヒ敬虔帝の息子たちは父に対して反乱を起こしたが、それは父ルートヴィヒ敬虔帝が二人目の妻ユーディトの要求に応じ、彼女との子であるカール禿頭王（シャルル二世）にも王国の一部を与えようとしたからであった。このとき教皇は、ルートヴィヒ敬虔帝に対抗するロタール一世と彼の配下の司教たちの利害を守るためにアルプスを越えてやってきた。敬虔帝を支持する司教たちは教皇に反抗し、教皇は自分がロタールの党派にうまく利用されていたことに気づくことになる。しかし教皇は一連の交渉過程で、将来重要になる勅令を布告した。その勅令でグレゴリウス四世は、レオ一世がテッサロニキの代理人に出した指示を拡大解釈し、教皇のみが十全なる権力（plenitudo potestatis）を有し、司教たちは責任の一部（pars sollicitudinis）のみをキリストから受け取ったに過ぎないことを強調した。一一世紀末からこの解釈は、めったに批判されない教皇首位権の論拠となった。またこの解釈は、有名な『偽イシドルス教令集』と呼ばれる偽書を通じて法文書として九世紀半ばから広まった。

『偽イシドルス教令集』

『偽イシドルス教令集』が作成されたきっかけは、八五〇年頃に生じたランス大司教ヒンクマルと彼の属司教たちとの紛争であったと思われる。この属司教たちはヒンクマルの前任者で廃位されたエボにより叙階されており、彼らの権利と職務が削減されることを阻止しようとしていた。そのような背景で偽書作成者は、各司教の独自の権威を強調し、大司教ではなく遠方の教皇のみが彼らへの監督権を保持するとした。この立場を法的に擁護するため、『偽イシドルス教令集』では、古代末期の教会法が細工されていた。つまり、過去の教会会議の決議——とくに四世紀や五世紀の——が改変され、当時の神学者の主張がコンスタンティヌス大帝より前のローマ司教たちの勅令とされ、また、同時代のローマの主張が過去の教皇が出した法とされてそのなかに入れられた。そこではたとえば、グレゴリウス四世の告示が教皇ヴィギリウスの教勅とされる一方、ヴィギリウスが同時代人から異端と見なされたことは等閑に付されていた。教会法集成のなかで教皇の教勅が多数を占めるようになったのは、これが初めてである。まもなくこの『偽イシドルス教令集』は多くの地域で複写され、要約書も出て取り扱いやすいものになっていき、九世紀半ば以降、とくに教会の訴訟法の基礎として使われた。さらにそれは、教皇権の教会内の地位についての見解を含むのみならず、その中に『コンスタンティヌスの寄進状』を入れることで、教皇権の世俗的地位についての議論にも影響を及ぼした。

こうして、一一世紀以降に教皇権を高めた要素の多くが九世紀に理論的には現れていた。これはこの時代の教皇権とビザンツとの敵対関係とも関係していた。ただ現実は、法の理念からはかなり逸脱していた。教皇ニコラウス一世とその後継者の在位期にその格好の例が見出される。詳細は省くが、いわゆる「ロタール二世の婚姻の協議」の過程で、ニコラウス一世はケルンとトリーアの両大司教を、彼らが国王と王妃の離婚を違法に認めたという理由で廃位した。教皇の措置はフランク王国の大部分の司教に支持された。しかしこの決定が実際に有効となったのは政的情勢が変化してからだった。ニコラウス一世とランス大司教ヒンクマルとの争いも同じようなものであった。この争いは、ヒンクマルと彼の主催した教会会議が数名の司教を廃位したことから始まった。廃位された司教たちは教皇に上訴し、教皇はこの教会会議が教皇の代理人の出席なしで開催されたという理由で、教会会議の決議を無効とした。そのとき教皇は論拠として、まず三四三年のサルディカ教会会議の決議を引き合いに出している——この決議を教皇首位権の決議として理解することは誤った解釈であるが——。また教皇は、カール大帝以来、教皇に認められたパリウム授与から導き出される教皇特権に言及し、さらに『偽イシドルス教令集』も引き合いに出した。しかしこのときもまた、ニコラウス一世が最終的に勝利したのは、ヒンクマルがカール禿頭王の支援を失ったときであった。

ニコラウス一世は、後世のグレゴリウス七世のように、その政策で多くの成功を収めた教皇と見なされている。彼はたとえば、教会法を無視する支配者への反乱が起これば、それを支援した。また彼は、皇帝に代わってその職権によりフランク王国の帝国教会会議をローマで開催しようとした最初の教皇であり、そのような試みを行った教皇は、叙任権闘争以前には彼だけであった。ニコラウスの後継者ハドリアヌス二世は、ニコラウスの取った措置への非難をかわすことができなかったが、そのことは逆に、そのような政策を支える基盤がいかに弱かったかを示している。そして、八七五年以降、フランク王国で皇帝権が失墜し、また中部イタリアで教皇が苦境に陥ると、ヨハネス八世のような教皇たちは、ニコラウス一世を模倣しようとしてももはやうまくいくことはなかった。いずれにしてもニコラウス一世が、教皇の強力な地位を誇示しえた中世初の教皇であった。後の特許状からは、彼がさまざま地域で特権授与の創始者と見なされていることがわかる。九世紀末以降、フランクの分王国の各地で、教皇の一般的な訓令が存在するが、もちろんこれらの訓令は、地域教会が教皇権との協力に利益を見出すときのみ実施された。こういった協力体制が通常はまったくなかったので、教皇が地域教会に現実の影響力を保持することはなかった。

九世紀のローマと歴代教皇

最後にローマの状況に目を向けてみたい。『教皇列伝』の中での記述や今日なお見ることができる遺物が示すように、ハドリアヌス一世から少なくともレオ四世までのほとんどの教皇は、ローマの多くの教会を改築し、また新たに創建したが、教会は絵画、ステンドグラス、織物、聖具、書物で飾られた。同じことは南のフォンディやテラチナから北のアルメリア、ラヴェンナまでの教皇領内の各地で見られた。このような痕跡は、教皇のローマ以外での活動、つまり「教会国家」の実際の統治について語る唯一の資料である。後の時代とは違い、この時代の教皇は都市ローマの外にあるカタコンベ（地下墓地）の管理もしていた。そこから獲得された聖遺物はローマの諸教会にもたらされたり、他の地域の教会に授与された。この事実は、外部の圧力で古代の礼拝法が否定されたことを意味するが、また、ローマの教会と聖人の権威がローマとカロリング王国で上昇したことも証明している。さらにヨハネス八世以前の諸教皇は、都市ローマの人々の生活を守る役割も果たしていた。例を挙げれば、教皇により、水道の施設がこの時期に改善されたかあるいは新たに敷設された――ローマ時代からの暗渠による下水システムはなお機能していた――。またローマの都市壁も改築された。教皇は、ムーア人海賊の脅威に対抗するため、オスティアとポルトのテヴェレ河口の港に防備を施し、そこにとくにコルシカからの避難者を居住させた。この時期はレオ四世の建築政策が最も有名である。彼は八四六年のサラセン人の侵攻後に、破壊されたケントゥムケラエの付近に、彼の名前にちなみ名付けられたレオポリスを建築した。しかし住人たちはその後まもなく旧地に戻り、そこは以降チヴィタヴェッキア（旧市街）と呼ばれ、ローマの最も重要な港となった。チヴィタヴェッキアが重要な港になった背景には、テヴェレ河口が砂の沈積で浅くなり、当時この地のみが港に適していたという状況があった。さらに『教皇列伝』や地域の伝承がレオ四世の功績に帰しているのは、「レオの都市」の形成、つまりサン・ピエトロ大聖堂の周辺地域を壁で囲んだことである。しかし実際には、サン・ピエトロ大聖堂の周囲に防壁を建築する試みは皇帝ロタール一世が始めたもので、ロタール一世は八四六年のサラセン人侵攻の後に軍隊を編成し、サン・ピエトロ大聖堂の周辺地域を壁で囲むために軍隊を動員したのである。教皇レオ四世に帰される功績は、彼の支配下の諸都市、修道院、教会から労働者を集め、八四八年から八五二年にかけて実際に城壁、塔、門を建設させたことである。レオはこの時には、フランク人からの援助は排除して行った。三つの門を聖別した際の祈禱文には、レオがこの事業の唯一の指導者であり、都市の支配者であるとされている。学識者のみが判読できる門に刻まれた碑文にだけ、皇帝ロタール一世も城壁の建築に関与した旨が記されている。その後、ヨハネス八世がレオ四世を手本としてサン・パウロ大聖堂の外壁建築を行った。またサン・ロレンツォ大聖堂にも防壁が作られた。

ローマはこのようにして明確に教皇の統治下に置かれるようになった。八〇〇年にはカールの使節はラテラノで謀略者の審問を行ったが、カール自身はこのときの長いローマ滞在で、サン・ピエトロ大聖堂にのみ滞在した。後の皇帝たちは故意に都市ローマには行かなくなった——皇帝たちがよく行ったサン・ピエトロ大聖堂の地区は都市ローマではない——。また八世紀以降の教皇たちは、パラティヌス（パラティーノ）丘にあるかつてのローマ皇帝の宮殿を計画的に破壊していき、ラテラノが世俗の行政と裁判の中枢にもなっていった。この象徴として当時ラテラノにはマルクス・アウレリウスの騎士像もすでに立っていたと思われ、これは一六世紀にカピトル丘に移動させられるまでそこにあった。有名な「雌狼の像」のような、他の古代ローマの権威の象徴物は、当時すでにラテラノ大聖堂の入り口の近くに、教皇の権威の象徴として置かれていた。このようなことがとくにコンスタンティノープルへの対抗としてなされたことは、伝承された文書での「宮殿（palatium）」という用語や、ビザンツの見本に習って建設されたレオ三世のトリクリニウムが示している。ラテラノの重要性は儀礼でも見いだされる。最も古い教皇聖別の儀典書——これはレオ三世かレオ四世のもとで作成された——や『教皇列伝』の記述が示すように、新たに選出された教皇はまずラテラノの所有の儀礼を行う必要があった。ラテラノではローマ市の聖俗両方の指導者が彼に忠誠を誓った。それが終わって初めて、教皇はサン・ピエトロ大聖堂で聖別を受け、教会の階段で、世俗の支配の象徴物である王冠を用いて戴冠され、引き続きラテラノへと厳かに戻ったのである。つまり、ラテラノでの即位式が教皇の職権獲得の根本的な儀式となった。すでに述べたように、レオ三世からレオ四世までの教皇はラテラノの宮殿を増築し、そこで行われる典礼をビザンツ風の洗練されたものにしたのである。

教皇宮廷の人々

同じような理由で、教皇宮廷の聖俗両方の官僚が重要なものとなった。一般世界での教育水準が低かったこともあり、この時代以降の多くの教皇たちは若年期にラテラノで——ラテラノはふつう「総大司教（主教）座（patriarchium）」と呼ばれたが、しばしば「宮廷（palatium）」とも呼ばれた——教育され訓練を受けた。教皇を補佐する者は通常、伝統的に「ユディケース（裁判官 judices）」と呼ばれる者たちであった。一方、司祭や助祭たちはそれほど重要性を持っていなかった。そのため、新しく選ばれた教皇がそれ以前に司祭であったか助祭であったか、ということはとくに重要ではなかった。おそらくヨハネス八世の時期から、「ユディケース・デ・クレロ（iudices de clero「聖職者の方のユディケース」）」は公証人の「長（primicerius）」の指導下で集団を形成し、この「長」がその地位のゆえに「ローマ教会の長（primicerius Romanae ecclesiae）」と呼ばれるようになった。一方で、公証人や代訴人（defensor）という伝統的に存在した集団がなお存続していたかについては、八世紀終わり以降についてはもはや痕跡を見出すことができない。というのも、この二つの集団の指導者だった者が、新しい「ユディケース」集団の構成員として名前が挙げられるようになるからである。この「ユディケース」の中に八世紀末以降、「司書（bibliothecarius）」という新しい役職が登場する。名前の通り、この役職者は図書館と古文書館を管轄し、さらに教皇の文書作成も行った。ローマの有名家門の影響力を抑える目的もあり、「司書」は、他のユディケース・デ・クレロ（iudices de clero）とは違い、一般的に司教職を有していた。そして、少なくともニコラウス一世からヨハネス八世までの教皇のもとでは、司書たちが教皇文書の字句に影響を与えたことが証明されている。彼らの中でも最も有名な司書はアナスタシウス・ビブリオテカリウスで、彼はギリシア語に関する知識のみならず、四世以降の教皇に関する文書についての知識も備えた九世紀最大のローマの知識人であった。

しかしこのアナスタシウスの人物像から、教皇とその統治がいかにローマの家門政策と密接に結びついていたかが明白になる。彼はレオ四世により司祭の地位を辞めさせられたが、レオ四世の死後、八五五年に皇帝の党派の支援で教皇になった。彼の叔父のオスティア司教アルセニウスは同じように追放されたが、その後は教皇使節になった。彼の家門の強大さは、とくにハドリアヌス二世の時代に起こった事件から見て取ることができる。つまり、当時アナスタシウスの親族の一人エレウテリウスが教皇ハドリアヌス二世の娘を誘拐し、その母親とともに殺害した事件があったが、その際アナスタシウスは自分の職を失うことはなかったからである。そしてこの事件からは、当時のローマでいかに残虐な行為がふつうであったかを物語っている。レオ三世やパスカリス一世の教皇在位期には、多くの殺人事件が教皇の目の前や教皇宮殿付近で生じたが、そのような事件ではたいてい、ユディケース・デ・クレロやユディケース・デ・ミリティア（iudices de militia）が被害者あるいは犯人としてかかわっていた。こうした役職者の家門は教皇選挙にも影響力を行使した。『教皇列伝』ではこうした貴族たち（proceres, primates などと表記）を、教皇選挙の最も重要な、もしくは唯一の選挙人集団としている。これが最も顕著だったのは八二七年のグレゴリウス四世の選挙のときで、彼は「彼の教導と統治のもとで、元老院の全貴族が十分保障された生活を送れるように」という理由で選ばれた。こうして新しい教皇の選出は、貴族間の抗争やそれまで教皇庁の統治にかかわってきた集団の解消をもたらしたのみならず、また、教皇宮殿の動産の略奪をもたらした。八八五年にステファヌス五世はこのような略奪を批判し、八九八年にヨハネス九世は「最も犯罪的な慣習（scelestissima consuetudo）」として禁止したが、禁令は守られることはなかった。

ローマの混乱と再生

残された史料から個々の教皇について客観的に評価することは難しい。教皇書簡は司書やその他の作成者の見解を反映しており、教皇の見解であるとは限らない。ハドリアヌス二世などは、フランク人の抗議の後、彼の司書アナスタシウスのあまりにも率直な文体を忌避するようになった。フランク人の年代記作家はローマの出来事を事項として記すのみであり、その記述は部分的に反ローマ感情により規定されていた。『教皇列伝』はその反対に、各教皇にとり不都合な事柄は基本的に記していない。以前の伝記とは違い、この時代の教皇の伝記では、ほとんどの教皇が、敬虔で教養があり、平和的で弱者を助ける者として称讃されている。このような特徴がふつう非現実的であることは、セルギウス二世の伝記からわかる。彼の伝記もさまざまな称讃の辞で飾られているが、伝記の末尾に第二の伝記が付けられている。その伝記は同じ著者が、八四六年のサラセン人の侵攻にショックを受けて書いたと思われる。そこで描かれる教皇は、無能で身体的にも弱い人物である。この伝記によれば、彼は前任者のステファヌス四世や後任のハドリアヌス二世と同じ家門の出身であるにもかかわらず、貴族たちは彼をまったく評価しなかった（adnullabant optimates Romanorum）ので、彼の代わりに兄弟の一人で「愚かで間の抜けた」（brutus et stolidus）ベネディクトゥスが統治を行った。ベネディクトゥスは娼婦のもとに通い、恐怖政治を行い、聖職売買を行う異端者であった。たとえば彼は司教の位を二〇〇〇マンクス（当時流通していた金貨）かそれ以上の額で売っていた。そのために神がサラセン人によりローマを罰したとされる。こういった描写とは対比的に、他の伝記では教皇の行った奇跡も描かれている。たとえばレオ四世は、サン・ピエトロ大聖堂の巡礼者地区の大火事を消し止め――これは後にラフェエロが描いている――、また、想像上の動物のバジリスク（一にらみで人を殺すという蛇）をローマから追い出したとされる。

ローマの状況は、ヨハネス八世以降悪化していった。フルダ年代記が伝えるように、ヨハネス八世の親戚が本当に彼に毒を盛り、そして彼の頭を叩き割ったのかどうかは定かではないが、このようなこともあっておかしくないことだった。南ではサラセン人の海賊や傭兵に脅かされ、東と北では自立する辺境伯の攻撃があり、教皇権はますますローマの家門のおもちゃになった。さらに八九一年に司教フォルモススが教皇となったとき状況は悪化した。司教が教皇になるのは初めてではなく、たとえばマリヌス一世も教皇選挙の前に司教職にあった。しかし一般的に司教の他職への移動は禁止されていた。というのも、各司教はそれぞれの地域教会と婚姻関係を結んだ、とみなされたからである。そのため、八九一年以降敵対関係にあった派閥はこの禁令をお互いの敵対者に対して利用した。八九六／九七年の悪名高い「フォルモススの遺体への裁判」で、ステファヌス六世はすでに腐敗したフォルモススの遺体に教皇の衣装をまとわせ教皇位を剝奪し、体を切り刻んだ上でテヴェレ川に投げ捨てた。それ以降ヨハネス一〇世の時期まで、フォルモススが正式な教皇だったのかどうか、正式な叙階を授与されていたのかどうかについて議論がなされた。彼に好意的に書かれた文書では、数十年にわたる混乱が生き生きと描かれており、またそこではフォルモススの党派の良心の呵責も見られる。彼らと反フォルモスス派との抗争のために、この時期、多くの教皇の在位期間は短かかった。その理由は教皇たちにはつねに投獄や殺害の危険があったからである。そのため九〇四年のセルギウス三世の登位とともに、一つの貴族集団がローマで優位に立ったことはよい結果をもたらした。『教皇列伝』がこの時代で中断している事実も、新時代の幕開けを意味しているといってよい。それはステファヌス五世を称讃する未完の伝記で終わっている。そして九〇一年のルートヴィヒ三世の皇帝戴冠を最後に、教皇が授与する皇帝権のあり方は哀れな終末を迎えることになる。

五章　ローマ貴族の影響下の教皇権（九〇四〜一〇四六年）

「暗い世紀」

枢機卿カエサル・バロニウス(1)は、一六世紀末に『教会編年誌（Annales Ecclesiastici）』を執筆した。その目的は、彼の目には事実を歪曲して記述しているように見えるプロテスタント側の著作『マクデブルク教会史』に、カトリック側の解釈から反駁を行うことだった。この著作でバロニウスは、一〇世紀を「暗い世紀（saeculum obscurum）」と呼んでいる。彼がこのように評価した理由は、書かれた史料が一〇世紀には欠如しているという意味からだけでなく、その当時のローマが不道徳的な状況にあったという判断に基づいている。このような否定的な見方はその後さらに強まり、一八世紀以降になると何人かの歴史家は、オットー大帝による干渉以前のローマでの支配のあり方を、「閨閥政治（ポルノクラシー）」というお世辞にもよいとはいえない言葉で表現した。この章で扱う時期がもっぱら否定的に扱われるもう一つの理由には、改革教皇権が一一世紀半ば以降に収めた成功を、それ以前の時代の堕落と対比することで際立たせようとすることがある。そしてこのような対比は、すでに改革教皇権の同時代人も行っていた。この大ざっぱな判断は、今日に至るまで研究の一部に影響を与えているが、それが正当な評価とみなせるかは疑わしい。この章で扱う時期のローマ司教や貴族を取り巻く状況を適切に評価するためには、この時代を特徴づける政治や社会にかかわる諸変化を考慮する必要がある。ビザンツやロシアなどの東ヨーロッパを除けば、一〇世紀は中世ヨーロッパの大部分の住民にとり、外敵の侵入に脅かされた最後の時代となった。外敵からの防衛とそれに続く政治的な集権化により初めて、後の時代につながる発展が可能となった。その発展の一つには、教皇権の権威が国際的に拡大する、ということがらもある。イタリアにとって最も危険な脅威はイスラーム勢力（サラセン人）だったが、彼らは九〇二年にシチリアを支配下に収めた後、北アフリカやイベリア半島あるいはプロヴァンスの拠点から、イタリア半島南部や西部の海岸を脅かしていた。彼らとの間で行われた九一五年のガリリャーノの戦いにおける勝利、あるいは一〇一六年のルーニ近郊での戦いにおける勝利には、教皇ヨハネス一〇世とベネディクトゥス八世が関与している。これとともに、中部イタリアで行われたイスラーム勢力に対する小規模の軍事行動やイスラーム勢力の分裂により、イスラーム勢力はイベリア半島を除くヨーロッパへの進出を断念した。また、マジャール人の脅威も中央ヨーロッパにとどまらずイタリアの一部も略奪したが、ドイツ王ハインリヒ一世とオットー一世がそれぞれ九三三年のリアデでの戦い、九五五年のアウクスブルク近郊（レヒフェルト）での戦いでマジャール人に勝利を収め、さらにビザンツ皇帝やキエフの支配者(2)も彼らを撃退した。その後、ハンガリー、ベーメン（チェコ）、ポーランドでは、最終的に単独の支配者となる少数の家門が力をつけてくる。彼らは自らの権力基盤を確固たるものにする一方、宗教的な敬虔さからドイツから波及したキリスト教化を支援した。このキリスト教化は、オットー一世（大帝）の治世以降、歴代ドイツ王と教皇との間のつながりが緊密となったことで、教皇権にとって都合のよい形で発展した。同時に、北ヨーロッパ情勢も安定化してきた。ヴァイキングによる略奪行為はいまだ後を絶たなかったが、セーヌ川下流域ではノルマン人が一〇世紀初頭以降、西フランク王国に統合される。デンマーク、ノルウェー、スウェーデンでは王朝が出現し、一〇〇〇年頃からスカンディナヴィアでは、以後国境線の多少の変化を経つつ今日にまで続く諸王国が確立する。その結果、北欧でもキリスト教は以前にもまして広まった。

(1) 枢機卿・教会史家（一五三八～一六〇七）。三〇年以上の歳月を費やした『教会編年誌』の執筆およびその準備作業に加え、グレゴリオ暦策定の準備作業としての『殉教者暦（Martyrologium）』への注解を教皇グレゴリウス一三世の命を受け行ったことでも後世に名を残す。

（2）キエフ・ルーシの支配者が「大公」を正式に名乗るようになるのは、一一世紀前半のヤロスラフ一世（賢公　在位一〇一九〜五四）以降のことである。

ハインリヒ一世以降の歴代ドイツ王は、ザクセンを中心として住民を襲撃から保護するための城塞を建築した。こうした城塞は貴族の居館あるいは避難施設となった一方、農民はもっぱら城塞から離れた農村部に居住した。これに対し、イスラーム勢力とマジャール人の脅威を背景に、中部イタリアでは九世紀以降、「集住（インカステラメント incastellamento）」と呼ばれる現象が加速した。農村部の所領（villae, fundi, massae, domuscultae）は防備施設を備えることができなかったため、そこの住民は時に自発的に、あるいは勧誘に応じ、さらには領主に強制されるなどして高台に入植した。それらの高台の中には、いまだ開墾されていなかったものもあった一方、古代以来の入植地が存在していた場所もあった。古代以来の入植地では、多角形の石積みがこの時期に修復されている。この集住の結果、農民の暮らしは以前よりも安全になったものの、テヴェレ川南北に広がる河川沿いの低地の湿潤化がさらに進行した。これに伴い、ドイツ人の軍勢にとってはマラリアが最も脅威をもたらす存在となる。さらに、この頃から聖俗両諸侯はできるだけ多くの城塞を自らの支配下に置きたがった。これら新しい城塞や再入植された高台の織り成す景観が、今日に至るまで中部イタリアを特徴づけている。そして、教皇と貴族や修道院——最初はとくにファルファ修道院、スビアコ修道院——との間では、城塞とその後背地の所有権をめぐり対立が生じたが、その対立は近世に至るまで「教皇領」の歴史で際立ち、教皇の立場や教皇のイタリア半島外部に対する政策にも影響を及ぼした。とりわけ、この章でこれから記述する時期には、教皇権は地域の情勢に左右される存在であった。

テオフィラクトゥスとその子孫

教皇セルギウス三世は八九七年の段階ですでに反フォルモスス派の教皇候補だったが、ラテラノを掌中に収めることができたのは九〇四年のことだった。彼の成功に大きく貢献したのが、テオフィラクトゥスだった。テオフィラクトゥスとその直系の子孫は九六三年までローマを支配した。また、その後一〇四六年まで指導的立場にあったクレスケンティ家(3)とトゥスクルム家(4)も彼の子孫だった可能性が高い。テオフィラクトゥスというギリシア系の名前からもわかるように、彼はビザンツ支配時代にローマ市内もしくはローマ近辺で権力と影響力を獲得した家門の出身と思われる。テオフィラクトゥス本人は保管担当官（ヴェスタラシウス）と軍長官（magister militum）という二つの官職を手にし、その職権として教皇庁財庫の一部を管掌するかたわら、都市ローマの軍隊を率いる立場にあった。教皇庁の役職と都市役人の職務とを兼職したことは、テオフィラクトゥスの子孫にとっても重要であり続けた。ローマでの支配に関する史料は、一〇世紀前半については極めて乏しい。ごく少数の証書を別とすれば、利用可能なのはローマの北方に位置するソラッテのサン・アンドレア修道院の年代記作家ベネディクトゥスの報告、そして口が悪いことでは当代随一とされるクレモナ司教リウトプランド(5)の記述くらいのものだ。そして、両者ともにオットー一世（大帝）の側に立って執筆している。おそらく、テオフィラクトゥスは独裁的な統治者ではなく、都市ローマ内の有力者たちの利害関心にも配慮したはずである。ゆえにテオフィラクトゥスにとり重要だったのは、自分の支配のために好都合な人間を教皇の座に据え、また、影響力のある近隣の有力者たちと良好な関係を保つことだった。この目標を達成するため、彼は長女のマロツィアをスポレート辺境伯アルベリコ一世に嫁がせた。このマロツィアは、同時代のリウトプランドの作品中ですでにおぞましい存在として描かれたが、それ以降の男性歴史家たちによっても同じくおぞましい存在として描かれた。だが今日では、彼女が自立的で独自の政策的な意図をもって行動した一〇世紀の女性たちの一人にすぎず、これまでいわれてきたほど稀な存在ではないとみなすことも可能である。ただ、マロツィアがセルギウス三世の愛人で、後のヨハネス一一世の母親であったかどうかについては明確な証拠はない。だが少なくとも、行動力があった教皇ヨハネス一〇世が北イタリアの王ベレンガーリオ一世と同盟を結ぼうとした際、身柄を拘束して後に殺害させたのが彼女であったことは確かである。このベレンガーリオ一世は九一五年に皇帝位に就くが、彼はローマに多くの恩恵を施すことはなかった。一方マロツィアは、トスカーナ辺境伯グイドとまず再婚した後、さらに、ベレンガーリオ一世の後釜として北イタリアの王になったアルルのユーグ(6)と婚姻を結んだが、その結婚の年の九三二年に、最初の結婚でもうけた息子のアルベリコ二世により打倒され失脚した。その際、新郎アルルのユーグは辛くも逃げ延びることができた。

（3）　現代イタリア語読みに即すなら、「クレスケンツィ」とも。オッタヴィアーニ、ステファニアーニという分家に分かれ、一〇世紀から一一世紀初頭にかけ教皇位を含むローマ都市内の権力をめぐる闘争をトゥスクルム家と繰り広げた。

（4）　ローマ近郊、ラティウム地方のトゥスクルムに拠点を置いた伯家。一一世紀に複数の教皇、対立教皇を同家の出身者から輩出した。

（5）　クレモナ司教（九七三年以後没）。ランゴバルド系の家に生まれ、アルルのユーグ、イヴレア辺境伯ベレンガーリオ二世の宮廷に出仕した後、オットー一世の宮廷に亡命し、彼によりクレモナ司教に任じられた。オットーの名代としてコンスタンティノープルに使節として赴いた際の記録、『使節記』を書きつづったことで後代に名を残す。

（6）　イタリア王（九二四〜四七）。カロリング朝末期政治的に活躍したアルル伯ボゾ五世の一族の出であり、アルル伯、ヴィエンヌ伯としてフランス南部で強い政治的影響力を誇った。イタリア王位をめぐる内戦の中で、王として推戴され、アルプス越えの遠征を行うことになる。

アルベリコ二世（九三二〜五五）の統治下のローマは、一〇世紀で最も安定し繁栄を享受できた時期であった。アルベリコは祖父テオフィラクトゥスと違い、ローマを唯一の支配者として統治した。すでに言及したソラッテのサン・アンドレア修道院の年代記作家ベネディクトゥスは、教皇マリヌス二世（在位九四二〜四六）についてこう記している。「教皇に選出されたマリヌスは、アルベリコ公の命令以外、何もしようとはしなかった」。この記述は、アガピトゥス二世はおそらく除いてアルベリコ二世統治期のローマで教皇となったほとんどの人物に適用可能だろう。アルベリコの高い地位は、年代記中の「公（princeps）」という称号からも明らかだ。おそらくこれは、南イタリアのランゴバルド系有力者をモデルに彼が名乗ったものだろう。アルベリコの息子は古代ローマ風にオクタウィアヌスと名付けられたが、この息子にして後継者は、アルベリコ以上に自立した存在となることが期待されていた。というのも、ローマの指導層は九五四年に、アルベリコに対して次回の教皇選挙の機会にオクタウィアヌスを教皇に選ぶことを宣誓したと思われるからだ。その結果、アルベリコとアガピトゥスが死去した後、オクタウィアヌスは俗人支配者にとどまらず、ローマの司教にもなった。彼は教皇としてはヨハネス一二世を名乗った。これ以降、教皇に選ばれた者が新たな名前を名乗る事例が増え、一〇世紀末以降には、教皇になり名前を変えることが慣行として定着した。だがヨハネスは、支配者としてはそれ程成功しなかったように見える。北イタリアの支配者であったイヴレア辺境伯ベレンガーリオ二世への態度は定まらず、都市ローマ内の貴族層と聖職者層双方の反発に悩まされたからだ。九六〇年にヨハネス一二世はドイツ王オットー一世を頼り、皇帝戴冠を理由に彼をローマに呼び寄せた。オットーはすでに九五一年以降、イタリア王に即位していたものの、アルベリコによりローマ訪問は拒否されていた。

オットー朝の支配下のローマ

九六二年以降、ローマは再び強力な庇護者を擁することになる。だが、オットー大帝の保護は、彼が模範としたカール大帝の事例同様、すぐに抑圧へと姿を変えた。オットーと彼の後継者は、教皇を――もちろん皇帝の指導下にではあるものの――教会を統べる最上位の聖職者とみなしたが、都市ローマの貴族そして同地の聖職者の多くにとっては、ローマの名目上の自立を保証する存在にすぎず、その自立も地方レベルに限定されたものだった。教皇の位置付けをめぐるこの対照的な理解を背景として、その後の四〇年間にしばしば対立が生じた。そして、クレスケンティ家、後にはトゥスクルム家を代表とする指導的貴族家門の構成員が自らの利益を最優先させ、今日は皇帝派の教皇と協力したかと思えば、明日はその敵対者を支持するといった具合で、対立は一層激化することとなる。同じような事態が、都市ローマの聖職者や周辺の司教の多くにも見られたが、そのような現象が顕在化するのは、ヨハネス一二世在位の終わり頃である。こうした政治上の理由に加え、性的ふるまいの非難をめぐる倫理上の見解、さらには背教をめぐる神学上の議論でヨハネスの地位は揺らぎ、九六三年に皇帝が召集した教会会議の場で彼は廃位された。そして、同教会会議は代わりに首席書記官であったレオ八世を新教皇とした。しかしオットーが去ると、九六四年にヨハネスはローマに帰還することができ、ヨハネスは教会会議を召集し、かつてヨハネスを訴え裁いた者たちが多くいたその席で、今度はレオを簒奪者として廃位した。皇帝にとり重要だったのは、教皇を統制下に置くことであり、適任の候補者をその座に就けることではなかった。ヨハネス一二世は姦通を犯している最中に没したといわれるが、彼の死後の経緯がそれを示している。すなわち彼が亡くなると、「文法学者」という名誉あるあだ名の持ち主で、敬虔さでも知られたベネディクトゥス五世が教皇に選出されたが、その選出は皇帝の承認を経た上のものではなかったので、彼は選出後すぐに廃位されハンブルクに追放された。彼の後継者となった教皇のうち、自然な形で亡くなった者はほとんどいない。九六三年以降、二人の教皇が競合することがふつうになった。このことは歴史家にとっては問題ないが、教義学者にとっては一大問題である。評価の基準がないため、どちらが正統の教皇であったか、つまり、どちらが聖ペトロの系譜を継承したのかを決定するのかが難しいからだ。これらの教皇の中では、クレスケンティ家の縁者であった可能性があるヨハネス一三世が、最も成功を収めた人物といえよう。彼はクレスケンティ家の支援を受ける一方、オットー一世からも歓迎された。このため、彼は一〇世紀後半で最も長く在位した教皇であっただけでなく、その在位期間が最も平穏であった教皇であった。

だが状況は、オットー三世の即位とともに複雑になる。彼は「ローマ帝国の刷新（renovatio imperii Romanorum）」という政治プログラムを実現させるため、ローマを拠点に統治を行おうとしたが、これはドイツ諸侯だけでなくローマ貴族からも反発を買った。首都をローマに据えようと考えた点でも西方の皇帝としては先例がない。彼が具体的にローマのどこを拠点としようとしたかはわかっていないが、以前の皇宮の廃墟が立地したパラティヌス丘を考えていた可能性が高い。彼は「イエス・キリストのしもべ（servus Jesu Christi）」、もしくは「使徒のしもべ（servus apostolorum）」として帝国と教会の双方を統治しようとした。オットー三世の母はビザンツ皇女でもあり、彼はこの称号を用いることで東ローマ＝ビザンツ的慣行を取り入れようとした。そして、コンスタンティノープルで総主教が皇帝に従うように、教皇も彼に従うべきと考えていた。彼はこの考えに従い、自らが信任するイタリア外の出身者を教皇に据えた初めての皇帝となった。九九六年にはオットーの縁者のブルーノがグレゴリウス五世として、そして九九九年にはオットーの教師を務めたオーリヤックのジェルベール(7)がシルウェステル二世として教皇に即位している。だがローマの状況への配慮もあり、両教皇とも彼らの指導者であるオットーにすべての点で従ったわけではなかった。そうしなければ、都市ローマの人々から支持を得ることができなかったからだ。そして一〇〇二年に皇帝が没し、その後一年足らずでシルウェステル二世も死去したとき、皇帝の夢は幻に終わった。その後、オットーのローマへの干渉以前から有力だったクレスケンティ家が再度権力を掌握した。

(7) 一〇世紀西ヨーロッパを代表する知識人・教師。南フランス生まれでイベリア半島に学び、とくに数学・天文学の分野で傑出。ランスの聖堂付属学校の教師としてオットー二世、三世二代の教育にもかかわった。その学識から、後代の伝承では魔術師として語られることもある。

クレスケンティ家とトゥスクルム家の対立

皇帝という庇護者をなくした一一世紀初めのローマは、再び在地の利害が支配する場となった。ただそれでも比較的平穏な時代ではあった。オットー三世の前後に指導的な立場にあったクレスケンティ家の人々は、テオフィラクトゥスやアルベリコ二世の統治時代にならい、自家門の権益を確かなものとすべく都合のよい候補者を教皇に据えようとした。一方で彼らは自らの地位を誇示すべく、カール大帝が戴冠する前に用いていた俗人権力者の称号である「パトリキウス(patricius)」を名乗るようにもなった。クレスケンティ家が支配的な地位にあったのは一〇一二年までである。クレスケンティ家が擁立した教皇で「豚の口(os porci)」のあだ名を持ち、靴職人の息子といわれるセルギウス四世が没すると、今度は、オットー二世とオットー三世の時代に台頭してきたトゥスクルム家の「伯」たちが自家門の出身者を教皇に就けようとした。クレスケンティ家側の対立候補グレゴリウス六世はハインリヒ二世の宮廷を訪ねたが、教皇就任が認められることはなく、こうしてトゥスクルム家側が勝利し、ベネディクトゥス八世から三〇年間続くトゥスクルム家の教皇の時代が始まる。この時代はそれまでの慣習とは違い、俗人の構成員ではなく教皇本人が家門の長を務めた。家門の構成員は、教皇の世俗支配者としての機能を補佐する存在となった。こうした体制はドイツ王や皇帝とのおおむね良好な関係があったおかげで、一〇四四年まで続いた。その後ベネディクトゥス九世は、クレスケンティ家側の新たな候補者のシルウェステル三世に教皇の座を譲ることを強いられた。まもなくして今度はシルウェステル三世がローマで迫害され、彼の代父がグレゴリウス六世を名乗り教皇位に就いた。グレゴリウス六世はシルウェステル三世に金銭を払ったので、グレゴリウス六世はその後まもなく聖職売買を行ったとみなされるようになる。ただ、この金銭が教皇位放棄の見返りだったのか、ベネディクトゥス九世の擁する軍隊への支払いが目的だったのかはわからない。いずれにせよ、この時点で正統性が疑われる教皇が三人存在したこととなる。それからしばらくして、かねてから皇帝戴冠をもくろんでいたハインリヒ三世がローマを訪れると、彼は、一〇四六年にストリとローマで教皇位を主張する三人すべてを廃位した。グレゴリウス六世はかつてのベネディクトゥス五世同様にドイツに追放されたが、他二人は出身家門の勢力圏で教皇位を主張し続けることができた。シルウェステル三世の場合はサビーニ地方、ベネディクトゥスの場合はアルバーノ山地がその勢力圏であった。これに対しローマでは、レオ九世のようなドイツ人教皇の時代と大きな改革の時代が幕を開けることとなる。

教皇庁の組織の変化

混乱した状況が度重なったことで、それまで存在していた組織や慣習が機能しなくなったことは想像に難くない。セルギウス三世とヨハネス一〇世によるラテラノ大聖堂の修復、アルベリコ二世によるアウェンティヌス丘での教会の新造、パラティヌス丘とティベリーナ島（中州）（isola tibertina）での教会の新造を除くと、それ以外ではとくに教会建築に触れた史料はほとんどない。ただもう一つこの時期の建造物として触れておきたいのは、貴族が居住する「ヴィア・ラータ」地区のサン・キリアコ女子修道院である。この女子修道院は貴族により庇護され、一二世紀に至るまで重要な役割を果たした。さらにこの時期のローマで、参詣指定聖堂での聖務が継続されていたかどうか、水道施設のような社会的インフラの機能が維持されていたかどうかについてはわからない。教皇による行政活動も機能不全に陥っていたようだ。教皇の文書局が作成した文書の数はわずかで、文書作成のための書記団体も必要とはされていなかった。業務が発生した際には、司書（ビブリオテカリウス）と呼ばれた書記局長、あるいはその代理人、さらに書記官、公証人、あるいはタベリオン（Tabellion）と呼ばれた、都市ローマに居住し、教皇以外の顧客のために働く私的な書記がその処理にあたった。司書以外の六人のユディケース・デ・クレロ（iudices de clero）が、実際に聖職者――たとえ下級聖職であれ――であったのかどうか、さらに教皇のための業務を遂行していたのかどうかもわからない。彼らの存在を示す証拠は、文書に残された日付やその署名だけだ。だが、こうした機能不全に続いて、その後には、さまざまな組織が新たに創設されたり、あるいは既存の組織が大幅に作り変えられるようになる。

ヨハネス一四世は教皇に就任する以前、パヴィーア司教としてドイツ王のイタリアにおける文書局を統括していた。おそらく彼の在位期間以降、もしくはシルウェステル二世の在位中からローマではドイツの行政システムとの類似が見られるようになり、それに続く時代には後者が完全に前者のモデルとして機能することになる。これを受け、証書を書き記す素材として、パピルス以外に初めて羊皮紙が使用されるようになる。ドイツと同様、文書作成は「カンケラリウス（cancellarius）」もしくは「アルキカンケラリウス（archicancellarius）」と呼ばれた文書局長が担当し、「司書／書記局長（ビブリオテカリウス）」の職務は徐々に名誉職化した。トゥスクルム家が支配した時代には、ケルン大司教ピルグリムのような外国人の高位聖職者がビブリオテカリウス職を託される事例も見られる。同様にシルウェステル二世の在位期以降には、教皇側近の中でとくに教皇の信頼が厚い聖職者が、ドイツ王の宮廷で見られるような「カペラーヌス（礼拝堂付司祭）」という称号を持つようになった。

ドイツからの影響

ドイツの影響は典礼にも見られる。オットー大帝の皇帝戴冠にあたり、ドイツ人司教たちが典礼に関するテクストをイタリアとローマへ持ち込んだ。そのテクストは、『ローマ・ドイツ儀典書（Pontificale Romano Germanicum）』と一般に呼ばれるが、司教に関する典礼を記したものでそれ以前にマインツで集成されたものだった。そこに収録されているテクストの大部分はカロリング期にローマからフランク王国に伝えられ、フランク王国で改変されたものだった。そこに含まれる『皇帝戴冠式次第』のようないくつかのテクストは、九六二年以前のローマではまったく知られていないものだった。このテクストの伝承から明らかなのは、オットー朝時代のローマとカロリング朝時代のローマがいかに違うかということである。ローマはかつてまだ「野蛮な」地域であったフランク王国を文化的に指導する立場にあったが、オットー朝では、かつてフランク王国が立地した地域の高度な文化から影響を受ける存在となった。

アルプス以北から新たにもたらされたローマとフランク王国起源がごたまぜとなったこのテクスト群は、一三世紀に至るまで、教皇叙階の典礼に関する重要なテクストすべての起源となった。だが、これらのテクスト群が、ほとんど見向きもされなかった北方からもたらされた、という素性はすぐに忘れられた。すでにグレゴリウス七世の在位期間中に、これらのテクストは正真正銘ローマ起源だとみなされていた。

この種の問題は、他の典礼に関するテクスト、すなわち信仰告白のテクストにもあてはまる。前章で述べたようにローマの信徒共同体は、信仰告白を洗礼の典礼の際にだけ読み上げていたが、教皇レオ三世に至ってもなお「フィリオクエ」の加筆は受け入れていなかった。このような古くからの伝統を維持する立場は一〇世紀まで続く。しかしハインリヒ二世が一〇一四年に、彼が皇帝戴冠を行ったベネディクトゥス八世主催の教会会議の席で――この教会会議はセルギウス四世が一〇〇九年の別の教会会議でその召集の準備を行ったらしい――、ドイツ王国で行われているような「フィリオクエ」を含む信仰告白を、以後ローマでも日曜と祝日に挙行されるミサで唱えるべし、と主張した。すぐにこれはローマでも習慣となり、典礼でも神学でも唯一正当な教説とみなされるようになった。その結果、セルギウス四世以降の教皇は、コンスタンティノープルで「フィリオクエ」の言葉が無視されていることを、正統的なカトリック信仰からの逸脱とみなすようになった。この帰結として「フィリオクエ」論争が、一〇五四年に東方教会との断絶をもたらす一つのきっかけとなった。そして今日に至るまで、東西教会が合同の協議を行う上での妨げとなっている。

この時代、ドイツとローマとの間で典礼面での密接な関係があったことは、聖マウリティウス崇敬からも見て取れる。聖マウリティウスはオットー朝の主要聖人であったが、西暦一〇〇〇年を迎える頃には彼に捧げられた祭壇がサン・ピエトロ大聖堂内部にも建立され、この祭壇は、長きにわたり皇帝戴冠で重要な役割を果たすこととなる。また、さらに付け加えれば、ハインリヒ二世以降、皇帝はサン・ピエトロ大聖堂の「名誉参事会員」にもなった。これは、彼がドイツにおいて「王＝祭司（テオクラシー）」(8)的な支配者理念に基づき、王国内すべての重要な参事会教会の名誉参事会員となったことと同様の発想に由来する(9)。ただ、他の典礼の儀式を見れば、ドイツの影響力が教皇の公的な職務のすべてに及んではいなかったこと、それ以上にトゥスクルム家出身の教皇の時代以降には、より古い習慣が再び力を取り戻していたことがわかる。その例としては、教皇が登位する際の儀礼でラテラノが強調されたこと、あるいは、大行列やいくつかの民衆的な祝祭が古代ローマやビザンツのモデルに従い、教皇、聖職者、都市民がともに祝うものとしてローマで独自の発展を遂げたことが挙げられる。このうち民衆的な祝祭としては、新年祭、春の祝祭——この祝祭では、ラテン語と卑俗化したギリシア語が混合した他にほとんど類例のない讃歌、ラウデース・コルノミアエ（春の収穫祭への讃歌 laudes Cornomimnae）の詠唱がなされた——、謝肉祭——これは近代に至るまで教皇が主宰する形で行われた——の三つがある。我々は、これら三つの祝祭のすべてについて、おそらくはここで扱う時期まで遡るテクストから、より詳細な情報を知ることができる。

(8) 王が祭司、つまり聖職者を兼ね、その代理として王国の繁栄と信仰に責任を負う見返りに絶対的な地位を保証される、という理念。旧約聖書に起源を持ち、神に権力の拠り所を求めるこの神権的支配者理念はカロリング朝フランク王国を経て東フランクに継承され、一一世紀にかけ理念とそれに基づく「帝国（王国）教会制」をはじめとした政策双方の面でさらなる深化を見ることとなる。

(9) 王が司教座聖堂の参事会員の一員となり、祈禱共同体の一員となるのに加え、その聖職禄を受け取る「国王参事会制」は、ハインリヒ治世のドイツ王国内ではパーダーボルン、マクデブルク、シュトラースブルク、バンベルクで確認される。

ラテラノは古い伝統を引き継ぎ、ローマ司教の統治の中心としての機能を強めた。この時期からラテラノは、その宮殿だけでなく大聖堂も重要視されるようになる。その結果この時代に初めて、死去した教皇がサン・ピエトロ大聖堂や他の重要な聖人に捧げられた教会（サン・パウロ大聖堂、サン・ロレンツォ大聖堂）に埋葬されるだけでなく、司教座教会のラテラノ大聖堂にも葬られる例が見られるようになった。この慣習は、この後の時代にも維持された。さらに注目すべきことは、統治の中心としての宮殿を強調する態度である。宮殿は、それに対応するラテン語の「パラティウム（palatium）」と呼ばれることが多くなった。この傾向は、いわゆる『コンスタンティヌスの寄進状』がローマで教皇の世俗支配者としての地位の歴史的証言として引用される機会が増えたことと符合する。九六二年頃には、助祭枢機卿の一人でヨハネスという人物が寄進文書のコピーを作成し、コンスタンティヌス帝による寄進の原本として提示している。この偽文書では、ローマ司教とその聖職者との関係が皇帝と元老院議員との関係になぞらえられているが、それにならって現実でも、枢機卿になった聖職者が教皇宮廷の一員とされた。七人の助祭に加え、副助祭や侍祭のような下級聖職者の一部も、遅くとも一〇世紀以降になると教皇宮廷の構成員の一員とみなされ、「教皇宮殿の助祭（diaconus sacri palatii）」といった名称で呼ばれるようになる。これと同様に、ユディケース・デ・クレロ（iudices de clrero）も「教皇宮殿付ユディケース（裁判官）」と呼ばれるようになった。ただし教皇宮殿付ユディケースの人数は七人に削減された。彼ら教皇宮殿付ユディケースが、ビザンツ皇帝やパヴィーアの王宮に仕えた高位役人が有したのと同様の職務を割り当てられていたことは、『ユディケース目録』――古い版は九六二年頃に作成され、新しい版は一〇三〇年頃に作成された――、あるいは九世紀末の成立と推定される『皇帝の権力についての小論（libellus de imperatoria potestate）』といったような諸論考で見て取れる。このような形でラテラノ宮殿の重要性が増したことを背景に、少なくともヨハネス一九世の在位期間には、地方レベルでのローマの教会会議もその中のシルウェステル礼拝堂で開かれるようになった。

都市行政の再編

司教宮殿に支配権が集約されるとともに、ローマでは世俗と教会双方の部門で体制の再編が行われた。これ以後のローマでは、境界がいまだはっきりと画されていなかったとはいえ、一二の地区が再び確立する。それは理念の上ではアウグストゥスの時代の区画にならう形を取っていたものの、テヴェレ川流域に重点を置いた点で異なっていた。この区割りに沿う形で、世俗分野でも都市の軍隊が「執政官（コンスル）」あるいは「旗持ち（decarcones）」の指揮下に編成されている。教会分野での行政については、各地区に対応する一二人の助祭（diaconus regionarii）が新設されているが、彼らは後に枢機卿団が形成される際に重要な役割を果たすこととなる。この新たな一二人、そして以前からの七人の双方が構成する助祭を大助祭が監督した。名義教会を監督する立場にあった聖職者、つまり司祭枢機卿たちもまた、彼らと同様に司教宮殿への結び付きを強めていった。そのことは、彼らが司教宮殿で開催される教会会議に参加したこと、そして教皇文書に署名を行ったことだけでなく、彼らを叙階できたのが教皇のみであり、裁くことができたのも教皇のみだったという事実からも明らかだ。彼らは、たとえ彼らの所属教会がローマの司教区外にあったとしても、教皇以外の他の司教権力には服さない存在だった。また一〇世紀半ば以降には、その他の聖職者が「ローマ兄弟団（fraternitas Romana）」という同輩集団を構成したが、そのことも、聖職者の地位上昇と彼らの司教宮殿との結び付きを示すさらなる証拠となる。この「ローマ兄弟団」という同輩集団はもともと、構成員の埋葬をともに行うために結成されたものと考えられている。しかしとくに一二世紀になると、この集団はその他の教会の事項にもかかわり、時には教皇の統治に抵抗する存在として重要性を増した。都市が聖俗両分野で再編されていくと、トゥスクルム家出身の諸教皇の時代に司教座の境界も徐々に策定されていった。ベネディクトゥス八世は一〇一八年にティベリーナ島とトラステヴェレ地区を、名義教会と二つの修道院を除きポルト司教の管轄に委ねた。その六年後ヨハネス一四世はシルヴァ・カンディダ司教に対し、サン・ピエトロ大聖堂とそれに属する諸組織の監督権を与えている。都市ローマは、教会上も世俗行政上も、さしあたりテヴェレ川左岸に限定された。テヴェレ川の対岸の住居地が世俗行政上、ローマ市に統合されるのは近世初期になってからのことである。この両教皇の措置の目的は、司教枢機卿を教皇の統治により密接に結び付けることだったのではないかと推測される。その結果、シルヴァ・カンディダ司教ペトルスは、一〇二六年に彼の司教座に隣接するポルト司教座内のティベリーナ島に彼の居館を獲得している。それに続く時期には、サビーナ司教枢機卿もまた、フォロ・ロマーノにあるサン・ロレンツォ・イン・ミランダを居館として確保した。

古代ローマの継承者としての教皇

教皇統治の改革およびローマとその周辺地域の再編と並んで、理念の面での変化も長期的には重要であった。つまり、古代からの制度や理念がさらに前面に押し出され、そのつながりで教皇権が理解されるようになったことである。

この動きは皇帝とローマの双方から生み出された。

皇帝はローマを、自らの統治に正統性を付与する橋頭堡とみなしていた。コンラート二世のようにローマにあまり関心を示さなかった皇帝も、ローマを「世界の頭（caput mundi）」と呼んだ。また、アーヘンやバンベルクといった彼が好んだドイツの座所は「第二のローマ（Roma secunda）」と呼ばれ、とくにバンベルクの建築物は、ローマを模倣して配置された。この傾向の頂点にあるのは、オットー三世がローマから帝国の統治を行おうとしたことだろう。皇帝や彼らに仕えた者たちが、皇帝の支配権の基盤が古代にあることを強調したので、ローマが注目されることになった。これが顕著に見られたのが、オットーの師であったジェルベールの教皇在位中である。ジェルベール自身、古代に教皇と皇帝の間に存在した協力関係を想起し、『コンスタンティヌスの寄進状』の神話に着想を得て、「シルウェステル」と名乗った。最も皇帝オットー本人は、この『寄進状』のテクストには懐疑的な立場を取っていたのだが。

古代ローマの理念が都市ローマ内に影響を与えたことも重要である。その例としては、すでに述べたビザンツやパヴィーアとのつながりで議論を展開する論考――ビザンツ皇帝やパヴィーアの王宮に仕えた高位役人が有したのと同様の職務が割り当てられた前述の『ユディケース目録』――がある。その他には、トラステヴェレのような新たに成立した地区が、本来のローマ市に属していないものの、アウグストゥス帝による区画にならい「地区（レギオ）」――正確には第一四地区（regio XIV）――と呼ばれたことがある。また、都市ローマでは一〇世紀半ば以降、古代ローマ時代同様に、一人の都市総督か「パトリキウス（Patricius）」によって統治された。ただし、その他に怪しげな「海域総督」なる者（一人）もいた。アルベリコ二世が息子を「オクタウィアヌス」と名付けるにあたっても、おそらくは古代の人物にちなんで命名したものと思われる。この名前はそれ以後、クレスケンティ家成員の間でしばしば見られるようになる。このような形での古代の受容は、『コンスタンティヌスの寄進状』だけでなく、皇帝の宮殿や皇帝のさまざまな権標を教皇が我が物にしたことにも見られる。その種の権標として、パリウム以外にティアラ（教皇冠）とミトラ（司教冠）を挙げておこう。以後、外国から訪問した聖職者とりわけ修道院長に対し、パリウムだけでなく、ミトラもまた特別な好意のしるしとして授与されることになった。詳細は後述するが、その返礼として、免属修道院長や司教は、教皇に対してしばしば白馬を献上しなければならなかった。この貢納は、『コンスタンティヌスの寄進状』に起源を持つもので、教皇を皇帝と同列の存在に位置付けるものだ。ティアラやミトラ同様、白馬は世俗の位階の象徴である。その一方、教会上の地位を象徴するものとしては、フェルーラ（教皇の杖）が挙げられる。これは司教が持つ牧杖に相当するものだが、おそらくは十字架で飾られていた。

ここまで、ローマでの教皇の統治がどのような変化を遂げたかを詳しく見てきた。これまでの記述から、この章で扱う時期でもまだ、教皇は第一義的にはローマ司教であったことが明らかになったであろう。しかし同時に、キリスト教世界全体を教皇が指導することを示す要素も徐々に増えていく。まずはイタリアから、それらを見ていくことにしよう。

イタリアと教皇権

ローマの安全を揺るがぬものとするため、とくにアルベリコ二世の時代から、とくにサビーナ地方や南に向かう古くからの「コンスル街道」近辺を中心とする周辺地域で、重要な城塞が、教皇の上位支配権を確保した上で現地の権力者に委託されるようになった。叙述史料や数通の文書史料からは、この政策がもっぱらサビーナ地方、ティヴォリ、そしてパレストリナといったクレスケンティ家所領、あるいはアルバーノ山地といったトゥスクルム家の所領で実施されていたことがわかる。続くトゥスクルム家教皇の在位期間中には、ガレリアの「伯」、あるいはフランジパーニ家(10)のような重要家門がこうした城塞の授与で名前が挙がっている。これ以来、ローマの周辺地域をめぐる抗争が、「教皇領」の構築と歴代教皇の支配の実効力にとり重要な問題となった。こうした抗争の中で、自治と領域支配を目指していたファルファとスビアコの修道院（双方とも従属修道院をローマに持っていた）が教皇直属の修道院となり、そのしばらく後には、いわゆる枢機卿司教区も教皇に有利な形で再編された。

(10)　一一～一三世紀にかけ都市ローマで勢力を誇った都市貴族。ローマ時代の元老院貴族アニーキ（Anici）家の末裔を称したが、一〇世紀以前の同家門の動静については不明点が多い。

さらに、当時の教皇が行った南イタリア政策が将来にわたる重要性を持った。イスラーム勢力の排除と同時に、教皇が実効支配、あるいは上位支配を行使する領域の拡張がそれにより達成されたからだ。この関連で、かつて教皇の所領が立地したフォンディとテラッチナ両地方の支配を確立する諸政策が実施された。シルウェステル二世は、これまで地代収入が実施されていたテラッチナ地方にアルプス以北で行われていたレーエン授与を導入することで、教皇権との結び付きを強化しようとした最初の教皇である。教皇の教会組織上の上位支配権も以下の事例に見られるように拡大した。まず、九四四年にモンテ・カッシーノ(11)、あるいはサン・ヴィンチェンツォ・アル・ヴォルトゥルノ（S. Vincenzo al Volturno）(12)という両修道院が免属特権授与により、教皇直属の存在となったことがある。また、九六〇年代以降、ランゴバルド系諸侯が支配したベネヴェント、カープア、サレルノといった拠点、さらにはビザンツ帝国の勢力圏に属したシポントやバーリといった諸都市が、それぞれ独自の教会管区を持つ大司教座となったことがある。そこでは、名目的にではあれ教皇の上位支配権が認められた。これらのことは、すぐに目に見える結果をもたらすものではなかったが、次章以降の改革教皇権の時期に教皇が成功を収める上での基盤を提供することになる。

(11)「ベネディクトゥス戒律」に名を残す、ヌルシアのベネディクトゥス（五四〇年頃没）が創建した修道院。ローマ南東の山中に立地。

(12) 八世紀半ばに三人のベネヴェント系貴族が創建し、ベネヴェント公から特権状を授与された修道院。フランク勢力のイタリア進出後、南北イタリアの中継地点に位置する地政学的な立地条件からしばしば争奪の対象ともなった。

ナポリやアマルフィといった重要な港町がいまだビザンツに属し、ビザンツの皇帝が一〇世紀の後半以降その支配を南イタリアに拡大して、その際ローマもたびたび脅やかされたことを考慮すると、教皇権とビザンツとの関係は、教義や教会政策の面だけでなく、地域的問題にも左右されていたことがわかる。ローマにはビザンツの伝統が長く根付いていたが、そのことを除いても教皇にとり東の帝国は、ドイツ人の支配者の帝国よりも現実に密接な関係にあった。マロツィアと彼女の息子のアルベリコ二世は、友好的手段、とくに婚姻政策によってビザンツとの良好な親善関係を築こうとしていた。この状況は、彼女の援助を受けて就任した教皇たちの態度にも影響を及ぼした。しかしオットー大帝の皇帝戴冠をきっかけに、西側の支配者が——カール大帝が既に行ったように——南イタリアをも彼らの支配地域に組み込もうとしたため、ビザンツとの抗争は激化した。上述の新しいラテン系の大司教座の設立は、このような政治状況と密接にかかわっている。教皇権がドイツ人の支配者と密接な関係になっていく新しい方向性を見れば、なぜヨハネス一三世が東側の皇帝を、ローマ人の皇帝ではなく、皇帝の意に反してまでギリシア人の皇帝という称号で呼んだのかが理解できる。オットー三世の野望の失敗後も、教皇権はこの反ビザンツ政策を継続した。ベネディクトゥス八世はイタリアの中のビザンツ支配地で起こったビザンツに対する反乱を支持し——教皇権はこのときにその後に重要性を増すノルマン人と初めて接触した——、それまでは南イタリア政策の主導権はドイツの支配者にあったにもかかわらず、ここにきて皇帝ハインリヒ二世に南イタリアに干渉するよう教皇側から積極的に要請した。そして、同時期に生じていた教会政策と信仰告白の規定に関する対立の問題もあり、これ以降、最終的な教会分裂への道が、意図的ではなかったにせよ拓かれることになった。ローマにあるギリシア系修道院ではラテン系の修道士がますます増えていったことも、この傾向に対応している。例外だったのは、南イタリアの隠者ニロスの影響力であり、彼はオットー三世の心をとらえただけでなく、その庇護の下ローマの南方にギリシア系大修道院グロッタフェッラタを設立した。そしてこの修道院はトゥスクルム家の家門修道院となり、そこには数世紀にわたり、教皇による荘厳ミサの際にギリシア語で読誦を行う専門家が存在した。

ドイツおよびその周辺地域との関係

ビザンツとの関係の悪化と反比例するように、教皇は、西欧の新しい政治的中心のドイツと関係を深めていった。ドイツおよび他の地域との接触方法としては、カロリング朝期にまで遡る二つの手段があり、それらは一〇世紀以降に頻繁に用いられるようになった。すなわち、教皇特使による在地での教会会議の開催、そして、特定の教会組織——とくに初期には修道院、後代には司教座も含む——と教皇の間での関係構築である。後者の手段は、教皇による保護や免属といった具体的な形態を取った。教皇による保護とは、当該の修道院に特権状を授与し、その修道院が聖ペトロの庇護下にあることを保証するものだ。言い換えるならば、その修道院に対する攻撃が、天国の門番でキリストの代理人であるペトロに対する攻撃とみなされることを意味する。そしてしばしば、この特権の授与では、男女修道院長の自由選挙などの他の特権もあわせて授与された。さらに教皇の保護は、司教権力からの免属と教皇への直接的な従属を意味していた。とはいっても、この司教からの免属は完全なものではなく、司教の財産管理権と規律監督からの解放がその内容となる。そのため修道院にかかわる案件での最高の裁判官は教皇となった。また、教皇の保護下の男女修道院長や司教たち――トゥスクルム家教皇の時代以降、バンベルクなどの司教が保護下に入った――に対しては、教皇やその代理人もしくは彼らの影響下で選ばれた司教が叙階を行うようになる。しばしば、特権を授与された者は、年次貢納金（ケンスス）を教皇に支払わねばならなかったので、これにより教皇の収入は潤った。

ドイツの教会組織は、カロリング朝の終わりでもまだ確固としたものになっていなかったので、オットーの皇帝戴冠の前から、教皇との協力体制が重視されていた。このことは以下の事実から明らかである。つまり、ドイツでは、教皇特使が九一六年のホーエンアルトハイム教会会議、九四八年のインゲルハイム教会会議を始めとする一連の教会会議を主宰したこと、そして、九二一年、九四九年にはローマの教会会議でドイツの案件が議題となっていること、ドイツの修道院や参事会教会に対して特権が授与されたこと――例を挙げれば、フルダ（九一七年）、ケルンの聖ウルズラ（九二五／二六年）、そしてドイツにとり極めて重要なゴルツェ（九三八年）、マグデブルクのザンクト・モーリッツ（九三九年もしくは九四一年）、ガンダースハイム（九四八年）、エッセン（九五一年）、ゲルンローデ（九六一年）――、さらには、著名なドイツ人がローマに巡礼を行ったこと――例を挙げれば、ザンクト・ガレン院長であったコンスタンツのサロモ（九〇四年）、アウクスブルク司教ウダルリクス（九五二年）、あるいはフルダのハダマルス（九五五年）――から明らかになる。しかし、ドイツにおける教皇の特権授与を過大評価してはならない。なぜなら特権を授与された教会組織は、同時に国王の保護下にあったからである。言い換えるならば、王国修道院、もしくは王国参事会教会に対して特権が授与されており、教皇よりもむしろ国王が実際の影響力を行使していた。この皇帝と教皇の間の権力関係がよく現れているのは、とくに九六二年以降に特許状を受け取った修道院や司教座である。ただし、それらの文書からはまた、ドイツ王が皇帝位を獲得する以前から教皇の優位を認め、教皇からの特権授与を介して、ライバルに対抗し自分の地位を確立しようとしていたことがよくわかる。

ヨーロッパの歴史にとり九六二年のオットー一世の皇帝戴冠は、これ以降、帝冠を帯びる人物がそれ以前よりもさらにドイツ王に限定されるようになった、という点で重要である。これに伴い、ドイツ王は皇帝を兼ねることで、教会の最高位の保護者となった。だが、この皇帝位を授与することができたのは教皇だけだった。この章で扱う時期については、このような相互依存関係はもっぱらドイツ王（皇帝）有利に働いた。だが、いわゆる「叙任権闘争」期以降になると、教皇は他の地域以上にドイツの情勢に介入し、ドイツ王の権力を制限することもしばしば生じるようになる。ここで扱う時代に、教皇が一時的にであれ皇帝に従属していたのは、ローマとイタリア南部においてである。この従属関係は、教皇にとっても利点があった。カロリング朝の最盛期と同じように、この時代にも皇帝と教皇が共同で教会会議を召集し、これには日常顔をあわせるイタリア教会の代表だけでなく、ドイツやさらにドイツ以外からの聖職者や王も参加した。とりわけオットー三世とハインリヒ二世の在位中には、教会会議が教会の再編や教会内の刷新を行った。その具体例としては、一〇二二年にパヴィアで開催された教会会議が挙げられる。会議の主導権は、当初は皇帝にあった。だが、教会会議決議の布告は教皇の名で行われ、教会会議の主宰も教皇特使が行った。そこから、教会の組織や規律については、教皇が最終的に決めていたことがわかる。だが、このようなカロリング朝時代の成果に基づき築かれた新たな教皇権の高い地位も、結局のところそのまま維持することはできなかった。たとえば、この時期の教会法集成――その中でもヴォルムス司教ブルカルドゥス(13)が編纂したものが最も影響力を持った――では、司教の自立的な性格が前面に押し出されている。また高位聖職者の中には、免属特権や婚姻問題などでの教皇の一方的な裁決に対し、法に照らして抵抗する者もいた。

(13)　ヴォルムス司教（在位一〇〇〇〜二五）。一一世紀初頭のドイツ教会の刷新に精力的にたずさわった他、教会法集成『教令集』編纂をはじめ法、教育にも成果を上げた。二〇巻一七五八章で構成される『教令集』は元来教育、司牧用を念頭に置いたものだったが、数多くの写本が後代製作されており、その中に収録された「贖罪規定」は非常に有名である。

皇帝は同時にイタリア王でもあったため、歴代教皇は皇帝との同盟で北イタリアでも有利な立場に立った。教皇はビザンツ帝国時代の旧ラヴェンナ総督領であった諸地域を要求したが、これに対しオットー一世が九六二年、ハインリヒ二世は一〇二〇年に、教皇の所有を認める伝統的な協定を更新している。そして、ハインリヒ二世がその更新を行った最後の皇帝となった。これに対し、オットー三世が一〇〇一年に教皇シルウェステル二世に対しラヴェンナ南方の複数の地方を譲渡した際には、オットーはそれを自らの権限に基づいて行っており、そこでは伝統的な協定や『コンスタンティヌスの寄進状』が引き合いに出されることはなかった。教皇が支配を実際に貫徹させるのには困難が伴ったが、それでも、皇帝の政策を背景に、教皇は北イタリアにおける教会上の上位権力者として、ラヴェンナやアクィレイア、グラード、さらにはミラノにまで、これまで以上にはっきりとその支配権を認められるようになる。だが教皇は、いくつかのケースでは、それまでの政策に反する決断を迫られた。たとえばヨハネス一九世は、コンラート二世が支持したアクィレイア大司教の自立の要求を受け入れねばならなかった。また教皇は、北イタリアの高位聖職者からの請願により司教の任免をめぐる紛争に介入して仲裁を行ったり、皇帝とともに改革教会会議を主宰したりした。教皇がフルッタリア修道院に対し一〇〇六年以降行った特権授与からは、後にドイツの影響として批判するようになる運動を、この段階で教皇は支持したことがわかる。また、一〇四六年より前の段階で、トゥスクルム家出身の諸教皇と北イタリアの改革運動との間でのつながりがすでに構築されていた。その運動を代表する存在としては、カマルドリのロムアルドゥス(14)、ペトルス・ダミアニ(15)、あるいはポンポーザのグイドといった人物の名を挙げることができる。だが、この種のつながりが、一般的に教皇側よりも相手側の主導で作られたことは強調しておくべきであろう。この同盟相手の主導というあり方は、アドリア海東岸にもあてはまる。そこでは、クロアチア王の要請を受けヨハネス一〇世が派遣した特使がスプリット（Split）で教会会議を開催している。それを契機に教皇が保護を拡大したことは、現地の王権にとっても有利に働いた。最後に、皇帝が相当程度かかわった、東欧における新教会管区の設置についても述べておこう。オットー一世によるマクデブルク教会管区設置（九六八年）、オットー三世治世下でのポーランドのグニエズノ、そしてハインリヒ二世治世下でのハンガリーの在地教会の組織化がこの種の事例にあてはまる。そして、これにより教皇の首位権が及ぶ領域も同時に拡大した。これら新たな司教区は形式上、教皇により設置され、彼の監督下に属す存在とされたからだ。これに基づき、ポーランドとハンガリーでは支配者による年次貢納金、いわゆる「聖ペトロ献金」[16]が教皇に支払われることになった。これは、これらの地域が教皇の保護下に入ったことを意味するが、教皇の保護は、ポーランドに対しては九九〇年から、ハンガリーに対してはその少し後から与えられた。

(14) カマルドリに隠修士共同体を創建し、修道制の刷新に尽力（一〇二七年没）。
(15) 一一世紀半ば北イタリアの修道制、隠修士運動を代表する神学者（一〇七二年没）。教会の腐敗を弾劾する『ゴモラの書』を公にした後、改革派教皇により教皇特使、さらには枢機卿に任命され、教会の刷新に尽力する。
(16) 八～九世紀ブリテン島のアングロ・サクソン系支配者が行った貢納（本書四章参照）に起源を持つとされる、ローマ教皇に対する献金。イングランド、北欧、東欧（ポーランド）といったキリスト教世界の周縁地域の王国に課されたものの、教皇の実質的な財源というより、辺境の王国の教皇に対する服属と紐帯の象徴的意味合いの方が強かったともいわれる。

フランスの修道院と教皇

ドイツとは対照的に、かつて西フランク王国が位置した現在のフランスでは、王の勢力圏は当時まだかなり制限されていた。九八七年にカロリング王が断絶するまで、複数の王位要求者が頻繁に干戈を交える中で王権の権威は低下した。九八七年以降支配権を掌握したカペー家の王領は、パリとオルレアンを中心とするものだった。王権弱体化の恩恵に与ったのは公や伯であり、彼らは通例、王を名目上の主君以上の存在とはみなしていなかった。このような政治状況を反映して、多くの司教座や修道院は貴族の影響下にあった。王は貴族の影響力に対抗するため、とくに一〇世紀末以降、王領外部にある大修道院の修道院長職、そしてランスやブールジュのような司教座の司教職の任命権を通じて権力基盤の拡大を試みたが、それを成し遂げる上でさまざまな軋轢が生じた。その一方で高位貴族や司教も、宗教的な動機からだけでなく、自身の権力基盤の安定を目的として修道院の建立を行っている。さらに、修道院がドイツ以上にこうした権力関係を利用して、司教や強力な貴族の影響から自由になろうとしたことが状況をより複雑にした。当時のフランスでは教会の組織化がなされていなかったこともあり、修道院はしばしば教皇に保護と支持を求めた。

このような事情から、すでに一〇世紀の段階でフランスでは修道院の免属が一般化した。とくにクリュニー修道院(17)は、その中で最も有名であり、系列修道院の連合がその後に形成されて最も成功を収めた免属修道院である。この修道院は建立当初から聖ペトロを守護聖人としていた。九〇九年と九二八年の証書で、寄進者と教皇の双方が教皇の保護下にクリュニーを置き、九三一年にはクリュニーは免属修道院となった。歴代教皇はトゥスクルム家の教皇の時代までクリュニーの免属特権の確認を行い続け、内容も改変され拡充された。ベネディクトゥス九世は更新を留保したので、そのため彼は一〇四六年のストーリの教会会議で、当時最も影響力を有したクリュニー修道院長オディロの支持を受けられなかった。ローマにとってクリュニーは建立当初から重要な存在だった。アルベリコ二世と彼の影響下にあったレオ七世を始めとする教皇は、クリュニー修道院長オドーの支援を受けてサン・パウロを始めとするローマの修道院の改革に着手し、その見返りにオドーが属するクリュニー修道院に寄進を行った。クリュニーの事例は、どれだけ免属というシステムが伝統的な教会組織の構造を弱体化させ、教皇の地位の強化につながったかを同時に示すものだ。一〇二五年にはリヨン近郊のアンス教会会議で、クリュニーが立地するマコン司教の働きかけで、教皇の免属特権授与は、カルケドン公会議（四五一年）の第四決議（カノン）、すなわち「修道院は立地する司教の監督に服すべし」に反しており、法に反するこの行為は無効であると宣言されることもあった。ヨハネス一九世はこれに対し、教皇による教令が教会法として拘束力を持つことを主張した。彼は、クリュニー修道院長オディロの請願にこたえ、請願の二年後に特許状を確認し、それとあわせ、ヨハネスはリヨン大司教およびマコン司教には従属を要求する一方、フランス王ロベールにはクリュニーを支持するよう求めている。こうして、教皇の特権授与が教皇の首位権を認めさせる上で有効な道具であることが明らかとなった。その結果、これに続く時期にはほとんどの教皇がこの手段を用いることになる。

(17) フランス中東部に位置する修道院。九〇九／一〇年にアキテーヌ公ギヨームが創建し、早い段階で教皇から免属特権を獲得したこと、そして系列修道院を組織展開したことの双方で名高い。一一～一二世紀にかけて、ウルバヌス二世をはじめ歴代教皇とのつながりも深かった。

クリュニー以外の修道院でも、ベネディクト系修道院の改革に貢献するとともに、将来の教皇の政策にとっての基盤を形成した修道院があったが、それらにも簡単に言及しておきたい。まず、九三七年以降教皇に直属したサン・ポン・ド・トミエール修道院は、一一〇〇年頃になると教皇のアラゴン政策で重要な役割を果たすこととなる。また、九三八年に免属特権を獲得したフルーリ修道院(18)は、聖ベネディクトゥスが葬られているとみなされ、ロワール川流域の他、イングランドにおける修道院改革でも重要な存在となった。また、ノルマンディー公が創建し、一〇一六年にはクリュニー同様に免属となったフェカン(19)修道院も、時代が下ると教皇の影響力が増大した。最後に、ヴォルピアーノのグリエルモ(20)の活動についても言及しておきたい。彼が建立し一〇〇六年に免属となったフルッタリア修道院についてはすでに触れたが、その他に、グリエルモが監督し改革した修道院としては、ディジョンのサン・ベニーニュ、ゴルツェ、モワンムーティエ、フェカンといった修道院がある。このグリエルモの改革は、クリュニーの改革同様、後の改革教皇たちやその数多くの協力者に対し強い影響を与えた。

(18) フランス中部、ロワール川河畔に立地する修道院。七世紀の創建。修道院長エボ（一〇〇四年没）も、神学等に長じた知識人としては当代随一とされる。

(19) ラ・トリニテ修道院（Abbaye de la Trinité de Fécamp）。七世紀に創建後、ヴァイキングの襲撃などで一時荒廃するが、ノルマンディー公により再建され、彼が招聘したヴォルピアーノのグリエルモを院長にいただくことになる。同修道院所領の港は、一一世紀のノルマンディー・イングランド関係史においても重要な役割を果たした。

(20) イタリア出身の修道士（一〇三一年没）。ヴォルピアーノ伯の息子として生まれるが修道院入りし、院長としてフランス各地の修道制の刷新やモン・サン・ミシェルを含む修道院建築・改築に関与。最終的にはノルマンディーのフェカン修道院の院長となった。

特権の授与政策と同様に重要で、しばしばセンセーショナルなものさえあったのが、教皇によるフランスでの教会をめぐる紛争への介入である。その例として、教皇特使が主宰したインゲルハイム教会会議（九四八年）、ローマでの教会会議（九四九年）は、ランス大司教座の分裂状況を収拾する役割を果たした。教皇特使が同じく主宰したアーヘン教会会議（九九一年）でも、再度ランスで生じた分裂が議題に上がり、さらに教皇と皇帝がローマで九九六年に開催した教会会議の場にもその問題が持ち込まれている。教皇グレゴリウス五世と皇帝オットー三世が九九九年に主宰した教会会議は、フランス王ロベールの近親婚についての決議を行った。一〇〇七年にはヨハネス一八世が特使をフランスに派遣しているが、その理由は、フランスの司教たちがフルーリ修道院に免属特権を与える教皇の権威に疑問符を呈したから、というものだった。これらの事件のいくつかからは、ドイツ王と教皇との協力関係がイタリアやドイツ以外でも教皇に有利に働いたことがわかる。

イベリア半島への教皇の影響力の限界

フランス同様にカタルーニャもかつてカロリング朝フランク王国の版図に属し、ヒスパニア辺境伯領と呼ばれた地域だが、そこでも、政治と宗教の問題は複雑に絡み合っていた。フランス同様、カタルーニャの貴族たちも修道院を建立し、彼らは修道士とともにローマに保護特権を求めた。この目的で一〇世紀半ば以降カタルーニャから教皇庁に送られた請願書の数は、聖職者のものと俗人のもの双方についてフランスを上回っている。フランスでのクリュニーの役割をカタルーニャで果たした修道院は、プラド（Prades）近郊に立地し九五〇年に免属特権を獲得したキュクサ（Cuxa）修道院である。この修道院の免属特権をモデルとして、その直後に九五一年にリポル（Ripoll）、九五五年にはロダス（Rodas）、九七七年にはバザルー（Besalú）といった重要な大修道院が免属特権を授与されている。教皇はカタルーニャではフランス以上に、司教座の再編――ヴィック（Vich）やウルジェイ（Urgel）のような司教座の再編――、司教座の新設――失敗に終わったバザルー司教座の新設――に深くかかわっていた。一〇〇〇年にシルウェステル二世は、バルセロナ副伯をローマで開催された教会会議に招聘さえしている。だがカタルーニャでもまた、主導権を握っていたのはつねに在地の貴族や聖職者であった点は強調しておかねばならない。いずれにせよ後代、イベリア半島での教皇の活動の橋頭堡となったのがカタルーニャであった事実には変わりはない。

一方で教皇は、イベリア半島の大半の地域にはまだ接触がなかった。タラゴナ大司教座の再建の計画で、そのことは明らかになる。タラゴナは当時イスラーム勢力の支配下にあったが、おそらく九五五年にサンティアゴ・デ・コンポステーラで開催されたイベリア半島の教会会議において、モンセラート修道院長カエサリウスがこの新設されたタラゴナの大司教管区の監督を委ねられた。カエサリウスは管区内での問題に直面し、九七〇年に教皇ヨハネス一三世に助力を求めるが、助力は得られなかったからである。教皇はその代わりに、カタルーニャからの請願を背景にタラゴナの大司教座をヴィック（Vich）に移転する計画を支援したが、こちらも同様に挫折している。そこからは、カタルーニャ教会はレオン王国からは切り離された存在だったものの、一一世紀末まで教皇の措置が実効力を及ぼすことは基本的になかった、という結論が導かれる。カタルーニャの教会は教皇ではなく、在地の教会会議や王の活動により支配されていた。

イベリア半島のうちモサラベ(21)が住む地域、つまりアル゠アンダルスにおいては、コルドバのカリフがキリスト教国の王のように、司教を任命する力を有していたと思われる。そのことについては、ゴルツェ修道院長ヨハネスの使節の報告に記載がある。九四六年から九五一年にかけ、アンダルスからイェルサレムに向かう巡礼の旅すがら、一人のモサラベ有力者がローマを訪れている。それ自体は前後のつながりを欠く一挿話にすぎないが、この訪問や、あるいは九八一年のアルメニア人シメオンの訪問、さらには九九二年にエジプトやパレスティナのキリスト教徒使節がローマを訪問した、といった一連の出来事からは、聖ペトロの墓の名声が、旧カロリング朝フランク王国の版図以外の地域でも広まっていたことがわかる。古代末期と比べるなら寂しいものだが、九八一年から九八三年にかけ、カルタゴからの使節団がベネディクトゥス七世のもとを訪れ、北アフリカでの聖職者不足を訴えるとともに、教皇による大司教の叙階を求める、ということもあった。これまで述べてきたような散発的な事件の記録からは、教皇の実際の影響力が、まださしあたりかつてのカロリング朝フランク王国に相当する領域に限定されていた事実を見て取ることができる。

(21) イスラーム支配下のイベリア半島（アル・アンダルス）に暮らし、生活様式でイスラーム文化の影響を受けた独自の様式を発展させたキリスト教徒。典礼言語は西ゴートに起源を持つラテン語を採用し続けたが、その他ではイスラーム文化やアラビア語との親和性が徐々に強まって行った。

イングランド・北欧と教皇

教皇とイングランドとの間のつながりも同様に弱かったが、ほとんどのカンタベリ大司教、また一部のヨーク大司教は、教皇からパリウムの授与を受けるためにローマへの巡礼に旅立ち、一〇世紀末まで彼らは、パリウム授与の代償として手数料を教皇に対し支払っていた。この手数料支払いの慣行は、イングランド全土からの年次貢納金「聖ペトロ献金」という形に改められ、廃止される。サン・ピエトロ大聖堂のそばには、イングランド出身者の宿坊が存在し、そこから教皇は保護料を受け取っていた。その一方で大陸の例とは対照的に、ローマでの教会会議や教皇が派遣した使節が主宰する教会会議で、イングランドの教会の問題が議題となることがなかった。イングランドの修道院に対する教皇の特権授与も稀であった。イングランドの修道院は、フルーリやクリュニーの影響下にはあったものの、イングランド人自身がその改革に取り組んでいた。それが意味するのは、イングランド教会に対し教皇は何ら実効力を伴う影響を及ぼすことができず、ひいてはイングランド内のことがらに関心を持たなかった、ということだ。このことは、ローマとイングランドの間で交わされる書簡がわずかだったことからもわかる。その結果、クヌート大王の治世以降デーン人やノルウェー人の間に派遣される機会が増えたイングランドからの宣教者の活動も、教皇の声望を広めることにはつながらなかった。クヌートはコンラート二世の皇帝戴冠に際して、一〇二七年にローマを訪問するが、それによっても状況は変わらなかった。

教皇による列聖

最後に、神学的にも教皇の立場を高めたもう一つの新たな動きについて述べておきたい。それは列聖の権利、つまり教皇がキリスト教徒を聖人と認定する権利である。一〇世紀末までの聖人崇敬は、一般に在地レベルでの崇敬から生まれたものであった。だが、教皇ヨハネス一五世がドイツからの請願にこたえ、故人となっていたアウクスブルク司教ウダルリクスを、聖人の祭壇の高みに歴史上初めて引き揚げ、彼を全教会で崇敬の対象とすべしと定めた。それは九九三年の出来事であった。それにとどまらず、ヨハネス一八世は五人のポーランド人殉教者、ベネディクトゥス八世はアルメニア人隠者のシメオンにウダルリクスと同様の地位、つまり聖人の地位を認めている。ただ、これらの列聖では、まだその形式が確立されておらず、これ以後も、教皇の統制からはずれた在地での聖人認定も存在した。しかし、この三件の列聖は、レオ九世の在位期間以降、そしてとくに一二世紀以降に列聖が教皇の専管事項として確立するための先例として意義があった。最終的には、対抗宗教改革以降、教皇以外の高位聖職者による列聖や下からの自生的な聖人崇敬は、公式の聖人と認定されることはなくなる。

ここまでの記述から、本書で扱った時期に対して、バロニウスが述べた「暗黒の世紀」という言い方は部分的にしかあてはまらない、ということが明らかであろう。この後の教皇権の歴史にとり決定的に重要であったのは、この時期のローマ自体の変化――それは、世俗と教会双方の組織の変化であり、また古代の受容の影響も含めての変化である――、あるいは中部・南部イタリアでの変化、それのみならずまた、免属特権や教皇特使が初めて数多く利用されるようになったことである。免属特権や教皇特使に関していえば、それは、もともとカロリング朝フランク王国であった国々に見られる現象であり、この地理的範囲は、これ以降の時期にもある程度認められる。また、教皇の修道院への態度や特使の派遣からは、フランスやカタルーニャというような重要な地域で、現地の政治・教会情勢の不安定さがいかに教皇の首位権の浸透に好都合に働いたかを示している。それとは対照的にドイツの教会は、ハインリヒ二世の治世からハインリヒ三世の治世にかけて、王と祭司を兼ねるドイツ王の保護下に本格的に入ることとなる。当時の状況では、このドイツ王による教会支配は非常に強固であり、また均質的に組織されていた。そのためレオ九世以降の教皇が、国王も含む俗人の影響力から自由になろうとした際、ドイツ側の教皇に対する対応が厳しいものとなるのは当然だったといえよう。

六章　いわゆる「叙任権闘争」期の教皇権（一〇四六〜一一二二年）

ドイツ王ハインリヒ四世（在位一〇五六〜一一〇六）とハインリヒ五世（一一〇六〜二五）はしばしば、時の教皇と争うこととなった。そこでの争点の一つは指輪と杖を授与することで、王国の修道院長や司教をドイツ王が聖職に叙任することが可能か、というものだった。ライヒェルスベルクのゲルホー(1)のような一二世紀の著述家が、すでにこの論点を一面的に強調しているが、教皇権が普遍的な権力にまで上昇する過程にあったこの時代を「叙任権闘争」の時代として総括し命名したのは、国民国家的観点に重きを置いて「アルプス山脈以南からの」影響を否定したこの一〇〇年ほどのドイツ人の歴史家たちである。近年の研究では、叙任権に関する抗争は当時生じた大変革の一部分でしかないとされている。しかし、たとえば「改革時代」のような「叙任権闘争期」以外の時代呼称が、それらの諸変革すべてを指し示すことができるわけでもない。そこで、「叙任権闘争」という概念が国際的に受け入れられている点を考慮し、またこの概念が、この時代に生じた最重要事件の一つとして、教皇権が世俗の支配者の保護監督下から解放されたという点を明確にするものなので、この「叙任権闘争」という概念をここでは使うことにする。

(1)　神学者、著述家（一一六九年没）。アウクスブルクのアウグスティヌス律修参事会員。しばしば皇帝や皇帝派の聖職者と対立する一方、『神の建物についての小論考』など数多くの著作を残す。

教会改革の初期の担い手

ハインリヒ三世が一〇四六年にストリとローマで召集した教会会議が、これに続く諸変化のきっかけを与えた。このため彼の行った干渉は、同時代人とくに改革の支持者たちからは一致して歓迎された。だが改革が進み、彼の後継者たちとの軋轢が増大するにつれ、ハインリヒ三世をシモニアの実践者の一人とみなす声が次第に大きくなった。彼の評価はこうして称讃から断罪へと変わり、ついに一二〇〇年には異端者とみなされるに至る。この評価の変貌は、この大変革を扱うそれぞれの史料がいかに主観的観点から描かれているか、ということを示しており、ゆえに史料の評価には細心の注意が必要である。

ハインリヒ三世は一〇四六年の教会会議参加者たちと同様にローマ教会の改革を志したが、彼がオットー朝の伝統に則って選出したクレメンス二世（一〇四六／四七）とダマスス二世（一〇四七／四八）という最初の二人の教皇は、数か月もしくは数日という短い在位期間しか、ローマで過ごすことができなかった。改革にとって意味のある活動はレオ九世（一〇四九～五四）の時代になってようやく始まる。このことは、教皇レオの人柄や前二者よりも長期の在位期間であったことのみに起因するのではなく、ローマ入りする際に同行していたか、もしくはまもなく彼と合流した人材によるものである。その中には、後に教皇となるヒルデブランド（グレゴリウス七世）やロレーヌのフリードリヒ（ステファヌス九世）、さらにモワイヤンムティエのフンベルトゥス（後のシルヴァ・カンディダ司教）(2)やフゴー・カンディドゥスがいた。レオ九世はまた、クリュニー修道院長オディロ(3)を筆頭に、隠修士ペトルス・ダミアニ、リヨン大司教ハリナルドゥスといった外部の改革者からも支持されていた。強調すべきことは、彼らが全員、クリュニーよりむしろ、ディジョンのサン・ベニーニュ修道院長であったギヨームを介して修道院改革運動の影響を受けていたことである。彼らがそれぞれ教育を受けた場所は教皇権とも密接に結びついており、彼らが目指す改革され強化された教皇権を起点に、彼らの改革理念を全教会に浸透させることが、彼らの目標となった。こうして教会の改革は、初めから教皇の地位の強化を意味するものとなった。しかしそうはいっても、一〇四九年以降に生じた改革の試みのすべてが初めから理論的に詳細に至るまで準備されていたわけではなく、教皇やその助言者たち全員が同じ改革の目的や改革の内容を共有していたわけでもなかった。歴史的に正確な分析をするには、少なくとも五つの時代に区分して考察する必要がある。つまり、レオ九世からウィクトル二世までの時代（一〇四九〜五七）、ステファヌス九世からアレクサンデル二世までの時代（一〇五七〜七三）、グレゴリウス七世の教皇在位期（一〇七三〜八五）、ウルバヌス二世の教皇在位期（一〇八八〜九九）、そして最後にパスカリス二世から第一ラテラノ公会議までの時代（一〇九九〜一一二三）である。また分析に際して、それぞれの教皇個人と教皇周辺の集団とは区別する必要がある。いずれにせよ、ここでは紙幅の問題もあるのでこの問題に関しての体系的な要約をするだけになろうが、まず、聖職者の改革に向けた試みから話を始めることにしよう。

（2）モワイヤンムティエ修道院院長（一〇六一年没）。教皇レオ九世の側近として枢機卿に任命される（一〇五一年）。東西教会の断絶（一〇五四年）の交渉を行ったことで有名。
（3）第五代クリュニー修道院長（在位九九四〜一〇四九）。

教会改革の二つの目標

最初の改革目標の一つはニコライティズム（聖職者妻帯）の根絶であった。初期キリスト教の宗派の名称に基づくこの用語は、聖職者と女性との共同生活を意味していた。これ以降、独身制（ギリシア語のcaelebs「未婚状態の」から生まれた言葉）は、修道士や聖堂参事会員のみならず、副助祭から司教に至るまですべての高位聖職者にとっての拘束的規範となった。独身制度の目的の一つは、聖務をそれにふさわしい聖職者にのみ執行させるということである。というのは、初期教会の理想では、独身制は人間のより真正なる本性への回帰であり、婚姻状態よりも優れたものとみなされたからである。もう一つの目的は、独身制によって聖職者の子息が父親の聖職を相続することを防止することだった。つまり、聖職がとくに経済的な扶養のために用いられる危険があったからだ。それゆえ独身制の規定は、聖職者の子息が聖職を保持することへの制裁も伴うことになった。その二つの目的は、すでに古代末期に行われた同様の試みに基づくものであった。この時代になって、少なくともこういった政策を全地域で有効な法的規範として適用させる見通しが立ったのは、四世紀や五世紀とは違って、教皇権に西方教会の最高立法者としての地位が認められていたからであった。この点については後で詳しく述べよう。独身性の規定には、聖職者と男女関係を持つ女性に対しての措置も含まれていた。聖職者と男女関係にある女性は、この男女が合法的な婚姻関係にあるか否かは関係なく、内縁の妻と見なされた。一一世紀末までにこれらの女性に対する措置はほぼ確立し、彼女たちは在地の教会で非自由人の侍女として奉仕することとなる。最後に重要な点として、独身制への違反で処罰されたのは、「悪いうわさが立った」、言い換えるならば、それが公に知られることとなった時のみだったことを強調しておこう。こうして、ひそかに行われる違反、つまり偽善的傾向は否が応でも助長されたのである。

レオ九世以降、ローマの教会会議ではニコライティズムと並んで、シモニア（聖職売買）に対する禁令が定められた。古代末期からすでに、シモン・マグス（4）についての『使徒行伝（使徒言行録）』内の記事に基づき、物質的手段によって宗教的な権威を獲得することは「シモニア（聖職売買）」とみなされていた。教皇グレゴリウス一世は、この概念を「simonia a manu（売買）」、「simonia a lingua（約束を介しての獲得）」、「simonia ab obsequio（叙階により生じる義務）」にさらにこまかく区分した。この拡大解釈を改革者たちは取り入れた。しかし彼らの間でも考えに相違はあった。たとえば、枢機卿シルヴァ・カンディダのフンベルトゥス（『聖職売買者駁論』Adversus simoniacos libri tres）のずっと急進的な立場と、ペトルス・ダミアニの比較的穏健な論考との間にその違いが表れている。このような中で、シモニア実践者が再叙階される必要があるか否か――これは一三世紀のスコラ神学によって初めて解決に至った、神学的に難しい問題だった――、誰がシモニア実践者とみなされるかが議論された。レオ九世の最初のローマ教会会議に参加した者たちはこれに驚き、あまりに定義を拡大すると誰もがシモニア実践者たりえ、禁令を貫けばローマの司教区はすべての聖職者を失ってしまうことになる、と論じた。教皇庁におけるフンベルトゥスの影響は、かつての研究でいわれたほど大きくはなく、比較的小さかった。教皇たちは概して、ダミアニの現実的な見解に与していた。そして、とりわけウルバヌス二世以降、徐々に教皇が実際に司教を任命するようになると、過激な改革者たちは教皇権を最高位のシモニア実践者とみなすようになる。このような過激な改革者は、ブレシアのアリナルド(5)がたどった運命が示すように、すでに一二世紀には異端者とみなされ弾劾された。ともあれ最初は、教皇がシモニアの最大の批判者であったのである。

（4）金と引き換えに洗礼をペトロから授けてもらおうとした魔術師。『使徒行伝（使徒言行録）』（8‐9～24）に登場する。
（5）北イタリア出身の聖職者、律修参事会員（一一五五年）。教会による私有財産所有に異を唱え、一一四四年以降都市ローマに樹立された新政体に協力する。最終的には皇帝と同盟した教皇ハドリアヌス四世により捕えられて絞首刑に処され、死後遺体は焼かれ灰とされた。

シモニアをなくすためには、とくに司教や修道院長に関して、彼らが教会法的にみて異議なくその職に就任できるように諸手続きを定める必要があった。そのためローマ教会会議は、ここでも初期キリスト教会を参考にして自由選挙を擁護し、司教は「聖職者と民衆」によって、そして修道院長は修道士の共同体によって選ばれるべきとした。同様の規定は一〇五九年の教皇選挙にも適用されたが、このことについては後で述べる。さらに、選挙の際の揉め事を解決するために、「maior et sanior pars」、つまり、投票者の「より健全な」過半数の賛成が得られた選挙のみを認める原則も定められた。しかし、この種の諸規定はすべて曖昧だったため、高位聖職者の任命やその承認は聖俗の両組織間で論争の種であり続けた。在地教会でこの種の争いが長引けば長引くほど、教皇権はそれを決裁し、統制すべく干渉する数多くの口実を得ることになったのである。シモニアとの戦いと自由選挙の貫徹は、俗人による聖職叙任の禁止につながった。フンベルトゥスは『聖職売買者駁論』の第三巻（一〇五九～六一年頃執筆）で、俗人による高位聖職叙任を断罪したが、それは反響を呼ぶことはなかった。グレゴリウス七世でさえ、初めの頃は俗人による叙任を批判していなかったが、一〇七八年のローマ教会会議で彼とその腹心たちは態度を変える。この会議の少し前に、ブルターニュの教会会議が俗人による叙任を批判する決議を行ったが、それがローマでの決議に大きな影響を与えたわけではおそらくないだろう。しかし、同時期にこのような決議があったことは、この事柄に関して教会内で機が熟していたことを示している。ただ、改革教皇権とハインリヒ四世が、この直後の一〇八〇年に他の理由から最終的に決裂したことにより、叙任禁止そのものは重要な論点ではなくなってしまう。つまり両者が決裂することで、教皇にとり叙任禁止を討議する最も重要な交渉相手がいなくなってしまったからだ。ようやくウルバヌス二世の在位時になって、俗人支配者による聖職者叙任への対抗措置が再び強化された。この矛先は、最初はとくにフランス王とイングランド王に対して向けられたが、同時にこうした紛争の法的解決手段が模索された。グレゴリウス七世とウルバヌス二世は、高位聖職者の任命に関しては、その任命権のすべてを教会の上位者のみに留保させようとしたが、その他の著述家たち――とくに王に忠実であったシャルトル司教イヴォ(6)など――は、教権（純粋に聖職にかかわる権能）と俗権（純粋に世俗の権能と財産）とを分ける基準を明確にした。それに従いフランスとイングランドでは、一一〇六／〇七年頃に最初にこの対立は解決に至った。そこでは、俗人支配者には高位聖職者に対し俗権を授与する権利が約束された。さらに当座の和解策として、選挙は俗人支配者本人もしくはその代理人の同席のもとで行われるべきとされた。同様の和約は、長い争いの後、カリクストゥス二世と皇帝ハインリヒ五世との間でも一一二二年に締結された。「ヴォルムス協約」と呼ばれるこの妥協では、皇帝の各支配領域の間での区分が導入されている。この段階で初めて――しかもドイツ外部の者により――独立した支配領域として定義されたドイツでは、選挙と叙階の間の期間に笏を授与することで、俗権の叙任が行われるべしと定められた。その結果、俗人支配者が影響力を持ち続けることが約束された。帝国イタリアとブルグント(7)では、叙階から六か月以内に、笏の授与がなされるべしと規定された。この規定により後者では、俗人支配者の裁量の余地が非常に制限されてしまっている。つまり、制度上、教会の行為とされるものがすべて完了して初めて、俗人の支配者の介入が認められた。これが、とくにブルグントの教会がますますドイツ王権から離れて行った理由の一つであった。

(6)　シャルトル司教、教会法学者（一一一五／一六年没）。『教令集』他の著作を残し、「叙任権闘争」の同時代に既に影響力を持った。
(7)　一〇三三年のコンラート二世による併合以降、一〇世紀（九三〇年）に成立したブルグント王国はドイツ、帝国イタリアと並ぶ神聖ローマ帝国の第三の構成要素となった。

教皇の至高権

ここまで触れてきた改革の措置はすべて、教皇の地位が強化された時にのみ実現可能だった。すでにフンベルトゥスやダミアニといった教皇を支持した改革者が初期に書いた著作では、キリスト教世界内での教皇の至高権が主張されている。教皇自身の教令やローマにおける教会会議の決議も、同様の言明を含んでいた。そしてついに一〇七五年頃、グレゴリウス七世が『教皇教書（Dictatus pape）』という、自身の文書登録簿に記録させた原則の中で、ペトロの後継者、キリストの代理人として教皇が要求する諸権利について体系的な宣言を行った。それによれば、教皇は教会内で最高の管轄権と監督権を有する。それゆえ教皇のみが新法を布告することができ、高位聖職者を任命もしくは廃位することができ、教皇はその職務ゆえに、すでに地上においてさえ聖なる者と見なされる。そして、ローマ教会の教義に従う者のみがカトリック教徒と見なされる。さらにグレゴリウス七世は、一部は「コンスタンティヌスの寄進状」に依拠し、おそらくはまたニコラウス一世の先例に則り、教皇のみが皇帝の権標を着用することができ、俗人支配者を任命でき、またとりわけ廃位もできる、と主張した。この世界観は古いテクストの新しい解釈に基づいており、ウルバヌス二世の時代以降、さらに明確に強調されることとなった。こうして、今やゲラシウス一世の「両剣論」も教皇側では、教権の俗権に対する明白な優位の主張として解釈されることになる。また、レオ一世の「権力の至上性（plenitudo potestatis）」についての言説も、その元来の意味は徐々に放棄され、その代わりにグレゴリウス四世の書簡や『偽イシドルス教令集』(8)に基づいた解釈が提示されるようになった。こうして教皇側は、教会内での教皇の地位と教皇の俗人支配者に対する関係を、新たな方法で明白に規定したのである。

(8)　九世紀半ば頃以前にフランク王国で編まれた、過去の教皇の教令や教会会議決議を集成したとされる教会法集成。偽イシドルスすなわち「イシドルス・メルカトル」なる人物が編者として言及され、大きく分けると三章構成になる。中世を通じて真正な著作として扱われ、偽書と見なされるようになったのは一七世紀のことである。

教皇選挙と枢機卿

教皇の新しい自己認識を現実のものとするために、まず、教皇職への登位の仕方について規定する必要があった。

この試みとなったのは、一〇五九年のローマ教会会議での教皇選挙令である。この教会会議の前に、ステファヌス九世の死後の混乱があり、その間、ローマの聖職者と貴族の一部はヴェレトリ司教ヨハネスを新教皇に選出した。彼は改革派に属していたが、トゥスクルム家と密接な関係にあり――彼のヴェレトリ司教座がアルバノ山地にあったことからもそれはわかる――、同家出身の最後の教皇の名を取りベネディクトゥス一〇世を名乗った。まもなく改革派の多数が、トスカナ辺境伯ゴットフリートの庇護のもと、ゴットフリートの保護下にあったフィレンツェ司教ゲラルドゥスを新教皇ニコラウス二世として選出し聖別した。この手続きには司教枢機卿の過半数が関与していたが、ローマの聖職者と民衆でかかわっていたものはごく少数にとどまった。ここに至り予防線として、本来伝統と反しているこの手続きを、後から帳尻をあわせる形であったにしても合法化する必要があった。そのために、以下の内容の教令が布告された。つまり、教皇選出はローマ以外の場所で行われてもかまわないが、司教枢機卿たちによって行われなければならないこと、また、司教枢機卿たちは、教皇の上位には神のみ存在するため、神に代わって教皇選挙を監督し、加えて選出された者の聖別を行う義務があること、さらに、司教枢機卿以外の聖職者やローマの民衆で選挙に同席している者は、司教枢機卿の投票に同意を与えるべきことが規定された。この教令は一〇六〇年に改変されてさらに発展するのだが、枢機卿が教皇選挙にあたり排他的な選挙権を獲得することへの第一歩となった。次の段階は、皇帝派の教皇クレメンス三世（ラヴェンナのグイベルトゥス）の選出の結果、一〇八〇年に発生したシスマの特別な状況から生じた。クレメンス三世はウルバヌス二世の教皇在位期間中もローマでその地位を保ち、とくに司祭枢機卿から支持された。司祭枢機卿は改変された教皇選挙令の中で、最も重要な教皇選出人とされていたので、ウルバヌス二世も自身のローマでの影響力を強めるため、この集団と折り合い、彼らの要求を呑む必要があった。同じ頃、もしくは正確な状況はわからないがその少し後から、七人の教皇宮廷の助祭と一二人の在地の助祭も枢機卿とみなされるようになるが、彼らの総数は一八人に削減された。こうして遅くともカリクストゥス二世の時代から、三つの枢機卿の集団が存在することになる。それは、もとは七人であったが六人となった司教――この時代には司教座の場所も固定されるようになる――、そして二八人の司祭と一八人の助祭からなっていた。しかし、この五二人という構成員の数は規範的なもので、カリクストゥス二世の時代であっても、すべてのポストに誰かが就いているということはなかった。この集団が一つの同輩集団へと発展するのは一二世紀になってからである。

枢機卿集団の内、前者の二つの集団（司教枢機卿と司祭枢機卿）が卓越していたのは、元来、彼らが五つのローマ司教に属する大聖堂（ラテラノ、サン・ピエトロ、サン・パウロ、サンタ・マリア・マッジョーレ、サン・ロレンツォ・フオーリ・レ・ムーラ）での典礼にたずさわっていたことによる。レオ九世以降、とりわけニコラウス二世の在位期間から彼らの権力が増大した結果、彼らの職務は拡大した。また、助祭が枢機卿団に加えられたのは、彼らが伝統的に教皇宮廷に奉仕していたことに基づく。枢機卿たちは、徐々にではあるが、ローマの状況がしばしば不安定であったことも手伝い、かつて教皇、司教、修道院長、ローマの聖職者により四旬節に開催されていた教会会議に代わって、教皇の助言者、または腹心として最も重要な委員会のような形を組織するようになった。彼らの地位は教皇とほぼ同位と見なされたが、このことはすでにレオ九世の在位中にフンベルトゥスが書いたとされる論考、『ローマ教皇について（De Romano pontifice）』でも強調されている。こうした高い地位は、先行する時代に数名の枢機卿が獲得した地位に基づいていたが、以前から高い地位であったことは、九世紀以降、とりわけ枢機卿たちが教皇の最重要特使として他の地域を巡察し、そこで教会会議を主宰していたこと、そして、そのような特使としての職務がグレゴリウス七世以降にも連続して見られることからもわかる。

「教皇宮廷」の成立とその構成員

「教皇宮廷」が成立することで、枢機卿の地位はさらに強化された。この時期の教皇庁の行財政についての情報は乏しいが、すでに一〇世紀末から始まっていた変容が形になったことが明らかである。日常的な文書業務は、教皇がローマに滞在している場合は伝統的に書記官（scriniarius）によって行われた。レオ九世の統治下でこの職にいた人物がベネディクトゥス九世、グレゴリウス六世の統治下でも勤務していたことが確認されている。しかし、書記官の監督権を持つ書記局長は、呼称が司書（ビブリオテカリウス）から書記局長（cancellarius）になった。有名な書記局長といえば、ロレーヌのフリードリヒ、さらにウルバヌス二世在位中のガエタのヨハネス（後の教皇ゲラシウス二世）であり、後者は教皇文書の文字（クリアリス書体の代わりにミヌスケル書体の使用を始めた）や文章の形式の策定にかなりの程度かかわった人物でもある。彼の時代以降、書記局長は枢機卿であることが通例となった。ウルバヌス二世の時代以降、書記局長（cancellarius）の名称が司書（ビブリオテカリウス）に取って代わり、それまで大助祭に課せられていた諸行政事業の長としての職務が、徐々に官房長官（camerarius）という、クリュニー修道院から導入した新しい官職に引き継がれた。官房長官は、初期はとくに財務管理、またはおそらく文書や蔵書の管理にもたずさわり、これによって以前の保管担当官（ヴェスタラシウス）と収入担当官（アルカリウス）の職務は不要となった。官房長の職に類似、対応した存在が世俗の宮廷に存在したが、それと同様に教皇宮廷にも、俗人支配者の宮廷にならって献酌侍従（buticuralius）、執事（senescalcus）、主馬頭（mariscalcus）が設置された。執事、主馬頭はすぐに融合し、伝統的な支出担当の会計官（サケラリウス sacellarius）に取って代わった。さらに、遅くともパスカリス二世の時代以降、教皇のカペラーヌス（教皇礼拝堂付司祭）が存在していた。このような新しい職すべてが、西欧の俗人支配者の宮廷に一般的に存在するような官職に対応していた。一二世紀初め頃から教皇庁が「宮廷」（クーリア curia）と呼ばれるようになったが、「宮廷」の概念は俗界から借用したものだった。これ以降、「クーリア」という表現は教皇の官僚制という意味を獲得することとなる。また、都市ローマ発行の文書では、七人のユディケース・デ・クレロの名前も挙げられる。彼らは一等書記官（primicerius palatii）などの名称でラテラノ宮殿に拠点を置いていたものの、この時代においては裁判官としてのみ役割を果たしていた。彼らがまだこの時代でも教皇に任命されていたのか、教皇の統治に影響力を及ぼす存在であり続けたのかは不明である。

教皇の宮廷は、儀礼でも世俗支配者の宮廷を模倣しようとした。それは次のことから明らかである。つまりそれまで、新たに選出された教皇が即位する際、まず「ラテラノを所有」する儀礼を行い、その後、サン・ピエトロ大聖堂、もしくは聖ペトロに献堂された他の教会で着座しそこで聖別され、パリウムと教皇杖（フェルーラ）(9)が授与されることが必要であった。しかしこの時期から、それだけでなくさらに、選出後にマントを着せるという儀礼が必要になったのである。マント着用の儀礼で用いられるマントは紫の素材で作られており、それは、かつてその色の使用を独占していた皇帝の儀礼を模倣するものであった。同様に皇帝の儀礼を模倣して、パスカリス二世の時代から、新教皇はラテラノにおいて、少なくとも見かけだけは斑岩でできた椅子（この材料の使用も皇帝に留保されていた）に着座するという儀礼を行うことが強調された。これと類似の現象として、一二世紀初頭以降にローマの諸教会の中に設置された司教の椅子とその場所に新たに敷かれた床も斑岩製であった。これらの象徴物によって、「コンスタンティヌスの寄進状」以降、またはレオ三世以降強調され、グレゴリウス七世が再び提起した皇帝権と対抗する教皇権のあり方、あるいは教皇権が皇帝権に取って代わろうとするあり方が、目に見える形で示されることになったのである。

(9)　教皇杖については、「コンスタンティヌスの寄進状」等、九世紀以前の史料中には言及は認められない。最古の言及は、九六四年の事件に関するクレモナ司教リウトプランドの記述である。また、一三世紀に至るまで、教皇杖は教皇の権標の一つに数えられないことも多く、典礼で使われる機会も限られていた。

教皇特使と教会法

前述したように、改革は全西方教会を含むべきものとされたので、教会は、統一的な構造体、言い換えるならば、教皇により指導される普遍教会、として次第に理解されるようになる。この目的を達成するために、ローマ以外の場所でも、国王の影響力が圧倒的に強かったイングランドを除いて、レオ九世やウルバヌス二世のような教皇自身かあるいは教皇特使が主宰する教会会議が頻繁に行われるようになった。それにより、教皇の命令が各地に行き渡ることが可能になった。教皇特使がそれぞれの担当管区で行う巡察旅行も同様の目的達成に役立った。とくにフランスでは、教皇特使が修道院長や司教などを——時には教皇の命令なしで——廃位、任命し、さらには司教座の分割や融合も行い、現地の教会組織を統制するような干渉を行ったが、そこからもこの時期における教皇の地位上昇を知ることができる。教皇は、先の四章と五章で扱った時代よりずっと頻繁に、支持者に対して免属特権のような諸特権を与え、教会の構造を自らに都合のよいように変えていった。

こうした教皇の行為の根拠となったのは教会法集成であった。といっても、この時期に数多くの教会法集成が新たに作成された事実は、逆に当時、教会法がまだ統一的な規範となっていなかったことを示唆する。教会法の基礎となったのは、おおむね『偽イシドルス教令集』であった。しかし、その上に積み重ねられた内容は、それぞれの集成編纂者の目的や彼らが所有していた先行テクストに応じて異なっていた。たとえば教皇庁のような場所で活躍していた編纂者たち（デウスデディット(10)、ルッカのアンセルムス(11)、サン・グリソゴーノのグレゴリウスら）はローマ系のテクスト（『教皇定式集』など）を使用しているが、これらはフランスの集成には見受けられない。しかし、すべての集成に共通している点は、伝統的な集成と異なり、同時代の教皇の出した決定事項が含まれていたということだ。この点で注目すべきは、グレゴリウス七世の姿が、彼の政治的影響力が強大だったのとは対照的に、これら法集成にはあまり見られないことである。とりわけ、グレゴリウスの非妥協的な教令は、後代の集成で欠落しており、その種のテクスト群には『教皇教書』も含まれる。教皇由来のテクストは二種類に分けることができる。まず教皇の行った教会議での決議であり、もう一つは、教皇個々人が具体的な案件に示した教令である。後者の類には命令状や禁令だけでなく、とりわけ独身制とその不履行に関する特免、言い換えるならば規範に対しての逸脱行為を許可する諸決定なども含まれていた。既述のシャルトルのイヴォが編纂した教会法集成が示すように、特免の数は規範そのものの数を上回っていた。つまり、少なくともシャルトルのイヴォを代表格とする一部の編纂者は、緊急事態に対応する時限立法というよりも、むしろ、厳格過ぎると見なされていた規範を運用するにあたり、緩和を行う重要手段としても特免を位置付けていた。将来にわたり、特免規定とその運用は、教皇庁と教会にとって重要であり続ける。教皇は教会における最高立法者であるのみならず、これらの規範に対する逸脱行為がどのような場合にどれほど許容されるかをそれぞれの場合において決定する人物であった。

(10) 一一世紀後半に活躍した枢機卿（一一〇〇年以前に没）。一〇八七年に教会法集成を完成させ、グレゴリウス七世の後継者であるヴィクトル三世に献呈した。

（11）教会法学者、ルッカ司教（一〇八六年没）。グレゴリウス七世を支持する立場で一三巻から構成される法集成を編纂。そのテクストは後にグラティアーヌス『教令集』に組み込まれる。

教会改革の支持者たち

教会法と特免が効力を持ったのは、教会会議と教皇特使の活動と同様、関係者がそれを受け入れた時のみであった。そのため、ここからは、教皇によって指導された改革の支持者について見ていこう。レオ九世の協力者について既に言及したように、教皇権の最大の後ろ盾は修道士集団内部のさまざまな改革派集団だった。以前の研究では、クリュニーの影響力と重要性があまりに一面的に強調され、改革運動全体が「クリュニー的」と特徴づけられてしまったほどだった。この数十年では、他の修道士集団も、少なくともクリュニーと同等に重要な役割を果たしていたことが明らかにされた。イタリアにおいて、その中でもとくに重要だったのが隠修士集団だが、彼らの代表格にあたる人物がペトルス・ダミアニであった。ところで、これらの隠修士たちを、世俗に完全に背を向けた隠者としてとらえるのは誤っている。実際はその逆で、彼らは自らが影響を与えた支持者を集め、理念を共有する同志たちと交流していた。この種の改革運動の結果として新しい修道院共同体が創設された。カマルドリ会のような団体は、隠修士とベネディクト的な伝統とを結びつけていた。一方で、隠修士の理想像は、ケルンのブルーノにより創設されたカルトゥジオ会ではより厳格に遵守されたが、カルトゥジオ会はその厳格主義的な態度ゆえに、広範な地域で影響力ある集団にはならなかった。

イタリア、フランス、ドイツにおいて、教皇権にとり隠修士よりも重要な意味を持ったのは修道士集団であった。それもとくに、既に存在していた改革運動から分離した修道士集団か、もしくは新たに形成された修道士集団である。この時代を通じて、そのような共同体は多数形成された。それぞれの共同体がこの時代に有した重要性は創設時期により大きな違いが見られる。シトー会が重要な役割を果たすことになったのは、一一三〇年代以降のことである。逆に、マルセイユ近郊のサン・ヴィクトル(12)、ラ・シェーズ・デュー(13)、ヴァロンブローザ(14)、ヒルザウ(15)のようなシトー会以前に成立した諸共同体は、グレゴリウス七世やウルバヌス二世のような精力的な教皇の重要な助力者となった。ヒルザウやジョヴァンニ・グアルベルトのもとでのヴァロンブローザといった共同体は、敵対者を誹謗するアジテーションを行った修道院の初期の例となる。

(12) 五世紀にヨハネス・カッシアヌスによりローマ時代の殉教者墓地近郊に創建、マルセイユの殉教者ヴィクトル（三〇三／〇四年殉教）に奉献される。一時衰退するが、一〇世紀末に司教によるベネディクト戒律の導入を経て再興、マルセイユ副伯家をはじめ近隣の貴族家門との関係も緊密化し、南仏からイベリア半島にかけての教会政治、経済上重要な存在となった。一一世紀末に最盛期を迎え、院長ミヨーのリシャール（在位一〇七九～一一〇六）は枢機卿、教皇特使として同地域におけるグレゴリウス、ウルバヌスといった教皇の代理人として活躍している。

(13) 南仏、オーベルニュ地方に立地する修道院。名称は「神の家」を意味する。一〇四三年にロベール・ド・テュルラン（Robert de Turlande）により創建され、急速に発展。一二世紀前半には複数の教皇が同修道院に滞在している。

(14) トスカナ地方（イタリア）に立地する修道院。一〇三八年にフィレンツェ出身のジョヴァンニ・グアルベルトにより創建。ヴァロンブローザ会の拠点。一一世紀末以降、歴代教皇から免属特権の獲得、更新を受け、イタリア各地にその影響下にある修道院を展開する。

(15) レオ九世以降の歴代改革教皇と深い関係にあった南ドイツの貴族家門（カルヴ伯家 Grafen von calw）により再建。創建貴族家門からの自立、「ヒルザウ慣習律」を採用した一連の修道院ネットワークを展開し、クリュニーの影響を受けた刷新運動のドイツ南部における波及の拠点となり、ネットワークに属した修道院の数は最盛期一二〇余りを数えた。

最後になるが、律修参事会員、つまり聖アウグスティヌスを典拠として共住生活を行う聖職者について述べておこう。このような共同体はまず一一世紀半ばに、とくにイタリアで確認される。たとえば、ルッカのサン・フレディアーノはローマのラテラノ大聖堂の聖職者たちの改革も行っている。グレゴリウス七世在位期以降、共同体はドイツ、フランス、イベリア半島でも成立した。「使徒的生活（vita apostolica）」の理想を掲げるという点で彼らは共通していた。つまり、イエスと使徒を模範として清貧に生活し、俗人キリスト教徒の信仰を深めようとする意志を持っていた。こういった理由で、彼らは人々の間で強い影響力を持った。彼らは、とりわけアレクサンデル二世以降の歴代教皇の支援を受けている。隠修士であれ、修道士であれ、律修参事会員であれ、これらの集団の構成員たちはそれぞれの理想をもとにニコライティズムとシモニアとの戦いに関与した。彼らは教皇とこの段階ですでに共同戦線を張っていたが、彼ら自身が教皇に対し求めた免属特権ほかの諸特権が両者の関係をさらに強めた。その結果、これら集団の構成員たちは、それ以前の彼らの先駆者よりもはるかに明確な形で、教皇権が普遍的地位を確立するにあたっての先駆者としての役割を果たすことになった。

他方で、教皇権からの司教に対する援助は、それよりも概して限定されていた。ただ、以前の伝統的権威を拡大しようとする大司教座の動きからは、教皇権の全体的優越が、当時、実際の程度の差はあれ、明白な事実であったことが明らかになる。たとえば、マインツ、ケルン、トリーアというライン川流域の三大司教座は、ローマの「特別な」娘の座をめぐって一一世紀半ば以降争った。また、フランスや他の地域でも、大司教の中にはさらに広い地域を管轄する首座大司教になり、教皇と該当地域の大司教たちとの間の橋渡しの様な地位を獲得しようとした大司教（リヨンやトレドの大司教）もいた。少なくとも教皇の側では、後にインノケンティウス二世がアクィレイア総大司教ペトルス宛書簡で述べたように、司教から総大司教にまで至るすべての高位聖職者は教皇の「協力者（opifices）」にすぎないとみなしていた。また、グレゴリウス七世以降の教皇にとり、すべての授与した特権が状況により撤回可能であることは明らかであった。そのことは、改革期以降、特権状に「教皇座の権威を侵害することがない限り（salva auctoritate sedis apostolice）」という留保が書き加えられたことと符合する。たとえばウルバヌス二世は、ローマ教会は「すべての教会の君主（ecclesiarum omnium princeps）」で、「万人から尊敬されるに値する、母のようなもの（cui ut matri debet ab omnibus reverentia exhiberi）」であるとしてこの留保を正当化した。

教皇権が唱えた改革がさまざまな俗人集団にも積極的な反応があったことは驚くべきであり、また完全には説明できない現象である。高位、中位の貴族たちは、以前にもまして家門修道院を創設したが、ほとんどの場合、新たな改革運動に属する人々を修道士として受け入れた。また、所領や特権を改革修道院に与える貴族もいた。律修参事会員もまた、貴族から恩恵を受けた。貴族による寄進や修道院の創設の動機はさまざまだったが、いずれにせよ貴族たちによって教皇の努力は支持されたのである。教会改革は、とくにイタリアでは都市民にも共鳴者を見出した。その中でも最も有名な集団は、ミラノの「パタリア」である。彼らの名称は、おそらくは都市のがらくた市場に由来するものだろう。都市貴族と聖職者の指導下で、彼らは教区聖職者たちのシモニアと独身制違反を攻撃し、ハインリヒ四世により任命された大司教を排斥した。同様の現象は、北イタリア、中部イタリアの他の都市でも見られた。この種の闘争は、グレゴリウス七世を初めとする教皇が俗人に対して、シモニアを行い、独身制を遵守しない聖職者の聖務をボイコットするよう呼びかけたことによっても助長された。だがこれは、教皇権にとっても危険なことだった。というのも、聖職者の評価が俗人の判断に委ねられたからである。このため一二世紀初頭以降の教皇は、この種の俗人の運動に対する支持を撤回した。その結果、俗人による運動は、教皇を頂点に構築された階層秩序にとっての脅威となったため、これ以降しばしば異端と見なされるようになった。

第一回十字軍

宗教的動機に基づく俗人の運動と十字軍との間には、密接な関係がある。すでに一〇六四年、アレクサンデル二世は、アラゴンで当時ムスリム支配下にあったバルバストロでムスリムと戦っている貴族たちを保護する約束をした。またグレゴリウス七世は、「聖ペトロの軍隊（militia sancti Petri）」という、自身の目的を武力によって達成するための団体を創設しようとしていた。一〇九五年にクレルモンでウルバヌス二世が、聖地回復を呼びかけた際、それを成功に導いたのはこの団体である。第一回十字軍の軍隊は、フランス語圏を出身地とする貴族を中心とした集団であった。彼らは一〇九六年に出発し、多くの血が流された末、三年後にエルサレムを征服した。そして、北フランスやライン川流域で、隠者ピエールや他の説教者が煽り立てた民衆運動が示すように、十字軍の呼びかけは、貴族以外の層にも受け入れられた。ユダヤ人の虐殺やパレスチナでの虐殺ゆえに、今日では、十字軍について従来よりも懐疑的にみなす意見が多い。教皇はまもなく十字軍をコントロールできなくなり、一二世紀初頭にはエルサレムに独立した総大司教座の創設が試みられたことからわかるように、十字軍のもたらした結果は、主導者である教皇の期待に沿うものではなかった。しかし、第一回十字軍が教皇権と東方教会との関係にとり重要な結果を生んだことは、めったに強調されることはない。アンティオキアとイェルサレムは以後イェルサレム王国に属したので、そこで西方教会の聖職者が総大司教として影響力を及ぼしたからである。彼らはヨーロッパのラテン・キリスト教会の大司教と同様、教皇によってその職に就けられた。こうして当時の実際の状況が、東方教会もまた教皇に服属している、というそれ以前の法的なフィクションを現実のものとした。

十字軍に参加した国王は一人もいなかった(16)。フランスとドイツの統治者は当時、破門されており、他の地域の諸王たちはとくに関心がなかったか、もっと重要な案件を抱えていた。ここからこの時代でさえ、教皇がいつでもどこでもその意思を貫徹できたわけではないことがわかる。

(16) ラテン・キリスト教世界出身の王として十字軍に赴き聖地に足を踏み入れたのは、「第一回十字軍」とは独立した遠征を行ったノルウェー王シグルズ（在位一一〇三〜三〇）が最初の王となる。

教皇とドイツ王権

一〇四六年の出来事からもわかるように、教皇とハインリヒ三世との関係は、オットー一世やとくにオットー三世の時代に皇帝と教皇がともに教会改革に向かった関係と対応する。とくにレオ九世とヴィクトル二世の教皇在位期は、教皇が帝国内においてもまた、王の利害を代表する存在であったことを示す。この教皇と皇帝の利害関心の一致はすぐに外部の目にも明らかとなり、その結果、フランスのアンリ一世は、彼の高位聖職者に対しレオ九世がランス教会会議への参加を禁じたこともあった。しかし教皇と皇帝の関係は、まもなくハインリヒ三世が死去し、その後、皇妃アグネスが摂政となって悪化した。その理由は多岐にわたるが、一つには、トスカナ辺境伯ゴットフリートの兄弟のステファヌス九世が教皇になって以降、ゴットフリートに後援された人物（ステファヌス以外では、ニコラウス二世とアレクサンデル二世）がドイツ宮廷の事前の同意なく教皇に選出されたことが挙げるれる。このゴットフリートは、ハインリヒ三世治世では長く帝国の敵とみなされた人物であった。もう一つの理由としては、ニコラウス二世在位期間に始まった教皇のノルマン人政策の変化が挙げられる。ハインリヒ四世は一〇六四年に成人した後、父帝のように教皇との友好関係の政策を引き継ごうとした。また教皇アレクサンデル二世や当初はグレゴリウス七世も皇帝との友好に努めた。しかし、ドイツ国内の紛争とミラノの大司教座の任命に関する抗争の結果、まずハインリヒ四世の助言者が、そして一〇七六年にはハインリヒ本人がグレゴリウス七世によって破門されることとなる。教皇はさらに彼を廃位すると脅した。ハインリヒ四世は一〇七七年にカノッサで破門から解かれたが、ドイツでは教皇特使の援助を受けて対立国王が選出された。そして、一〇七八年に始まった叙任権をめぐる闘争の末、グレゴリウス七世はペトロの名の下に一〇八〇年にハインリヒを再び破門し、さらに廃位し、近いうちに彼が死を迎えるだろうと宣言した。ハインリヒはそれに対してローマを占領し、彼のイタリア担当書記局長であったラヴェンナ司教グイベルトゥスをクレメンス三世として新教皇に選出した。そして、クレメンス三世がハインリヒを皇帝に戴冠したのである。ローマで孤立していたグレゴリウスは一〇八四年にノルマン人によって解放されたが、ノルマン人はこのときにコロッセオとラテラノ宮殿の間、ヴィア・ラータ地区を含む古代以来の居住区域の大部分を破壊した。グレゴリウスは一年後にサレルノで没し、多くのローマ人は彼を誹謗したが、支持者たちは彼を殉教者と見なした。

ウルバヌス二世は、彼の教皇在位期間後半に初めてローマを取り戻すことができた。一方、皇帝ハインリヒ四世はその死まで破門の身であった。この状態は、皇帝の息子であったコンラートとハインリヒの反乱を誘発した。息子のハインリヒは、一一〇六年に新王となってからパスカリス二世と和解を試み、同教皇の手によって一一一一年に皇帝として戴冠された。これに先立って、ハインリヒは困難な交渉の後、ポンテ・マンモロの「特権」において教皇に杖と指輪による聖職叙任を認めさせた。しかし、これは改革支持者たちによって拒否され、一一一二年には、パスカリス自身が婉曲な言い回しで撤回している。最終的にカリクストゥス二世期の交渉により、一一二二年のいわゆる「ヴォルムス協約」をもって、帝国における紛争に終止符が打たれた。この結果、同教皇は一一二三年に、一六世紀以降に「第一ラテラノ公会議」と呼ばれることになる会議で、待ち望んだ平和の訪れを祝うことができた。これをもってこの章で扱う時代は終わる。

一〇七六年以降に生じた抗争は、ドイツでの教会改革を停滞させはしなかった。逆に、ハインリヒ四世と彼の味方だった司教や修道院長たちもまた、ハインリヒ三世が志した形での改革に尽力した。もちろん彼らは、敵対する教皇の影響力を最小限に抑えようとした。彼らは、そのために利用できる手段はすべて使った。たとえばハインリヒ四世は、ヴォルムスとケルンの司教がグレゴリウス七世の支持者だったため、司教に反対する都市民たちを支援した。これに対し、ドイツ王の敵対者たちは教皇の支持者としてふるまい、みずからのライバルを改革の敵として攻撃した。王に忠実だったバンベルク司教ヘルマンの運命は、この状況を体現するものである。いずれにせよ、教会改革を否定する者はほとんどいなかったものの、改革教皇の声望は、それぞれの政治的状況によっていたのである。

フランスの二つの地域

フランスに関しては前章で扱った時代と同様、次の二つの地域を区別して扱う必要がある。つまり、王領地とその他の国王により実質的に支配されている地域、そして、中南部フランスおよびブルグントのような、もっぱら王の権力から隔たっていた地域である。教皇自身にとっては、王の権力から隔たった地域の方がより重要であった。改革教皇たちはその前の教皇たちと同様、すでにあるものであれ新たに創設されたものであれ、修道士や律修参事会員の共同体を支援した。ウルバヌス二世のように巡行した教皇は、フランスの滞在先で支援を受け、その返礼に教会や祭壇を聖別し特権を授与した。またフランスでは、とりわけ教皇特使の影響力も教皇自身と並んで重要だった。その結果、フランスの地域はイタリア以外では教皇権にとって最も重要な場所になった。こうして、後世に教皇権とフランスとの間に構築されることになる密接な関係の基礎が作られた。一方で教皇とフランス王権との接触はあまり密でなかった。すでにアンリ一世がレオ九世と対立していたが、一一世紀の終わりにフィリップ一世が婚姻問題で教皇から破門され、また、俗人による聖職叙任に対する禁令を受け入れなかったこともあって、教皇との関係はさらに冷え込んだ。新王ルイ六世（一一〇八年即位）統治下になると、聖職叙任権の闘争も一一〇六年にすでに解決していたこともあり、教皇権はようやくその権威を、フランスでの王権の影響力が及ぶ領域でも浸透させることができた。

イングランドと教皇権の隔たり

フランス以上に教皇権から遠い存在であったのはイングランドである。一〇六六年のヘースティングズの戦いの後に、ウィリアム一世が聖ペトロの加護を受け、教皇の祝福を受けてイングランドを征服したといわれるようになったが、それが歴史叙述のフィクション以上の真実かどうかは疑わしい。いずれにせよ確かなことは、イングランド教会の改革はアングロ・サクソン人の司教をノルマン人の司教に置き換えて、イングランド王の指導下でなされたということだ。教皇が普遍教会を指導するという前提のもと、教会の改革はとくに新しい支配者の地位を安定化させるのに役立った。しかし、イングランドの高位聖職者が教皇庁に赴く際や、教皇特使がイングランドで活動する際には王からの許可が必要だった。そのため、ウルバヌス二世在位下では、叙任権問題だけでなく、カンタベリ大司教アンセルムスが王の許可を得ないで教皇へ上訴したことが紛争に発展した。一一〇七年にこれらの紛争が解決した後でさえ、実際の教会に対する上位支配権は王に留保された。おそらくこれと関連するのは、その後まもなくカンタベリ大司教がしばしば「在地の特使（legatus natus）」とみなされた事実だろう。教皇特使の権威が司教座と結びついたものとみなされ、教皇庁から派遣される教皇特使を不要にしたのである。

イベリア半島の教会と教皇権

スペインにおける状況は複雑だった。一〇世紀に遡るカタルーニャと教皇権との関係はさらに強化された。これは、修道院と教会に対し新たに発行された特権や、教皇権が支持したマルセイユのサン・ヴィクトル発の改革運動がピレネー地方に広まったからだけでなく、教皇特使の活動からも見ることができる。しかし、将来にわたりさらに重要となったのはアラゴンだった。その地の統治者は一〇三五年以降、強力な隣国のレオン・カスティーリャから独立した王国を築こうと試みていた。とくに二代目の王、サンチョ・ラミレス（一〇六三～九四）は、教皇権が支持者を模索している状況を自身の目的のために利用した。前述の一〇六四年のバルバストロにおける「十字軍」は、その新しい政策を指し示している。まもなく王は、自身とその王国をローマの聖ペトロに服属させた。それ以降、少なくとも教皇庁内では、アラゴン王国は教皇のレーエン（封土）とみなされた。この新しい関係の具体的な形は、グレゴリウス七世以降の教皇たちがその当時唯一の司教座であったハカの司教叙任に際して影響力を行使したこと、教皇特使、あるいは、サン・ポンス・ド・トミエール修道院長フロタールのような特派使節がアラゴンで活動したこと、さらに、正式な教会会議決議によってローマの教会法と、そして歴史上初めてローマ式の典礼が全王国に受け入れられたことにみられる。

アラゴンがローマの聖ペトロに服する一方、レオン・カスティーリャは、フェルナンド一世（一〇三五〜六四）の時代から、同じく聖ペトロを守護聖人とするクリュニーと特別な関係にあり、同修道院に毎年、上納金を支払っていた。こうして、クリュニーは財政面のみならず、修道院改革と教会行政にも影響力を持つことができた。このよい例は、クリュニー出身の修道士ベルナールである。彼はまずサアグンにある重要な王家修道院の初代院長となり、後に、トレドがアルフォンソ六世の手中に入ると、一〇八六年にはトレドの大司教になった。ベルナールはトレド大司教として、西ゴート王国時代の教会組織がそうであったように、スペイン教会の首座大司教となり、自身の上位支配権を全スペイン教会に及ぼそうとした。しかしこれは、ブレダとサンティアゴ・デ・コンポステラの同僚司教の反感を買い、彼らはイスラム侵攻以前の時代を同様に参考にし、独立した大司教管区を確立しようとした。アルフォンソ六世の統治期――彼は一一〇九年に死去した――には、トレドの方が優勢であり、当時の状況はサンティアゴにはあまり良好でなかった。というのも、サンティアゴが使徒ヤコブの埋葬場所であるゆえ、ローマ以外では西側での唯一の「使徒座（sedes apostolica）」であるという主張が、教皇権にとって危険とみなされ、まずレオ九世、後にウルバヌス二世がサンティアゴの独立を拒否したからである。アルフォンソの死後、カスティーリャでは、アルフォンソの娘ウラーカ、彼女の二人目の夫であったアラゴン王アルフォンソ一世、彼女の息子アルフォンソ七世の支持者が王位をめぐり争い、混乱が生じる。この状況で、争っていた司教たちは自身の国王からの援助を受けることはできなくなる。こうして、彼らは以前より切実に、そして低姿勢で教皇権に助けを求めた。紛争は一二世紀を通じて続いたが、遅くともカリクストゥス二世の時代以降はブラガとサンティアゴに対して、それぞれの属司教を持つ独自の教会管区を作ることが許された。教皇権にとり、イベリア半島内でこれまで手の届かなかった最も重要な王国に、教会の最高権威者として初めて干渉ができたことは大きな成果であった。もちろんスペインの請願者たちは教皇庁から無償で何かを得られるとは思っていなかった。ウルバヌス二世の在位期間中におそらくトレドで書かれた風刺では、アルビヌス（銀）とルフィヌス（金）が教皇の最高の守護聖人として言及されている。言い換えるならば、シモニアに対する戦いの間さえ、教皇はシモニア実践者として冷笑され、その道徳的な権威は疑われていたということになる。

北欧、東欧、東方世界との関係

こうして教皇の影響圏はこの時代にヨーロッパの南西の縁まで広がったが、一方、スカンディナヴィアと東ヨーロッパでは、教皇の権威はまだそれほど大きなものではなかった。デンマーク、ポーランド、ハンガリーは教皇に聖ペトロ献金を支払っていたが、その支払いは、教皇による庇護とか、あるいは教皇によるこれらの地域へのレーエン高権の保持として解釈されるものではない。また、これらの地域の教会組織はなお未発達で、とくに聖職者の独身制に関しては教会改革者の理想に決して沿うものではなかった。キリスト教化の初期の時代、教皇がこれらの地域の統制と改革のために介入できなかったのは、教皇権の事実上の力不足からであった。続く時代になって初めて、時折教皇特使がこれらの地域に赴き、改革目的の教会会議を開催した。しかし、それらはおおむね失敗に終わった。ちなみに、ハンガリーとともにビザンツ帝国と境界を接していたクロアティアは、過去の文書の歴史的文脈を無視した解釈により、教皇によって教皇のレーエン（封土）とみなされていた。

東方との政治的境界は、教会分裂によって一層明確に固まることになった。一〇五四年、この時代の中で最も後世に影響を及ぼす事件の一つが起きた。それは、今日にまで続く西方教会と東方教会の分裂である。このとき、二人のレオ九世の教皇使節つまりロレーヌのフリードリヒとシルヴァ・カンディダのフンベルトゥスが、「コンスタンティヌスの寄進状」を拠り所として、コンスタンティノープルの総主教と皇帝を破門し、それに対して、総主教は教皇の破門を宣言した。グレゴリウス七世のように、この分裂を修復しようと試みる教皇たちも時にはいた。またその後、一三世紀と一五世紀にも修復の試みは行われなかったわけではない。だがいずれも、長期的には成功を収めることはなかった。しかし、これは教皇権にとって好都合な結果となった。というのは、これ以降、教皇を教会についての最上位支配権力として認める諸国のみを「正しい信仰を持った」キリスト教世界の一員とみなすようになり、東方教会からのさまざまな異論を、分派主義者、さらには異端者の意見として退けることができるようになったからである。その結果、教会合同は、教皇を教会の最上位の権威として認めるときにのみ可能なものとなった。

イタリア半島の状況

一〇五四年の教皇特使はもともと、南イタリアのノルマン人に対して共闘するために、ビザンツ帝国と合意を取り付けることを目的に派遣された。しかし、このときの東方との断絶が一つの理由となり、ニコラウス二世以降の諸教皇はノルマン人と同盟を結ぶこととなる。ノルマン人は教皇の封臣となり、教皇の許可を得て、まずは全南イタリアを、一一世紀末頃からはシチリア島をも支配下に置いた。これはランゴバルド人、サラセン人だけでなく、ビザンツ帝国にとっても痛手だった。オットー一世統治以降には、すでにベネヴェント、カープア、サレルノ、バーリが、その後にはシポントが大司教座となっており、これらは教皇に服属していたが、ここにきて、ノルマン人により新たに征服された地域も再び教皇権に属するとされ、八世紀に生じた変化が元に戻されたからだ。しかし当面は、教会に対する上位支配権は名目的なものであり、実際に支配権を行使したのはノルマン人の新しい支配者であった。ノルマン朝イングランドでの状況と同様に、南イタリアでも教皇は、ノルマン人支配者の同意があって初めて介入することができた。それでも教皇の世俗上位支配権は認められており、グレゴリウス七世の在位期間の晩年やウルバヌス二世の在位期間では、非常時にはノルマン人が教皇を保護することになった。

ノルマン人による教皇の保護は、教皇自身の司教区であるローマでの情勢が不安定になればなるほど、必要とされた。そして、そのような状況はこの時代を通じてずっと続いた。これは、ローマの住民やその聖職者の一部を支持基盤とする対立教皇がひっきりなしに任命されていた状況からも明らかだ。まず、ベネディクトゥス九世が一〇四六年に廃位された身でありながらローマに帰還している。彼とベネディクトゥス一〇世、ホノリウス二世はそれほど勢力があったわけではないが、クレメンス三世はローマをほぼ支配下に置くことができた。しかし、彼の後任者たちは取るに足らない存在にとどまった。しかしその結果として、一〇五九年の教皇選挙令が示すように、教皇、枢機卿団、教皇庁は、都市ローマとますます距離を置くこととなる。教皇が普遍教会の長になるにつれ、ローマ自体における彼の支持基盤は縮小していった。それでもたびたび教皇は、ローマを再び支配しようとしてかなりの労力を費やした。同時代のローマにおける文書や、いわゆる『ローマ編年誌（Annales Romani）』にある叙述は、教皇が都市全体を支配したのは稀だった事実を示している。都市内居住区域への入市はしばしば許可されず、ラテラノとサン・ピエトロでさえ滞在場所として安全な場所とはとてもいえなかった。そのため、教皇は都市貴族の支持を頼ることになる。教皇たちはその支配を確立するために新興家門を支援したが、中でもピエルレオーニ家とフランジパーニ家が最も有名である。彼らとしても教皇権を自分たちの権力上昇の目的で利用し、ゲラシウス二世が経験する羽目になったように、まもなく教皇権にとっての危険因子となっていった。さらに重要なことは、ニコラウス二世以降の教皇に至って初めて、城塞政策を用い、「教皇領」のうちサビーナ地方と古代から重要だった街道が位置する南方の地域を統治する政策が行われるようになったことである。ただしこの政策は、貴族やファルファやスビアコといったいくつかの修道院の協力に依存していたため、それほど大きな成果を上げたとはいえない。また、これ以上に重要だったことは、一一〇二年にトスカナ辺境伯マティルダが、自らの支配地域をパスカリス二世に譲渡したことである。この地域はかつてのイタリア王国に属しており、その支配をドイツ国王は依然として欲していたため、「マティルダの遺領」をめぐる争いは、とりわけバルバロッサの時代以降、次の章で扱う時期にやむことなく繰り広げられることとなる。

小括

これまで述べてきたことをまとめてみよう。この時期に普遍教会として理解されるようになった西方教会は、少なくとも理論上は教皇に服属することとなる。教皇は「至高権」を有し、廃位されえないとされた。彼は最高位の裁判官であり、唯一の立法者でもあるので、教皇たちは教令によって教会法を改正し、あるいは教会の構造に干渉することもできた。その内容は、特免や修道院、参事会教会、司教区の免属のみならず、司教区や大司教管区の新設、分割、合併といったことがらである。その結果、とくに大司教の地位が急激に弱体化したため、総大司教区や首座大司教区を創設しようとする無謀な計画もしばしば出現した。また、教皇を支えるようになったのは、教皇特使に加え、新たに構成された枢機卿団と新たな教皇庁組織であった。両者にはまもなく国際的な人材が集った。そのことは、以前は、ほぼ排他的にローマ出身の部下で構成されていたのと対照的である。しかしこれは同時に、教皇が都市ローマから距離を置く理由の一つともなった。

同時に教皇権は「コンスタンティヌス帝の寄進状」を参照しつつ、また一〇〇〇年頃に遡るさまざまな古文書の時代錯誤的な解釈を行うことを通じて、ゲラシウスの聖俗関係論を新たに解釈し直し、両権力の関係を逆転させた。かつては世俗の支配者が教皇を廃位したが、この時代には、教皇は、自身が国王と皇帝を廃位できると主張し、実際にハインリヒ四世に対してそれを行った。聖職叙任についての新しい規定によって、ほとんどの俗人支配者はその職務の教会上の性格を失い、ハインリヒ三世のもとで最後に存在したような俗人支配者による神権政治はその後不可能になった。その代わりに王たちは、自身の支配権を新たな形で正当化する努力をする必要があった。王権それ自体の正当化とともに初めて、「国家と教会」の対立が明確なものになる。一方で教皇は、俗権の領域においても庇護者、封建関係上の主君となろうとしたが、それについてはまず、アラゴンとノルマン人支配下のイタリアで成功を収めた。

どの程度、教会改革が成功したのか、言い換えるならば、独身制は実際に貫徹されたのか、シモニアに対する戦いは成功したのか、教会人の選挙は事実上自由に行われたのか、については非常に疑わしい。一方で、これらに関する立法に異論が唱えられることは徐々に稀になり、批判を行う人々の間でさえも、それは以降聖職者のキリスト教的生活にとって唯一の指標として受け入れられるようになった。一一世紀に喧伝された原則との乖離が広がるにつれ、この教会法を絶対視する立場は、既に一二世紀の段階で、さらに中世後期に入ってからはとくに、教会組織全体にとってのみならず、教皇権にとっても脅威となるであろう。とくにグレゴリウス七世その人が、俗人に対し、聖職者の腐敗に対し批判的態度をとり、彼らが自主的に腐敗に対処する機会を与えたことが、この動きの端緒となる。

七章　教皇の権威の構築（一一二四〜一一九八年）

本章で扱う新しい時代の教皇たちは、ハドリアヌス四世のような数少ない例外を除けば、しばしば強烈な個性を持たない存在として描かれる。その点において、前任者のレオ九世、グレゴリウス七世、ウルバヌス二世、カリクストゥス二世とは対照的である。とはいっても、彼らが先行する一一世紀に築かれた教皇権の基礎を拡充し、影響力を増大させた結果として、これに続く時代にインノケンティウス三世（一一九八〜一二一六）が「世界の裁定者（arbiter mundi）」としてふるまうことができたのである。この章で扱う時代における重要な諸変化を度外視して、インノケンティウス三世の成功を理解することはできない。

一二世紀という時代

中世の時代の中でも一二世紀は、水平、垂直双方向についての最大級の流動性が広い社会層に見られた時代である。ここで詳しく述べることはしないが、従来の居住区域により多くの人口が集中し、それまで耕作されていなかった土地が新たに開拓されていった事実を強調しておこう。その結果、入植者たちの法的・社会的地位の改善がされるようになる。それと並んで、都市が拡大し、また新たに建設されたが、都市に暮らす人々の自由もおおむね増大していった。この新しい流動性は貴族たちも巻き込んだ。そのことは、キリスト教に影響を受けた新たな騎士文化の最重要の担い手であったミニステリアーレン(1)が、非自由層から身分的上昇を果たしたことからも明らかである。この動きが教会と教皇にもたらした帰結は多種多様だった。入植活動には、シトー会などの新修道会が少なくとも一時的には関与し、かなり重要な役割を果たした。また、農村地域への集中的な入植や、都市の拡大と都市の数の増加に際しては、司牧、そしてそれに伴う教区組織の発展が必要となった。さらなる帰結は、巡礼の増加であり、これはとくにイェルサレム、ローマ、サンティアゴ・デ・コンポステラというような、地域に限定されていない巡礼地を発展させた。巡礼者のために新しい橋が建設され、道路が改善され、主として律修参事会員の指導下で施療院が建設された。ローマへの巡礼者が教皇の富と名声を増大させたが、教皇は、とくに大規模な施療院に特権を与え、贖宥を認可し、立法者として巡礼者と彼らの故郷に残る家族の生活を保護する立法をすることで、その権威をいや増した。逆に、諸都市の自治獲得に向けたさまざまな動きに対する歴代教皇の態度は、曖昧なものにとどまった。つまり一方では、対フリードリヒ・バルバロッサ紛争の時代の北イタリアで見られたように、都市の自治獲得の運動が教皇にとって有益であればその運動を支援した。他方、教皇自身の支配権や教皇を支持する司教たちの都市支配が危機に曝される場合には、その種の運動を異端と見なした。後者の傾向がヴェネツィアの和約（一一七七年）の後は一般的となったため、都市の自治を求める動きを異端視する態度が新たな教会法の内容に影響を与え、この名残は近世まで続くこととなる。

（1）　中世ドイツにおいて、領主、教会、あるいは王に従属する「家人」集団。起源においては法的不自由身分の出身者とされるものの、城塞警備や軍務などの形での主君への奉仕を通じて法的・社会的な上昇を果たし、徐々に騎士と同化した。

入植の進展はまた、世俗権力の集権化をもたらした。この時代以前に起こったさまざまな抗争の結果、俗権を支える理念上の基盤が失われていたので、この時期に理論的な根拠づけにおける変化が起こった。すなわち、支配者たちは「平和と正義（pax et iustitia）」を守るために神によって任命された者として、レーエン法を強化する一方で、ユスティニアヌス法典のローマ法を引き合いに出し、聖職者をもまた自らの司法権の下に服属させようとしばしば試みたのである。後で触れるが、この新たな態度はまもなく教皇との対立を引き起こした。論争をさらに激しくしたのは、聖職者たちがこの頃、俗権からの干渉を禁じた聖職者身分特権（privilegium ordinis）と聖職者の裁判特権（privilegium fori）を根拠に、統一性を持ったキリスト教世界における最高位の身分としてその力を増していたためでもある。俗人支配者が典拠とした古代末期の法的状況は、聖職者側の論客の目にはすでに古びた使い物にならないものとして映ったのである。

支配権力を正当化する理論的な基盤は当時、聖俗両分野で強化された。この過程を容易としたのは、いわゆる「一二世紀ルネサンス」の結果、古代末期の諸事象が強調され、理想化されたこと、そして当時の学校の新たな発展により、聖俗の両学問が新たに開花したことである。この過程で生じたローマ法の再発見は両陣営に利益をもたらしたが、神学と教会法分野での新たなスコラ学の発展からは、教皇も含め聖職者がとくに利益を得た。

最後に、シモニアや独身制違反はまだ教会会議の場で議論されていたが、遅くとも一二世紀中頃には、前の章で扱った時代の改革の熱気がほぼ消え去っていたことを指摘しておこう。教皇たちの目下の関心は教会改革の徹底ではなく、自身の地位の保持と強化だった。彼らはそのために、以前であれば、シルヴァ・カンディダのフンベルトゥスやグレゴリウス七世といった急進的改革者でなくても一般的に断罪されたであろう行為も容認したほどだった。その結果、教皇権と教会に対する批判はこの時代に増していったが、権力者の間では、批判に対する理解も腐敗の克服への関心も失われていった。クレメンス三世が最終的に教令（X 5.26.1）で規定したように、教皇権に対する批判は重罪とされた。ただ、グレゴリウス七世が火を付けた俗人による宗教的熱狂を抑制することはできなかった。そのため一二世紀には、「制度化した教会」を無視する宗教運動が生まれることになる。カタリ派を除けば、これらの集団は、最初は教会改革を求める集団であった。しかしまもなく異端とされ、その後に、正統の教義や典礼から逸脱する教義を持ちそれを実践するようになった。それに対し、ルキウス三世が一一八四年にヴェローナでフリードリヒ・バルバロッサと会談して対策を講じて以降(2)、教皇は、すべての異端者に対し「俗権の力」を借りて戦い根絶しようと試みることになる。ともあれ、教皇が抜本的な教会改革や俗人教化の改善に関心を持たなかったことが、一二世紀以降、ラテン・キリスト教世界に繰り返し異端が出現した理由の一つであった。これは同時に、教皇の地位を歴史的に正当化する根拠であった教会改革が、もはや貫徹されなくなったことを意味した。そのため、これ以降、教皇権への敵対者たちは歴史的、具体的な教皇権のあり方について批判を行うようになり、一方で、教皇とその支持者たちは、歴史的事実と関係のない教会法的、または教義的な原則に依拠して自身の権威を擁護するようになった。

（2）教令『アド・アボレンダム』。異端者として有罪にされた者への死罪を含む諸罰則の適用可能性が明示される一方で、司教には異端者発見を目的とした定期的な巡察、俗人には司教に対する告発の協力が求められた。また、具体的な異端者の例として、カタリ派やワルド派、フミリアーティが言及される。

「アナクレトゥスのシスマ」

ここで、いくつかの重大事件に目を向けてみよう。一一二四年にカリクストゥス二世が死去した際、枢機卿たちは、新しい教皇のホノリウス二世を一致して選ぶことができなかった。不和がまだ存在していたことは、一一三〇年にホノリウス二世が没した際に明らかとなる。ホノリウスが死去して間もなく、教皇庁の書記局長ハイメリクスは、以前に結ばれた協定を破り、二月一四日にフランジパーニ家の保護を受けた上で、彼の支持者の一人をインノケンティウス二世として教皇に選出させた。枢機卿の過半数はこの選挙に同席せず、同日、競合する貴族のピエルレオーニ家の者をアナクレトゥス二世として教皇に選出した。明確な法的基準が欠けていたため、どちらが正当な教皇を決定することができなかった。その結果、両教皇は可能な限り多数の有力な支持者を獲得しようとした。最終的にインノケンティウス二世が勝利し、アナクレトゥス二世はそれ以降、公には「対立教皇」に数えられるようになった。しかしこの時代より一〇〇年前であれば、逆の見方もできたかもしれない。というのもアナクレトゥスはローマでその権力を主張することができており、インノケンティウスは、主に北イタリアかフランスに滞在していたからである。この点からも、状況がどれほど変化していたかは明らかである。ローマはこれ以降も教皇の名目上の居住地であり続けたが、ローマ以外での支持獲得もそれ以上に重要となっていた。そのため、両候補者の政策の違いは選挙で大きな意味をもたず、むしろ人間関係や政治情勢が重要となった。アナクレトゥスは、ローマ、南イタリア、スコットランド（イングランドに敵対していた）、南フランスの一部に支持者がいるのみだったが、インノケンティウスの側は、クリュニー修道院、シトー会、律修参事会のような重要な改革派集団のすべて、そしてドイツ、フランス、イングランドの司教と支配者たちが支持していた。インノケンティウス支持者の中で、最も精力的に活動したのはクレルヴォーのベルナールであった。両陣営間の溝がいかに大きく、またいかに永続したかは、以下に述べる点からも明らかである。つまり彼らは互いに中傷しあっただけでなく、一一三八年にアナクレトゥスが死去すると、インノケンティウスはアナクレトゥス派の枢機卿を恥知らずにも廃位したこと――そのことはベルナールも批判している――、そして、一一五四年までの後継諸教皇（ケレスティヌス二世、ルキウス二世、アナスタシウス四世）はおおむねインノケンティウス派から選ばれたこと、また、インノケンティウスの死去後の一一四四年に都市ローマの自治政府が樹立されたが、その初期の指導者がアナクレトゥスの兄弟（ジョルダーノ・ピエルレオーニ）であったこと――これについては後で詳しく述べる――がそれを示している。

「アレクサンデルのシスマ」

このシスマよりも、次のシスマ（一一五九〜七七年）――その後二〇〇年間シスマは生じていない――の方が、俗人支配者の影響力に強く左右されることになった。その理由の一つは、教会内の状況と政治状況が変化したことにある。上の世代の指導者の多くはすでに死去していた。ルイ六世とルイ七世の最も重要な助言者であったサン・ドニ修道院長シュジェールは(3)一一五一年に、ドイツ王コンラート三世は一一五二年に、教皇エウゲニウス三世とクレルヴォーのベルナールは一一五三年に、シチリア王ルッジェーロ二世とイングランド王スティーヴンは一一五四年に、クリュニー修道院長ペトルス・ヴェネラビリス（尊者ペトルス）(4)は一一五六年に、カスティーリャ王アルフォンソ七世は一一五七年に没していた。イングランドのヘンリ二世（一一五四〜八九）やフリードリヒ・バルバロッサ（一一五二〜九〇）といった新たな支配者と、教皇ハドリアヌス四世（一一五四〜五九）が新しい時代の幕開けを告げた。ハドリアヌスは一一五九年にベネヴェントの和約で、枢機卿から批判されたもののシチリア王国との和解を果たし、その一年後にはブザンソンの宮廷会議に教皇特使を送り、皇帝に対し無礼な態度を取らせた。この二つの事件がきっかけとなり、皇帝と教皇は疎遠になっていった。一一五九年のハドリアヌスの死去後、再び二人の教皇が選出されて両者の正統性が争われたが、バルバロッサは少数派に支持された候補者ウィクトル四世を支持し、シチリア王はアレクサンデル三世を支持した。アレクサンデル三世は、ハドリアヌス四世当時の書記局長で新しい政策に深く関与していた人物であった。このシスマでは一一三〇年のシスマとは違い、修道会の対応は一致しなかった。クリュニーは長い間、静観しており、シトー会の主要な修道院はアレクサンデル三世を支持し、律修参事会の間ではしばしば対応が分かれた。同様に司教も陣営が分かれた。そのため、俗人支配者の役割がより重要になった。当初バルバロッサは、フランスのルイ七世、イングランドのヘンリ二世を説得し、自身の支援するウィクトル四世を承認させることができると考えていた。しかしこれは、バルバロッサ自身の過ちもあり失敗に終わった。その結果アレクサンデル三世は一一六三年にトゥールで教会会議を開催することができ、この会議は多くの参加者であふれた。一一六四年にウィクトル四世が死去すると、ドイツの立場は不安定になった。ウィクトルの後継者パスカリス三世も最終的にバルバロッサの助けを得ることになった。バルバロッサは一一六五年のヴュルツブルクの宮廷集会で、決してアレクサンデルを教皇として認めないと誓い、諸侯にもこのことを誓わせた。それによりパスカリスは、明白にドイツ人に与する教皇となったので、トマス・ベケット（カンタベリ大司教在位一一六四〜七〇）との闘争によりアレクサンデル三世を支持していなかったイングランド王ヘンリ二世でさえ、心底パスカリスを支持することはなかった。パスカリスの死後の一一六八年以降、シスマは最後の局面を迎えた。パスカリスの後継者のカリクストゥス三世（対立教皇）やインノケンティウス三世（対立教皇）は、この局面で単なる脇役とみなしてよいだろう。バルバロッサにとり重要だったのは、アレクサンデル三世に支援された北イタリアの諸都市を彼の支配下に置けるかどうかであった――最終的に、北イタリアの諸都市は一一七六年にレニャーノ付近での戦いでバルバロッサに勝利することになる――。しかし、一一六七年にバルバロッサの軍勢の大半がローマ付近においてマラリアで失われ、生存者も疲弊していたので、バルバロッサは、北イタリアの諸都市の征服を軍事的手段のみで達成することはもはや不可能となった。一一七六年に事前にアナーニで結ばれた秘密協約に続いて、教皇と皇帝は一一七七年にヴェネツィアで和約を結んだ。皇帝に課せられた義務は教皇へのローマ返還だったが、その代わり、皇帝はマティルダの遺領の用益権を受領し(5)、ロンバルディア諸都市との停戦を獲得した。さらに、ロンバルディア諸都市は彼の上級支配権を認めることになった。かつてインノケンティウス二世が、一一三九年にラテラノで公会議を開きシスマの終焉を祝ったように、アレクサンデル三世は一一七九年にいわゆる第三ラテラノ公会議を開催した。しかし一一三九年の会議と比べて一一七九年の会議では、全西欧諸地域の代表者が教皇の下に集められ、教皇が普遍教会の唯一無二の指導者であることを明白にした点で、より「普遍的」なものだった。教皇に残された課題は今や、自身の司教都市でもその支配を貫徹することだった。この課題は、アレクサンデル三世の四代後に短命の教皇クレメンス三世がローマ市民と一一八八年に協定を結んだことで解決した。

(3)　サン・ドニ修道院長（一一五一年没）。歴代カペー朝フランス王の側近としての活動と同時に、初期ゴシック建築のパトロンとしても名を残す。著作の和訳として、森洋訳『サン・ドニ修道院長シュジェール ― ルイ六世伝、ルイ七世伝、定め書、献堂記、統治記』（中央公論美術出版、二〇〇二年）。

(4)　クリュニー修道院長（一一五六年没）。一二世紀における修道制の刷新と同時に学芸復興の体現者の一人でもあり、対イスラーム教の著作をものしてもいる。

(5)　トスカナ辺境伯マティルダ（一一一五年没）は、一〇七九年にローマ教皇を自らの相続人とし、生前における所領の用益権に加え、彼女の死後の財産の譲渡先と認めた。この寄進を一一〇二年にも彼女は確認したが、その後、皇帝ハインリヒ五世と彼女の関係が改善し、一一一一年にハインリヒを相続人として認めたことで、マティルダの死後、その所領の相続が教皇と皇帝どちらにあるかをめぐる抗争の原因となる。一三世紀に最終的に教皇に帰属する形で決着を見たこの「マティルダ遺領」は、中世後半にかけての教皇領の重要な構成要素となった。

都市ローマと教皇権

このクレメンス三世とローマ市民との間で結ばれた協定により、半世紀以上にわたり続いた抗争が終わることになった。この協定により、教皇はローマ市の上級支配権を奪還し、事実上の統治はローマ市民に留保された。グイベルトゥス（対立教皇クレメンス三世）を除けば、教皇は叙任権闘争期からすでに、ローマに平穏に居を構えることはほとんどできなくなっていた。教皇のローマ滞在は、ピエルレオーニ家やフランジパーニ家といった貴族が彼らを保護した場合のみ保証された。ピエルレオーニ家はアナクレトゥス二世の支持者であり、インノケンティウス二世とは敵対的であった。両家門の対立は、都市ローマのティヴォリとの戦いの失敗の結果一一四三年に再燃する。対立が激化する中、一一四四年には都市の中間層により都市貴族のほとんどがローマから追放され、中間層が担い手となった新たな都市政府が元老院という名称のもとに設立され、軍隊は、ただ一人協力的と認められた貴族ジョルダーノ・ピエルレオーニの指導下に置かれるに至った。これは、時代の節目となる重要な出来事であった。というのは、このときからローマで発行された文書では、新しい紀年法である「元老院の刷新の時代（aera renovationis senatus）」が使用されたからである。また、北イタリアの諸都市とは違い、ローマでの新政府は純粋に都市民のみから成り立っていた。古典古代のものを一部誤った形で復活させ、またローマに一一四七年以来滞在していた急進的な教会改革者ブレシアのアリナルドに後押しされ、元老院はローマ住民の唯一正当な代表として、「世界の首都（caput mundi）」である都市ローマを統治しようと試みた。彼らはコンラート三世とフリードリヒ・バルバロッサに独断で帝冠を与えようとさえしたが、二人とも、自身が民の恩寵ではなく神の恩寵に基づく支配者であるとしてこれを拒否した。元老院は、一等書記官（primicerius）、二等書記官（secundicerius）、書記官（scriniarius）といったラテラノ宮殿に属する旧来からの官職保持者の後継者たちと、「ローマ兄弟団（fraternitas Romana）」という地区別に編成された都市ローマの聖職者団体から支持を受け、裁治権上の上位権力を大半のローマの教会に対して行使することができた。これは当時において類例がないものである。教皇は無力な状況にあったので、エウゲニウス三世やハドリアヌス四世は元老院と一時的に協定を結び、ウィクトル四世も元老院に当初は支持を表明している。また皇帝ですら一一六七年には元老院政府と協定を結んだのであった。

都市ローマ発行の文書の日付にアレクサンデル三世の教皇在位年が用いられたことからも、ローマにおいて数多くの都市内の教会が彼を教皇として認めていたことがわかる。それに対し、ウィクトル四世の教皇在位年が用いられた例は少なく、多くの者は無関心を決め込んでいた。それでも、アレクサンデル本人がローマに日常的に滞在することは無理だった。彼に続く後継者たちにもこれは当てはまる。彼らがしっかりと押さえることができたのは、都市ローマの外れに所在するラテラノのみであり、それも時折のことにすぎなかった。それでも、教皇権にとり徐々に有利になる変化が起きていた。それは、アレクサンデル三世の教皇在位期の後半以降、ますます多くの貴族が元老院に受け入れられたことである。ついには、時には一人か二人の都市貴族が単独の支配を樹立するまでに至った。そして、枢機卿もそのような貴族家門の出身だったので、元老院と枢機卿団の間に部分的な利害関係の一致が生じることになった。ローマ出身のパオロ・スコラーリがクレメンス三世として教皇に選出された際にも、その種の利害の一致が背景として作用していた。教皇がローマを確保するため、これ以降、枢機卿団中でローマないしその外縁部の貴族出身者が占める割合がさらに高まった。彼らは重要な街道沿いに塔を建設したが、その一部は今日もなお残っている。クレメンス三世からグレゴリウス九世にかけての歴代教皇（一一八七～一二四一年）がこれら貴族家門から輩出されたこと、並びに彼らの中でも最重要人物ともいえるインノケンティウス三世が、都市ローマの元老院議員――たいてい一人しかいなかった――を教皇の代理者とすることを認めさせたことも、教皇によるローマの維持という目的に応じたものであった。だが教皇とローマ都市民との対立は、続く時代が示すように、これで終わったわけではなかった。教皇によるローマの支配権とその維持をめぐる争い、並びに教皇によるローマ都市民の利害に対する配慮は、この時代および以後の時代において、これまで考えられていた以上に教皇の政策に影響を与えたということを強調しておきたい。

教皇が同様のローマへの利害関心から行った政策としては、歴代教皇がハインリヒ五世、ロタール三世、フリードリヒ・バルバロッサ、ハインリヒ六世といったドイツの歴代支配者にマティルダの遺領を諦めさせようとしたこと、さらに、ローマの元老院に対抗して幹線道路にある城塞や修道院を支配しようとしたことも挙げられる。この二つはインノケンティウス三世が、前任者たちが始めたものを引き継ぎ、彼の代に成功を収めることができた政策である。

教皇と一二世紀の十字軍

しかし、教皇が都市ローマと結び付きを強めたことは批判の種となった。なぜなら、ローマ人は強欲で不誠実であるとみなされていたからだ。ただし、そのよう評価はわかりやすくはあるが一面的でもある。たいていの批判者は聖職者や年代記作者であるが、彼らは貴族の出身で、都市政府やその財政上の問題に対してほとんど理解を示さなかったからだ。何人かの教皇が行った十字軍政策もさらに批判を引き起こした。一一四六年にエウゲニウス三世は、彼の師であるクレルヴォーのベルナールの要請で、新たな十字軍の霊的指導者としての役割を受け入れた。この十字軍には第一回十字軍とは違い、俗人支配者も参加していたので、この機会に教皇には、西欧キリスト教世界における教皇権の卓越した権威を強化することが期待されていた。しかしこの十字軍の試みは失敗に終わる。教皇に失敗の実際の責任はなかったものの、彼とベルナールに責任があるとされた。四〇年後、再度そのようなことが起こった。一一八七年にサラディンがヒッティーン（ハッティーン）付近でキリスト教徒を壊滅に追い込み、その余勢を駆ってイェルサレムを征服する。それに対して、西欧での最後の大規模な兵力動員がなされた。教皇たち、とくに短命の教皇グレゴリウス八世が、新しい十字軍に尽力した。この十字軍は、小アジアでバルバロッサが死去したこと、そしてイングランドのリチャード獅子心王とフランスのフィリップ尊厳王とが対立したことで有名である。しかし、つぎ込まれた戦闘費用に比べ、成功はささやかなものだった。アッコのような海岸都市のみの奪還に成功したものの、イェルサレムはムスリムの手中に留まることになった。これ以降、十字軍への熱狂は大幅に弱まっていった。それでも、この十字軍をきっかけに生じた一つの展開は、それに続く時期について、教皇のみにとどまらない重要なものとなる。すなわち、本人の参加を金銭で代替する制度がそれである。最初にイングランドとフランスで、十字軍税が聖職者から徴収された。俗に「サラディン十分の一税」と呼ばれているものである。クレメンス三世もまた、高位聖職者に対して額が定まっていない支出を要求した。これらをもとに十字軍十分の一税が作り上げられる(6)。これは一三世紀に教皇の財政をかなり潤すことになるが、それでもイェルサレムの奪還には至らなかった。

(6)　インノケンティウス三世の治世最晩年に開かれた第四ラテラノ公会議のカノン七一（教令『アド・リベランダム（聖地回復の遠征について）』）で、十字軍宣誓とその履行関連の経済的側面について具体的な規定が定められる。その後、第二リヨン公会議（一二七四年）などで教皇が求めた全キリスト教世界を対象とする統一的課税と、特定地域（王国）内の聖職者収入に対する課税（さらには十字軍宣誓を行った当該地域支配者による課税代行制度）双方に対し「十字軍税」の呼称が用いられている。

教皇庁の制度的発展

さてここで、教皇庁の制度的な発展と組織化に注目してみよう。「コンスタンティヌスの寄進状」で、ローマの聖職者は皇帝の元老院と対比された。一一世紀には枢機卿たちが「元老院」と呼ばれることもあった。実際に彼らが教皇の統治に深く関与していたことは、一二世紀については明らかである。カリクストゥス二世は教皇になってまもなく、自分があまりに枢機卿の協力に依存しすぎていると嘆いていた。この依存関係は、二度のシスマでさらに強まった。対立した二人の教皇が、できるだけ多くの枢機卿の支持を獲得しなければならなかったからである。ハドリアヌス四世のような精力的な教皇でさえ、彼の下した決断を、枢機卿が同意しなかったという理由で少なくとも一度は取り消さなければならなかった。枢機卿の最も重要な権能の一つは、教皇とともに枢機卿会議（consistorium 当時は法廷であった）において判決を下すことだった。高位聖職者に対する裁判の案件、つまり「重大事案（causae maiores）」は、インノケンティウス一世を先例として教皇に留保され、その対象案件の範囲はますます広がった。それと並んで、上訴や在地の訴訟に際しても、当事者が現地の下級審を飛ばして教皇に直訴することが頻繁になり、教皇のみならず枢機卿がその種の案件に判決を下した。クレルヴォーのベルナールのような教皇に忠実な著述家が嘆いていたように、教皇の座所はローマ法に精通している弁護人でにぎわっており、その結果、祈禱と瞑想が犠牲にされた。エウゲニウス三世などの何人かの教皇は、教皇庁に直訴される些細な訴訟が多すぎて負担が重くなっていることに不満を述べている。そのため、一二世紀後半になると教皇庁では、銀貨二〇マルクが支払われない案件は取り上げないことになった。さらにアレクサンデル三世以降は、地方での訴訟の判決は委任裁判官が担当することが通例となった。しかし、教皇庁あるいは在地の法廷のいずれかで決裁されるかを問わず、押し寄せる訴訟の数が減ることはなかった。このことは教皇庁の裁判所としての名声がどれだけ高まっていたかを如実に示している。ただ、このような事態は伝統的な司教の裁治権が制限することになったので、司教からは批判の声も上がったが、この新たな発展は同時代の需要に応えるものだった。つまり、乱用される可能性もなくはなかったが、多くの原告と被告が、地域の権力関係に左右された地元の司教法廷よりも、教皇庁での客観的な判決に期待を寄せていたことがここからは理解できる。同様の理由で、シトー会の総会も地域を超えた法廷として機能した。また、イングランドやシチリアにおいて国王裁判権が拡大したのも、同様の理由からである。

枢機卿の特権状への署名は、彼らが新しい特権状の発行や以前に発行された特権状の確認に関与していたことを示している。特権状の効力が枢機卿の署名にどれだけ依存していたかは定かではないが、少なくとも請願者は枢機卿の関与に価値があると考えていたことは確かだ。また、枢機卿の重要性は一一七九年の第三ラテラノ公会議でも見られる。この教会会議ではその第一条で、将来のシスマを避けるべく、枢機卿の投票の三分の二を獲得した者を正当な教皇とみなすことを定めた。この時から教皇選挙は、枢機卿が排他的に保持する特権となった。最後に、枢機卿の教皇特使としての活動について述べておこう。教皇特使の活動は、シスマの期間だけでなく、俗人支配者との対立、頻繁に生じた司教の二重選挙の裁決の際にも重要な意味を持った。しかし教皇特使の制度もまた、批判の対象となった。なぜなら、多くの枢機卿たちが多くの随員とともにさまざまな地域に赴いたので、彼らを饗応しなくてはならない地方教会に大きな負担をかけたからである。

こうした業務の拡大により、教皇宮廷の拡充が進んだ。ただ、これについては情報があまりない。ローマでは伝統的な官職である書記官（scrinarius）が教皇庁での書類作成の仕事を受け持つこともあったが、教皇宮廷が都市ローマ以外に所在する機会が増えると、この滞在先に同行する書記、もしくはそれぞれの滞在地で雇われた書記が業務を行った。とはいえ、こうした書記が実際に行ったのは文書の清書のみだった。特権状の内容そのものは請願者自身が作成する必要があった。これをもとに、教皇庁の公証官が文書の草稿を作成し、教皇の認可――あるいは場合によっては枢機卿の認可も――を受けることになっていた。多くの案件は同じ様な内容だったので、とくにアレクサンデル三世の頃から書式が作られ、同教皇の在位期間後半には書記局長であったモラのアルベルトゥス（のちのグレゴリウス八世）が、クルスス（cursus 教皇庁が用いた教皇文書での韻律）に関する書物も作成している。この書物や書式は、偽文書作成を防止するため秘密にされる必要があった。公証官は教皇に信頼される地位にあったようで、クレメンス三世が教皇に即位した際に生じたように、教皇が代替わりした時には解雇される可能性もあった。だが、このような対策をもってしても、教皇文書は偽造された。インノケンティウス三世は、ケレスティヌス三世の在位期間中に営業していたローマの偽文書製作工房を摘発している。また教皇本人が下した裁決も、実情についての知識が不十分のまま下されたという理由で取り消されることが時折あった。書記局は書記局長の指導下に置かれたが、書記局長の権限は、おそらく経済的理由もあって教皇が行使することもあった。この傾向はとくにアレクサンデル三世やグレゴリウス八世のような、以前書記局長を務めていた教皇に多く見られる。

この頃、官房長官の重要性が増大した。とくに有名な官房長官と言えばボソ（一一五四〜五九）とケンキウス（チェンチオ）・サヴェッリ（一一八八〜九七）——ただし、彼がサヴェッリ家の者であったかどうかについては議論の余地がある——の両枢機卿であろう。遅くともボソの時代から官房長官が教皇庁の経済収支全体の責任を負い、時に政治的な状況が許せば、「教皇領」内のいくつかの地域を直接統治した。統制の強化を目的としてボソの時代以降、上納金リストと所領明細帳が繰り返し作成された。その中ではケンキウスの『上納金の書（Liber censuum）』（一一九二年）が最も有名である。同書によると、官房長官は税金を払おうとしない者を破門することができ、官房長官が書記局を除く教皇庁構成員すべての長として、役人の取りまとめ役並びに風紀取締官のような役割を果たしていた。とくにクレメンス三世とケレスティヌス三世の在位期に、ローマ教皇庁の組織化が進むと業務が増加し、官房長官は自身の書記と補佐（clerici camere）を持つようになった。これ以前の教皇は時に逃亡さながらの巡行を行うことがあり、その状況の中で秩序立った業務体系を築くことは不可能で、しばしば極度に混乱した状況にあったと思われる。たとえばアレクサンデル三世は、フランス滞在中、自身の定期歳入を把握していなかった。その結果、彼とその宮廷の生活費はいわゆる「饗応」、つまり、ホスト役や教皇庁を訪問した者の支払いによってまかなわれていた。

宮廷のその他の構成員についてはあまり情報が残されていない。たとえば、教皇礼拝堂についてはほとんどわかっていない。その構成員は定期的に教皇の宮廷での聖務にも参加し、とりわけ、書記局で何らかの業務を任されていたと思われる。彼らの多くは副助祭の位しか保持していなかったので、一二世紀には副助祭（subdiaconus）と礼拝堂付司祭であるカペラーヌス（capellanus）がしばしば同義語的に用いられることがあった。教会全体にとり重要なことは、この時期から、ローマ以外から来た聖職者たちが教皇により副助祭に叙階され、故郷に戻った後に教皇礼拝堂付名誉カペラーヌスとして活躍したことである。これらの副助祭は教皇からさらなる叙階や任務の委託を受ける可能性があり、何らかの重罪を犯しても教皇の裁判権にのみ服する存在だったので、彼らの故郷の司教にとっては、彼らは好ましからざる存在であった。

この種の免属は、教皇庁の現状とともに批判の対象となった。腐敗していないと見なされた枢機卿はほんの数人であり、下級の教皇庁構成員の腐敗はもっと酷かった。さらに、インノケンティウス二世の在位以降、教皇庁外の聖職禄を自身の縁者や教皇庁構成員のために要求する教皇が現れ始めた。その結果、まもなく教皇庁改革を訴える声が上がった。ウィクトル四世は、このような期待に沿おうとした最初の教皇だった。彼は大聖堂教会の財源から枢機卿と教皇庁構成員に固定の俸給を支払い、その代わり、教皇庁の業務で彼らの懐に入るすべての税と「贈与」を禁止することを提案した。しかし、この提案に肯定的な態度を示したのは皇帝のみであった。これ以降、こうした提案は教皇を批判する世俗支配者たちの改革案の一部となり、さらに後には公会議の掲げる改革案に組み込まれた。ただし、この時期の教皇のグレゴリウス八世も――またおそらく官房長官ケンキウスも――同様の構想を実現しようとしたが、結局ウィクトル四世以上の成功を収めることはできなかった。その結果、教皇庁は真摯な批判者や辛辣な風刺家の格好の標的になったのである。

教皇の儀礼

教皇には新たにさまざまな義務が加わったが、その最も重要な任務の一つは、司教都市ローマと教皇宮廷での典礼の最高責任者の任務であったことを考えれば、ここで一二世紀の教皇の典礼や儀式における重要性を無視することはできない。ところで、教皇に関する歴史叙述つまり『教皇列伝』は九世紀終わりに一度中断するものの、一一三〇年のシスマ以降に教皇アナクレトゥス二世期の枢機卿パンドゥルフが引き継ぎ、その後はアレクサンデル三世期の枢機卿ボソがさらに引き継ぐが、こうした『教皇列伝』の復活に呼応するかのように、インノケンティウス二世以降、長い中断を経た後に再度、教皇の儀礼が教皇列伝の中で描かれるようになる。教皇列伝の伝統はボソをもって終わりを迎え、その後は数名の教皇の伝記しか存在しないが、これに対し、典礼書の編纂は一一四〇年以降中世末までますます増えていった。とくに一二世紀に編まれた典礼書は、アヴィニョン教皇庁時代初期まで、後世の著述家にしばしばモデルとして利用された。この時代の典礼書はすべて、公的な性格を持つものではなかったが、教皇が典礼においてどのようにふるまうべきかについて十分な情報を提供してくれる。

一二世紀に編纂された典礼書を調べれば、それらが、教皇がローマにいることを前提としていることがわかる。これらの典礼書を見る限り、教皇は第一義的にはローマの司教であった。つまりこれらの典礼書は、典礼に参加する可能性がある関係者のためのテクストであるので、作成された時点で教皇宮廷はローマに所在していたはずである。そうすると作成時期としては、インノケンティウス二世期の後期（一一四〇〜四三）と一一七九年の第三ラテラノ公会議以降の時期が考えられる。これらの典礼書では、助祭枢機卿が枢機卿団の構成員ではなく、ラテラノ宮殿の官職保持者として行列の中にその席を置いているような、トゥスクルム家の教皇の時代に典型的であった状況がいまだに記述されているが、そこからも教皇とローマとの結びつきが見て取れる。教皇と教皇庁の国際化にもかかわらず、ラテラノ宮殿の役職者は、行列で教皇から離れたところに位置した司教枢機卿や司祭枢機卿などの高位聖職者たちよりも高い序列を享受した。この状況は、インノケンティウス三世以降になってようやく変化することとなる。

儀礼にも叙任権闘争以降の変化が反映している。それはまず、儀礼に関するテクストで、「クーリア（curia）」という言葉が使用されるようになったことに見られる。また、クレメンス三世期以降の官房長官が、教会内陣の司祭席の席次決定や、教皇から枢機卿などの特定の役職者に対し主要な祝日に授与される金銭の配布や、行列の費用管理に責任を負うようになったことからもわかる。さらに、新教皇にマントを着せる儀礼――イマンタティオ（Immantatio）――が、この時代にも前の時代と同様に、教皇即位時の制度上における最も重要な儀礼と見なされたが、そのことはウィクトル四世とアレクサンデル三世の教皇即位時の記述から明らかである。この儀礼と並んでとくに、教皇座への着座、そしてラテラノ宮殿を「所有する」儀礼も重要だった。しかし、対立教皇のウィクトル四世が一一五九年に、儀礼の面では自分の方がより正当な教皇だと主張したことから、アレクサンデル三世は一一七九年の教会会議で、教皇即位にかかわる典礼行為の法的な意味を軽減し、その代わりに、選挙を行った枢機卿の三分の二による選出のみが以後は正統性の唯一の指針とみなされるとした。

ところで、マントを着せる儀礼（イマンタティオ）からは、教皇位が皇帝位と同列にある存在とみなされていたことがわかる。その結果、この時代、教皇の最高位の統治者としての性格がさらに強調されることになった。儀礼の中で、世俗権力の最も重要なシンボルであるティアラ（教皇冠）の意義が増した。教皇が利用する教会には、斑岩が使われることが多くなり、ローマ出身のインノケンティウス二世とアナスタシウス四世の両教皇は皇帝の石棺に埋葬された。インノケンティウスが埋葬されたのはハドリアヌス帝の、アナスタシウスが埋葬されたのはコンスタンティヌス帝の母ヘレナの石棺である。ラテラノ宮殿では、インノケンティウス二世が皇帝ロタール三世を教皇の封臣（おそらく教皇が皇帝とその義理の息子にマティルダ遺領を授与したことによる）とみなした壁画を描かせたが、バルバロッサはそのことに腹を立てた。さらに、皇帝には儀礼における主馬頭の務め、つまり教皇の馬の手綱を引く役割が要求されたが、それにより、皇帝の教皇への服属が見かけ上は強調された。最終的にクレメンス三世は、ローマに対する上位支配権を確立した後、ラテラノ宮殿に新たに増設された入り口の間に「コンスタンティヌスの寄進状」の絵を描かせ、それにより教皇の都市ローマに対する立場を示した。

典礼に関する諸テクストからわかることは、教皇権とローマとの結びつきだけではない。建築の分野からも、諸教皇がローマを自分の監督下に統一しようと試みたことが見て取れる。ラテラノとサン・ピエトロという二つの大聖堂が最重要であり、そこに所属する参事会員たちは互いに激しく競い合っていた。それと並んで、当時サン・ロレンツォ・フオーリ・レ・ムーラのような他の大聖堂も、教皇その人がそこで司式しない行事についても、祝祭時における教皇典礼の諸要素を取り入れ始めた。教皇が司式を行う場所は主にラテラノにある二堂の礼拝堂だった。おそらくカリクストゥス二世によって建てられ、教皇カペラーヌスが聖務を執行したニコラウス礼拝堂と、おそらくレオ三世によって建てられた教皇の私的礼拝堂サン・ロレンツォがそれにあたる。後者はこの時代により高位の存在とみなされるようになった。ここの祭壇では、教皇のみが司式することができるとされたのである。この種の限定は、後にラテラノ大聖堂とサン・ピエトロ大聖堂の主祭壇にも適用されることとなった。ラテラノにあったとされた聖遺物（アロンの杖や、モーセの十戒を刻んだ石版など）は象徴的な意味を獲得する。教皇の見解によれば、ローマはキリスト教世界において最も聖なる場としてのイェルサレムの地位を引き継いだとされる。それゆえ、この礼拝堂はイェルサレムの神殿にならい、「サンクタ・サンクトールム（Sancta sanctorum）」（つまり「すべての中で最も聖なるもの」）と呼ばれるようになった。

教会法の発展と教皇権

典礼の中で教皇の霊的な卓越が示されたが、教会法の拡充に伴い、教皇の最上級の立法者であり裁判官としての地位が明確なものとされた。それは、グレゴリウス七世以来、教皇と彼の支持者によって喧伝されていた事柄である。この転換をよく理解するためには、教会内部におけるさまざまな変化をあわせて考慮する必要がある。一二世紀初頭までの時期については、教皇は、諸修道会、および参事会員を担い手とする運動にもっぱら支持されていたが、とくにカリクストゥス二世の教皇位の時期以降、司教も支持者に加わることとなった。このように、運動に司教もかかわるようになったのは、シトー会やプレモントレ会などの新しい諸修道会の運動が最初、司教からの免属を求めなかったことによる(7)。しかし新修道会は、一二世紀中頃に彼らの改革の気運が後退すると態度を変えた。他方、アレクサンデル三世はシスマの最中に司教からの支持に大いに依存していたにもかかわらず、修道院による支持をあきらめることもできなかったので、彼の特権付与の政策はどっちつかずの相矛盾するものとなった。また、教皇が聖職者の身分特権を確保しようとしたことで、聖職者への統制を強化しようとしていた主要諸国の支配者の抵抗を引き起こしたが、それもまたアレクサンデルとその後継者の態度をさらに複雑なものとした。最後に強調しておくべきことは、教会の訴訟制度が『偽イシドルス教令集』以外ではローマ法に強く影響を受けたこと、そして、教皇の特権状や命令状の内容や定式がしばしば新しく作成されたことである。その結果、とくにアレクサンデル三世以降、教会法という新しい学問分野がこれらの影響のもとで発展する。

（7） 修道院が立地する司教区内の司教の裁治権ではなく、教皇の直属となること。

一一四〇年頃、おそらくボローニャで教鞭を取っていたグラティアーヌスという法学者が――彼については、先行研究の見解とは相反するが、名前以外は確実なことは何もわかっていない――、新しいスコラ的方法を用い、それまでの相矛盾する教会に関する諸規範に統一性をもたらそうとした。そのため彼は、自身の著書を『矛盾教会法令調和集（Concordia discordantium canonum）』と名付けたが、これは後に『グラティアーヌス教令集（Decretum Gratiani）』と呼ばれることになる。これは私的な編纂物だったが、すぐに各地の法学校で、伝統的な教会法集成の決定版として使用された。またこの著書は未完成だったので追記（paleae）がなされ、さらに後には付録（appendices）もつけられた。最終的に『教令集』とは別に伝承されていた諸テクストの集成（エクストラヴァガンテス extravagantes）も成立した。ここでの主題にとり重要なことは、それら付録のうち、とりわけアレクサンデル三世の統治期後半にその数が増加した諸集成中に、レオ九世以降とくにアレクサンデル三世が発布した教皇令の諸テクストの大半が所収されていることである。そして諸集成の編纂がイタリアやフランスといったアレクサンデル三世の支持者の中核地域以外のスペインやイングランドでも行われていたという事実からは、教皇令が教会法の教義に関して広範な権威を獲得していたことが読み取れる。一一六〇年頃から『教令集』への注釈が増加することからもそれは明らかである。これらの注釈の中で、教皇令はしばしば判例として挙げられた。こうした教会法集成の作成は、一一九〇年頃にパヴィアの大聖堂首席司祭ベルナルドゥス・バルビによってその最高峰を迎える。彼は体系的に教会法の並べ替えを行い、五巻本の形にして、そこにすべての重要な『エクストラヴァガンテス（extravagantes）』も所収した。彼はこの著作で、自身の意図として、法学者のみならず、裁判官たちにこれを役立ててもらいたいと明確に述べている。そして、彼の「第一集成（Compilatio prima）」として知られる集成が、まもなく法学校や裁判所で一般的に認められ、使用されるようになる。彼は一一八七年より前から教皇庁で活動していたが、彼は、他の多くの教皇令注釈者（デクレタリスト）と同様に、教皇令が有効な法規範として広く認知されることに大いに貢献することになる。言い換えるならば、教皇に由来する法がラテン・キリスト教世界全体で実際に浸透するにあたっては、教皇権よりも、多くの集成者や注釈者がその功労者であり、彼らが矛盾する諸テクストから統一的な一つの法を作り上げたといえる。そしてすでに一二世紀中頃以降には、グレゴリウス八世や、おそらくはアレクサンデル三世といった何人かの枢機卿や教皇が法学者として影響力を持っており、また続く時代では、インノケンティウス三世以降のほぼすべての教皇が、法学者としての教育を受けていた。一方、彼らが神学者であったことは稀だった。そのことからも、法学校が、教皇と教皇庁が法文化に染まることに大きく貢献したことがわかる。

このような教会法集成の作成は、ドイツで初期には、ほんのわずかしか行われていなかった。理由の一つとしては、法学を学ぶ目的で多くの者がイタリアやフランスに赴いていたことがある。もう一つの理由として、教皇権と皇帝権との間で抗争が繰り返されたことが考えられる。この抗争に関しては、一一九七年までとりわけフリードリヒ・バルバロッサやハインリヒ六世といった皇帝がドイツの教会を相当程度掌握していたことを強調しなければならない。そのため、この時代に皇帝権と教皇権の間の状況を収拾するために発展した新たな理論が成果をもたらすことはなかったのである。しかしこの理論が、一一九八年以降インノケンティウス三世とその後継者たちの政策の基礎となったので、以下で簡単に触れておきたい。

教皇権力の理論の展開

この時代、グレゴリウス八世などのごくわずかな例外を除き、教皇とその支持者たちはゲラシウスの聖俗関係論を、教会権力が世俗権力の上位に立つべきものであると解釈していた。このように解釈が先鋭化した理由は、叙任権闘争以降にいわゆる「両剣論」を典拠としての解釈が行われた結果であった。この「両剣論」は、初期の段階にあっては教皇たちというより、むしろ彼らの支持者であるクレルヴォーのベルナール、ソールズベリのジョン、その他教会法学者たちが提示したものである。その新理論は『ルカによる福音書』(22－38「『主よ、ここに剣が二振りございます』。彼［イエス］は言われた。『それでよい』」)の一節の予型論な解釈に基づくものであったが、一三世紀にさらなる発展を遂げ、ボニファティウス八世が一三〇二年に出した有名な教勅『ウナム・サンクタム』において教義としての形を取ることになる。それによれば、キリストはペトロと彼が指導する教会に二振りの剣を授けた。その剣の一振りは霊的な裁治権を示しており、教会自身の手に渡ることになった。もう一振りはというと、流血罰令権の象徴であり、教会から委託を受けた「俗人の腕」、つまり俗人の支配者がそれを用いる、と理解された。最終的にこれは、俗人の統治は教会からの委任に基づく形でのみその職権を遂行し、また、職権の遂行が教皇権の意向にそぐわないときは当該の俗人支配者は廃位されうる、ということを意味するものとされた。ところが、この結論はすべての教会側の著作家により肯定されたわけではないことをここで強調しておく必要がある。最後に、アレクサンデル三世とインノケンティウス三世の在位期間以降に形成された「帝権移転論」について述べておかねばならない。この理論はレオ三世が皇帝権をギリシア人から剝奪しフランク人に授け、フランク人を後継したのがドイツ人であるという理論である。この学説もまた、俗人支配者を廃位する際の根拠として用いられた。

教皇権とヨーロッパ諸地域

すでに示唆したように、これらの諸学説は一二世紀中はいまだ理論上のものにすぎなかった。ドイツやとくに一一五六年のベネヴェントの和約以降のシチリア、またハンガリーといった諸国では俗人支配者が在地の教会を広範に統制していた。彼らは裁判官として聖職者に対して強制力を有しており、そのため、教皇の影響力が及ぶ範囲もおおよそ決まっていた。イングランドにおける教会の地位も長い間このような状態だった。イングランド教会は、ヘンリ一世死後の王位をめぐる混乱（一一三七〜五四年）の最中にその立場を改善することができたが、ヘンリ二世が統治を始めると伝統的な教会への統制を行うようになり、そのあり方はアングロ・ノルマン系の教会法学者たちにも受け入れられた。ヘンリ二世によるクラレンドン法（一一六四年）の施行以降[8]、カンタベリ大司教トマス・ベケットは、とくに犯罪を犯した聖職者に対する国王裁判権に異を唱え国王と対立したが、それでも初めのうちはヘンリ二世の立場は悪くはならなかった。一一七〇年にトマス・ベケットが暗殺され、国王が暗殺に手を貸した嫌疑がかかって初めて、ヘンリ二世は自身の考えを教会に都合のよいように変えることになった。とりわけ一一八〇年頃以降、ヘンリ二世は、新たにフランス王に即位したフィリップ尊厳王と自身の息子たちから圧迫され、それに対抗するために教皇の仲介と助力が必要になったとき、ヘンリ二世は教会にこれまで以上の自由を認めなければならなかった。つまり、教会に世俗の裁治権からの広範な免属の特権を認め、教皇への上訴並びに教皇特使の入国を許可したのである。彼の息子リチャードとジョンの治世以降、教皇は最終的にその影響力を拡大することができた。イングランドは教皇令の重要な送り先の一つとなり、イングランドで教皇令の集成が熱心に作成されることになった。

（8）全一六条で構成。発布地であるクラレンドンの名が冠される。教会裁判所の権限の明確化および制限、さらに上訴目的での高位聖職者の王の承認を得ない形での王国外への旅の禁止がその中に盛り込まれている。

しかし、何よりフランスが教皇の影響力の中核地域であり続けた。その理由は、サン・ドニのシュジェールのような教会人が国王の助言者であったこと、改革派修道会が大きな役割を果たしたこと、また、フランスに教皇が頻繁に滞在しただけでなく多くの教皇がフランスで学び、そしてフランス人聖職者の中から多くの枢機卿が選ばれたことなどに求められる。フィリップ尊厳王は、王権をそれまで国王権力が及ばなかった地域にまで伸ばそうとして、フランスの半分以上を支配していたヘンリ二世と対立したが、その際、フィリップは教皇との同盟を維持し、教皇の援助に頼ることになった。

イベリア半島でも教皇の地位は同様に揺るぎないものだった。アラゴンに対する教皇の保護は続いており、相続の規定や一一五一年のカタルーニャとの同君連合、あるいは教会組織再編の際にそのことは見て取ることができる。状況がより複雑だったのは半島の西側である。ポルトガル王アフォンソ一世は戦争と外交の手段を駆使して、ポルトガルをカスティーリャから独立した王国にすることに成功した。彼は一一四三年に、教皇から王位の許可を獲得しただけでなく、それ以降、アラゴン同様に教皇の保護下に入った。このことは、教皇とカスティーリャとの関係を一時的に悪化させた。また、このポルトガルの独立を求める流れと並行して、ポルトガル教会の独立への動きがあった。この動きは、トレードとサンティアゴ・デ・コンポステラの上位支配の要求に対抗してのものだったが、その一方で、トレード首座大司教とサンティアゴ大司教との間の関係はそれ以上に紛糾していた。その結果、三つの競合する大司教座の代表者がたびたび教皇のもとを訪れた。彼らは教皇庁で訴訟を行い、彼らの地域へは教皇特使がしばしば派遣されることになる。この対立は一二一五年の第四ラテラノ公会議まで収拾されることはなかったが、これにより、それ以前の段階から教皇権がスペインで存在感を示すことになったのである

北方や東方の辺境も今や、はっきりとした形で教皇の保護下に組み込まれた。スカンディナヴィアでは、後に教皇ハドリアヌス四世になるニコラス・ブレイクスピアなどの一連の教皇特使たちが教会組織を作り上げた。ボヘミアのようなスラヴ人の支配地域では、改革のための教会会議が教皇特使の主宰で開かれ、とくに聖職者独身制の実施が求められた。彼らの成果は初期には小さなものではあったが、この段階で、教皇権が全カトリック地域において、教会法、並びに教義に関する権威として認められるようになった。

だが教皇にとり重大な問題は、ドイツだけでなく、北部と中部のイタリアの多くの地域で、皇帝に対する立場が相対的に弱体であったということである。この状況は以下の出来事で悪化していった。つまりまず、一一九一年にケレスティヌス三世は、自身は反対したにもかかわらず、ハインリヒ六世を皇帝戴冠することを余儀なくされた。また、

シチリアのグリエルモ二世の死去（一一八九年）後に、教皇がノルマン人のレーエン法上の主君としてレッチェのタンクレディを支持したのに対し、ハインリヒ六世が、妻コスタンツァがルッジェーロ二世の娘であったことを理由に、南イタリアの王国支配をめぐる凄惨な戦いを引き起こした。続いて、タンクレディが一一九四年に死去するとハインリヒは勝者となり、一一九六年に息子フリードリヒのために、シチリアだけでなくドイツも世襲相続させることを教皇に認めさせようとした。その際ハインリヒは、マティルダ遺領と「教皇領」の一部を弟フィリップとアンヴァイラーのマルクヴァルドのようなミニステリアーレンに占領させ圧力をかけた。それにより教皇庁は、自らの世俗領主としての支配にとどまらず、究極的には教会における地位までもが、ドイツ王の包囲で脅かされていることを知ることになった。したがって、一一九七年秋にハインリヒ六世が死去し、その後、彼の二つの国家でともに後継者争いが生じたことは、ローマにとっては天からの賜物だった。この時期、九三歳で死去したケレスティヌス三世の後継者に一一九八年一月八日、三七歳のインノケンティウス三世が選ばれたが、ハインリヒ六世の後継者争いは、新たに選ばれたインノケンティウス三世の教皇権にとり、利用できる大きなチャンスとなった。ここにケレスティヌス三世の「高齢教皇の時代」が終了しただけでなく、教皇権がその権力の最高潮へと向かう道が拓かれたのである。

八章　権力の絶頂期の教皇権（一一九八～一三〇三年）

一三世紀の間に生じた変化は、この章で扱う時代の最初の教皇と最後の教皇を比較することから明確に見ることができる。インノケンティウス三世とボニファティウス八世はほぼ似通った立場を取っていたが、インノケンティウスは彼の政策で多くの成功を収め、そのため教皇に批判的な立場の歴史家からさえも称讃され、中世で最大の教皇と見なされている。その一方で、ボニファティウスはというと、ほぼすべての試みで失敗した。その失敗の理由は、ボニファティウスが（今日まで批判されてきたように）教皇権の主張を見境なく強調しすぎたからではない。むしろ、「教会と国家」の関係が根本的に変化したことが原因だった。インノケンティウス三世は、俗人支配者の拡大主義的政策を抑圧する必要があった。インノケンティウスはその際、これら各俗人支配者たちの政敵や指導的な立場にあった高位聖職者をしばしば味方につけた。一三世紀末に、教皇庁にとり最も重要な関係にあったフランスとイングランドの支配者は、支配領域の拡大よりも内政の強化を目指していた。聖職者を自らの裁判権に服させ、課税対象とすることもこの目標に入っていた。こうした政策は各支配地域の聖職者の一部からも支持を受けた。というのも、この時代の多くの高位聖職者たち、さらに下級の聖職者になるとなおのこと、自身の国家に属しているという意識が強くなり、教皇権の介入をできるだけ弱めたいと考えていたからである。これは、各地の支配者とその教会との間で将来生じる協調関係の重要な前兆ともいえる。また、この時代の変化は、教皇権とローマとの関係、並びに教皇権と、教皇の政策の中核をなした教皇領との関係にも見られた。

一三世紀の教皇と都市ローマ・教皇領

教皇のローマ政策の基礎になったものは、すでに述べたクレメンス三世と元老院との間に結ばれた一一八八年の協定である。これにより双方の利害が保障されたが、インノケンティウス三世はさらに、ローマ都市政府に対する直接支配を強化しようとした。そしてこれ以降、一人の元老院議員が教皇の代理者としてローマ市を統治する、という仕組みが出来上がった。教皇は都市ローマの拡大政策――ヴィテルボに対する政策のような――を上手く利用することによって、都市ローマと一致することができた。この政策は、彼の後継者のホノリウス三世の教皇位の時期にも当てはまる。この比較的安定していた時期に、ラテラノの増築、サン・ピエトロにおける新座所、ローマの多くの教会の新築、改築、改装などがなされた。さらに、教皇権の安全に役立ったのは、コンティ家、サヴェッリ家などの教皇の同盟者たちによる家門塔の建設だった。しかし、グレゴリウス九世の在位中に教皇の置かれた状況は悪化し始めた。グレゴリウスとフリードリヒ二世との間の対立がさらに状況を悪くした。ローマの貴族と市民の一部が、その対立を利用してこの機に自治を奪還しようとしたからである。この傾向はグレゴリウス九世の死後、さらに強まっていった。彼の後継者のケレスティヌス四世は短命だったが、彼はフランジパーニ家とオルシーニ家の影響力の及んでいる中で、枢機卿たちにとっては屈辱的な状況下で選出された教皇だった。このこともあり、ハドリアヌス五世とニコラウス四世を除けば、一三世紀でこれ以降ローマで教皇が選出されることはなかった。ローマの代わりに、アナーニ、ヴィテルボ、オルヴィエト、リエティなどが教皇選出の地となり、また教皇もこれらの場所に好んで滞在した。この機を利用して、ローマの民衆は、インノケンティウス四世の在位期に再度、コムーネ政府を元老のブランカレオーネ・デッリ・アンダロの指導下に設置した。そして彼は、一〇〇以上の塔を取り壊させた。それでも一三世紀後半の教皇たちは、一〇〇年前の教皇と同様、ローマに対する支配権を奪還しようとし続けた。その結果、ニコラウス三世はローマの奪還に成功する。彼は自分をローマの元老に任命させたのである。またボニファティウス八世も、ローマでの敵対者を完全に排除することはできなかったが、ローマの奪還でそれなりの成功を収めた。

インノケンティウス三世以降の教皇たちは、「ピピンの寄進」に遡る中央イタリアに対する支配権の要求を現実のものにしようとしていた。インノケンティウス三世は主としてカンパーニャおよびマリッティマといったローマ外縁部、そしてトゥッシャの聖ペトロ世襲領を始めとするトスカーナ地方南部に対して支配を拡大することに成功していた。彼が支配した領域は、以前にローマの元老院が支配下に置こうとした地域でもあった。このような成功によりインノケンティウス三世は、教皇領国家の創設者と見なされている。今日なお残る、教皇による支配の痕跡は、ローマ出身の「コスマーティ」と呼ばれる芸術家たちの作品に見て取ることができる。彼らはローマだけでなく、ローマ周縁部の教会内部やその回廊をモザイクや小さな彫像で装飾した。これら芸術家は、当初ローマのコムーネ政府の支持者だったので、一三世紀にはその多くが「ローマ市民」と自称するようになった。ただしこの時期、彼らの仕事の依頼主は教皇や枢機卿であり、そのことから、「コスマーティ」が仕事をしていた場所まで、彼らの依頼主の支配領域が拡大していたということもわかる。その後、とくにフリードリヒ二世死後には、教皇はその支配領域を少なくとも名目上はスポレート公領やアドリア海岸のアンコーナ辺境伯領まで拡大することができた。教皇は一二七九年には、ハプスブルク家のルドルフ一世が支配を断念したボローニャを含むロマーニャにまでさらに支配を拡大している。これら諸領域は統治官たちによって統治されたが、統治官になったのはほとんどが枢機卿や教皇カペラーヌスであった。

教皇の支配は、とくに新たに獲得した地域ではそれほど徹底したものではなかった。教皇はおおむね単に名目的な上位支配者として認識されつつも、それまで各地に存在していた伝統的な政体が継続していた。時としてそれは都市のコムーネ政府であったり、貴族家門による支配であったりした。こういったことは教皇領西部の中核地域にも見られた。というのも、教皇が新たに座所としたヴィテルボやオルヴィエトといった諸都市でも各都市のコムーネ政府は継続し、教皇はそれらの都市に滞在する際に、各自治政府と協約を結ぶ必要があったからである。しかし教皇は、こうした新たに獲得した支配地域から利益を得ることになる。というのは、教皇は、その支配地域に存在する司教座や修道院といった教会施設からだけでなく、世俗権力者からも貢租を受け取ることになり、それが教皇庁の収入増加につながったからである。

教会全体での教皇権の地位にとり、教皇領の存在は当時からすでに不利益をもたらすものだった。都市ローマを始めとする諸都市のコムーネや在地権力者との度重なる対立を背景として、教皇の教会全体への政策は、ますます教皇の中部イタリアへの野心を反映したものとなった。多くの教皇が自らの領域支配を構築するために用いた政治手法は、当時においてもすでに批判を浴びることになったが、それらは以下のようなものである。まず、ネポティズム（親族登用政策）は、この時代の教皇たちにとり、それまでの教皇の時代よりも人事政策上の重要な手段となった。さらに、個々の敵対者や反抗的な諸都市を異端としておとしめ、制圧するために十字軍を呼びかけた。このような十字軍は、世界のキリスト教化に役立つわけではなく、教会の指導権と世俗の利害との結び付きでしかなかった。さらにこの他に、状況を複雑にした原因があった。つまり、教皇がマティルダ遺領を確保し南イタリアの境界地帯を守るために、初期はシュタウフェン家、後期にはとくにアラゴン国王とますます対立するようになり、地域的な利害が全ヨーロッパ規模での政治を左右するようになったことである。

マティルダ遺領と南イタリアの問題

教皇が地域の支配を達成するために、教会の強制力や人事政策、「広範な外交政策」を用いることは、インノケンティウス三世の時代にすでに見ることができる。彼は、神学や教会法上の諸概念を用いて、自分のもくろみを根拠づけ、あるいは自身の意図を包み隠す方法を、彼の後継者たちよりもよく心得ていた。このことは、ドイツの王位継承争い（一一九八～一二〇八年）の際にインノケンティウス三世が、フィリップ・フォン・シュヴァーベンではなくオットー四世寄りの態度を表明した点にもあらわれている。フィリップは兄ハインリヒ六世の代官として、マティルダ遺領を含むトスカーナ地方を時には暴力的な手段も使って統治しており、すでに破門されている身だった。また、シチリア王国では現地の貴族たちがシュタウフェン家のミニステリアーレンに率いられ、教皇の摂政統治を打倒しようとしていた。それは、インノケンティウス三世が一一九八年に元皇妃のコスタンツァからフリードリヒ二世の後見人として遺書で指名されていたことを無視するものであった。このような背景で、教皇はローマとペトロ世襲領への包囲網が作られることを恐れ、フィリップをドイツ王として認めることを拒否した。それゆえドイツ王となったオットー四世も、一二〇九年の皇帝戴冠前の段階では、マティルダ遺領と南イタリアへの干渉を断念しなければならなかった。ところが、オットーは皇帝に即位すると、この約束を破り伝統的な皇帝政策に基づいて南イタリアへ侵攻したため、彼は「教皇の敵」として破門された。その後、教皇はフリードリヒ二世にまずシチリア王位を認め、そして一二一二年には彼のドイツ王位も認めたが、教皇領を新たに圧迫されることを避けたかった教皇は、フリードリヒ二世に対し、早急に彼の息子ハインリヒ（七世）をシチリア王に即位させることを誓約させた。しかし、ドイツでこの子息ハインリヒが、そしてその後コンラート四世が父に代わって国王になっても、フリードリヒ二世からの圧迫はやはり生じた。フリードリヒ二世は祖父フリードリヒ一世バルバロッサ同様、ロンバルディアの征服活動に着手し、教皇領に介入し、ローマの自治獲得に向けた運動を支援し、教皇の世俗領主としての支配の打ち砕こうとしたからである。その結果、フリードリヒ二世はグレゴリウス九世に何度も破門され、最終的にはインノケンティウス四世によって一二四五年の第一回リヨン教会会議で、教会の敵、つまり異端者として正式に廃位され、フリードリヒ二世に対しての十字軍が呼びかけられた。しかしこれは、イタリアではさしあたり実効力がなく、後に列聖されるフランス王ルイ九世のような王ですら教皇に協力することを拒否した。ただドイツでは対立国王がすぐに選出され、一二五六年からはいわゆる「大空位時代」に入ったことからもわかるように、イタリアでの利害から行われた教皇の政策がドイツの中央権力をますます弱体化させる結果をもたらした。

シチリア王国におけるレーエン法上の最高位の主君は教皇であったので、インノケンティウス四世は、フリードリヒ二世、彼の死後（一二五〇年）のコンラート四世、さらにその死後（一二五四年）のフリードリヒ二世の有能な庶子マンフレート（一二六六年没）へと続く権力を打ち砕くために、新たな国王候補者を他の俗人支配者の家門から探していた。長い間、イングランドのヘンリ三世の息子エドマンドが有力候補だった。だが、最終的にフランスのルイ九世の弟でアンジュー家のシャルル一世（カルロ一世）が候補となった。そのような結果に至ったことには、当時、ウルバヌス四世とクレメンス四世というフランス出身の教皇が二人続いた状況が幸いした。シャルル一世は、一二六五年にクレメンス四世からシチリアをレーエンとして受領した後、教皇の十字軍の指導者として、まず一二六六年にマンフレートを、そして一二六八年にコンラディンを破った。コンラディンは一二六八年にナポリで大逆罪のかどで処刑された。シャルル一世はシュタウフェン家の支配者たちよりもあざとくイタリア全体をも支配しようと試み、自らローマの元老やフィレンツェのポデスタに就任した。こういったシャルルによる権力政策がいかに教皇庁を不安にさせたかは、クレメンス四世の死後に行われた教皇選挙の経緯からも明白だ。枢機卿団の多数派の状況により、アンジュー家の政敵（グレゴリウス一〇世やニコラウス三世）が教皇に選ばれることもあれば、同家の支持者（とくにフランス人のマルティヌス四世）が選ばれることもあった。

一二八二年のシチリアの晩禱事件の後(1)、情勢はさらに混迷を極めた。その事件によりシャルルの権力はナポリとその周辺に制限されることとなり、シチリア王国はそれ以後アラゴン王に統治されることになったためである。マルティヌス四世はそれに対して、対アラゴン十字軍を召集しようとしたが、支持をほとんど見出すことができなかった。シチリア王を認めるかどうかの是非をめぐっては、その後数十年にわたって議論され、次の章で扱う時代において新たな対立を生み出すこととなった。コルシカとサルデーニャは「コンスタンティヌスの寄進状」を典拠に教皇のレーエンとみなされていたが、アラゴン王ハイメ二世（シチリアを統治する弟（フェデリーコ二世）と距離を置き巧みな外交術を駆使して、コルシカ・サルデーニャ両島を教皇から受封した。教皇庁というと、「シチリア問題」が未解決のため、以前にましてナポリに依存することになり、ナポリの支配者はこれ以降も教皇選挙やその統治にさらに大きな影響力を持つことになった。

（1）一二八二年三月末、シチリアのパレルモで晩禱の鐘を合図に表面化した暴動。アンジュー家のシャルル一世による統治と彼がフランスから伴ってきた家臣に対する反乱と虐殺という形を取り、かつてシチリアを支配し、教皇と対立していたシュタウフェン家の旧臣も関与した。反乱の結果、シュタウフェン家のマンフレディの娘婿であったアラゴン王ペドロ三世に島の支配権が移行することになる。

縁故主義と家中集団

前述したように教皇庁では、世俗領域の支配を維持しようとして、親族登用政策（ネポティズム）が増加した。すでにインノケンティウス三世は、枢機卿団にとどまらず、元老、そしてサン・ピエトロ大聖堂のような重要な教会の首席司祭に自分の縁者を優先して採用していた。一方で、サヴェッリ家のようなライバルの家門の者は役職から遠ざけられた。サヴェッリ家には、インノケンティウス三世の前のケレスティヌス三世のもとで官房長官や書記局長を歴任したケンキウスが属していたが、このケンキウスが一二一六年にホノリウス三世として教皇になると状況は逆転し、インノケンティウス三世の縁者がグレゴリウス九世として教皇になるとまたさらに状況は変化した。その後、とくにオルシーニ家のニコラウス三世やカエターニ家出身のボニファティウス八世が、ネポティズムを採用して成功を収めた教皇として挙げることができよう。在位中の教皇は、自家門や友誼を結んだ家門出身の人物に教皇領の重要地点を委ねた。教皇が交代すれば、教皇を輩出した家門にはその支配権力が保証されるが、権力から放逐された前教皇側集団にとっては支配権力の喪失を意味し、それは受け入れがたいものだったであろう。一三世紀に興隆してきたコンティ家、アンニバルディ家、オルシーニ家、コロンナ家、カエターニ家といった新興家門は、ある意味では現在に至るまで、その当時に所領を獲得したことで利益を得ている。一三世紀にはこれらの家門が興隆しただけではなく、これらの家門が、枢機卿団内部で、またローマで、さらには教皇領内で権力争いを繰り広げた時代でもあった。

ネポティズムと並んで、もう一つの重要な事象がある。それは、多くの教皇史を扱う文献で取り上げられていないもので、家人（ファミリア）という一般的に役職者と血縁関係のない人的紐帯で結ばれた集団である。とくに教皇の家人（ファミリア）は最も高い名声を享受し、彼らはほぼ教皇の礼拝堂の構成員であった。枢機卿だけでなく、教皇のカペラーヌス（礼拝堂付司祭）や高位の宮廷人もそれぞれが家人を抱えていた。これらの役人が枢機卿に昇格すれば、教皇その彼は自分の家人にさらに手厚い支援を行うことができ、さらに教皇ともなれば、彼の旧家人が教皇礼拝堂の中核を構成することにもなった。そのようなわけで、ある家人の一員であることは、教皇の座までを含む教皇庁での栄達にとって大変重要な要素となった。ほとんどの教皇庁の宮廷人がイタリア出身者であったのは、これを踏まえれば驚くべきことではない。また、多くの使節や特使が、命令を下す教皇の以前の家人、すなわちカペラーヌスや枢機卿といった側近から選ばれることが多かった事実を鑑みると、家人（ファミリア）が、歴代教皇の世俗・教会双方の次元における政策に大きな役割を果たしたことがわかる。同様の理由で、教皇庁の外で野心を燃やしていた聖職者たち——そのような人物として、著名な教会法学者のトゥラーニのゴドフレドゥス、ペニャフォールのレイモンが挙げられる——は、枢機卿の家人として出世への足掛かりを見つけた。後に枢機卿や教皇になった人物と修学時代に友となっていれば、展望はさらに開けてくる。インノケンティウス三世の教皇在位期に出世したロベール・クールソン(2)やスティーヴン・ラングトン(3)といった人物がその例である。

(2) イングランド人聖職者、神学者、枢機卿（一二一九年没）。パリ大学総長に就任し、その規約制定に重要な役割を果たしたことでも有名。教皇特使に任命され、対聖地、南フランスのアルビジョア派異端に対する十字軍説教にもかかわった。

(3) イングランド人聖職者、枢機卿。カンタベリ大司教（一二二八年没）。彼の選出をめぐるイングランド王ジョンと教皇インノケンティウスとの対立が、「マグナ・カルタ」成立の重要なきっかけとなった。

教皇庁と都市ローマとの距離

また、ローマで繰り広げられた争いの結果、教皇庁は都市ローマから疎遠になっていった。教皇はさまざまな状況に迫られ、ローマ以外の場所に頻繁に滞在するようになった。その結果、それまでローマに結び付いていた官職保持者たち——裁判官（iudices）、「右随伴者（addextratores 諸儀礼の際の貴族の代表者）」、聖歌隊（schola cantorum）など——は諸特権を失うことになった。参詣指定聖堂での聖務は、司教、聖職者、民衆の共同の典礼を象徴するものとしてかつては重要性を持っていたが、この時期には、稀にしか執り行われないようになった。ただし指定聖堂での聖務は、インノケンティウス三世、ニコラウス三世、ボニファティウス八世の在位期間には例外的に、ある程度は行われていたことは知られている。さらに、サン・ピエトロ大聖堂での即位式やラテラノ宮殿を「所有する」儀礼のようなかつて制度的に意味があった儀礼は徐々にその重要性を失っていった。新教皇の即位に際して、これ以降、最も重要な儀式となったのは、選挙後に行われるティアラ（世俗権力の象徴とされる三重冠）の戴冠式である。その結果、一三世紀末から今日まで、教皇の即位儀礼は「戴冠」（coronatio）と呼ばれるようになった。都市ローマが教会全体を代表する立場から退いたことは、インノケンティウス三世の在位中に作成された教皇行列の配置に関する新規定から読み取れる。この規定で、ラテラノ宮殿の構成員とローマの聖職者の代わりに、今後は、普遍教会の代表者である総大司教、大司教、司教と枢機卿が教皇のすぐ前を歩むことが定められた。こうして生じた、教皇庁のローマと結びついた伝統との断絶は、叙任権闘争時に生じた変化よりも大きかった。この断絶は、次の時代でのアヴィニョンにおける教皇滞在の結果、さらに大きなものとなり、教皇のローマ帰還後も近代に至るまで存続することになった。

一三世紀の教皇権と西欧の諸地域

すでに述べたように、中部イタリアでの利害関係が、教皇と俗人支配者との関係を規定していた。とくに、それは、教皇がローマと教皇領の保全という観点から対ドイツ政策を遂行していたことで明らかに見て取れる。そしてこの政策は、ドイツにも波及的な影響を及ぼすこととなった。インノケンティウス三世は一一九八年から一二〇八年のドイツ国王選挙をめぐる争いの際、教皇のドイツ国王選挙に関しての立場を、とくに一二〇二年の彼の教皇令『ヴェネラビレム（Venerabilem）』で明らかにしたが、そこで彼は帝国諸侯のみをドイツの支配者を選挙する権利の持ち主として認めるとともに、教皇側にも拒否権を含んだ審査の権利を留保した。彼はこの教皇令で、教皇による審査の権利の根拠として、ドイツ王が教皇により帝冠を授与されることを挙げている。こうして当時の政治状況の中で、教皇はドイツの支配者の継承について、候補者に干渉を行う可能性を獲得することとなった。『ヴェネラビレム』はまもなく教会法集成に取り込まれ、ドイツでも異議を唱えられることはなくなった。そしてこの教令は一六世紀まで遵守され、少なくとも理論上は一九一七年まで効力を有した。また国王選挙自体も、一三世紀後半からはその形式において、教会の選挙のやり方に従って実施されるようになった。

中部イタリアに集約された教皇権の利害関心は、現実の政治で何度もシュタウフェン家との抗争を引き起こした。フリードリヒ二世を廃位した後も、教皇の怒りはおさまることがなかった。インノケンティウス四世は一二四五年以降、対立国王のハインリヒ・ラスペとホラント伯ウィレム二世を財政的に支援し、またあわせて特使を派遣することでも支援した(4)。彼に続く教皇たちも反シュタウフェン政策を継続している。彼らはコンラート四世やコンラディンの国王選挙への立候補を阻止するだけでなく、大空位時代にはコーンウォール伯リチャードに近づいた(5)。これは、リチャードの対立候補にシュタウフェン家と縁続きのカスティーリャのアルフォンソ一〇世が擁立されていたからだった。また、教皇のハプスブルク家のルドルフやアルブレヒト一世に対する態度を左右したのは、ドイツ王による干渉がイタリア内部における教皇の権力やアンジュー家の権力にとり脅威になるか否かという関心であった。教皇たちの中ではグレゴリウス一〇世やニコラウス三世のみが、シチリア王シャルル一世（カルロ一世）のイタリアにおける勢力の掣肘を試み、その目的でドイツ王と連携しようとした。しかしこれらは一時的な試みに終わった。最終的に、一二二〇年から一三一二年まで皇帝戴冠が行われることはなく、教皇権もイタリアもドイツから距離を置いた存在となった。

(4) ハインリヒ・ラスペ（四世）Heinrich Raspe（一二四七年没）。チューリンゲン方伯。教皇に味方する聖界諸侯により、一二四六年三月ヴァイツホッホハイム（ヴュルツブルク近郊）で王に選出される。ローマとの関係から「聖職者の王（rex clericorum）」というあだ名が付けられた。ホラント伯ウィレム（ヴィルヘルム）（一二五六年没／対立王在位一二四七～五四／ドイツ王在位一二五四～五六）。当初、ドイツ国内での俗人諸侯の積極的な支持がほとんど得られず、本拠地の低地地方でもフランドル伯との抗争が絶えなかった。コンラート四世の死後（一二五四年）になって、ドイツ王としてはじめてある程度広い支持を獲得している。

(5) イングランド王ヘンリ三世の弟（一二〇九～七二）。一二五七年の分裂選挙でドイツ王に選出。対立候補のカスティーリャ王アルフォンソ一〇世と異なり、旧王家との血のつながりではなく、選挙結果のみを王位請求の根拠とした。一二五七年五月にドイツ王としてアーヘンで戴冠されるが、その後約一六年の在位期間で、ドイツへの滞在はすべて合算しても三年足らずにとどまる。

こうして教皇とフランスとの結びつきがより強まった。多くの教皇庁構成員、枢機卿、教皇までもがフランスで学んだ経歴の持ち主となった。イタリア人以外の枢機卿や教皇は、ほとんどがフランス人で、中でもシトー会修道院の院長が多かった。一三世紀の教皇権の収入の大半がフランスから来ていたと思われる。リヨンは、法理論上はまだ帝国に属していたが、フランスの影響を受けていた場所であり、そこで一二四五年と一二七四年に二つの重要な教会会議が開催されたことは、フランス王権にとっても都合のよいことであった。一三世紀の最初の数十年間に教皇の呼びかけで行われた南フランスのカタリ派に対する戦いや、その後に教皇権により進められた異端審問などは、王の支配範囲の拡大に貢献した。ウルバヌス四世の在位期からのシャルル一世（アンジュー家）に対する支持は、フランスの影響力を教皇権だけでなく、地中海世界全体において強化する要因となった。このような密接な相互関係があったがゆえに、後に述べるフィリップ四世（端麗王）とボニファティウス八世との対立は、教皇権の立場を大きく揺るがすものとなった。

教皇とイングランドとの関係はさらに複雑なものだった。ジョン（欠地王）は、縁続きであったのにオットー四世不支持の態度を取ったので、オットー四世を支持した教皇インノケンティウス三世の怒りを買うことになった。カンタベリの大司教選挙が二重選挙になった後、インノケンティウス三世は自身の学友で枢機卿のスティーヴン・ラングトンを一二〇七年にローマでカンタベリ大司教に叙階したにもかかわらず、ジョン王が同大司教を認可しなかったことで状況はさらに悪化した。多くの司教区や修道院長職をできるだけ長期間にわたって空位にし、その間それに付随する俗権（テンポラリア）を我がものにするというジョンの政策が、対立を激化させることとなる。その結果、インノケンティウス三世は一二一一年にジョン王を破門し、廃位すると脅し、王国に聖務停止を課し、フランス王位継承者（後のルイ八世）によるイングランド侵攻を十字軍と宣言し支援した。軍事的に劣勢となったジョンは屈服し、一二一三年に教皇に彼の王国をレーエンとすることを申し出た。これ以来教皇はイングランドのレーエン法上の主君となり、王から毎年の上納金として銀貨一〇〇〇枚を得ることになった。このような立場からインノケンティウス三世は、ジョン王が承認を強いられたマグナ・カルタ――その作成にはスティーヴン・ラングトンも関与していた――を認めなかった。また、一二一六年にジョンの政敵たちが、フランスの王位継承者（後のルイ八世）に海峡を越え、イングランド王位に就くよう要請した際には、インノケンティウス三世はジョン王を支援した。ジョン王の死後の一二一六年には、イングランド滞在中の枢機卿特使グアラが若きヘンリ三世をイングランド王に即位させた。その後、数十年間にわたりイングランドと教皇とはとくに密接な関係が続いた。その関係の証拠は、今日なおウェストミンスタの修道院教会に見ることができる。そこには、ローマのコスマーティたちがイングランド王の注文を受け作成した芸術品があり、これは、コスマーティたちの作品としてはイタリア以外で見られる唯一の例である。イングランドもフランス同様、一二一三年以降、教皇庁の財政収入に大きな貢献をした。というのは一三世紀半ば以降、教皇庁構成員や枢機卿にイングランドから多くの聖職禄が与えられたからである。教会法はイングランドでは教皇の影響をとりわけ強く受けた。だがフランス同様、イングランドでも一三世紀末には教皇の影響力を削減しようという動きが見られるようになる。

イベリア半島情勢に対する教皇の干渉は、インノケンティウス三世以降、以前よりもより大きなものとなった。ペドロ二世は教皇を自らのレーエン法上の主君とし、一二〇四年に教皇からローマで戴冠された初のアラゴン王となった。教皇権がレーエン法上の主君として、王を廃位することも含めた権限を保持したことは、教皇が一二八二年のシチリアの晩禱事件後にアラゴン家のペドロ三世とその後継者に対して取った行動と、一二四五年のポルトガルのサンチョ二世の廃位の経緯からも明らかである。教会の状況も、それまでより教皇の指針に沿うものになっていった。トレード、サンティアゴ、ブラガの間で生じていた長年にわたる争いは、一二一五年の第四ラテラノ公会議でトレードに不利な形で幕を下ろした。それ以後、トレード大司教は名誉上の優位を享受するのみになり、実際はこの三つの大司教座は同列の存在となった。また、枢機卿アブヴィルのヨハネス（一二二八〜三〇）などの教皇特使が教会会議を通じて、教皇による新たな諸原則を認めさせた。その結果、コルテスも聖職者の結婚を初めて禁止し、教皇による諸原則がカスティーリャの新法典――アルフォンソ一〇世により完成された『七部法典』――に取り入れられた。ゆえに、エストレマドゥーラとアンダルシアが征服された後、これらの地域の司教座が教皇側の指針に沿って再組織化されたのは驚くことではない。だが世俗の支配者は、個人的利益にかかわる問題については教皇の指示に従わなかった。たとえばナヴァーラ王サンチョ七世はインノケンティウス三世の抗議にもかかわらずムスリムと同盟を結んだ。また、王が離婚や婚姻しようとした際に教皇が発した戒告や禁令はしばしば無視された。

東欧との関係

一方、ビザンツ帝国に対する教皇の態度は曖昧なものだった。インノケンティウス三世は、初めは躊躇したものの、第四回十字軍の参加者による一二〇四年のコンスタンティノープルの残虐な征服とラテン帝国の建国を認可した。十字軍は信仰の敵に対してのみ許されるものだったが、このような結果は、彼にとり魅力的なものだったのである。これにより初めて、教皇の首位権を認めるコンスタンティノープル総大司教が誕生することになった。この総大司教は、ギリシア人聖職者や民衆の間では、ほとんど受け入れられていなかったが、それは教皇にとっては問題ではなかった。だがこの勝利も短期間で終わった。一二六一年にパライオロゴス朝のミカエル八世がコンスタンティノープルを再征服したからである。コンスタンティノープルでは再びギリシア人の総大司教が選出されたが、その人物は教皇の首位権の主張を当然のことながら退けた。その結果、ウルバヌス四世やクレメンス四世といったフランス出身の教皇は、シチリアを拠点にビザンツまでの覇権を勝ち取ろうとするアンジュー家のシャルル（カルロ）一世の企てを支援した。しかし、イタリア出身の教皇グレゴリウス一〇世は違った。彼は、イェルサレムを奪還するための大規模な十字軍を計画したので、ビザンツ帝国内でも支持を得た。同様にビザンツ皇帝ミカエルも西方教会との合同に関心を持っていた。長い事前協議の後、一二七四年の第二リヨン公会議で、一〇五四年の分裂以来、初めて、ギリシア人とラテン人との間の教会合同が取り結ばれた。グレゴリウス一〇世の後継者もこの合同を遵守した。しかしこの合同は長く続くことはなかった。というのも、西方教会から譲歩することなく要求された「フィリオクエ」と教皇首位権の認可が東方教会ではまったく拒否されたからである。そのため一二八二年に皇帝が死去すると、合同は解消された。

空しく終わったギリシア人との合同以外に、リヨン公会議では、新たな十字軍に関しての注目すべき成果があった。つまり、ペルシアにあったモンゴル人のイル・ハン国からの使節が会議に参加したことである。インノケンティウス四世はモンゴル人襲来の衝撃を受け、モンゴル帝国の首都カラコルムにすでに使節を送っていた。グレゴリウス一〇世は交渉の席において、パレスティナのイスラム教徒たちを東から攻撃してくれるのではないかと期待した。この計画は失敗に終わったが、結果的にフランシスコ会士は大ハンの認可のもと中国で、ドミニコ会士はイル・ハンの許可を受けてペルシアで、それぞれ宣教を行うようになり、その宣教管区内では司教座の組織が形成されることになる。

教会論と教会法集成

だがやはり、教皇の外交政策と教会政策の両方において、中心的な位置を占めたのは西欧と南欧であった。この二つの政策分野は一般に密接な関係にあったが、それらに対して、この時期には、以前よりさらに発展を遂げた教皇職にまつわる教義が適用されることとなる。その教義は一三世紀前半までには、主として教皇文書のアレンガ（序文）の中、あるいは教皇令や教勅に対して教会法学者が施した注釈の中で定式化された。一三世紀末以降になると、主に神学者たちが教会制度の体系的問題を扱う論考を執筆するようになり、そこから新たに、神学の下位部門である教会論（教会に関する教義）が誕生した。この新たな学の誕生は、神学の学問史の点で興味深いだけでなく、当時の教会の状態を知るためにも多くを教えてくれるものである。ともあれ少なくともこうして、一部の知識人たちは、教会制度を構成する要素——とくに教会と国家の関係——を学問が扱うべき問題として認識するようになった。これらの新しい著作は教皇権にとっても重要な意味を持った。なぜなら、教皇が自身の見解を示す際の雛型として利用できたからである。その種の最も有名な例は、ボニファティウス八世が彼の教勅『ウナム・サンクタム（Unam Sanctam）』において、エギディウス・ロマーヌスの論文からの命題を取り入れたことに見出される(6)。

（6） 哲学・神学者（一三一六年没）。アウグスチノ隠修会士。後にブールジュ司教。パリ大学に学ぶ。アリストテレスの注解と並び、ボニファティウス八世に献呈した『教会権力論』、「君主鑑」としてフィリップ四世に献呈された『君主統治論』の著者として、政治思想史の分野に名を残す。

ここで重要なのは、教皇やその支持者が新たな神学を打ち立てたわけではなく、叙任権闘争以来、発展してきた諸学説を深化させ、あるいはそれを応用したにすぎないという点である。これはすでにインノケンティウス三世において明らかである。彼は、教皇の「キリストの代理人（vicarius Christi）」としての地位と、それに関連する職権の範囲としての「教皇の至高権（plenitudo potestatis）」という概念を前の教皇たちよりもずっと明確に強調した。これに基づいて、彼および彼の後任者は、在地教会の利害関係への介入をさらに推し進めていった。これについてはまた後で述べることにしよう。また「キリストの代理人」としての教皇の職権は、世俗権力と教皇との関係にも影響を及ぼした。すでに述べたように、インノケンティウス三世は彼の一二〇二年の教皇令『ヴェネラビレム（Venerabilem）』でドイツ諸侯の国王選挙権に異を唱えることはしなかった。彼は前年の別の教皇令『ペル・ヴェネラビレム（Per Venerabilem）』では、最高位の俗人支配者は自らの王国内においてはその権力を神から直接受け取っていること、そしてインノケンティウス自身は世俗的権力を有していないことを強調している。しかし同時にその中で彼は、教皇が俗権に影響を及ぼしうる可能性も示した。具体的には、ドイツの支配者に対しては、教皇は皇帝戴冠の権利と帝権移転論に基づいて影響を及ぼすことができ、ポルトガル、アラゴン、シチリア、後にイングランドやハンガリーに対しては、教皇はレーエン法上の主君としての地位に基づいて影響を及ぼすことができた。また、すべての俗人支配者に対しては、教皇は両剣論と原罪の教説に基づいて影響を及ぼすことができた。とくに原罪の神学上の教説は、政治的に解釈されることになった。つまり、すべての人間は罪を犯しており、司祭のとりなしを必要としているので、司祭たち、とくに最高位の司祭としての教皇は、俗人支配者たちがその罪人としての本性ゆえに（ratione peccati）誤ちを犯した際には、彼らに対して矯正を行う権限を有する、と解釈された。このインノケンティウス三世の主張は、まだ歯止めが利いていたが、グレゴリウス九世以降、この教説はさらに先鋭化する。最終的にこの教説は、ボニファティウス八世によって両剣論とひとまとめにされて『ウナム・サンクタム』の独断的な主張となり、定式化、先鋭化の度をさらに増すことになった。こうしてこの時期の教皇は、俗人支配者が彼らの勢力範囲に所在する教会に及ぼす影響力を弱め、俗人支配者に取って代わろうと望んだのである。

インノケンティウス三世は、教皇権の主張や教皇が定めた法を、法学校、大学で周知させたのみならず、さらに裁判の場やライバルとなる可能性がある人物に対しても主張するために、公布した諸テクストを編纂させた最初の教皇となった。彼は自身の家人の一人であった教会法学者ベネヴェントのペトルスに公布した諸テクストを一つの集成に編纂するよう命じ、『第三集成（Compilatio tertia）』として一二一〇年に公的な教皇令集として刊行させた。これに続いて、ホノリウス三世が『第五集成（Compilatio quinta）』（一二二六年刊行）を編纂させた。この両教会法集成の他にこの時代に編纂された非公式の集成もあったが、それらは、グレゴリウス九世が一二三四年に内赦院聴罪師であったペニャフォールのレイモンに編纂させた『教皇令集（Liber Extra）』によって内容的に凌駕されることになる(7)。そして、この『教皇令集』がそれ以後一九一七年まで、とりわけグラティアーヌス以降に発展した教皇権の強い影響を受けた教会法の公的な集成と見なされた。『教皇令集』以降の教皇令や公会議決議は、一部は公的な集成（『インノケンティウス集成』や『グレゴリウス集成』）として、一部は非公式の集成として伝わり、最終的にボニファティウス八世によって一二九八年に『第六の書（Liber Sextus）』として、また、ヨハネス二二世によって一三一七年に『クレメンス集成』として刊行された。この『教皇令集』、『第六の書』、『クレメンス集成』という三つの法集成は以降、教会法の実務に影響を与えただけでなく、さまざまな補足テクストが書かれその中で注釈がなされ、また、大全の形の書物で体系的に解説された。つまり、現場の実践向けに『贖罪大全』、『秘跡関係書』、『選挙に関わる規約』などの書物が作成された。さらに見出し語が目録にまとめられ、教会会議で使用されていった。これらはまた、カスティーリャの『七部法典』、イングランドのブラクトンの法集成といった世俗法の集成のモデルともなった。こうしてさまざまな形で普及していったことからだけでも、教皇の法がこの時代にいかに広範囲に議論の余地なく浸透していったかがわかる。とはいえ、現実がつねにこうした規範に沿うものとなっていたわけではない。それはたとえば、第四ラテラノ公会議で非難された婚姻の慣習が中世末まで行われていたことを見ればわかる。

（7）　ドミニコ会士の神学者・法学者（一二七五年没）。イベリア半島の貴族の家に生まれ、ボローニャ大学でローマ法と教会法を修め博士号を取得。告解の手引書の編纂で既に名を成していたレイモンを召喚してグレゴリウス九世は『教皇令集』の編纂を命じ（一二三〇年）、レイモンは四年の歳月をかけ、グラティアーヌス以降一二二七年に至る一九七一の追加条文を同法集成にまとめ上げた。

教皇の聖職禄留保権

法と実践の双方でしばしば議論された問題の一つは、司教がその職に就任する方法についてであった。少なくとも理論上は、選挙が最重要行為であったことは揺らがない。論争点は選挙人と選挙方法だった。教皇選挙に関しては一一七九年の第三ラテラノ公会議で、教皇選挙時の選挙人は枢機卿のみであり、その三分の二以上の票を得た者が教皇に選出されると定められた。グレゴリウス一〇世はそれに続き、一二七四年の第二リヨン公会議でコンクラーベによる選挙形式を定め、クレメンス五世はこの方法をさらに精緻なものにした。以来、つい最近まで、教皇選挙はこの時に定められた方法に基づいて行われていた。司教選挙は、次第に教皇選挙と似通っていった。遅くとも第四ラテラノ公会議以降には、司教座の聖堂参事会が、教皇選出の際の枢機卿団のように司教選挙の唯一の選挙人となっていた。しかし教皇選挙と異なっていたのは、司教選挙では少数派が「より健全な」側（sanior pars）として多数派に対抗し、多数派によって選出された候補者を拒否することができた点である。それゆえ、インノケンティウス三世とグレゴリウス九世は、司教選挙の形式と選挙権所有者の要求を統制する方針を明らかにしようとした。しかしこの基準は明確でなかったので、教皇庁は司教選挙における対立選挙と常に向き合う必要があった。グレゴリウス一〇世とニコラウス四世の時代以降は、過半数の票の獲得が司教選挙の決定要因とされたが、それでもこの状況に変わりはなかった。その理由は、それ以前に司教選挙をめぐる多くの訴訟があったので、異議なく選出された司教でも教皇により任命されなければならない、という原則が定着していたからである。こうして教皇権は、司教の任命に対して決定的な影響力を獲得したのである。それだけでなく、分裂選挙が起きた場合や、在職中の司教がローマ教皇庁で死去した場合の司教任命権も教皇が留保した。この留保権の行使は、（直接的な）指名以外にも、枢機卿会議における教皇と枢機卿による「助言」に基づく場合もあった。これには、任命された側からの金銭の支払いもあった。教皇から聖職禄を獲得した者は、最初は自発的な寄付を行ったが、一三世紀末には、その職を教皇から獲得した司教や修道院長は、セルヴィティウム・コムーネ（servitium commune 共通奉仕納付金とも呼ばれる）と呼ばれる手数料を支払わねばならなかった(8)。そしてその額は、初年度の聖職禄収入の三分の一に相当していた。ボニファティウス八世の在位期以降には、セルヴィティウム・コムーネに関して、司教や修道院長の支払い義務と実際の支払い金額が専用の登録簿に記録された。そして支払われた額の半分は教皇に、半分は枢機卿たちに渡った。さらにセルヴィティウム・ミヌータ（servitia minuta 雑奉仕納付金）の支払い義務をも、司教や修道院長の候補者は負っていた。この額はセルヴィティウム・コムーネの枢機卿一人の取り分に相当し、それは一定の教皇庁構成員に分配された。これらの納付金登録簿から見て取れるのは、とくにイングランドとフランスからの納付金が圧倒的で、次いでイタリアが多く、スペインやドイツからの納付金はそれよりもずっと少額だったことである。イタリア司教の三分の一は、収入が一〇〇フローリン（＝グルデン）以下だったのでセルヴィティア（両セルヴィティウム）の支払いを免除されていたが、ルーアン、トゥールーズ、ウィンチェスタといった非常に裕福な司教たちはそれぞれ一万二〇〇〇フローリンものセルヴィティアを払っている。五〇〇〇から一万フローリンのセルヴィティアを支払った司教たちは三〇人弱いたが、彼らのうち、アクィレイア総大司教を除けばイタリアの司教は一人もいない。修道院長についても、こういった地域の違いを顕著に見ることができる。四〇〇〇から八〇〇〇フローリンのセルヴィティアを払った修道院長は、フランスと低地地方にある修道院のみだった。すなわち、教皇、枢機卿、教皇庁構成員、さらには公会議で支配的な立場にあったイタリア人聖職者たちは、圧倒的にアルプス以北の在地教会からの金銭収入を基盤に生活していたのである。

(8)「セルヴィティア」（セルヴィティウムの複数形）は、以後「セルヴィティウム・コムーネ」、「セルヴィティウム・ミヌータ」の両奉仕納付金をあわせたものの呼称として用いる。

このためイタリア人聖職者たちは、アルプス以北の在地教会の下級聖職禄、とくに高額の収入のある司教座聖堂参事会員の聖職禄やその他の聖堂参事会員の聖職禄に大きな関心を寄せていた。すでに一二世紀の教皇たちも、インノケンティウス三世以降の教皇と同じように、自らの親戚や親しい者たちに対してイタリア以外の地域にある教会の職を与えていた。しかし一三世紀半ばまでの教皇たちは、地域教会側からの協力がなければ、このような授与を行うことはできなかった。しかし、状況はクレメンス四世の時代になると変化する。彼は、教皇庁で死去した者が所有していた全聖職禄の授与権を自身に留保した。しかし、ここでの「教皇庁」の概念は曖昧である。教皇が日常的にローマに滞在していることはなく、実際の居住地は大体ローマ以外の場所で、また、こうした場所にすべての教皇庁職員が居住することは無理だった。その結果、教皇庁職員が彼らの職務を執り行う場所はすべて教皇庁の一部と見なされた。一三世紀終わりになると、このような場所は教皇居住地から二日間の旅程内にあるべし、と規定され、この規定は、聖職禄の授与にも適用されるようになる。つまり、教皇の居住地から二日間の旅程内の地域で聖職禄所有者が死去した場合は、その聖職禄の授与権は教皇に留保されたのである。こうして、教皇庁職員に高給を約束する便利なシステムができあがり、一四世紀にそのシステムは完成へと至った。一三〇〇年頃に行われた聖職禄授与の実際では、将来、空位になるであろう聖職禄の期待権も授与されるようになり、死亡した聖職禄所有者の遺産（スポーリア）も聖職禄とともに要求されるようになった。ただし、このようなことがどこでもなされていたわけではなかった。将来、空位になるであろう聖職禄の期待権を授かった者たちのなかで、期待していた聖職禄を実際に享受することができたのは、最終的にはおそらく半数ほどであろう。また、このような聖職禄の多くが、フランス、オランダ、イングランドにあったということも重要である。

司教任命時、すなわち司教の聖職禄授与の際に、教皇が第三者として干渉することになった背景には、志願者の多くが何かしらの「汚点」を抱えていたからで、その「汚点」の中でもとくに多かったのは、志願者が非嫡出子である場合であった。グレゴリウス九世期に、イベリア半島の多くの司教座では、聖職者の三分の一が婚姻関係にない両親から生まれた者であった。また、スカンディナヴィアでは一三世紀末には、これら非嫡出子の聖職者の三分の一、つまり全聖職者の一〇パーセントが司祭やその他の独身者の子息だった。聖職者の子息は父親の罪を贖う目的で修道院や律修参事会に入ることが多かったが、そうでなければ彼らは「特免」を必要とした。彼らが司祭への叙階を欲し、それとともに、司牧と結びついた聖職禄や、ましてや司教の地位を獲得しようとする際、彼らに「特免」を与えることができるのは教皇のみだった。たとえばインノケンティウス四世は、司祭の子息六人と司教の子息一人に「特免」を与え、彼らを司教として叙階した。一一世紀に定められた独身制の遵守がいかに徹底していなかったか、ということがここからわかる。さらに、こうした「特免」の存在は、教皇がいかに司教任命の特権を持っていたか、そして司教座の問題に教皇がいかに深く干渉していたかを示している。それまでとは違いこの時代の教皇は、初期キリスト教的な教会法規則や同時代の教会法規則からの「特免」を頻繁に行っていた。こういった「特免」はそれまで一般的だった免属に取って代わった。したがってこの時代の法の現実を知るためには、厳格な立法のみならず、こうした特免——それは当然、料金を支払って得られるものであった——についても考察する必要がある。

教皇による十字軍の乱用

また、教皇の立法と実際の統治では、十字軍と関係することがらが多かった。たとえば、十字軍の参加者と故郷に残る彼らの親族の保護についてはインノケンティウス三世の時代以降、教会法により明確に規定された。十字軍に関する教皇令への注釈者たちは、そこから国際法へと至る萌芽を発展させた。また、インノケンティウス三世、ホノリウス三世、インノケンティウス四世、グレゴリウス一〇世といった教皇たちは十字軍の実現に尽力し、一二一五年と一二七四年の公会議でも十字軍の実現が議論された。十字軍の実現のために、騎士修道会はこれ以降も特権を与えられ、一三世紀には「十字軍税」が幾度となく徴収された。一二九一年に、十字軍が支配した最後の諸都市がムスリムによって征服されたが、その後もこうした状況に変化はなかった。しかし聖地への熱狂は次第に弱まっていった。理由は十字軍が不成功に終わったことだけではなく、十字軍の理念が教皇によって乱用されたことにあった。前述のように、教皇は政敵（シュタウフェン家、アラゴン家、イングランド）に対して、また、個人的な敵対者（ボニファティウス八世期のコロンナ家）に対して、さらに異端者と見なされる者（南フランスのアルビジョワ派、ウェーゼル川下流のシュテディンガー派）に対して十字軍を支援した。さらに教皇は十字軍税を使って自らの戦争の財源とし、友好関係にある支配者を援助することもあった。

また、今日までとくに批判されてきたのが異端者への十字軍である。それは、教会が自らの訓育能力をどれだけ低くしか評価しておらず、それに代わる手段として暴力に訴えたことを示すものである。だがこの当時、少なくとも聖俗双方のエリートたちは、異端者が教会や政治の秩序を脅かす以上、暴力をもってこれらの秩序の敵と戦うのは正当だと考えていたことを考慮しなければならない。また、インノケンティウス三世やその前のアレクサンデル三世は、自らの陣営内部からの批判にもかかわらず、「ロンバルディアの貧者」(9)のようないくつかの集団には譲歩を行い、異端者の教会への再統合を図った。その後も、信仰についての討論を通じ異端者を教会内部に復帰させる試みは許されていた。だがそのことは、異端への十字軍や、グレゴリウス九世期以降にはとくに異端審問によって、異端者の暴力的な処罰が好んでなされる状況を変えるものではなかった。異端審問は、ルキウス三世の教皇令『アド・アボレンダム（Ad abolendam）』、インノケンティウス三世の教皇令『ウェルゲンティス・イン・セニウム（Vergentis in Senium）』、さらにフリードリヒ二世の戴冠（一二二〇年）時の宣誓に代表される支配者の布告に基づいて発展した制度であり、グレゴリウス九世とインノケンティウス四世の時代になって初めて十全に構築され、完成を見た。グレゴリウス九世は世俗法をモデルに、火刑を累犯の、あるいは「頑なな」異端者に対する罰とする教皇令を発布し、証言の匿名性を保証したが、それは密告者の活動を容易とするものだった。そして、インノケンティウス四世は拷問を取り調べの手段として認可し、悔悛した異端者に対する罰としての「壁」、つまり生涯に続く禁固刑を定めた。異端審問官として活動したのは司教とその代理、教皇特使であったが、とりわけ重要だったのは新設の托鉢修道会の構成員である。その中でも、ドミニコ会の重要性は際立っており、「ドミニ・カネス（主人＝教皇の犬）」という彼らに対するあだ名はすぐに広まった。

(9) イタリア半島におけるヴァルド派の分派。教会の位階制を敵視し、清貧な生活と共同での勤労に重きを置いた。ルンカリ、あるいはルンカロリ、と呼ばれ、運動はドイツにも波及した。

托鉢修道会と大学

しかし、この時代の教皇権の拡大を理解するためには、何より新しい修道会のことを考慮しなければならない。たとえばインノケンティウス三世は、シトー会のような、より古い改革修道会を自らの対異端政策のために用いようとした。しかし、この試みは失敗に終わる。その原因は、彼らの修道院の組織が司牧に適していなかったことにあった。それでもシトー会は、第四ラテラノ公会議での議論の中で、ベネディクト会修道院を地域ごとに組織化する際のモデルとなったことでインノケンティウス三世の教会政策に貢献した。だが、インノケンティウス三世は、布教、司牧、そして異端者に対する闘争のために、新たな補佐役を必要としていた。インノケンティウス三世が「全教会の母にして頭」であるラテラノ大聖堂の倒壊を夢に見たとき、夢の中でその惨事を食い止めたのがフランチェスコであったと、一三世紀半ば以降に成立した『フランチェスコ伝』は伝えている。この物語はまもなく図像にも描かれ、後になるとドミニコもその物語に登場する。この挿話は托鉢修道会士が教会の救世主として自らを高く評価していたことを証明するものである。だが、物語で描かれた過去は美化されている。そもそも教皇は一二〇九年にすでに、アッシジ司教の合意のもとでフランチェスコとその一派を支持し、援助を行っていた。ただしその際、インノケンティウス三世は、彼らが自ら聖職者となるという条件を付けていた。同様にインノケンティウス三世は、カスティーリャ出身のドミニコによる修道会創設に対しても支援していた。インノケンティウス三世の縁者でもあったグレゴリウス九世などの後継者たちも、インノケンティウス三世の先例にならい支援した。両修道会は、会則と内部の構造は異なっていたにもかかわらず、教皇に服属していた。まずはフランシスコ会、次いでドミニコ会が、それぞれ一名の枢機卿を、自分たちの利益を代表する保護者として教皇宮廷で持ち、教皇の命令がその枢機卿を通じて伝えられることになった。とくにドミニコ会士が教皇に異端審問官として活用される一方、フランシスコ会士はローマ式典礼を広めることに貢献した。フランチェスコは修道会の諸典礼に関してローマ教皇庁の慣習を受け入れたが、それは一六世紀後半になされた、ローマ・モデルに従ったカトリック典礼の統一化の基礎となる。とくにフランシスコ会を参考にしつつ、アレクサンデル四世の在位期以降に、その他の共同体もまた教皇により托鉢修道会として組織化された。アウグスチノ隠修士会、カルメル会などがこの種の托鉢修道会になった共同体である(10)。一三世紀後半になると、とりわけフランシスコ会の集団と何人かの教皇の間で清貧の解釈をめぐり対立が生ずる。だが、それでも教皇と托鉢修道会の間の緊密な紐帯が断たれることはなかった。托鉢修道会に対する強力な特権付与と彼らの司牧活動の成功により、教区司祭や司教は、葬儀の際などに得る手数料や諸権利を失いはしないかと心配するようになり、彼らの敵に回ることになった。長く対立が続いた後、一三〇〇年にボニファティウス八世が発布した教勅『スペル・カテドラム（Super Cathedram）』において初めて、両者の利害の融和が図られた。

(10) アウグスチノ隠修士会（Ordo eremitarum sancti Augustini）（現在の正式名称「アウグスチノ会」）。『アウグスティヌス戒律』を用いていることに共同体の呼称は由来する。同戒律を採用した隠修士の小規模な共同体の連合としてまず形を取り、教皇アレクサンデル四世の大勅書『リケット・エクレシアエ（Licet ecclesiae）』で托鉢修道会として正式に認可された。当初マルティン・ルターがこの修道会に属していたことでも有名。カルメル会。正式名称は「カルメル山の至聖なるおとめマリアの修道会（Ordo fratrum beatae Mariae virginis de Monde Carmelo）。一二世紀の聖地、カルメル山で成立した修道士共同体を起源とするが、一三世紀にヨーロッパに拠点を移し、インノケンティウス四世の在位中に托鉢修道会としての改訂会則が適用される。

これと関連して最後に、教皇による大学への特権授与について述べておきたい。ほとんどの大学は、教皇庁からの影響を受けることなく成立している。そのうち、オックスフォードやケンブリッジのように長い間まったく教皇の認可とは無縁であった大学もあり、またボローニャのように、教皇の認可にあまり価値を見出すことがなかった大学もある。だがパリは、それらとは違っていた。すでにホノリウス三世が教皇令『スペル・スペクラム（Super speculam）』においてその組織と諸特権を確認し、後代に対立が起きた際には大学が教皇書簡を用いてその組織と諸特権を防衛した。まもなくフランスの他の大学、後にはスペインのサラマンカ大学もこの先例にならった。その結果一三世紀末には、パリをモデルとして、大学が教皇庁から特権を受けることが慣習となる。こうして大学は教皇の諸特権に基づく法人となった。しかし、大学に付与された特権状の日付は、よくあることだが創設年次とみなすべきではない。特権状の発行に至るまでには、通常、長期間にわたる成立段階がしばしばあったからである。インノケンティウス四世は教皇庁に「大学」（ストゥディウム）を創設する際、パリのモデルに従った。そこには、たとえばトマス・アクィナスが奉職していたこともある。ボニファティウス八世はローマの「大学」に特権を授与したものの、その教師は「ローマ兄弟団」の聖職者によって任命された。

教皇庁部局の組織化

教皇のさまざまな活動は、教皇庁の新たな組織化と拡充を必要とした。すでにインノケンティウス三世が文書局を明確に組織化していたが、彼の後継者の教皇の時代にもまた、文書局の構成や内部における管掌分野についての変化が見られる。同様の現象は、官房にもあてはまる。教皇の職務の拡大に基づき、内赦院のような新たな管轄部門が付け加えられた。教皇庁の変革と拡充は一三世紀全般を通じて続いた。以下、ニコラウス三世とボニファティウス八世の在位期における教皇庁の構造について簡潔に記述しよう。ただ、注意が必要なのは、教皇庁のさまざまな構成員がそれぞれ違う利害関心を持っていたことである。外部からの請願者にとっては、文書局、内赦院、裁判所が最重要な機関であった。そこで、その請願者は、望んでいた通達と特恵をその役人から受け取ることになるからだ。また、請願者は、守衛や侍従に対して「心づけ」を渡さなければ内部に入ることはできなかった。聖職禄を持たない宮廷の構成員や、裁判で係争中の宮廷の構成員にとっては、宮廷で官職に就くことが重要であったに違いない。官職を持てば、自身と自身の騎乗する馬のための食料配給を受けることができたからだ。この時期、金銭による俸給はまだ存在しなかった。また、教皇がとくに重要視したのは官房である。それは、収入と支出を管理し、政治にかかわる書簡を作成し、さらに教皇庁構成員の大部分を監督した部門であった。

文書局

文書局の構成員は以下の通りである。まず、ホノリウス三世の在位期以降に確認される文書局長代理がいる。この役職者はそれ以前の文書局長とは対照的に、枢機卿であることは稀であった。そして、文書局付の公証官、抄録官（誓願省略文書作成官）、係争文書聴取官（auditor litterarum contradictarum）、訂正官、さらには文書局が管轄する書記官、そして法定代理人が文書局の構成員として含まれる。さらに、通常は「聖庁裁判所（audientia sacri palatii）」も文書局の業務に関与していたため、この裁判所も文書局長代理の下に置かれた。各役人の職務を明らかとするために、できる限り簡略化した形で、教皇庁に請願を持ち込んだ人間がたどることとなる道筋を、部分的には矛盾もあるがさまざまな証言から再構築してみよう。

まず請願者は、法廷代理人を訪れる必要があった。俗人支配者や富裕な教会機関はしばしば専属の法廷代理人を擁していた。その法廷代理人が、請願を教皇庁の文体に沿った請願へと整えた。この作業に対する報酬が支払われると、請願者は請願書をたずさえ文書局に向かい、申請書類に日付を入れてもらい、公証官の一人に受け取ってもらわねばならなかった。担当公証官は指定されることもあったが、請願者が選ぶこともできた。この公証官が部下である抄録官に、請願の文言に基づいた下書きを作成させる。作成が完了すると、テクストが認可され、代金の支払いがなされた。そして、請願申立人もしくはその法廷代理人は書記官の分配官のもとへと向かう。書記官はツンフト的組織を有する書記の団体であり、誓約を通じて文書局長代理に下属する存在でもあった。彼らのトップの地位にあったのは改稿官、さらにアレクサンデル四世の在位期間の頃以降には分配官もそれに付け加えられる。両者は書記官の中から選出された。彼らの収入は部局全体で共通する予算枠にまとめられ、そこから改稿官が書記官へと分配することになっていた。この段階で、分配官が部下の書記官の一人に下書きの清書（littera ingrossata）を任せる。必要に応じて、清書をもう一人別の書記官が担当することもあった。そして清書への料金が課せられる。そして、下書きと清書が書記官のもとへと戻され、その彼が二つを比較した。この作業は「初見(prima visio)」もしくは「読み合わせ(auscultatio)」と呼ばれている。重大なミスが発覚した場合、清書を新たに行わねばならず、書記官の側に責がある場合は費用も彼負担となった。二度目の添削は形式と内容を扱うものだが、しばしばそれを担当したのは訂正官であった。新たに清書を行う必要がない場合、そして読み上げる必要がある重要な案件の場合には教皇へと文書を送り、そうでない場合には聖庁裁判所（公開裁判所、後には教皇庁裁判所ロタという名称が用いられる）へと送達した。後者の場合、清書は他の請願者や法廷代理人の立会いのもとで読み上げられた。テクストに対する異議を彼らの一人が唱えた場合には、案件は係争文書聴取官（auditor litterarum contradictarum 文字通りに訳するならば、異議が申し立てられた文書に対し耳を傾ける者、もしくは裁判官）によって扱われることとなる。異議申し立てが行われなかった場合には、シトー会助修士が務めるのが一般的であった二人の教皇璽管理官が印璽を付した。書かれた文書がまだ聴聞会を通過しておらず、請願者や法廷代理人の手に渡っていない場合であれば、文書局長代理の前でその撤回（revocatio）を行うことも可能だった。通常は請願者が文書を受け取るが、それを重要と考えるならば、念のために文書局長代理が管理する教皇文書記録簿中に、清書もしくは下書きの際のモデルとして記入を行うこともできた。そして、清書、印璽の付加、記録簿への記載で生じた料金を彼らは支払った。

内 赦 院

文書局で通常記されたのは、聖職禄の授与に関連した特恵文書とさまざまな司法文書である。だがそれ以外にも、教皇によって作成が求められた文書（littere curiales）についても、官房が処理しない場合という条件付きではあるものの文書局が担当する可能性があった。さらに、内赦院の諸文書も補助的な形で作成されている。だが、内赦院は後に専属の書記官を抱えるようになり、関係諸文書のほとんどを自分で作成するようになった。一三世紀に成立し、名称もグレゴリウス九世の在位期間中に初めて登場する内赦院が完全に組織化されるのは、次の時代であるベネディクトゥス一二世の時期を待たねばならない。同部門は、教皇による教会行政についておそらく最も多くの情報を提供してくれる「官僚機構」だ。教皇が授けるあらゆる種類の恩寵について、教皇その人に留保されていた専決事項以外のすべてを管掌していたのが内赦院であった。ゆえに、内赦院の管掌領域には、とりわけ洗足木曜日など年三回教皇庁が「総行列（processus generales）」で申し渡した破門からの赦免、さらには異端や教皇の勅書を偽造などに適用される教会罰からの赦免、そして個々人が自由に告解司祭を選んだり、全種の贖宥状の発行を求めたり、とりわけあらゆる種類の特免に代表される諸特権の授与が含まれた。初めのうちは「聴罪師」一人しかおらず、その彼は教皇や枢機卿の告解司祭の職をも務めていたと思われる。後代になるとしばしば「聴罪師」を枢機卿自身が務め、その彼を「下級聴罪師」が補佐することとなった。「下級聴罪師」の存在はホノリウス三世の在位期間中から確認され、教会法学者であるペニャフォールのレイモンや年代記作者オパヴァのマルティンらがその職を務めた著名人である。教皇庁がローマに滞在する間は、ラテラノもしくはサン・ピエトロにおいて彼ら下級聴罪師は告解司祭を務めた。また、彼らには言語の知識が求められることから、通常さまざまな土地の出身者により構成されていた。一三世紀後半以降、托鉢修道会修道士からの登用がますますその比重を増す。業務が増加の一途をたどったことを背景に、インノケンティウス四世の在位期間以降は（内赦院専属）書記官が彼らを補佐し、その彼らはアヴィニョン時代には文書局書記官をモデルとして一つの同輩集団にまとまることとなった。

官　房

官房は伝統的な職務を遂行していた。しかし、教皇領の統治がさらに中央集権化して富を吸い上げる程度が増したこと、当時イングランド王までをその範囲に含むようになったレーエン法上の家臣となった俗人支配者からの支払いの増加、そして度重なる十字軍十分の一税と並んで新たに成立した奉仕納付金（セルヴィティア）の徴収を通じ、彼らの管掌分野もまた増大することとなる。それを受け、人員構成も拡充された。官房長官を最大七人の官房付聖職者が補佐し、一三世紀後半以降は一人、ないしは二人の宝物庫管理官が宝物庫および蔵書庫を監督した。これに加えて、おそらくは教皇領における宝物庫管理官がいたと推定される。教皇領以外については、徴税人が収入の徴収を担当した。官房記録簿（protocollum）やその他の書記業務については、官房付公証官の所管であった。既に一三世紀後半の段階で、金銭の授受は現物で行われることはなくなっていたと思われる。官房付商人（mercatores curiam sequentes）

が銀行家として、送金の仲介者の役割を果たした。彼らの代理人（甲）が現地において支払い義務を負った人物あるいは徴税人から支払いを受け取り、教皇庁における別の代理人（乙）がその現金化を担当した。これにより、官房長官や官房付聖職者は監督権を行使し、支出費目を定めるのみの存在となった。財政にかかわる案件については官房付聴取官（auditor camere）一人、並びに一人の官房付弁護人（advocatus fisci）がいた。既に述べたように、政治上の事由で交わされた書簡の作成についても官房長官の管掌事項であり、教皇秘書官（secretarii）が彼の補佐を行った。この種の書簡だけでなく、行政書簡についてもウルバヌス四世の在位期以降は専門の記録簿に記載されるようになっている。

裁判機構

一二世紀とは対照的に、この段階で司法も組織的に整理された。ほとんどの案件については、インノケンティウス三世の在位期から存在した「聖庁裁判所（audientia sacri palatii）」、もしくは公開裁判所（audientia publica）であり、後には教皇庁裁判所（ロタ Rota）と呼ばれることとなる機関が管掌した。同機関の聴聞官本人が処理しない案件は、委任裁判官に委託された。この制度はすでにアレクサンデル三世の在位期以降その存在が知られている。各聴聞官は、裁決を下す前に同僚と協議するのが一般的であった。これに対し、教皇庁構成員の命令違反については官房長官が司るのが通例であり、彼らが罪を犯した、あるいは教皇庁に滞在する俗人が法を犯した場合には司法マレスカルクスの管轄となった。この役職者は教皇の軍勢指揮官を務めることもあり、それゆえ貴族、とりわけ在位中の教皇の縁者が職に就くことがしばしばあった。

その他の部局とカペラーヌス

教皇庁構成員に対する物資の供給に従事したのが、厨房（coquina）、パン焼き所（panataria）、酒蔵（buticularia）、厩舎（marescallia）という四つの宮中職並びに施与局（elemosina）である。ボニファティウス八世在位中の会計記録によれば、教皇庁成員に対する支払いの約六割をこの四つの宮中職が管轄した。また施与局は貧者への施し以外にも、行列の経費や時に宮廷建築物や庭園の財政支出も担当することがあった。

独自の官職というわけではないものの、すでに述べたように、教皇の家人（ファミリア familia）の中核を構成し、教皇庁のほぼすべての重要な権能を担う人材の供給源であったのが教皇礼拝堂である。ただし、礼拝堂付司祭（カペラーヌス）の第一義的な職務は、教皇宮殿における聖務の挙行であることに変わりはなかった。彼ら礼拝堂付司祭については、数多くの「栄誉カペラーヌス」と、教皇庁で職務を遂行し、カペラーヌス寮（capellania）に住まい、一四世紀には陪食カペラーヌス（教皇とテーブルをともにしたカペラーヌス）と呼ばれた集団とを区別する必要がある。カペラーヌスになるということは、キャリア形成で成功を収める最も確実な第一歩であった。そのようなわけで、文書局長代理、教皇官房長官にとどまらず、宝物庫管理官、文書局公証官、「聴罪師」、さらに聴聞官を礼拝堂成員が務めることが一般的であったことは驚くにあたらない。書記官がカペラーヌスになろうと努力を惜しまなかったのももっともなことだ。

カペラーヌスの重要性は、彼らのまとった衣服が枢機卿のものと一三世紀半ばまで違いがなかったことからも明らかになる。インノケンティウス四世が初めて、枢機卿に対しカペラーヌスと差別化を図るために紫のビレッタ帽を身に着けることを認めた。それまで紫は皇帝の色として教皇にのみその使用が留保されていたので、この服装規定の細則からだけでも、枢機卿団の重要性が増大していたことを見て取ることができる。ほどなく、枢機卿は使徒の後継者として、古代末期における皇帝と元老院との関係と対比させた「教皇の身体の一部（pars corporis pape）」、あるいは「教会の支柱」とも呼ばれた。これらの呼称は、後代のドイツで選帝侯に対しても用いられることとなる。また、少なくとも「教会の支柱」については法的な意味もあった。ローマ法に基づき、枢機卿を攻撃することは教皇その人を攻撃するのと同一視され、大逆罪とみなされることになったからである。教会内における枢機卿の実際の影響力が増大したことは、司教として叙階されていない枢機卿までもが、司教としての権能を司ることになったことからも明らかだ。マルティヌス四世の在位期間には、司祭枢機卿であったアンケルスは異端の司祭を除籍している。教会法学者もまた、司祭枢機卿が聖職者を除籍できるかについて議論を重ねていた。また同時に、枢機卿は富をも蓄えていた。ニコラウス四世は枢機卿に対し、教会領に由来する収入の半分を約束した。一三世紀末以降になると、セルヴィティアの半分もまた枢機卿に分配された。グレゴリウス一〇世が定めたコンクラーベに関する厳格な法規定が彼の後任の教皇によって撤廃されたことからは、枢機卿が教皇に対しどれだけ強い圧力をかけることができたかがわかる。この規定を後にケレスティヌス五世が復活させ、ボニファティウス八世は『第六書』に収録したが、枢機卿は抵抗をやめなかった。その結果、後の時代に、クレメンス五世およびクレメンス六世が教皇選挙に関する緩和措置を定めている。

教皇庁内部における力関係を考える上で重要なのは、構成員のほとんどがたとえローマ内にあっても教皇の宮殿に勤務していなかったという点である。教皇庁が都市ローマ外にあった時には、この傾向はさらに顕著となる。教皇宮殿に常駐したのは、教皇とその宮殿に伺候した侍従、守衛を除くなら、教皇官房長官、宝物庫管理官、そして四つの宮中職の下役だけだった。そこからは、これらの集団が教皇にとって有した重要性を見て取ることができる。これに対し、文書局は教皇宮殿に置かれたことはなかった。この点は、多くの俗人支配者の宮廷の事例と対照的である。文書局の構成員は通常、業務の処理を本人の住居で行うことが認められていた。そして、その所在地は、教皇が頻繁に行った巡行中については教皇本人の所在地とは異なった場所であった可能性もあった。教皇権にとって文書局が相対的に重要でなかったことは、その構成員が通常、教皇が代替わりした際に明確な任期延長の許可を得ることもなく、そのまま仕えていたことからもわかる。これに対し、教皇の信任厚い存在であった官房長官、宝物庫管理官、そして「聴罪師」は、彼らを任命した教皇が死去した時点で職を失い、再度任命される必要があった。

教皇への批判

業務が大幅に増えたことで、教皇庁の拡充は不可避となった。すでにインノケンティウス三世が、教皇庁で権力乱用が蔓延している可能性を認識している。それを受け、彼とその後継者であった歴代教皇の何人かは最も重大な悪弊、とりわけ汚職の横行に対して、手数料と管掌分野を規定することで根絶しようとした。この種の試みは、同時代の俗人支配者の行政機構においてはまったく知られていない。それでも、とくに守衛、侍従、さらには文書局員を代表格とする教皇庁構成員に賄賂が横行していることを批判する声は一三世紀に高まりを見せた。

教皇の政策もまた、批判から無縁ではなかった。一例を挙げるなら、現在、教皇が教会での最高位の信仰の監督者であるという際の拠り所となる学説、つまり、教皇の無謬性の教義は、教皇に対する批判者が構築したものである。それは、以前からの教会法上の伝統を下敷きにしつつ、一三世紀末に、教皇に批判的なフランシスコ会士が初めて作り上げた。彼らが問題視したのは、ニコラウス三世が一二七九年に正式な会則補足として発布したフランシスコ会を優遇する教書『エクスイット・クイ・セミナート（Exiit qui seminat）』を、ボニファティウス八世が改訂しようとしたことであった。言い換えるならば、教皇の無謬性をめぐる学説は、もともとは、教皇にその先任者の規定を遵守させ、教皇が有する立法権を制限しようとする試みとして始まったものなのだ。実際、その新たな学説を教皇の教義上の無謬性の要求として解釈する試みが行われるのは、ヨハネス二二世期を待たねばならない。そして、グイド・テレーニを代表格とする教会法学者がその試みの初期の担い手となった。

さらなる攻撃対象となったのは、公会議が教皇の下に置かれたことだ。一二一五年の第四ラテラノ公会議、一二四五年の第一リヨン公会議、一二七四年の第二リヨン公会議という一三世紀の公会議のうち、とりわけ第四ラテラノ公会議は、教皇と話し合いを持つ場というより、彼の意向を教会全体で貫徹させるべく行われたものだった。しかし、そのあり方が変わる萌芽は当時既に見られた。シンマクスに帰せられた「信仰から逸脱しない限りにおいて、最高の座を占める者（すなわち教皇）はなんびとによっても裁かれない（summa sedes〈=papa〉a nemine iudicetur, nisi a fide devius）」というよく知られた格言を出発点として、教会法学者のみならず神学者も、教皇が異端者であった場合、教皇たりえるのか、あるいはもしそうなら、誰が彼に裁決を下すことができるかをめぐり議論を交わした。この格言は、教皇が異端者となる可能性を排除していなかったからだ。そして一三世紀中に、普遍公会議が唯一、教皇に裁決を下すことが可能な裁判機関だとみなす見解が発言力を増した。初めは学問上の教説であったこの見解は、政治上の危険性を孕むものとなる。グレゴリウス九世とフリードリヒ二世の対立を経て、俗人支配者がこの見解を足掛かりに、敵対する教皇を裁いてもらうべく普遍公会議に訴訟を持ち込むようになったからだ。

ボニファティウス八世

ボニファティウス八世の在位期間中に、その種の批判は決定的局面に進んだ。使徒兄弟団のような異端者だけでなく、スピリトゥアリ派（聖霊派）のように正統教会内でもさまざまなキリスト教徒のグループが終末待望論の影響を受け――ここで終末論について詳しく述べる紙幅はないが――、彼らは、キリスト来臨後、世俗化した教皇権により導かれる教会の時代が終わり、聖霊の国が到来するのではないかという期待を抱いていた(11)。その橋渡しをする存在とみなされたのが、いわゆる「天使教皇」と呼ばれる人物である。一年にもわたり続いたコンクラーベの末、一二九四年七月五日に、高齢の隠修士であったピエトロ・ダ・モッローネが教皇に選出され、いわくつきの名前の「ケレスティヌス」五世という名を帯びる。多くの人々はこの彼を、待ち望まれた天使教皇とみなした。しかし、彼らの期待は裏切られた。ケレスティヌス五世は政治・行政上の業務経験に乏しく、ナポリ王カルロ二世（アンジュー家のシャルル二世）、およびケレスティヌスが属していた新修道会――彼が属していたことで以降「ケレスティノ会」と呼ばれた――の構成員から一方的な影響を受けたからである。教皇はまったく何も行うことができず、「霊的に清貧な」人物がキリストの代理人としては適していないことが明らかとなった。ベネデット・カエターニを代表格とする何人かの枢機卿と諮った上で、ケレスティヌス五世は同年一二月一三日、自由意思に基づき退位した初の教皇となった。この事件は、すでに同時代において、多くの教会法学者の頭を悩ますこととなる。教皇に退位が許されるかは明白ではなかったからだ。ケレスティヌス五世が退位した一一日後に、カエターニ家出身の枢機卿ベネデットが教皇に選挙された。その彼がボニファティウス八世である。ケレスティヌスがこの後任者に退位を強要されたのだから、ボニファティウスは正統な教皇ではないと想像をたくましくする人々は、ケレスティヌスの旧支持者以外にも存在した。それを受け、新教皇は自分の年老いた前任者であるケレスティヌスを人里離れ、カエターニ家の勢力圏の只中に位置するフモーネ城砦に拘禁した。そこでケレスティヌスは一二九六年に死去した。だが、ボニファティウスの正統性をめぐる疑いがそれで立ち消えになったわけではない。

（11）　一三世紀に影響力があった南イタリア出身のシトー会士フィオレのヨアキム（一二〇二年没）の著作によれば、「父の時代」（旧約聖書の時代）、「子の時代」（新約聖書の時代）に続き、神の恩寵の下で聖霊が世界に満ちる千年王国時代としての第三の世界史上の時代区分、「聖霊の時代」が教会に対する迫害の後に一二六〇年に最終的に到来するとされていた。彼の著作と思想は、正統／異端を問わず一三世紀から一四世紀の多くの集団に影響を与えている。

ボニファティウス八世に対する攻撃がさらに厳しくなったのには、以下の三つの理由にある。まず、彼が先任者たちの決定事項を撤廃し、都市ローマの門や教会、そしておそらくは祭壇にまで自らを称える彫像を建立させ、偶像崇拝者として非難されたのが一点目。そして、二点目としてはコロンナ家を犠牲に自家門の権力を拡大し、破門、免職、十字軍といった教会上の手段を援用して彼らに対抗したことが挙げられる。だが、とりわけフランスの（端麗王）フィリップ、そしてイングランド王エドワード一世と対立したことが問題となった。両支配者は互いを敵として争っていたが、一二九二～九四年の教皇座の空位期間中にそれぞれの支配領域内の聖職者に課税を行い、一二九六年には教皇の承認を得ることなくその措置を更新していたからだ。これら諸課税政策は、第四ラテラノ公会議の決議に抵触するものだった。在地聖職者の一部から抗議が寄せられたことを受け、ボニファティウス八世は教勅『クレリキス・ライコス（Clericis laicos）』を発布する。その勅書の中で彼は、聖職者が俗人の抑圧下でどれだけ苦しんできたかを強調し、第四ラテラノ公会議のカノン（決議事項）を確認し、違反行為に罰を科した。これを受け、イングランドの聖職者だけでなく貴族（バロン）たちもまた、以降王に対しさらなる税金の支払いを拒否することとなる。同様の状況はフランスの司教たちの間でも生じた。これに対する対抗措置として、フィリップ（端麗王）は貴金属、金銭の輸出および両替を禁止したが、これにより教皇庁の収入は著しく損害を受けた。互いを非難する声明が応酬された後、一二九七年に教皇が譲歩するが、これはコロンナ家に対処するためだった。そして教皇は、フランスに対する『クレリキス・ライコス』の撤回を強いられた。また、こうした状況の中で同年、フィリップの祖父であったフランス王ルイ九世の列聖が教皇によって裁可されることとなる。

アナーニ事件への道

しかし、一三〇〇年にボニファティウス八世が史上初の「聖年」を祝い、教皇権の威光を目に見える形で誇示することができた後、その翌年にはフランスとの対立が新たな局面を迎える(12)。この「聖年」では、数十万の信者がローマに巡礼で訪れたとされている。新司教区のパミエの初代司教であったベルナール・セセをめぐる事件が、両者の対立の引き金となった。ベルナールは司教座都市に対する保護権（パロトヌス権）をめぐって、フィリップ（端麗王）と衝突していた。王はその彼を大逆罪の罪人および異端者とする判決を下し、有罪とした後にナルボンヌに幽閉した。これは聖職者の有した裁判特権（privilegium fori）に対する明白な違反行為である。それを受け、ボニファティウスはベルナール・セセの解放を要求し、教皇が行った教皇による特権のすべてを取り消すことで、『クレリキス・ライコス』は再び実効力を持つ形でフランスに適用されることとなった。さらに教皇は、王、司教、並びに司教座聖堂付属参事会員と大学の学者を一三〇二年暮れにローマで開催される予定の教会会議に召集した。これを受けて発布された教勅『アウスクルタ・フィリイ（Ausculta filii）』（一三〇一年一二月五日付）では、聖職者を抑圧し、臣民をだました存在として王フィリップを断罪するにとどまらず、キリスト教世界の諸王が教皇に服属することは神が定めたものであることを強調している。これにより対立は、教会と国家間の諸権利をめぐる原則の闘争になったのである。王の立会いのもと、教勅『アウスクルタ・フィリイ』は燃やされ、その大まかな内容は、主張を極端に歪めた偽造勅書『デウム・ティメ（Deum time）』としてフランス内で流布することとなる。最終的に、王によって身分制議会（一三〇二年四月一〇日）が召集されたが、そこにはフランスの歴史上初めて諸都市の代表が含まれていた。議会はフィリップを支持した。対立はその後も続く。ボニファティウスはフランス人があまり参加しなかったローマでの教会会議の後、一三〇二年一一月一八日に教書『ウナム・サンクタム Unam sanctam』を発布した。この教書で、彼は両剣論の教皇側からの解釈に基づき、聖書を独自解釈することで、教皇の地位をこれまで以上に強調した。「ローマ教皇に服することは、被造物たるすべての人間にとり必要不可欠である（Porro subesse Romano pontifici omni humanae creaturae declaramus... omnino esse de necessitate salutis.）」という宣言を行いさえしたのである。この主張は、トマス・アクィナスやエギディウス・ロマーヌスのいくつかの論題を継承してはいるが、それはもはや単なる教説上の見解でなく、一つの信仰信条と見なされた。この教書についての議論はその後も続き、中世末までは注釈が施されることはあっても、正式な教会法中に取り入れられることはなかった。だが、教皇権とフランスとの対立が再燃した後、一五一六年に第五ラテラノ公会議で確認されることで、カトリック教会において普遍的に認められることとなる。

(12)　一三〇〇年を迎え、数多く訪れたローマ巡礼者に対し、ボニファティウス八世が同年二月二二日に行った教勅を制度上の起源とする。一〇〇年に一度、ローマのバシリカに一定日数巡礼、参拝を行い、罪の告白を行ったものに完全贖宥を授けるという布告がそこでなされたので、地中海各地からの巡礼者の来訪と贖宥の授与が同時代の記録に残されている。後に、贖宥授与／聖年の機会は五〇年に一度、さらには二五年に一度とより頻繁になった。

教皇と王の間での交渉は再開したが、対立はより先鋭化した。当時フィリップの印璽尚書であったギヨーム・ド・ノガレはコロンナ家と結んで彼らのボニファティウスに対する批判に相乗りした。その間、ボニファティウスは王を破門することで、臣民から王に対する忠誠宣誓の拘束力を解こうともくろんでいた。破門は一三〇三年九月八日に行われるはずだった。しかしその前日、ノガレはシアッラ・コロンナ（Sciarra Colonna）とともにアナーニの教皇宮殿を襲い、退位を要求した。ボニファティウスがこれを拒否すると、フランスで退位宣告を受けさせるために拘束されることとなった。それより前にコロンナ家を支持したアナーニの都市民が彼を解放したものの、ボニファティウスは一か月後にローマで死去した。

ボニファティウス八世の教会政治上の構想の挫折は、次章で述べる時期の教皇権に大きな影を落とした。とりわけインノケンティウス三世に負っている教皇の向上した地位は、ボニファティウスの死により揺らぐこととなった。同時に、彼とフランス王フィリップとの間の対立からは、この後の数世紀を特徴づけることになる状況を暗示している。つまり、国の枠組みを超えた存在である教皇権が、在地の統治者と教会との同盟により圧迫される、という事態である。このように本章の最後で、他の事件より詳細にボニファティウスとフィリップとの間の抗争を記述したのは、この影響の余波が広範に及びかつ深甚なものだったからである。

九章　アヴィニョン教皇庁時代（一三〇三〜一三七八年）

教皇庁のアヴィニョン移転

ボニファティウス八世の後継者として選ばれたベネディクトゥス一一世には、重い負担がのしかかっていた。アナーニでの襲撃と前任者ボニファティウス八世の死によりカエターニ家とコロンナ家の間の戦いが再燃したのに加え、教皇領では蜂起が勃発していた。ベネディクトゥスを支持したのは、高齢のマテオ・ロッソ・オルシーニを代表とする枢機卿団内の旧ボニファティウス派だった(1)。さらにナポリ王国のカルロ（シャルル）二世も支援した。これに対し、フランス王フィリップ四世は敵対していた。王の印璽尚書であったノガレもコロンナ家を支持し、フィリップ四世とともに、ボニファティウスに異端宣告を下す普遍公会議の開催を要求していた。この困難な状況下でもベネディクトゥス一一世はフランス王に対抗し、ローマからさらに安全なペルージャに逃れるとすぐにノガレとその協力者を破門した。しかしその地でベネディクトゥスは、わずか八か月の在位で死去することとなる。

(1)　一三〇五年没。教皇ニコラウス三世の甥であり、一二六二年にウルバヌス四世により枢機卿（助祭枢機卿）に任命された。

ベネディクトゥスの死後開かれたコンクラーベは、一一か月の長きに及んだ。これは、二つの枢機卿の党派——一方は旧ボニファティウス派でマテオ・ロッソ・オルシーニが指導する党派、もう一方はマテオの甥であったナポレオーネ・オルシーニを筆頭とする親フランス的な党派(2)——が合意できる候補者を長期間見出すことができなかったためであった。ナポレオーネの巧みな外交手腕が功を奏し、最終的にボルドー大司教であったベルトラン・ド・ゴを教皇とする合意が取り結ばれた。ボニファティウス派はベルトランを自分たちの味方だと誤解したのでこの合意に至ったのである。ベルトランは選挙の結果を受け入れ、クレメンス五世を称した。しかし彼はローマに赴かず、リヨンで行われる戴冠式に来るよう枢機卿たちに伝えた。当時、リヨンは、まだ名目上は神聖ローマ帝国に属していたものの、実際にはすでにフランス王の影響下にあった。そのリヨンで、クレメンスは状況の悪化が懸念される中で戴冠した。彼はイタリアへと向かう意思を繰り返し表明したものの、実際には健康上や政治上の理由から中南部フランスにだけしか滞在しなかった。

（2）一三四二年没。一二八八年に助祭枢機卿に叙される。

クレメンスは多くの自分の縁者や同郷人を枢機卿に任じた。また、フランス王の影響を強く受けた。この二つの点についてては改めて触れることになるが、その結果、クレメンスが死去した段階でイタリア人枢機卿は少数派になっていた。このため、クレメンス死後の一三一四年の後継者選挙は一三〇四年よりもさらに困難なものとなった。クレメンス派からの圧力を背景に、イタリア人枢機卿がカルパントラで開催されていたコンクラーベを去り、二年間にわたりそれへの参加を拒否したからである。すべての枢機卿が再会したのは一三一六年のリヨンにおいてだったが、その時でさえ問題が解決したわけではなかった。フランス王ルイ一〇世の弟であり、後に本人もフィリップ五世となる王弟フィリップが約束を違え、枢機卿団に再度圧力をかけたからだ。かつて教皇の決定に影響力を持ったナポレオーネ・オルシーニが南フランス人に合意するようイタリア人枢機卿の三人を説き伏せて初めて合意が形成された。合意の対象となった候補者は、フィリップからも承認された七二歳のカオール出身の人物、ジャック・ドゥエズであり、彼は選出後ヨハネス二二世を名乗ることとなった。一三一〇年から一三一二年までアヴィニョン司教であったヨハネスは、リヨンで派手な戴冠式を行った後、かつて自身が司教であったアヴィニョンに向かった。ヨハネスは自身の縁者でもあったそこの現職の司教を枢機卿に昇格させ、司教区の行政官に任じた上で、司教の宮殿を自らの座所とした。

それ以降ほぼ六〇年にわたり、アヴィニョンが教皇の座所となる。

本章で扱うこの時期は、長い間「教皇のバビロン捕囚」と呼ばれてきた。この呼称をとくに好んで用いたのは、ナショナリズム的な傾向を持ったペトラルカ以降のイタリア人である。ちょうどその頃、イタリアに住む人間に対する呼称として、「イタリアに住むもの」（italisch）に代わり「イタリア語を話す集団」（italienisch）が用いられるようになる。ダンテやペトラルカがよい例だが、一四世紀以降、彼らは自身を「イタリア語」という俗語を話す点で共通性のある集団とみなす度合いがますます強くなった。コーラ・ディ・リエンツォによる政治的な統一の試みもまた、この流れと符合するものである。だがローマと比較するなら、アヴィニョンには数多くの長所があった。アヴィニョンでは、貴族の派閥間争いのようなものはなかった。都市そのものも、アヴィニョンの方が交通の便がよかった。ローヌ川は南北の交通路として最重要の経路の一つであり、また、東西をつなぐ重要な街道が「アヴィニョン橋」と呼ばれるサン・ベネゼ橋を越えてローヌ川を横断していた。また、アヴィニョンは建前上では神聖ローマ帝国に属していたが、実際にはアンジュー家の支配下にあった。ちなみにヨハネスは一三〇八年から一三一〇年までアンジュー家のナポリ王の書記局長を務めていた。アンジュー家によるアヴィニョン支配は、クレメンス六世が一三四八年にドイツ王カール四世の承諾を得た上で、ナポリ王国女王ジョヴァンナからアヴィニョンを購入するまで続く。また、アヴィニョンはヴェネッサン伯領に囲まれていたが、一三世紀半ば以降、伯領は教皇権に従属する存在となっていた。その一方で、サン・ベネゼ橋を渡るとフランス王国が広がっており、フランスからの援助をすぐに得ることができた。そして、叙任権闘争以降、教皇は、自身の伝統的な司教座都市であるローマ以外の地での滞在を余儀なくされることが多くなり、こうした度重なる不在により継続的な行政機構を構築することが困難になっていた。そのことを考慮するならば、教皇庁はアヴィニョンに移転することでさまざまな困難はあったものの、一定の場所に常設された効率的な行政機構を作り上げる機会に恵まれたといえる。

教皇宮殿の役割

教皇による統治の中心となったのは教皇宮殿である。ヨハネス二二世は接収した司教宮殿に裁判を行うための大広間を増築するにとどまったが、宮殿の新築がベネディクトゥス一二世のもとで一三三五年に始まった。大聖堂の旧教区教会は宮廷礼拝堂となり、その南側には三つの側棟が建造された。宮殿は修道院を思い起こさせる外観となったが、建築の依頼主であったベネディクトゥス一二世その人がシトー会士であったことを考えるなら、それは驚くには値しない。宮殿東棟の延長線上には、複数の迎賓室と教皇本人が住居とした塔が作られた。クレメンス六世はもう一つの居塔を建設したのに加え、第二礼拝堂と新たな裁判の大広間を備えた新棟を南側に建造し、さらには宮殿への玄関が立地する西棟を増築することで、宮殿をさらに壮麗なものへと拡張した。その後、主だった宮殿の増築と拡張は、インノケンティウス六世とウルバヌス五世によりなされた。アヴィニョンの教皇宮殿は、フランス革命により破壊を被ったにもかかわらず、現存する中世時代の遺構の中では、フランスでは最も規模が大きくかつ見る者に強い印象を与える建造物である。

とりわけ一四世紀半ば以降、教皇の生活は宮殿に集約されることとなった。それまで、教皇の選出と戴冠は主としてドミニコ会の修道院および大聖堂で行われたが、一四世紀半ばからは、教皇がローマにいた時代の伝統に反して、この二つの儀礼は宮殿の中で行われるようになった。それまでローマの司教、聖職者、そして都市民のためのものとして定められた典礼も宮殿に集中し、聖職者と都市民の多くが参加者から排除された。ここで述べた都市型の典礼から宮殿儀礼への変化は、その後五世紀にわたり教皇権のアイデンティティーと表象のあり方を特徴づけることとなる。つまり、これ以降の教皇は人々から隔たった支配者となったのだ。アヴィニョンで教皇が一般の聖職者や巡礼者の目に触れる機会は、護衛に取り囲まれて枢機卿との宴席に赴く際か、避暑地であったシャトーヌフ・デュ・パプに赴く際か、あるいは教皇が遺体として大聖堂に運ばれる際に限られた。都市ローマの役割を教皇宮殿が取って代わったことは、聖別された祭壇の名称などに明白な形で表れている。当時、すでによく知られていた「教皇がいるところがローマである（ubi Papa, ibi Roma）」という格言に従い、ベネディクトゥスが建立し、使徒ヨハネに奉献したサン・ジャン礼拝堂がラテラノ宮殿に見立てられ、クレメンスによる新棟がサン・ピエトロ大聖堂に見立てられた。宮殿への主玄関は使徒の長であるペトロとパウロの門と名付けられ、ウルバヌス五世が建造させた東棟は後の教会大分裂の時代には「ローマ」と呼ばれた。

儀礼と同様に、すべての重要な統治機構も宮殿に集約された。居塔のすぐ北では枢機卿会議が開かれ、賓客の位階に応じた饗応が行われた。教皇庁裁判所（ロタ）と係争文書聴取会（auditorium litterarum contradictarum）という二つの聖職者裁判機構は、クレメンス六世が建造させた新棟で開かれた。それらが教皇庁の中心となる重要性を持ったことは、すでにクレメンス五世の在位期間中に明らかとなっていた。クレメンス五世は、それまで教皇が巡行することで教皇宮廷が一か所に留まっていなかったことに鑑み、先代教皇が逝去した時点で両裁判所が所在した地で新教皇選出が行われるべしと教令で定めた。また、教皇にとっての重要な官吏たちが宮殿に居住したことにより、行政機能の集約化が実現した。最初、教皇の居塔そのものに居住し、後には玄関棟に居住することになったのは、宮殿監督（magister domus）、侍従、ベネディクトゥス一二世が新たに創設した礼拝堂関係者（カペラーヌス他）、三等級に区分された守衛たち、さらにこうした一般的な宮殿構成員に加え、官房長官と宝物庫管理官といった者たちである。また、聴罪司祭（confessor）のような腹心、あるいは教皇自身からとくに信任厚い枢機卿たちもこの同じ場所に居住するようになった。教皇にとり官房が最重要部局となり、その重要性はますます大きくなったことはすでに述べたが、教皇はその長である官房長官を自身のすぐそばに常に置いておこうとした。これに対し、文書局や内赦院といった職能部局については、上は文書局長代理および内赦院長官から下級役人としての書記や代理人に至るまで、役職者たちは、アヴィニョンか、あるいはローヌ川を隔てた近郊のヴィルヌーヴ・レ・ザヴィニョン（アヴィニョンの新市街地）に居住していた。当時新造されるか、より豪壮なものへと改築された教会建築だけでなく、枢機卿に支給されたものをはじめとする教皇庁構成員の邸宅は、今日なおこの両都市の景観を特徴づけている。

枢機卿の重要性

教皇宮殿の建築物は、同時期の歴代教皇の新たな生活と統治の様式を体現していた。教皇庁関連の新しい建造物は、一層増大した業務に対応したものである。また、新たな周辺環境と政治的な圧力を受けて枢機卿の重要性もまた増大した。枢機卿団内部におけるイタリア系派閥を一掃し、同時に自らの地歩を固める目的で、クレメンス五世が枢機卿へと任用したうち、圧倒的多数（一七人）が南フランス出身者であった。そして、その中の七人はクレメンス本人の縁者である。これと同様の原則が、クレメンス五世の後継者の間で流行のようなものとなった。また、教皇や枢機卿の縁者は、それぞれの家人として教皇庁内の職務に就き、キャリアを上昇させたので、ある教皇もしくは枢機卿の縁者であった人物が、後の教皇の在位期に枢機卿団入りし、あるいは教皇の座にまで登りつめることもあった。たとえば、ベネディクトゥス一二世はクレメンス五世在位期に文書局長代理だったアルノー・ヌヴェルと血縁があり、グレゴリウス一一世はクレメンス六世の縁者である。かつてはローマの貴族家門の成員が枢機卿団の多数派を構成し、しばしばその政策に発言力を有したが、今や南フランス、あるいは中部フランス出身の聖職者が枢機卿の多数派となる。とりわけ、クレメンス六世の在位期間以降はリムーザン出身者が台頭した。彼ら以外には、比較的多数の北フランスとイタリア出身者、数人のイベリア半島出身者、さらにクレメンス五世とウルバヌス五世の在位期間中には各一名のイングランド出身者もいた。だが、ドイツ出身者は一人もおらず、それ以外の地域出身者についてはまったく記録が残っていない。このように、枢機卿の出身地域がフランス中心に変化したことと相俟って、教皇選出における枢機卿の派閥争いが激しくなり、また、枢機卿の教皇権に対する影響力が一層強まった。そして枢機卿たちは、枢機卿の数が増えないように、教皇による新たな枢機卿の受け入れに干渉した。というのは、枢機卿の全体数が増えるほど、枢機卿個々人の影響力と収入は減少するからである。枢機卿の総数を抑える枢機卿団の方針は、クレメンス六世が一三五二年に没した後、教皇史上初めて枢機卿団により発布された「教皇選挙規約」(3)の中でも明らかである。ただし、新たに選出されたインノケンティウス六世は、選挙後にその規約を無視したが、枢機卿団は枢機卿の総数を抑える方針を一貫して続けた。さらに、教皇が自分の縁者や同郷人をしばしば文書局、内赦院、官房といった最重要部局のトップに据える事例が見られたことも指摘しておこう。

(3) 枢機卿(団)の人数を最大二〇人に制限、一六人以下になるまで欠員補充を禁止する一方で、枢機卿の任免や破門にあたり枢機卿団構成員の三分の二の同意が必要と定めたもの。

教皇庁部局のさらなる発展

一三世紀に発展を遂げた各部局の組織は、アヴィニョン期にさらに拡張した。文書局長代理が統括する文書局と教皇庁裁判所(ロタ)にとって、ヨハネス二二世の教皇在位期が重要な転機となる。ヨハネスは一三三一年に文書局規約を発し、文書局、係争文書聴聞会、そして教皇庁裁判所(ロタ)における業務の流れと、その中での手数料がどうあるべきかを定めた。この規約の制定にあたっては、おそらく文書局長代理のピエール・デ・プレが指揮を執ったものと推測される。この規約はいくつかの点で補則が付加されたものの、後代まで、とくに一五世紀に至るまでの規範となった。だが、これだけですべての悪弊が解決されたわけではない。たとえば、請願者が十分な「心づけ」を守衛や侍従に与えなかった場合、多くの請願文書が放っておかれることをベネディクトゥス一二世は承知していた。それを受け、彼は請願文書を記録簿に登録するよう命じた。この請願文書記録簿はベネディクトゥスの後継者[クレメンス六世]の代以降のものが伝わっており、教皇庁史にとっての最重要な史料の一つとなっている。

またベネディクトゥス一二世は、前任者よりも聖職者の資質に関心を向けたので、聖職禄請願者に対する審査を導入した。しかし、この審査の内容からは逆に、請願者の教育水準がいかに劣悪であったかがわかる。なぜなら求められたのは、ラテン語の読み書きの知識と声のよさ、それだけだったからだ。ベネディクトゥス一二世はまた内赦院を組織化した。この時代の組織化が、内赦院が後の時代に発展する基礎となる。この時期に、内赦院は明確な業務規定と定式文書集を初めて獲得した。業務の増加を受け、内赦院付書記官たちもまた同輩集団へと組織化された。だが、ベネディクトゥス一二世が基礎を築いた諸事業の中でその命脈を最も長く保ったのは宮廷礼拝堂(capella)であり、当初は「私的礼拝堂（capella intrinsecta）」、後に「教皇礼拝堂（capella papalis/ pontifica）」と呼ばれ、その後は「システィーナ礼拝堂」として現代まで続いている。その礼拝堂に所属する歌い手（cantores）の務めは、教皇が宮殿で執り行う聖務の補佐である。彼らはその務めを、以前この権能を有した教皇カペラーヌスより引き継いだ。教皇宮殿での聖務が、そこでの儀礼全体の中で重要性を増すにつれ、儀礼聖職者、侍祭、助祭、聖具保管係といった新たな権能を担う役職が登場した。彼らはすでに教皇の腹心の一翼を占めていたが、ヨハネス二二世およびベネディクトゥス一二世の在位期以降については、聴罪司祭もまた以前よりも重要な役職になった。聴罪司祭には教皇の居住空間の監督が委ねられたが、教皇に近い存在であったゆえに、それ以外に彼らがどんな活動をしていたのかはめったに記録上現れることがない。さらに教皇書記官も、政治書簡の作成業務を行うことから教皇の側近として働いていた。また請願検討官も、教皇の重要な文書の運搬を委ねられたので教皇の側近となったが、彼らは次第に文書局へと組み込まれた。

最後になったが、官房について述べておこう。この時期になると官房内部に、文書業務を遂行する、ほぼ七人の聖職者たちがいて、彼らは一つの同輩集団を構成していた。この集団が、業務を官房の中枢と結びついた形で組織化した。またこの時期には、ヨーロッパの全教会が地域ごとに徴税管区に分割され、各管区内で徴税官と副徴税官が置かれ、徴税を請け負うことになったことも、こうした教皇庁の組織化に貢献した。また、これ以前の時期からすでに、家人（ファミリア）となることは、聖職者のキャリア形成にとり重要な経歴だったが、アヴィニョン期にこの社会的上昇を果たすための階梯はさらに制度化され、官房付聖職者、教皇文書局書記官を始めとする役職者は、その職を得ると教皇の家人の一員となり、その身分を通じて雑奉仕納付金（セルヴィティウム・ミヌータ）の分け前にあずかることとなった。さらに家人となれば、聖職禄を得る機会も大きくなった。

ただ一三世紀とは対照的に、教皇庁の構成員のほとんどはもはや現物支給でなく、金銭により俸給が支払われた。教皇庁での金銭の必要性は、その上さらに、構成員の数の増加、教皇と枢機卿の生活費の増大によっても大きくなった。その結果、アヴィニョン期は、教皇権が教会全体を財政的に最も効率的に掌握した――「搾取」したということもできようが――時代となったのである。

教皇庁の財源となった諸収入

この教皇庁のシステムの基礎となったのは、行政上の諸措置と勅令の布告である。とくにそれらが重点的に扱ったのは、聖職禄留保の問題であった。クレメンス五世は教皇による司教の聖職禄留保の範囲を拡大し、以下の場合はすべて教皇による留保の対象とした。つまり、前任者が教皇庁で叙階を受けた場合、教皇庁で罷免させられた場合、司教座の転任で新たな司教座に任じられた場合、別の司教と司教座を交換することになった場合である。また、ヨハネス二二世が発した教書『エクス・デビト（Ex debito）』では司教の聖職禄留保はさらに拡大し、選出手続きが無効と判断された場合、候補者が不適格として却下された場合も含むものとされるとともに、教皇による聖職禄留保は司教だけでなく、枢機卿と教皇庁役職者のすべての聖職禄がその対象に含まれることにもなった。一三三五年には、ベネディクトゥス一二世がそれまでのすべての教皇による聖職禄留保の規定をまとめ、さらに対象を拡大している。対象の拡大はさらに続き、最終的にはウルバヌス五世の在位期には、全司教座と、一定以上の収入要件を満たす男女の修道院長職すべての聖職禄を教皇に留保されるまでになった。これと並んで、教皇は托鉢修道会の要職の任命にも強い影響力を行使するようになり、高位の教会人はすべて事実上教皇に従属することになった。

それ以外に、下級聖職禄が教皇庁で授与される事例が増加し、教皇庁はその授与行為からも収益を得た。それに伴い、聖職禄が兼任される悪弊が生じた。ヨハネス二二世は一三一七年に発した教書『エクセクラビリス（Execrabilis）』において、在俗・修道双方の聖職者のうち、驚くほど多くの者が複数の聖職禄を貪欲に手元に集め、それにより、司牧がないがしろにされる被害が出ているとの不満を述べ、聖職禄の兼任を禁じている。これを受け、教皇ヨハネスは聖職禄保有を制限する規定を出した。つまり、以後、司牧義務が付随する聖職禄（beneficium cum cura）を保有する人物は、それに加えて、司牧義務が伴わない聖職禄（beneficium sine cura）を一つだけは保有することができる、というのがその規定であった。しかし、ヨハネス二二世は教書『エクス・デビト』を筆頭とする自らが定めた規定を稀にしか遵守することがなかったし、聖職禄請願者はそれらを歯牙にもかけなかった。ヨハネス二二世は、聖職禄請願者に数多くの期待権を授与したので、状況はさらに悪化した。ヨハネス二二世は臨終の際に、彼が出した期待権を撤回し、彼の後任の教皇もその在位期間に期待権の授与の制限を行おうとはしたが、そうした試みは長期的にはほとんど効果がなかった。その結果、一件の聖職禄に対し最大六人の期待権保持者が権利を保有し、その権利をめぐって教皇庁で裁判が行われるような事態が生まれている。聖職禄兼任の問題は、とくに枢機卿において顕著であった。一例を挙げるなら、ナポレオーネ・オルシーニは約一〇〇の聖職禄を保有していた。だがまた、官房付聖職者のような中位の教皇庁構成員も、複数の聖堂参事会員の聖職禄を司牧義務が付かない形で保有することを欲していた。この悪弊を打破しようとしたのはベネディクトゥス一二世のみであった。彼は、ある枢機卿が死去した際に、その遺産から故人が不当に保持した聖職禄分の補償を行うよう命じた。またドミニコ会士――つまり「托鉢」修道会士――のギヨーム・ド・ペール・ド・ゴダンも同じく兼任した聖職禄の補償を命じられたが、彼の場合は、補償額はおよそ八四三〇グルデンであった。これはマクデブルク大司教の年収を約一〇〇〇グルデンも上回るものだった。ともあれ、聖職禄授与を求めて何千もの人々が教皇庁に押し寄せたが、そのほとんどは少額聖職禄（in forma pauperum）(4)を求める者であった。一般に記録簿に記されることがなかった彼らがどれほどの人数であったか、史料から知ることはできない。だが少なくとも、クレメンス六世の選出後の数か月で、約四万人もの聖職者がアヴィニョンに聖職禄を求めてやってきたと推定されている。

（4）　年収二四グルデン以下。

クレメンス五世以降の教皇は、教皇庁の財政のために聖職禄授与の際に取り立てる税を利用しようとした。クレメンス五世が一三〇六年に初めて、イングランド、アイルランド、スコットランドにおける、その時点で空位の聖職禄、およびそれ以後に空位となる聖職禄に対し、聖職禄の初年次分の収入を初年度納付金（Annaten）として要求した。

これに対する抗議の声が一三〇七年にカーライルで開かれた議会で上がり、ヴィエンヌ公会議においても同様の批判がなされたが、ほとんど何の効果もなかった。ヨハネス二二世は、ヨーロッパ全土を対象に初年度納付金の要求を繰り返し行ったが、彼はまた、各地域に対して個別に初年度納付金の要求も行った。そして一三二六年以降は、聖職禄保持者が教皇庁滞在時に亡くなり空位となった全聖職禄に対して、初年度納付金の支払いが義務付けられた。支払額は固定額ではなかったが、この時期の終わり以降では、初年度収入の半額が具体的な支払額とされた。そして、教皇庁で授与された年収二五グルデン以上の全聖職禄に対し支払い義務が課された。

ウルバヌス五世の在位期までに、納付金や初年度納付金以外に、教皇はすべての司教、修道院長、聖堂参事会長、さらには小教区の司牧を担当する司祭、そして枢機卿や教皇庁構成員について、そのすべての遺産（スポリア）を自らに留保した。あわせて、聖職禄保持者の教皇庁滞在中の死去により空位となった全聖職禄について、空位期間中の全用益権（空位期間収入）も留保の対象となった。

これまで挙げた四つの収入源――つまり、納付金、初年度納付金、スポリア、空位期間収入――が、教皇の財政上の収入の多くを占めた。それらの割合が増大する一方、十字軍税からの収入は減少した。そもそも十字軍税は支払われれば、それぞれの土地の支配者と分割されねばならないものだった。また、レーエン法関係に基づく上納金収入も十字軍税同様に減少した。たとえば、イングランドは一三六五年を最後に上納金の支払いを打ち切っている。教皇たちは、支出の増大に見合う収入を確保すべく、かつて自発的に行われた寄付（慈善活動のための援助金 subsidium caritativum）を強制的な支払いへと変更した。またヨハネス二二世がイタリアでの軍事費を調達するためにフランスに課したこの援助金の一回の徴収額だけでも二〇万フィオリーノを上回る額だった。ちなみにその額は、彼の在位期間中の教皇庁の平均的な一年の収入とほぼ同じであった。これに加えて、司法マレスカルクスが徴収を担当する罰金や教皇領およびヴネッサン伯領からの税収、さらに和約金（和議を結んだ後の補償金）が追加の収入源として挙げられる。クレメンス五世は新たな収入源として一三五〇年を聖年と定めた。そして彼はマヨルカの島民には、ローマに巡礼することなく、つまり現地にいながらにして聖年の贖宥を得る特権を、三万グルデンの支払いを条件に認めた。この措置は、ボニファティウス九世や一五世紀の諸教皇にとっての前例となった。最後に、これまでとはまた別の、とりわけ悪評高かった資金の調達手法である饗応税についても触れておこう。本来、この制度は、司教、大助祭、あるいは聖堂参事会長が巡察を行う際の費用をまかなうためのものであり、実際に巡察が行われた場合にのみ支払いの義務が生じた。だがすでに一三〇〇年頃には、巡察が行われなくとも、この税の支払いが要求されることになる。この発展の最終段階が一四世紀中に生じ、その結果、巡察を行うことが明らかに不可能な場合でも、教皇は徴収権を留保することとなった。この事例でも、司牧と規律刷新のための手段が、教皇の財源確保のための収入源となってしまったのだ。

財政状況が悪化するにつれ、とりわけセルヴィティア税支払いの義務を負った者のうち、支払いが滞りがちな者は破門されるようになった。破門により聖職者としての義務を果たすことは不可能となったため、ここに至って初めて、セルヴィティア税がシモニア（聖職売買）と同一視され、悪評が立つこととなる。一三二八年にヨハネス二二世は三〇人以上の司教と四〇人以上の修道院長を破門し、続く教皇たちも同様の措置を取った。

すでに述べたように、諸収入の徴収を担ったのは徴税官であった。だが、教皇庁への送金とそこで行われた支払いを遂行したのは、主としてフィレンツェの銀行家である。歳入額が空位聖職禄の数により変動し、また一四世紀後半以降は支出超過となったため、銀行家は債権者としての役割も果たすようになった。とくに、教皇庁の業務の遂行では、銀行家が国家の枠組みを越えて活動したため、両替と信用貸しが拡大することになった。アヴィニョン教皇庁時代の財政政策が、初期資本主義の成立にとり最も重要な前提の一つとなったという仮説は、すでに半世紀以上前から存在する。

金銭収入は、歴代教皇の個人的な理念や政治上の目標により使途が決定された。たとえばヨハネス二二世は在位期の収入のほとんどを戦争のために使い（在位期を平均して六三パーセント）、その他には、縁者や同盟者（約四パーセント）

のために費やしている。その一方、彼の後を継いだベネディクトゥス一二世は慈善活動（二〇パーセント）、建築活動と不動産取得（二五パーセント）に支出を集中させた。クレメンス六世の在位期には儀礼にかかわる出費が増大し、一三四二年の戴冠式だけでも一万五〇〇〇グルデンが支出された。他方、インノケンティウス六世の在位期には教皇領の再征服に支出の大部分が向けられた。その合計額は約一〇〇万グルデンであり、教皇在位期間の総収入の約四五パーセントに相当する額である。各教皇の家政のやりくりも人によりさまざまである。ヨハネス二二世とベネディクトゥス一二世については歳入が支出を上回っていたが、クレメンス六世とインノケンティウス六世が彼らの残した蓄えを取り崩してしまった。ウルバヌス五世とグレゴリウス一一世はすでに先任者の在位中に発生していた赤字をさらに増大させ、御用銀行家からの融資をより頻繁に受ける必要に迫られた。これは、後の時期に重荷となった。

アヴィニョン教皇庁とフランスの関係

セルヴィティア税を始めとする諸収入は通常、約半分がフランスから徴収された。フランスはまた、ほとんどの枢機卿と教皇庁構成員の出身地でもあった。この点だけでも、教皇庁とフランスとの間に密接なつながりがあったことは明らかだ。教皇が歴代フランス王と良好な関係を築こうと腐心したのももっともなことである。しかし、ボニファティウス八世の政策とアナーニでの襲撃により、アヴィニョン教皇庁時代の初期には、両者は緊張関係にあった。実際、フィリップ四世はリヨンでの普遍公会議の開催を要求し、その公会議の場で、ボニファティウス八世を偶像崇拝などの罪で異端者として裁くようクレメンス五世に対し強く求めていた。この王からの圧力を受け、クレメンスは教皇庁の記録簿から『クレリキス・ライコス』など複数の重要なテクストを削除させた。このような措置は、それまでにはありえないものだった。ただ、フィリップ四世がどの程度、本気で弾劾しようとしていたのかはよくわかっていない。彼もまた、教皇を必要としていたからだ。フィリップ四世は一三〇五年以前の段階ですでに、当時、フランスで存続していたヨハネ騎士修道会、テンプル騎士修道会、あるいは聖墳墓騎士修道会といった全騎士修道会の「総長」となり、彼の指揮下に統合することをもくろんでいた。リヨンで一三〇五年に執り行われた教皇戴冠の席で、フィリップ四世はクレメンスに対しテンプル騎士修道会に対する不満を述べた。その二年後、彼はフランスの全テンプル騎士修道会士を捕縛し、拷問にかけ、尋問するよう命じた。異端審問官たちが尋問を行ったが、自白から明らかになったのは、反キリスト的な慣行と性的乱脈である。そのような放縦が現実に実践されていたと王が信じていたかどうかについては証明するすべがない。だが、フィリップ四世にとっては、イングランド王であったエドワード一世同様、自分がテンプル騎士団に対し多額の負債を負っていることの方がおそらくはより重要だっただろう。そのような事情から、フィリップ四世は同騎士修道会の解体に関心を抱くことになる。ポワティエで一三〇八年に教皇と会見して以降、王は教皇に対する圧力を強めた。最終的には教皇がヴィエンヌで教会会議を召集し、一三一一年に実際に会議が開催される。この会議の場では新たな十字軍と教会の改革が議論される予定だったが、実際に俎上に上がったのはテンプル騎士修道会の問題だった。多数の会議参加者が抗議したにもかかわらず、クレメンスは行政上の手続きに則って修道会を解散させた。その代わりに、フィリップ四世はボニファティウスに対する弾劾を断念したが、一方でフィリップは一三一三年に、ボニファティウスの先任者であったケレスティヌス五世をクレメンスにより列聖させた。イベリア半島以外の地域では、テンプル騎士修道会の理念を継承したのはヨハネ騎士修道会であった。だが実際のところ、少なくともフランスでは、テンプル騎士修道会の旧所領のほとんどを継承したのは王権である。フィリップが没したのはクレメンスと同年のことであった。

フィリップ四世の息子たちの在位期間が短かったこともあり、政治経験が豊かであったヨハネス二二世が権力の座についた教皇権はより強大な存在となった。フランス王が教皇権に対し再び強い影響力を行使するのは、フィリップ六世（在位一三二八〜五〇）およびシャルル五世（在位一三六四〜八〇）など、一三二八年以降権力を掌握したヴァロワ家の支配者を待たねばならない。フランス王にとって好都合だったのは、歴代教皇のうち二人、具体的にはクレメンス六世とインノケンティウス六世が、かつてフランス王の印璽尚書、ないし助言者を務めた経歴の持ち主であったことだ。そして、当時の教皇権が抱えていた二つの政治上の大問題は、一三三八年に始まり一四五三年まで続く百年戦争、そして教皇庁とドイツ王ルートヴィヒ四世との対立であった。まず、イングランドとフランスの間での大規模な抗争である前者から見ていきたい。戦争を仕掛けたのはイングランド側であり、イングランド王エドワード三世はヴァロワ家に対し、自身が母系を通じフィリップ四世の血を引くことを根拠としてフランス王位を要求した。だが、実際に戦争により獲得しようとしたものは、プランタジネット家から引き継いだ大陸のイングランド王所領の維持と回復だった。この戦争がもたらしたものの一つは、フランスの農村部の荒廃であった。ケルシーやオーヴェルニュなどいくつかの地方では、荒廃から復興するまでには何世紀もの時を要した。戦争による荒廃に加え、一三四八年に端を発するペストの大流行によって数多くの教会や修道院が打撃を受けた。同時に考慮する必要があるのは、教皇庁構成員、枢機卿、さらにクレメンス六世以降の歴代教皇の多くが荒廃した諸地方の出身者だったことである。歴代教皇が侵略者であるイングランド人にほとんど共感を示さず、フランス王を政治的に支援したことは想像に難くない。ただし、教皇がフランス王をどれだけ財政的にも支援したのか——おそらくはイングランドから来る教皇庁の収入も使いながら——については、イングランドでは教皇の支援に対し批判がなされたにもかかわらず、はっきりとはわからない。だが明らかなことは、フランス王が以前よりもっと積極的に、教皇の承認の上で、収入のよい聖職禄を王の聖職者に授与していたこと、つまり、教皇が留保した聖職禄授与権を、王が自分の権利として行使していたことである。これに加え、クレメンス六世の在位期以降は、王が自らの支配地域内で徴収した十字軍税については、教皇側に一部支払うことなく自由に用いる特権が認められた。

イングランドでの教皇批判

教皇によるこれらの諸措置は、イングランドにおいて反教皇派の発言力を増すことにもつながった。イングランドの聖職者が王に味方することは、初めのうちはとくに重要な意味を持つものではなかった。自分たちの利害の防衛が彼らにとっての焦点だった。したがって彼らは、ボニファティウス八世の勅令を、聖職者の免税特権を保証する根拠として利用していた。また同じ理由から下級聖職者は、エドワード三世の治世の初めに、聖職者への課税を実施しようとする議会の圧力から逃れるために、議会からの召集の免除特権を獲得している。ただし利害関係が一致する場合には、彼ら聖職者にとって議会や王権は同盟相手として歓迎すべき存在にもなった。その例としては、クレメンス五世が要求した初年度納付金に対しカーライルで一三〇七年に開催された議会での抗議、あるいは、ヨハネス二二世が発した教書『エクス・デビト』（一三一六年）あるいは『エクセクラビリス』（一三一七年）に対する聖職者側の無視とそれへの政府の支持が挙げられる。聖職者と王権、そして地方の有力者との利害の一致は一四世紀半ばに明白なものとなった。教皇庁の聖職禄授与政策でイングランドの聖職禄が外国人により搾取され、さらにはイングランド人が支払った金銭が戦争相手のフランス人の手に渡り、彼らを利することになるのではないかという危惧から、イングランド議会は『教皇叙任制限法（Statute of Provisors）』（一三五一年）、および『教皇尊信罪法（Statute of Praemunire）』（一三五三年）を制定し、イングランドの聖職推挙権保持者と王権に有利な形で教皇による聖職者の任命権を制限し、同時に、教皇庁に向けたイングランドの金銭の輸送を禁じた。ただ、後に開催された議会でもこれらの規定は確認されたものの、王エドワード三世自身がそれらを遵守することは稀だった。だが、イングランドの議会は教皇から独立した立場を取ろうとする動きを支持し、そのことは長期的に見れば在地の教会に対する王の立場を強化することにつながった。エドワード三世治世の終わりには、下級聖職者も王に仕え、その協力者となった。後の大シスマ期に教皇批判を展開したジョン・ウィクリフはその代表例である。

ドイツとアヴィニョン教皇庁の確執

イングランドとフランスの間での戦争により、教皇とドイツの関係もいくぶんか悪化した。両者の関係にとり重要だったのは、それぞれが展開したイタリア政策である。教皇が重視したのは、ローマと教皇領を確保しつつ、アンジュー家が支配するナポリ王国がドイツにより脅かされることがないようにすることだった。ドイツ王アルブレヒト一世とクレメンス五世の間の仲は良好だったが、これはフランスのあまりにも強大な影響力を制限する必要があるとクレメンスが考えていたからだった。このため、アルブレヒト一世が殺害された後、ルクセンブルク家のハインリヒ七世が王に選出されたこともクレメンスは歓迎した。フィリップ四世がヴァロワ家のシャルルをドイツ王位に就けたがっていたからである。しかし、ハインリヒが予定より早く一三一二年に皇帝戴冠するためにローマへと遠征し、新たにナポリ王となったロベルト一世（在位一三〇九〜四三）の利害と衝突したことで、クレメンスは態度を変えた。この事件そのものは、ダンテのようなアンジュー家の政敵にとってむしろ歓迎すべきものだったからだ。ロベルトの軍勢がサン・ピエトロを占拠していたため、ハインリヒは三人の枢機卿によりラテラノで戴冠することを余儀なくされた。新たに皇帝となったハインリヒが、ロベルトを大逆罪で訴追した際、教皇はロベルトに味方した。その結果、教皇と皇帝の間で争いが勃発する。ハインリヒが一三一三年に早々と没した後にも対立は続き、双方の陣営が皇帝の地位と権利についての根本的な論争を行った。ダンテが『帝政論（Monarchia）』で、皇帝権を神に直接従属する存在として位置付けた一方で、教皇は皇帝が教皇に従属する存在であることを主張した。クレメンスはハインリヒの死後自らの見解を二つの教皇令にまとめたが、両教皇令はヨハネス二二世によって公とされた『クレメンス集成』の一部に組み込まれ、後代の教皇権にとっての法的な典拠となった。教皇令のうち一通目の『ロマニ・プリンキペス（Romani Principes）』において、クレメンスはドイツ人諸侯により選挙された支配者は教皇の承認を得る必要があり、皇帝として、教皇に対し忠誠宣誓を通じて教会を保護する義務を負うことを強調した。また、二通目の教皇令である『パストラリス・クラ（Pastoralis cura）』では、クレメンスはロベルトを大逆罪の罪人とみなす非難から弁護し、ロベルトの王国は帝国（Imperium）の一部ではなく、ナポリ王ロベルトを教皇の封臣（homo ligius et vasallus）であるとする主張を行った。そしてさらに、教皇は皇帝より上位に位置し、後者の空位期間中にはその権能を持つ存在であることと、それとあわせて教皇の至高権を根拠として、クレメンスはハインリヒのロベルトに対する判決を無効として退けたのである。それからまもなく、クレメンスは皇帝位の空位中は自らに属することになるとした権能に基づき、ロベルトをイタリアにおける皇帝代理に指名した。両教皇令の中には、その後の時代のルートヴィヒ四世との対立の原型を見て取ることができる。

一三一四年以降、ドイツではハプスブルク家のフリードリヒとヴィッテルスバッハ家のルートヴィヒという二人の国王候補が王位をめぐって争った。この争いは、ルートヴィヒが一三二二年にフリードリヒを打ち負かし、降伏を強いるまで続いた。ヨハネス二二世は二人の王位請求者を「被選者」として扱い、どちらも皇帝と認めようとはしなかった。むしろヨハネスはその機会に乗じてロベルトのイタリアにおける皇帝代理としての立場を強化し、ミラノのヴィスコンティ家を筆頭とするアンジュー家の政敵すべてを「暴君」、異端者、反逆者扱いし、十字軍の呼びかけをもって彼らと相対しようとした。その一方、彼らから助勢を求められたルートヴィヒは一三二三年以降、北イタリアへの介入を開始する。その結果、教皇は彼を皇帝とは引き続き認めようとせず、むしろドイツ王位の請求者として新たにフランス系の候補者の擁立を模索した。教皇に対抗し、ルートヴィヒは一三二三年から一三二四年にそれぞれニュルンベルクとフランクフルトで開かれた宮廷集会で自己弁護を行い、ザクセンハウゼンの訴えにより、今度は教皇を異端者として攻撃した。ヨハネス二二世が軽蔑の意を込めて（バイエルン人）というあだ名で呼んだルートヴィヒと歴代教皇の間では、以後一三四六年まで対立図式が繰り返された。だが、対立は教皇庁での交渉の結果、中断することもあった。これが、皇帝権と教皇権の間で生じた大規模な対立としては最後のものである。ルートヴィヒは一三二八年にローマにおいてかつてのアナーニ事件の襲撃犯の一人でもあり、いまや高齢になっていたスキアラ・コロンナから皇帝として戴冠され、その彼を、ほとんど実権のない対立教皇ニコラウス五世として擁立した。このルートヴィヒに対する戴冠は、戴冠の時点で、俗人の手によるものという点ではカロリング時代以降唯一の事例であったが、この戴冠によりルートヴィヒの状況はさらに悪化することになった。その結果、成功が見込まれていたベネディクトゥス一二世との交渉も一三三七年に決裂した。その理由は、ルートヴィヒが皇帝戴冠後、自らの皇帝としての諸要求を放棄せず、また皇帝承認についての教皇の要求を退け、さらにイングランドと同盟を結んだことにあった。続くクレメンス六世はルートヴィヒと交渉を行おうとせず、すぐにカール（四世）を対立王候補として擁立した。カールは一三四六年に選帝侯の多数決で選挙され、ルートヴィヒが一三四七年に没した後、徐々にドイツ全土で王として認められることとなる。ただし、ルートヴィヒの失敗は、教皇権が盤石なものであったからではない。教皇による皇帝候補の承認の要求は、ドイツで認められることは決してなかったし、カール四世もまた受け入れることはなかった。それは、一方的な党派的な主張にすぎなかった。三人の教皇がかなりの程度フランスに好意的であり、かつ親アンジュー家の立場を取っていたことで、彼らを中立の存在とみなすことはできなくなっていた。ルートヴィヒよりも政治的な才覚に恵まれていたカール四世は歴代教皇と口先では話をあわせたが、カールは、ドイツの教皇庁から独立していく方向性をますます明確にした。その一方で彼は、イタリアとブルグントの支配を断念した。

ルートヴィヒと教皇庁の確執の過程で、ドイツが教皇庁からいかに離れた存在になっているかが明らかとなった。ヨハネス二二世とその後の教皇たちは、ルートヴィヒを支持する住民がいる地方に聖務停止を課し、あらゆる聖務の執行を禁じた。この禁令を遵守した場合――とりわけドミニコ会士がこれを遵守したが――、諸都市の多くでは何十年にもわたり、洗礼、教会法に則った婚姻、埋葬、さらには聖務さえも執行されることがなくなる。だが禁令が遵守されなければ、教皇の名声は地に落ちる。どちらを選ぶにせよ、教皇を疎ましく思う感情が高まりを見せ、シュトラースブルクでのように、都市当局の聖職者に対する影響力が増大した。ドイツの教会が教皇庁と一体でないという理念は、一三三八年にメーゲンベルクのコンラート(5)が『ドイツにおける教会の嘆き（Planctus ecclesiae in Germania）』で明確に提示しているが、そのような考え方はすでにこの時期のドイツでは目新しいものでなくなっていた。教皇庁にドイツ出身の枢機卿は一人たりとしておらず、ドイツの教会組織も教皇権とは距離を置いていたからである。ハインリヒ七世の弟であり、カール四世の大叔父でもあったトリーア大司教バルドゥインの命で編纂された典礼書がその一例として挙げられる。この典礼書は一六世紀初頭まで、ローマ由来の典礼書よりもドイツでは普及したものだが、そこには、皇帝戴冠、あるいは教皇戴冠に関する式次第は一切含まれてはいない。オットー一世が打ち立てた原則を実現する政策をカール四世が断念したように、典礼においてもオットー朝時代のものに従い続けることはもはや現実的ではなくなった。

（5）一三七四年没。神学、哲学、科学など多岐にわたる分野の著作を残す。ラテン語著作と同時に、俗ドイツ語で俗人を対象読者とした著作も執筆しており、その中でも『自然の書』はとりわけ有名である。

東方世界のラテン教会

ウルバヌス五世の在位期からは、コンスタンティノープルとの接触が再び密接になるが、それは後の公会議主義の時代にも重要な問題となった。一三六九年には、七〇〇年ぶりにビザンツ皇帝（ヨハンネス五世）がローマを訪問した。皇帝の思惑は、小アジア、そしてギリシア半島においても当時圧力をかけてきていたトルコ人（オスマン帝国）に対し、西ヨーロッパの援助を得ることだった。この目的が達成されることはなかったが、それでも以降ビザンツ帝国がさらされた脅威と教会合同に向けた試みは、東西の交渉が継続していくきっかけとなった。また東方においても、トマス・アクィナスを代表格とする西方神学が、以前より広範に受容される結果を生んだ。

ビザンツ帝国よりもさらに彼方では、この時代からラテン教会は重大な被害を受けていた。一三六八年から中国の支配王朝となった明が、その地におけるラテン教会の宣教と教会組織に終止符を打ったからだ。その少し後に台頭したモンゴル系指導者ティムールによる軍事遠征もまた、中央アジアのキリスト教の衰退を促した。ビザンツと西ヨーロッパにとってティムールの企てがプラスに働いた点はといえば、彼がトルコ人（オスマン帝国）に圧力をかけ、彼らの西ヨーロッパへの侵攻をさしあたり押しとどめたということだけである。

「清貧論争」とその余波

ドイツ以外の地域でも教皇権に対する批判の声は大きくなっていた。その理由としては、財政上の動機による聖職禄政策、過度の教会罰の適用、とくにヨハネス二二世による婚姻に関連する教会法の政治的利用、さらに、十字軍参加者への贖宥と十字軍税の恣意的な乱用を挙げることができる。だが、それに劣らない重大な要因は、教皇の立法上の権威としての信頼性に対する疑念である。このような批判にさらされた教皇の筆頭はヨハネス二二世であり、いわゆる「清貧論争」の際に疑念の声が表面化した。一四世紀初頭以降、フランシスコ会内部で厳格主義的なスピリトゥアリ（聖霊）派は、フランチェスコその人が遵守を求めた清貧の規定を守っていないとして自修道会に対する批判を強めていた。教皇庁でこの主張を行った彼らの代表的な論客が、クレメンス五世の庇護を受けたカサーレのウベルティーノである。ヴィエンヌ公会議もまた、彼らによる批判に耳を傾けた。これに対しヨハネス二二世は、一三一六年に総長に選出されたチェゼーナのミケーレが指導する修道会の上層部を支持し、反抗的なスピリトゥアリ派を弾圧した。しかしキリストと使徒が清貧であったと述べる際、それが一切の財産を所有しなかったことを意味するかどうかをめぐり議論された「理論的な清貧論争」が勃発すると、教皇ヨハネス二二世は、修道会上層部からも距離を置くようになる。一三二二年にペルージャで開催された修道会総会はキリストと使徒が財産を所有しなかったとみなし、それを正当な教説とした。これは、キリストの後継者である教皇に対しても、いかなる形であれ財産の放棄を要求する重大な帰結をもたらすものであった。ヨハネス二二世はそれまでタブーとなっていたニコラウス三世の教書『エクスイット・クイ・セミナート（Exiit qui seminat）』に関する議論を解禁し、あわせて、インノケンティウス四世やニコラウス三世以降の教皇がフランシスコ会の「清貧」を守るために教皇庁で預かってきた修道会財産を放棄した。これによりヨハネス二二世は、フランシスコ会が自称する清貧を、虚構として暴いた。さらに彼は、キリストの清貧についてペルージャで提起された決議が異端的教説であると一三二三年に宣言した。これに対し、フランシスコ会士の中に教皇こそ異端者であると非難する者が現れ、機嫌をよくしたドイツ王ルートヴィヒ四世もこの問題について干渉を行った。その結果、一三二八年に修道会総長ミケーレや、教皇庁で拘束されていたベルガモのボナグラティア、ウイリアム・オッカムといった修道会士がルートヴィヒのもとへ亡命してきた(6)。彼らは、同じ亡命者のパドヴァのマルシリウスと歩調をあわせ(7)、とりわけヨハネス二二世の在位後半期の、和解交渉が一三三七年に決裂した後の時期に、ルートヴィヒが教皇庁に対して展開した闘争を理念的な形で支援した。さらに、ナポレオーネ・オルシーニを指導者とする枢機卿団内部の一派もルートヴィヒに接近し、普遍公会議を開催して教皇を裁こうとした。ナポリ王ロベルトや彼の配偶者であったサンチャまでもが、ヨハネス二二世が取った清貧についての神学上の議論には異を唱えた。

（6）ウィリアム・オッカム。フランシスコ会士の神学者、哲学者（一三四七年没）。「唯名論」的立場からスコラ学的神学体系を変革した中世後期ヨーロッパを代表する思想家として名高い。一三二四年にアヴィニョンを訪問、総長チェゼーナのミケーレの依頼を受け、一連の教皇の教書の内容を検討した結果、反教皇の立場を取るようになる。

（7）中世後期ヨーロッパを代表する政治哲学者（一三四二年頃没）。代表作である政治共同体の発達と展開、分化を論じた政治小論『平和の擁護者』を公表後、ヨハネス二二世により異端宣告を受け、ミュンヘンのルートヴィヒの宮廷に亡命する。その他にも、『帝権移譲論』、『擁護者小論』といった作品を著す。

ヨハネス二二世が一三三一年（もしくは一三三三年）に行った「至福直観（visio beatifica）」（8）についての説教が、彼らの議論にさらなる油を注ぐこととなる。初期キリスト教時代の教説を引用して、教皇ヨハネスは義人の魂は最後の審判が下されるまで神を完全な形で視認することはないとする意見を表明した。だが、当時の定説では、肉体の死と引き換えに神を視認する能力が備わると考えられていた。ほとんどの神学者が、教皇が神学上の教義についても過ちを犯したとみなした。パリのフランス王とその側近はヨハネスに対抗する姿勢を示し、ナポリ王ロベルトはヨハネスの至福直観を反駁する論考を執筆しさえもした。ルートヴィヒと彼の支持者がこの機会に飛びついたことは当然の成り行きである。ベネディクトゥス一二世は批判を鎮めるため、そしてまた自らの姿勢を表明する意図から、一三三六年に伝統的な説を正統神学の教説として定めた。だが、ベネディクトゥスは自分の先任者でもあったヨハネスを異端者として断罪せず、ある意味当然ながらキリストの清貧についてのヨハネスの見解には共感を示していた。そして、オッカムを始めとする一派を逆に異端視している。政治、教会法、教義といった諸要素がない交ぜになることで、ルートヴィヒと教皇庁の間の紛争は、その深刻さを増した。そしてこの両者の対立により、裁治権と教説双方の領域で教皇権の地位は弱体化することとなった。

（8）神（の幻）を視認することにより、直接的な形で神を知覚し、その恩寵に与る状態、あるいはそれが可能であるとする思想。ただし、その定義や可能となる条件については東西教会、あるいは教会史の歴史上定説がなく、論争が続いている。

状況をさらに悪化させたのは、人々の多くが教皇権こそが教会の没落に責任を負う者とみなし、もはや教皇を、教会を改革する能力の持ち主としては評価しなくなったことである。アヴィニョン期の教皇の中で唯一、自発的に教会の刷新を試みたのはベネディクトゥス一二世である。彼以降二世紀にわたり、同様の試みを行った教皇が出ることはなかった。彼が行った教皇庁と聖職禄授与の改革については、手短にではあるがすでに述べた。その後の歴史に対して、より重大な帰結をもたらしたのは、いくつかの修道会の改革のために彼が発行した教書であった。彼は、一三三五年にはベネディクトゥス本人が属していた修道会であるシトー会に、一三三六年にはベネディクト会とフランシスコ会に、そして一三三九年には律修参事会に宛てて、その種の教書を発行している。これらの教書は少なくとも一五世紀まで、中には時代が下って一七世紀まで改革の指針とみなされた。それらの内容は、とくにフランシスコ会の会則に照らして適切とはいえないところもあったが、修道制の理念に厳密に沿って起草されたものであった。しかし同時に、ベネディクトゥス一二世の在位期間から明らかになるのは、彼をもってしても教皇による教会の抜本的改革は当時もはや不可能であった、ということである。ベネディクトゥスの理念は出身地域、そして修道士出自という枠組みによって制約を課せられており、しかも彼は自分が就いた教皇という職自体の改革には手をつけようとはしなかった。

その一方で、教皇と教皇庁の改革を求める声は、一四世紀初頭とりわけヴィエンヌ公会議以降繰り返し高まりを見せた。マンド司教であった小ギヨーム・デュランを代表とする司教たちが司教職や公会議の立場の強化に関心を示した一方(9)、パリのヨハネス(10)ら王権の利害の代理人は、教会と国家が同権のものになることを望み、後代の学説の先駆者となったパドヴァのマルシリウスらはさらにそれを推し進め、聖職者は国家という上位権力に従属すべきであると主張した。これら諸理論は、初めのうちは机上の空論にすぎないこともしばしばであったが、歴代教皇が巻き起こした政治的対立の際にその価値が認められ、実現可能なものとみなされるに至った。教会大分裂（大シスマ）が始まった一三七八年以降、教皇が世俗権力からの支援に依存するようになるとその傾向は一層強まった。この教会大分裂に先立ち、教皇はローマへと帰還することとなる。

（9）同名のカノン法学者（一二九六年没）の甥（一三三〇年頃没）。叔父同様、マンド司教を務める。フィリップ四世に近しい立場にあり、テンプル騎士修道会の弾劾裁判にもかかわった。『公会議開催の方法についての小論（Tractatus de modo generalis Concilii celebrandi）』で、教会人や公会議の位置付けについて自らの思想を明らかにしている。

（10）ドミニコ会士の神学者、政治哲学者（一三〇六年頃没）。アリストテレス政治学・哲学を受容、その影響を強く受けた思想を展開し、俗権（王権）と自然法的性格を強調する。聖餐論についての自著の正当性を教皇の前で弁じるためにボルドーに向かい、そこで没した。

アヴィニョン教皇庁とイタリア情勢

拠点をアルプスの北側に置きながらも、クレメンス五世以降の歴代教皇は、ローマと教皇領に対する自らの支配を確固たるものとすることに心を砕いていた。一三世紀の諸教皇の場合と同様に、このもくろみは教皇による対ドイツ政策に影響を及ぼすこととなる。ハインリヒ七世やルートヴィヒ四世との対立がその関係を示す例である。それと同時に、しばしば教皇はローマに帰還する計画を明らかにしていた。しかしアヴィニョンに教皇庁が移転して以後、最初の数十年については、彼らの努力は教皇領において台頭しつつあった都市の調停者（シニョーレ）の抵抗や、しばしば党派抗争で分裂したコムーネのために失敗に終わった。ヨハネス二二世の縁者ベルトラン・ド・プジェの特使としての活動が長期間に及んだことは、その傍証となろう。ジャコモ・カエターニ・ステファネスキのようなローマ出身の枢機卿だけが自分たちの故郷でもある都市ローマと密接な紐帯を維持し続けた。サン・ピエトロ大聖堂内部でジョットらの芸術家が手がけた芸術作品を今日なお見ることができるが、そのパトロンとなったのがステファネスキであり、その種の芸術作品は都市と彼らの間に存在した紐帯を示す証拠となっている。ベネディクトゥス一二世は、ローマと教皇領に対して多少ではあるが成功を収めた。彼はラテラノ大聖堂とサン・ピエトロ大聖堂の修築に留まらず、一三三八年には都市ローマ内部で生じた紛争の調停を行ってもいる。ベネディクトゥスの特使であったベルトラン・ド・デオーはいくつかのコムーネに対し条例を発布したが、それらはその後長きにわたり効力を保つこととなる。

ベネディクトゥス一二世の事績を足掛かりとして、クレメンス六世はさらなる成功を上積みすることができた。クレメンスが教皇に即位してまもなく、ローマからの使節団がアヴィニョンへと訪れた。彼らはニコラウス三世期から始まる伝統に則り、クレメンスをローマの元老であると宣言する一方、教皇がローマに帰還することを要請し、また、ローマの諸教会と宿屋の主人に利益をもたらす新たな聖年の布告も求めた。教皇は後者の要請には応えた。かつてボニファティウス八世が出した布告で、聖年は一〇〇年に一度とするとした指示を無視し、クレメンスは一三五〇年を聖年として告示した。だが、それに向けた準備は一三四七年に一人の男によって妨害を受けることとなる。妨害を行ったのはコーラ・ディ・リエンツォで、彼は五年前にローマからの使節団に加わっていた。彼は、この時代を代表する最も奇怪な人物の一人である。ペトラルカを友としたコーラは、自らをコンスタンティヌス大帝の後継者、聖霊の騎士、さらには護民官とみなし、都市ローマを貴族の支配から解放し、イタリアを新たにローマの指導下に統合しようともくろんでいた。この彼の構想は、教皇の支配権をもおびやかすものだった。彼はその権威の目に見えるしるしとして、ウェスパシアヌス帝の「王の法（lex regia）」を刻んだ石版をカピトリーノ丘にあるコンセルヴァトーリ宮殿に置かせた。その石版はローマの支配権が民を経由して皇帝のものとなったという権力移転の象徴であり、一三世紀末にはラテラノ大聖堂の祭壇の建材として用いられていたものであったが、それをコーラが今日もなお安置されているコンセルヴァトーリ宮殿へと運び出させたのである。もっとも、七か月後には彼の夢ははかなく消え去り、英雄は山へと身を隠した。その後、本格的に聖年の準備が始まったが、都市ローマでそれを指揮したのはステファネスキの縁者であった教皇特使チェカーノのアニバルドである。「黒死病」の象徴される苦難の時代が終わったばかりであったにもかかわらず、一三五〇年の聖年は財政的に見て成功を収めた。教皇特使の暗殺騒ぎにもかかわらず、ローマと教皇の関係は密接なものになった。

新たに教皇に即位したインノケンティウス六世の在位期間に、ローマに帰還するにあたっての最重要な前提条件が満たされた。教皇領の大部分が、イベリア半島出身の枢機卿であったジル・アルボルノス(11)によって軍事的に征服されたのである。この軍事行動は一三五三年から一三六五年にかけ、中断を挟みつつも実行された。彼の城郭は今もなお多くの都市に残っている。だが、アルボルノスの名を不朽のものとしたのは、ベルトラン・ド・デオーの制定した条例とペルージャなどの地元の都市条例をもとに彼が作成した「憲法」である。この「憲法」はナポレオンの時代まで教皇領の国制の基礎となった。そして、「憲法」を制定した事績により、教皇領にとって、インノケンティウス三世を第一とするならば、アルボルノスは第二の創設者ともいうべき存在とみなされている。また、彼がボローニャに寄付を行って創設したスペイン人学寮は今なお存続している。だが、ローマにだけはアルボルノスが滞在することがなかった。アルボルノスは最初、ローマの支配に関して、そこに再び舞い戻ったコーラ・ディ・リエンツォに委任した。コーラは教皇庁の命を受け一三五四年にローマ入りし、都市ローマを元老として平定しようとしていた。しかし早くも九週間後にコーラはサヴェッリ家とオルシーニ家という都市貴族の抵抗を受け、彼らの部下により殺害されて体をばらばらにされることとなった。アルボルノスの認可を受けた上で、一三五八年に新たなコムーネ（都市政府）がローマで権力を掌握した。そして、一三六三年に同コムーネが制定した都市条例は、「元老」と呼ばれる一人の外部からやってきたポデスタが存在したという点でイタリア中部における諸コムーネのものと類似していた。同条例は以後数十年にわたり、都市の政治生活を規定することとなる。それ以前の都市政府同様、新コムーネも北方のモンタルトから南方のテラッチナにまで及ぶ都市領域を自らの支配圏として宣言した。

(11) 枢機卿（一三六七年没）。レオン・アラゴン王家の血を引き、若年時はカスティーリャ宮廷に仕えた。トレド大司教として教会綱紀の刷新に実績を上げたものの、新王との不和を背景にアヴィニョンに亡命。司祭枢機卿に任命（一三五〇年）された後、イタリア半島各地で外交・軍事行動を担う。

自治権に重きを置く限り、ローマのコムーネと教皇との対立が生じることは後者がイタリアに帰還する場合には不可避であったに違いない。ローマ帰還という試みを最初に行ったのは、ウルバヌス五世である。アルボルノスによって現在のタルクィニアにあたるコルネトで歓迎を受けた上で、ウルバヌスは一三六七年一〇月一六日にローマに入市した。だが、枢機卿アルボルノス本人はそれに先立つこと二か月前に没していた。ウルバヌスはサン・ピエトロ大聖堂を初めとして大規模な教会を改築したが、サン・ピエトロにアヴィニョンをモデルとして宮殿を増築してそこを自らの座所とした。ラテラノが立地したのは、教皇官房の会計記録が記すように「都市ローマの外部」である。ウルバヌスはイタリアにおいて権力を再確立しようと努力したが、その努力の目標は、ミラノのヴィスコンティ家に代表されるイタリアの新興勢力を弱体化させ、自らアペニン半島において最大の政治勢力となるというものであった。だが、彼がそれに成功をおさめることはなかった。フィレンツェが協力を拒み、軍事的な成功が得られなかったからである。カール四世が調停した和議により、現状が維持された。一三六八年に教皇はローマを去るが、それはローマの不穏な状況にうんざりしていたからかもしれない。以後は主としてヴィテルボやモンテフィアスコーネに滞在し、後者には居館を建造している。ウルバヌスは自らの政治的失敗に幻滅し、モンテフィアスコーネで二人の枢機卿を任命した際にフランス人を優先させるように枢機卿からの圧力を受け、一三七〇年にはアヴィニョンへと戻った。このアヴィニョンへの帰還は名声が高かった修道女たちシエナのカタリーナとスウェーデンのビルギッタの反対を押し切って行われたものだが、そのおよそ二か月後にウルバヌスは没することとなる。

ウルバヌスの後継者となったグレゴリウス一一世はわずか一八歳で叔父であるクレメンス六世により枢機卿に叙された経歴の持ち主だった。彼は教皇に即位後まもなく、再びローマに帰還することをもくろんだ。その準備として、グレゴリウスは一三七一年に新たな対ヴィスコンティ家政治同盟の結成を呼びかけた。ヴィスコンティ家の権力基盤に決定的な打撃を与えるべく、彼は一三七五年に多くの枢機卿に指示されつつローマ行を準備した。だが、それ以上に多くの同盟者に傍観を決めこまれたこともあり、彼は同年有利とはあまりいえない和議をヴィスコンティ家と結ぶことを余儀なくされた。ミラノとフィレンツェの間で同盟が結ばれたことで状況はさらに悪化し、トスカーナ地方や教皇領に立地する他の諸都市もこの両都市の同盟に与した。この離反の広まりに一役買っていたのは、教皇から多額の援助金を要求されたことであった。兵士を雇い入れ、フィレンツェに対して威嚇した上で、一三七六年九月一三日にグレゴリウスはアヴィニョンを旅立ち、再び戻ることはなかった。グレゴリウスの計画を後押ししていたのがシエナのカタリーナである。一三七七年の初めには彼はローマ入りし、教皇領の全域が不穏な状態にあることを見出した。

しかし、フィレンツェが商業上の利益を重視して和議を持ちかけたため、一三七八年二月にヴィスコンティ家の調停を受けた上で、サルザナにおいて会談が持たれ、和議が取り結ばれる手はずとなっていた。だが、協議が完了する前の三月二七日にグレゴリウスはローマで死去している。

十章　シスマと改革（一三七八〜一四四七年）

シスマの始まり

ウルバヌス五世同様、グレゴリウス一一世もその在位の末年、遅くとも一三七八年の夏頃まではアヴィニョン帰還を考えていたようだ。この仮説の裏付けとしては、グレゴリウスが死去する一週間前に教書を発布し、その中で、自身が九月より前に死去し、ローマでの教皇選出が必要となった時のために、アレクサンデル三世とグレゴリウス一〇世が定めた教皇選挙令を無効としていたからだ。彼はこの措置を通じてローマ人からの圧力を軽減し、後継者選びが迅速に進むようにしたかったのだと思われる。過半数を占めるリムーザン出身の枢機卿たちが自分たちの中から選んだ者が教皇に選出されることが彼のもくろみであった。しかし、教皇の計画は不成功に終わった。官房長官にして教皇のいとこでもあったピエール・ド・グロは上述の教書の文章を公にせず、枢機卿はこの新たな規定の内容を知る由もなかった。そのため、教皇選挙はそれまで定められてきた式次第に則って四月七日に行われた。

しかし、枢機卿たちが外部からの圧力なしに協議できたわけではなかった。都市ローマ軍と市内各区画が使者を派遣しただけでなく、サン・ピエトロ大聖堂前に集まった民衆もまた、新教皇にはローマ人、それでなければ少なくともイタリア人を選ぶべしと、威嚇的に要求したのである。多数の候補者と協議した後、ほとんどの枢機卿はアヴィニョンに残った文書局長代理のさらに代理人として文書局を統括していたバーリ大司教バルトロメオ・プリニャーノを教皇とすることで意見が一致した。しかし宮殿前に押し寄せていた民衆はそれに抗議してローマ人の教皇を要求したため、怯えた枢機卿たちは老年のフランチェスコ・テバルデスキをあわただしく礼拝堂で即位させ、その後すぐに枢機卿たちは宮殿から退去した。翌日、多くの枢機卿たちがプリニャーノの要請を受け宮殿に戻り、今度はプリニャーノを教皇に即位させた。プリニャーノの教皇としての呼び名がウルバヌス六世となる。枢機卿たちは、通例に従いこの新教皇に請願文書を提出した。しかし新教皇の戴冠式の直前に、枢機卿たちは新教皇のためではなく、通常の聖週間の典礼を執り行った。戴冠式が執り行われたのは四月一八日の復活祭の日曜日のことである。枢機卿たちはその後三か月間、ウルバヌス六世の宮廷に滞在し、彼の典礼を補佐した。ローマに所在していた教皇庁構成員たちも彼を受け入れたように見える。しかしすぐに、選出の正統性に対する疑念の声が広がった。ウルバヌスが選出された選挙の二日後にサンタ・マリア・アラ・コエリ教会でフランシスコ会士某が行った説教、あるいは、枢機卿がローマ外の諸侯に宛てた機密文書の中にその疑念が示されている。ウルバヌス六世本人も、同盟者を獲得する努力をまったく行わなかった。裕福な枢機卿たちから見れば、司教就任の際に支払うセルヴィティア税の額がわずか一五〇〇フローリンにすぎないバーリ大司教座の「貧乏大司教」であったウルバヌスが、あっという間に昇進したことで現実に対し盲目になり、枢機卿や国王も恣意的に廃位できると思い込んでいるかのように見えた。ウルバヌスは不用意な発言を重ね、彼本人の支持者までもその批判の対象とした。また、自分は聖霊によって選出されたと幾度となく強調したことで、逆に選出に対する疑念の火に油を注ぐことにもなった。ウルバヌスは、ラテラノ宮殿にあった使徒の二人の指導者（ペトロとパウロ）の肖像画が以前は悲しい表情をしていたのにもかかわらず、自分が教皇になってからは微笑みを浮かべていると主張したことでさらに笑い者になった。

決定的な転機は夏に訪れた。枢機卿の大多数は教皇庁が六月に移動していたアナーニに集まっていた。一方でウルバヌスはティヴォリへと向かっていた。枢機卿たちは教皇のもとへ使者を派遣し、ウルバヌスが仮に選挙で再度、教皇に選ばれたとしても、教皇位への権利を一切有さない、という旨を連名で伝えた。仲介役を務めたのは、未だローマに残留していたオルシーニ、コルシーニ、デ・ボルサーノらイタリア人枢機卿だった。彼らは調停者として早期に普遍公会議を召集しようと試みた。しかし、調停の試みは失敗に終わる。七月二〇日にフランス人の枢機卿たちは選挙を無効とする声明を出した。彼らはナポリの勢力圏にあったフォンディへ移動し、そこでイタリア人枢機卿の同席のもと、九月二〇日にジュネーヴのロベールを新教皇に選出した。その彼はクレメンス七世と名乗り、一〇月三一日に戴冠された。官房長官が三重冠（ティアラ）を含めた権標を彼のもとに運び、この時から数十年間にわたり二人の教皇が存在することになる。

両陣営の支持基盤

教皇のどちらがペトロの正統な後継者であるかという問題は、フランス以外の生まれの枢機卿――テバルデスキはすでに死去していたが三人のイタリア人枢機卿とアラゴン人枢機卿のルナのペドロが枢機卿の中にいた――だけでなく、同時代の王、高位聖職者、神学者、さらには法学者に難問を投げかけた。今日でもこの問題には明確な答えは出ていない。ウルバヌスと彼の後継者を正統教皇とみなすことに迷いがなかったのは、第一ヴァチカン公会議と一五世紀半ば以降に確立した見解の影響を受けたカトリックの教会史家だけである。ウルバヌスを擁護する見解が立脚したのは、彼が形式的であるにせよ伝統的な法に則って選出され、ローマに所在していた枢機卿たちが三か月間、彼に仕えていた事実だった。ウルバヌスを弾劾する理由となった教皇としての無能力（incapacitas）については、教会法に基づいても明確に定義することができない。また、ウルバヌスの選出の無効を訴えた多くのフランス人枢機卿たちも、親族登用や聖職売買を行い、聖職禄確保に血道を上げていた者たちであり、彼らが倫理的に正しい人物だとみなすとも疑わしかった。さらに、新たに選出されたクレメンス七世も、教皇の理想を体現する者ではなかった。大シスマ初期の何人かの選挙では、一三一六年のヨハネス二二世の選挙でのように俗人からの圧力もあった。法的根拠に疑念が持たれるこうした状況で、歴史家が確認できることは、一三七八年以降二名の教皇が存在したこと、そしてその両者がそれぞれ、品行方正で教会法に精通した支持者を味方に付けていたということである。一一三〇年や一一五九年のシスマと同様、決定権は聖職者や修道会の指導者や、王たちの支配者の手中にあった。彼らの意見はなかなか一致せず、彼らはこの機会を自身の利益のために利用したが、そのことについては後で述べよう。その結果、両教皇をそれぞれ指導者とする教会政治上の版図が決定されることとなった。

古参の枢機卿を除けば、教皇庁構成員の大部分がクレメンス七世を支持し、クレメンスは一三八一年以降、アヴィニョンを拠点とするようになった。この二つの点は、彼の宮廷業務遂行にプラスに働いた。一三八〇年以降の時期にクレメンスに味方したのは、フランス――それまで教皇庁の最重要の収入源であった――、カスティーリャ、スコットランド――イングランドと対立していた――、そしてアラゴンとナヴァーラである。これに対して、ウルバヌス六世は教皇宮廷を新たに作る必要があった。彼は一三七八年以降、上ライン地方を除くドイツとその北側と東側の近隣諸国、さらにはイタリアの権力者のほとんどとイングランドから支持を得ていた。加えて、長く迷った後、ポルトガルもまたウルバヌス陣営に与した。その決断にはカスティーリャとの対立と、イングランドとの同盟が決定的な役割を果たした。シトー会や托鉢修道会に代表される大修道会の多くは分裂し、当時二つの指導層を抱えるようになった。司教座の司教座聖堂参事会や修道院の修道士共同体がクレメンスを支持した一方で、彼らの司教や修道院長はウルバヌスの支持者となった場合もある。また、その逆の事例も存在する。内部でどちらを支持するかをめぐり派閥争いが起きたために、このような状況が生まれることになった。意欲的な聖職禄請願者は、双方の教皇に請願文書を提出した。しかし枢機卿たちですらもその立場をしばしば変えることがあった。最も有名な例は、ウルバヌスによって一三七八年に枢機卿に任じられたピエトロ・ピレオ・デ・プラタである。彼はウルバヌスが一三八六年に五人の枢機卿に謀反者の嫌疑をかけ処刑した翌年の一三八七年にアヴィニョンに陣営替えし、一三九一年ローマ側に復帰した。この陣営替え行為により、彼は「三つの帽子を持つ枢機卿」という異名で呼ばれている。両教皇が正統性を主張したがゆえに、教皇と教皇庁が併存することとなり、そのことはそれぞれを支持する信者の負担へとつながった。その結果、教皇の声望が増すことはなかった。それどころか、シスマの長期化に伴い、叙階や秘跡の実効性をめぐる疑問の声が大きくなった。クレメンス七世の後継者としてベネディクトゥス一三世が続き、ウルバヌス六世をボニファティウス九世・インノケンティウス九世・グレゴリウス一二世が後継したことにより、シスマはさらに深刻なものになった。彼ら後継者たちはそれぞれの正統性を確信しており、退位など考えていなかった。その結果、シスマを解決する別の手段が必要とされたのである。

シスマ解決への模索

軍事指揮官の経験があったクレメンス七世と、彼の後継者で、人柄がよく政治的にも経験豊かであったベネディクトゥス一三世といった教皇は、「実力で（via facti）」、つまり敵対者に勝利することで統一を果たそうとした。だが、両者の交渉が失敗に終わると、フランス政府とパリ大学は、一三九五年に彼らがこれまで味方していた教皇に対する服従を取り下げ、「譲位による解決（via cessionis）」の方法を唱えた。これはこの年の初めにパリで行われた教会会議で、パリ大学総長ピエール・ダイイの反対はあったが決定された(1)。ダイイはかつてベネディクトゥスの家人であり、彼の引き立てによりル・ピュイ司教座に据えられた経歴の持ち主だった。ベネディクトゥスはこの最初の教会会議での退位要求も、夏に開催された二回目の会議での退位要求も拒否した。だが、一三九八年の三回目の会議はより実りあるものになった。というのも、この間にイングランドとフランスが休戦状態となり、その両国およびフランスと同盟を結んでいたカスティーリャが上述の「譲位による解決」に同意し、ベネディクトゥスを支持する国はアラゴンだけとなったからだ。七月二八日にフランス王シャルル六世はベネディクトゥスに対する服従の撤回を厳かに宣言した。一八人の枢機卿もこれに同調し、フランス領のヴィルヌーヴ・レ・ザヴィニョンに移り、アヴィニョン教皇庁でのベネディクトゥスの職務を妨げようとした。教皇宮殿は大砲で封鎖され、休戦（一三九九年）の後、教皇は宮殿に閉じ込められた。しかし一四〇三年に状況は変化する。ベネディクトゥスは逃亡に成功し、間もなく枢機卿とフランス政府から支持を受けることになる。この背景には、ベネディクトゥスを支持していたオルレアン公(2)がフランスの政治だけでなく、枢機卿たちの態度にも影響を与えるようになっていたことが挙げられる。これに引き続く何年もの間、ベネディクトゥスは時には交渉、時には政治および軍事的圧力を通じてローマの教皇との合同を試みた。その一方ローマの教皇の統治は、当時、とりわけナポリ王国内の権力抗争によって大きな脅威にさらされていた。まず一四〇七年九月に、そして一四〇八年初頭にベネディクトゥスとグレゴリウス一二世は最初にサヴォーナ、そしてトスカーナ地方の某所でシスマを解決に導くための会見を持つ手はずになっていた。この試みは最終的に、どちらかというとグレゴリウス一二世のせいで失敗に終わる。その結果、枢機卿の大多数はグレゴリウス一二世から離反し、普遍公会議の開催を求める一方で、ベネディクトゥス陣営の枢機卿との関係を強化した。だがフランスは、ベネディクトゥス陣営の最も重要な支援者であったオルレアン公ルイがブルゴーニュ公により一四〇七年に謀殺された翌年の一四〇八年に、ベネディクトゥスに対する服従を再度撤回した。ベネディクトゥスはアレクサンドリア総大司教シモン・ド・クラモー率いるフランス側の使者に捕らわれる危険をおかしつつ、当時アラゴン支配下にあったペルピニャンでの教会会議を召集し、船でそこへ向かった。しかし彼の陣営の枢機卿の多数派はローマの枢機卿と同盟を組み、まもなくピサに教会会議を召集した。グレゴリウス一二世はというと、彼の出身地ヴェネツィアの支配下にあったチヴィダーレを教会会議の開催地としたが、ここへは少数の聖職者が来ただけだった。こうして多少の時間差はありつつも、ほぼ同時に三つの会議が開催されることになった。

(1) フランス、コンピエーニュ生まれ（一四二〇年没）。神学、哲学、天文学等多岐、多数の著作を執筆。パリ大学総長（一三八九〜九五）を務めた後、枢機卿にもなった。
(2) ルイ・ドルレアン（一四〇七年没）とも。フランス王シャルル六世（在位一三八〇〜一四二二）の弟。初代オルレアン公。対立した従兄弟のブルゴーニュ公（無畏公）ジャンにより一四〇七年に暗殺された事件で有名。彼の暗殺を受け、アルマニャック伯を指導者とする「アルマニャック派」と暗殺の首謀者であるブルゴーニュ公を指導者とする「ブルゴーニュ派」の間の政治・武力抗争が激化する。

公会議主義

いずれの陣営も会議を契機としてシスマが終わることを望んでいた。このことはいわゆる「公会議主義」の広まりからも明らかである。一二世紀と一三世紀の教会法学者たちはすでに、普遍公会議を、教皇権に対抗する「矯正機関」

たりえる存在と位置付けていた。フリードリヒ二世やフィリップ四世、ルートヴィヒ四世といった俗人支配者たちもまた、教皇たちと対立した際、公会議にその訴えを持ち込んでいた。同様に、第二リヨン公会議（一二七四年）やヴィエンヌ公会議（一三一一／一二年）の準備に際して、公会議は教会改革のための最上位の諮問会議という宣伝文句が使われた。アヴィニョン教皇庁を背景として公会議主義の支持者たちの数は増え、公会議を教会全体の代表として、教皇権よりも上位に置くものも中には現れた。その際、パドヴァのマルシリウスなどのように、古代末期に皇帝が公会議を召集したことに言及する者もいた。

この伝統を踏まえれば、すでに一三七八年に三人のイタリア人枢機卿、そしてその翌年以降は、パリ大学教授であったランゲンシュタインのハインリヒ(3)、あるいはヴォルムスの司教座聖堂参事会長であったゲルンハウゼンのコンラートによって(4)、公会議によるシスマの解決が提案されたことは驚くべきことではない。「実力解決（via facti）」や「譲位による解決」といった他の解決策がその目的を果たさなかったことを受け、再び公会議にその可能性が託された。ただし、公会議を召集する正当な権限を有するのは誰かについては議論の余地があった。というのも一二世紀以降、公会議召集は教皇に属する特権とされていたからである。ベネディクトゥス一三世もグレゴリウス一二世も、それぞれの公会議計画を示す際に、その召集が教皇に属する特権であるという伝統を固持したが、彼らが召集した教会会議に参加した聖職者は比較的少数だった。ピサ教会会議を正当化する根拠としては、枢機卿団の影響力が一四世紀を通じてさらに増大を続け、司教すなわち教皇よりもむしろ枢機卿を使徒ペトロの後継者と見なす者も現れていた点が重要である。クレメンス七世陣営の枢機卿たちは、詳細な論考の中で、教皇選出に際して枢機卿が裁定者としての地位にあることを強調していた。枢機卿以外では諸侯、とりわけ、ドイツ王たる皇帝もまた、危機に際して教会が公会議を強制的に召集する権利があることを認めた。召集と同様、公会議の編成についてもさまざまな形の見解が存在した。各陣営がそれぞれの教皇の権威を認める版図内で、たとえばペルピニャンやピサにおいて公会議を開催すべし、とする意見の支持者がまず存在した。また、別々の教皇をそれぞれ認める版図が共同して一つの公会議を開催すべし、とする意見や、枢機卿のみから構成される教会会議が提唱されることもあった。また同様に、公会議が普遍教会を代表する組織として教皇よりも上位にあり無謬のものであるかどうか、という点も争点となった。こうした多様な見解はその後も存在し続けた。とくに後に、教皇権と公会議とが対立した際、それぞれの陣営の代表者が、こうした諸見解から自陣営の見解の根拠を見出し、それを引き合いに出して議論を行った。

(3) ヘッセン方伯領（ドイツ）出身のスコラ学、天文学、数学者（一三九七年没）。フランス王の方針に反してウルバヌス六世を支持したことなどを理由にパリ大学を去ることとなる。晩年はオーストリア公アルブレヒト三世の招聘を受け、ウィーン大学神学部の礎を築く。

(4) ドイツ出身の神学者（一三九〇年没）。ソルボンヌやボローニャ大学で学問を修める。ランゲンシュタインのハインリヒ同様にシスマを背景にパリ大学を去り、プファルツ宮中伯／選帝侯ループレヒト一世の招聘を受け、ハイデルベルク大学の教授となりその創建に尽力した。

ピサ教会会議

ペルピニャンとチヴィダーレの教会会議は、それぞれの教皇の教皇位の要求を支持するものであったが、グレゴリウス一二世は大きな成功を収めることなく、最終的に逃亡を迫られた。ベネディクトゥス一三世は、教皇位の辞任を拒否し、アラゴンとプロヴァンスの聖職者の一部からそれ以降も支持を受け続けた。その後ベネディクトゥスが開催したペルピニャンの教会会議はピサに使節を送り、その使者たちのみならず、ペルピニャンの教会会議の参加者や教皇庁構成員もまたベネディクトゥスから離反し、ピサ教会会議派が推す新教皇、アレクサンデル五世を支持することになった。

ピサでは、二四人の枢機卿に加え、八〇人以上の司教、数多くの修道院長、そして司教、諸侯、大学からの多数の使節が集った。その多くはイタリアとフランスからやってきていた。枢機卿たちによって指導され、フランス人のシモン・ド・クラモーが主導権を握ったピサ教会会議は、二二会期（セッション）から構成される。さらに、この諸会期（セッション）のお膳立てをしたのは、フランス、イタリア、ドイツ、イングランド、そしてプロヴァンスに区分されたいわゆる「ナティオ（国民団）」(5)と枢機卿団である。目的は、両陣営の教皇の廃位と新教皇の選出だった。

それに加えて教会改革の問題もすでに議題に上がっていた。一四〇九年六月五日にベネディクトゥス一三世とグレゴリウス一二世は教会分裂を引き起こした張本人、異端者、誓約違反者として破門され、彼らに対する服従は撤回された。それに引き続きコンクラーヴェの準備が行われた。クレタ島に生まれ、ヴィスコンティ家に仕えてミラノ大司教にまで出世したペトルス・フィラルギが六月二六日にアレクサンデル五世として選ばれた。戴冠式は七月七日に行われ、彼は自らの支持者がシスマの期間に獲得した聖職禄の確認を行い、一四一二年に向けて新たに公会議を召集し、そこで教会改革について協議されることになった。

(5)　コンスタンツ公会議の投票を行った四つ（後五つ）のグループ。「国民団」という定訳が存在するものの、「ドイツ・ナティオ」に北欧やポーランド出身の聖職者が所属するなど大まかな地域区分に留まる。

コンスタンツ公会議

ピサ教会会議が教会統一への重要な道標となったが、その直後に三人の教皇が鼎立することになった。スペインの俗人支配者や在地教会はアレクサンデル五世を受け入れず、また、ドイツ王ループレヒトはローマの教皇を支持し続けた。しかし、皇帝カール四世の息子でハンガリー王のジギスムントが一四一一年にドイツ国王に選出されると、ジギスムントは早くからピサ陣営を支持していたので、ドイツの支持する教皇は変わった(6)。また、アレクサンデル五世の後継者のヨハネス二三世は、ピサ教会会議の決定に則って一四一二年に改革教会会議をローマで開催した。しかしこの教会会議ではとくに大きな出来事は生じず、それが延期される形で一四一三年に新たな公会議召集の布告が出された。まもなく、ナポリのラディスラウス（ラディスラオ）が教皇領全域を脅かした結果、ヨハネス二三世はローマから追われ、彼は二人の枢機卿に、ジギスムントと将来の公会議開催について交渉するように命じた。交渉を担当した両枢機卿の一人は、教会法学者にして公会議主義者でもあったフランチェスコ・ザバレッラである(7)。交渉の結果、ジギスムントは一四一四年一一月一日にコンスタンツにおいて公会議を開催することを布告し、それに基づいて教皇は一四一三年末に召集の回勅を発布した。この後、ジギスムントとカスティーリャ、さらにアラゴンの間で長期にわたる協議が行われたが、協議された内容はベネディクトゥスの支持者たちをコンスタンツ公会議へ参加させるよう説得することに関してであった。イングランドとフランスの間の対立が継続し、これにブルゴーニュもかかわっていたことがもう一つの障害であった。戦争の開始を公会議開始時まで先送りにし、フランス、イングランド、ブルゴーニュからの公会議参加者の同席を可能としたことは、ジギスムントが収めた成功である。この公会議は、俗人支配者の主導によって、教会全体の勢力が集った公会議としては、古代末期以来では初めてのものだった。もっとも、そこでの「教会全体」が指すのは西方教会だけだったのだが。この事実からも、コンスタンツ公会議が当時の政治状況にかなり依存していたことがわかる。

(6) ジギスムント（一三六八～一四三七）。ブランデンブルク辺境伯（在位一三七八～八八／一四一一～一五）、ハンガリー王（一三八七～一四三七）、ドイツ王（一四一一～三七）、チェコ王（一四一九～三七）、イタリア王（一四三一～三七）、神聖ローマ皇帝（一四三三～三七）。カール四世の四番目の結婚の二男として生まれ、ルクセンブルク家の家門政策を父から引き継ぎ、支配領域を婚姻や兄からの相続等さまざまな形で拡張した。

(7) イタリア出身の教会法学者、枢機卿（一四一七年没）。教会政治小論『シスマについて』以外にもカノン法関係の注解を著す。ヨハネス二三世期の枢機卿団の中では有力な地位にあり、コンスタンツ公会議でも議長の一人を務めた。留保付きではあるものの、「公会議主義者」の論客と一般に見なされる。

一四一四年一一月五日にヨハネス二三世によって開催が告げられた公会議では、後でもう一度取り上げる教会改革と信仰の問題が議題となり、とくにピサで開かれた教会会議と同様に、教会の統一に貢献するものとなるはずであった。まもなくして、教会の統一を成し遂げるためにはヨハネスの退位が必要であるということが明白になった。ヨハネスはそれを承諾したように見えたのだが、一四一五年三月二一日に都市コンスタンツから逃れオーストリア公の庇護下に入り、公会議を解散させようとした。対抗措置として四月六日に公会議は、普遍公会議は教皇よりも上位の権力を有する、とする決議を出した。教令『ハエク・サンクタ（Haec sancta）』である。この後公会議はヨハネスを被告とする裁判を開始した。逮捕され公会議に連れ戻されたヨハネスは、五月二九日に聖職売買者（シモニスト）、シスマ幇助者、教会の指導者として不適格、として廃位された。その直後、七月四日に、カルロ・マラテスタはグレゴリウス一二世の名代として彼の退位を表明する。ジギスムントと公会議側がベネディクトゥス一三世を退位に追い込む努力はそれよりも長期間に及んだが、最終的には不成功に終わった。それでも、一四一五年一二月一三日に締結されたナルボンヌ条約によって、現在のスペインに立地する諸王国の公会議参加を勝ち取っている。しかし、実際に件の諸王国の代表が五つ目の「ナティオ」として公会議に同席し、ベネディクトゥスに対する服従を撤回するまでにはさらに二年がかかった。最終的にベネディクトゥスは一四一七年七月二六日に廃位されたものの、アラゴンの勢力圏のペニスコラで一四二三年に死去するまで自らを正統教皇であると主張し続けた。シスマ期のすべての教皇の中で、彼は最良の教皇だった。状況が許せば、彼はおそらく、歴史上より重要な役割を果たした教皇の一人となっただろう。

一四〇九年とは異なり、一四一五年から一四一七年の間は、すべての俗人支配者と地方教会は教皇の意向に反する成り行きを支持していた。そのため、ベネディクトゥスの廃位後の新教皇が至るところで認められるだろうと期待をかけることができた。何度もの選挙を経て最終的に一一月一一日にローマ人のオットーネ・コロンナが選ばれた。彼は同日を祝日とする聖人名から取ったマルティヌス五世を名乗り、一一月二一日に戴冠され、その後公会議で指導的な役割を担うこととなる。マルティヌスは自らの教皇選挙以前から協議されていた七つの改革教令を教皇の名で一四一八年三月二一日に布告し、公会議における五つの「ナティオ」とそれぞれ協約を締結した。イングランド・ナティオと締結したものを例外とすれば、この協約は次の公会議まで五年間有効であり、改革にかかわる諸決議の実現を確かなものとし、とくに教皇による聖職任命権の削減を図るものであった。

マルティヌス五世のローマ帰還

マルティヌス五世は、これまで存在した三陣営の枢機卿とその協力者を引き継ぐ必要があった一方で、公会議は教皇庁構成員の数と教皇の収入を制限していた。そのため、マルティヌスはなるべく早期にローマに帰還し、教皇領から新たに収入を得ようとした。一四一八年五月一六日にマルティヌスはコンスタンツを去ったが、ローマに厳かに入城できたのは、一四二〇年九月二八日になってからのことである。マルティヌスにとって逆風に働いたのは、初期の有力なイタリア人傭兵隊長ブラッチョ・ダ・モントーネが(8)、教皇領を含む中部イタリアの大半を支配していたことだ。さらに、ナポリ王国の混乱が状況をさらに悪化させた。マルティヌスはアンジュー家のルイ（ルードヴィコ）三世にナポリ王国を封（レーエン）として授与し、彼を女王ジョヴァンナ二世の後継者とした。この動きに対抗して、彼女は若いながらも精力的なアラゴン王のアルフォンソ五世を養子にした(9)。当時すでにシチリア島を支配していたアルフォンソ五世は一四二一年にナポリに入城し、当時まだ存命中であったベネディクトゥス一三世の教皇位の主張を、圧力をかける材料として利用した。一四二一年には休戦に入り（一四二一年秋）、それから協議を繰り返した後、アルフォンソは一四二四年にとりあえずナポリを去った。同年ブラッチョはラクィラ包囲の際に陣没したが、その段階ですでに一四二〇年にボローニャで起こった反乱は教皇軍によって制圧されていた。そのため、一四二四年以降、教皇は教皇領の再建にさらなる力を注ぐことができた。マルティヌス五世が教皇領の第三の創設者とされる理由はここにある。そしてこの当時、コンスタンツで締結されていた協約の多くが期限切れとなっていたので、彼は聖職禄授与を通じて再び多額の収入を得ることができるようになった。この緊迫した状況の中で、パヴィアおよびシエナで一四二三年から翌年にかけ開催された公会議に大きな労力を注がず、すぐに解散させたことは、彼の目的が教会改革でなく、一三世紀および一四世紀の歴代教皇を範とした教皇権の復興にあったとするならば理解しやすい。この点に関してマルティヌスの残した功績は大きく、後世にも影響を与えるものとなった。

(8) 本名アンドレア・フォルテブラッチョ（一四二四年没）。ボローニャの統治者となったのに加え、ペルージャ、カープア公領、モントーネ伯領、フォッジア伯領等中部イタリアの広い地域を一時は支配下に収め、ナポリ王国の軍事長官も務めた経歴の持ち主。

(9) アラゴン王アルフォンソ（カタルーニャ語でアルフォンス）五世。アラゴンおよびバレンシア王、バルセロナ伯、シチリア王（在位一四一六〜五八）、ナポリ王（在位一四四二〜五八）。ナポリ女王ジョヴァンナの後継者に指名された一四二〇年代以降南イタリアに散発的な干渉を行うが、ジョヴァンナとの関係が悪化したこともあり、最終的にナポリ王位を彼が確保できたのはアンジュー家のルイ（ルードヴィコ）三世、さらにはその弟のアンジュー公ルネ（ルネ・ダンジュー）との権力闘争に勝利した一四四二年以降のこととなる。

バーゼル、フェラーラ、フィレンツェ公会議と東西の教会合同

マルティヌスは自発的にではなかったにせよ、コンスタンツで交わした約束は守り続けた。教皇選出の直前の一四一七年一〇月一日に、公会議は将来の定期的な公会議開催を決議していた。それが教令『フレクェンス（Frequens）』であり、第一回目は五年後に、第二回目は七年後に、そしてその後は一〇年ごとに開催を行う、とするものだ。各教皇は会議と会議との間の期間を短縮することはできるが、延期することはできない。この約束を守り、マルティヌスは死去する直前に新たな公会議をバーゼルに召集した。このバーゼル公会議は枢機卿ジュリアーノ・チェザリーニが主宰すべきものとされ(10)、さらに彼には公会議を解散する全権も与えられた。新たに選出された教皇エウゲニウス四世はチェザリーニに託された任務を追認したので、チェザリーニは引き続きフス派との戦いを続けていた教皇エウゲニウス本人の代理として公会議を一四三一年七月二三日に開会した。その数か月後、エウゲニウスは、前任者がシエナで行ったことにならって一一月一二日に公会議を解散した。しかし、エウゲニウスは前任者ほどの成功を収めることができなかった。なぜならチェザリーニはエウゲニウス四世の指令を拒否したにもかかわらず、それでも多くの枢機卿（二一人中一五人）から支持されていたからである。これ以降公会議と教皇は敵対することとなる。この関係は、教皇領の関係で切迫された状況にあった教皇が一度出した公会議解散令を一四三三年一二月一五日に教皇自身が取り下げた後にも変化がなかった。

(10)　ジュリアーノ・チェザリーニ（一四四四年没）。一四二六年、マルティヌス五世により助祭枢機卿に任命される。バーゼル公会議をはじめ一四三〇年代におけるヨーロッパの教会政治を動かす役割を担った他、チェコ（ベーメン）の対フス派十字軍にもかかわった。一四四四年のヴァルナの戦いでキリスト教徒連合軍の指導者の一人としてオスマン帝国軍と戦うが、戦死する。

エウゲニウス四世が在位後半に行った努力の成功のカギを握ったのはギリシア人であった。一四三三年以降、公会議と教皇はコンスタンティノープルと、対トルコ十字軍の前提としての東方教会との合同を達成するための交渉を行っていた。主要な論点となったのは、合同公会議の開催場所だった。エウゲニウスだけでなくギリシア人もイタリ

アでの開催に関心があったが、この案をバーゼル公会議の参加者のほとんどは拒否した。そのため、一四三七年教皇は、正当とはいえない手段で、同年九月一八日にバーゼル公会議をフェラーラ公会議に移転、続いてそこへギリシア人側の使節を呼び寄せた。しかしほとんどの公会議参加者はバーゼルにいまだ残留していたので、その段階で二つの公会議が存在し、新たなシスマが起こることとなる。一四三九年六月二五日にバーゼル公会議がエウゲニウス四世を廃位し、男やもめのサヴォワ公アマデウス八世を新教皇に選出したことで、対立はさらに激化する。新しい教皇はフェリクス五世と名乗った。彼は今日までの教皇史で最後の対立教皇となった。この間に、フィレンツェに開催地を移していたエウゲニウス側の公会議は、教令『ラエテントゥル・コエリ（Laetentur Coeli）』をもってギリシア人との合同を成立させた。アルメニア教会、コプト教会、マロン派などとの合同もまた、それに続き成立する。これらの教会合同は東方ではほとんど顧みられることはなかった一方で、西方教会内部における教皇の威信を高めることとなる。そして、新たな対立教皇フェリクス五世の出身地でもあったフランスまでもがエウゲニウスの廃位を認めなかった一方、カスティーリャが一四三九年以降エウゲニウスを支持し、イングランドは無関心で一貫し続け、さらにアルフォンソ（アルフォンス）五世は一四四三年にナポリを占領した後、エウゲニウスの大きな譲歩を受けてエウゲニウス派に鞍替えしたことで、教皇つまりエウゲニウス側の立場はさらに優位となった。ドイツ王フリードリヒ三世も、最終的にはエウゲニウス四世を受け入れる。この背景にはフリードリヒが皇帝として戴冠を授かりたいという思惑があった。そしてドイツの選帝侯も、一四四六年にケルンとマインツの大司教をエウゲニウスが廃位したこともあって、一四四七年に合意に至った。これを受け、新たに教皇に即位したニコラウス五世は教会内を統一してフェリクス五世を退位に、さらには一四四七年にローザンヌに開催地を移していた旧バーゼル公会議を解散へと持ち込んだ。その上で、教皇の権力の再興に力を注いだのである。

世俗権力の影響力の拡大

大シスマ以後ますます明らかになったのは、反目する両教皇の権威がいかに世俗権力の支持と不可分であるかということである。世俗権力側が在地教会の聖職者に対する影響力を強化したいがゆえに、この機会を利用したことは容易に想像できる。なかでも、ローマの教皇を支持した支配者が最も大きな成功を収めたといえよう。というのも、ローマの教皇の地位は一般的にアヴィニョンの対立教皇の地位よりも弱かったからである。とくにイングランドでは、王が聖職任命権を教皇から奪還し、国内で聖職任命を執り行うことに成功した。その結果として高位聖職者の王権に対する従属の程度が強まったことが、一六世紀のイングランド国教会成立の重要な前提条件となる。この種の変革を受け、イングランドからの公会議参加者は、コンスタンツやバーゼル公会議における教会改革の動向にほとんど関心を示すことがなかった。そこで俎上にあげられた教皇の権利や収入の削減はイングランドではすでにおおむね実現していたからだ。さらに、一見すると意外なことだが、イタリア、具体的にはミラノ、ヴェネツィア、フィレンツェの諸侯やコムーネもまた、聖職者に対する統制を強めていた。彼らに有利に働いたのは、ローマの歴代教皇が、ナポリから直接繰り返し脅かされ、ナポリからの介入で教皇領に火種を抱えるようになり、諸侯およびコムーネに助力を求めていたことである。ドイツの状態はもっと複雑だった。ローマ側の非イタリア出身教皇庁構成員の大半は、知りうる限りではドイツの出身者だった。歴代ドイツ王は、ヴェンツェルやループレヒトのようにドイツ国内の権力闘争を受け、あるいは信念上、さらには戴冠を見越して、教皇との協調を一層重視するようになっていた(11)。その一方で、ドイツでも一部諸侯や都市は大学の創設、さらにはベネディクト会や托鉢修道会をその担い手の代表格とする改革の促進や統制を通じて、領邦内あるいは都市内の聖職者に対する「お上」としての統制をさらに強化することができた。この政策をさらに推し進めるべく、さらには、ニームのディートリヒを代表格とする教皇庁に幻滅した元教皇庁構成員の不満を背景として(12)、ドイツ出身の公会議参加者は聖俗関係なく、教皇権と教皇庁が主導する改革を支持したが、それは在地レベルでの教皇の利権と収入を削減しようとする意図があってのものだった。とくにエウゲニウス四世在位期の後期、またニコラウス五世の在位期においてはドイツ王もまた、こうした状況の恩恵を被っている。それについては、後で改めて述べることにしよう。

(11) ヴェンツェル（チェコ語でヴァーツラフ）はドイツ王（在位一三七六～一四〇〇）、チェコ（ベーメン）王（在位一三七六～一四一九）。ルクセンブルク家の神聖ローマ皇帝、カール四世の息子、ジギスムントの兄。ルクセンブルク家内部での権力闘争でも劣勢となり、一四〇〇年に四人の選帝侯から不品行を理由にドイツ王廃位を宣告された。ループレヒトはヴェンツェルの廃位宣言を受け、レンスで選帝侯がドイツ王に選出した人物。ヴィッテルスバッハ家出身のプファルツ宮中伯／選帝侯。ゲルンハウゼンのコンラートを招聘し、ハイデルベルク大学を創建したのと同一人物。ローマの教皇寄りの立場を取るものの、対ミラノ遠征他で失敗したことで諸侯や都市同盟の離反を招き、ドイツ王位はルクセンブルク家の手に戻った。

(12) ドイツ／低地地方出身の著述家（一四一八年没）。ヴェルダンの被選司教として教皇に指名されたこともある。一三七〇年以降教皇庁宮廷の一員となり、教皇庁裁判所裁判官の書記、さらには書記局内での抄録官といった職を歴任した。教皇のローマへの帰還の際にはそれに付き従い、サンタ・マリア・デル・アーニマに置かれたドイツ地域出身者のローマにおける宿坊の創建にもかかわっている。この経歴上、シスマ期においては、ローマの歴代教皇寄りの立場からの著作を残した。

イベリア半島の教会とシスマ

アヴィニョンの教皇を支持し、その版図に属した地域の中では、とくにアラゴンがこの状況から利益を引き出すことに成功した。尊儀王（el Ceremonioso）とあだ名されたペドロ四世（在位一三三六～八七）(13)は、カスティーリャ王と同様、一三七八年に争われた教皇選挙について証人を召喚して調査を命じたものの、彼本人は「無関心」を決め込んだ。言い換えるならば、どちらの教皇も認めなかったのだ。彼は自らの支配地域において自分だけに奉仕する「教皇関係官房」を創設した。この機関は聖職禄収入を信用ある人間に委ねて管理させるものの、必要に応じて国王にその活用を認めていたため、聖職任命に際しての国王の影響力は当然のことながら強まった。彼の後継者となったファン一世（在位一三八七～九五）(14)は、クレメンス七世を支持する決断を行っている。これ以降、アラゴン王はアルフォンソ五世（アラゴン王としての在位一四一六～五八）に至るまで、一貫してアヴィニョン教皇庁に対する支持を続けることとなる。この態度の理由としては、一三九四年からシスマの終焉に至るまで、アラゴンの高位貴族出身であり、その彼の縁者が同王国内でしばしば要職に就いていたルナのペドロが、教皇ベネディクトゥス一三世を称して君臨していたことが挙げられる。しかし、フランスからの協力がアヴィニョン教皇庁にとって不確かなものになるにつれて、ベネディクトゥスのアラゴンへの依存度は増していった。この事実は一四〇八年以降、彼がペルピニャンやペニスコラというアラゴンゆかりの場所にのみ滞在していたことや、教皇庁構成員として登用した者がもっぱらアラゴン出身であったことからもわかる。一四一六年から一七年にかけ、ほとんどの教皇庁構成員がベネディクトゥスの下を去り、新たに王として即位したアルフォンソ五世がコンスタンツ公会議を支持した段階で、ベネディクトゥスは完全に政治上の傀儡となった。アルフォンソは公会議に対する支持を、自らナポリ獲得の切り札として利用し、ベネディクトゥスに再三揺さぶりをかけたからである。アルフォンソは同様の理由から一四二三年にペニスコラで行われた新教皇クレメンス八世の選挙を容認した。このクレメンスがマルティヌス五世の教皇特使であったフォワのピエールによって退位に追い込まれるのには、一四二九年を待たねばならない。そしてその後も、アルフォンソはナポリ問題を利用して教皇に圧力をかけ、これは、一四四三年にエウゲニウス四世と合意に至るまで続いた。南イタリアと西地中海におけるアルフォンソの政治的な優位は、アラゴン本国にとどまらず、シチリアにおいても聖職者が王権に対する従属の度を強め、同王国と教皇が取り結んだレーエンによる主従関係が実情をまったく反映しなくなったことからも明らかである。

(13)　ペドロ（カタルーニャ語でペラ）四世（一三八七年没）。アラゴンおよびバレンシア王、バルセロナ伯（一三三六～八七）。西地中海から東方に勢力を拡張し、マヨルカ島（王位一三四四～八七）、さらにはアテネ公国とネオパトラス公国を支配下に収めた。

(14)　フアン（カタルーニャ語でジュアン）一世。アラゴンおよびバレンシア王、バルセロナ伯。彼の治世は政治的には混乱期であったが、イタリア人文主義の影響を受け、翻訳に代表される知的活動は宮廷を舞台に盛んに行われたとされる。

カスティーリャの歴代諸王の成功は、よりささやかなものとなる。というのは、一三六九年の権力闘争において、新たに支配者となったトラスタマラ家は高位聖職者の支援に依存していたからだ。王位継承をめぐる紛争の初期においてポルトガル、そしてイングランドと敵対したため、カスティーリャとフランスとのつながりは一層強化された。このフランスとの結びつきが、シスマ、またはピサ教会会議やコンスタンツ公会議に対するカスティーリャの態度に影響を及ぼすこととなる。しかし、カスティーリャでも王による教会の統制がこれまで以上に強化されたことは、メディーナ・デル・カンポで開催された会合からも明らかである。すでに新王朝の初代国王エンリケ二世（一三七九年死去）は、ローマに滞在していた使者を通じて両教皇選挙について入念に情報を集めていたが、彼の後継者として即位したファン一世（在位一三七九～九〇）は一三八〇年、アヴィニョンとローマに代理人を派遣して、双方の教皇陣営の支持者を証人として召喚した。この際に作成された陳述が、メディーナ・デル・カンポにおいて国王、聖職者、側近たちとの間で供犠を行う際の前提となり、さらに追加の文書や同地での審問を通じてそれに補足が行われた。一〇〇以上にのぼった陳述と、一三八〇年一一月から一三八一年五月にまで長期にわたった議論をもとにして王は最終決断を下し、その結果として王に加えてカスティーリャの聖職者たちはクレメンス七世に対する支持を表明することとなる。メディーナ・デル・カンポでの会合は、純粋に教会問題のみを扱う訴訟事件としては、これまでの歴史上最大のものの一つだった。ここでの議論のもととなった史料は現在まで残されており、王の聖職者に対する優位をそこからうかがうことができる。ファン一世の後継諸王、すなわちエンリケ三世（在位一三九〇～一四〇六）(15)と貴族の支持に依存していたファン二世（在位一四〇六～五四）は一三九六年頃からさらにフランスとの結びつきを強めたが(16)、それでもなお長きにわたりベネディクトゥス一三世を支持した。そのため、彼らは一四〇九年にはピサに一人も使者を派遣せず、コンスタンツ公会議にカスティーリャからの参加者が名を連ねるのには一四一七年を待たねばならない。それ以降、カスティーリャはアラゴンよりも熱心にマルティヌス五世を支持したが、在地教会では公会議理念を支持する者たちも数多くいた。彼らの中の代表格が、バーゼルで神学者としての名声を博した年代記著述家、セゴヴィアのファンである(17)。

(15)　父方からカスティーリャ王家、母からアラゴン王家の血を受け継ぐ。都市や国王顧問会議に対する支配を強化し、イングランドや北アフリカへの艦隊派遣、カナリア諸島への植民等対外的にも積極策を取るが、早世した。

(16)　ファン二世（カスティーリャ王在位一四〇六～五四）。エンリケ三世とその王妃であったイングランド、ランカスター家のキャサリン（カタリナ）の間に生まれた息子。

(17)　イベリア半島出身の神学者（一四五八年没）。バーゼル公会議への参加以外では、ニコラウス・クザーヌス等の人文主義者と結んだ交友関係でも知られる。

フランスの動向

このような形で、アラゴンとカスティーリャの王、さらにはそれよりは小さな規模であったものの、ナヴァーラやポルトガルの王も、大シスマを自らの教会に対する統制を強化するために利用した。加えて、アラゴンはベネディクトゥス一三世に政治的圧力をかける道具として大シスマを用いた。しかし、アヴィニョンの教皇庁陣営の支持者中で最重要だったのはフランスである。一四〇八年までの時期について、フランス王の支配領域は以前同様多くの枢機卿や教皇庁構成員を輩出していた。そして、教皇の財政は相変わらずフランスからの収入頼みであった。そのため、フランスが一三八〇年にクレメンス七世を承認したことにより、同王国はアヴィニョンの教皇庁陣営中で重要な位置を占めることとなる。一三九八年にフランスがアヴィニョン教皇庁支持を取りやめた事件はそれ以上に重大な意味を持った。この時点において、王はパリ大学と高位聖職者の支持を受けていた。しかし、聖職者はすぐに失望したに違いない。フランスにおいても例外なく、王は教皇に代わって聖職禄授与権を自らの掌中に留保しようとしたからである。当時の王位にあったシャルル六世（在位一三八〇〜一四二二）は一三八二年まで、そして一三九二年以降再び後見下にあった。そのため、それぞれの時点で摂政となっていた彼の縁者がむしろ鍵を握る存在となる。この縁者たちの中で、シャルルの弟であるオルレアン公ルイはベネディクトゥス一三世を支持しており、そのため王権は一三九八年まで、そして一四〇三年から一四〇七年のルイ殺害に至るまで、ベネディクトゥスに対する支持を続けた。ルイの政敵はパリ大学に同盟相手を見出した。同大学の教授陣は公会議による解決策をより声高に主張するようになっていたからである。シャルル六世に続いて王となったシャルル七世（在位一四二二〜六一）は大学に依存していたので、ピサ、コンスタンツ、バーゼルにおいてフランス出身の聖職者と大学教授陣が大きな役割を果たすこととなる。シャルル七世本人もまた、バーゼル公会議を自らの支配権力を確固にするために利用した。一四三五年にアラスでブルゴーニュのフィリップ善良公と和議を締結し(18)、それによってイングランド人を王国内から追い出すことに専念することが可能となった後、彼は自らの支配領域下の聖職者からの圧力を背景として、ブールジュの『国事詔書』を一四三八年に発布する。同規定でシャルルは教皇の聖職任命権を制限することを取り決めたバーゼル公会議決議の多数の条項を自らの王国に受け入れており、そのことで自動的にエウゲニウス四世と敵対する立場を表明したこととなる。南フランスに同教皇［エウゲニウス］は支持者を見出した。というのも、この地の聖職者たちは、彼らの地域で王が聖職禄を留保することを阻止したいと考えていたからであり、これは教会改革が政治的な理由から利用、もしくは忌避されたことを示す興味深い一例となる。そして、南フランスの聖職者たちはおおむね国王寄りというよりローマ寄りの立場を保つことで、王権からの独立をも同時に死守しようとしていたのだ。だが、聖職者たちの一番の敵となったのは、フランス王ではなく、トゥールーズに諸身分の代表が集った裁判所としての高等法院である。この機関は一四二〇年代以降、聖職者の諸特権を制限していた。たとえば、罪を犯した聖職者への判決を下すことも行っていた。

(18) フィリップ善良公（一四六七年没）。オルレアン公ルイ暗殺の首謀者であったジャン無畏公の一人息子。父の死を受け、一四一九年にブルゴーニュ公となり、百年戦争においてはイングランド王ヘンリ五世の同盟者としての立場を取っていた。

教会の現状への批判

教会の現状に対する批判も、公会議開催に向けた要請と並んで、しばしば世俗権力が教会上の案件に干渉する際の口実となった。そこでは、教皇権や教皇庁が主犯として名指しされるのが常だった。ピサでベネディクトゥス一三世とグレゴリウス一二世に投げかけられた批判、さらにはコンスタンツでヨハネス二三世に対して提示された非難に目を通すなら、これらの説得力のある記述をもとに、当時の人々が教皇に抱いていたイメージを再構成するのはたやすい。そこで描かれる当時の「キリストの代理人」のおぞましい姿は、一〇四六年にベネディクトゥス九世に対して行われた批判や、ダンテの筆になる『神曲――地獄篇』における断罪を大きく上回るものである。ベネディクトゥス一三世は自らの退位を拒んでシスマを長引かせたにとどまらず、強圧的な手段を用い、彼に話の調子をあわせない教皇庁構成員を罰し、彼らを処刑し、もしくはガレー船に送り込んだ、さらには異端者や魔術の実践者を優遇した人物として批判の対象となった。これらの諸批判については、グレゴリウス一二世もほとんど変わることがない。ヨハネス二三世にまつわる人物像はもっとひどく、彼は青年期から悪癖に満ちていたにもかかわらず、枢機卿として、そして教皇になっても不道徳な生活を続けていたとされた。これは同時に、彼を選出した人々に対する批判でもある。ヨハネスについてはさらに、その前任者であったアレクサンデル五世を毒殺し、強欲で聖職売買を大いに実践して、教会と教皇領の財産を私欲で流用したとの批判もなされている。

組織としての教皇権にとり不利であったのは、これらの非難が、たとえ誇張され、また一面的な教皇の個人攻撃であっても、その多くが的を射ていたこと、そして、当時の教会のシステムと大シスマの時代の混乱に起因していたということだ。同時代人の理解に従えば、聖職売買は、とくにローマとピサの教皇が実践していた。とくにボニファティウス九世以降の歴代教皇は、贖宥状の販売を進め、宮廷においては少なくとも書記官、そしておそらくは官房付公証官や運送官（cursor）の同輩集団に対し官職の売買を容認しただけでなく、それを積極的に促進したとされる。あわせて、教皇とそりが合わなかった枢機卿や教皇庁構成員に対して残酷な懲罰がなされた事実が、ウルバヌス六世とクレメンス七世の在位期以降には存在する。異なる教皇陣営に属した聖職者たちにとってそれよりも負担となったのは、二つの教皇庁の併存、さらに一四〇九年以降は三つ教皇庁が鼎立したことによって税や貢租の負担が一層増大したことだ。というのも、これら教皇庁での生活様式や構成員については、少なくとも大シスマ以前の教皇庁のそれと同様に費用がかさむ傾向が見られたからである。そのため、とりわけコンスタンツとバーゼルの公会議では、教会改革と教皇の諸特権の制限についての要求が出され、決議に盛り込まれることとなった。異端者が教皇として加冠される可能性を排除するため、一四一七年以降、教皇は選出後に、いわゆる『ボニファティウス八世の信仰告白』の内容を誓約することが義務となった。そして、司教たちについても、彼らの意に沿わない転任の強要は禁じられた。あわせて、聖職者の遺品に課されたスポリア税と饗応税の教皇による徴収も禁じられた。これらの諸要求は一四一七年一〇月九日に決議され、マルティヌス五世の教皇選出後には彼によっても受け入れられた。そして、マルティヌスには自ら将来にわたりさらなる改革に取り組むことが期待された。こうして、教皇による聖職禄留保権とそれに伴うセルヴィティア税（奉仕納付金）と初年度納付金の支払いを制限し、同様に上訴制度を始めとした教皇庁の裁治権が及ぶ諸分野に制限をかけようとする試みが行われた。制限の対象となった、もしくは完全に廃止されたのは、空位期間収入の支払い、教会財産の譲渡、特免および贖宥の分配、そして聖職禄の行政目的での転用、すなわちコメンダの授与である。この改革の実現にあたっては、聖職禄留保に関する変革、枢機卿団の規模の縮小と質の改善の両立、さらには文書局と内赦院のさらなる組織化が目下の課題とみなされた。これらの提案の多くはバーゼルで再度協議され、とりわけ聖職禄授与と教皇庁およびその構成員の収入に関するものが決議の対象となっている。教会改革を全ヨーロッパに展開した教会のシステムの中に制度的に定着させるにあたって好都合に働いたのは、すでに記したように、コンスタンツ公会議における教令『ハエク・サンクタ（Haec sancta）』と『フレクェンス（Frequens）』の双方が、一五世紀半ばまでにすべてのキリスト教徒にとってほぼ異論なく拘束力が認められていたという事実である。そして、この両文書の中では、公会議の教皇権に対する優位と、定期的な公会議の召集がうたわれていた。その結果、マルティヌス五世とエウゲニウス四世、そして彼らの支持者のみが教皇権の優位を主張するにすぎなくなった。

刷新の取り組みの挫折

しかし、当初はこれらの教皇の支持者は数が少なかったが、長期的には彼らが勝利を収めることとなる。公会議の抱える問題点として、継続的に会議を開催するわけにはいかず、開催が長期間にわたることになると、参加者が自らの教会管区内における義務をないがしろにはできなくなる、ということがあったからだ。さらにバーゼル公会議では、とくに一四三八年以降、高位聖職者たちが占める割合は参加者の半数以下となり、非聖職者、言い換えるならば自らの改革を望まない者たちが多数派を占めることとなる。バーゼル・ローザンヌの公会議とフェラーラ・フィレンツェの公会議との間の分裂が長引くにつれ、高位聖職者や多くの俗人支配者は公会議にうんざりするようになった。この状況に乗じて、教皇が優位に立つ。加えて一四〇九年以降即位した諸教皇の中には、自らの組織の改革に熱心に取り組もうとするものは誰もいなかった。この事実はアレクサンデル五世の在位中にすでに明らかとなっている。彼は、当時枢機卿としてピサでの教会会議開催の宣言をした際には頭（教皇）と四肢（教会組織）双方の改革を求めたが、教皇に選出されるや否や、伝統を引き合いに出して教皇の地位を擁護したのである。マルティヌス五世も同様の立場を取り、コンスタンツで決議された教令に従ったものの、それは協約が有効だった期間だけだった。教令で定められた以上の改革に取り組もうとはしていない。グレゴリウス一二世の縁者であったエウゲニウス四世については、改革は一切期待できなかった。これについては、バーゼル公会議と彼との間で生じていた対立からも説明がつく。こうして、一四三一年以降、それぞれの教皇が誓った選挙協約における改革要求は反古にされ続けた。教皇たちが改革に無関心であったことは、その他の教会や修道会の改革に対する彼らの態度にも表れた。エウゲニウス四世がパドヴァの改革派修道院サンタ・ジュスティーナに与えた特権に見られるように、何らかの家門的関心がそこに反映されない限り、教皇たちは改革派集団が提出する請願文書を受け取るのみであり、その際、自らのイニシアチブで何かを行うことはなかった。これについては、一二世紀来の彼らの前任者が取った態度と変わるところはない。

教皇庁の立場が現状維持に終始したことは、大シスマやコンスタンツ公会議の遺産であるともいえる。アレクサンデル五世の在位期にすでにその傾向が見られ、マルティヌス五世の在位で明白になったのは、彼らが二つあるいは三つ陣営出身の多数の教皇庁構成員を引き継がねばならなかったということである。その一方、コンスタンツ公会議は、教皇庁構成員の頭数を制限したため、マルティヌス五世の在位中には、教皇庁は数多くの余剰人員を抱えることとなる。彼らは役職から収入を得ることができず、給与を得ていた現職の人物が引退するまで長いこと待たねばならなかった。教皇庁構成員の多数派を占めたのはベネディクトゥス一三世の教皇宮廷の出身であり、諸部局、側近、そして典礼においてはアヴィニョンからの連続性がそのため顕著であった。この連続性を最も体現する人物は、タレーランのような立ち居振る舞いをシスマ時代に行ったフランソワ・デ・コンジエで、彼は一三八六年にクレメンス七世より、政治上の書簡の往来および行財政について重要な役割を果たす官房長官の職を拝命し、アレクサンデル五世、マルティヌス五世へと教皇が交代した中にあってもこの職を一四三一年に死去するまで保持した。ヨハネス二三世の在位期以降は、教皇の代理人としてアヴィニョンに滞在したものの、教皇庁における彼の影響力は死の直前まで維持された。というのも、その彼の甥であるルイ・アレマンが、マルティヌス五世の在位期に官房長官補佐へと任命されたからだ。ルイはさらに一四二六年に枢機卿となり、エウゲニウス四世の政敵としてバーゼルで重要な役割を果たした。アヴィニョン教皇庁構成員は多数派を占めたにもかかわらず、一四〇九年以降彼らの中から教皇になった者はいない。アレクサンデル五世以降、すべての教皇は大シスマ時代にローマの教皇によって枢機卿に任命された経歴を持つ。ヨハネス二三世は同郷であるボニファティウス九世に、アレクサンデル五世とマルティヌス五世はインノケンティウス七世に、エウゲニウス四世は自身の叔父であるグレゴリウス一二世によって枢機卿に任命されていた。これを見るだけでも、一四一七年以降、かつてのローマの教皇たちが、ペトロの正統な後継者としてみなされる一方、アヴィニョンの教皇たちは「対立教皇」とされる傾向がますます強まったことがわかる。それに対し、ピサの二人の教皇が対立教皇とみなされたのは、二〇世紀にヴァチカンがそう定めたことが契機となる。こうして、グレゴリウス一二世までつながるローマの歴代教皇が、唯一正当な教皇の系譜として明確になった。

教皇庁構成員の数だけでなく、コンスタンツ公会議は教皇権の収入をも暫定的に制限した。しかしマルティヌス五世は一四二三年に協約の期限が切れると、イングランドを除いた地域で聖職禄に対する管轄権を再獲得した。マルティヌスはローマの貴族家門出自であったが、この制限はそれとは関係なく、教皇領の再奪還に尽力するよう彼に促したのだ。彼の先任者であるボニファティウス九世同様、マルティヌスも数多くの戦役を行い、自らの出身家門である貴族家門のコロンナ家の助勢を得て支配を安定化させた。ただし、この二人が収めた成功は後継者の代にナポリからの干渉を受け無に帰すことになるのだが。マルティヌス在位中の教皇の収入のおよそ三分の二は教皇領に由来していたが、そのための支出も大きなものとなった。エウゲニウス四世がコロンナ家の権力を削減しようとした動機は理解可能なものだ。コロンナ家の権力は当初非常に強力で、エウゲニウスは一四三四年にローマから逃亡するはめになり、一四四三年になってようやく帰還することができた。それでも、エウゲニウスの世俗君主としての統治はそれほど安定していなかった。バーゼルとのシスマを終わらせることと並び、ローマと教皇領における支配の確立、彼の後継者であったニコラウス五世の治世にようやく成功を収めることとなる。

十一章　再興とルネサンス（一四四七～一五三四年）

「ヴァチカン宮殿」の建造

エウゲニウス四世のローマ帰還は、枢機卿ヴィテレスキ（一四四〇年没）の軍事的成功ゆえに実現したものだった(1)。ヴィテレスキは軍事指揮官としては手法にこだわらない人物でもあった。それでも、教皇の世俗君主としての支配はいまだ確立したとはいえず、ローマの諸貴族家門間の権力関係に左右されていた。エウゲニウス四世死後に生じた事態は、この状況を端的に示している。マルティヌス五世の縁者であり、枢機卿でもあったプロスペロ・コロンナの教皇選出が失敗したのは、オルシーニ家の反対にあったからだった。その後、妥協案としてトスカーナ出身のトンマーゾ・パレントゥチェッリが教皇に選ばれたが、彼は自らのかつての庇護者であった枢機卿ニッコロ・デ・アルベルガーティから名を取り、ニコラウス五世と名乗った。ニコラウス五世は学問と芸術の熱心なパトロンであり、ルネサンス期の教皇のさきがけとなった。

（1）ジョヴァンニ・ヴィテレスキ（一四四〇年没）。教皇庁の上席公証官、枢機卿（一四三七年以降）、傭兵隊長。マルティヌス五世、エウゲニウス四世という二人の教皇に仕え、後者の軍勢の指揮官を務めた。

教皇権の再出発を最も顕著に体現したのはヴァチカンの宮殿だった。マルティヌス五世の庇護を受け、彼が自らの墓所にも選んだラテラノではなく、ニコラウス五世の時代以降現在に至るまでの歴代教皇はヴァチカンに好んで座所を構えている。これ以降数世紀の間に、「ヴァチカン宮殿」という宮殿の名称は、教皇による統治機関の同義語として用いられるようにもなった。ニコラウス五世の段階ですでに、ヴァチカンを完全に作り変える計画が構想されていた。それは、当時築一〇〇〇年以上であったサン・ピエトロ大聖堂（バシリカ）を取り壊し、新たな建築物をそこに据えるというものだった。古代の「再生」としてのルネサンスの端緒が古代建築物の破壊行為の形をとることは稀ではなかったが、これもその一つの例である。しかしニコラウス五世は計画を完全な形で実現させることはできなかった。バシリカはさしあたり温存された。実現したのは、宮殿に住居棟が増築されて部分的な装飾が施され、防衛のために現在なお立ち続ける塔が造営された点のみである。その後の教皇たちもニコラウス五世の例にならった。シクストゥス四世が行った宮殿大礼拝堂の新築（おそらくは抜本的改築にすぎなかった可能性が強い）、とりわけアレクサンデル六世とユリウス二世の在位期間に実施された居住・応接用スペースの増築と装飾、祝福を授けるロッジア(2)に代表される増築、さらにユリウス二世が一五〇六年に始めた旧サン・ピエトロ大聖堂の撤去と新生サン・ピエトロ大聖堂の建造がとりわけよく知られている。インノケンティウス八世が造営を開始した望楼、望楼と居住棟の間に設けられた祝祭目的の大きな中庭は、新たな生活様式を反映している。ユリウス二世の在位以降の時期になると、宮殿周辺に施された新城壁が、すでにそれ以前から手が付けられていたサンタンジェロ城の防備強化、そしてサンタンジェロとヴァチカン宮殿を連結する城壁と並び、防衛機能を持つようになる。

(2) 建築上の用語としては、開廊、涼み廊下という訳語があてられることもある。一定間隔の柱を除き、片側が外部に開放されたファサードの一様式。ルネサンス期教皇宮殿については、一五世紀後半以降本格的に取り入れられた。

革新された教皇の支配はそれにとどまることなく、教皇、枢機卿、富裕な教皇庁構成員が資金をつぎこんで建設した教会建築やしばしば大がかりなものとなった大規模な枢機卿宮殿などさまざまな形で現れている。これら枢機卿宮殿の中で、とりわけ後代に「カンケレリア」とも呼ばれることとなるパラッツォ・カプラニカや、パラッツォ・ヴェネツィアなどに代表される宮殿の造営に際しては、古い家屋の取り壊しや道路の移転が必要となることさえあった。

ヴァチカンに教皇が座所を構えたことで、教皇のために働く銀行家、芸術家、手工業者といった重要な職業に就く者たちのうち、テヴェレ川の橋近辺に居住する者の数はウルバヌス五世の在位時代よりもいっそう増え、その地域の景観を特徴づけることとなる。とくに有名なのは、サンタンジェロ橋から伸びるフィレンツェ人が居住した区画である。その一方、彼らのライバルであったジェノヴァ人たちは船舶業者として主に大規模な港に近いトラステヴェレ地区の南側に居住した。ピアッツァ・ナヴォーナ周辺とその西側にはカタルーニャ、カスティーリャ、ドイツ、フランスなど諸外国出身の教皇庁構成員、手工業者、巡礼者などが「同郷者の教会」を中心とするそれぞれの居住地域を持っていた。

さまざまな建造物の新造に伴い、新たな道路網もできあがった。このような形でシクストゥス四世以降の歴代教皇は、都市計画に直接かかわりを持つこととなったのだ。シクストゥスは、古代の遺構を生かした橋（ポンテ・シスト）を一つかけただけでなく、サンタンジェロ橋とピアッツァ・ナヴォーナを結ぶ街路であるヴィア・デル・ゴヴェルノ・ヴェッキオを敷いた。この建築計画と並び、アレクサンデル六世の在位期にサン・ピエトロのボルゴとパリオーネ区で行われた道路の付け替えは、とりわけ一四七五年と一五〇〇年の聖年に際して巡礼者が多数訪れたためにその必要が生じたものだ。ユリウス二世はまったく新たな都市計画を構想していたものの、ローマ市当局の反対を受け、自らの名を冠した新たな大通り（ヴィア・ジューリア）を新たに建設するにとどまった。

教皇による都市ローマ支配

このような形での都市景観の変化は非常に大規模であり、歴代教皇がローマ市の都市行政に対する影響力を増すことでのみその実現が可能となった。ニコラウス五世、およびその後パウルス二世に至るまでの彼の後継諸教皇は、それより以前の時代のマルティヌス五世とエウゲニウス四世在位中にその傾向がすでに現れていたものの、商業に従事するローマ市民の上層を担い手とする市当局をしぶしぶではあっても認め、この市当局の合意の上で統治を行う必要があった。エウゲニウスに実現できたのは、過去数世紀にわたり貴族家門デ・ヴィーコ家出身者がその座を占めてきた伝統的官職である都市総督に代わり、エウゲニウスの認可を就任にあたり必要とする一人の都市長官（グベルナトール gubernator）という職を新たに設置したことだけだった。それでもいまだにどれだけ状況が困難なものであったかを如実に示すのが、エウゲニウス四世とその後継者の在位期間中に、北イタリア出身の織物職人や商人のローマ居住に不満を持つローマ人が示した抵抗、そして一四五三年にローマ市民であったステファノ・ポルカロが企てたニコラウス五世に対する陰謀事件である。ようやく一四七三年にシクストゥス四世が、一部暴力に訴えつつコムーネの法制度をようやく変更し、行政官を教皇官房に直接従属させることに成功する。これ以降、官房長官補佐がローマ市の都市長官を兼ねることとなった。すでに述べた建築活動による都市景観の変化は、これを受けてシクストゥスの在位中に始まったものである。彼の後を継いだ教皇インノケンティウス八世の在位期間中に、ローマ人たちは自治権奪還を求めた。だが、アレクサンデル六世、ユリウス二世、ハドリアヌス六世の在位期間を通じて、教皇が統制する都市当局は、都市の自治についてはより一層不都合な存在へとその姿を変えていった。それをさらに明瞭な形で示すのが、教皇の命で行われたカンピドーリオ（カピトリーノ）広場、すなわちローマ市中心部における建造物の新築である。この事業により、ミケランジェロの手になるレオ一〇世以降の歴代教皇を称える彫像がカンピドーリオの宮殿内部に設置される一方、カンピドーリオ（カピトリーノ）にもパウルス三世の在位中に教皇のヴィラが造営された。カンピドーリオに造営された碑文が古代ローマの修辞法をモデルに仰ぎ、あるいは都市ローマの創建を祝うパリリアをはじめとする古代ローマ起源の祝祭を新たに祝うようにはなったものの、それ以後のローマは、以前にもいやまして教皇の掌中に置かれることとなったのである。

教皇による支配の強化は、儀礼にも現れている。アヴィニョン期に生じた発展の影響を受け、とりわけシクストゥス四世在位以降のヴァチカンは、教皇の典礼の中心地としての重みを増した。カリクストゥス三世以降、教皇選出はヴァチカンで行われることとなる。そして、選出された者は宮殿から出て、隣接するサン・ピエトロ大聖堂での戴冠へ赴くのである。中世初期、あるいは盛期にまで遡る伝統を思い起こさせるものはラテラノ宮殿の所有（possessio）

のみとなったが、この行列も、ユリウス二世以降、戴冠式から切り離され、数日後に行ってもよいものとされると、その意味を喪失していた。指定参詣教会は大きな宮殿礼拝堂にとって変わられ、サン・ピエトロ大聖堂での典礼も数少ない大きな祝祭時のみとなっていった。たとえば、レオ一〇世の在位期間中に同大聖堂で典礼が行われたのはわずか三回である。そしてアヴィニョンでそうだったように、ローマでも、伝統的な行列は宮殿を通りぬけるのみのものとなった。宮殿ではまた、司教や聖職者の叙階も執り行われることとなっていた。これらの例外となるのは、ボルゴを通って行われる聖体行列と謝肉祭の祝祭であった。

同時に教皇権の世俗化の兆候もより顕著となる。教皇が都市を闊歩する際に同伴する者たちの内訳では、俗人従者が聖職上の位階を持つ者の数を上回っていた。教皇は聖務を自ら司式することはなくなり、この業務を枢機卿や教皇宮廷の司教に委ねることがこれまで以上に増えた。時には、狩猟に代表される趣味嗜好を優先した挙句、重要な祝祭行事に欠席する教皇さえいたほどである。典礼そのものも世俗的な要素を伴うようになった。聖体行列の最中、聖体顕示台を手にするアレクサンデル六世の前でタンバリンを打つ道化師が踊りを舞うことがあれば、典礼上の歌のため職に任じられた礼拝堂の歌い手たちが、レオ一〇世の前で喜劇を演じることもあった。さらに、インノケンティウス八世は自分の娘たちの結婚式を宮殿で華麗に行った一方、アレクサンデル六世以降には売春婦や高位の女性に宮殿への入城が許され、同教皇の在位中には、サン・アゴスティーノ教会での聖務の執行中にそこの聖壇室が売春婦で一杯になり、司式している枢機卿や礼拝堂の歌い手の邪魔をしたほどだった。

ルネサンス君主としての教皇

この時期のほとんどの歴代教皇のイメージは、同時代イタリアにおいて一般的なルネサンス君主のそれと似通っていた。「キリストの代理人（vicarius Christi）」という称号だけが、その後継者としての教皇の手元にいまだ残されていた。このルネサンス君主としての教皇のイメージは、教皇たちが学問と芸術の奨励活動をさらに積極的に行うようになったことからも明らかである。既にマルティヌス五世が、コンスタンツに滞在し、あるいはローマを訪れていた人文主義者たちを教皇宮廷に組み込み始めていた。たとえば、教皇の秘書となったフラヴィオ・ビオンドをはじめとする人文主義者たちは(3)、教皇書簡の形式を変え、当時の趣向に適合的なものとするのに貢献している。同様にエウゲニウス四世も、とくにフィレンツェに滞在していた間には、彼に対して批判的でない人文主義者たちを後援の対象としている。ただし、ロレンツォ・ヴァッラのような批判的な人文主義者も存在したのではあるが(4)。しかし、一大転機となったのはニコラウス五世の在位期間だ。彼は教皇庁に仕えるイタリア人人文主義者たちの人数だけでなく、彼らの著作と古典作品により、図書館の蔵書数を増やした。ピウス二世は、ウェルギリウス『アエネイス』の主人公アエネアスの添え名であるピウス［「ピウス・アエネアス」＝「敬虔なるアエネアス」とウェルギリウスは呼んだ］から教皇としての名を採り、自らの個人名であるエネア［アエネアスのイタリア語名］（・シルヴィオ・ピッコローミニ）の段階で既に存在していた古代とのつながりを一層密なものとした。彼自身もまた人文主義者として活躍しており、嗜好を共有する同志のために新たに抄録官の同輩集団を組織したほどである。また、彼の後継者であるパウルス二世は、彼に対しての批判的論争や人文主義者ポンポニウス・レトゥスが主宰するアカデミーと論争したにもかかわらず(5)、決して人文主義者たちの敵ではなかった。そしてさらにシクストゥス四世の行った教皇庁図書館の新設は有名である。同図書館の初代館長は、パウルス二世によって身柄を拘束されたこともある人文主義者であり、教皇に関する年代記著述家でもあったプラティナ(6)だった。一五世紀末に、人文主義がどれほど教皇庁に普及していたかは、ルネサンス小文字体が教皇庁における正式の文字体として、写本のみならず、文書局で作成された文書にも導入されたことからわかる。そして、人文主義者の子弟が、教皇庁構成員である父の職を引き継いだこと、そして後世の歴代教皇のほとんどが前任者のやり方にならったということもあり、人文主義はこの時期を通じてローマにおいては支配的な学問の流行であり続けた。そして、教皇による聖務執行の際の説教者までもがしばしばその傾向を見せたほどである。しかし初期の数十年間にわたり、ロレンツォ・ヴァッラやプラティナのような人文主義者が教皇に対して批判的態度を示すことが当時可能だったのとは対照的に、その後継者たちは、世紀が変わる頃から、金銭を支出してくれるパトロンに対して従順な態度を示すようになった。

（3）　ラテン語表記であるブロンドゥス・フラヴィウス Blondus Flavius としても知られる（一四六三年没）。歴史著述家、人文主義者。古代ローマの遺物に関する著作を明らかにしたことで、好古学／考古学者の先駆けとみなされることもある。エウゲニウス四世からピウス二世まで歴代教皇の秘書を務めた。

（4）　ロレンツォ・ヴァッラ（一四五七年没）。一四四〇年に論考『誤ってそうと信じられてきた、そして実際には偽造されたものであるコンスタンティヌスの寄進状について』を執筆する。この執筆の背景には、当時の彼のパトロンであるアルフォンソ（アルフォンス）五世の教皇に対する立場を強めることで、彼のナポリ王即位への障害を除こうとする反教皇政治プロパガンダ的性格があった、というのはよく知られている。論考の公開後もナポリを拠点に執筆活動を続けるが、最晩年期にはローマに招かれローマ大学教授を務め、教皇カリクストゥス三世との関係も良好であった。

（5）　イタリア半島出身の人文主義者（一四九八年没）。イタリア語読みの「ジューリオ・ポンポニオ・レート」でも知られる。ロレンツォ・ヴァッラの教えを受けた後、彼の後任として雄弁術の教師となり、一四六六年以降はアカデミーを主宰する傍ら、ローマ大学（現ローマ・サピエンツァ大学）の教授職も務めた。

（6）　バルトロメオ・プラティナ（一四八一年没）。通称としてよく知られた「プラティナ」は彼の出身地由来の呼称。ピウス二世の在位中にローマを訪れ、教皇の秘書を務める傍ら、ポンポニウス・レトゥス主宰のアカデミーに加わる。人文主義者との関係が良好でなかったパウルス二世の在位中、一四六〇年代に二度サンタンジェロ城に幽閉されるが、一四七五年にシクストゥス二世により教皇庁図書館館長に任命された。

芸術へのパトロネジ

ローマを訪れた者の目を今なお惹きつけてやまないのが、歴代教皇による造形芸術に対してのパトロネジである。とりわけ、フィレンツェ出身の芸術家たちが厚遇の対象となった。その背景は、フィレンツェが長きにわたり芸術における優位を保ち続けたことと並び、多くの教皇がフィレンツェの銀行家と深いつながりを持っていたことの二点から説明できる。初期の例として挙げられるマルティヌス五世の墓石は、エウゲニウス四世の在位中にフィレンツェからローマに運ばれたものだ。ニコラウス五世はフラ・アンジェリコを雇用し、その彼もまたローマで埋葬されている。また、ピウス二世の戴冠式のために、ベノッツォ・ゴッツォリは行列旗を描いた。時代が下った教皇在位期間中の例としては、シクストゥス四世在位期に活動したギルランダイオやボッティチェリ、サンガッロ、そしてとくにユリウス二世即位後に活躍したミケランジェロの名を挙げておくべきだろう。しかしシクストゥス四世の在位期間中のシニョレッリやアレクサンデル六世時代のピントゥリッキオに代表されるフィレンツェ以外を出身地とするイタリア人もまたローマを仕事の場としていた。教皇領の各地域からもまた、一団の芸術家たちがローマに呼び集められた。シクストゥス四世在位期間中に活躍したメロッツォ・ダ・フォルリ、ペルジーノ、時代が下るとブラマンテやその弟子であったラファエロがこのカテゴリーに属する。『レオ四世の奇跡』、『コンスタンティヌスの寄進状』を代表作とするラファエロのフレスコ画が示すように、多くの芸術家たちは人文主義者たち以上にそれぞれのパトロンの指示に従っていた。独自の立ち位置を保ったことが知られるのはミケランジェロただ一人であり、とくにクレメンス七世在位期以降について、彼は体制側の教会を批判する動きを強めた。そうだとしても、芸術家の活動は、一五世紀にまず歴代教皇の座所へと変えたように、一六世紀を迎える頃からはローマをイタリア・ルネサンスの中心地となさしめたのである。

支配の手段として縁故主義

二世紀前の教皇庁におけるコスマーティの活動同様、ローマにペルジーノ、メロッツォ、ブラマンテといった芸術家を惹きつけたのは一五世紀後半に刷新された教皇による教皇領支配であった。歴代教皇の行動規範は伝統に則ったものであり、過去数世紀にわたる先任者同様、ルネサンス期の諸教皇もまた縁者や同郷人を好んで軍事指揮官やとりわけ不穏な地域の監督者に任命したからである。また、彼らはシニョーレやコムーネに対しては、自分たちが上級権力者であることを彼らが認め、徴税に応じればそれでよしとする傾向が見られた。この基本方針にはアレクサンデル六世やユリウス二世といった非常に好戦的な諸教皇その人でさえ従っている。変革がなされたのは戦術面のみである。傭兵が投入される機会が増えたのと並んで、ニコラウス五世により常備兵制度が定められ、また、大砲も活用されるようになった。支配権力の確立という観点から見るならばほとんどプラスにはならなかったが、ピウス二世、シクストゥス四世、インノケンティウス八世、さらにアレクサンデル六世ら歴代教皇は、ボニファティウス八世を代表格とする先任者のやり方をさらに推し進め、教皇領の伝統的な地域と新たに征服した地域のいずれかにおいて、甥もしくは息子を自立した君主として据えようとした。だが、このもくろみに対しては枢機卿団にとどまらず、ウルビーノやロマーニャといった被支配地域からも抗議の声が上がった。加えて、イタリアにおけるその他の国家権力との関係もまたこれにより悪化することとなる。レオ一〇世、クレメンス七世といったメディチ家出身の歴代教皇が、出身家門のフィレンツェにおける支配をより強固なものとし、あるいは共和制が一時的に樹立された後にメディチ家の支配体制を再び樹立するために教皇権と教皇庁とを利用しようとしたことは、さらに重大な帰結を教皇権にもたらすこととなる。

ニコラウス五世と在位期間が短かったピウス二世、そしてハドリアヌス六世を例外として、歴代教皇は概して縁者や同郷人をかなり強くえり好みして引き立てた。これ以前の時期における権力闘争同様、それに対する反動が当該教皇の死後に勃発することとなる。コロンナ家とオルシーニ家が対立を繰り返したことに加え、カリクストゥス三世死後に生じたカタルーニャ出身者、ピウス二世死後に生じたシエナ出身者、そしてシクストゥス四世死後に生じたジェノヴァ出身者に対するもののような一連の同郷出身者に対する迫害はよく知られている。また、シクストゥス四世の縁者であったジュリアーノ・デッラ・ローヴェレ（後のユリウス二世）が後継者のアレクサンデル六世の在位期間中に追放されていた事例も有名である。逆にアレクサンデル六世が死去すると、彼の息子であったチェーザレ・ボルジアが同様に追放される一方でジュリアーノは凱旋して帰還し、ユリウス二世として教皇にまで選出された。どれほど縁故主義が根付いていたかは、歴代諸教皇の出身地を確認してみればよい。その蔓延は、一三世紀の状況をさらに上回るものであった。インノケンティウス八世は前任者シクストゥス四世と少なくとも同郷人という形で関係があったことは確実であり、ユリウス二世はこのシクストゥス四世の甥にあたる。これと似たような形で、アレクサンデル六世はカリクストゥス三世、ピウス三世はピウス二世、そしてクレメンス七世はレオ一〇世というそれぞれ過去の教皇の縁者であった。ニコラウス五世、彼本人もエウゲニウス四世の甥にあたるパウルス二世、そしてハドリアヌス六世の三人を除外すれば、四家門が九度にわたり教皇の座に就く人物を輩出したこととなる。このうち、シクストゥス四世を元締めとする派閥が輩出した三人の教皇が最も成功をおさめた。また、シクストゥス四世が、一四八九年にロレンツォ・デ・メディチの非嫡出の娘であったマリア・マッダレーナ・ロモーラ・デ・メディチがインノケンティウス八世の庶子フランチェスケット（フランチェスコ）・チーボと婚姻した際にロレンツォの息子であった一三歳のその弟、ジョヴァンニ・デ・メディチを枢機卿に任じ、その彼が後にレオ一〇世となることまでを考慮に含めるならば、シクストゥス四世とその後継者が行った人事政策の有した重要性はさらに一目瞭然となる。

教皇の交代と歴代挙行の家門政策は繰り返し教皇領に動乱の種を播いたが、とくにローマ近郊の中小貴族の利害と相反するような教皇の統治上の諸施策もまた、それについては責任がある。その中で、具体的に触れておく必要があるものとしては、教皇による農業政策が挙げられる。コロンナ家、オルシーニ家、サヴェッリ家、カエターニ家といった諸家門は牧畜経営を優先させた結果、家門の所有する大所領での穀物栽培の規模を縮小した。それを受けて多数の農民が土地から追われるか、季節的な（農業）労働者に零落することとなる。影響はそれにとどまらず、人口増加を続けるローマ都市民に対する食糧供給が困難の度を増すことにもつながった。穀物の収量の減少に反比例する形で、ローマ近郊の中小貴族が穀物価格の言い値を釣り上げたからである。この傾向について、早くもシクストゥス四世が対策を講じようとしている。彼は一四七六年に、未耕地の三分の一を没収して、小作農化した農民に対して穀物を栽培する目的で割り当てるべしと定めたのだ。この施策に対しては、一四八〇年になると、コロンナ家を代表格とする中小貴族の反発が強まり、同家門の支持を拠り所とするインノケンティウス八世は計画の断念を余儀なくされた。ユリウス二世は類似の試みを再び導入し、在地俗人中小有力者の利害に反する形での物価統制を布いた。彼がローマの都市貴族にほとんど信を置いていなかったことは、彼がローマ貴族出身者を宮殿の衛兵から除籍し、それに代わりスイス出身の傭兵を登用したことにも現れている。この後者が、今日にまで続く「スイス衛兵」の先駆者である。また、ユリウス二世はローマ出身者を一人たりとも枢機卿に取り立てようともしなかった。クレメンス七世もまた、中小貴族の所領から収穫される穀物の生産を統制し、監督下に置こうとした。だが、貴族の抵抗にあい、この試みもあらかた挫折に終わっている。

都市ローマの自治権に制限を課す傾向はシクストゥス四世からハドリアヌス六世の在位期間にかけてずっと続き、教皇の座所としての都市ローマへとその性格を変えていった。その一方で、教皇領の情勢はおおむね不安定なままであり、その支配権獲得をめぐる闘争を常に継続し、あるいは強圧的な手法によって支配権を勝ち取る必要があった。

イタリアの政治情勢

ニコラウス五世が選出されて五か月後、ミラノ公フィリッポ・マリア・ヴィスコンティが男子を遺すことなく死去する(7)。複数の僭称者がこの都市の支配権をめぐり闘争を繰り広げるが、一四四七年から五〇年にかけての三年間にわたりミラノには共和制がしかれた。俗にいうところの「アンブロジオ共和国」である。このミラノの共和制に終止符を打ったのがフィリッポの娘婿であったフランチェスコ・スフォルツァの勝利であり、彼は一四五〇年以降ミラノ公として統治を行った。だが、フランチェスコの政体に対しては、ヴェネツィア、ナポリ、そして教皇をはじめとするイタリアの国家諸権力からそれ以降の時期についても異議が差し挟まれ続ける。一四五三年のトルコ人によるコンスタンティノープル征服を受け、ミラノ、フィレンツェ、そしてヴェネツィアは一四五四年四月になってようやくローディで和約を締結した(8)。この和議にナポリ王アルフォンソ（アルフォンス）、そして教皇ニコラウス五世も程なくして調印している。その後四〇年にわたりこの和約は当時のイタリアに存在した五つの「大国」の間の権力均衡を維持した。それを揺るがしたのは、教皇の縁者の間の権力闘争、次いで教皇と新たにナポリ王となった（在位一四五八～九四）フェランテ（フェルナンド）の間の関係がしばしば緊張したこと、そして一四七八～八〇年にかけ、フィレンツェを支配していたメディチ家に対する暗殺の企てに教皇シクストゥス四世が加担したという三つの要因によってのみである。イタリアでは、この数十年の間に学芸、芸術、そしてまた経済が花開いた。

(7)　フィリッポ・マリア・ヴィスコンティ（一四四七年没）。ヴィスコンティ家最後のミラノ公。ジャン・ガレアッツォ・ヴィスコンティの息子として生まれ、一四〇二年に父の死によりピサ伯、そして一四一二年からはミラノ公として三五年の長きにわたり統治を行う。唯一の子は非嫡出の女児、ビアンカ・マリア・ビスコンティであり、傭兵隊長時代のフランチェスコ・スフォルツァに嫁いだ。

(8)　ローディはイタリア北部、ミラノ郊外に位置する。当初の主体はフランチェスコ・スフォルツァ（ミラノ）とヴェネツィアの間の領土画定を目的としたものだったが、これにフィレンツェ、教皇、ナポリ王国が加わった。この後、フランス王シャルル八世のイタリア侵攻を口火とする「イタリア戦争」の勃発（一四九四年）までの約四〇年間、イタリア北部では比較的平穏な状況が続いた。

後世に理想化され、「幸福な四〇年」と呼ばれたこの時代は、一四九四年に終わりを迎えることとなる。ルドヴィーコ・イル・モーロ(9)が、公位の正当な請求者であったナポリ王フェランテ（フェルナンド）［一世］を打倒して新たにミラノ公に即位したのだ。自らの支配権を確立する目的で、ルドヴィーコは新たにフランス王に即位したシャルル八世によるナポリの占領計画を後押しした。その後ほどなくして、フェランテ（フェルナンド）は死去する。フェランテのナポリ王位を請求したのはシャルル八世であった。アンジュー家最後の生き残りであり、プロヴァンスに逃れていたルネ・ダンジューが、フランス王位にあったヴァロア家の人間に王国の相続権を譲渡していたことが、その根拠として持ち出された。イングランド、ドイツ、そしてスペインの諸支配者と和平を取り結び、また、ミラノ公からの支援を受けた上で、シャルルはフィレンツェに譲歩を強い、ナポリを占領し、アルフォンソ（アルフォンス）二世が王位を譲渡した結果当時そこの王となっていたフェランテ（フェルナンド）［二世］を追放した。フィレンツェからメディチ家が追放された事件、さらに新たに教皇に即位したアレクサンデル六世による政策により、情勢はさらにこじれることとなる。フィレンツェでは一四九四年以降、サヴォナローラの支持を背景に共和政が支配権を掌握した。一四九五年以降、シャルルは彼に対抗して締結されたイタリア諸勢力の同盟によってイタリアからの退却を余儀なくされる。それでも、彼の野望は命脈を保ち続けた。シャルルの後継者となったルイ［一二世］の中にはヴィスコンティ家の血が流れており、それに基づいてナポリだけではなくミラノ公位もが請求の対象となった。しかし、ルイが一五〇一年に行った南イタリア遠征は失敗に終わり、アラゴン出身の副王により一五〇五年以降実施されたナポリとシチリアの直接統治の確保のみが彼の成果であった。しかし、北イタリアにおける抗争がいまだやむことはなかった。ミラノ公位をフランス王が請求したことが、その主たる原因である。ミラノ公位は、ルドヴィーコ、マッシミリアーノ、フランチェスコ二世らスフォルツァ家出身者とルイ一二世、そしてフランソワ一世というフランス王の間で二転三転した。最終的に新たにスペインとドイツの王となったカール五世（カルロス一世）も割って入り、このカールが一五二五年にパヴィア近郊でフランソワ一世を打ち負かした後、ついにミラノ公国をハプスブルクの支配領域へと組み入れることとなる。一五世紀末には、「テッラ・フェルマ（terra ferma）」と称されたイタリア半島本土へのヴェネツィアの勢力拡大も終わりを告げた。ただし、マクシミリアン一世が企図したような形でヴェネツィアをもハプスブルク家の支配領域下に編入することはできなかった。

（9）　本名ルドヴィーコ・スフォルツァ（一五〇八年没）。フランチェスコ・スフォルツァの四男。ナポリ王フェランテ（フェルナンド一世）は、アラゴン王アルフォンソ（アルフォンス）五世の庶子にあたる。

イタリア外部の諸勢力からの介入を、教皇は自らの権益を確保するために利用しようとした。アレクサンデル六世の在位期間中、彼の息子であったチェーザレはフランス王の認可を得た上でロマーニャおよびエミーリアを征服した。理念上、チェーザレはヴァランス公としてフランス王の封臣でもあった。これに対し、自らもこれに先立ってフランスで亡命生活を送ったこともあるユリウス二世は、自らの生涯を「蛮人」からのイタリアの解放に捧げ、これによりフランスを敵に回すこととなった。ユリウスに敵対的な枢機卿がルイ一二世の指示を受け一五一一年にピサで開催した教会会議は、この文脈上に位置付けられる。この教会会議の場でコンスタンツ公会議が発布した教令である『ハエク・サンクタ』および『フレクェンス』が更新されたことを受け、教皇は自らの派閥の公会議をラテラノにおいて開催する決断を下したのである。ユリウスの後継者として教皇に即位したレオ一〇世は、その在位初期には再びフランスに望みを託した。このフランスの支持を背景に、レオは一五一二年にフィレンツェにおける自らの出身家門［メディチ家］の支配を再度確立し、同時にピサにおける教会会議を終わらせることができた。後年になるとレオはスペイン寄りの姿勢を強める。だが彼は、フランスとスペインを等しくイタリアから遠ざけておくことにその精力を費やした。そのため、一五一九年にマクシミリアン一世が死去した際には、フランス王、もしくはスペイン王のいずれもが新たなドイツ王に選挙されることに反対している。代わりに彼が推したのは、（賢侯）と称されたザクセン選帝侯フリードリヒであった。ある意味で皮肉だが、この際、おそらくはマルティン・ルターと思しきフリードリヒが推す人物を枢機卿に据えることすら提案している。

だが最終的に、より重大な結果をもたらすこととなったのはレオ一〇世の従兄弟で彼の次の次に教皇位を継承したクレメンス七世である。クレメンスはスペインの支持を背景に教皇に選出されたにもかかわらず、カール五世がパヴィアの戦いで一五二五年に勝利を飾った後、同様にカールの後ろ盾で権力を掌握したミラノ公フランチェスコ（二世・スフォルツァ）と肩を並べてコニャック同盟に加入した。この同盟は、カールに対抗してフランス、フィレンツェ、そしてヴェネツィアが名を連ねていたものである。イタリアにおいていまだカール派に属したのは、フェラーラ公アルフォンソ（一世）・デステとコロンナ家のみとなる。コロンナ家はローマ南方のカンパーニャ一帯を、自らの勢力圏を拡大する目的で略奪した。だが、大きな反響を呼ぶこととなるのは、ドイツ人傭兵がローマへと行軍し、軍事指揮官の死後にスペインおよび南イタリア出身の傭兵とともに一五二七年に都市ローマを占領した事件の方である。この「ローマ劫掠」(10)において、おしとどめるものがないままに彼らが働いた略奪により、数多くの芸術作品と並んでローマに所在したアーカイヴが灰燼に帰すこととなり、都市の人々には飢えとペストがもたらされた。クレメンスは逃亡を余儀なくされたばかりでなく、ピアチェンツァ、パルマ、モデナをはじめとした北イタリア諸都市を手放し、さらにはフィレンツェにおける自らの出身家門、メディチ家の支配が再び崩壊するのを傍観することしかできなかった。フランス軍の再度の攻勢も、カールの軍勢を退却に追い込むには十分ではなかった。一五二九年になって、最終的にフランスとスペイン、そしてカールと教皇もそれに加わる形で和議が取り結ばれる。和議を締結するため、ボローニャでカールとクレメンスは会合を持った。このクレメンスが、一五三〇年に、既にその前年にナポリ王位を授与していたカールをまずイタリア王に即位させ、そしてカールの誕生日の二月二二日には同じボローニャで、皇帝として戴冠したのである。この事件が、教皇による皇帝戴冠としては歴史上最後のものとなる。レーエンの授与と戴冠により、カールのイタリアにおける上級支配権は法的に見てもその地歩が固められ、教皇領はかつてのシュタウフェン家の歴代皇帝の時代以上に制約を受けることとなった。教皇と教皇領が、イタリアにおいて中規模の政治権力へと衰退する道筋への第一歩が踏み出されたのである。

(10) カール五世の命を受け、傭兵部隊との混成軍であった皇帝派遣軍が一五二七年五月にかけ、ローマを襲撃、略奪した。ローマがルネサンス時代において文化的中心であった時代を終わらせるきっかけとなったとされる。

西欧諸国と教皇権

すでに明らかなように、歴代教皇のイタリアにおける野望は、彼らのヨーロッパ諸政体との関係をも広範にわたり規定することとなる。これに加えて決定要因として左右したのが、コンスタンツとバーゼルという両公会議の遺した結果だった。バーゼル公会議による教会内のシスマに終止符を打つため、ニコラウス五世は一四四八年にドイツ王であったフリードリヒ三世と政教和約を結ぶ。この協約により、ドイツにおける司教任命権、そして伝統的な聖職禄収入は王に有利な形で制限されることとなった。選帝侯と教皇の間で結ばれたもう一つの政教和約により、選帝侯のドイツ内の教会に対する影響力はさらに増大した。この権力関係の変化を背景として、教皇が音頭を取った教会改革の一端としての枢機卿ニコラウス・クザーヌスの教皇特使としての派遣は大きな成果を上げることなく終わることとなる。そしてまた、フリードリヒ三世はローマで戴冠された（一四五二年）最後のドイツ王＝皇帝ともなった。ただし、フリードリヒは一四六八年に再度ローマを訪れている。そしてマクシミリアン一世は時に、皇帝と教皇を同時に兼任するという途方もない計画をもてあそぶことすらあった。また、一六世紀を迎える頃には、アウクスブルクのフッガー家が教皇庁の御用銀行家として機能する一方で、常に一人のドイツ出身者が枢機卿団に名を連ね、低地地方出身者がハドリアヌス六世として教皇の座に就く事態さえ生じた。だが、教皇権とドイツとの間の制度的な紐帯は、概して弱体化の一途をたどった。とりわけ一四五〇年、一四七五年、一五〇〇年、そしてそれよりも規模が落ちるものの一五二五年といった聖年の際に生じたドイツ人巡礼者、さらにはまもなく批判されることとなるローマ発の贖宥状の売買の規模だけが拡大を続けた。

歴代教皇とフランスとの関係は二転三転した。枢機卿ギヨーム・デストヴィル（枢機卿在任一四三九〜八三）は王家の縁者であり、彼はその存命中教皇庁で大きな影響力を行使し続けた。だが、この彼でさえ、ブールジュで一四三八年に出された『国事詔書』(11)の結果としてシャルル七世と歴代教皇の間の関係が緊張状態に陥ることを食い止められたわけではない。『国事詔書』の貫徹が断念されるのは、シャルルの息子であるルイ（一一世）の即位を待たねばならなかった。だが、シャルル八世とルイ一二世がそれに再び実効力を付与したことでもわかるように、この『国事詔書』は圧力をかけるために好都合な道具としての立ち位置を保ち続けた。ルイ一一世がもっぱら心を砕いたのは自らの支配を確立し、いまだ存続していたブルゴーニュ、そしてイングランドからの脅威の規模を削減することである。そのため、教皇を含むその他の諸勢力に対しては有効である限りにおいて和平を維持しようとしていた。この政策はルイ一一世にとって大きな成功をおさめ、それを背景に彼はその治世晩年、既に述べたルネ・ダンジューからのナポリ王位請求権譲渡を獲得し、将来発生することとなる対立の礎石を敷くこととなる。ルイの後継者となったシャルル八世の治世以降、フランスにおける歴代教皇の立場はおおむねイタリア政策によって決定された。だが、将来にわたり重要となるのは、第五ラテラノ公会議の間にボローニャ協約（一五一六年締結）という形で取り結ばれた妥協であり、それはフランス王国内においても理念上は教書『ウナム・サンクタム』を受け入れて『国事詔書』を撤回することを意味した。だが、現地における教会の支配を事実上王の手に委ねられ、教皇は司教および大修道院長の任命権、そして下級聖職禄を広範にわたり手放すにとどまらず、フランスにおけるすべての留保権と期待権を取り下げることになった。これにより、シスマ以降、その影響力が目に見えて強まっていたフランス王の「ガリア（フランス）教会」に対する統制は、いまや教皇によっても是認されることとなった。南フランスの聖職者だけがその唯一の例外であった。彼らは王から可能な限り距離を置こうとし、彼の助けを得てキャリア・パスを歩むことがほとんど期待できなくなった代わりに、多くの者が教皇庁構成員として教皇に仕え、最終的には高位聖職者となって故国に錦を飾る機会をうかがっていたのである。

(11) 一四三三年にフランス王シャルル七世とフランス側教会人がブールジュの議会で行った同意内容が、一四三八年に君主の制定法、という形で三部会から発布されたもの。領域内のセルヴィティア税や教皇庁への上訴について一三世紀以前の制度に戻す基本方針が貫かれ、ガリカニズムの現れと一般に評価されている。

八〜九両章で扱った時期同様、ルネサンス期においても教皇がスペインと構築したつながりは相対的に見て緊密であり続けた。この理由としては、カリクストゥス三世およびアレクサンデル六世と二人のアラゴン出身者の教皇を輩出したということにとどまらず、数多くのスペイン出身者が教皇の宮廷に伺候したこと、そして一五世紀後半の歴代諸スペイン王のほとんどが弱体であったことが挙げられる。教皇権の復興を最も強く擁護した一人がカスティーリャのファン・デ・トルケマダであり(12)、彼の甥［トマス］は王の腹心、そして厳格な異端審問所長官としてその伝統を引き継いだ。教皇権にとってより重要な帰結は、一六世紀初めにトレード大司教であったフランシスコ・ヒメネス・デ・シスネロスがローマ式典礼をカスティーリャ王国内に対し拘束力を有する規定として定め(13)、モサラベ式の典礼をわずかの例外にとどめたことによってもたらされた。それから少し遡るものの、アメリカ大陸が発見された後の一四九四年には、アレクサンデル六世はトルデシリャス条約中において、『コンスタンティヌス帝の寄進状』が「西方の島々」に対する支配権を正当化していることを典拠として、征服の対象となった領域についてポルトガルとスペインが腑分けをする境界線を定めている(14)。同文書において、コンスタンティヌスが教皇シルウェステルに寄進したとされる「西方の島々」が指す範囲が厳密には定められておらず、拡大解釈の余地があったからだ。これにより、彼に対し支払われた貢租を今にまで伝えるのが、サンタ・マリア・マッジョーレ大聖堂の金で飾られた格天井である。同条約の関係者の誰も、それを遡ること半世紀前にニコラウス・クザーヌスとロレンツォ・ヴァッラの両名が、いわゆる『コンスタンティヌス帝の寄進状』が偽文書であると認めていたことに気を留めることがなかった。その直後になると、それぞれの統治者の対イタリア政策が、教皇庁とのイベリア半島との関係の大枠を定める決定要因となった。そして、ローマとのつながりは、それがどのようなものであっても在地教会に対する王権の統制の一層の強化を阻むものではなかった。その種の傾向はシスマ（教会大分裂）の時代に端を発し、一五世紀を通じて育まれ、さらに「カトリック両王」と称されるイサベルとフェルナンド二人の治世に顕在化することとなる。

(12) フアン・デ・トルケマダ（一四六八年没）。ドミニコ会士、枢機卿。コンスタンツ公会議、バーゼル公会議にドミニコ会の使節団の一員（後者では兼カスティーリャ王の名代）として参加。エウゲニウス四世の支持者としての立場を明確にする。一四四六年に司祭枢機卿に叙される一方、特使としてアルプス以北に派遣され、教皇の対トルコ十字軍構想の実現に向けての活動も行っている。

(13) マドリード生まれのフランシスコ会オブセルヴァンテス派修道士、政治家、枢機卿（一五一七年没）。カスティーリャ王国の摂政も務める。人文主義者との交友、聖書の多言語翻訳を計画したことでも有名。

(14) スペインとポルトガル間の大西洋、植民地分割線をめぐる合意。トルデシリャスは協議の舞台となったスペイン北部の都市。カーボヴェルデ諸島から西三七〇レグアを境界線とし、東をポルトガル領、西をスペイン領とすることで合意がなされた。これに基づき、中南米の大部分をスペイン、ブラジルをポルトガル領とする形での植民地化が進められることとなる。

しかし、王権による在地教会のあり方を定めるというこの現象について、最も典型的な例が認められるのは同時期のイングランドだ。王権の立ち位置がイングランド内部で繰り広げられた「ばら戦争」と呼ばれる抗争により弱体化したのは事実である。しかし早くもエドワード四世の治世晩年、そして一四八五年以降についてはヘンリ七世、ヘンリ八世ら新王家チューダー家のもとで、歴代イングランド王は再び自らの利害関心に基づき司教人事を行う姿勢を強めた。教皇に有利な形で状況が好転するきざしはほとんどなかった。これら諸王の治世において、複数のカンタベリ大司教が枢機卿となったが、彼らはイングランドにおけるローマとの窓口だけでなく、王による教会支配をも体現する存在であったからだ。王の教会に対する影響力が教会の王に対する影響力よりも上であったことを如実に示すのが、ヘンリ八世がトマス・モアを歴史上初めて俗人として大法官職に任じたという事例である。そして、ヘンリが最初の妻であるアラゴン出身のキャサリンとの離別を契機として、イングランド教会を最終的に教皇から切り離し、完全に自らに従属させた際にはこのモアでさえ彼をおしとどめることはできなかった。

対トルコ十字軍の構想

他の諸国においても歴代教皇の権威は非常にささやかなものにとどまった。この時期のはじめにおける最重要政治課題であった対トルコ人戦線が失敗に終わったということが、このことの背景として挙げられる。トルコ人はキリスト教徒が建造した大砲を活用して一四五三年にコンスタンティノープルを征服し、ビザンツ帝国を滅ぼした。この事件の衝撃が広まる中で、ニコラウス五世はローディの和約以前の段階ですでに、イタリアの諸統治者を、対トルコ人を旗印とする一つの同盟へと組織しようとしていた。それに留まらず、彼はハンガリーではフニャディ・ヤーノシュ(15)、アルバニアではスカンデルベグが指揮を執った抵抗戦線に対して財政援助を行ってもいる(16)。その彼の政策をカリクストゥス三世は引き継ぎ、さらに先鋭化させた。ヨーロッパの諸支配者の支持をとりつけるべく、カリクストゥス三世は枢機卿カルバハルを十字軍特使に任じ、フランシスコ会士であったカペストラーノのヨハネス（サン・ジョヴァンニ・ダ・カペストラーノ）に十字軍説教を委ねた。これを受け、ベオグラード近郊での戦い（一四五六年）で、フニャディとカペストラーノが指揮を執った軍勢が一時的ではあるもののトルコ人を敗走させている。同じ一四五六年には、枢機卿ルドヴィーコ・トレヴィザンが率いた艦隊がエーゲ海でキリスト教徒陣営の強さを見せつけるという一幕もあった(17)。これらの軍事活動を支援するため、教皇は宝物やニコラウス五世が蒐集した図書館の蔵書を質に入れ、あるいは売り飛ばしたりしている。しかしその後、対トルコ人政策が長期的な意味での成功をおさめることはなかった。ヨーロッパの諸支配者の意見はまとまらず、教皇であったカリクストゥスその人もまた、教皇を至高の権威として戴くローマ教会へとギリシア人を合同させるべしとの要求を行い、まだ残されていた旧ビザンツ系の在地支配者を軽んじる姿勢を示したからだ。

(15)　フニャディ・ヤーノシュ（一四五六年没）。ハンガリー（現ルーマニア、ワラキア地方）貴族。一四四〇年代以降オスマン帝国（トルコ人）の侵攻軍に対する抵抗戦線で指導者的存在を務め、一時ハンガリー王国の摂政ともなった。ベオグラード近郊での戦いにおけるキリスト教徒側軍勢の勝利に貢献するが、戦後間もなく陣中で病没する。教皇が彼の活躍に讃辞を送り、後世ではハンガリーの国民的英雄ともみなされるようになった。

(16)　スカンデルベグ（一四六八年没）。アルバニアの豪族の出身。若年、オスマン帝国宮廷に人質として滞在するが、一四四三年頃帰国した後には諸侯の支持を得てアルバニアを一時独立させ、その支配者となった。

(17)　ヴィテレスキの後継者的存在である枢機卿＝軍人（一四六五年没）。後の教皇エウゲニウス四世の家中に当初医師として仕えた後、アクィレイア総大司教（一四三九年）、教皇軍の司令官兼司祭枢機卿（一四四〇年）と出世する。

ピウス二世は自らが教皇に選出される前から対トルコ人戦線への参加を呼びかけたが、彼もまた成功をおさめることはなかった。一四五九年にマントヴァに彼が召集した会議に対しては、使節を派遣したのは少数の支配者に留まっている。しかも、ヴェネツィア艦隊を抜きに考えることはできなかったが、会議の直前にそのヴェネツィアが自らの支配領域を堅持する意図をもってトルコ人側の指導者（スルタン）であったメフメト二世と和議を締結してしまったため(18)、計画が成功をおさめる上での一番の前提が得られなくなってしまったのだ。一四六三年にピウス二世は再度十字軍の呼びかけを行い、この際にはヴェネツィアからの支持をも獲得している。しかし、その翌年（一四六四年）、アンコーナにおいてピウスは艦隊の到着を目前に死去し、ヴェネツィア艦隊は母港へときびすを返してしまった。また、教皇ピウスはもう一つの対トルコ構想が失敗に終わったことについて、すべてではないものの責任がある。こちらの計画はチェコ（ベーメン）王であったイジー・ス・ポジェブラトが一四六二年以降おしすすめたものであり、ヨーロッパを一体となった諸国家の同盟へとまとめあげるというものだった。だが、構想に対する支援を皇帝であったフリードリヒ三世、並びに教皇であったピウス二世の双方が拒否した。伝統的に彼らの上に立つ存在であった皇帝と教皇の権威をこの構想で軽んじられていたこと、そしてイジーがそれに先立つ一四五八年、俗人の両種聖餐や説教の自由を盛り込んでいたためにバーゼル公会議によって承認された一方で教皇による認可を欠いていたプラハ協定を尊重することを誓ったという二つが彼らの拒否の理由である。このイジーを対象として、教皇パウルス二世は一四六六年に対異端十字軍の呼びかけさえ行っている。ただし、対異端十字軍が成功をおさめることはなかった。パウルス二世はエーゲ海でヴェネツィアの手に最後に残された大規模植民地ネグロポンテ（エヴィア島）をトルコ人が占領した一四七〇年に彼らに対する新たな十字軍の呼びかけを行うが、こちらも同様に失敗に終わる。トルコ人はシクストゥス四世の教皇在位期間に入ると、イタリア半島のアプーリアにまで足を踏み入れた。そのような状況下にあっても、イタリアの諸支配者がまとまることはなかったのだから、他のヨーロッパ諸国の支配者についてはわざわざ語るには及ばない。モスクワ大公イヴァン三世と最後のビザンツ帝国皇帝の姪との婚姻を契機にロシア教会とローマ教会とを合同し、対トルコ人戦線に動員するという教皇のもくろみも実を結ぶことなく終わった。イヴァンがビザンツ皇帝の後継者を自ら任じるようになり、それを踏まえ「第三のローマ」とすべくモスクワの整備をすすめたのが唯一の「成果」である。

(18) メフメト二世。オスマン帝国第七代統治者（スルタン）（在位一四四四～四五、一四五一～八一）。コンスタンティノープルを陥落させた後に遷都。東ヨーロッパから黒海沿岸各地にかけ勢力を拡張し、最晩年にはイタリアにも侵攻した。

西ヨーロッパに対する脅威が差し迫ったものではなくなったのは、一四八一年のメフメト二世の死のおかげである。イスラーム世界においてはよくあることだが、メフメト二世は正当な後継者を遺さなかったため、新支配者となったバヤズィト二世には(19)、すべてのライバルを排除する努力が求められた。この結果、彼の弟であったジェムはロドス島へ亡命し、ヨハネ騎士修道会の総長によってインノケンティウス八世に人質として引き渡されている。この功により、総長は枢機卿に叙せられた。ジェムの帰国を妨げるべく、バヤズィトはこれ以降毎年多額の金銭を教皇に支払い、イタリア占領を断念している。これにより、インノケンティウス八世とレオ一〇世が主導した十字軍構想が失敗に終わったのではあるが、トルコ人の脅威は教皇にとってはそこまで重大なものではなくなった。後にスレイマン一世が再びハンガリーへの攻撃を再開し、親征してウィーンを脅かした際には、ハドリアヌス六世は対トルコ十字軍の遂行を容易に行う下準備として、教会と教皇庁の改革を構想している。だが彼はまもなく死去し、その後を継いだクレメンス七世は家門およびイタリア政策に傾注したためにハドリアヌスの計画は以降実現することなく終わった。

(19) オスマン帝国第八代統治者（スルタン）（在位一四八一～一五一二）。治世後半には東ヨーロッパから地中海東部一円で積極的に領土を拡大。ヨーロッパ諸国に加えマムルーク朝とも争った。

歴代教皇による複数回の十字軍構想からはっきりと浮かび上がるのは、ヨーロッパの諸支配者が汎ヨーロッパ規模の政策よりもむしろ自らの国家の力を増すことに関心を持ち、そのため教皇がキリスト教世界の霊的な指導者としての役割をもはや貫徹することができなくなってしまっていた、という図式である。

教会改革の行き詰まり

バーゼル公会議終了後に新たになされた教皇の地位のイデオロギー上の強化も、この趨勢を変えるものではなかった。シスマから公会議時代にかけても彼らは自らの特権を主張したが、それらは政策上の利害の一方的な表明でしかなかった。だが、公会議時代の末期以降、ニコラウス・クザーヌス(20)、あるいはエネア・シルヴィオ・ピッコローミニ［後のピウス二世］のような、かつてはバーゼル公会議を支持した側の人間も教皇の至高権を口にするようになっている。彼らとファン・デ・トルケマダのようなより狭義の意味での「教皇主義者」双方が教会改革を求める公会議の要望をおおむね代弁したとしても、そのことは、普遍的な存在としての教会がただ教皇その人にのみ指導され、全体に及ぶ改革を行うにあたり唯一変わることのない実行機関がその彼、つまり教皇であったことをよりはっきりと示すものでしかなかった。この大原則を現実のものとすべく、ニコラウス五世の教皇在位期間中にニコラウス・クザーヌスやギョーム・デストヴィルがそれぞれドイツとフランスで特使として活動している。しかし、イベリア半島と同様両国において本来の意味で改革遂行の担い手となっていたのは現地の権力者であり、改革の成否は彼らの掌中にあった。また、教皇および教会主導での改革はおおむね結果が出るまでに時間がかかるものだった。そのような背景もあり、教皇のあり方をも含むさらに根本的な改革の必要性があるという認識が広まる中で、教皇と在地教会の間に生じた溝が深まることとなる。公会議のかつての支持者であったエネア・シルヴィオ・ピッコローミニは教皇ピウス二世という立場から、勅書『エクセクラビリス（Execrabilis）』を発して公会議に対する上訴を禁じ、将来にわたり公会議理念が教皇に刃向おうとする可能性の芽を摘もうとした。それでも、とくにドイツ王やフランス王のような支配者個人が政治的に圧力をかける手段として教会会議を召集する可能性は残されており、そのような場合には平民からの合意の獲得も期待することができた。これを受け、トレント公会議（一五四五〜六三年）時代までについては、歴代教皇が『コンスタンティヌス帝の寄進』のような使い古された諸文書を典拠に「絶対君主」にも喩えられるような形で自らの地位を強化し、「対抗宗教改革」にとって重要な役割を果たすこととなる一方で、支配者、高位聖職者、修道会、そして俗人信徒のもとでは、コンスタンツおよびバーゼルにおける公会議決議が、まったくもってばらばらな個々の集団の利害関心に応じた形で活力を保つという教会内部での二極化したあり方が支配的な図式となる。一四八二年にバーゼルで公会議を再度開催するもくろみ、あるいはルイ一二世がてこ入れを行ったピサ教会会議（一五一一／一二年）の事例のように、教皇の上に立つ存在としての公会議という理念の実現が政治上の背景から幻に終わったとしても、おおむね教皇の意向を反映し、出席者がイタリアからにほぼ限定された第五ラテラノ公会議に対する反響がささやかなものにとどまったことは、この原則がおおむね有効であったことを示すものだ。

(20)　ブリクセン大司教（一四〇一〜六四）。ドイツのクース出身の神学者。教皇特使としてアルプス以北で活動を行う一方、新プラトン主義的立場をとる人文主義者として知られる。『知ある無知』、『信仰の平和』等著作多数。

驚くべきことに、枢機卿団もまた公会議理念の擁護者となった。教皇による縁者の登用（ネポティズム）の横行にもかかわらず、一四世紀とは対照的に、枢機卿団はさまざまな地域の出身者から構成されていた。イタリアのいわゆる「五大国」、フランス、スペイン、そしてドイツの出身者は常にその姿が見られたが、その他にも時にポルトガルやイングランド、さらにはポーランドやハンガリーの出身者までもが枢機卿団に加わっていたことがある。その点について一見した限りでは、枢機卿団を西ヨーロッパの全教会の代議員的存在とみなすこともできるかもしれない。しかし実際には、教皇の縁戚であったり、その他の理由で彼と近しい立場にあった枢機卿の影響力が際立っていた。このことは、教皇領政策との関連からも説明することができる。このことを背景に、教会改革の試みは教皇選挙に有利な時機にのみ行われるのが常であった。その現れとしての選挙協約では、コンスタンツおよびバーゼル公会議の流れをくむ改革への要求が一六世紀に至るまで繰り返し述べられた。ピウス二世の縁者として枢機卿に任命され、最終的には在位期間は短かったがピウス三世として教皇の座にまでのぼりつめたフランチェスコ・トデスキーニ・ピッコローミニに代表される何名かの長命な枢機卿は、反故とされることが常であったにもかかわらず、一連の改革への提言を行い続けている。第五ラテラノ公会議のために作成された改革についての諸論考も、同様に反故とされる運命をたどった(21)。そして、教皇庁の改革を自ら志す教皇も何名かはいたとはいえ、彼らのいずれもが大きな成功をおさめることはなかった。ピウス二世は詳細にわたる改革草案を勅書『パストル・アエテルヌス（Pastor aeternus）』にしたためたものの、これは公に発布されずに終わる。アレクサンデル六世は息子フアンが殺害された事件、並びに凶事とみなされたヴァチカンの屋根の崩落を機に改革会議を設立するものの、同機関に対する関心をすみやかに失った。ハドリアヌス六世の試みが失敗に終わったのは、彼自身が枢機卿団と教皇庁、そして彼らの中の抵抗の動きについて把握していなかったことによる。選挙協約にかかわった枢機卿自身もまた、アレクサンデル六世やユリウス二世の教皇選挙の際に知られているように、買収される、言い換えるならば聖職売買（シモニア）を実践する可能性があった。一一世紀以来発達を遂げてきた教会法に照らすならば、これだけで選挙は無効となる。だが、一三七八年以降のアヴィニョン期の歴代教皇やピサの教皇に対して行われた否定的な評価とは対照的に、教皇位が連綿と継承されることを支持する人々はこの事実にいかなる注意を払おうともしない。

(21) 教皇ユリウス二世により召集。フランス王ルイ一二世の後援を受けた枢機卿の一派が召集したピサ公会議の正統性を奪う目的で開催され、『ブールジュ国事詔書』に対する駁論の作成に重点が置かれた。教会の改革刷新についての議論も行われはしたものの、決議本体にはほとんど反映されていない。

新官職の創設

諸教皇による改革の試みは失敗に終わったものの、さまざまな改革草案の歴史的価値までもがそれにより無に帰すわけではない。それら諸テクストはトレント公会議の時期に至るまで改革の伝統を教皇庁においても伝えるものだ。それにとどまらず、当時の教皇庁の組織と腐敗を探る上で重要な手がかりを提供してくれている。ルネサンス期の各部局の組織についてはアヴィニョン期ほど研究が進んでいないため、この史料は極めて重要だ。この動向の例外に数えられるのは、文書局と新たに創設されたいくつかの機関についてのみである。カリクストゥス三世からインノケンティウス八世の教皇在位期間中に至るまで、後にアレクサンデル六世として教皇に即位することとなるロドリーゴ・ボルジアが務めた文書局長代理の下で、文書局の大多数が同輩集団を構成していた。この同輩集団は、誰を成員に迎え入れるかについて広範な自己決定権を有し、統制が及ばない存在であった。同輩集団中で最も位が高いのはかつて教皇庁文書局付公証官という称号で呼ばれていた上席公証官（protonotar）であり、この時期には司教と同列の存在とみなされた。ただし、同官職は実務上の重要性をすでに失っている。少なくとも重要な書簡の起草について監督を行わせるため、歴代教皇は請願検討官の権限を強化する一方で、一五世紀末には調整官（summator 語義通りには「まとめ役」）という新官職を創設した。この官職保有者に対しては、教皇の前で重要なテクストを彼に自ら具申するという職権が委ねられることとなる。文書局成員を教皇による任命権の範囲に再び含めるというもう一つの方向性については、二つの措置が取られた。まず、ボニファティウス九世の在位期間以降の時期に文書局の同輩集団内にそれまで以上に蔓延することとなっていた官職売買統制の努力が挙げられる。それに代わる二番目の措置は、すでに存在した職を、「同輩会員権」を定額とすることで売買可能な職へと転用するというものだった。後者の措置をピウス二世は抄録官の同輩団体に対し適用している。官職売買については、また機会を改めて取り上げることにしよう。

文書局同様、教皇官房についても伝統的な区分がおおむね維持されていた。ただしこの時期になると、マルティヌス五世期に端を発する発展を受けて官房という名称と実務機能が分離してしまっている。同部局を実際に統括したのは教皇官房長官代理であり、宝物庫管理官、官房付聖職者、官房付公証官、そして教皇書簡業務にとって重要な秘書官が彼の下に属した。ただし、実務面における官房の重要性はさらに増していた。シクストゥス四世の在位期間以降、都市ローマの行政が都市長官を兼ねることとなった教皇官房長官代理の監督下に置かれることになった一方で、同じくシクストゥス四世以降に顕在化する教皇による教皇領の財政面での搾取の強化の二つがその背景として挙げられる。ただし、実際の金銭の管理はこの時期になるとほぼ例外なく出納監督官の管掌下にあり、同役職はメディチ家、キージ家、ストロッツィ家といった多くのトスカーナ出身の銀行家の代理として諸教皇に対し広範な融資を行っていた。この点に関して、フッガー家の貢献はそれよりは劣る。出納監督官はまた、出納の管理だけでなく官職売買に対しても強い影響力を行使するようになった。文書局、官房同様、内赦院やその下に置かれた複数の裁判所についても、アヴィニョン期に適用された区分がこの時点でも通用する。ただし、同部局は実務に関してはコンスタンツおよびバーゼル両公会議で出された教書、あるいは新部局設立に伴いより限定的な存在となった。教皇礼拝堂についても触れておく必要がある。この部局もアヴィニョン期の枠組みに従っていたが、さらに拡充が進んだ。この機関に属する儀典長官は、ヨハン・ブルカルト（ブルクハルト／在任期間一四八三〜一五〇六）以降日記を書き記しており、これは教皇宮廷の研究にとって重要な史料である。彼の同僚にあたる礼拝堂の歌い手の同輩集団はまずエウゲニウス四世在位中、そして本格的にはシクストゥス四世の在位期間以降の時期になると著名な作曲家を成員に迎え入れており、教皇庁による典礼の豪壮なイメージを作り上げるにあたっては、彼らの寄与する部分が大きかった。

新たに設けられた役職の中で、最も重要であったのは日付管理官だ。カリクストゥス三世の在位期間中にこの職にあったのは、イベリア半島出身のカリクトゥスの同郷人であったモンセラートのコスマスである。コスマスは教皇の聴罪司祭を同時に兼任していたが、そのことは教皇の居室、すなわち教皇の蔵書庫、文書庫、そして私的な宝物庫の監督を行う立場に彼があったことを意味する。ピウス二世はこの二つの職を再び分離したが、その際、日付管理官の側が、これまで聴罪司祭が担ってきた側近としての地位を引き継ぐこととなる。側近としての立場ゆえ、この役職は発展を遂げるにつれ、教会法に照らして「グレーゾーン」に位置する類のあらゆる職務にたずさわることとなる。この傾向は、既にピウス二世の在位期間中から見られたものの、急速に明白なものとなり、同役職の保持者はしばしば批判の矢面に立つと同時に、多くの人々からの嫌悪の視線にさらされることとなった。たとえば、特免、贖宥、そして教皇庁官職の授与の際に求められる文書起草での手数料を定めたのがこの日付監督官である。それに引き続き、官職売買の価格の決定、そして一五世紀以降の時期になると文書起草手数料や官職売買の出納記録業務が彼の管掌事項となった。しかしその後も長い間、日付管理官は官房の監督下に留まり続けた。それらに関する法規や令状を起草したのは官房であり、同部局は退職金支払いを伴う退職願の受け入れ、そして一五世紀末以降になると売買の対象となる官職の一覧の作成と発布にもたずさわった。

ルネサンス期教皇庁の財政

教皇庁における官職売買の蔓延は非常に複雑である。ただし、しばしばそう理解されるように、歴代教皇にとってそれが資金を捻出可能な唯一の方策であったとそれを評価する必要はとくにない。むしろ伝統的な同輩集団や個別の役職を売買可能な職に転用するにあたっては、その時点での役職保有者側の意向を受けて行われることが慣例であった。彼らもまた、自らの占めた役職を転売することで利益を得ようとしていたのだ。歴代教皇その人側の意向で行われたことが確認できるのは、新設された同輩集団を対象とした官職売買のみである。さらに限定するならば、教皇が完全に有利な形で収益を上げることができたのは官職の初回の売買の際のみであった。官職売買で動いた額のすべてを教皇が我がものとできる機会として教皇が活用できたのは、それ以外の場合には聖職禄の没収、授与、あるいは以前の役職保有者の急死である。一般には、教皇は売買価格の平均およそ一〇パーセントであった起草手数料獲得に甘んじなければならなかった。

パウルス二世の在位期間までは、とりわけ売買の対象となったのは書記官、抄録官、そしてさまざまな公証官の同輩集団のような手数料で生計を立てる諸役職、あるいは心づけ（＝「自由意思での」寄付）、もしくはチップに依存した運送官、武装従者、守衛のような役職であった。これらの役職の自由な取引が行われても、教皇の財政に損害が及ぶことにはなっていない。状況が変わったのは、シクストゥス四世の在位期間中である。シクストゥスの対フィレンツェ政策が一四七八年に失敗に終わった後、彼は新たに官職売買の対象となる同輩集団を創設したのだ。これで新たに対象となった役職の数は二四四にものぼった。そして、その措置を通じて役職（官職売買）を財政的に活用する姿勢を強調した。これ以降、役職が「分け前」を意味する「portiones」という語で呼ばれることとなったのがその現れである。シクストゥスの後継者も彼にならった。同時期から、官房付聖職者のような俸給支給の対象となる役職、さらに金庫付訴訟代理人や官房付裁判官、あるいは調整官のように裁判や側近としての機能を担う役職までもが売買の対象に含まれることとなる。これらの役職の売買は教皇の財政にも負担をかけ、重要な諸役職に対する教皇の影響力を減退させる結果にもつながった。ユリウス二世以降の時期になると、会員権が純粋に投機対象としての同輩集団が創設され、その種の組織の構成員が教皇庁で実務を担うことはさらに稀となる。獲得できる金額は年平均にならすと売却金額の八～一〇パーセント程度であり、これに買い手は常に満足していたわけではない。そのため、一五二五年までには、官職からの収入とそれに比例する形での取引額が上昇し続けるにとどまらず、売買可能な官職にさらに特権という新たなインセンティブが付け加えられることとなった。教皇が任命権をおおむね確保していたような特定役職が売買の対象とはならなかった場合でも、その授与が金銭の獲得する目的で行われることもあった。新たに役職保持者となった者は保証金を支払わねばならなかったが、これは通例では払い戻されることがなかったからだ。遅くとも一四九二年以降、教皇選挙の際に投票者に金銭が動くようになったことを考慮に入れるならば、レオ一〇世の在位期間以降について、表立ってではないものの、枢機卿と内赦院長官のような霊的な権能を担う役職が売買されたことは驚くにあたらない。この取引行為は、明らかに聖職売買（シモニア）であった。しかし一五二六年にローマでイタリアの質屋（montes pietatis）の伝統に則って「信仰の質屋」が設立される。この施設での取引から得られる利潤が多くの投資者を惹きつけ、彼らが官職売買に投資することをやめたため、官職売買の価格は下落した。その翌年のローマ劫掠もまた、教皇庁の財政崩壊に寄与した。財政問題の収拾はパウルス三世以降の教皇の下でようやく目途がついたが、彼らもまた、教皇庁のあらゆる種類の「改革」政策にもかかわらず、依然として官職売買の実践を続けた。

当時にあっても、多くの者が官職売買を批判したのは理解にたやすい。もう一つ批判の矢面に立った慣行は、聖職禄の行政目的での転用（コメンダ）に関連した分野である。とくに司教や大司教をはじめとする高位聖職禄の保持者は、（本来の職掌領域の司牧ではなく）行政にたずさわる見返り（イン・コメンダム in commendam と称された）にその種の聖職禄を受け取ることがあった。一四世紀からこの慣行はすでに行財政上の理由で用いられたものの、運用にあたって当初は期限が設けられていた。だが、コンスタンツとバーゼル両公会議であらゆる角度から批判されながらも、歴代教皇はこの慣行の活用をさらにおしすすめた。枢機卿、教皇の縁者のように彼が目をかけた人物がその恩恵を受けた代表格だが、それにとどまらず王の縁者や側近も人脈や政治上の理由から、この種の聖職禄からの収入を受け取る対象となった。そして、彼らは多くの場合聖職禄に付随した司牧の務めを果たさなかったのだ。とりわけ一六世紀初頭以降、高位聖職禄に対する任命権の各地の俗人統治者による活用がすすむのとあわせ、この慣行も蔓延するようになった。とくにしばしばこの慣行が見られたのはフランスとスペインにおいてである。

官職売買や聖職禄の行政目的での転用（コメンダ）は、少なくとも部分的には教皇庁の財政状況の改善に貢献した。その他の収入源としては教皇領由来のものがある。この範疇には、直接税、間接税双方の形での貢税、テヴェレ川河口近くの塩田の用益をめぐる関税、あるいはピウス二世治世にトルファ近郊で発見されたミョウバン鉱山をめぐる特権(22)、さらにはローマと教皇領における行政職の売買や賃貸であげた収入や、ローマで働く売春婦や同都市のユダヤ人が保護の見返りとしておさめた貢税までもが含まれる。さらに、伝統的な聖職禄由来の収入があったが、こちらについては公会議、あるいはそれ以降の時期に多くの俗人有力者が力を増した結果、以前よりもその規模は限定されていた。この時期に関して追加で活用の対象となったものとしては、「ローマ特権」と呼ばれる本来聖年のローマ巡礼者に対して授けられた贖宥特権その他の教会への授与や、批判が集中することになった贖宥（状）の売買が挙げられる。贖宥状の取引には、説教師、送金を受け持つ銀行家、さらにしばしば現地の統治者もまたかかわりを持っていた。シクストゥス四世の在位期間以降、教皇領からの収入については記録が残っており、一四九七年以降は官職売買のリスト、そしてクレメンス七世の在位期間中の一五二五年以年降の時期になると、ついに官房で予算案が作成されることとなる。だが、これらの記録にはいずれも欠落があり、教皇庁の収入の全体像、あるいは諸収入についての研究はいまだ世に出ていない。そのようなわけで、一四世紀とは対照的に、この時期の教皇庁の財政について十分な情報はわれわれの手元には存在していないことになる。確証を持っていえるのは、財政の重点が変化した、ということだけだ。レオ一〇世の在位期間においては、セルヴィティア税および初年度納付金のうち、ドイツ（約一六パーセント）およびイタリア（約三二パーセント）が占める割合が一四世紀のものよりさらに上回っていた。その一方で、フランスの占める割合（約三〇パーセント）は一四世紀よりも低下している。さらに、このセルヴィティア税および初年次納付金からの歳入の総額は、一四世紀半ばの規模を毎年一万七〇〇〇から二万ドゥカートとかなりの額下回るものでしかない。教皇領、官職売買や贖宥状の売買からあがる収入はおそらくはこれを上回っていたと思われるが、正確な数字についてはわかっていない。

(22) ミョウバンは毛織物染色の際の定着剤として、とくに中世半ば以降の各地での毛織物業の発展の中で需要が増加したが、西ヨーロッパ世界内部では鉱山が一五世紀以前には発見されておらず、その生産と流通はフォケーアをはじめとする黒海沿岸のミョウバン鉱山、そしてその地域で支配的立場にあったジェノヴァ等イタリア人商人により統制されていた。

新しい改革の動きと教皇の危機意識の欠如

ルネサンス期の教皇庁構成員は、同時代の教皇庁の財政について現代の研究でわかっている限りの知識しか持っていないものがほとんどであった。実情を知るものが少ない分、推測に委ねられた部分が多くならざるをえない。セルヴィティア税と初年度納付金に由来する分の歳入は五万ドゥカートあまりと推計されており、贖宥状と官職売買に由来する分がそれをさらに上回る額あったはずである。一四世紀にすでにその兆候はあったが、とりわけドイツをはじめとするいくつかの国や地域の住民は、自分たちが搾取されているという認識を持っていた。ただし、この認識は実情を正確に反映したものではなく、実情よりも搾取の認識が先行することがもっぱらだった。そのこともあり、不確かなうわさが教皇庁、そして教皇による教会の支配に対する批判に拍車をかけることとなる。また、教皇の生活様式の変化は、彼の威信を高める結果にはつながるものではなかった。そして、もっぱら出身家門と教皇領における権益の確保に自ら専念していた歴代教皇は、迫る危機の前兆を見過ごしてしまっていた。そのことを如実に示すのが、（マルティン・）ルターの活動に対するローマ側の対応である。ルターが活動を始めた際に教皇位にあったレオ一〇世は、まだ当時アウグスチノ隠修士会に属していたルターを（離反者でなく通常の二）「修道士」と誤認し、ルターが（ヨハン・）テッツェルをはじめとする敵対者と行った論争に対しても(23)、「修道士同士の喧嘩」として十分な注意を払わなかった。ドイツに滞在中であった枢機卿カエタヌス(24)、本名トンマーゾ・デ・ヴィオがルターに対する審問と判決を担当したが、教皇庁側はこの事件をさほど特別なものと考えていなかった。スペインで異端審問官として活動した経歴を持つハドリアヌス六世の在位期間中にルターの教えはドイツ内で広い支持を獲得することになるが、そのハドリアヌスの在位期間を除き、教皇はいかなる形であっても、ルターによる神学・倫理上の批判を受けて自らのあり方を顧みようとはしなかった。彼らにとって、ルターは数多く存在した異端者の一人にすぎなかったのだ。一五三〇年に開かれたアウクスブルク帝国議会において最終的にドイツ国内のキリスト教徒の間で教義、そして組織をめぐる分裂が生じるが、クレメンス七世が没するまでこれを踏まえた現状認識は教皇庁内で行われなかった。スイスにおけるツヴィングリを代表格とするその他一連の改革者の活動に対しては、教皇庁側の対応はルターに対して以上に鈍かった。クレメンス七世の在位期間晩年に活動を始めたカルヴァン、あるいはクレメンスの死後に表面化するものの、水面下で分離に向けた流れは彼の生前に始まっていたイングランド教会の動向についても同様である。ローマはドイツの帝国諸身分が一五二三年に提出した公会議開催を求める要求、さらにはヨハン・エック[25]がルターとの対立で優位に立つために公とした諸改革の提案の双方にも耳を傾けることはなかった。

(23) ヨハン・テッツェル（一五一九年）。ドミニコ会士、説教者。マグデブルク、ハルバーシュタット両教会管区における贖宥状の販売の統括を行いルターから批判を受けたことで有名だが、ポーランドにおける異端審問官の職も務めたことがある。

(24) イタリア半島出身の神学者、哲学者、枢機卿（一五三四年没）。本名トンマーゾ・デ・ヴィオ。通称「カエタヌス」は彼の出身地であるガエタ由来の呼称。第五ラテラノ公会議などでも指導的な役割を果たし、一五一七年に枢機卿兼パレルモ大司教に叙された。

(25) ドイツ人のスコラ学者（一五四三年没）。当初はルターの友人であったが、ルターが諸論考を公にした後に関係が悪化。ルターとルターを支持した神学者、アンドレアス・ボーデンシュタインとの論争を繰り広げ、後者との論争では勝利している。

一五世紀後半以降、イタリアとスペインを中心として在地教会と修道会の改革運動、あるいは新修道会の創建が行われるようになるが、それらについてもローマ側がかえりみることはほとんどなかった。インノケンティウス八世在位期間中にはシトー会、そしてそれより時代が下るとフランシスコ会から派生したオブセルヴァンテス（厳修）派やカプチン会士[26]、さらには新たに成立した数多くの兄弟団や修道会が自らの立ち位置の自己防衛を図り、教皇からの特権状獲得を求め請願を行っており、そのような際にのみローマは彼らに対し関心を向けるのが常だった。もっとも、特権状を獲得するために彼らは多額の金銭を支払わねばならなかったのだが。インノケンティウス八世の在位期間だけに話を限定しても、フランスにおけるシトー会の改革にお墨付きを与える教皇の勅書一通は六〇〇〇ドゥカートと引き換えだった。ユリウス二世の在位期間以降になると、テアティノ会（一五二四年設立）、カプチン会（一五二八年もしくは二九年分離独立）、アンジェラ会（一五三〇年設立）、バルナバ会（一五三三年設立）、それに加えて改革に向けたフランシスコ会とドミニコ会の総会も同様の勅書を受領している。ただし、彼らの改革活動を当時阻んだのも教皇庁であった。教皇庁内赦院が、改革に抵抗する修道会の成員に対し長きにわたり厳格な戒律の遵守の対象から除外する特免を授与していたからである。加えて、その他の国・地域で教会が抱えていた諸問題についての理解も乏しいままだった。ユリウス二世の在位期間以降になると、ハドリアヌス六世を例外として歴代教皇にとどまらず教皇庁構成員のほとんどがイタリア出身となり、イタリア半島外部の情勢に関する彼らの問題意識は概して非常に視野が限定されていたからだ。スペインでは教会改革に取り組む教会会議がまずセヴィーリャで一四七八年、そしてブルゴスで一五一一年に開かれた。だが、王国規模で開かれた両教会会議が教皇の協力をあてにしなかったことは、驚くべきことではない。教皇権に対しては、干渉を警戒して言及がされるだけだった。教会会議が同盟相手とみなしたのは、教皇ではもはやなく、王だったのだ。

（26）フランシスコ会オブセルヴァンテス派の分派としてはじまり、一五二八年に教皇により認可、一六一九年に独立した修道会となる。「カプチーノ」コーヒーの語源ともいわれる長い修道服ととがった頭巾、髭が同会修道士のトレードマークであり、バロック期にドイツ語圏をはじめ各地で活躍した。

このような情勢の中で、ローマ劫掠は、教皇を反キリストとみなした改革者にとどまらず、多くのカトリックの信者にとっても教皇に対する正当な罰として映った。彼らの瞳にもまた、教皇権があまりにも多くの悪弊から、神の怒りを招いたように見えていたのだ。そして、ルターやカルヴァンら改革者たちが既存の教会制度からの独立についてそれぞれ独自の神学的な理由付けを行う一方、イングランド教会が王ヘンリ八世の個人的であると同時に教会政治上の思惑を背景に教皇の手を離れる中にあっても、ルネサンス期の教皇は「頭と四肢双方の」改革を求める要求に対しまともにとりあわず、ローマでの悪弊をいやますことによって教会内部の分裂にむしろかなりの程度加担してしまったのである。

まとめと展望

ローマ皇帝ウェスパシアヌスがイェルサレムを占領させた後、帝国の中心であるローマのキリスト教の信徒共同体の名声が信徒たちの間で徐々に高まっていった。ローマにおける共同体の創設者とみなされたペトロとパウロという二人の使徒が二世紀初頭以降という早い段階で人々の崇敬を集めたことも、それに貢献した。それとほぼ同じ頃から、ローマの信徒共同体は一人の「司教」により統括されるようになった。そして、他の場所の共同体のあり方にならい、彼は共同体の人々を統べる「君主」としての地位を勝ち得たのである。デキウス帝治世以降のキリスト教徒迫害の只中でカルタゴやヒスパニアでも同様の現象が生じた。ただし、まだ彼は他の司教の上に立つ存在ではなく、おそらくはその権威が及んだのはローマ周辺の共同体のみであった。

迫害が終わり、コンスタンティヌス大帝の治世以降の時期になると、キリスト教世界内部で在地とその上のレベルでの組織構築に向けた流れが生まれる。その動向もまた、ローマ司教にとっては有利に働いた。四世紀の段階でのローマ司教の主たる務めは、自らの司教座都市であるローマを史上初めて完全にキリスト教化し、あわせて典礼と信条を統一することであった。この目的を達成する上で役立ったのが、殉教者崇敬の体系化、それと並んでペトロの後継者の系譜とペトロ崇敬の確立である。ドナティストやアリウス派を初めとする都市ローマ外部で展開した信条をめぐる対立を背景に、四世紀後半以降、ローマの歴代司教は自らの要求の典拠としてローマを持ち出すようになり、さらに皇帝や帝国東西の共同体に対するローマの優位を強調するようにもなった。五世紀初め頃になると政治指導者層の間でもキリスト教の受容がすすみ、教会組織も影響力を持つようになった、インノケンティウス一世、レオ一世、ゲラシウス一世ら歴代教皇はこの傾向をさらにおしすすめ、東方の教会共同体に対してもローマの優位を打ち出す要求を行った。この要求が東方で受け入れられることは通常の状況下においてはなかったが、続く六世紀に西方教会の指導者としてローマを位置付ける理念がそこからは生まれてくる。新たに成立したゲルマン諸王国の一部にも、このローマ発の理念を受け入れる動きがあった。理念の具体的な内訳は、ペトロの後継者、相続人、そして代理人、さらにはそこから導き出される全教会の上に立つ存在としての教皇の位置付け、あるいはゲラシウスが打ち出したとされる両剣論やシンマクスの教皇在位中に作成された偽造文書中における「教皇は神によってのみ裁かれる」とする主張などであった。これと時を同じくしてローマの聖職者の間では職掌分化がすすみ、司祭と助祭を頂点とする監督評議会が出現した。しかし、『教皇列伝（Liber Pontificalis）』や教皇書簡の中で反映されている彼らの活動からわかるのは、逆説的ながら、この時期の終わりになっても教皇の現実の影響力が及んだのはローマとイタリア半島でもローマの近郊、そしてローマ教会の所領だけであったということだ。

六世紀、ゴート人の支配が終焉を迎えると、ローマはビザンツ帝国教会の政治上の窓口としてその組織に統合された。そして、ローマの司教はおおむね皇帝に従属する存在となった。この結果、ビザンツをモデルとして共同体における礼拝および組織が姿を変えていくこととなる。また、ローマとその近郊では、ビザンツ出身者、あるいは少なくともギリシア語話者が主流を占める新たな支配者層が姿を現すこととなった。七～八世紀における歴代教皇の多くは、この新興支配者層の出身である。その一方、ローマとつながりがあった教会は北アフリカ、西ゴート王国、そしてフランク王国に限定されていた。そして、アングロ・サクソン人およびジュート人の諸王国が不十分ではあっても教皇とつながり、宣教者を受け入れた上でローマ教皇のモデルに則った教会組織を作り上げたことは、将来にわたり重要な意味を持つこととなる。

ビザンツとの断絶は、グレゴリウス二世の教皇在位期間以降にさらにはっきりとした形を取り始める。皇帝レオ三世の一連の施策とイコノクラスム（聖画像崇敬論争）が、その原因を作った。北アフリカと西ゴードの在地教会はイスラーム勢力によりその力を失った。その一方、アングロ・サクソン人の宣教者の貢献によりローマとフランク王国の支配者の仲が深まっていた。だが、ローマ自身についていうならば、ランゴバルト勢力から脅かされる脅威が以前よりも深刻なものとなっていた。これらの背景から、七五〇年から五一年にかけて行われた準備交渉を経て、七五四年にカロリング朝フランク王の小ピピンと教皇ステファヌス二世は同盟を結ぶ。この同盟締結にあたっては、新たに台頭したカロリング家が王を名乗るにあたり、教皇の同意を欲したという事情もあった。カロリング家フランク王と教皇両者の関係は、時代が下るとさらに緊密になった。教皇がかつての自分の上に立つ存在であったビザンツ皇帝からの自立を欲していたことは、その当時に成立した「コンスタンティヌス帝の寄進状」が示している。だが実際のところ、教皇がランゴバルドの脅威を退け、ビザンツ帝国の総督府の後継者として将来教皇領へと発展することとなる中部イタリアに支配を打ち立てることができたのはフランク人のおかげだった。その一方、フランク人側も拡大を続ける自らの支配領域に、ローマ式の礼拝や教会法、そして組織の枠組みを導入した。これらの帰結として、カールが八〇〇年にレオ三世から皇帝へと加冠されることとなる。このカールの皇帝戴冠により、東西の間の断絶は一層深まり、他方で教皇とフランク王国との紐帯はさらに緊密となった。しかし、ローマの教会の組織原理はビザンツ型のモデルに基づくものだった。そして、教皇はフランク王国君主に対してもなるべく従属の度を下げようとした。

教皇のこの努力は実を結んだが、それは九世紀後半にフランク王国の支配が弱体化したためだった。だが、時を同じくして、近隣の諸侯の権力争い、サラセン人の襲撃、さらに時代が下るとビザンツ帝国の南イタリアへの再進出などローマが脅かされる事態も増加していた。ビザンツ帝国との教会関係での隔たりも、フォティオスのシスマの時期にはさらに広まった。教皇は都市ローマの支配者でもあったため、ローマ内部で繰り広げられた権力闘争にかかわる機会もまた増加した。「セナトール（Senator）」テオフィクラトスと彼が擁したセルギウス三世が権力を掌握することで、状況はひとまず落ち着く。

二人の権力掌握に続く時代は「暗黒の一世紀」と呼ばれている。この時期を特徴づけるのは、歴代教皇がおおむね貴族による都市支配者に依存しつつも、彼らと同盟を結んでローマとその周辺における教会、世俗の支配秩序を新たに組織したという事象である。これにより、この「暗黒の一世紀」における教皇の政策の重点はおおむねローマの利害関心に向けられた。その一方、以前よりも数多くの教会施設が保護特権や免属特権を求め、教皇とそれまでより密接なつながりを作り上げていた。ドイツのようなキリスト教受容から比較的日が浅かった地域、あるいは政治的に不安定であった現在のフランスやカタルーニャといった地域に立地する修道院がその種の施設の例である。この在地教会施設と教皇とのつながりは、後代に教皇の権威が伸張する上で重要な前提条件を提供することとなる。九六二年にオットー一世が皇帝として戴冠すると、教皇はドイツに従属する存在となった。典礼にもこの従属関係が現れている。だがその後、オットー三世の短い治世という一時を除き、ドイツの影響力は比較的ささやかなものにとどまった。都市ローマとその周辺を支配したのは、クレスケンティ家、後にはトゥスクルム家とその両家出身の歴代教皇であった。この時期の終わった一〇四六年は、ドイツ王の優位の再来をもたらす時代の転機でもあった。その一方、ハインリヒ三世の存命中からレオ九世のような新たに教皇となった者たちは教会改革の主導者として成果を上げており、ハインリヒの死後にはその流れはさらに加速する。彼らは修道院、貴族に加え、司教、聖職者やより下層の俗人の一部からの支持を得つつ教会改革を喧伝し、自らの地歩の確保につなげたのだ。これ以降の教皇権は皇帝に属する諸特権、世俗権力に対する優越、さらには全教会に対する指導権を要求していく。

新たに成立した枢機卿団と教皇庁に加え、外部の改革者、教会法学者や神学者の支持を拠り所として、「叙任権闘争」と呼ばれた時期以降の歴代教皇は教会内部において自らの「至高権（plenitudo potestatis）」を少なくとも理念の上では貫徹させた。彼らは教会階層制を整える一方、教皇としての庇護、もしくはレーエン関係を活用して俗人支配者の上に立つ主君にもなったのだ。他方、教皇は自らの司教座都市であるローマに対する統制力を日増しに失っていった。一一四四年以降、ローマではコムーネ政体が支配することとなる一方で、歴代教皇のほとんどは都市外部に座所を構えることに甘んじねばならなかった。教皇が置かれた立場をさらに複雑なものとしたのは、一一三〇年と一一五九年に勃発したシスマである。それでも、インノケンティウス二世、そしてアレクサンデル三世という二人の教皇の勝利からわかるのは、教会指導者としての教皇の要求がすでに非常に広く浸透しており、司教選挙における意見の対立や各地の教会内部における紛争に対し裁決が下されることがずっと頻繁になったということだ。この点についてあわせて重要な点として、新たに成立した教会法において教皇がはるかに重要な位置を占めるようになり、教会法の集成者と注釈者の双方が教皇に協力的であったことが挙げられる。それとほぼ時を同じくして、一一五六年にベネヴェントの和約を結んだことにより、教皇は南イタリアのノルマン王国と緊密な同盟関係に入った。この同盟締結により、ローマおよび教皇領を当時のイタリア半島で展開していた支配諸関係のネットワークと切っても切れない関係としたのだ。教皇の政策はシュタウフェン家を敵とするにとどまらず、一三世紀半ば以降一六世紀に至るまでさまざまな形でシュタウフェン家の後継者やその抗争相手を巻き込みつつこの支配諸関係の帰趨を定めることとなる。

教皇は一一八八年以降再びローマにおける支配者となった。歴代教皇は贈与と縁者登用政策（ネポティズム）にとどまらず、緊急時には暴力にも訴え、ローマと教皇領における自らの支配を新たに確立し、そしてさらに貫徹しようとした。これに伴い、教皇はシュタウフェン家と対立したにとどまらず、シュタウフェン家の成員がドイツで展開した政策とも総じて相容れない立場をとった。同様に、その他の諸王国・地域に対する教皇の政策もまた教皇自身のイタリア中部における利害関心に基づき決定されるようになったのである。また、この時期以降、歴代教皇は教会全体に対しても自らの権威をさらに強く浸透させた。まず、新たに創建された托鉢修道会の助力を得てさまざまな異端者集団に対する闘争を展開した。その一方、変化を遂げた典礼は、教皇が俗人支配者と聖職者の上に立つ存在だという印象を見るものに与えた。あわせて教皇は教皇庁の拡充を進め、収入源を多様化し、教会法集成を編纂させることで自らの権威の要求をさらに確かなものとした。歴代教皇の中でも、インノケンティウス三世、インノケンティウス四世といった人物は指導者としての役割をはっきりと具体的に示した人物だ。だが、すでにウルバヌス四世の在位期間中に教皇はアンジュー家の影響下に入った。それと並行して、聖俗の利害が緊密に交錯していたことや教皇庁における悪弊に対し、教皇庁に対する批判の声が高まり、教皇の権威には疑問符が投げかけられることとなる。最終的に、ボニファティウス八世ととくにフランス王フィリップ（四世）との対立によって、教皇庁による普遍的権威の要求が、新たに出現した「国民国家」と相容れないことが明らかとなった。それでも、教皇はキリスト教世界の幅広い層に対し、その段階ではいまだ強い権威であり続けていたのだ。この事実を示す事例は、一三〇〇年の聖年である。

一三一六年、ヨハネス二二世により、教皇と教皇庁のアヴィニョンへの移転が完了する。このアヴィニョンへの移転により、教皇の統治と典礼は以前にもまして教皇宮殿に集約され、教皇と一般信徒の間の距離はさらに遠いものになった。その一方、アヴィニョン移転は教皇庁の行政を継続的に行うことを可能とした。これは一一世紀以来初めてのことだった。これにより、これまでしばしば理念上の要求にとどまっていたさまざまな問題、とりわけ財政にまつわるものがこの段階で実行に移されることとなる。アヴィニョン期は、教会統治において最も効率的であっただけでなく、教皇庁による教会の搾取においても宗教改革まででは最も際立った時代であった。だが、教皇の政策、そしてフランスとあまりに接近したことに対する批判が、とりわけイングランドとドイツでしばしば口にされるようになる。両国は、一四世紀当時の段階ですでに教会の分裂の危機にさらされていた。この風潮は非常に重大な危険を孕むものとなった。いまや教皇は教会の改革者よりむしろ破壊者とみなされるようになり、同時代人によって異端者視される教皇さえいたからである。そして、ベネディクトゥス一二世を除く歴代教皇は教会改革に関心を示さず、この批判を自らの行いによって裏書きしてしまった。

シスマによる教会の荒廃を経て、教皇の諸特権と収入に制限をかける動きがコンスタンツ公会議で始まり、バーゼル公会議でさらに加速した。一方、マルティヌス五世以降の歴代教皇はローマと教皇領を中心として自らの支配を拡大しようとした。これを受け、以後、他の国や地域の支配者や教会に対する教皇の政策は、一三世紀の諸政策以上にイタリアの状況に左右されることとなる。自らの支配を揺るがぬものとし、ローマに座所を築くことをもくろんだシクストゥス四世以降の諸教皇はローマの自治権を制限し、教皇領内の都市の調停者（シニョーレ）とコムーネを統制下に置いた。この種の支配の安定、そして政治および芸術上の事業の財源を捻出するという二つの理由から、教皇庁は財源としての教皇領の活用と縁者の登用をさらに活発に行うようになる。教皇は官職売買を活用するにとどまらずさらにおしすすめ、「ローマ特権」と呼ばれた巡礼者に対する特権授与、さらには贖宥状までをも売買の対象とすることを試みた。その一方、それまで一般的であったセルヴィティア税や初年度納付金をはじめとする聖職者が納付する収入の占める重要性は減少した。これらの諸措置や教皇の生活様式の変化、そして教皇側の改革を遂行する意志の欠如を受け、批判の声はさらに高まりを見せた。この批判とあわせ、一四九四年以降イタリアで生じ、スペインの台頭につながった政情の変化もまた、教皇の権威に対し逆風として働くこととなる。レオ一〇世とクレメンス七世という二人のメディチ家出身の教皇の在位期間中に、宗教改革を通じてドイツの大半が教皇から離反した。それに加え、スイスの一部、さらに後になるとイングランドとスカンディナヴィアも教皇の統制を離れることとなる。それと時を同じくして、バルカン半島とハンガリーのかなりの部分がトルコ人の手に陥落した。言い換えるならば、教皇のもとに留まったのは、ポーランドとドイツのいくつかの領邦、そしてとりわけフランス、スペインとイタリア半島であった。そして、イタリア半島の南部と北部においてもまたスペインの影響力が優位にあった。その一方、フランスとスペイン両国の教会は教皇よりむしろそれぞれの王に服属する存在となった。この本が扱う時代の終わりの段階では、教皇権による普遍的な支配権の要求はいまだ存在し続けた。しかし、現実の支配は教皇領にもっぱら限定されることとなったのである。

近世における教皇史をきちんと扱うことはここではしないが、それでも、歴代教皇の政治面における活動が、とりわけ一六四八年のウェストファリア条約締結以降になるとより一層教皇領に集中することとなった点には触れておく必要がある。教皇領は、終焉を迎えることとなる一八七〇年に至るまで、とりわけ一九世紀の段階では、ヨーロッパ諸国の中で最も腐敗し、劣悪な統治が行われた国家の一つであった。一六世紀後半、トレント公会議を受け、教皇の権威が及ぶ範囲において、例えば教会法や典礼の統一などの点で教会改革が行われたことは事実だ。だが、これらの諸措置は取締りを行う教皇庁にとって有利な状況を生んだとしても、教皇に直属したイエズス会を含め、新修道会にとって役立つものではなく、教皇使節が活動を行うにあたっても、それぞれの国・地域の教会独自の支配体制のために成果が上がることは稀であった。それでも、古代末期と中世に発展した、教皇権による至高権への要求、そしてカトリック教会内部における教皇と教皇庁への権力の集約がいまだやむことはなかった。この伝統は、ナポレオン時代と教皇領の崩壊を生き延び、二〇世紀にラテラノ協約が結ばれる際にあっても、教皇の権威を理論付ける基盤として使われることとなる。確かに、今日では理論面での典拠が変わり、「コンスタンティヌス帝の寄進状」や「偽イシドルス教令集」は一九一七年と一九八三年に出された『教会法集成』の中での引用にとどまる。だがそれでも、今日に至るまで、教皇は古代末期と中世における先任者や彼らのライバルが遺した成果を礎として、それにおおむね立脚する形で存続してきた。同様に、一九世紀以来ローマで再び光が当てられるようになったトミスムやそこから発展した諸身分および社会論、さらには一一世紀に提唱され、今日に至るまで遵守されている貞潔にかかわる要求といったさまざまな教義は、中世という過去が教皇権の現在のあり方を定める上でどれだけ重要な意味を持つかを示すものである。少なくともピウス一二世の教皇在位期に至るまで認められるローマの教皇庁に権力を集約する傾向、そして、「第三世界」の重要性の増大にもかかわらず、今日なおイタリアをはじめとするヨーロッパ諸国の出身者が教皇庁の高位の官職の多くを占めているということも、ある意味ではこの本が扱った時代の遺産である。

訳者あとがき——解題に代えて

本訳書は、Bernhard Schimmelpfennig, Das Papsttum. Grundzüge seiner Geschichte von der Antike bis zur Renaissance. Darmstadt 1984の第六版（二〇〇九年）に基づく全訳である。原書は第五版までは文献目録のない書物であったが、第六版には、中世教会史研究者エルケ・ゲッツによる詳細な文献目録が付されているので、本訳書ではこの版を底版とした。また、最初の版から原書には注はいっさい付けられていないが、注による補足説明が必要な箇所には適宜、訳者が訳注を付した。このように、もともと注も文献目録もない書物として刊行された理由は、この書物が一気に書き下ろされたものではなく、おそらく著者のシンメルペニッヒがさまざまな機会に行ってきた講義に基づくもので、そのため中世の教皇庁をめぐる問題が極めて広範に論じられており、すべての問題について注を付ければ概説書としての分量を大きく超えると著者が判断したためと思われる。しかしながら、本書はこのように注も文献目録もない書物として最初出版されたにもかかわらず、多数の読者を獲得しドイツ語版では第六版まで版を重ね、英語訳も同様に版を重ねて読み継がれている。さらに二〇〇六年にはイタリア語訳も出ており、その意味で現在、世界的に見て最も読まれている中世教皇庁史の概説書といえる。

次に著者について紹介しておきたい。ベルンハルト・シンメルペニッヒは一九三八年ベルリンに生まれ、ベルリン自由大学で博士号と教授資格を取得し、その後一九八二年からアウクスブルク大学の中世史教授となり二〇〇三年に退職している。専門は中世教皇史であり、とくに教皇の典礼書の分析で画期的な業績を上げている。彼の研究の経歴を詳しく述べれば、まず、ベルリン自由大学で中世史家ヴィルヘルム・ベルゲス（Wilhelm Berges）教授のもと、一九六四年に博士論文「中世のバンベルク――一三七〇年までの定住領域と住民（Bamberg im Mittelalter. Siedelgebiete und Bevölkerung bis 1370）」を提出している。彼はこの博士論文で、中世都市バンベルクの住民と教会施設などをめぐる問題について詳細な実証研究を行った。その後一九六六年から七一年までベルリン自由大学のフリードリヒ・マイネッケ研究所で助手を務め、一九七一年には教授資格論文「中世のローマ教皇庁の典礼書（Die Zeremonienbücher der römischen Kurie im Mittelalter）」を提出した。彼はこの教授資格論文では、同じベルリン自由大学の教授で、王権や教皇権の儀礼研究の第一人者ラインハルト・エルツェ（Reinhard Elze）の指導のもと、中世後期における教皇の典礼書の未刊行テクストを分析している。この業績が、彼がその後一貫して従事することになる教皇の儀礼研究に関する最初の業績となる。シンメルペニッヒは後にエルツェの論文集を編纂し、エルツェへの記念論文集『中世盛期のローマ（Rom im hohen Mittelalter, Sigmaringen 1992）』の編者にもなっているが、そこからも両者の学問的な師弟関係は明確に見て取れる。エルツェの研究が、パーシー・エルンスト・シュラム（P.E.Schramm）らの王権の儀礼研究を継承するものであったことを考えると、シンメルペニッヒの研究もドイツでの中世の儀礼研究の大きな潮流の中にあるといえよう。またシンメルペニッヒの教授資格論文は、「ローマ・ドイツ歴史研究所」の研究叢書の一冊として出版されているが（Die Zeremonienbücher der römischen Kurie im Mittelalter, Bibliothek des Deutschen Historischen Instituts in Rom. Bd. 40, Tübingen 1973）、この「ローマ・ドイツ歴史研究所」は、一八八八年にヴァチカンの文書館が一般に開放された後に、ヴァチカンの史料を扱う研究のために創設された「プロイセン歴史研究所」を継承する研究所で、現在に至るまでドイツの教皇庁研究の拠点となっている。シンメルペニッヒもこの研究所の恩恵を受けて教皇庁研究を行ったドイツ人研究者の一人といえる。彼は教皇の儀礼に関してさまざまな論文を書いてきたが、その主要な論文の集成は、二〇〇五年に論文集（Papsttum und Heilige. Kirchenrecht und Zeremoniell. Ausgewählte Aufsätze, Neuried 2005）として刊行されている。また彼は教皇史研究以外の分野でも業績を上げており、中世後期のドイツ王権の概説書（Könige und Fürsten, Kaiser und Papst nach dem Wormser Konkordat. Enzyklopädie deutscher Geschichte. Bd. 37, München 1996）は現在も広く読まれている書物である。いずれにしても彼は、教皇の儀礼の問題を核にしつつ、中世の王権と教皇権の政治史をめぐる諸問題について広範な研究を行ってきた研究者である。

次に本書の特色について述べよう。本書は一言でいえば、刊行時の一九八四年までのドイツを中心にした中世教皇史の研究成果、とくに教皇庁の制度、財政、儀礼などの研究成果を網羅的にまとめながら、一方で、それまでの中世教皇史研究が陥ってきたイデオロギー的な教皇権の理解に対して徹底的な批判を行った概説である。たとえば、本書では一三世紀の教皇権について、教皇庁の壮大な教皇君主制の理念よりも、教皇庁の制度を発展させた財務機構や聖職禄政策といった具体的な問題の重要性が強調され、また、教皇が提示した普遍的な教会支配者の理念にもかかわらず、いかに教皇権がヨーロッパの各地域に十分に権威を浸透できなかったかといった問題が論じられる。まさにシンメルペニッヒの最大の関心事は、教皇権の教会支配の理念ではなく、中世の教皇庁を動かした政治や財政の現実にあるといってよい。本書では、教皇庁をめぐる具体的な事実が次々と提示され、教皇庁の実態が明らかにされていくが、このような論述は、彼のように教皇関係の史料についての圧倒的な知識がなければ不可能なものである。

またもう一つ大きな特色として、本書の論述の約半分が、叙任権闘争期以前の時代、つまり一一世紀初めまでの時代に充てられていることが挙げられよう。従来の教皇史の概説では、教皇権の確立期である、叙任権闘争から一三世紀の教皇君主制の確立期にその論述が集中している。それに対し本書では、その論述の多くがローマ教皇庁の成立期を扱っている。つまり、本書が解明しようとする第一の目標が、いかにして都市ローマが教皇の座として成立し発展したのか、という問題だということがわかる。さらに本書での論述から明らかになることは、ローマ教皇庁が最初から自明のものとして発展した制度ではなく、むしろ、さまざまな政治的諸要素が複雑に錯綜する中で生み出されたものだということであろう。通常の概説では、ローマのキリスト教会での指導的な役割は、古代に既に確立した制度として描かれるが、本書では、一一世紀半ばまでのローマ教皇庁は、常に周囲の政治的な状況に動かされ従属した存在であることが述べられる。ローマ司教座は、確かに古代末期に名誉的首位権を認められていたが、その現実の影響力は極めて限定されていた。五世紀以降に西欧で生じた一連の出来事、つまり西のローマ帝国の崩壊やゲルマン民族のキリスト教化などが生じなければその後の発展もなかったはずである。

また本書のさまざまな箇所で、これまで暗黙の前提とされてきた教皇庁の虚像が批判されている。たとえば、伝統的な教会史の記述では一〇世紀は「暗い世紀」とされ、その時代の教皇庁では「妾婦政治（ポルノクラシー）」が蔓延したといわれてきたが、本書では、一〇世紀の教皇庁は新しい制度的な発展の契機となった時期とされ、その時代を過小評価するのは誤りだとされる。また「叙任権闘争」は、ドイツ人の歴史家が百年前に国民国家的視点で創出した概念に過ぎず、「叙任権闘争」を歴史の概念として過大評価することができないことを述べる。さらに一三世紀の教皇権君主制についても、それが教皇の壮大な教会支配の理念に基づくものというより、教皇の縁故主義と家中集団により支えられた体制であったことが指摘されるが、このようなところに、教皇権に関する従来の虚像を批判しようとするシンメルペニッヒの一貫した立場を見出すことができよう。

以上、本書の内容の特徴について簡単に述べてきたが、本書で展開されるような教皇庁の実態の分析が、現在の中世教皇庁研究の中で、最も行われている研究の方向であることは間違いない。カトリック教会の信仰の問題とは別に、歴史上の制度としての教皇庁の実態は今後ますます研究の中で明らかにされていくであろう。それは、教義や信仰の立場から教皇の歴史を語る方向とは異なる歴史学的な実証研究の道でもある。すべての宗教において、その信仰と宗教制度がまったく違う問題であるように、カトリック教会においてもローマ教皇庁は社会とのかかわりの中で形成された制度であり、その限りで世俗国家の制度と同じレヴェルでの研究対象となるテーマであることは疑いない。中世のローマ教皇庁の制度を実証的に研究することは、教会がいかに中世の現実社会に影響を及ぼし、また中世社会において教会がいかなる役割を果たしたかを知る上で極めて重要なテーマとなる。その意味で本書は、中世のローマ教皇庁の研究が今後どのような方向へ進むのかを示してくれる格好の概説書といえる。

＊　＊　＊

最後にこの翻訳の経緯について述べておきたい。私自身、本書の翻訳を思い立ったのは、十数年前に早稲田大学大学院文学研究科の演習で、本書の英訳書を大学院生と講読したことに遡る。そのとき、本書の日本語訳が存在すれば、中世教皇史については理念的な問題だけでなく、多くの重要な制度的な問題があることを我々が知ることができるのではないか、と思い至った。ちょうどその頃、刀水書房に翻訳を相談したところ、ぜひ出版しましょう、という話になった。しかしその後、ドイツ語の原書からの翻訳が想定していた以上に難しい問題を孕むものであることがわかり、一時、進めることができずにいた。その後、ドイツ在住の教皇庁研究者である小林亜沙美さんに下訳をお願いし、その下訳をもとに、教皇庁の問題に詳しい成川岳大さんと二人で新たに訳文を作成し、修正を繰り返しつつ数年かけてドイツ語からの翻訳を完成することができた。結局、翻訳を思い立ってから完成まで十数年の年月が経ってしまったが、このような形で翻訳書が刊行できることは感無量である。この翻訳により、中世教皇庁への関心が我が国で少しでも高まることを願っている。また何より、本書の刊行に際して刀水書房の中村文江さんには大変お世話になった。この場を借りて心よりお礼申し上げる。

二〇一七年九月

訳者を代表して

甚野尚志

《訳者紹介》

甚野尚志（じんの　たかし）

1958年，福島県に生まれる
東京大学文学部西洋史学科卒，同大学大学院人文科学研究科修士課程（西洋史学）修了
学位：博士（文学）
現職：早稲田大学文学学術院教授
主要業績：『中世の異端者たち』（山川出版社，1996），「ローマ教皇の即位儀礼 ― 中世盛期の定式化」歴史学研究会編『幻影のローマ ―〈伝統〉の継承とイメージの変容』（青木書店，2006），『中世ヨーロッパの社会観』（講談社学術文庫，2007），『十二世紀ルネサンスの精神 ― ソールズベリのジョンの思想構造』（知泉書館，2009），『15のテーマで学ぶ中世ヨーロッパ史』（編著，ミネルヴァ書房，2013）

成川岳大（なりかわ　たかひろ）

1979年，東京都に生まれる
東京大学文学部歴史文化学科西洋史学専攻卒業，同大学大学院人文社会系研究科欧米系文化研究専攻（西洋史学），博士課程単位取得退学
現職：立教大学ほか兼任講師
主要業績：「12世紀スカンディナヴィア世界における「宣教大司教座」としてのルンド」『史学雑誌』120編12号（2011），「遥かなるローマ ― ノルウェー王スヴェッレにとっての教会権威と教皇庁」甚野尚志・踊共二編『中近世ヨーロッパにおける宗教と政治』（ミネルヴァ書房，2014），「中世ノルウェーの商業と経済 ― 北方のタラ，ハンザ商館，そして黒死病」玉木俊明・斯波照雄編『北海・バルト海の商業世界』（悠書館，2015）

小林亜沙美（こばやし　あさみ）

1978年，佐賀県に生まれる
埼玉大学教養学部教養学科卒業，マールブルク大学歴史学部中世史学科修士課程および博士課程修了（Dr. phil.）
現職：レーゲンスブルク大学歴史学部中世史学科教員（Akademische Rätin）
主要業績：Papsturkunden in Lucca (1227-1276): Überlieferung – Analyse – Edition (Wien/Weimar/Köln:Böhlau 2017). „Karl IV. und die fiktive Genealogie der Luxemburger“, Königswege. Festschrift für Hans K. Schulze zum 80. Geburtstag und 50. Promotionsjubiläum, Hrsg. von Thomas Wozniak, Sebastian Müller und Andreas Meyer (Leipzig: Minerva 2014).

索　引

ア 行

アイストゥルフ, ランゴバルド王　Aistulph ……… 73,107〜109,117
アインハルト　Einhard ……… 123
アヴァール人　Awaren ……… 80,100
アウェンティヌス丘／アヴェンティーノ丘　Aventino ……… 33,88,151
アウグスチノ隠修士会　Augustinereremiten ……… 243,340
アウグスティヌス, カンタベリ大司教　Augustinus von Canterbury ……… 102
アウグスティヌス, ヒッポ司教　Augustinus von Hippo ……… 41,50,53,64,65,184,243
アウグスティヌス律修参事会　Regularkanoniker ……… 171,184
アウクスブルク帝国議会（1530年）　Reichstag zu Augsburg (1530) ……… 341
アウレリウス, カルタゴ司教　Aurelius von Karthago ……… 64,138
アカキオス, コンスタンティノープル総大司教　Akakios von Konstantinopel ……… 59,60
アガト, 教皇　Agatho ……… 81,92,94
アガピトゥス, 教皇　Agapitus I ……… 43,67,147
アガピトゥス２世, 教皇　Agapitus II ……… 147
アクシオマティキ　axiomatici ……… 86
アグヌス・デイ（神の子羊）　Agnus Dei ……… 88,89
アグネス, 皇妃　Agnes ……… 187
アグネス, 聖人　Agnes ……… 20,29,37
アストゥリアス王国　Asturien ……… 128
アタナシウス, アレクサンドリア司教　Athanasios von Alexandrien ……… 50
アナクレトゥス２世, 対立教皇　Anacletus II ……… 200,203,211
アナクレトゥスのシスマ　Schisma des Jahres 1130 ……… 200,201
アナスタシウス, ビブリオテカリウス　Anastasius, bibliothecarius ……… 139,140
アナスタシウス２世, 教皇　Anastasius II ……… 45,66
アナスタシウス４世, 教皇　Anastasius IV ……… 201,212
アナスタシオス１世, 東ローマ皇帝　Anastasios I ……… 53
アフォンソ１世, ポルトガル王　Afonso I ……… 218
アーヘン教会会議（816年, 17年）　Synode von Aachen (816/17) ……… 133
アーヘン教会会議（991年）　Synode von Aachen (991) ……… 167
アマデウス８世, サヴォワ公　Herzog Amadeus VIII von Savoyen ……… 298
→フェリクス５世（対立教皇）
アラスの和議（1435年）　Friede von Arras (1435) ……… 303
アラマン人　Alamannen ……… 62
アリウス派　Arianer ……… 33,51,55,59,62,66,96,345
アリナルド, ブレシアの　Arnaldo da Brescia ……… 175,204
アルクイン　Alkuin ……… 122,123,128

アルセニウス, オスティア司教　Arsenius ………… 139
アルノ, ザルツブルク大司教　Arno von Salzburg ………… 122
アルノー・ヌヴェル, 文書局長代理　Arnaud Nouvel, vice-cancellarius ………… 262
アルフォンス２世　Alfons II ………… 128
アルフォンス３世　Alfons III ………… 128
アルフォンス５世　Alfons V ………… 296,298,300,301,317,321〜323
アルフォンソ, エステ家の, フェラーラ公　Alfonso d'Este von Ferrara ………… 324
アルフォンソ, ナポリ王　Alfonso di Napoli ………… 322
アルフォンソ１世, アラゴン王　Alfonso I ………… 191
アルフォンソ６世, レオン・カスティーリャ王　Alfonso VI ………… 191
アルフォンソ７世, レオン・カスティーリャ王　Alfonso VII ………… 191,201
アルフォンソ10世, カスティーリャ王　Alfonso X ………… 230,232
アルフレッド大王, ウェスト・サクソン王　Alfred der Grosse ………… 127,128
アルブレヒト１世, ドイツ王　Albrecht I ………… 230,272,292
アルベリコ１世, スポレート辺境伯　Alberico I ………… 146
アルベリコ２世　Alberico II ………… 147,150,151,157〜159,165
アルベルトゥス, モラの, 書記局長　Albert von Morra, Kanzler ………… 208　→グレゴリウス８世
アルボルノス, ジル, 枢機卿　Albornoz, Gil ………… 281,282
アルメニア人（教会）　Armeniern ………… 168,170
アルルのユーグ　Hugues d'Arles ………… 146,147
アレクサンデル２世, 教皇　Alexander II ………… 173,184,186,187
アレクサンデル３世, 教皇　Alexander III ………… 202〜205,207〜209,211〜216,241,248,285,349
アレクサンデル４世, 教皇　Alexander IV ………… 243,245
アレクサンデル５世, 対立教皇　Alexander V ………… 292,293,305〜308
アレクサンデル６世, 教皇　Alexander VI ………… 312〜315,317〜319,322,323,327,334
アレクサンデルのシスマ（1159〜77年） ………… 201〜203
アンケルス, 司祭枢機卿　Ancherus, Kardinalpriester ………… 249
アンジェラ会　Angeliken ………… 342
アンス教会会議（1025年）　Synode von Anse ………… 165
アンセルムス, カンタベリ大司教　Anselmus von Canterbury ………… 190
アンセルムス, ルッカの　Anselmus von Lucca ………… 182
アンニバルディ家　Annibaldi ………… 227
アンブロシウス, ミラノ司教　Ambrosius von Mailand ………… 41,50,53,58,59
アンブロジオ共和国（1447〜50年）　Ambrosianische Republik (1447-1450) ………… 321
アンリ１世, フランス王　Henri I ………… 187,189
イヴァン３世, モスクワ大公　Ivan III von Moskow ………… 330
イヴォ, シャルトル司教　Yves de Chartres ………… 176,182
イエズス会　Jesuiten ………… 352
イグナティオス, アンティオキア司教　Ignatios ………… 21
イグナティオス, コンスタンティノープル総主教　Ignatios von Konstantinopel ………… 129,130
イサベル, カスティーリャ女王／スペイン王　Isabel ………… 328
遺産（スポリア）　Spolien ………… 239,267,305
イジー・ス・ポジェブラト　Georg von Podiebrad ………… 330
イシドルス, セビーリャ司教　Isidor von Sevilla ………… 98,99,177
イタリア・アンノナリア　Italia annonalia ………… 56

委任裁判官　delegierte Richter …… 207,248
イル・カン（国）　Il-Khan …… 234
インゲルハイム教会会議（948年）　Synode von Ingelheim (948) …… 167
隠者ピエール（アミアンのペトルス）　Pierre d'Amiens …… 186
インノケンティウス１世, 教皇　Innocentius I …… 33,35,46,50,56,57,59,63,64,66,70,207,346
インノケンティウス２世, 教皇　Innocentius II …… 185,200,201,203,210〜212,221,349
インノケンティウス３世, 教皇　Innocentius III …… 197,205,206,209,211,215,216,219,221〜225,
227〜229,231〜233,235〜237,239〜242,244,248,250,255,282,350
インノケンティウス３世, 対立教皇　Innocentius III …… 202
インノケンティウス４世, 教皇　Innocentius IV …… 222,225,230,234,240,241,243,244,247,249,277,350
インノケンティウス６世, 教皇　Innocentius VI …… 260,262,269,270,281
インノケンティウス７世, 教皇　Innocentius VII …… 308
インノケンティウス８世, 教皇　Innocentius VIII …… 312,314,315,318〜320,331,334,341,342
インノケンティウス９世, 教皇　Innocentius IX …… 289
ヴァイキング　Wikinger …… 128,144,166
ヴァチカン公会議（第一回）(1870年)　Konzil von Vatikan, Erstes (1870) …… 4,94,287
ヴァチカン枢密文書館　Archivio Segreto Vaticano …… 3
ウァレリアヌス　Valerianus …… 18,19
ウァレンティニアヌス２世, 西ローマ皇帝　Valentinianus II …… 52
ウァレンティニアヌス３世, 西ローマ皇帝　Valentinianus III …… 53
ウァレンティヌス, 教皇　Valentinus …… 126
ヴァロンブローザ　Vallombrosa …… 183,184
ヴァンダル人　Vandalen …… 26,46,47,62,65,73
ヴィア・ジューリア　Via Giulia …… 313
ヴィア・デル・ゴヴェルノ・ヴェッキオ　Via del Governo Vecchio …… 313
ヴィエンヌ公会議（1311〜12年）　Konzil von Vienne (1311-12) …… 267,277,279,291
ウィギリウス, 教皇　Vigilius …… 77,78,81,89,92,93,96,97
ウィクトル１世, 教皇　Victor I …… 21,22,41
ウィクトル２世, 教皇　Victor II …… 173
ウィクトル４世, 対立教皇　Victor IV …… 202,204,210,212
ヴィスコンティ家　Visconti …… 283,284,293,321,322
ウィタリアヌス, 教皇　Vitalianus …… 79,81,103
ウィットビー教会会議（664年）　Synode von Whitby (664) …… 102
ヴィテレスキ, 枢機卿　Vitelleschi …… 311,329
ウィリアム・オッカム　William Ockham …… 278
ウィリブロード　Willibrord …… 103,104,115
ヴィルヌーヴ・レ・ザヴィニョン　Villeneuve-lès-Avignon …… 261,289
ウィルフリッド　Wilfrith …… 102,103
ウィレム２世, ホラント伯（対立国王）　Willem II …… 230
ウィンフリッド　Winfrith …… 103,104,115,116,132
ウェストファリア条約（1648年）　Westfälicher Friede (1648) …… 351
ヴェネツィアの和約（1177年）　Friede von Venedig …… 198
ヴェンツェル, チェコ王／ドイツ王　Wenzel …… 299,300
ヴォルムス協約　Wormser Konkordat (1122) …… 176
歌い手の同輩集団　schola cantorum …… 85,336

ウダルリクス, アウクスブルク司教　Ulrich von Augsburg ………………………… 161,170
ウベルティーノ, カサーレの　Ubertino da Casale ………………………………… 277
ウラーカ, レオン女王　Uracca ……………………………………………………… 191
ウルシヌス, 対立教皇　Ursinus ……………………………………………………… 33
ウルバヌス２世, 教皇　Urbanus II ……………166,173,174,176～178,180,181,184～186,188～193,197
ウルバヌス４世, 教皇　Urbanus IV ………………………………… 226,231,233,248,257,350
ウルバヌス５世, 教皇　Urbanus V ……………………… 260～262,265,267,269,276,282,283,285,313
ウルバヌス６世, 教皇　Urbanus VI ……………………………………… 286～289,292,305
運送官　cursor ……………………………………………………………………… 305,337
エイレナイオス, リヨン司教　Irenaeus ………………………………………………… 21,22
エイレーネー, ビザンツ皇帝（女帝）　Eirene ……………………………………… 123,125,129
エウゲニウス３世, 教皇　Eugenius III ……………………………………… 201,204,206,207
エウゲニウス４世, 教皇　Eugenius IV ……………………………… 297～299,301,304,306,307,308,
311,313,314,316,317,319,328,329,336
エウセビウス, 教皇　Eusebius ……………………………………………………………… 19
エギディウス・ロマーヌス　Aegidius Romanus ……………………………………… 234,255
エスクイリヌス丘／エスクイリーノ丘　Esquilino ………………………………………… 33
エック, ヨハネス　Johannes Eck ……………………………………………………… 341
エッセン　Essen ………………………………………………………………………… 161
エドマンド, イングランド王息　Edmund ……………………………………………… 226
エドワード１世, イングランド王　Edward I …………………………………………… 253,270
エドワード３世, イングランド王　Edward III ………………………………………… 271,272
エドワード４世, イングランド王　Edward IV ………………………………………… 328
エピスコポス　episcopos ……………………………………………………………… 12,14,15
エフェソス公会議（第一回）（431 年）　Konzil von Ephesos, Erstes (431) ………………… 34,68
エフェソス公会議（第二回）（449 年）　Konzil von Ephesos, Zweites (449) ……………… 67,68
エボ, ランス大司教　Ebo von Reims ………………………………………………… 135,166
エリウゲナ, ヨハネス・スコトゥス　Eriugena, Johannes Scotus ………………………… 128
エンリケ２世, カスティーリャ王　Enrique II ……………………………………………… 302
エンリケ３世, カスティーリャ王　Enrique III …………………………………………… 302
オクタウィアヌス　Octavianus ……………………………… 147,157　→ヨハネス 12 世（教皇）
オスウィウ, ノーサンブリア王　Oswiu von Northumbria ……………………………… 102,103
オットー３世, ドイツ王／皇帝　Otto III …………………… 114,149,150,157,160,162～164,167,187,348
オットー４世, ドイツ王／皇帝　Otto IV ………………………………………… 224,225,231
オットー大帝, ドイツ王／皇帝　Otto der Grosse …………………………… 114,143,146～149,152,
160～162,164,187,193,275,348
オットーネ・コロンナ　Ottone Colonna ……………………… 295　→マルティヌス５世（教皇）
オッファ, マーシア王　Offa von Mercia ……………………………………………… 127
オディロ, クリュニー修道院長　Odilo von Cluny ……………………………………… 165,172
オドー, クリュニー修道院長　Odo von Cluny ……………………………………… 87,165
オブセルヴァンテス（厳修）派　Observanten …………………………………… 328,341,342
オルシーニ家　Orsini ……………………………… 222,227,257,258,266,277,282,287,311,319,320

カ　行

会計官　sacellarius …………………………………………………………… 84,85,111,180

改稿官　rescribendar …… 245
カエサル・バロニウス, 枢機卿　Caesare Baronio …… 143
カエターニ家　Caetani …… 227,252,257,320
カエタヌス, 枢機卿　Cajetanus, Kardinal …… 340,341
下級聴罪師　poenitentarii minores …… 247
家人（ファミリア）　familia …… 198,227,228,236,249,262,264,289
カタコンベ　Zörimiten …… 16,19,28,29,32,35,36,39,41,137
カタリナ, シエナの　Katherina von Siena …… 302
カタリ派　Katharer …… 199,200,231
カッシオドルス　Cassiodorus …… 75
カノッサ　Canossa …… 188
カプチン会士　Kapuziner …… 341
カペラーヌス（礼拝堂付司祭）　capellanus …… 152,180,210,213,223,227,228,248,249,261,264
カペラーヌス寮　capellania …… 249
カマルドリ会　Camaldoli …… 183
カマルドリのロムアルドゥス　Romuald von Camaldoli …… 163
神のしもべのしもべ　servus servorum Dei …… 95
ガリエヌス, ローマ皇帝　Galienus …… 19
カリクストゥス１世, 教皇　Calixtus I …… 16～19,22,39
カリクストゥス２世, 教皇　Calixtus II …… 176,178,179,188,191,200,207,213
カリクストゥス３世, 教皇　Calixtus III …… 314,317,319,327,329,334,336
カリクストゥス３世, 対立教皇　Calixtus III …… 202
ガリリャーノの戦い（915 年）　Schlacht am Garigliano (915) …… 144
カール３世（肥満王）, 東フランク王／皇帝　Karl III …… 125
カール４世, ドイツ王／皇帝　Karl IV …… 259,274,275,283,293,294,300
カール５世, ドイツ王／皇帝　Karl V …… 323～25
カール大帝, フランク王／皇帝　Karl der Große …… 3,73,108,109,114,117～126,128,129,132～134,136,138,148,150,160,347
カルヴァン　Calvin …… 341,342
カルケドン公会議（451 年）　Konzil von Chalkedon (451) …… 52,67,91～93,165
カルケドン信条　Glauben von Chalkedon …… 93,94
カルタゴ教会会議（418 年）　Synode von Karthago (418) …… 65
カルトゥジオ会　Kartäuser …… 183
カルバハル, 枢機卿　Carvajal, Kardinal …… 329
カール・マルテル, フランク王国宮宰　Karl Martell …… 105,115～117,132
カールマン　Karlman …… 116,117
カルメル会　Karmeliten …… 243
カルロ１世（シャルル１世）, アンジュー家　Carlo I(Charles I) d'Anjou …… 226,230,233
カルロ２世（シャルル２世）, ナポリ王　Carlo II d'Angiò …… 252,257
カルロ・マラテスタ　Carlo Malatesta …… 294
ガレリウス, ローマ皇帝　Galerius …… 19
カンケレリア　cancelleria …… 312
ガンダースハイム　Gandersheim …… 161
カンピドーリオ（カピトリーノ）広場　Campidoglio (Capitolino) …… 314
官房　Kammer …… 180,244,246,247,261,263,264,283,300,314,335～337,339

官房記録簿　Protokolle ……………………………………………………………………… 247
官房長官　camerarius ……………………………180,209～211,227,247～250,261,285,287,307,308,314,335
官房付公証官　Kammernotare ……………………………………………………………247,305,335
官房付商人　mercatores curiam sequentes ……………………………………………………… 247
官房付聖職者　Kammerkleliker …………………………………………… 247,248,264,266,335,337
官房付聴取官　auditor camere……………………………………………………………………… 248
官房付弁護人　advocatus fisci ……………………………………………………………………… 248
偽アンブロシウス　Ambrosiaster …………………………………………………………………… 40,41
キージ家　Chigi …………………………………………………………………………………… 335
期待権　Expektanz ……………………………………………………………………239,266,326
儀典長官　Zeremonienmeister …………………………………………………………………… 336
祈禱文集成　sacramentarium ……………………………………………………………………… 91
キプリアヌス,カルタゴ司教　Cyprianus ………………………………………………… 22,37,64
キャサリン,アラゴンの　Catalina de Aragón ……………………………………………… 302,328
厩舎　marescallia ……………………………………………………………………………… 248
宮廷会議：ブザンソン（1157 年）　Hoftag: in Besançon (1157) ……………………………… 201
宮廷集会：ヴュルツブルク（1165 年）　Hoftag: in Würzburg (1165)…………………………… 202
宮廷集会：ニュルンベルク（1323 年）　Hoftag: in Nürnberg (1323) ………………………… 274
宮廷集会：フランクフルト（1324 年）　Hoftag: in Frankfurt (1324) ………………………… 274
宮廷礼拝堂　capella …………………………………………………………………… 78,260,263
宮殿監督　magister domus …………………………………………………………………… 261
キュクサ　Cuxa ………………………………………………………………………………… 167
キュリロス　Kyrillos …………………………………………………………………………… 131
饗応　Prokurationen …………………………………………………………………208,209,261
饗応税　Prokurationen ……………………………………………………………………… 268,305
教会合同　Kirchenunion ……………………………………………………… 193,233,276,297,298
教会財産目録　polyptichum ……………………………………………………………………… 47
教会大分裂（大シスマ）　Schisma ……………………………………………………261,279,327
教会論　Ekklesiologie …………………………………………………………………………… 234
教皇冠　tiara ……………………………………………………………………………113,157,212
教皇選挙令（1059 年）　Papstwahldekret (1059)……………………………………178,194,285
教皇庁裁判所　Rota………………………………………………………… 246,248,261,263,300
教皇庁大学（ストゥディウム）　Studium an der Kurie ……………………………………… 244
教皇庁図書館　päpstliche Bibliothek ………………………………………………………… 316,317
教皇定式集　Liber diurnus ……………………………………………………………………86,94,182
教皇特使　päpstliche Legaten ……………………………… 160 ～162,164,167,170,181,183,184,188～193,
195,201,208,217,218,228,232,241,281,301,325,333
教皇秘書官　secretarii …………………………………………………………………………… 248
教皇補佐役　vicedominus ………………………………………………………………………84,111
教皇文書記録簿　Register ……………………………………………………………………… 246
教皇領　Kirchenstaat……… 82,104,107,126,136,145,158,194,203,209,219,222～225,227,229,247,257,267,269,
272,280～283,293,295～297,299,305,308,309,318,320,321,324,325,333,335,339,340,347,349～352
教皇令注釈者（デクレタリスト）　Dekletalisten ……………………………………………… 215
教皇礼拝堂　päpstliche Kapelle ………………………………………………… 180,209,228,249,264,336
教皇礼拝堂付名誉カペラーヌス　päpstliche Ehrenkapellanus ………………………………… 210

教令　Dekretale……………………………………………… 45,61,63,66,111～113,116,165,177,178,182,195,
199,200,206,214,229,261,294,295,297,298,306,307,323
ギヨーム・デストヴィル，枢機卿　Guillaume d'Estouville ……………………………………… 326
ギヨーム・ド・ノガレ，印璽尚書　Guillaume de Nogaret, garde du Sceux ……………………… 255
ギヨーム・ド・ペール・ド・ゴダン，ドミニコ会士　Guillaume de Peire de Godin …………… 266
ギリシア語話者（ヘレニスト）　Hellenisten……………………………………………………… 9
キリストの代理人　vicarius Christi…………………………………… 40,161,177,235,252,304,315
キリストの模倣　Imitatio Christi ……………………………………………………………… 61
キリスト養子説　Adoptiamismus ……………………………………………………………… 128
キルデリク３世　Childeric III………………………………………………………………… 116
ギルランダイオ　Ghirlandaio ………………………………………………………………… 317
グアラ，枢機卿特使　Guala, Kardinal-Legat ………………………………………………… 232
グイド，トスカーナ辺境伯　Guido ……………………………………………………………… 146
グイド・テレーニ　Guido Terenni……………………………………………………………… 251
グイベルトゥス，ラヴェンナの　Wibert von Ravenna ……………………………… 178,188,203
→クレメンス３世（対立教皇）
空位期間収入　Interkalarfrüchte ……………………………………………………… 267,306
クヌート大王，イングランド／デンマーク／ノルウェー王　Knut der Grossen ……………… 169
グラティアーヌス　Gratianus………………………………………………………… 183,214,237
クラレンドン法（1164年）　Konstitionen von Clarendon (1164) ………………………… 217
クーリア（宮廷）　curia ………………………………………………………………… 180,211
グリエルモ，ヴォルピアーノの　Guglielmo da Volpiano ……………………………………… 166
グリエルモ２世，シチリア王　Guglielmo II ………………………………………………… 219
クリュソゴヌス　Chrysogonus ………………………………………………………………… 37
クリュニー修道院　Cluny ……………………… 165～167,169,172,173,180,183,184,191,201,203
クルスス（教皇庁が用いた教皇文書での韻律）　Cursus ……………………………………… 208
グレゴリウス，サン・グリソゴーノの，枢機卿　Gregor von S. Grisogono……………………… 182
グレゴリウス，トゥール司教　Gregor von Tours …………………………………………… 100
グレゴリウス１世，教皇　Gregorius I……………43,55,68,76～78,80,81,83～87,91,93,95～99,101～103,174
グレゴリウス２世，教皇　Gregorius II …………………………… 73,81,103～107,113～115,347
グレゴリウス３世，教皇　Gregorius III ……………………………………………… 81,106,107,115
グレゴリウス４世，教皇　Gregorius IV …………………………………………… 134,135,140,177
グレゴリウス５世，教皇　Gregorius V ……………………………………………………… 149,167
グレゴリウス６世，教皇　Gregorius VI …………………………………………… 150,151,179
グレゴリウス７世，教皇　Gregorius VII……………………………… 136,153,172,173,175～177,179,
181～189,191,193,196,197,199,213
グレゴリウス８世，教皇　Gregorius VIII ……………………………… 206,208～210,215,216
グレゴリウス９世，教皇　Gregorius IX ………………… 205,222,225,227,235～237,239,241,242,246,252
グレゴリウス10世，教皇　Gregorius X …………………………… 226,230,233,234,237,240,250,285
グレゴリウス11世，教皇　Gregorius XI ………………………………………… 262,269,283～285
グレゴリウス12世，教皇　Gregorius XII ………………………………… 289～294,304,307,308
クレスケンティ家　Crescentier ……………………………………… 145,148～150,157,158,348
クレメンス（１世），教皇　Clemens …………………………………………… 11,12,20,37,39,131
クレメンス２世，教皇　Clemens II…………………………………………………………… 172
クレメンス３世，教皇　Clemens III ……………………………194199203,205,206,209,211,212,222

クレメンス3世, 対立教皇　Clemens III ……………………………………………178,188,203
クレメンス4世, 教皇　Clemens IV ……………………………………………226,233,239
クレメンス5世, 教皇　Clemens V……………… 237,250,258,261,262,265～267,269,270,272,273,277,280
クレメンス6世, 教皇　Clemens VI ……………………… 250,259～263,266,269～271,274,280,281,283
クレメンス7世, 教皇　Clemens VII ……………………………………318～320,324,331,339,341,351
クレメンス7世, 対立教皇　Clemens VII, Gegenpapst……………… 287～289,291,300,302,303,305,307
クレメンス8世, 対立教皇　Clemens VIII, Gegenpapst ……………………………………………301
クローヴィス, メロヴィング朝フランク王　Clovis…………………………………… 62,63,71,100
クロタール2世, フランク王　Chlotar II ……………………………………………………101
グロッタフェラッタ　Grottaferrata ………………………………………………………160
軍長官　magister militum……………………………………………………………55,146
係争文書聴取官　auditor litterarum contradictarum ……………………………………245,246
ゲラシウス1世, 教皇　Gelasius I ………………………… 37,47,50,53,54,58,65,70,71,76,177,195,216,346
ゲラシウス2世, 教皇　Gelasius II ………………………………………………………180,194
ゲラルドゥス, フィレンツェ司教　Gerhard von Florenz ………… 178　→ニコラウス2世（教皇）
ゲルホー, ライヒェルスベルクの　Gerhoh von Reichersberg ………………………………171
ゲルンローデ　Gernrode……………………………………………………………………161
ケレスティヌス1世, 教皇　Coelestinus I ……………………………………………………57
ケレスティヌス2世, 教皇　Coelestinus II……………………………………………………201
ケレスティヌス3世, 教皇　Coelestinus III ……………………………………209,218,219,227
ケレスティヌス5世, 教皇　Coelestinus V……………………………………250,252,253,270
ケレスティノ会　Cölestinern ……………………………………………………………252
ケンキウス（チェンティオ）・サヴェッリ, 枢機卿　Cencius Savelli, camerarius ………209,210,227
→ホノリウス3世（教皇）
献酌侍従　buticuralius ……………………………………………………………………180
元老院　Senatus ……………… 16,18,26,33,43,46,82,86,89,90,114,127,140,155,158,204,205,207,222,223,249
公会議主義　konziliare Idee ………………………………………………276,290,291,293,294
公開裁判所　audientia publica ……………………………………………………246,248
公証人　notarius ……………………………………………………48,83,84,85,111,139,151
強盗会議　Räubersynode ……………………………67,68　→エフェソス公会議（第二）（449）
高等法院　Parlement ……………………………………………………………………304
幸福な40年　vierzig glückliche Jahre …………………………………………………322
コスタンツァ, 皇妃　Costanza ……………………………………………………219,225
コスマス, モンセラートの　Cosmas von Montserrat……………………………………37,336
コスマーティ　Cosmati ………………………………………………………223,232,318
ゴットフリート, トスカーナ辺境伯　Gottfried von Tuszien ……………………………178,187
ゴドフレドゥス, トゥラーニの　Godfredus von Trani ……………………………………228
コニャック同盟　Liga von Cognac …………………………………………………………324
コプト教会　Kopten…………………………………………………………………………298
コーラ・ディ・リエンツォ　Cola di Rienzo……………………………………259,281,282
ゴルツェ修道院　Gorze ………………………………………………………161,166,168
コルネリウス, 教皇　Cornerius ……………………………………………18,20,22,37
コルンバヌス, 聖人　Columbanus ……………………………………………………97
コロンナ家　Colonna ……………………………… 227,241,253,255,257,274,295,308,319,320,324
コンクラーベ　Konklave ………………………………………………237,250,252,257,258

コンスタンス２世, 東ローマ皇帝　Constans II ……………………………………………… 78,79,96
コンスタンツ公会議（1414 ～ 18 年）　Konzil von Konstanz(1414-1418) …………… 293,294,301,302,
306～308,323,328,350
コンスタンティヌス１世, 教皇　Constantinus I ……………………………………………………… 74,81
コンスタンティヌス４世, 東ローマ皇帝　Constantinus IV ……………………………………… 96
コンスタンティヌス大帝, ローマ皇帝　Constantinus …… 7,20,26,28～31,48～51,56,63,66,113,121,135,
154,155,157,158,163,195,212,281,327,332,345,347,352
コンスタンティノス５世, ビザンツ皇帝　Constantinos V ………………………………80,105,108,123
コンスタンティノープル公会議（第一回）（381 年）　Konzil von Konstantinopel, Erstes (381)
……………………………………………………………………………………………………… 52,67
コンスタンティノープル公会議（第二回）（553 年）　Konzil von Konstantinopel, Zweites (553)
……………………………………………………………………………………………………… 92,93
コンスタンティノープル公会議（第三回）（681 ～ 682 年）
Konzil von Konstantinopel, Drittes (681-82) ………………………………………………… 79,86,94,
コンスタンティノープル公会議（第四回）（869 ～ 871 年）
Konzil von Konstantinopel, Viertes (869-71) ………………………………………………… 130
コンセルバトーリ宮殿　palazzo dei Conservatori ………………………………………………… 281
コンティ家　Conti ……………………………………………………………………… 222,227,274,321
コンラディン　Konradin ……………………………………………………………………… 226,230
コンラート, ゲルンハウゼンの, ヴォルムス司教座聖堂参事会長　Konrad von Gelnhausen
……………………………………………………………………………………… 188,275,291,300
コンラート, メーゲンベルクの　Konrad von Megenberg ……………………………………… 275
コンラート２世, ドイツ王／皇帝　Konrad II ……………………………………… 157,163,169,176
コンラート３世, ドイツ王　Konrad III ……………………………………………………… 201,204
コンラート４世, シチリア王／ドイツ王　Konrad IV ………………………………………… 225,230
在地教会　Ortskirchen/ Landeskirchen ………… 99,164,175,235,238,293,299,302,327,328,332,341,347,348
在地の特使　legatus natus ……………………………………………………………………… 190
サヴェッリ家　Savelli ……………………………………………………………… 209,222,227,282,320
サヴォナローラ　Savonarola ……………………………………………………………………… 322
酒蔵　buticularia ……………………………………………………………………………… 248
ザカリアス, 教皇　Zacharias ……………………………………………… 81,107,108,113,116,117
ザクセンハウゼンの訴え　Sachsenhäuser Appellation ……………………………………… 274
ザバレッラ, フランチェスコ, 枢機卿　Zabalella, Francesco …………………………………… 293
サラディン　Saladin ……………………………………………………………………………… 206
サラディン十分の一税　Saladin-Zehnt ………………………………………………………… 206
サルディカ教会会議（343 年）　Synode von Sardica (343) ……………………………… 52,57,63,135
サロモ, コンスタンツの　Salomo von Konstanz ……………………………………………… 161
サン・アゴスティーノ　S. Agostino …………………………………………………………… 315
サン・ヴィクトル　St. Victor (Marseille) …………………………………………………… 183,190
サン・ヴィンチェンツォ・アル・ヴォルトゥルノ　S. Vinzenzo al Volturno …………………… 159
サンガッロ　Sangallo …………………………………………………………………………… 317
サン・キリアコ女子修道院　S. Ciriaco ………………………………………………………… 151
ザンクト・ガレン修道院　St. Gallen …………………………………………………………… 161
ザンクト・モーリッツ参事会教会（マクデブルク）　St. Moritz: in Magdeburg ………………… 161
サン・サーバ修道院　S. Saba ……………………………………………………………………… 88

サン・ジョヴァンニ・イン・ラテラーノ　S. Giovanni in Laterano ……30,329
三章問題　Drei Kapitel…… 92
サン・セバスティアーノ　S. Sebastiano …… 20,29
サンタ・クローチェ・イン・ジェルザレンメ　S. Croce in Gerusalemme …… 29
サンタ・ジュスティーナ（パドヴァ）　S. Giustina (Padua) …… 307
サンタニェーゼ　S. Agnese…… 29,32
サンタ・プデンツィアーナ　S. Pudentiana …… 33,40
サンタ・マリア・イン・コスメディン　S. Maria in Cosmedin …… 87
サンタ・マリア・マッジョーレ　S. Maria Maggiore …… 34,88,90,179,327
サンタ・マルチェリーノ・エ・ピエトロ　SS. Marcellino e Pietro …… 29
サンタンジェロ城　Castel Sant'Angelo …… 312,317
サンチョ2世, ポルトガル王　Sancho II …… 232
サンチョ7世, ナヴァーラ王　Sancho VII…… 233
サンチョ・ラミレス, アラゴン王　Sancho I. Ramirez …… 190
サンティアゴ・デ・コンポステーラ　Santiago de Compostela …… 168
サンティ・コズマ・エ・ダミアーノ　SS. Cosma e Damiano…… 87,89
サン・ドニ修道院　St. Denis …… 117,201,203,217
サン・パウロ大聖堂　Basilica di San Paolo fuori le Mura …… 12,20,47,88,154
サン・ピエトロ大聖堂　Basilica Sancti Petri …… 12,13,20,31,34,38,41,47,63,71,90,112,123,124,153,154,156,169,180,213,227,229,261,280,282,285,312,314
サン・フレディアーノ（ルッカ）　San Frediano: in Lucca …… 184
サン・ベニーニュ（ディジョン）　St. Bénigne: in Dijon…… 166,172
サン・ポン・ド・トミエール　Saint-Pons-de-Thomières…… 166
サン・ロレンツォ大聖堂　S. Lorenzo …… 29,32,35,47,88,90,154,156,179
サン・ロレンツォ礼拝堂　Chiesa Rettoria San Lorenzo in Palatio ad Sancta Sanctorum…… 213
シアッラ・コロンナ　Sciarra Colonna …… 255　→ニコラウス5世（対立教皇）
ジェルベール, オーリヤックの　Gerbert d'Aurillac …… 149,157　→シルウェステル2世（教皇）
ジギスムント, ハンガリー王／ドイツ王　Sigismund …… 293～295,300
シクストゥス2世, 教皇　Sixtus II …… 19,20,37,317
シクストゥス3世, 教皇　Sixtus III …… 34,44
シクストゥス4世, 教皇　Sixtus IV …… 312～314,316～321,330,335～337,339,351
至高権　plenitudo potestatis …… 60,177,195,235,273,332,348,352
司書（ビブリオテカリウス）　bibliothecarius …… 139,140,151,152,180
システィーナ礼拝堂　Cappella Sistina …… 264
使節（アポクリジアル）　Apokrisiar …… 77,92,98
自治政府：都市ローマ　Comune di Roma …… 201,223　→元老院
シチリアの晩禱事件（1282年）　Sizilianischen Vesper (1282) …… 226
執事　Seneschall …… 10
指定参詣聖堂　statio …… 34,90,151,315
シトー会　Zisterzienser…… 183,184,198,201,202,208,213,231,242,246,253,260,279,288,341,342
使徒兄弟団　Apostoliker …… 252
使徒継承 …… 8,68,69
使徒的生活　Vita apostolica…… 184
使徒に連なる系譜／使徒継承　apostoliche Sukzession…… 8,14,21,22
シニョレッリ　Signorelli …… 317

至福直感　visio beatifica …… 278
司法マレスカルクス　Justizmarschall …… 248,267
司法文書　Justizbriefe …… 246
司牧義務が伴わない聖職禄　beneficium sine cura …… 265
司牧義務が付随する聖職禄　beneficium cum cura …… 265
シメオン, アルメニア人　Symeon …… 170
シモン・ド・クラモー , アレクサンドリア総大司教　Simon de Cramaud …… 290,292
ジャコモ・カエターニ・ステファネスキ , 枢機卿　Giacomo Caetani Stefaneski …… 280
ジャック・ドゥエズ　Jacques Duèze …… 258
シャルル（カルロ）1 世　Charles I (Carlo I) d'Anjou …… 226,230,231
シャルル 2 世, ナポリ王　Charles II (Carlo II) d'Anjou …… 252,257　→カルロ 2 世
シャルル 5 世, フランス王　Charles V …… 270
シャルル 6 世, フランス王　Charles VI …… 289,290,303
シャルル 7 世, フランス王　Charles VII …… 303,326,327
シャルル 8 世, フランス王　Charles VIII …… 322,326
シャルル禿頭王, 西フランク王／皇帝　Karl der Kahlen …… 125,128,134
私有教会制　Eigenkirche …… 133
十字軍　Kreuzzug …… 186,187,190,205,206,224～226,228,231,
233,234,240,241,253,270,274,276,297,328～331
十字軍：第一回　Kreuzzug, Erstes …… 186,187
十字軍：第二回　Kreuzzug, Zweites …… 206
十字軍：第三回　Kreuzzug, Drittes …… 206
十字軍：第四回（1204 年）　Kreuzzug, Viertes (1204) …… 237
十字軍：対トルコ　Türkenkreuzzug …… 297,328～331
十字軍十分の一税　Kreuzzugs-Zehnt …… 206,247
十字軍税　Kreuzzugssteuer/ Kreuzzugsabgabe …… 206,240,241,267,271,276
集住（インカステラメント）　incastellamento …… 129,145
重大案件　causae maiores …… 61
一二世紀ルネサンス　Renaissance des 12. Jahrhunderts …… 199
収入担当官　arcarius …… 84,111,180
シュジェール, サン・ドニ修道院長　Suger von St. Denis …… 201,203,217
主馬頭　Mareschall …… 180,212
ジュリアーノ・チェザリーニ , 枢機卿　Giuliano Cesarini …… 297
ジュリアーノ・デッラ・ロッヴェーレ　Giuliano della Rovere …… 319　→ユリウス 2 世（教皇）
シュンマクス　Synmmachus …… 33
ジョヴァンナ, ナポリ女王　Giovanna di Napoli …… 259,296
ジョヴァンニ・グアルベルト　Johannes Gualberti …… 184
ジョヴァンニ・デ・メディチ　Giovanni d'Medici …… 320　→レオ 10 世（教皇）
譲位による解決　via cessionis …… 289,291
小ギヨーム・デュラン　Willhelmi Duranti von Mende …… 279
上席公証官　protonotar …… 311,335
小ピピン, フランク王　Pipin …… 347
常備兵　stehenden Truppe …… 318
妾婦政治　pornocracy …… 143
抄録官（請願省略文書作成官）　abbreviator …… 245,300,316,335,337

書記官　scriniarius……148,151,179,204,208
書記官（内赦院専属）　scriptores……245～247,249,263,264,305,337
書記局長　cancellarius……151,152,180,188,200,202,208,209,227,259
贖宥（状）　Ablass……5,198,247,255,268,276,305,306,325,336,339～341,351
助言者　consiliarii……83,84,122,173,179,188,201,217,270
助祭（ディアコノス）　diaconus……9,12,15
助祭枢機卿　Kardinaldiakon……45,155,179,211
ジョット　Giotto……280
叙任権闘争　Inversiturstreit……114,136,162,171,176,203,211,216,229,235,259
初年度納付金　Annaten……266,267,272,306,339,340,351
ジョルダーノ・ピエルレオーニ　Giordano Pierleoni……201,204
ジョン, イングランド王　John……217,228,231,232
ジョン, ソールズベリの　Johann von Salisbury……216
ジョン・ウィクリフ　John Wycliffe……272
シリキウス, 教皇　Siricius……33,42,59,62～64,66
シルヴィオ・ピッコローミニ, エネア　Silvio Piccolomini, Enea……316,332　→ピウス２世（教皇）
シルウェステル, ローマ司教, 教皇　Sylvester I……31,54,55,113,157,327
シルウェステル２世, 教皇　Sylvester II……149,150,152,157,159,163,167
シルウェステル３世, 教皇　Slyvester III……150,151
シルウェステルの定め　Constitutio Silvestri……44
シルウェステル礼拝堂　Silvester-kapelle……155
シルウェリウス, 教皇　Silverius……43,77
信仰の質屋　Monte de la Defe……338
寝室侍従　cubiculum……85,111
親族登用（ネポティズム）　Nepotism……111,224,227,287,333,349
シンプリキウス, 教皇　Simplicius……35,57,64
シンマクス, 教皇　Symmachus……44,45,47,54,55,66,70,123,251,346
スイス衛兵　Schweizergarde……320
スヴァトプルク　Swentopluk……131
枢機卿　Kardinal……35,45,91,112,113,143,144,155,156,158,164,173,174,177～180,182,184,200,201,205,207～212,215,217,222,223,227～232,237,238,242,247,249,250,252,257,258,260～267,269,271,273,275,280～283,285～295,297,303,305,307,308,311,312,315,320,323,324～326,328,329,331,333,334,338,340,341
枢機卿：司教／司教枢機卿　Kardinalbischof……112,113,156,158,178,179,211
枢機卿：司祭／司祭枢機卿　Kardinalpriester……35,111,155,178,179,211,249,250,282,328,329
枢機卿会議　consistorium……207,237,261
枢機卿団　Kardinalkollegium……35,155,178,179,194,195,205,211,226,227,237,249,258,262,263,277,291,292,294,306,318,325,333,334,348
スカンデルベグ, アルバニア貴族　Skanderbeg……329
スコラ・グレカ　schola Greca……87
スティーブン, イングランド王　Stephen……201
スティーヴン・ラングトン　Stephan Langton……228,231
ステファヌス１世, ローマ司教, 教皇　Stephanus I……22
ステファヌス２世, 教皇　Stephanus II……107～110,117,347
ステファヌス３世, 教皇　Stephanus III(IV)……111～113
ステファヌス４世, 教皇　Stephanus IV……140

ステファヌス５世，教皇　Stephanus V ……… 140,142
ステファヌス６世，教皇　Stephanus VI ……… 141
ステファヌス９世，教皇　Stephanus IX ……… 172,173,178,187
ステファノ　Stephanus ……… 9,10,37
ステファノ・ポルカロ　Stefano Porcaro ……… 314
ストロッツィ家　Strozzi ……… 335
スビアコ修道院　Subiaco ……… 145
スピリトゥアリ派（聖霊派）　Spiritualen ……… 252,277
スラヴ人　Slawen ……… 80,82,100,129,131,218
スレイマン１世，オスマン帝国スルタン　Soliman II ……… 331
聖アナスタシア教会　S. Anastasia ……… 78
聖ウルズラ修道院（ケルン）　St. Ursula: in Köln ……… 161
請願受付官（ノメンクラトール）　nomenculator ……… 84,110
請願文書記録簿　Supplikkenregister ……… 263
政教和約：ウィーン（1448年）　Konkordat von Wien (1448) ……… 76,325
聖職者の裁判特権　privilegium fori ……… 198
聖職者身分特権　privilegium ordinis ……… 198
聖職売買（シモニア）　Simonien ……… 46,101,133,141,150,172,174,175,184,186,192,195,199,268,287,294,305,334,338
聖職禄　Pfründe ……… 154,210,232,237〜240,244,246,263〜268,271,272,276,287,288,293,300,304〜306,308,325,326,337〜339
聖職禄授与　Provision ……… 239,266,271,272,279,296,303,306
聖職禄の行政目的での転用（コメンダ）　Kommenden ……… 306,338,339
聖像崇敬　Bilderverehrung ……… 129
聖庁裁判所　audientia sacri palatii ……… 245,246,248
聖年　annus jubileus ……… 5,6,254,255,267,268,281,313,325,339,350
清貧論争　Armutsstreit ……… 276,277
聖墳墓騎士修道会　Ritter vom Heiligen Grab ……… 269
聖ペテロ献金　Peterspfennig/ denarius sancti Petri ……… 127,164,169,192
セシリア　Cecilia ……… 20
ゼノン，東ローマ皇帝　Zeno ……… 53
施与局　Almosenamt/ elemosina ……… 248
セルヴィティア（税）　Servitia ……… 238,247,250,268,269,286,327,339,340,351
セルヴィティウム・コムーネ（共通奉仕納付金）　Servitium commune ……… 238
セルヴィティウム・ミヌータ（雑奉仕納付金）　Servitium minuta ……… 238,264
セルギウス１世，教皇　Sergius I ……… 81,88
セルギウス２世，教皇　Sergius II ……… 126,127,140
セルギウス３世，教皇　Sergius III ……… 141,145,146,151,347
セルギウス４世，教皇　Sergius IV ……… 150,153
選挙規約（教皇）（1352年）　Wahlkapitulation (1352) ……… 262
ゾシムス，教皇　Zosimus ……… 42,45,60,61,64,65
ソフォロニウス，イェルサレム総大司教　Sophronios von Jerusalem ……… 93

タ　行

戴冠式（教皇の）　coronatio ……… 258

大シスマ（教会大分裂）（Schisma）……279,285,288～295,298,300,301,304,307
代理人　defensores ……48,49
托鉢修道会　Bettelorden ……241～243,247,265,288,299,349
ダマスス１世, 教皇　Damasus I ……32,33,35～37,39～41,43,51,57,59,66,68
ダマスス２世, 教皇　Damasus II ……172
単意論　Monotheletimus ……79,88,92～94,98
タンクレディ, レッチェの , シチリア王　Tancredi di Lecce ……219
単性論　Monophysitismus ……49,60,67,79,92,93
単性論者　Monophysiten……60,92
ダンテ　Dante ……259,273,304
単働論　Monergismus ……79,92
チヴィダーレ教会会議　Konzil von Cividale……290,292
チェーザレ・ボルジア　Caesare Borgia……319
厨房　coquina ……248
聴罪師　poenitentiarius……247,249,250
聴罪司祭　confessor ……261,264,336
調整官　summator ……335,337
徴税人　collector ……247,248
勅令『エクジーテス』 Ektheses……93
ツヴィングリ　Zwingli ……341
テアティノ会　Theatiner……342
ディアコニ　diaconi……87,88,90
ディオクレティアヌス, ローマ皇帝　Diocretianus ……19,38,55
ディオニシウス・エクシグウス　Dionysius Exiguus ……65,66,132,133
帝権移転論　Translationstheorie ……216,235
訂正官　corrector ……245,246
ディートリヒ, ニームの　Dietrich von Niem ……299
デ・ヴィーコ家　de Vico ……313
デウスデディット　Deusdedit ……182
テオドゥルフ, オルレアン司教　Theodulf von Orléans ……120
テオドシウス, ローマ皇帝　Theodosius……35,52,53,59
テオドリック大王, 東ゴート王　Theoderich der Große ……25,54,55,73,75
テオドルス, 対立教皇　Theodorus ……81,89,93,94,98
テオドロス, カンタベリ大司教　Theodor von Canterbury ……103
テオドロス, ストゥディオス修道院長　Theodor Studites ……129
テオフィラクトゥス　Theophylaktus……86,145～147
デキウス, 教皇　Decius ……18,19,345
デケンティウス, グッビオ司教　Decentius von Gubbio ……56,60
デシデリウス, ランゴバルド王　Desiderius ……108
テッツェル, ヨハン　Tetzel, Johan ……340,341
テバルデスキ, フランチェスコ, 枢機卿　Tebaldeschi, Francesco, Kardinal ……286,287
テルトゥリアヌス　Tertullianus ……22
天使教皇　Engelpapst ……252
テンプル騎士修道会　Templer ……269,270,280
トゥスクルム家　Tuskulaner ……146～148,150,151,154,156,158,160,163,178,210,348

トゥール教会会議（1163年）　Synode von Tours (1163) ………………………… 202
特免　Dispense ………………………… 182,183,195,240,247,306,336,342
都市長官　gubernator ………………………… 314,335
特恵文書　Benefizialbriefe ………………………… 246
トティラ　Totila ………………………… 75
ドナティスト　Donatisten ………………………… 27,51,64,345
トマス・アクィナス　Thomas Aquinas ………………………… 244,255
トマス・ベケット, カンタベリ大司教　Thomas Becket von Canterbury ………………………… 202,217
トマス・モア　Thomas More ………………………… 328
ドミニコ会　Dominikaner ………………………… 234,237,241,242,260,266,275,280,328,341,342
ドムス・クルタエ　domus cultae ………………………… 113
トルデシリャス条約（1494年）　Vertrag von Tordesillas (1494) ………………………… 327
トレドの教会会議（400年）　Synode von Toledo (400) ………………………… 63
トレント公会議（1545～63年）　Konzil von Trent (1545-63) ………………………… 332,334,352
トンマーゾ・パレントゥチェッリ　Tommazo Parentucelli ………………………… 311,340,341

ナ　行

内赦院　Pönitentiarie ………………………… 236,244,246,247,261,263,306,335,338,342
ナティオ（国民団）　natio ………………………… 292,293,295
ナポレオーネ・オルシーニ, 枢機卿　Napoleone Orsini ………………………… 258,266,277
ナルセス　Narses ………………………… 73,93
ナルボンヌ条約（1415年）　Vertrag von Narbonne (1415) ………………………… 295
ニケーア公会議（325年）　Konzil von Nikaia, Erstes (325) ………………………… 45,50,68,120,121
ニコライティズム（聖職者妻帯）　Nikolaitism ………………………… 173,174,184
ニコラウス1世, 教皇　Nicholaus I ………………………… 129～131,135,136,139,177
ニコラウス2世, 教皇　Nicholaus II ………………………… 178,179,187,193,194
ニコラウス3世, 教皇　Nicholaus III ………………………… 222,226～228,230,244,251,257,277,280
ニコラウス4世, 教皇　Nicholaus IV ………………………… 222,237,250
ニコラウス5世, 教皇　Nicholaus V ………………………… 274,298,299,309,311～314,316～319,321,325,329,332
ニコラウス・クザーヌス, 枢機卿／教皇特使　Nicholaus von Kues ………………………… 302,325,327,332
ニコラウス礼拝堂　Cappella Niccolina ………………………… 213
ニコラス・ブレークスピア　Nicholaus Breakspear ………………………… 218　→ハドリアヌス4世（教皇）
西ゴート人　Westgoten ………………………… 26,46,47,53,59,62,64,73,80,96,98～100,124,128,133,169,191,346
ニッコロ・デ・アルベルガーティ　Niccolò de'Albergati ………………………… 311
ニロス, 隠者　Nilos ………………………… 160
ネストリウス派　Nestorianisumus ………………………… 49,67
年次貢納金（ケンスス）　census ………………………… 161,164,169
ノウァティアヌス, 対立教皇　Novatianus ………………………… 16,18
ノウァティアヌス派　Novatianer ………………………… 18,27
ノルマン人（南イタリア）　Normannen ………………………… 144,160,187,188,190,193,195,219

ハ　行

陪食カペラーヌス　capellani commensales ………………………… 249
ハイメ2世, アラゴン王　Jaime II ………………………… 226
ハイメリクス, 書記局長　Haimerich, Kanzler ………………………… 200

ハインリヒ, ランゲンシュタインの , パリ大学総長　Heinrich von Langenstein …………… 291,292
ハインリヒ 1 世, ドイツ王　Heinrich I …………………………………………………………… 144,145
ハインリヒ 2 世, ドイツ王／皇帝　Heinrich II…………………………… 150,153,154,160,162～164,170
ハインリヒ 3 世, ドイツ王／皇帝　Heinrich III …………………… 114,151,170,172,187,189,195,348
ハインリヒ 4 世, ドイツ王／皇帝　Heinrich IV ………………………… 171,175,186～189,195,348
ハインリヒ 5 世, ドイツ王／皇帝　Heinrich V…………………………………………… 171,176,203,205
ハインリヒ 6 世, ドイツ王／皇帝　Heinrich VI ………………………………… 205,215,218,219,224
ハインリヒ 7 世, ドイツ王／皇帝　Heinrich VII ………………………………………… 272,273,275,280
ハインリヒ・ラスペ, ドイツ王（対立国王）　Heinrich Raspe …………………………………… 230
パヴィア教会会議（1022 年）　Synode von Pavia (1022) ……………………………………………… 162
パヴィアの戦い（1525 年）　Schlacht bei Pavia (1525) ………………………………………………… 323
パウリキアノイ派　Paulikianer ……………………………………………………………………… 105
パウルス, ポプロニア司教　Paul von Populinia………………………………………………………… 130
パウルス 1 世, 教皇　Paulus I …………………………………………………………………… 110,111
パウルス 2 世, 教皇　Paulus II…………………………………………………… 313,316,317,319,330,337
パウルス 3 世, 教皇　Paulus III ………………………………………………………………… 314,338
パウロ　Paul, St. ………… 10～13,19～23,29,33,35,37,40,41,62,90,107,113,127,130,137,165,179,261,286,345
パオロ・スコラーリ　Paolo Scorari ……………………………… 205　→クレメンス 3 世（教皇）
バザルー修道院　Besalú …………………………………………………………………………… 167
パスカリス 1 世, 教皇　Paschalis I ………………………………………………………… 125,126,140
パスカリス 2 世, 教皇　Paschalis II……………………………………………… 173,180,181,188,194
パスカリス 3 世, 対立教皇　Paschalis III ……………………………………………………… 202
バーゼル公会議　Konzil von Basel ………………… 297～299,302～304,306,307,325,328,330,332,333,350
ハダマルス, フルダの　Hadamar von Fulda ……………………………………………………… 161
旗持ち　decarcones ………………………………………………………………………………… 155
パタリア　Pataria …………………………………………………………………………………… 185
ハドリアヌス 1 世, 教皇　Hadrianus I …………………………104,108,113,118～122,128,132,133,136
ハドリアヌス 2 世, 教皇　Hadrianus II ……………………………………………… 130,131,136,139,140
ハドリアヌス 4 世, 教皇　Hadrianus IV……………………………… 175,197,201,202,204,207,218
ハドリアヌス 6 世, 教皇　Hadrianus VI………………………………314,319,321,325,331,334,341,342
パトロクルス, アルル司教　Patroclus von Arles…………………………………………………… 60,61
バビロン捕囚（教会の）　Babylonische Gefangenschaft der Päpste ……………………………… 4,259
バヤズィト 2 世, オスマン帝国スルタン　Bajazet II ……………………………………………… 331
パラッツォ・ヴェネツィア　Palazzo Venezia ……………………………………………………… 312
パラッツォ・カプラニカ　Palazzo Capranica ……………………………………………………… 312
パラティヌス（パラティーノ）丘　Palatino ……………………………… 78,81,89,138,149,151
パリウム　pallium ………………………………………………54,55,57,121,134,136,157,169,181
ハリナルド, リヨン大司教　Halinard von Lyon ……………………………………………………… 172
バルドゥイン, トリーア大司教　Balduin von Trier ………………………………………………… 275
バルトロメオ・プリニャーノ　Bartolomeo Prignano ……………………………………………… 285
バルナバ会　Barnabiten …………………………………………………………………………… 342
バルバストロ近郊の戦い　Barbastro………………………………………………………………… 186,190
版図（大シスマ時の）　…………………………………………………………………288,291,300
パンドゥルフ, 枢機卿　Pandulf …………………………………………………………………… 211
パン焼き所　panataria ……………………………………………………………………………… 248

ピウス2世, 教皇　Pius II ……………………………… 316～319,329,330,332～336,339
ピウス3世, 教皇　Pius III ……………………………… 319,333
ピウス12世, 教皇　Pius XII ……………………………… 352
ピエトロ・ダ・モッローネ　Pietro da Morrone ………… 252　→ケレスティヌス5世（教皇）
ピエール, フォワの, 教皇特使　Pierre de Foix ……………………………… 301
ピエール・ダイイ　Pierre d'Ailly ……………………………… 289
ピエール・デ・プレ, 文書局長代理　Pierre de Prés, vice-cancellarius ……………… 263
ピエール・ド・グロ, 官房長官　Pierre de Gros, camerarius ……………… 285
ピエルレオーニ家　Pierleoni ……………………………… 194,203
ヒエロニムス　Hieronymus ……………………………… 33,36,41
ピサ教会会議（1409年）Konzil von Pisa (1409) ……………… 290～294,301,302,307
ピサ教会会議（1511年）Konzil von Pisa (1511) ……………………………… 333
日付管理官　datar ……………………………… 336
ヒッポリュトス, 対立教皇　Hippolytus ……………………………… 17,18
ピピンの寄進　Pipinische Schenkung ……………………………… 107,109,223
ヒメリウス, タラゴナ司教　Himerius von Tarragona ……………………………… 63
ヒラリウス, アルル司教　Hilarius von Arles ……………………………… 61
ヒラリウス, ポワティエ司教　Hilarius von Poitiers ……………………………… 50,62
ヒラリウス, ローマ司教　Hilarius ……………………………… 64,71
ビルギッタ, スウェーデンの　Birgitta von Schweden ……………………………… 283
ピルグリム, ケルン大司教　Pilgrim, Erzbishof von Köln ……………………………… 152
ヒルザウ　Hirsau ……………………………… 183,184
ヒルデブランド　Hildebrand ………………… 172　→グレゴリウス7世（教皇）
ピレオ・ダ・プラタ，枢機卿　Pileus de Prata ……………………………… 288
ヒンクマル, ランス大司教　Hinkmar von Reims ……………………………… 134～136
ピントゥリッキオ　Pinturicchio ……………………………… 317
ファルファ修道院　Farfa ……………………………… 145
フアン, セゴヴィアの　Juan de Segovia ……………………………… 300,301
フアン（ジュアン）1世, アラゴン王　Juan I ……………………………… 300,301
フアン1世, カスティーリャ王　Juan I ……………………………… 302
フアン2世, カスティーリャ王　Juan II ……………………………… 302
フアン・ド・トルケマダ　Juan de Torquemada ……………………………… 327,328,332
フィリオクエ　filioque ……………………………… 124,125,130,153,233
フィリップ, シュヴァーベン公　Philipp von Schwaben ……………………………… 219,225
フィリップ1世, フランス王　Philippe I ……………………………… 189
フィリップ2世（尊厳王）, フランス王　Philippe II Auguste ……………………………… 206,217
フィリップ4世（端麗王）, フランス王　Philippe IV le Bel ……………… 231,234,253～258, 269,270,271,273,280,291
フィリップ5世, フランス王　Philippe V ……………………………… 258
フィリップ6世, フランス王　Philippe VI ……………………………… 270
フィリッポ・マリア・ヴィスコンティ，ミラノ公　Filippo Maria Visconti di Milano ………… 321
フィレンツェ公会議　Konzil von Florenz ……………………………… 297,298
フェカン修道院　Fécamp ……………………………… 303
フェデリーコ2世, シチリア王　Federico II ……………………………… 166
フェラーラ公会議　Konzil von Ferrara ……………………………… 297,298,306,324

フェランテ（フェルナンド），ナポリ王　Ferdinando II ……………………………321～323
フェリクス３世, 教皇　Felix III …………………………………………………………… 43,60
フェリクス４世, 教皇　Felix IV ………………………………………………………………… 70
フェリクス５世, 対立教皇　Felix V …………………………………………………………… 298
フェルナンド１世　Fernando I ………………………………………………………………… 191
フェルーラ　ferula ………………………………………………………………………… 158,181
フォーカス　Phocas ……………………………………………………………………………… 78,79
フォティオス　Photios von Konstantinopel ……………………………………………… 129,130
フォティオスのシスマ　Photianische Schisma ………………………………………… 130,347
フォルモスス, 教皇　Formosus von Porto ……………………………………………130,141,145
フォルモススの遺体への裁判　Leichen-synode (896/97) …………………………………… 141
フゴー・カンディドゥス　Hugo Candidus ……………………………………………………… 172
フス派　Hussiten ………………………………………………………………………………… 297
フッガー　Fugger ……………………………………………………………………………… 325,335
フニャディ・ヤーノシュ　Hunyadi János……………………………………………………… 329
不謬性　Unfehlbarkeit …………………………………………………………………………… 4
フラ・アンジェリコ　Fra Angelico……………………………………………………………… 317
フラヴィオ・ビオンド　Flavio Biondo ………………………………………………………… 316
ブラクトンの法集成　Rechtsammlung Bractons ……………………………………………… 236
ブラッチョ・ダ・モントーネ，傭兵隊長　Braccio da Montone ………………………………… 296
プラティナ, 教皇庁図書館初代館長　Platina ……………………………………………… 316,317
プラハ協定　Prager Kompaktat ………………………………………………………………… 330
ブラマンテ　Bramante…………………………………………………………………………… 318
ブランカレオーネ・デッリ・アンダロ　Brancaleone degli Andalò ………………………… 222
フランシスコ会　Franziskaner……………………………… 234,242,243,251,276～279,286,328,329,341,342
フランシスコ・ヒメネス・デ・シスネロス　Francisco Ximénez de Cisneros ……………… 327
フランジパーニ家　Frangipani ……………………………………………… 158,194,200,203,222
フランソワ１世, フランス王　François I ……………………………………………… 322,323
フランソワ・デ・コンジエ　François de Conzié ……………………………………………… 307
フランチェスケット・チーボ　Franceschetto Cybo …………………………………………… 320
フランチェスコ, アッシジの，修道士　Franciscus ……………………………………242,243,277
フランチェスコ２世　Francesco II …………………………………………………………… 322,324
フランチェスコ・スフォルツァ, ミラノ公　Francesco Sforza ……………………………… 321,323
フランチェスコ・トデスキーニ・ピッコロミニ, 枢機卿　Francesco Todeschini-Piccolomini
……………………………………………………………… 333　→ピウス３世（教皇）
プリスキニアヌス主義者　Priszillianisten ……………………………………………………… 63
フリードリヒ, ハプスブルク家の（対立国王）　Friedrich von Habsburg ……………………… 274
フリードリヒ, ロレーヌの　Friedrich von Lothringen ……………………………………172,180,192
→ステファヌス９世（教皇）
フリードリヒ（１世）・バルバロッサ, ドイツ王／皇帝　Friedrich Barbarossa ……………… 198,199,
201,204,205,215
フリードリヒ２世, シチリア王／ドイツ王／皇帝　Friedrich II……… 219,222,223,225,230,241,252,291
フリードリヒ３世, ドイツ王／皇帝　Friedrich III ……………………………………298,325,330
フリードリヒ賢侯, ザクセン選帝侯　Kurfürst Friedrich der Weisen von Sachen ……………323～325
ブルガール人　Bulgaren ……………………………………………………………80,125,130,131

ブルカルドゥス, ヴォルムス司教　Burchard von Worms ……………………………………… 162
ブールジュの『国事詔書』（1438 年）　Pragmatischen Sanktion von Bourges (1438) ……………… 297
フルダ修道院　Fulda ………………………………………………………………………………… 132
フルッタリア修道院　Fruttuaria……………………………………………………………… 163,166
ブルーノ　Bruno von Köln …………………………………… 149　→グレゴリウス５世（教皇）
ブルーノ, ケルンの, 修道士　Bruno von Köln ……………………………………………………… 183
フルラド, 修道院長　Fulrad ………………………………………………………………………… 108
フルーリ修道院　Fleury ……………………………………………………………… 121,166,167,169
ブルンヒルド, フランク王妃　Brunhilda ……………………………………………………78,101
プレスビュテロス　presbyteros ……………………………………………………………………… 15
プレモントレ会　Prämonstratenser………………………………………………………………… 213
プロスペロ・コロンナ , 枢機卿　Prospero Colonna……………………………………………… 311
フロタール, サン・ポンス・ド・トミエール修道院長　Frotard von Saint-Pons-de-Thomières …… 191
フン人　Hunnen ……………………………………………………………………………………… 46
分配官　distributor ………………………………………………………………………………… 245
フンベルトゥス , シルヴァ・カンディダ枢機卿（モワイヤンムーティエのフンベルトゥス）
　Humbert von Silva Candida (Humbert von Moyenmoutier) …………… 172,174,175,177,179,192,199
ベオグラード近郊での戦い（1456 年）　Schlacht um Bergrad (1456) ……………………………… 329
ペトラルカ　Petrarca ……………………………………………………………………………3,259,281
ペトルス, アクィレイア総大司教　Petrus von Aquileia ………………………………………… 185
ペトルス, シルヴァ・カンディダ司教　Petrus von Silva Candida ……………………………… 156
ペトルス, ベネヴェントの　Petrus von Benevent ………………………………………………… 236
ペトルス・ヴェネラビリス(尊者ペトルス), クリュニー修道院長　Petrus Venerabilis von Cluny …… 201
ペトルス・ダミアニ　Petrus Damiani ……………………………………………… 163,172,174,183
ペトルス・フィラルギ　Petrus Philargi ……………………………………………………………… 293
ペトロ　Peter, St. ………………………………… 8〜13,17,19〜23,29,33,37〜41,51,56,60,62,64,67〜70,90,
94,95,97,101,102,105,107〜109,113,116〜119,121,122,131〜133,
134,149,161,165,168,175,177,181,188,190,191,216,261,286,287,308,345,346
ペドロ, ルナの, 枢機卿　Pedro de Luna ……………………………………………………287,300,301
ペドロ２世, アラゴン王　Pedro II ………………………………………………………………… 232
ペドロ３世, アラゴン王　Pedro III……………………………………………………………… 227,232
ペトロの世襲領　patrimonium Petri ………………………………………… 82,83,96,98,101,105,225
ベネヴェントの和約（1156 年）　Friede von Benevent (1156) ………………………………201,216,349
ベネディクトゥス, 年代記作者　Benediktus, Chronisten von S. Andrea am Soratte ………… 146,147
ベネディクトゥス２世, 教皇　Benedictus II ……………………………………………………… 99
ベネディクトゥス３世, 教皇　Beneditus III ……………………………………………………… 126
ベネディクトゥス５世, 教皇　Benedictus V …………………………………………………… 149,151
ベネディクトゥス７世, 教皇　Benedictus VII ………………………………………………… 158,168
ベネディクトゥス８世, 教皇　Benedictus VIII ………………………………… 144,150,153,156,160,170
ベネディクトゥス９世, 教皇　Benedictus IX ………………………………… 150,151,165,179,194,304
ベネディクトゥス 10 世, 対立教皇　Benedictus X ……………………………………………… 178,194
ベネディクトゥス 11 世, 教皇　Benedictus XI …………………………………………………… 257
ベネディクトゥス 12 世, 教皇　Benedictus XII…………………… 246,260〜266,269,274,278〜280,350
ベネディクトゥス 13 世, 対立教皇　Benedictus XIII, Gegenpapst …………… 289〜296,300〜304,307
ベネディクト戒律　Benediktregel ……………………………………………………………… 133,184

ベネデット・カエターニ, 枢機卿　Benedetto Caetani ……………………………… 252
ベノッツォ・ゴッツォリ　Benozzo Gozzoli ……………………………… 317
ペラギウス１世, 教皇　Pelagius I ……………………………… 57,65,78,92,93,96,123
ペラギウス派　Pelagianer ……………………………… 64,65
ヘラクレイオス, 東ローマ皇帝　Heraclius ……………………………… 79,88,93,97
ベリサリオス　Berisarios ……………………………… 73
ペルジーノ　Perugino ……………………………… 318
ベルトラン・ド・ゴ, ボルドー大司教　Bertrand de Got ……………………………… 258
ベルトラン・ド・デオー　Bertrand de Déaux ……………………………… 280,281
ベルトラン・ド・プジェ　Bertrand de Poujet ……………………………… 280
ベルナール, クレルヴォー修道院長　Bernhard von Clairvaux ……………………………… 201,206,207,216
ベルナール, 修道院長／トレド大司教　Bernard de Sédirac ……………………………… 191
ベルナール・セセ, パミエ司教　Bernard Saisset ……………………………… 254
ベルナルドゥス・バルビ, パヴィア大聖堂首席司祭　Bernardus Barbi ……………………………… 215
ペルピニャン教会会議　Konzil von Perpignan ……………………………… 290～292
ヘルマン, バンベルク司教　Hermann von Bamberg ……………………………… 189
ヘレナ　Helena ……………………………… 28～30,212
ベレンガーリオ１世, イタリア王　Berengario I ……………………………… 146
ベレンガーリオ２世, イヴレア辺境伯　Berengario II ……………………………… 147,148
辺境軍指揮官（ドゥクス）　dux ……………………………… 74,86,104,106,109～111
ヘンリ２世, イングランド王　Henry II ……………………………… 201,202,217
ヘンリ３世, イングランド王　Henry III ……………………………… 226,230,232
ヘンリ７世, イングランド王　Henry VII ……………………………… 328
ヘンリ８世, イングランド王　Henry VIII ……………………………… 328,342
法廷代理人　procurator ……………………………… 245,246
宝物庫管理官　thesaurarius ……………………………… 247,249,250,261,335
ホーエンアルトハイム教会会議（916 年）　Synode von Hohenaltheim (916) ……………………………… 161
保管担当官　vestiriarius ……………………………… 84,111,146,180
ホシウス, コルドバ司教　Hosius von Córdoba ……………………………… 50,52,63
ボソ, 枢機卿　Boso ……………………………… 209,211
ボッティチェリ　Botticeli ……………………………… 317
ボッビオ修道院　Bobbio ……………………………… 97
ポデスタ　Podestà ……………………………… 226,282
ボナグラティア, ベルガモの　Bonagratia von Bergamo ……………………………… 277
ボニファティウス, 宣教者　Bonifatius ……………………………… →ウィンフリッド
ボニファティウス１世, 教皇　Bonifatius I ……………………………… 44,45,53
ボニファティウス８世, 教皇　Bonifatius VIII ……………………………… 216,221,222,227,228,231,234～236,238,240,
243,244,248,250～258,269～271,281,318,350
ボニファティウス９世, 教皇　Bonifatius IX ……………………………… 268,289,305,308,335
ボニファティウス８世の信仰告白　Glaubensbekenntnis Bonifaz' VIII ……………………………… 305
ホノラートゥス, アルル司教　Honoratus von Arles ……………………………… 61
ホノリウス, 西ローマ皇帝　Honorius I ……………………………… 53
ホノリウス１世　Honorius I ……………………………… 78,79,81,88,89,93,94,96,97,99
ホノリウス２世　Honorius II ……………………………… 194,200
ホノリウス３世　Honorius III ……………………………… 222,227,236,240,243,245,247

ホノリウス問題　Honorius-Frage ……………………………………………………… 94
ボリス, ブルガール人支配者　Boris ……………………………………………………… 130
ホルミスダス　Hormisdas ……………………………………………………43,57,67,70,89,92
ボローニャ協約（1516 年）　Konkordat von Bologna (1516) ……………………………… 326
ポンテ・マンモロの「特権」（1111 年，12 年）　Privileg vom Ponte Mammolo (1111/12) ……… 188
ポンポーザのグイド　Guido von Pomposa ………………………………………………… 163
ポンポニウス・レトゥス　Pomponius Laetus ……………………………………… 316,317

マ　行

マウリキオス, 東ローマ皇帝　Mauricius ……………………………………………… 78
マウリティウス, 聖　St. Mauritius ……………………………………………………… 153
マクシミリアン 1 世, ドイツ王／皇帝　Maximillian I……………………………… 323,325
マクシモス, 証聖者　Maximus Confessor ……………………………………………… 93,94
マグナ・カルタ　Magna Carta …………………………………………………… 228,231
マジャール人／ハンガリー　Ungarn ……………………………………………… 144,145
マッシミリアーノ　Massimiliano …………………………………………………… 322
マティルダ, トスカナ辺境伯　Mathilde von Tuszien ………………… 194,203,212,219,224,225
マティルダの遺領　Mathildischen Güter …………………………………………194,203,205
マテオ・ロッソ・オルシーニ , 枢機卿　Matteo Rosso Orsini ……………………………… 257
マリア・マグダレーナ・ロモーラ・ド・メディチ　Maddalena de' Medici…………………… 320
マリヌス, 助祭　Marinus …………………………………………………………… 130
マリヌス 2 世　Marinus II ………………………………………………………… 147
マルキアヌス, 東ローマ皇帝　Marcianus ……………………………………………… 67
マルクス, 教皇　Marcus ……………………………………………………… 31,57,68,138
マルクヴァルド, アンヴァイラーの　Markward von Annweiler ……………………… 219
マルケリヌス, 教皇　Marcellinus ………………………………………………… 19,20,37
マルケルス, 教皇　Marcellus I ……………………………………………………… 19
マルシリウス, パドヴァの　Marsillius von Padua …………………………………… 277,279
マルティヌス 1 世, 教皇　Martinus I ……………………………………………… 77,78,93
マルティヌス 4 世, 教皇　Martinus IV …………………………………………… 226,249
マルティヌス 5 世, 教皇　Martinus V …………… 295～297,301,302,305～308,311,313,315,317,335,350
マルティン, オパヴァの．年代記作者　Martin von Troppau, Chronisten ………………… 247
マロツィア　Marozia I ……………………………………………………………… 146
マロン派　Maroniten ……………………………………………………………… 298
マント着用の儀礼　immantatio ……………………………………………………… 181
マンフレート　Manfred ………………………………………………………… 225,226
ミカエル 1 世, ビザンツ皇帝　Michael I …………………………………………… 125
ミカエル 3 世, ビザンツ皇帝　Michael III………………………………………… 130
ミカエル 8 世, ビザンツ皇帝　Michael VIII ……………………………………… 233
ミケランジェロ　Michelangelo ………………………………………………314,317,318
ミケーレ, チェゼーナの　Michele da Cesena………………………………………… 277,278
ミトラ（司教冠）　mitra ………………………………………………………… 157,158
ミルティアデス, 教皇　Miltiades ………………………………………………… 19,51
名義教会　Titelkirchen………………………………………28,31,32,34,35,41,42,90,112,155,156
メディチ家　Medici……………………………………………… 319～321,323,324,335,351

メトディオス　Methodios ……………………………………………… 131
メフメト2世, オスマン帝国スルタン　Mehmed II ……………………… 330,331
メロッツォ・ダ・フォルリ　Melozzo da Forlì ……………………………… 318
免属／教皇直属　Exemption …………… 158,159,161,162,165～167,170,181,184,195,210,213,217,240,348
モサラベ　Mozaraber ……………………………………………… 128,168,327
モラヴィア人　Mähren ……………………………………………… 131
モワンムーティエ修道院　Moyenmoutier………………………………… 166
文書局　Kanzlei……………………… 151,152,244～247,249～251,261,263,264,285,306,316,334,335
文書局規約（1331年）　Kanzleiordnungen (1331)……………………………… 263
文書局長（カンケラリウス／アルキカンケラリウス）　cancellarius/ archicancellarius …… 152,245
文書局長代理　vice-cancellarius ……………………… 245,246,249,261～263,285,334
モンタノス派　Montanisten ……………………………………………… 27
モンテ・カッシーノ修道院　Monte Cassino …………………………… 159

ヤ　行

ヤジード2世, カリフ　Jezid II ……………………………………………… 105
ユスティニアヌス, 東ローマ皇帝　Justinianus ……………………… 73,75～77,91,92,95,97,198
ユスティヌス, 東ローマ皇帝　Justinus ……………………………………… 73
ユディケース　iudices ……………………………………… 86,90,111,139,155
ユディケース・デ・クレロ　iudices de clero ……………… 111,112,126,139,140,151,155,180
ユディケース・デ・ミリティア　iudices de militia …………………… 110,111,126,140
ユーディト, フランク皇妃　Judith……………………………………… 134
ユリアヌス, トレド司教　Julian von Toledo ……………………………… 99
ユリウス1世, 教皇　Julius I ……………………………………………… 48,51
ユリウス2世, 教皇　Julius II ……………………… 312～315,317～320,323,334,338,342
ヨハネ騎士修道会　Johanniter ……………………………………… 269,270,331
ヨハネス, アブヴィルの, 枢機卿特使　Jean de Abbeville ……………………… 232
ヨハネス, ヴェレトリ司教　Johannes von Velletri ………………… 178　→ベネディクトゥス10世
ヨハネス, カペストラーノの　Johannes von Capestrano ……………………… 329
ヨハネス, ゴルツェ修道院長　Johannes von Gorze ……………………… 168
ヨハネス1世, 教皇　Johannes I ……………………………………… 55,57
ヨハネス4世, 教皇　Johannes IV …………………………………… 88,94
ヨハネス7世, 教皇　Johannes VII ……………………………………… 81,88,89
ヨハネス8世, 教皇　Johannes VIII ……………………… 125,131,136,137,139,141
ヨハネス9世, 教皇　Johannes IX ………………………………………… 140
ヨハネス10世, 教皇　Johannes X ……………………… 141,144,146,151,163
ヨハネス12世, 教皇　Johannes XII ……………………………………… 147,148
ヨハネス13世, 教皇　Johannes XIII ……………………………… 149,160,168
ヨハネス14世, 教皇　Johannes XIV ……………………………………… 152,156
ヨハネス15世, 教皇　Johannes XV ………………………………………… 170
ヨハネス18世, 教皇　Johannes XVIII …………………………………… 167,170
ヨハネス19世, 教皇　Johannes XIX ……………………………… 155,163,165
ヨハネス22世, 教皇　Johannes XXII……………… 236,251,258～260,263～270,272～278,280,287,350
ヨハネス23世, 対立教皇　Johannes XXIII ……………… 293,294,304,305,307,308
ヨハネス・クリュソストモス, コンスタンティノープル司教

Johannes Chrysostomos von Konstantinopel ………… 50
ヨハンネス5世, ビザンツ皇帝　Johannes V ………… 276
ヨハン・ブルカルト　Johannes Burchard ………… 336

ラ　行

ラヴェンナ総督領　Exarch von Ravenna ………… 162
ラウレンティウス（聖人）　Laurentius ………… 19,20,29,37
ラウレンティウス（ローマ司教）　Laurentius ………… 44
ラ・シェーズ・デュー修道院　La Chaise Dieu ………… 183
ラスティスラフ　Rastislaw ………… 131
ラディスラウス（ラディスラオ），ナポリ王　Ladislao di Napoli ………… 293
ラテラノ宮殿の「所有」　posessio ………… 212
ラテラノ教会会議（649年）　Synode von Lateran (649) ………… 93
ラテラノ協約　Konkordat von Lateran ………… 352
ラテラノ公会議（第一回）(1123年)　Konzil von Lateran, Erstes (1123) ………… 173,188
ラテラノ公会議（第二回）（1139年）　Konzil von Lateran, Zweites (1139) ………… 203
ラテラノ公会議（第三回）（1179年）　Konzil von Lateran, Drittes (1179) ………… 203,208,211,237
ラテラノ公会議（第四回）（1215年）　Konzil von Lateran, Viertes (1215) ………… 206,218,232,242,251,253
ラテラノ公会議（第五回）（1516年）　Konzil von Lateran, Fünftes (1516) ………… 255,326,333,341

ラテラノ大聖堂　Basilica di San Giovanni in Laterano ………… 30,34,51,81,88～90,100,111,112,114,121,122,126,132,138,145,151,154,155,179～181,184,188,194,203～205,211～213,222,229,242,247,261,273,280,281,283,286,311,314,323,352
ラファエロ　Raffaello ………… 318
ランス教会会議（1049年）　Synode von Reims (1049) ………… 187
リアデでの戦い（933年）　Schlacht bei Riade (933) ………… 144
リウトプランド, クレモナ司教　Liutprand von Cremona ………… 146,181
リウトプランド, ランゴバルド王　Liutprand ………… 73,106,107
リキニウス　Licinius ………… 7
リキメル, 軍長官　Rikimer ………… 55
リチャード, コーンウォール伯　Richard of Cornwall ………… 217,230
リチャード獅子心王, イングランド王　Richard I Lionheart ………… 206
律修参事会員　Regularkanoniker ………… 171,175,184,185,189,198
リヌス, 教皇　Linus ………… 20,39,130,147
リベリウス, 教皇　Liberius ………… 32,33,36,37,45,51
リポル修道院　Ripoll ………… 167
両剣論　Zweigewaltenlehre ………… 52,53,177,216,235,254,346
リヨン公会議（第一回）(1245年)　Konzil von Lyon, Erstes (1245) ………… 225,251
リヨン公会議（第二回）（1274年）　Konzil von Lyon, Zweites (1274) ………… 206,233,234,237,251,291
ルイ, オルレアン公　Louis d'Orléans ………… 289,290,303,304
ルイ3世, アンジュー家の　Louis III d'Anjou ………… 296
ルイ6世, フランス王　Louis VI ………… 189,201,203
ルイ7世, フランス王　Louis VII ………… 201～203
ルイ8世, フランス王　Louis VIII ………… 231,232
ルイ9世, フランス王　Louis IX ………… 225,226,253

ルイ10世, フランス王　Louis X ………… 258
ルイ11世, フランス王　Louis XI ………… 326
ルイ12世, フランス王　Louis XII ………… 322,323,326,333,334
ルイ・アレマン, 官房長官代理　Louis Aleman, vice-camerarius ………… 308
ルキウス2世, 教皇　Lucius II ………… 201
ルキウス3世, 教皇　Lucius III ………… 199,241
ルター, マルティン　Luther, Martin ………… 243,324,340～342
ルッジェーロ2世, シチリア王　Ruggero II ………… 219
ルドヴィーコ・イル・モーロ　Lodovico il Moro ………… 322
ルドヴィーコ・トレヴィザン, 枢機卿　Ludovico Trevisan, Kardinal ………… 329
ルートヴィヒ2世, イタリア王／フランク王／皇帝　Ludwig II ………… 125,127
ルートヴィヒ4世（「バイエルン人」), ドイツ王　Ludwig IV ………… 271,273～275,277,278,280,291
ルートヴィヒ敬虔帝, フランク王／皇帝　Ludwig der Fromme ………… 124,125,134
ルドルフ1世, ドイツ王／皇帝　Rudolf I. ………… 223
ルーニ近郊での戦い（1016年）　Schlacht bei Luni (1016) ………… 144
ルネサンス小文字体　humanistische Minuskel ………… 316
ルネ・ダンジュー　René d'Anjou ………… 296,322,326
ルフィヌス, アクィレイアの　Rufinus von Aquileia ………… 39,192
ループレヒト, ドイツ王　Ruprecht ………… 292,293,299,300
レアンドルス, セヴィーリャ司教　Leander von Sevilla ………… 98,99
レイモン, ペニャフォールの　Raimund von Peñaforte ………… 228,236
レーエン（封土), 教皇の　Lehenwesen ………… 159,191,192,198,219,225,226,231,232,235,247,267,296,301,324
レオ1世, 教皇　Leo I ………… 27,37,40,41,43,46,50,53,57,59,60～62,66～68,70,71,95,134,177,346
レオ2世, 教皇　Leo II ………… 79,94
レオ3世, 教皇　Leo III ………… 120～125,128,133,140,153,213,216,347
レオ4世, 教皇　Leo IV ………… 125,128,136～139,141
レオ7世, 教皇　Leo VII ………… 165
レオ8世, 教皇　Leo VIII ………… 148
レオ9世, 教皇　Leo IX ………… 151,170,172～174,179,181,183,184,187,189,191,192,197,214,348
レオ10世, 教皇　Leo X ………… 314,315,319,320,323,324,331,338～340,351
レオ13世, 教皇　Leo XIII ………… 3
レオン（王国）　León ………… 53,105,106,119,168,190,191,282
レオン3世, ビザンツ皇帝　Leo III ………… 80,105,109,113,123
レッカレッド, 西ゴート王　Rekkared ………… 96,98
レニャーノの戦い（1176年）　Schlacht bei Legnano ………… 202
レヒフェルトの戦い（955年）　Schlacht auf dem Lechfeld ………… 144
レランス　Lérins ………… 61
ロダス　Rodas ………… 167
ロタリ, ランゴバルド王　Rothari ………… 73
ロタール, フランク王／皇帝　Lothar I ………… 125～127,134,137
ロタール2世の婚姻の協議　Ehehandels Lothars II ………… 135
ロッジア　Loggia ………… 312
ローディの和約（1454年）　Friede von Lodi (1454) ………… 329
ロドリーゴ・ボルジア, 文書局長代理　Rodtrigo Borgia …… 334　→アレクサンデル6世（教皇）

ロベール，フランス王　Robert II ……… 165,167
ロベール・クールソン　Robert Courçon ……… 228
ローマ教会会議　Synode von Rom ………59,174,175,178
ローマ兄弟団　fraternitas Romana ………108,117,118
ローマ劫掠　Sacco di Roma……… 324,342
ローマ式典礼書　Ordines Romani ……… 91
ローマ人のパトリキウス　patricius Romanorum………108,117,118
ローマ帝国の刷新　renovatio imperii Romanorum ……… 149
ローマに属するイタリア　Italia suburbiana ………56,57,59,65,70,71
ローマの定め（824年）　Constitutio Romana (824) ……… 126
ロレンツォ・ヴァッラ　Lorenzo Valla ………316,317,327
ロレンツォ・デ・メディチ　Lorenzo de' Medici ……… 319
ロンバルディアの貧者　Lombardische Armen ……… 241

図書など書名

『アウスクルタ・フィリイ』　Ausculta filii……… 254
『アエネイス』　Aeneis ……… 316
『アド・アボレンダム』（1184）　Ad abolendam ……… 200,241
『ヴェネラビレム』（1202）　Venerabilem ……… 229,235
『ウェルゲンティス・イン・セニウム』（1199）　Vergentis in senium ……… 241
『ウナム・サンクタム』　Unam sanctam ……… 216,234,235,254,326
『エクスイット・クイ・セミナート』　Exiit qui seminat ……… 251,277
『エクス・デビト』（1316）　Ex debito (1316) ………265,266,272
『エクストラヴァガンテス』　Extravagantes ……… 214,215
『エクセクラビリス』（ピウス2世）　Execrabilis ……… 265,272
『エクセクラビリス』（ヨハネス22世）　Execrabilis ……… 332
『偽イシドルス教令集』　Pseudo-Isidorischen Dekretalen ……… 134,135,136,177,182,214,352
『偽クレメンス文書』　Pseudo-Klementinen ……… 39,68
『教会編年誌』　Annales ecclesiastici ……… 143,144
『教皇教書』　Dictatus papae……… 177,182
『教皇叙任制限法』（1351）　Statute of Provisors……… 272
『教皇尊信罪法』（1353）　Statute of Praemunire ……… 272
『教皇令集』（1234）　Liber extra ……… 236,237
『教皇列伝』　Liber pontificalis ……… 46,57,70,71,86,115,123,136～138,140,142,211,346
『グラティアーヌス教令集』　Decretum Gratiani ……… 214
『クレメンス集成』（1317）　Klementinen ……… 236,273
『クレメンスのコリントの信徒への手紙』／『クレメンスの手紙』　Klementsbrief …… 11,12,21
『クレリキス・ライコス』　Clericis laicos ………253,254,269
『皇帝の権力についての小論』　Libellus de imperatoria potestate……… 155
『コンスタンティヌスの寄進状』　Constitutum Constantini ………109,113,114,135,154,157,
158,177,181,192,207,212,226,318
『七部法典』　Siete Partidas ……… 232,236
『上納金の書』　Liber censuum……… 209
『スペル・カテドラム』（1300）　Super cathedram ……… 243

『聖職売買者駁論』 Adversus simoniacos libri tres ……………… 174,175
『第一集成』 Compilatio prima ……………… 215
『第三集成』（1210） Compilatio tertia (1210) ……………… 236
『第五集成』（1226） Compilatio quinta (1226) ……………… 236
『第六書』（1298） Liber sextus ……………… 250
『ディオニシウス・ハドリアナ』 Dionysio-Hadriana ……………… 133
『帝政論』 Monarchia ……………… 273
『デウム・ティメ』 Deum time ……………… 254
『ドイツにおける教会の嘆き』（1338） Planctus ecclesiae in Germania (1338) ……………… 275
『ハエク・サンクタ』 Haec sancta ……………… 294,306,323
『パストラリス・クラ』 Pastoralis cura ……………… 273
『パストル・アエテルヌス』 Pastor aeternus ……………… 334
『フルダ年代記』 Annales Fuldenses ……………… 141
『フレクェンス』 Frequens ……………… 297,306,323
『ペル・ヴェネラビレム』 Per venerabilem ……………… 235
『マクデブルク教会史』 Magdeburger Centurionen ……………… 143
『矛盾教会法令調和集』 Concordia discordantium canonum ……………… 214
『ユディケース目録』 Richterliste ……………… 155,157
『ラエテントゥル・コエリ』 Laetentur coeli ……………… 298
『リブリ・カロリ』 Libri Karoli ……………… 120
『レオ四世の奇跡』 Wunder Leos IV ……………… 318
『ローマ教皇について』 De Romano pontifice ……………… 179
『ローマ・ドイツ儀典書』 Pontificale Romano Germanicum ……………… 152
『ロマニ・プリンキペス』 Romani principes ……………… 273
『ローマ編年誌』 Annales Romani ……………… 194
『ローマ法大全』 Corpus iuris civilis ……………… 75

文 献 目 録

本書はドイツ語圏の読者を対象にしているため，以下では第一にドイツ語による著作が記載される。それ以外の言語の著作は，各章でとくに重要であるものが記載される。刊行年の古い論文や史料の多くは記載を断念したが，本文中で言及したものは記載している。新しい刊行物については，毎年，『教皇史研究 (Archivum Historiae Pontificae)』[1963年以降，ローマで刊行] に掲載される膨大な文献目録に詳しい（作成者:エルケ・ゲッツ）

雑誌の省略記号

ADipl = Archiv für Diplomatik
AHC = Annuarium Historiae Conciliorum
AHPont = Archivum Historiae Pontificiae
AKG = Archiv für Kulturgeschichte
ALitKG = Archiv für Literatur- und Kirchengeschichte
ASR = Archivio della (reale) società (zeitweise: deputazione) romana di storia patria
AUF = Archiv für Urkundenforschung
AZ = Archivalische Zeitschrift
BasZG = Basler Zeitschrift für Geschichte
BiblChart = Bibliothèque de l'École des Chartes
BIHBelgR = Bulletin de l'Institut Historique Belge de Rome
BISI = Bullettino del istituto storico italiano per il medioevo e archivio Muratoriano
BZ = Byzantinische Zeitschrift
CArch = Cahiers d'archéologie
CatHR = Catholic Historical Review
DA = Deutsches Archiv für Erforschung des Mittelalters
DumbOaP = Dumbarton Oaks Papers
EHR = English Historical Review
EL = Ephemerides lirurgicae
EphlurCan = Ephemerides Iuris Canonici
EphThLov = Ephemerides Theologicae Lovanienses
FrühmSt = Frühmittelalterliche Studien
GWU = Geschichte in Wissenschaft und Unterricht
HJb = Historisches Jahrbuch
HZ = Historische Zeitschrift
JEH = Journal of Ecclesiastical History
JMedH = Journal of Medieval History
MélArchH = Mélanges d'archéologie et d'histoire (später: Mélanges de L'École française de Rome. Moyen-Âge)
MIÖG = Mitteilungen des Österreichischen Instituts für Geschichtsforschung
MNedHIR = Mededelingen van het Nederlands Historisch Instituut te Rome

OrChrPer = Oriens Christianus Periodica
OstkSt = Ostkirchliche Studien
QFIAB = Quellen und Forschungen aus italienischen Archiven und Bibliotheken
RDCan = Revue de droit canonique
RHEglF = Revue d'histoire de l'église de France
RHM = Römische Historische Mitteilungen
RömJbKG = Römisches Jahrbuch für Kunstgeschichte
RQ = Römische Quartalschrift für christliche Altertumskunde
RSChlt = Rivista di storia della chiesa in Italia
RSLetRel = Rivista di storia e letteratura religiosa
SrudGreg = Studi Gregoriani
ThPQ = Theologisch-praktische Quartalsschrift
TransHSoc = Transactions of the Historical Society
VSWG = Vierteljahrsschrift für Sozial - und Wirtschaftsgeschichte
ZAachenG = Zeitschrift des Aachener Geschichtsvereins
ZBLG = Zeitschrift für bayerische Landesgeschichte
ZHF = Zeitschrift für historische Forschung
ZKG = Zeitschrift für Kirchengeschichte
ZNW = Zeitschrift für neutestamentliche Wissenschaft
ZRGKA = Zeitschrift für Rechtsgeschichte. Kanonistische Abteilung
ZThK = Zeitschrift für Theologie und Kirche

I. 概説

1. 概説的叙述

Angenendt, A., Das Frühmittelalter. Die abendländische Christenheit von 400 bis 900, Stuttgart 1990.
———, Grundformen der Frömmigkeit im Mittelalter, München 2003.
Borgolte, M. (Hg.), Das europäische Mittelalter im Spannungsbogen des Vergleiches.Berlin 2001.
———, Europa entdeckt seine Vielfalt 1050–1250, Stuttgart 2002.
Die Geschichte des Christentums. Religion-Politik-Kultur, 14 Bde., deutsche Ausgabe hg. v. N. Brox u. a., Freiburg i. Br. 1991 ff.
Erkens, F.-R.(Hg.), Die Sakralität von Herrschaft. Herrschaftslegitimierung im Wechsel der Zeiten und Räume, Berlin 2002.
——— (Hg.), Von Sacerdotium und Regnum. Geistliche und weltliche Gewalt im frühen und hohen Mittelalter, Festschr, Egon Boshof, Köln 2002.
———, Herrschersakralität im Mittelalter. Von den Anfängen bis zum Investiturstreit, Stuttgart 2006.
Fliche, A. - Martin, V. (Hgg.), Histoire de l'Église depuis les origines jusqu'à nos jours I–XVI, Paris 1934 ff.

Frank, K. S., Grundzüge der Geschichte der Alten Kirche, Darmstadt 1984.
Geschichte der Konzilien. Vom Nicaenum bis zum Vaticanum II, hg. v. G. Alberigo, Düsseldorf 1993.
Goez, W., Grundzüge der Geschichte Italiens in Mittelalter und Renaissance, Darmstadt 1975.
Goez, E., Papsttum und Kaisertum im Mittelalter, Darmstadt 2009.
Greschat, M. (Hg.), Alte Kirche, 2 Bde., Stuttgart 1984.
I Giubilei nella storia della chiesa, Città del Vaticano 2001.
Hack, A. Th., Das Empfangszeremoniell bei mittelalterlichen Papst-Kaiser-Treffen, Köln 1999.
Hartmann, L. M., Geschichte Italiens im Mittelalter, 4 Bde. in 6, Gotha 1897–1908 (bis Anf. 11. Jh.).
Heilig - Römisch - Deutsch. Das Reich im mittelalterlichen Europa, hg. v. B. Schneidmüller - St. Weinfurter, Dresden 2006.
Heiliges Römisches Reich Deutscher Nation 962–1806. Von Otto dem Großen bis zum Ausgang des Mittelalters, hg. v. M. Puhle - C.-P. Hasse, 2 Bde., Dresden 2006.
Hoensch, J. K., Die Luxemburger. Eine spätmittelalterliche Dynastie gesamteuropäischer Bedeutung 1308–1437, Stuttgart 2000.
Jedin, H. (Hg.), Handbuch der Kirchengeschichte I–IV, Freiburg 1962–75 (ausführliche Literaturangaben).
Kaufhold, M. (Hg.), Politische Reflexion in der Welt des späten Mittelalters, Essays in honour of Jürgen Miethke, Leiden 2004.
L'Église de France et la Papauté (Xe–XIIIe siècle), Bonn 1993.
Lilie, R.-J., Byzanz. Kaiser und Reich, Köln/Weimar/Wien 1994.
Maleczek, W. (Hg.), Fragen der politischen Integration im mittelalterlichen Europa, Ostfildern 2005.
Mayer, H. E., Geschichte der Kreuzzüge, Stuttgart 1965.
McGinn, B. - Meyendorff, J. - Leclercq, J., Geschichte der christlichen Spiritualität I : Von den Anfängen bis zum 12. Jahrhundert, Würzburg 1993.
Miethke, J., Kaiser und Papst im späten Mittelalter. Die beiden Universalgewalten im Kampf um die Vorherrschaft (im Druck).
Mitterauer, Michael, Warum Europa? Mittelalterliche Grundlagen eines Sonderwegs, München 2003.
North, M., Europa expandiert 1250–1500, Stuttgart 2007.
Ökumenische Kirchengeschichte, hg. v. B. Moeller, Bd. 1: Von den Anfängen bis zum Mittelalter, Darmstadt 2006.
Padberg, L. E. v., Die Christianisierung Europas im Mittelalter, Stuttgart 1998.
Paravicini Bagliani, A., Il corpo del Papa, Torino 1994.
Pitz, E., Die griechisch-römische Ökumene und die drei Kulturen des Mittelalters. Geschichte des mediterranen Weltteils zwischen Atlantik und Indischem Ozean 270–812, Berlin 2001.
Politik und Heiligenverehrung im Hochmittelalter, hg. v. J. Petersohn (VuF 42), Sigmaringen 1994.
Reinhardt, V., Geschichte Italiens. Von der Spätantike bis zur Gegenwart, München 2003.

Schieder, Th. (Hg.), Handbuch der europäischen Geschichte I, Stuttgart 1976 (bis Mitte 11. Jh.).
Schmaus, M., u. a. (Hgg.), Handbuch der Dogmengeschichte III 3 : Die Lehre von der Kirche, 4 Faszikel, Freiburg/Basel/Wien 1970–74.
Schmidt, H.-J., Kirche, Staat, Nation. Raumgliederung der Kirche im mittelalterlichen Europa, Weimar 1999.
Schneidmüller, B., Die Kaiser des Mittelalters. Von Karl dem Großen bis Maximilian I., München 2006.
Schneidmüller, B. - Weinfurter, St. (Hgg.), Die deutschen Herrscher des Mittelalters. Historische Portaits von Heinrich I. bis Maximilian I., München 2003.
Schmugge, Ludwig, Kirche, Kinder und Karrieren. Päpstliche Dispense von der unehelichen Geburt im Spätmittelalter, Zürich 1995.
Schramm, P. E., Sacerdotium und regnum im Austausch ihrer Vorrechte, in: Studie Gregoriani 2, 1947, S. 403–457.
Schreiner, P., Byzanz, 2. überarb. Aufl. München 1994.
Schuchard, Chr., Die päpstlichen Kollektoren im späten Mittelalter, Tübingen 2000.
Schwinges, R. C. - Hesse, Chr. - Moraw, P. (Hgg.), Europa im späten Mittelalter. Politik, Gesellschaft, Kultur, München 2006.
Segl, Peter, Europas Grundlegung im Mittelalter, in : Europa - aber was ist es? Hg. v. J. A. Schlumberger - P. Segl, Köln/Weimar/Wien 1994, S. 21–43.
Seibt, Ferdinand, Die Begründung Europas. Ein Zwischenbericht über die letzten tausend Jahre, Frankfurt am Main 2003.
Storia dei Concili, hg. v. R. Aubert - G. Fedalto - D. Quaglioni, Milano 1995.
Tellenbach, G., Die wesentliche Kirche vom 10. bis zum frühen 12. Jahrhundert, Göttingen 1988.
Wickham, Ch., Early Medieval Italy. Central Power and Local Society 400–1000, London/ Basingstoke 1981.

2. 教皇史

Barraclough, G., The Medieval Papacy, London 1968. [『中世教皇史』ジェフリー・バラクロウ（藤崎衛訳），八坂書房，2012 年]
Borgolte, M., Petrusnachfolge und Kaiserimitation. Die Grablegen der Päpste, ihre Genese und Traditionsbildung, Göttingen 1989.
Caspar, E., Geschichte des Papsttums 2 Bde., Tübingen 1930–33 (bis Mitte 8. Jh.) (bischer unübertroffen)
Fink, K. A., Papsttum und Kirche im abendländischen Mittelalter, München 1981.
Franzen, A., R. Bäumer, Papstgeschichte. Das Petrusamt in seiner Idee und in seiner geschichtlichen Verwirklichung in der Kirche, Freiburg 1974.
Fuhrmann, H., Von Petrus zu Johannes Paul II. Das Papsttum : Gestalt und Gestalten, München 1980.
Fuhrmann, H., „Der wahre Kaiser ist der Papst.“ Von der irdischen Gewalt im Mittelalter, in : Das antike Rom in Europa, Regensburg 1985, S. 99–121.

Fuhrmann, H., Papstgeschichtsschreibung, in : Geschichte und Geschichtswissenschaft in der Kultur Italiens und Deutschlands, hg. v. A. Esch u. J. Petersen, Tübingen 1989, S. 141–91.

Gardner, F., The Tomb and the Tiara. Curial Tomb Sculpture in Rome and Avignon in the Later Middle Ages, Oxford 1992.

Greschat, M. (Hg.), Das Papsttum, 2 Bde., Stuttgart 1985.

Haendler, G., Die Rolle des Papsttum, in der Kirche bis 1200. Ein Überblick und achtzehn Untersuchungen, Göttingen 1993.

Haidacher, A., Geschichte der Päpste in Bildern. Mit einem geschichtlichen Überblick von J. Wodka. Eine Dokumentation zur Papstgeschichte von L. Frhr. von Pastor, Heidelberg 1965.

Haller, J., Das Papsttum. Idee und Wirklichkeit, 5 Bde., 2. Aufl., Stuttgart 1950–53 (bis Anf. 14. Jh.).

Hartmann, W. - Herbers, K., Die Faszination der Papstgeschichte, Köln/Weimar/Wien 2008.

Hergemöller, B.-U., Die Geschichte der Papstnamen, Münster 1980 (bes. ab 10. Jh.).

Kelly, I. N. D., The Oxford Dictionary of Popes, Oxford 1986 (deutsch: Reclams Lexikon der Päpste, Stuttgart 1988).

Levillain, Ph. (Hg.), Dictionnaire historique de la papauté, Paris 1994.

Lexikon der Päpste und des Papsttums, Freiburg/Basel/Wien 2001.

Mikat, P., Papst, Papsttum, in: Handwörterbuch zur deutschen Rechtsgeschichte, 22. Lieferung, Berlin 1983, Sp. 1435–76.

Niehues, B., Geschichte des Verhältnisses zwischen Kaisertum und Papsttum im Mittelalter, 2. Aufl. Münster 1877.

Pastor, L. von, Geschichte der Päpste seit dem Ausgang des Mittelalters, Bd. 1–5 (ab 1378), Freiburg/Rom, mehrere Auflagen ab 1885 ff.

Ryan, Ch. (Hg.), The Religious Roles of the Papacy: Ideals and Realities, 1150–1330, Toronto 1989.

Seppelt, F. X., Geschichte der Päpste, Bd. 1–4, meist 2. Auflage, München 1954–57.

Seppelt, F. X. - Schwaiger, G., Geschichte der Päpste von den Anfängen bis zur Gegenwart, München 1964.

Scholz, S., Politik - Selbstverständnis - Selbstdarstellung. Die Päpste in karolingischer und ottonischer Zeit, Stuttgart 2006.

Schwaiger, G., Das Papsttum im Spätmittelalter und in der Renaissance (1294–1534), München 1957.

Shotwell, J. T. - Loomis, L. R., The See of Peter, New York 1991.

Ullmann, W., Kurze Geschichte des Papsttums im Mittelalter, Berlin 1978.

Wucher, A., Die Päpste. Ihre Geschichte von den Anfängen bis zur Gegenwart. Freiburg/Basel/Wien 2000.

Zimmermann, H., Das Papsttum im Mittelalter. Eine Papstgeschichte im Spiegel der Historiographie, Stuttgart 1981.

3. 教会の制度と統治

Alberigo, G., Cardinalato e collegialità. Studi sull'ecclesiologia tra l' XI e il XIV secolo, Florenz 1969.

Andrieu, M., La carriere ecclésiastique des papes et les documents liturgiques du Moyen Âge (Rev. des Sciences relig. 21), 1947, S. 89–120.

Bauer, Cl., Die Epochen der Papstfinanz (HZ 138), 1928, S. 457–503.

Becker, H. J., Die Appellation vom Papst an ein allgemeines Konzil. Historische Entwicklung und kanonistische Diskussion im späten Mittelalter und in der frühen Neuzeit, Köln 1988.

Benson, R. L., Plenitudo potestatis: Evolution of a Formula from Gregory IV to Gratian (Studia Gratiana 14), 1967, S. 193–218.

Brambilla, E., Alle origini del Sant' Uffizio. Penitenza, confessione e giustizia spirituale dal medioevo al XV secolo, Bologna 2000.

Broderick, I. F., The Sacred College of Cardinals: Size and Geographical Composition (1099–1986) (AHPont 25), 1987, S. 7–71.

Burn-Murdoch, H., Titles of the Roman See (The Church Quarterly Review 159), 1958, S. 237–364.

Conciliarismo, Stati nazionali, inizi dell'Umanesimo, Spoleto 1990.

Congar, Y., Droit ancien et structures ecclésiales, London 1982.

———,Études d'ecclésiologie médiévale, London 1983.

Crises et réformes dans l'Église de la Réforme Grégorienne a la Préréforme, Paris 1991.

Deer, J., Byzanz und das abendländische Herrschertum. Ausgewählte Aufsätze, Sigmaringen 1977.

Delooz, P., Sociologie et canonisations, La Haye 1969.

Duchesne, L. - Vogel, C. (Hgg.), Le Liber Pontificalis, 3 Bde., 2. Aufl. Paris 1955–57.

Dumeige, G. - Bacht, H. (Hgg.), Geschichte der ökumenischen Konzilien I–IX, Mainz 1963–75.

Dvornik, F., The Idea of Apostolicity in Byzantium and the Legend of the Apostle Andrew, Cambridge, MA 1958.

Elm, K. (Hg.), Reformbemühungen und Observanzbestrebungen im spätmittelalterlichen Ordenswegen, Berlin 1989.

Elze, R., Päpste - Kaiser - Könige und die mittelalterliche Herrschaftssymbolik, London 1982.

Eubel, K. (Hg.), Hierarchia catholica I–III, 2. Aufl. Münster 1912 ff. (ab 1198).

Fälschungen im Mittelalter. Internationaler Kongreß der MGH, 6 Bde., Hannover 1988/90.

Frenz, Th., Papsturkunden des Mittelalters und der Neuzeit, Stuttgart 1986.

Fuhrmann, H., Studien zur Geschichte mittelalterlicher Patriarchate (ZRGKA 39), 1953, S. 112–76; (40), 1954, S. 1–84; (41), 1955, S. 95–183.

———, Die Wahl des Papstes - ein geschichtlicher Rückblick (GWU 9), 1958, S. 762–80.

Fürst, C. G., Cardinalis. Prolegomena zu einer Rechtsgeschichte des römischen Kardinalskollegiums, München 1967.

Gatz, E. (Hg.), Römische Kurie. Kirchliche Finanzen. Vatikanisches Archiv. Studien zu Ehren von H. Hoberg, 2 Bde, Rom 1979.

Giusti, M., Studi sui registri di bolle papali, Città del Vaticano 1979.
Goez, W., Translatio Imperii, ein Beitrag zur Geschichte des Geschichtsdenkens und der politischen Theorie im Mittelalter und in der frühen Neuzeit, Tübingen 1958.
Göller, E., Die päpstliche Pönitentiarie von ihrem Ursprung bis zu ihrer Umgestaltung unter Pius V., 2 Bde. in 4, Rom 1907–14.
Gutmann, F., Die Wahlanzeigen der Päpste bis zum Ende der Avignonesischen Zeit, Marburg 1931.
Hefele, C. J. von - Leclerc, H., Histoire des conciles, Bd. 1–8, Paris 1907–17.
Il primato del vescovo di Roma nel primo millennio. Ricerche e testimonianze, Città del Vaticano 1991.
Jaffe, Ph., u. a. (Hgg.), Regesta pontificum Romanorum, 2 Bde., Leipzig 1881–88 (bis 1198).
Jordan, K., Das Eindringen des Lehnswesens in das Rechtsleben der römischen Kurie, Darmstadt 1971.
———, Ausgewählte Aufsätze zur Geschichte des Mittelalters, Stuttgart 1980.
Kempf, F., Die päpstliche Gewalt in der mittelalterlichen Welt, in: Miscellanea Historiae Pontificiae 21, Rom 1959, S. 117–69.
Knabe, L., Die gelasianische Zweigewaltentheorie bis zum Ende des Investiturstreites, Berlin 1936.
Kuttner, S., Cardinalis: The History of a Canonical Concept, in: Ders., The History of Ideas and Doctrines of Canon Law in the Middle Ages, London 1980, Nr. IX.
Ladner, G. B., Die Papstbildnisse des Altertums und des Mittelalters, 3 Bde., Città del Vatican 1941, 1970 u. 1983.
L'Église de France et la papauté (Xe–XIIIe siècle). Die Französische Kirche und das Papstum (10.–13. Jahrhundert), hg. v. R. Grosse, Bonn 1993.
Maccarrone, M., Vicarius Christi. Storia del titolo papale, Rom 1952.
———, Romana Ecclesia, Cathedra Petri, 2 Bde., Rom 1991.
Marchetto, A., „In partem sollicitudinis… non in plenitudinem potestatis.“ Evoluzione di una formula di rapporto Primato–Episcopato, in: Studia in honorem em. card. A. M. Stickler, Rom 1992, S. 269–98.
Melville, G. (Hg.), Institutionen und Geschichte. Theoretische Aspekte und mittelalterliche Befunde, Köln etc. 1992.
Mirbt, C. - Aland, K. (Hgg.), Quellen zur Geschichte des Papsttums und des römischen Katholizismus, 6. Aufl. Tübingen 1967.
Paulus, N., Geschichte des Ablasses im Mittelalter, 3 Bde., Paderborn 1922–23 (ND Darmstadt 2000).
Rabikauskas, P., Die römische Kuriale in der päpstlichen Kanzlei, Rom 1958.
Reinhard, W., Nepotismus. Der Funktionswandel einer papstgeschichtlichen Konstanten (ZKG 86), 1975, S. 145–85.
Richard, I., La Papauté et les missions d'Orient au Moyen Âge, Rom 1977.
Rome et les Églises nationales VIIe–VIIIe siècle, Aix-en-Provence 1991.
Santifaller, L., Saggio di un elenco dei funzionari, impiegati e scrittori della Cancelleria Pontificia dall'inizio all'anno 1099 (BISI 56), 1940, S. 1–473.

Schimmelpfennig, B., Papst- und Bischofswahlen seit dem 12. Jahrhundert, in: Wahlen und Wählen im Mittelalter, hg. v. R. Schneider u. H. Zimmermann, Sigmaringen 1990, S. 173–95.

———, Hugolin von Orvieto als Patriarch. Die lateinischen Patriarchen als Repräsentanten der Universalkirche, in: Hugolin von Orvieto, hg. v. W. Eckermann u. B. U. Hucker, Cloppenburg 1992, S. 109–23.

Schwaiger, G., Päpstlicher Primat und Autorität der allgemeinen Konzilien im Spiegel der Geschichte, München/Paderborn/Wien 1977.

Sieben, H. J., Die Konzilsidee des lateinischen Mittelalters (847–1378), Paderborn 1984.

Spinelli, L., La vacanza della Sede Apostolica della origini al Concilio Tridentino, Mailand 1955.

Tangel, G., Die Teilnehmer an den allgemeinen Konzilien des Mittelalters, Weimar 1932 (ND Darmstadt 1969).

Tangel, M., Die päpstlichen Kanzleiordnungen von 1200–1500, Innsbruck 1894 (ND Aalen 1959).

Tierney, B., Foundation of the Conciliar Theory. The Contribution of the Medieval Canonists from Gratian to the Great Schisms, Cambridge 1955.

———, The Crisis of Church and State, 1050–1300, Englewood Cliffs, NJ 1964.

———, Origins of Papal Infallibility. Sovereignty and Tradition in the Middle Ages, Leiden 1972.

Trexler, R. C., Church and Community, 1200–1600: Studies in the History of Florence and New Spain, Rom 1987.

Ullmann, W., Die Machtstellung des Papsttums im Mittelalter, Graz 1960.

Walther, H. G., Imperiales Königtum, Konziliarismus und Volkssouveränität, München 1976.

Wyduckel, D., Princeps legibus solutus. Eine Untersuchung zur frühmodernen Rechts- und Staatslehre, Berlin 1979.

Zimmermann, H., Papstabsetzungen des Mittelalters, Graz/Wien/Köln 1968.

4. 教会法

Avril, J., L' institution synodale et la législation épiscopale des temps carolingiens au IVe concile du Lateran, in: Revue d'histoire de l'église de France 89, 2003, S. 273–307.

Battelli, G., I notai pubblici di nomina papale nel Ducento. Proposta di una ricerca d'interesse europeo, in: AHP 36, 1998, S. 59–106.

Bertram, M., Vorbonifazianische Extravagantensammlungen, in: ZRG KA 89, 2003, S. 285–322.

Blumenthal, U.-R., The Papacy and Canon Law in the Eleventh-Century Reform, in: The Catholic Historical Review 84, 1998, S. 201–218.

Brys, J., De dispensatione in iure canonico praesertim apud decretistas et decretalistas usque ad medium secular decimum quartum, Brügge/Wetteren 1925.

Clarke, P. D., A Question of Collective Guilt: Popes, Canonists and the Interdict c. 1140-c. 1250, IN: ZRG KA 85, 1999, S. 104–146.

Confetti, M., Les pouvoirs du collège des cardinaux dans les pamphlets de Jacopo et Pietro

Colonna contre Boniface VIII, in: Revue de Droit canonique 53, 2003, S. 337–360.
Cordani, A. S., La politica patrimoniale della Chiesa nella dottrina canonistica tra Due e Trecento. La Lecutura super Sento Decretalium di Guido da Bacio, in: ZRG KA 91, 2005, S. 180–217.
Cushing, K. G., Anselm of Lucca and the Doctrine of Coercion: The Legal Impact of the Schism of 1080?, in: The Catholic Historical Review 81, 1995, S. 353–371.
De Leon, E., La „cognatio spiritualis“ según Graciano (Pontifico Ateneo della Santa Croce 11), Mailand 1996.
Drosbach, G., Das Hospital - eine kirchenrechtliche Institution ? (ca. 1150 – ca. 1350), in: RZG KA 87, 2001, S. 510–522.
Duggan, Ch., Decretals and Creation of „New Law“ in the Twelfth Century. Judges, Judgements, Equity and Law, Aldershot 1998.
Erdö, P., Storia della scienza del diritto canonico. Una introduzione, Roma 1999.
Falkenstein, L., La papauté et les abbayes françaises aux XIe e XIIe siècle. Exemption et protection apostolique, Paris 1997.
Feine, H.-E., Kirchliche Rechtsgeschichte I: Die katholische Kirche, 5. Aufl. Köln/Graz 1972.
Figueira, R. C., The Medieval Papal Legate and His Province: Geographical Limits of Jurisdiction (Apollinaris 61), 1988, S. 817–60.
Fransen, G., Cannes et Quaestiones. Évolution des doctrines et système du droit canonique, 3 Bde., Goldbach 2002.
Friedberg, Ae. (Hg.), Corpus Iuris Canonici, 2 Bde., Leipzig 1879–81.
Fuhrmann, H., Einfluß und Verbreitung der pseudoisidorischen Fälschungen, 3 Bde., Stuttgart 1972–77.
Gagner, S., Studien zur Ideengeschichte der Gesetzgebung, Stockholm/Uppsala/Göteborg 1960.
Gaudemet, J., Les sources du droit de l'Église en Occident du IIe au VIIe siècle, Paris 1985.
Gaudemet, L., La formation du droit canonique médiéval, London 1980.
Gergen, Th., Pratique juridique de la paix trêve de Dieu à partir du concile de Charroux (989–1250). Juristische Praxis der Pax und Treuga Dei ausgehend vom Konzil von Charroux (989–1250), Frankfurt a M. 2004.
Gresser, G., Sanctorum patrum auctoritate - Zum Wandel der Rolle des Papstes im Kirchenrecht auf den päpstlichem Synoden in der Zeit der Gregorianischen Reform, in: ZRG KA 91, 2005., S. 59–73.
Hirschmann, St., Der Fall Heinrichs von Ely - Zur Praxis päpstlicher Delegationsgerichtsbarkeit um die Mitte des 12. Jahrhunderts, in: ZRG KA 89, 2003, S. 612–618 (siehe auch: AfD 47/48, 2001/2, S. 335–342).
Illegitimität im Spätmittelalter, hg. V. L. Schmugge, München 1994.
Ius Canonicum in Oriente et Occidente, Festschr. C. G. Fürst, hg. v. H. Zapp - An. Weiss - St. Korta, Frankfurt am Main 2003.
Izbicki, Th. M., Friars and Jurists. Selected Studies, Goldbach 1997.
Jerouschek, G., „Ne crimina remaneant impunita“. Auf dass Verbrechen nicht ungestraft bleiben: Überlegungen zur Begründung öffentlicher Strafverfolgung im Mittelalter, in:

ZRG KA 89, 2003, S. 323–337.
Kalb, H., Juristischer und theologischer Diskurs und die Entstehung der Kanonistik als Rechtswissenschaft, in: Österreichisches Archiv für Recht und Religion 47, 2000, S. 1–33.
Kéry, L., Non enim homines de occultis, sed de manifestis iudicant. La culpabilité dans le droit de l'Église à l'époche classique, in: Revue de Droit canonique 53, 2003, S. 311–336.
———, Kirchenrechtliche Grundlagen des öffentlichen Strafrechts, in: ZRG KA 91, 2005, S. 128–167.
———, Gottesfurcht und irdische Strafe. Der Beitrag des mittelalterlichen Kirchenrechts zur Entstehung des öffentlichen Strafrechts, Köln 2006.
Kuttner, S., Studies in the History of Medieval Canon Law, London 1990.
Loafers, Chr., Machtpolitik und Theologie. Die Päpste und die Frage der conversos in Spanien, in: Römische Historische Mitteilungen 44, 2002, S. 321–338.
Landau, P., Rechtsfortbildung im Dekretalenrecht. Typen und Funktionen der Dekreten des 12. Jahrhunderts, in: ZRG KA 86, 2000, S. 86–131.
Landi, A., Le radici del conciliarismo. Una storia della canonistica medievale alla luce dello sviluppo del primato del papa, 2. ed. riveduta e corretta, Torino 2001.
Le Bras, G. (Hg.), Histoire du Droit et des Institutions de l'Église en Occident, Bd. 1 ff., Paris 1955 ff.
Limmer, J. Konzilien und Synoden im spätantiken Gallien von 314 bis 696 nach Christi Geburt, 2 Teile, Frankfurt am Main 2004.
Liotta, F., I Papi anagnini e lo sviluppo del diritto canonico classico: tratti salienti, in: AHP 36, 1998, S. 33–47.
Maffei, D., La Donazione di Constantino nei giuristi medievali, Mailand 1964.
Makowski, E., Canon Law and Cloistered Women. Periculoso and Its Commentators 1298–1545, Washington D. C. 1997.
Maleczek, W., Die Pieve Casorate im Streit mit der Zisterze Morimondo. Ein Beitrag zur päpstlichen delegierten Gerichtsbarkeit unter Innozenz III., in: MIÖG 105, 1997, S. 361–392.
Marceratini, R., La glossa ordinaria al Decreto di Graziano e la Glossa di Accursio al Codice di Giustiniano: una ricerca sulla status giuridico degli eretici, Trento 2003.
Marchetto, A., Chiesa e Papato nella storia e nel diritto. 25 anni di studi critici, Città del Vaticano 2002.
Medieval Church Law and the Originis of Western Legal Tradition. A Tribute to Kenneth Pennington, ed. by W. P. Müller - M. E. Sommar, Washington, D. C. 2006.
Meyer, Chr. H. F., Die Distinktionstechnik in der Kanonistik des 12. Jahrhunderts. Ein Beitrag zur Wissenschaftsgeschichte des Hochmittelalters, Leuten 2000.
Muldoon, J., Medieval Canon Law and the Formation of International Law, in: ZRG KA 81, 1995, S. 64–82.
Müller, H., Streitwert und Kosten in Prozessen vor dem päpstlichen Gericht - eine Skizze, in: ZRG KA 87, 2001, S. 138–164.
Murauer, R., Hanc penam ecclesia non imponit. Die Behandlung straffällig gewordener Geistlicher durch die Kirche vom Decretum Gratiani bis zum Liber Extra (1140–1234),

in: Römische Historische Mitteilungen 46, 2004, S. 47–76.
Nordic Perspectives on Medieval Canon Law, ed. By M. Korpiola, Saarijärvi 1999. Papato e monachesimo „esente“ nei secoli centrali del Medioevo, a cura di N. D'Acunto, Firenze 2003.
Paravicini Bagliani, A., Bonifacio VIII, la loggia di giustizia al Laterano e i procesi generali di scomunica, in: Rivista di storia della chiesa in Italia 59, 2005, S. 377–428.
Petersmann, J., Die kanonistische Überlieferung des Constitutum Constantini bis zum Dekret Gratians (DA 30), 1974, S. 356–449.
Petersohn, J., Papst Innozenz III. und das Verjährungsrecht der römischen Kirche, Stuttgart 1999.
Pizzoni, A. M., Storia della elezioni pontificie, Casale Montferrato 2003.
Plöchl, W. M., Geschichte des Kirchenrechts, 3 Bde., 2. Aufl. Wien/München 1960–70.
Proceedings of the Ninth International Congress of Medieval Canon Law, ed. by P. Landau - J. Müller, Città del Vaticano 1997.
Proceedings of the Tenth International Congress of Medieval Canon Law, ed. by K. Pennington - St. Chodorow - K. H. Kendall, Città del Vaticano 2001.
Procès de canonisation au Moyen Âge. Aspects juridiques et religieux. Medieval Canonization processes. Legal and religious aspects, sous la direction de G. Klaniczay, Rom 2004.
Rousseau, C. M., Innocent III, Defender of the Innocents and the Law: Children and Papal Policy (1198–1216), in: AHP 32, 1994, S. 31–42.
Saint-Roch, P., La pénitence dans les conciles et les letters des papes des origines à la mort de Grégoire le Grand, Città del Vaticano 1991.
Salonen, K. - Krötzl, Chr. (Hgg.), The Roman Curia, the Apostolic Penitentiary and the partes in the Later Middle Ages, Rom 2003.
Schimmelpfennig, B., Papsttum und Heilige. Kirchenrecht und Zeremoniell, Neuried 2005.
Schulz, K., Bemerkungen zu zwei deutschen Juristen im Umfeld des päpstlichen Hofes in Avignon im 14. Jahrhundert: Johannes Henrici (von Seeland) und Wilhelm Horborch, in: Formen internationaler Beziehung in der Frühen Neuzeit. Frankreich und das Alte Reich im europäischen Staatensystem, Festschr. K. Malettke, hg. v. S. Externbrink - J. Ulbert, Berlin 2001, S. 159–178.
Sieben, H. J., Studien zur Gestalt und Überlieferung der Konzilien, Paderborn 2005.
Sommar, M. E., Hincmar of Reims and the Canon Law of Episcopal Translation, in: The Catholic Historical Review 88, 2002, S. 429–445.
Stickler, A. M., Historia iuris canonici latini, I: Historia fontium, Turin 1950.
Thier, A., Die päpstlichen Register im Spannungsfeld zwischen Rechtswissenschaft und päpstlicher Normsetzung: Innocenz III. und die Compilatio Tertia, in: ZRG KA 88, 2002, S. 44–69.
Ullmann, W., The Church and the Law in the Early Middle Ages, London 1975.
Vacca, S., „Prima Sedes a nomine iudicatur“. Genesi e sviluppo storico dell'assioma fino al Decreto di Graziano, Rom 1993.
Vodola, E., Excommunication in the Middle Ages, Berkeley, CA 1986.
Wekwerth, Andreas, Die Einbeziehung der Subdiakone in die klerikale Enthaltsamkeits-

vorschriften den Westens, in: ZRG KA 89, 2003, S. 56–81.
Winroth, A., The Making of Gratian's Decretum, Cambridge 2000.

5. 典礼

Andrieu, M. (Hg.), Les Ordines Romani du haut moyen âge, 5 Bde., Löwen 1931–61.
———, Les Pontifical romain au moyen-âge, 4 Bde., Città del Vaticano 1938–41.
Baldovin, J. F., The Urban Character of Christian Worship: The Origins, Development, and Meaning of Stational Liturgy, Rom 1987.
Blaauw, S. de, Cultus et decor. Liturgie en architecture in laatantik en middeleeuws Rome. Basilica Salvatoris, Sanctae Mariae, Sancti Petri, Delft 1987.
Cancellieri, F., Storia de' solenni possessi de' Sommi Pontefici da Leone II a Pio VII, Rom 1802.
Dijk, S. J. P. van, J. H. Walker, The Origins of the Modern Roman Liturgy, London 1960.
Duchesne, L., Origines du Culte Chrétien. Étude sur la Liturgie Latine avant Charlemagne, 5. Aufl. Paris 1925.
Dykmans, M. (Hg.), Le cérémonial papal de la fin du moyen âge a la Renaissance, bisher 3 Bde., Brüssel/Rom 1977, 1981 u. 1983.
Eichmann, E., Die Kaiserkrönung im Abendland, 2 Bde., Würzburg 1942.
———, Weihe und Krönung des Papstes im Mittelalter, München 1951.
Grisar, H., Das Missale im Lichte römischer Stadtgeschichte. Stationen, Perikopen, Gebräuche, Freiburg 1925.
Gussone, N., Thron und Inthronisation des Papstes von den Anfängen bis zum 12. Jahrhundert. Zur Beziehung zwischen Herrschaftszeichen und bildhaften Begriffen, Recht und Liturgie im christlichen Verständnis von Wort und Wirklichkeit, Bonn 1978.
Heimpel, H., Königlicher Weihnachtsdienst im späteren Mittelalter (DA 39), 1983, S. 131–206.
Jungmann, J. A., Missarum sollemnia, 2 Bde., 5. Aufl. Wien 1962.
Kirsch, J. P., Die römischen Titelkirchen im Altertum, 2 Bde., Paderborn 1918.
———, Die Stationskirchen des Missale Romanum, Freiburg i. Br. 1926.
Ladner, G. B., Der Ursprung und die mittelalterliche Entwicklung der päpstlichen Tiara, in: Tainia (Festschr. für Roland Hampe), Mainz 1979, S. 449–81.
Maccarrone, M., Die Cathedra Sancti Petri im Hochmittelalter. Vom Symbol des päpstlichen Amtes zum Kultobjekt (RQ 75), 1980, S. 171–207.
Pizzi, L., Unificazione della liturgie in Occidente: frutto della azione del Papato ? Interventi epistolari papali da Anicento (c. 155) a pio V (1570), 2 Teile, Rom 1988.
Powell, J. M., Honorius III's „Sermo in dedicatione ecclesie Letranensis" and the Historical-Liturgical Traditions of the Lateran (AHPont 21), 1983, S. 195–209.
Richter, K., Die Ordination des Bischofs von Rom. Eine Untersuchung zur Weiheliturgie, Münster 1976.
Schimmelpfennig, B., Die Zeremonienbücher der römischen Kurie im Mittelalter, Tübingen 1973.
———, Die Krönung des Papstes im Mittelalter, dargestellt am Beispiel der Krönung Pius' II.

(3. 9. 1458) (QFIAB 54), 1974, S. 192–270.

———, Heilige Päpste - päpstliche Kanonisationspolitik, in: Politik und Heiligenverehrung im Hochmittelalter, hg. V. J. Petersohn, Sigmaringen 1994, S. 73–100.

Träger, J., Der reitende Papst. Ein Beitrag zur Ikonographie des Papsttums, Münster/Zürich 1970.

Vogel, C., Introduction aux sources de l'histoire du culte chrétien au moyen âge, Spoleto 1966.

———, Medieval Liturgy: An Introduction to the Sources, Washington, D. C. 1986.

Wasner, F., De consecratione inthronizatione coronatione Summit Pontificis (Apollinaris 8), 1935, S. 86–125, 249–81, 428–39.

Zoepffel, R., Die Papstwahlen und die mit ihnen im nächsten Zusammenhang stehenden Ceremonien in ihrer Entwicklung vom 11. bis zum 14. Jahrhundert, Göttingen 1872.

6. ローマと教皇領

Arnaldi, G., Le origini dello Stato della Chiesa, Turin 1987.

Arnaldi, G., u. a., Comuni e signorie nell'Italia nordorientale e centrale: Lazio, Umbria e Marche, Lucca, Turin 1987.

Benzinger, J., Inventiva in Romam. Romkritik im Mittelalter vom 9. bis zum 12. Jahrhundert, Lübeck/Hamburg 1968.

Bizanzio, Roma e l'Italia nell'Alto Medioevo, 2 Bde., Spoleto 1988.

Caravale, M., A. Caracciolo, Lo Stato pontificio da Martino V a Pio IX, Turin 1978.

Claussen, P. C., Magistri doctissimi Romani. Die römischen Marmorkünstler des Mittelalters, Stuttgart 1987.

Die mittelalterlichen Grabmäler in Rom und Latium vom 13. bis zum 15. Jahrhundert, I.: Die Grabplatten und Tafeln, hg. v. J. Garms, Rom/Wien 1981.

Duchesne, L., Scripta minora. Études de topographie romaine et de géographie ecclésiastique, Rom 1973.

Ferrari, G., Early Roman Monasteries. Notes for the History of the Monasteries and Convents at Rome form the V through the X Century, Città del Vaticano 1957.

Geertman, H., More veterum. Il Liber Pontificalis e gli edefici ecclesiastici di Roma nella tarda antichità e nell'alto medioevo, Groningen 1975.

Graf, A., Roma nella memoria e nelle immaginazioni del medioevo, 2 Bde., Turin 1881–82.

Gregorovius, F., Geschichte der Stadt Rom im Mittelalter, neu hg. v. W. Kampf, 3 Bde., Darmstadt 1953–57 u. ö.

Halphen, L., Études sur l'administration de Rome au moyen âge (751–1252), Paris 1907 (ND Rom 1972).

Herklotz, I., „Sepulcra" e „monumenta" del Medioevo. Studi sull'arte sepocrale in Italia, Rom 1985.

———, Der Campus Lateranensis im Mittelalter (RömJbKG 22), 1985, S. 1–43.

Hirschfeld, Th., Das Gerichtswesen der Stadt Rom vom 8. bis 12. Jahrhundert wesentlich nach stadtrömische Urkunden (AUF 4), 1912, S. 419–562.

Homo, L., Rome médiévale 476–1420. Histoire, civilisation, vestiges, Paris 1934.

Jérusalem, Rome, Constantinople. L'image et le mythe de la ville au Moyen Âge. Colloque du

Département d'Études médiévales de l'Université de Paris-Sorbonne (Paris IV), 1986.
Krautheimer, R., Rome. Profile of a City, 312–1308, Princeton, NJ 1980. [『ローマ —— ある都市の肖像 312 ～ 1308 年』リチャード・クラウトハイマー（中山典夫訳），中央公論美術出版，2013 年]
———, Three Christian Capitals: Topography and Politics, Berkeley, CA 1983.
La nozione di „romano" tra cittadinanza e universaltà, Neapel 1984.
Lauer, Ph., Le Palais de Latran, Paris 1911.
Lefèvre, R. (Hg.), Cattedrali del Lazio, Rom 1986.
Lori-Sanfilippo, I., I possessi romani di Farfa, Montecassino e Subiaco - secoli IX–XII (ASR 103),
Maddalo, S., In Figura Romae. Immagini di Roma nel libro mediovale, Rom 1990.
Médiévales de l'Université de Paris-Sorbonne (Paris IV), par D. Poirion, Paris 1986.
Partner, P., The Lands of St. Peter: The Papal State in the Middle Ages and the Early Renaissance, London 1972.
Piccioni, E., (Hg.), Roma bibliografica. Trent'anni di bibliografia romana 1959–1988, Rom 1989.
Premoli, B., Ludus carnelevarii. Il carnevale a Roma dal secolo XII al secolo XVI, Rom 1981.
Pressouyre, S., Rome au fil de temps, Boulogne 1973 (Stadtatlas).
Prodi, P., Il sovrano pontefice. Un corpo e due anime: la monarchia papale nella prima età moderna, Bologna 1982.
Redig de Campos, D., I palazzi Vaticani, Bologna 1967.
Reekmans, L., développement topographique de la région du Vatican à la fin de l'Antiquité et au début du Moyen Âge (300–850), in: Mélanges d'arch. et d'hist. de l'art offerts au prof. Jacques Lavalleye, Löwen 1970, S. 197–235.
———, L'implantation monumentale chrétienne dans le paysage urbain de Rome de 300 à 850, in: Actes du XIe Congrès Internat. d'Archéol. Chrétienne, Bd. 2, Rom 1989, S. 861–915.
Rodocanachi, E., Les institutions communales de Rome sous la papauté, Paris 1901.
Rom im hohen Mittelalter. Studien zu den Romvorstellungen und zur Rompolitik vom 10. bis zum 12. Jahrhundert, hg. v. B. Schimmelpfennig u. L. Schmugge, Sigmaringen 1992.
Roma, Constantinopli, Mosca, Neapel 1983.
Rome aux XIIIe et XIVe siècle. Cinque études - Roma nei secoli XIII e XIV. Cinque saggi, hg. v. E. Hubert, Rom 1993.
Sabatini, F., u. a., Il volgare nelle chiese di Roma. Messaggi graffiti, dipinti e incisi dal IX al XVI secolo, Rom 1987.
Saxer, V., L'utilisation par la liturgie de l'espace urbain et suburbain: l'exemple de Rome dans l'Antiquité et le Haut Moyen Âge, in: Actes du XIe Congrès Internat. d'Archéol. Chrétienne, Bd. 2, Rom 1989, S. 917–1033.
Schneider, F., Rom und Romgedanke im Mittelalter. Die geistigen Grundlagen der Renaissance, München 1925 (ND Darmstadt 1959).
Schüler-Piroli, S., Der Petersdom in der Reichsgeschichte, in: Historische Blickpunkte. Festschr. J. Rainer, Innsbruck 1988, S. 629–57.

Sicilia e Italia suburbicaria tra IV e VIII secolo, hg. v. S. Pricoco, Soveria Mannelli 1991.
Skulptur und Grabmal des Spätmittelalters in Rom und Italien, hg. v. J. Garms u. A. M. Romanini, Wien 1990.
Solmi, A. Il senato romano nell'alto medioevo, Rom 1944.
Steinke, Die mittelalterlichen Vatikanpaläste und ihre Kapellen. Baugeschichtliche Untersuchung anhand der schriftlichen Quellen, Città del Vaticano 1984.
Supino Martini, P., Roma e l'area grafica romanesca (secoli X–XII), Alessandria 1987.
Tellenbach, G., Kaiser, Rom und Renovatio. Ein Beitrag zu einem großen Thema, in: Tradition als historische Kraft, hg. von N. Kamp/J. Wollasch, Berlin/New York 1982, S. 231–53.
Toubert, P., Les structures du Latium médiéval. Le Latium méridional et la Sabine du IXe siècle à la fin du XIIIe siècle, 2 Bde., Rom 1973.
Valentini, R., - Zucchetti, R. (Hgg.), Codice topografico della Città di Roma, 4 Bde., Rom 1940–53.
Vielliard, R., Recherches sur les origines de la Rome Chrétienne, Mâcon 1942 (ND Rom 1959).
Voci, A. M., Nord o Sud? Note per la storia del medioevale Palatium Apostolicum apud Sanctum Petrum e delle sue cappelle, Città del Vaticano 1992.
Wolf, G., Sales Populi Romani. Die Geschichte römischer Kultbilder im Mittelalter, Weinheim 1990.

II. 個々の章の文献

一章　コンスタンティヌス大帝期までのローマのキリスト教信徒共同体

Andresen, C., Die Kirchen der alten Christenheit, Stuttgart 1971.
Apollonj Ghetti, B. M., u. a., Esplorazioni sotto la confessione di S. Pietro in Vaticano, Città del Vaticano 1951.
Balboni, D., Anecdota archaeologica, II. Studi petrini e paolini e studi di agiografia e di archeologia cristiana, Città del Vaticano 1986.
Bauer, W., Rechtgläubigkeit und Ketzerei im ältesten Christentum, 2. Aufl. Tübingen 1964.
Benko, S., Pagan Rome and the Early Christians, Bloomington, IN/London 1984.
Blum, G. G., Tradition und Sukzession. Studien zum Normbegriff des Apostolischen von Paulus bis Irenäus, Berlin/Hamburg 1963.
———, Apostolische Tradition und Sukzession bel Hippolyt (ZNW 55), 1964, S. 95–116.
Brown, P., The Cult of the Saints, London 1981.
Campenhausen, H. Frhr. von, Kirchliches Amt und geistliche Vollmacht in den ersten drei Jahrhunderten, 2. Aufl. Tübingen 1963.
Colson, J., Klemens von Rom, Stuttgart 1962.
Fink, J., Die Ausgrabungen unter St. Peter in Rom und die Frühgeschichte des Petrusgrabes (RHM 26), 1984, S. 57–98.
Frend, W. H. C., The Rise of Christianity, Philadelphia, PA 1984.
Gaudemet, J., La décision de Callixte en matière de mariage, in: Studi in onore di Udo Enrico Paoli, Florenz 1956, S. 333–44.

Grant, R. M., Christen als Bürger im Römischen Reich, Göttingen 1981.
Grimm, B., Untersuchungen zur sozialen Stellung der frühen Christen in der römischen Gesellschaft, Diss. München 1975.
Henneke, G., Kallist von Rom. Ein Beitrag zur Soziologie der römischen Gemeinde (ZNW 58), 1967, S. 102–121.
Hofmann, P. J., Die amtliche Stellung der in der ältesten römischen Bischofsliste überlieferten Männer in der Kirche von Rom (HJb 109), 1989, S. 1–23.
Keresztes, P., Imperial Rome and the Christians, 2 Bde., Boston, MA 1989.
Kessler, H. B., The Meeting of Peter and Paul in Rome: An Emblematic Narrative of Spiritual Brotherhood (DumbOaP 41), 1987, S. 265–75.
Kriegsbaum, B., Die Religionspolitik des Kaisers Maxentius (AHPont 30), 1992, S. 7–54.
Künzle, P., Sull' autenticità delle ossa ascritte recentemente a. S. Pietro (RSChIt 21), 1967, S. 454–60.
Lampe, P., Die stadtrömischen Christen in den ersten beiden Jahrhunderten. Untersuchungen zur Sozialgeschichte, Tübingen 2 1989.
Ludwig, J., Die Primatworte Mt 16, 18, 19 in der altchristlichen Exegese, Münster 1952.
Maccarrone, M., Apostolicità, episcopato e primato di Pietro. Ricerche e testimonianze dal II al V secolo, Rom 1976.
———, Il pellegrinaggio a San Pietro e il giubileo del 1300, p. I (RSChIt 34), 1980, S. 363–429.
MacMullen, R., Christianizing the Roman Empire. A. D. 100–400, New Haven/London 1984.
Marschall, W., Karthago und Rom. Die Stellung der nordafrikanischen Kirche zum apostolischen Stuhl in Rom, Stuttgart 1971.
Molthagen, J., Der römische Staat und die Christen im zweiten und dritten Jahrhundert, Göttingen 1970.
Nuove ricerche su Ippolito, Rom 1989.
Pesch, R., Simon-Petrus († 67). Geschichte und geschichtliche Bedeutung des ersten Jüngers Jesu Christi, Stuttgart 1980.
Ricci, C., Alle origini della comunità cristiana a Roma i la presenza femminile (Studi Romani 40), 1992, S. 245–54.
Saulnier, C., La persécution des chrétiens et la théologie du pouvoir à Rome (Ie–IVe s.) (Rev. des Sciences Relig. 58), 1984, S. 251–79.
Schultze, B., Epiphanius über Petrus (AHPont 17), 1979, S. 7–68.
Smith, T. V., Petrine Controversies in Early Christianity: Attitudes towards Peter in Christian Writings of the First Two Centuries, Tübingen 1985.
Stockmeier, P., Glaube und Religion in der frühen Kirche, Freiburg 1973.
Strand, K. A., Church Organisation in First-Century Rome: A New Look at the Basic Data (Andrew University Seminary Studies 29), Berriens Spring, MI 1991, S. 139–60.
Toynbee, J. C., J. B. Ward-Perkins, The Shrine of Saint Peter, London/New York/Toronto 1956.
Vogt, H. I., Der Kirchenbegriff des Novatian und die Geschichte seiner Sonderkirche, Bonn

1968.

二章　テオドリック大王没時（526 年）までの教皇とローマ

Alessandrini, A., Teodorico e papa Simmaco durante lo sciama laurenziano (ASR 67),1944, S. 153–207.

Anton, H. H., Kaiserliches Selbstverständnis in der Religionsgesetzgebung der Spätantike und päpstliche Herrschaftsinterpretation im 5. Jahrhundert (ZKG 88), 1977, S. 38–84.

Chantraine, H., Das Schisma von 418/19 und das Eingreifen der kaiserlichen Gewalt in die römische Bischofswahl, in: Alte Geschichte und Wissenschaftsgeschichte. Festschr. K. Christ, Darmstadt, 1988, S. 79–94.

Cottrell, A., „Auctoritas“ und „Potestas“. A Reevaluation of the Correspondence of Gelasius I on Papal-Imperial Relations, in: Mediaeval Studies 55, 1993, S. 95–109.

Ensslin, W., Papst Johannes I. als Gesandter Theoderichs d. Gr. bei Kaiser Justinos, I. (BZ 44), 1951, S. 127–34.

———, Auctoritas und Potestas. Zur Zweigewaltenlehre des Papstes Gelasius I. (BZ 44), 1955, S. 661–68.

Epp, S., Konstantinszyklen in Rom. Die päpstliche Interpretation der Geschichte Konstantins des Großen bis zur Gegenreformation, München 1988.

Folsom, C., The Liturgical Preaching of St. Leo the Great, Diss. Rom (S. Anselmo) 1990.

Fried, J., Zu Herkunft und Entstehungszeit des Constitutum Constantini, in: DA 63, 2007, S. 603–612.

Gaudemet, J., L'église dans l'empire romain, überarb. Auflage: Paris 1990.

Girardet, K. M., Appellatio. Ein Kapitel kirchlicher Rechtsgeschichte in den Kanones des 4. Jahrhunderts (Historia 23), 1974, S. 98–127.

Grisar, H., Geschichte Roms und der Päpste im Mittelalter, I: Rom beim Ausgang der antiken Welt, Freiburg 1901.

Heiler, F., Altkirchliche Autonomie und päpstlicher Zentralismus, München 1941.

Horn, S. O., Die Auseinandersetzungen um die Autorität der Kirche von Konstantinopel am Vorabend des acacianischen Schismas, in: Weisheit Gottes - Weisheit der Welt. Festschr. J. Ratzinger, Bd. 1, St. Ottilien 1987, S. 697–711.

Huskinson, I. M., Concordia Apostolorum: Christian Propaganda at Rome in the Fourth and Fifth Centuries. A study in Early Christian Iconography and Iconology, Oxford 1982.

Joannou, P. P., Die Ostkirche und die Cathedra Petri im 4. Jahrhundert, Stuttgart 1972.

Jones, A. H. M., Church Finance in the Fifth and Sixth Centuries (Journal of Theological Studies N. S. 11), 1960, S. 84–94.

———, The Later Roman Empire 284–602, 2 Bde., Oxford 1964.

Klauser, Th., Der Ursprung der bischöflichen Insignien und Ehrenrechte, 2. Aufl. Krefeld 1953.

Klinkenberg, H. M., Papsttum und Reichskirche bei Leo d. Gr. (ZRGKA 38), 1952, S. 37–112.

Koch, H., Gelasius im kirchenpolitischen Dienst seiner Vorgänger, der Päpste Simplicius (468–483) und Felix III. (483–492), München 1935.

Koeniger, A. M., Prima sedes a nemine iudicatur, in: Beiträge zur Geschichte des christlichen Altertums und der byzantinischen Literatur. Festgabe A. Ehrhard, Bonn 1922, S. 273–300.

Kriegsbaum, B., Afrikanische Autonomie und römischer Primat. Kanon 8 der römischen Synode von 386 und seine Geltung in Afrika, in: Aus Kirche und Reich. Festschr. Fr. Kempf, Sigmaringen 1983, S. 11–21.

Lippold, A., Ursinus und Damasus (Historia 14), 1965, S. 105–128.

Llewellyn, P., The Names of the Roman Clergy, 401–1046 (RSChIt 35), 1981, S. 355–70.

Löwe, H., Theoderich, d. Gr. und Papst Johannes I. (HJb 72), 1953, S. 83–100.

Matthews, J., Western Aristocracies and Imperial Court, 364–425, Oxford 1975.

McShane, Ph. A., La romanitas et le pape Léon le Grand. L'apport culturel des institutions imperiales à la formation des structures ecclesiastique, Tournai 1979.

Meyendorff, J., Imperial Unity and Christian Division. The Church 450–680 A. D., Crestwood, NY 1989.

Peri, V., Concilium plenum et generale. La prima attestazione dei criter tradizionali dell'ecumenicità (AHC 15), 1983, S. 41–78.

Pietri, Ch., Le sénat, le peuple chrétien et les partis du cirque a Rome sous le Pape Symmaque (498–514) (MelArchH 78), 1966, S. 123–139.

———, Roma Christiana. Recherches sur l'Église de Rome, sa organisation, sa politique, sa idéologie de Miltiade a Sixte III, 311–440, Rom 1976.

Pohlkamp, W., Kaiser Konstantin, der heidnische und der christliche Kult in den Actus Silvestri (FrühmSt 18), 1984, S. 357–400.

———, Textfassungen, literarische Formen und geschichtliche Funktionen der römischen Silvester-Akten (Francia 19, 1) 1992, S. 115–96.

Saecularia Damasiana. Atti del Convegno intern. per il XVI centenario della morte di papa Damaso I, Rom 1984.

Salzmann, M. R., On Roman Time. The Codex-Calendar of 354 and the Rhythmus of Urban Life in Late Antiquity, Berkeley, CA 1990.

Stockmeier, P., Leos I. d. Gr. Beurteilung der kaiserlichen Religionspolitik, München 1959.

Sugano, K., Das Rombild des Hieronymus, Frankfurt, a. M. 1983.

Susman, F., Il Culto di S. Pietro a Roma dalla morte di Leone Magno a Vitaliano (461–672) (ASR 84), 1961, S. 1–192.

Ultmann, W., Der Grundsatz der Arbeitsteilung bei Gelasius I. (HJb 97–98), 1979, S. 41–70.

———, Gelasius I. (492–496). Das Papsttum an der Wende der Spätantike zum Mittelalter, Stuttgart 1981.

Ulrich, J., Das Konzil von Turin. Zu Datierung und historischer Bedeutung, in: Bonner Jbb. 197, 1997, S. 91–124.

Verrando, G. N., Liberio - Felice. Osservazioni e rettifiche di carattere storicoagiografico, (RSChIt 35), 1981, S. 91–125.

Vogel, C., Le „Liber Pontificalis" dans l'édition de Louis Duchesne, in: Monseigneur Duchesne et son temps, Rom 1972, S. 99–127.

Vries, W. de, Die Struktur der Kirche gemäß dem Konzil von Ephesos (431) (AHC 2), 1970, S.

22–55.
———, Rom und die Patriarchate des Ostens, Freiburg/München 1963.
Wermelinger, O., Rom und Pelagius. Die theologische Position der römischen Bischöfe im pelagianischen Streit in den Jahren 411–432, Stuttgart 1975.
Westenburger, G., Der Symmachusprozeß von 501. Kirchenkrise und Papstdoktrin, Tübingen 1939.
Wojtowytsch, M., Papstuum und Konzile von den Anfängen bis zu Leo I. (440–461). Studien zur Entstehung der Überordnung des Papstes über Konzile, Stuttgart 1981.
Wollasch, J., Benedikt von Nursia. Person der Geschichte oder fiktive Idealgestalt? In: StMGBO 118, 2007, S. 7–30.

三章　ビザンツ支配下の教皇権（774 年まで）

Affeldt, W., Untersuchungen zur Königserhebung Pippins. Das Papsttum und die Begründung des karolingischen Königtums im Jahre 751 (FrühmSt 14) 1980, S. 95–187.
Angenendt, A., Das geistliche Bündnis der Päpste mit den Karolingern (754–796) (HJb 100), 1980, S. 1–94.
Anton, H. H., Studien zu den Klosterprivilegien der Päpste im frühen Mittelalter unter besonderer Berücksichtigung der Privilegierung von St. Maurice d'Agaune, Berlin/New York 1975.
Azzara, C., Gregorio Magno, i Longobardi e l'Occidente barbarico. Constanti e peculiarità di un rapporto (BISI 97), 1991, S. 1–74.
———, „Pater vester, clementissimus imperator“. Le relazioni tra i Franchi e Bisanzio nella prospettiva del papato del VI secolo, in: Studi medievali 3° serie, vol. 36, 1995, S. 303–320.
Bavant, B., Le duché byzantin de Rome. Origine, durée et extension géographique (MelArchH 91), 1979, S. 41–88.
Becher, M. - Jarnut, J. (Hgg.), Der Dynastiewechsel von 751. Vorgeschichte, Legitimationsstrategie und Erinnerung, Münster 2004.
Bertolini, O., Scritti scelti di storia medioevale, Livorno 1968.
———, Roma di fronte a Bisanzio e ai Longobardi(= Storia di Roma IX), Bologna 1941. Bertolini, O., Roma e i Longobardi, Rom 1972.
Bock, F., Bemerkungen zu den ältesten Papstregistern und zum „Liber diurnus Romanorum Pontificum“ (AZ 57), 1961, S. 11–51.
Bognetti, G. P., L'età longobarda, 2 Bde., Mailand 1966.
Caspar, E., Pippin und die römische Kirche, Berlin 1914.
Chavasse, A., Aménagementes liturgiques à Rome au VIIe et VIIIe siècle (Revue Benedictine 99), 1989, S. 75–102.
———, Evangéliaire, épistolier, antiphonaire et sacramentaire. Les livres romains de la messe au VIIe et VIIIe siècle (Ecclesia Orans 6), 1989, S. 177–255.
Conte, P., Chiesa e primato nelle lettere dei papi del secolo VII, Mailand 1971.
———, Il significato del primato papale nei padri del VI concilio ecumenico (AH Pont 15), 1977, S. 7–111.

Coste, J., La „Domusculta Sanctae Caesiliae." Méthode et portée d 'une localisation (MélArchH 96), 1984, S. 727–75.

Daileader, P., One Will, One Voice, and Equal Love: Papal Elections and the Liber Pontificalis in the Early Middle Ages (AHPont 31), 1993, S. 11–31.

Delogu, P., u. a., Longobardi e Bizantini (= Storia d'Italia b), Turin 1980.

Dijk, S. J.P. van, Gregory the Great Founder of the Urban Schola Cantorum (EL 77), 1963, S. 335–56.

Drabek, A. M., Die Verträge der fränkischen und deutschen Herrscher mit dem Papsttum von 754 bis 1020, Wien 1976.

Evans, G. R., The Thought of Gregory the Great, Cambridge 1985.

Fischer, E. H., Gregor der Große und Byzanz (ZRGKA 36), 1950, S. 15–144.

Fritze, W. H., Papst und Frankenkönig. Studien zu den päpstlich-fränkischen Rechtsbeziehungen von 754–824, Sigmaringen 1972.

Gessel, W. M., Reform am Haupt. Die Pastoralregel Gregors des Großen und die Besetzung von Bischofsstühlen, in: Papsttum und Kirchenreform. Festschr. G. Schwaiger, St. Ottilien 1990, S. 17–36.

Gibbs, M., The Decrees of Agatho and the Gregorian Plan for York (Speculum 48), 1973, S. 213–46.

Giordano, O., L'invasione longobarda e Gregorio Magno, Bari 1970.

Grégoire le Grand, hg. v. J. Fontaine ..., Paris 1986.

Gregorio Magno e il suo tempo, 2 Bde., Rom 1991.

Grotz, H., Beobachtungen zu den zwei Briefen Papst Gregors II. an Kaiser Leo III. (AHPont 18), 1980, S. 9–40.

———, Weitere Beobachtungen zu den zwei Briefen Papst Gregors II. an Kaiser Leo III. (AHPont 24), 1986, S. 365–75.

Guillou, A., Régionalisme et independance dans l' empire byzantin au VII' siècle. L' exemple de l' exarchat et de la pentapole d'Italie, Rom 1969.

———, F. Burgarella, L'Italia bizantina. Dall'esarcato di Ravenna al tema di Sicilia, Turin 1988.

Hallenbeck, J. T., The Election of Pope Hadrian I (Church History 37), 1968, S. 261–70.

———, Pope Stephen III: Why was he elected? (AHPont 12), 1974, S. 287–99.

———, Paul Afiarta and the Papacy (AHPont 12), 1974, S. 30–54.

———, Instances of Peace in Eighth-Century Lombard-Papal Relations (AH Pont 18), 1980, S. 41–56.

———, Pavia and Rome: The Lombard Monarchy and the Papacy in the Eighth Century, Philadelphia, PA 1982.

I problermi dell' occidente nel secolo VIII, Spoleto 1973.

Jenal, G., Gregor der Große und die Anfänge der Angelsachsenmission, 596–604, in: Angli e Sassoni al di qua e al di là del mare, Bd. 2, Spoleto 1986, S. 793–849.

———, Gregor der Große und die Stadt Rom, 590–604, in: Herrschaft und Kirche. Beiträge zur Entstehung und Wirkungsweise episkopaler und monastischer Organisationsformen, hg. v. F. Prinz, Stuttgart 1988, S. 109–45.

Kreuzer, G., Die Honoriusfrage im Mittelalter und in der Neuzeit, Stuttgart 1975.
Le chiese nei regni dell'Europa occidentale e i loro rapporti con Roma sino all' 800, Spoleto 1960.
Llewellyn, P., Rome in the Dark Ages, New York 1971.
Losenno, N. L., Il Pontefice come „servus servorum Dei" nel „Registrum" di San Gregorio Magno, Diss. Univ. S. Cuore, Mailand 1961.
Magi, L., La Sede Romana nella corrispondenza degli imperatori e patriarchi bizantini (VI–VII sec.), Löwen/Rom 1972.
Marazzi, F., Il conflitto fra Leone III Isaurico e il papa to fra il 725 e il 733, e il „definitivo" inizio del medioevo a Roma: un' ipotesi in discussione (Papers of the British School at Rome 59), 1991, S. 231–57.
Meyendorff, J., Justinian, the Empire and the Church (DumbOaP 22), 1968, S. 43–60.
Michels, H., Zur Echtheit der Briefe Papst Gregors II. an Kaiser Leon III. (ZKG 99), 1988, S. 376–91.
Miller, D. H., Papal-Lombard Relations during the Pontificate of Pope Paul I: The Attainment of an Equilibrium of Power in Italy, 756–767 (CatHR 55), 1969/70, S. 358–76.
———, The Roman Revolution of the Eighth Century. A Study of the, Ideological Background of the Papal Separation from Byzantium and Alliance with the Franks (Mediaeval Studies 36), 1974, S. 79–133.
———, Byzantine-Papal Relations during the Pontificate of Paul I: Confirmation and Completion of the Roman Revolution of the Eighth Century (BZ 68), 1975, S. 47–62.
Modesto, J., Gregor der Große. Nachfolger Petri und Universalprimat, St. Ottilien 1989.
Mordek, H., Rom, Byzanz und die Franken im 8. Jahrhundert. Zur Überlieferung und kirchenpolitischen Bedeutung der Synodus Romana Papst Gregors III. vomJahre 732, in: Person und Gemeinschaft im Mittelalter. Festschr. K. Schmid, Sigmaringen 1988, S. 123–56.
Murphy, F. X., P. Sherwood, Konstantinopel II und III, Mainz 1990.
Noble, Th. F. X., The Republic of St. Peter: The Birth of the Papal State, 680–825, Philadelphia, PA 1984.
———, A New Look at the 'Liber Pontificalis' (AHPont 23), 1985, S. 347–58.
Padberg, Lutz von, Mission und Christianisierung: Formen und Folgen bei Angelsachsen und Franken im 7. und 8. Jahrhundert, Stuttgart 1995.
———, Bonifatius. Missionar und Reformer, München 2003.
Pitz, E., Papstreskripte im frühen Mittelalter. Diplomatische und rechtsgeschichtliche Studien zum Brief-Corpus Gregors des Großen, Sigmaringen 1990.
Ramos-Lisson, D., Die synodalen Ursprünge des „Filioque" im römisch-westgotischen Hispanien (AHC 16), 1984, S. 286–99.
Raspi Serra, I., C. Laganara Fabiano, Economia e territorio. Il Patrimonio BeatiPetri nella Tuscia (569–774), Neapel 1987.
Recchia, V., Gregorio Magno e la società agricola, Rom 1978.
Richards, J., The Popes and the Papacy in the Early Middle Ages (476–752), London/Boston, MA 1979.

———, Consul of God: The Life and Times of Gregory the Great, London 1980.
Riedinger, R., Aus den Akten der Lateransynode von 649 (BZ 69), 1976, S. 17–38.
———, Die Lateransynode von 649 und Maximos der Bekenner, in: Maximus Confessor. Actes du Symposium sur Maxime le Confesseur Fribourg, 2–5 septembre 1980, Freiburg/Schweiz 1982, S. 111–21.
Sansterre, I.-M., Les moines grecs et orientaux à Rome aux époques byzantine et carolingienne (milieu du VI^{e}s.-fin du IX^{e}s.), 2 Bde., Brussel 1983.
———, Le pape Constantin Ier (708–715) et la politique religieuse des empereurs Justinien II et Philippikos (AHPont 22), 1984, S. 7–29.
Santifaller, L., Liber Diurnus. Studien und Forschungen, Stuttgart 1976.
Schieffer, Th., Winfrid-Bonifatius und die christliche Grundlegung Europas, Freiburg 1954.
Schmid, K., Zur Ablösung der Langobardenherrschaft durch die Franken (QFIAB 52), 1972, S. 1–36.
Semmler, J., Der Dynastiewechsel von 751 und die fränkische Königssalbung, Düsseldorf 2003.
Sickel, Th. (Hg.), Liber Diurnus, Wien 1889.
Speigl, J., Die Geschichte der vier ersten Ökumenischen Konzilien: Wie Kaiser Justinian sie sah (Münchener Theol. Zs. 40), 1989, S. 349–63.
———, Leo quem Vigilius condemnavit, in: Papsttum und Kirchenreform. Festschr. G. Schwaiger, St. Ottilien 1990, S. 1–15.
Thanner, A., Papst Honorius I. (625–628), St. Ottilien 1989.
Ubl, K., Der lange Schatten des Bonifatius. Die Responsa Stefans II. aus dem Jahr 754 und das fränkische Kirchenrecht, in: DA 63, 2007, S. 403–450.
Zettinger, J., Die Berichte über Rompilger aus dem Frankenreiche bis zum Jahre 800, Rom 1900.
Zettl, E., Die Bestätigung des V. Oekumenischen Konzils durch Papst Vigilius. Untersuchungen über die Echtheit der Briefe „Scandala“ und „Aetius“, Bonn 1974.
Zocca, E., Onorio I e la tradizione occidentale (Augustinianum 27), 1987, S. 571–615.

四章　カロリング朝支配下の教皇権 (774 ～ 904 年)

Arnaldi, G., Natale 875. Politica, ecclesiologia, cultura del papato altomedievale I, Rom 1990.
Arnold, D., Johannes VIII. Päpstliche Herrschaft in den karolingischen Teilreichen am Ende des 9. Jahrhunderts, Frankfurt am Main 2005.
Becher, M., Die Kaiserkrönung im Jahr 800. Eine Streitfrage zwischen Karl dem Großen und Papst Leo III., in: RhVjBll. 66, 2002, S. 1–38.
Becher, M., Karl der Große, München 1999.
Belting, H., Die beiden Palastaulen Leos III. im Lateran und die Entstehung einer päpstlichen Programm-Kunst (FrühmSt 12), 1978, S. 55–83.
Benericetti, R., La cronologia dei paoi del secolo IX e le carte de Ravenna, in: AHP 36, 1998, S. 49–58.
———, La cronologia di alcuni papi dei secoli VIII–IX secondo le carte ravennati, in: AHP 37, 1999, S. 13–24.

Benz, K. J., „Cum ab oratione surgeret". Überlegungen zur Kaiserkrönung Karls des Großen (DA 31), 1975, S. 337–69.
Beumann, H., u. a., Karolus Magnus et Leo papa. Ein Paderborner Epos vom Jahre 799, Paderborn 1966.
Borgolte, M., Papst Leo III., Karl der Große und der Filioque-Streit von Jerusalem (Byzantina 10), 1980, S. 401–27.
Boshof, E., H. Wolter, Rechtsgeschichtlich-diplomatische Studien zu frühmittelalterlichen Papsturkunden, Köln/Wien 1976.
Caspar, E., Das Papsttum unter fränkischer Herrschaft, Darmstadt 1956.
Classen, P., Karl der Große, das Papsttum und Byzanz. Die Begründung des karolingischen Kaisertums, Sigmaringen 1985.
Concilium Nicaenum II (AHC 20), 1988: gesamter Band.
Duchesne, L. - Miccoli, G., I primi tempi dello Stato pontificio, 2. Aufl. Turin 1967.
Dumeige, G., Nizäa II, Mainz 1985.
Dümmler, E., Auxilius und Vulgarius. Quellen und Forschungen zur Geschichte des Papsttums im Anfange des zehnten Jahrhunderts, Leipzig 1866.
Dvornik, F., The Photian Schism: History and Legend, Cambridge 1948.
———, Byzanz und der römische Primat, Stuttgart 1966.
Engels, O., Zum päpstlich-fränkischen Bündnis im 8. Jahrhundert, in: Ecclesia et regnum. Festschr. F.-J. Schmale, Bochum 1989, S. 21–38.
———, Zum Rombesuch Karls des Großen im Jahre 774 (Jahrb. f. fränkische Landesforschung 52), 1992, S. 15–24.
Falkenstein, L., Der „Lateran" der karolingischen Pfalz zu Aachen, Köln 1966.
Fried, J., Boso von Vienne oder Ludwig der Stammler. Der Kaiserkandidat Johannes' VIII. (DA 32), 1976, S. 193–208.
———, Laienadel und Papst in der Fruhzeit der französischen und deutschen Geschichte, in: Beumann, H. - Schroder, W. (Hgg.), Nationes I, Sigmaringen 1978, S. 367–406.
———, Papst Leo III. besucht Karl den Großen in Paderborn oder Einhards Schweigen, in: HZ 272, 2001, S. 281–326.
Fuhrmann, H., Das Papsttum und das kirchliche Leben im Frankenreich, in: Nascita dell'Europa ed Europa Carolingia: Un equaziöne da verificare, Spoleto 1981, S. 419–56.
Grotz, H., Erbe wider Willen. Hadrian II. (867–872) und seine Zeit, Wien 1970.
Hageneder, O., Das „crimen maiestatis", der Prozeß gegen die Attentäter Papst Leos III. und die Kaiserkrönung Karls des Großen, in: Aus Kirche und Reich. Festschr. Fr. Kempf, Sigmaringen 1983, S. 55–79.
Hägermann, D., Karl der Große. Herrscher des Abendlandes, Berlin/München 2000.
———, Karl der Große, Reinbek 2003.
Halfter, P., Das Papsttum und die Armenier im frühen und hohen Mittelalter. Von den ersten Kontakten bis zur Fixierung der Kirchenunion im Jahre 1198, Köln 1996.
Hartmann, F., Hadrian I. (772–795). Frühmittelalterliches Adelspapsttum und die Lösung Roms vom byzantinischen Kaiser, Stuttgart 2006.
Hartmann, W., Die Synoden der Karolingerzeit im Frankenreich und in Italien, Paderborn

1989.
———, Zur Autorität des Papsttums im karolingischen Frankenreich, in: Mönchtum - Kirche - Herrschaft 750–1000, hg. v. D. R. Bauer - R. Hiestand - B. Kasten - S. Lorenz, Sigmaringen 1998, S.113–132.
Hehl, E. D., 798 - ein erstes Zitat aus der Konstantinischen Schenkung (DA 47), 1991, S. 1–17.
Heimbucher, M., Die Papstwahlen unter den Karolingern, Augsburg 1889.
Heiser, L., Die Responsa ad consulta Bulgarorum des Papstes Nikolaus (858–867) - ein Zeugnis päpstlicher Hirtensorge und ein Dokument unterschiedlicher Entwicklungen in den Kirchen von Rom und Konstantinopel, Diss. Münster 1978.
Herbers, K., Leo IV. und das Papsttum in der Mitte des 9. Jahrhunderts, Möglichkeiten und Grenzen päpstlicher Herrschaft in der späten Karolingerzeit, Stuttgart 1996.
———, Rom im Frankenreich - Rombeziehungen durch Heilige in der Mitte des 9. Jahrhunderts, in: Mönchtum - Kirche - Herrschaft 750–1000, hg. v. D.R. Bauer - R. Hiestand - B. Kasten - S. Lorenz, Sigmaringen 1998, S. 133–169.
Jarnut, J., 799 und die Folgen. Fakten, Hypothesen und Spekulationen, in: Westfälische Zeitschrift 150, 2000, S. 191–209.
Johanek, P., Die Sachsenkriege Karls des Großen und der Besuch Papst Leos III. in Paderborn 799 im Gedächtnis der Nachwelt, in: Westfälische Zeitschrift 150, 2000, S. 211–233.
Kantorowicz, E. H., Constantinus Strator. Marginalien zum Constitutum Constantini, in: Mullus. Festschr. Th. Klauser, Münster 1964, S. 181–189.
Kempf, F., Primatiale und episkopal-synodale Struktur der Kirche vor der gregorianischen Reform (AHPont 16), 1978, S. 27–66.
Kerner, M., Der Reinigungseid Leos III. vom Dezember 800. Die Frage seiner Echtheit und frühen kanonistischen Uberlieferung. Eine Studie zum Problem der päpstlichen Immunität im früheren Mittelalter (ZAachenG 84–85), 1977– 78, S. 131–160.
Lamberz, E., Studien zur Überlieferung der Akten des VII. Ökumenischen Konzils: Der Brief Hadrians I. an Konstantin VI. und Irene (JE 2448), in: DA 53, 1997, S. 1–44.
Lapotre, A., Études sur la papauté au IX' siècle, 2 Bde., Turin 1978.
Leonardi, C., Anastasio Bibliotecario e l'Ottavo Concilio Ecumenico, Spoleto 1987.
Llewellyn, P., Le contexte romain du couronnement de Charlemagne. Le temps de l' Avent de l'année 800 (Le Moyen Âge 96), 1990, S. 209–25.
Lohrmann, D., Das Register Papst Johannes' VIII., Tübingen 1968.
Nicée II, 787–1987. Douze siècles d'images religieuses, hg. v. F. Boespflug u. N. Lossky, Paris 1987.
Perels, E., Papst Nikolaus I. und Anastasius Bibliothecarius, Berlin 1920.
Peri, V., Leo III e il „Filioque". Ancora un falso e l'autentico simbolo romano (RSLetRel 6), 1970, S. 268–97.
———, Il „Filioque" nel magistero di Adriano I e di Leone III. Una plausibile formulazione del dogma (RSChlt 41), 1987, S. 5–25.
———, Il mandato missionario e canonico di Metodio e l'ingresso della lingua slava nella liturgia (AHPont 26), 1988, S. 9–69.

Roma e l'età. carolingia, Rom 1976.
Schmitz, G., Die Reformkonzilien von 813 und die Sammlung des Benedictus Levita, in: DA 56, 2000, S. 1–32.
Schneider, R., Das Frankenreich, München/Wien 1982.
Scholz, S., Politik- Selbstverständnis - Selbstdarstellung. Die Päpste in karolingischer und ottonischer Zeit, Stuttgart 2006.
Sefton, D.S., The Pontificate of Hadrian I (772–795): Papal Theory and Political Reality in the Reign of Charlemagne, Diss. Michigan State Univ. 1975.
———, Pope Hadrian I and the Fall of the Kingdom of the Lombards (CatHR 65), 1979, S. 206–20.
Thümmel, H . G., Die Konzilien zur Bilderfrage im 8. und 9. Jahrhundert. Das 7. Ökumenische Konzil in Nikaia 787, Paderborn 2005.
Villoslada, R. G., El himno al papa Juan (IX?) de las Laudes Cornomaniae (Miscellanea Comillas 32), 1974, S. 185–205.
Wallach, L., The Greek and Latin Versions of II Nicaea (787) and the Synodica of Hadrian I (JE 2448), in: Ders., Diplomatic Studies in Latin and Greek Documents from the Carolingian Age, Ithaca, NY/London 1977, S. 3–46.
Zimmermann, H., Imperatores Italiae, in: Historische Forschungen für Walter Schlesinger, Köln/Wien 1974, S. 379–99.

五章　ローマ貴族の影響下の教皇権 (904 ～ 1046 年)

Althoff, G., Otto IIII., Darmstadt 1996.
———, Die Ottonen. Königsherrschaft ohne Staat, Stuttgart/Berlin/Köln 2000.
Anton, H. H., Der sogenannte Traktat „de ordine pontifice“. Ein Rechtsgutachten in Zusammenhang mit der Synode von Sutri (1046), Bonn 1982.
Aufbruch ins zweite Jahrtausend. Innovation und Kontinuität in der Mitte des Mittelalters, hg. v.,A. Hubel - B. Schneidmüller, Osdildern 2004.
Beaufrére, A., Gerbert, prêtre à Aurillac, pontife à Rome, Aurillac 1970.
Benericetti, R., La cronologia dei papi dei secoli IX–XI. Secondo le carte di Ravenna, Faenza 1999.
Brandmüller, W., Silvester II. Römischer Primat an der Schwelle zum 2. Jahrtausend, in: Bulletino dell'Istituto storico italiano per il Medio Evo 104, 2002, S. 1–29.
Bulst, N., Untersuchungen zu den Klosterreformen Wilhelms von Dijon (962–1031), Bonn 1973.
D'Acunto, N., Nostrum Italicum regnum. Aspetti della politica di Ottone III, Milano 2002.
Duchesne, L., Serge III et Jean XI (MélArchH 33), 1913, S. 25–64.
Eichengrün, F., Gerbert (Silvester II.) als Persönlichkeit, Berlin 1928 (ND Hildesheim 1972).
Engelbert, P., Heinrich III. und die Synoden von Sutri und Rom im Dezember 1046, in: Römische Quartalschrift für christliche Archäologie und KG 94, 1999, S. 228–266.
Engels, O., Schutzgedanke und Landesherrschaft im östlichen Pyrenäenraum (9.–13. Jahrhundert), Münster 1970.
Erdmann, C., Das ottonische Reich als Imperium Romanum (DA 6), 1943, S. 412–41.

———, Forschungen zur politischen Ideenwelt des Frühmittelalters, Berlin 1951.

Erkens, F.-R., Konrad II. Herrschaft und Reich des ersten Salierkaisers, Regensburg 1998.

Fedele, P., Ricerche per la storia di Roma e del papato (ASR 33), 1910, S. 174–247; (34), 1911, S. 75–115, 393–423.

Gerberto. Scienza, storia e mito. Atti del „Gerberti Symposium", Bobbio 1985.

Görich, K., Otto III. Romanus Saxonicus et Italicus. Kaiserliche Rompolitik und sächsische Historiographie, Sigmaringen 1993.

Guyotjeannin, O. - Poulle, E. (Hgg.), Autour de Gerbert d'Aurillac, le pape de l' An mil. Album de documents commentés, Paris 1996.

Haendler, G., Von der Reichskirche Ottos I. zur Papstherrschaft Gregors VII., Leipzig 1994.

Hehl., E.-D., Der wohlberatene Papst. Die römische Synode Johannes' XII. vom Febraur 964, in: Ex ipsis rerum documentis, Festschr. H. Zimmermann, hg. v. K. Herbers - H. H. Kortüm - C. Servatius, Sigmaringen 1991, S. 257–275.

———, Kaisertum, Rom und Papstbezug im Zeitalter Ottos I., in: Ottonische Neuanfänge, hg. v. B. Schneidmüller - St. Weinfurter, Mainz 2001, S. 213–235.

Herrmann, K.-J., Das Tuskulaner-Papsttum (1012–1046). Benedikt VIII., Johannes XIX., Benedikt IX., Stuttgart 1973.

Jeismann, M., Das 11. Jahrhundert - Kaiser und Papst, München 2000.

Johrendt, J., La protezione alla luce dei documenti pontifici (896–1046), in: Bullettino dell'Istituto Storico Italiano per il Media Evo 107, 2005, S. 135–168.

Klinkenberg, H. M., Der römische Primat im 10. Jahrhundert (ZRGKA 41), 1955, S. 1–57.

Kölmel, W., Rom und der Kirchenstaat im 10. und 11. Jahrhundert bis in die Anfänge der Reform, Berlin 1935.

Kortüm, H .-H., Gerbertus qui est Silvester. Papsttum um die Jahrtausendwende, in: DA 55, 1999, S. 29–62.

Landersdorfer, A., Die Gründung des Erzbistums Magdeburg durch Kaiser Otto den Großen, in: Münchener Theologische Zeitschrift 46, 1995, S. 3–19.

Laudage, J., Otto der Große. Eine Biographie, Regensburg 2001.

Moehs, T. E., Pope Gregory V (996–999): A Biographical Study, Stuttgart 1972.

Santifaller, L., Chronologisches Verzeichnis der Urkunden Papst Johanns XIX. (RHM 1), 1956/57, S. 35–76.

———, Zur Geschichte des ottonisch-salischen Reichskirchensystems, 2. Aufl. Wien 1962.

Savigni, R., Sacerdozio e regno in età post-carolingia: l'episcopato di Giovanni X, arcivescovo di Ravenna (905–914) e Papa (914–928) (RSChit 46), 1992, S. 1– 29.

Schmale, F. J., Die „Absetzung" Gregors VI. in Sutri und die synodale Tradition (AHC 11), 1979, S. 55–103.

Schramm, P. E., Kaiser, Rom und Renovatio, 2 Bde., Leipzig 1929.

Simon, J., Rom und die Kirche im deutschen Reich des 10. Jahrhunderts, in: Mönchtum - Kirche - Herrschaft 750–1000, hg. v. D. R. Bauer - R. Hiestand - B. Kasten - S. Lorenz, Sigmaringen 1998, S. 171–186.

Venni, T., Giovanni X (ASR 59), 1936, S. 1–136.

Vogel, C. -Elze, R. (Hgg.), Le Pontifical Romano-Germanique du dixième siècle, 3 Bde., Città

del Vaticano 1963/72.

Weinfurter, St., Heinrich II. (1002–1024). Herrscher am Ende der Zeiten, 2. Aufl. Regensburg 2002.

Wolfram, H., Konrad II. 990–1039. Kaiser dreier Reiche, München 2000.

Wolter, H., Die Synoden im Reichsgebiet und in Reichsitalien von 916 bis 1056, Paderborn 1988.

Zimmermann, H., Das Privilegium Ottonianum von 962 und seine Problemgeschichte (MIÖG, Erg.bd. 20), 1962, S. 147–90.

———, Papstregesten 911–1024 (= I. F. Böhmer, Regesta Imperii II 5), Wien/Köln/Graz 1969.

Zotz, Th., Pallium et alia quaedam archiepiscopatus insignia. Zum Beziehungsgefüge und zu Rangfragen der Reichskirchen im Spiegel der päpstlichen Privilegierung des 10. und 11. Jahrhunderts, in: Festschr. für Berent Schwineköper Sigmaringen 1982, S. 155–75.

六章　いわゆる「叙任権闘争」期の教皇権 (1046 ～ 1123 年)

Althoff, G., Heinrich IV. Darmstadt 2006.

Anton, H. H., Der sogenannte Traktat „De ordinando pontifice". Ein Rechtsgutachten in Zusammenhang mit der Synode von Sutri (1046), Bonn 1982.

Autour de la Première Croisade, hg. v. M. Balard, Paris 1996.

Bayer, A., Spaltung der Christenheit. Das sogenannte Morgenländische Schisma von 1054, Köln 2002.

Becker, A., Papst Urban II. (1088–1099), Bd. 1, Stuttgart 1964.

———, Papst Urban II. (1088–1099), Teil 2: Der Papst, die griechische Christenheit und der Kreuzzug, Stuttgart 1988.

Benericetti, R., La cronologia dei papi della seconda metà del secolo XI nelle carte ravennati e romagnole, in: AHP 40, 2002, S. 37–52.

Benz, K. J., Eschatologisches Gedankengut bei Gregor VII. (ZKG 97), 1986, S. 1–35.

———, Kirche und Gehorsam bei Papst Gregor VII. Neue Uberlegungen zu einem alten Thema, in: Papsttum und Kirchenreform. Festschr. G. Schwaiger, St. Ottilien 1990, S. 97–150.

Bloch, H., Monte Cassino in the Middle Ages, 3 Bde., Rom 1986.

Blumenthal, U.-R., Opposition to Pope Paschal II: Some Comments on the Lateran Council of 1112 (AHC 10) 1978, S. 82–98.

———, Paschal II and the Roman Primacy (AHPont 16), 1978, S. 67–92.

———, The Early Councils of Pope Paschal II 1100–1110, Toronto 1978.

———, Der Investiturstreit, Stuttgart 1982 (ausführliches Literaturverzeichnis).

———, Gregor VII. Papst zwischen Canossa und Kirchenreform, Darmstadt 2001.

Boelens, M., Die Klerikerehe in der Gesetzgebung der Kirche unter besonderer Berücksichtigung der Strafe. Eine rechtsgeschichtliche Untersuchung von den Anfängen der Kirche bis zum Jahre 1139, Paderborn 1968.

Boshof, E., Die Salier, 4. akt. Aufl. Stuttgart 2000.

Brooke, Chr. N. L., Gregorian Reform in Action. Clerical Marriage in England, 1050–1200,

in: Ders., Medieval Church and Society. Collected Essays, London 1971, S. 69–99.
Bruns, P. - Gresser, G. (Hg.), Vom Schisma zu den Kreuzzügen 1054–1204, Paderborn 2005.
Canossa 1077. Erschütterung der Welt. Geschichte, Kunst und Kultur am Aufgang der Romanik, hg. v. Chr. Stiegemann - M. Wemhoff, 2 Bde., München 2006.
Cantarella, G. M., La costruzione della verità. Pasquale II, un papa alle strette, Rom 1987.
Cantin, A., Saint Pierre Damien (1007–1072). Autrefois -aujourd'hui, Paris 2006.
Chiesa e riforma nella spiritualità del secolo XI, Todi 1968.
Chodorow, S. A., Ecclesiastical Politics and the Ending of the Investiture Contest: the Papal Election of 1119 and the Negotiations of Mouzon (Speculum 46), 1971, S. 613–40.
Clémens, J., Signification du voyage d'Urbain II pour l'espace agenais en 1096, in: Revue de l'Agenais 124, 1997, S. 291–297.
Cowdrey, H. E. J., The Papacy, the Patarenes and the Church of Milan (TransHSoc 18), 1968, S. 25–48.
———, The Cluniacs and the Gregorian Reform, Oxford 1970.
———, Pope Gregory VII, 1073–1085, Oxford 1998.
———, Popes and Church Reform in the 11th Century, Aldershot 2000.
———, Pope Gregory VII (1073–1085) and the liturgy, in: The Journal of theological studies 55, 2004, S. 55–83.
Cushing, K. G., Papacy and Law in the Gregorian Revolution. The Canonistic Work of Anselm of Lucca, Oxford 1998.
D' Acunto, N., Il prefetto urbano Cencio di Giovanni Tignosi nelle fonti del suo tempo (BISI 95), 1989, S. 1–44.
Dahlhaus, J., Aufkommen und Bedeutung der Rota in den Urkunden des Papstes Leo IX. (AHPont 27), 1989, S. 7–84.
De Leo, P., L'ordine Certosino e il Papato dalla fondazione allo scisma d'Occidente, Soveria Mannelli 2003.
Deus non voluit: I Lombardi alla prirma crociata (1100–1101). Dal mito alle ricostruzione della realtà, a cura di G. Andenna - R. Salvarani, Milano 2003.
Deutinger, Roman, Sutri 1055. Mißverständnisse um ein Mißverständnis, in: DA 60, 2004, S. 97–134.
Dickerhoff, H., Über die Staatsgründung des ersten Kreuzzugs (HJb 100), 1980, S. 95–130.
Dischner, M., Humbert von Silva Candida. Werk und Wirkung des lothringischen Reformmönches, Neuried 1996.
Drehmann, f., Papst Leo IX. und die Simonie. Ein Beitrag zur Untersuchung der Vorgeschichte des Investiturstreites, Hildesheim 1973.
Engelbert, P., Wilhelm von Hirsau und Gregor VII., in: Römische Quartalschrift für christliche Altertumskunde und Kirchengeschichte 100, 2005, S. 145–180.
Englberger, J., Gregor VII. und die Investiturfrage. Quellenkritische Studien zum angeblichen Investiturverbot von 1075, Köln-Weimar-Wien 1996.
———, Berthold von Reichenau und die Investiturfrage. Zum Problem des Investiturverbots der Fastensynode von 1078, in: DA 53, 1997, S. 81–118.
Erdmann, C., Die Entstehung des Kreuzzugsgedankens, Stuttgart 1935 (ND Darmstadt

1955).
Fleckenstein, J. (Hg.), Investiturstreit und Reichsverfassung, Sigmaringen 1973.
Fliche, M., La réforme grégorienne, 3 Bde., Paris 1924–37 (ND Genf 1978).
Fonseca, C. D., Medioevo canonicale, Mailand 1970.
Fornasari, G., Medioevo riformato del secolo XI. Pier Damiani e Gregorio VII, Napoli 1996.
Freund, St., Est nomen omen? Der Pontifikat Gelasius II. (1118–1119) und die päpstliche Namengebung, in: AHP 40, 2002, S. 53–83.
Fried, J., Der Regalienbegriff im 11. und 12. Jahrhundert (DA 29), 1973, S. 450–528.
———, Der päpstliche Schutz für Laienfürsten, Heidelberg 1980.
Fuhrmann, H., Über die Heiligkeit des Papstes (Jahrbuch der Akademie der Wissenschaften in Göttingen 1980), 1980, S. 28–43.
———, Papst Urban II. und der Stand der Regularkanoniker (Bayer. Ak. d. Wiss., Phil.-Hist. Kl. Sb. 1984, 2), München 1984.
———, Das Papsttum zwischen Frömmigkeit und Politik - Urban II. (1088–1099) und die Frage der Selbstheiligung, in: Deus qui mutat tempora. Festschr. A. Becker, Sigmaringen 1987, S. 157–72.
Gay, J., Les papes du XI' siècle et la Chrétienté, 2. Aufl. New York 1974.
Gilchrist, J., The Reception of Pope Gregory VII into the Canon Law (1073–1141) (ZRGKA 59), 1973, S. 35–82; (66), 1980, S. 192–229.
Goez, W., Zur Erhebung und ersten Absetzung Papst Gregors VII. (RQ 63), 1968, S. 117–44.
———, Papa qui et episcopus. Zum Selbstverständnis des Reformpapsttums im 11. Jahrhundert (AHPont 8), 1970, S. 27–59.
———, Zur Persönlichkeit Gregors VII. (RQ 73), 1978, S. 193–216.
———, Über die Mathildischen Schenkungen an die Römische Kirche, in: FMSt31, 1997, S. 158–196.
———, Mathilde von Canossa und die Kosten des Investiturstreites, in: AKG 82, 2000, S. 303–318.
———, Kirchenreform und Investiturstreit 910–1122, 2. überarb. Aufl. Stuttgart-Berlin-Köln 2008.
Graboïs, A., Les séjours des papes en France au XII' siècle et leurs rapports avec le développement de la fiscalité pontificale, in: Ders., Civilisation et société dans l'Occident médiéval, London 1983, Nr. II.
Gresser, G., Die Synoden und Konzilien in der Zeit des Reformpapsttums in Deutschland und Italien von Leo IX. bis Calixt II. (1049–1123), Paderborn 2006.
Hägermann, D., Untersuchungen zum Papstwahldekret von 1059 (ZRGKA 87), 1970, S. 157–93. Hägermann, D., Zur Vorgeschichte des Pontifikats Nicolaus' II. (ZKG 81), 1970, S. 352–61. Hartmann, W., Der Investiturstreit, München 1993.
———, Das Papsttum am Vorabend des Investiturstreites. Stephan IX. (1057–1058), Benedikt X. (1058) und Nikolaus II. (1058–1061), Stuttgart 2008.
Heidrich, I., Ravenna unter Erzbischof Wibert (1073–1100). Untersuchungen zur Stellung des Erzbischofs und Gegenpapstes Clemens III. in seiner Metropole, Sigmaringen 1984.
Herde, P., Das Papsttum und die griechische Kirche in Süditalien vom 11. bis 13. Jahrhundert

(DA 26), 1970, S. 1–46.
Hergemöller, B.-U., Die Namen der Reformpäpste (1046–1145) (AHPont 24), 1986, S. 7–47.
Hettinger, A., Die Beziehungen des Papsttums zu Afrika von der Mitte des 11. bis zum Ende des 12. Jahrhunderts, Köln 1993.
Hiestand, R., „Gott will es!" - Will Gott es wirklich? Die Kreuzzugsidee in der Kritik ihrer Zeit, Stuttgart 1998.
Hoffmann, H., Langobarden, Normannen, Päpste. Zum Legitimitätsproblem in Unteritalien (QFIAB 58), 1978, S. 137–80.
Hübinger, P. E., Die letzten Worte Papst Gregors VII., Opladen 1973.
Hüls, R., Kardinäle, Klerus und Kirchen Roms 1049–1130, Tübingen 1977.
Il monachesimo e la riforma ecclesiastica (1049–1122), Mailand 1971.
Jakobs, H., Kirchenreform und Hochmittelalter, München 1984.
Jarnut,J. - Wemhoff, M. (Hgg.), Vom Umbruch zur Erneuerung? Das 11. und beginnende 12. Jahrhundert - Positionen der Forschung, München 2006.
Jasper, D., Das Papstwahldekret von 1059. Überlieferung und Textgestalt, Sigmaringen 1986.
Johrendt, J., Die Reisen der frühen Reformpäpste - Ihre Ursachen und Funktionen, in: Römische Quartalschrift 96, 2001, S. 57–94.
Jordan, K., Die Entstehung der römischen Kurie. Ein Versuch. (Mit Nachtrag), Darmstadt 1973.
Kempf, F., Pier Damiani und das Papstwahldekret von 1059 (AHPont 2) 1964, S. 73–89.
———, Die Eingliederung der überdiözesanen Hierarchie in das Papalsystem des kanonischen Rechts von der gregorianischen Reform bis zu Innozenz III. (AHPont 18), 1980, S. 57–96.
Klewitz, H. W., Reformpapsttum und Kardinalkolleg, Darmstadt 1957.
Krause, H.-G., Das Papstwahldekret von 1059 und seine Rolle im Investiturstreit, Rom 1960.
Kupper, A., Beiträge zum Problem der Simonie im 11. Jahrhundert, Phil. Diss. (masch.schr.) Mainz 1953.
L'eretimismo in occidente nei secoli XI e XII, Mailand 1965.
La riforma gregoriana e l'Europa, 2 Bde. (StudGreg 13/14), Rom 1989/91.
Laudage, J., Priesterbild und Reformpapsttum im 11. Jahrhundert, Köln 1984.
———, Gregorianische Reform und Investiturstreit, Darmstadt 1993.
Le concile de Clermont de 1095 et l'appel à la croisade, Roma 1997.
Le istituzioni ecclesiastiche della „Societas Christiana" dei secoli XI–XII. Paparo, cardmalato ed episcopato, Mailand 1974.
Léon IX et son temps, édités par G. Bischoff - B.-M. Tock, Turnhout 2006.
Lohrmann, D., Kirchengut im nördlichen Frankreich. Besitz, Verfassung und Wirtschaft im Spiegel der Papstprivilegien des 11.–12. Jahrhunderts Bonn 1983.
Loud, G. A., Abbot Desiderius of Montecassino and the Gregorian Papacy (JEH 30), 1978, S. 305–26.
Matzke, M., Daibert von Pisa. Zwischen Papst, Kommune und erstem Kreuzzug, Sigmaringen 1998.
Meulenberg, L. F. J., Der Primat der römischen Kirche im Denken und Handeln Gregors VII.,

's-Gravenhage 1965.
Miccoli, G., Chiesa Gregoriana. Ricerche sulla riforma del secolo XI, nuova ed. a cura di A. Tilatti, Roma 1999.
Minninger, M., Von Clermont zum Wormser Konkordat. Die Auseinandersetzungen um den Lehnsnexus zwischen König und Episkopat, Köln 1978.
Mirbt, C., Die Publizistik im Zeitalter Gregors VII., Leipzig 1894 (ND Leipzig 1965).
Mordek, H., Proprie auctoritates apostolice sedis. Ein zweiter Dictatus papae Gregors VII.? (DA 28), 1972, S. 105–32.
Morelle, L., Le concile de Reims 1049 et le statut de l'abbaye de Montier-en-Der. Avec l'édition du faux précepte de Louis le Pieux en faveur de l'Église de Reims, in: Francia 28/1, 2001, S. 91–113.
Morghen, R., Gregorio VII e la riforma della Chiesa nel secolo XI, 2. Aufl. Rom 1974.
Morris, C., The Papal Monarchy. The Western Church from 1050 to 1250, Oxford 1989.
Munier, Ch., Le Pape Léon IX et la Réforme de l'Église 1002–1054, Strasbourg 2002.
Münsch, O., Ein Streitschriftenfragment zur Simonie, in: DA 62, 2006, S. 619–630.
Palese, S. - Locatelli, G. (Hgg.), Il concilio di Bari del 1098, Bari 1999.
Papsttum und Kirchenreform, Festschr. G. Schwaiger, hg. v. M. Weitlauff, St. Ottilien 1990.
Petrucci, E., Rapporti di Leone IX con Costantinopoli, I: Per la storia dello scisma del 1054, Rom 1975.
———, Ecclesiologia et politica di Leone IX, Rom 1977.
Philipps, J. (Hg.), The First Crusade. Origins and Impact, Manchester 1997.
Plassmann, Alheydis, Die Normannen. Erobern - Herrschen - Integrieren, Stuttgart 2008.
Racine, P., Le concile de Plaisance (1095) et la croisade, in: Revue d 'Alsace 122, 1996, S. 19–28.
Reilly, B. F., Santiago, Saint Denis, and Saint Peter. The Reception of the Roman Liturgy in Leon-Castile in 1080, New York 1985.
Robinson, I. S., „Periculosus homo": Pope Gregory VII and Episcopal Authority (Viator 9), 1978, S. 103–31.
———, Pope Gregory VII, the Princes and the Pactum 1077–1080 (EHR 94), 1979, S. 721–56.
———, The Papacy 1073–1198. Continuity and Innovation, Cambridge 1990.
Runciman, S., The Eastern Schism: A Study of the Papacy and the Eastern Churches During the 11 th and 12th Centuries, London 1955 (ND London 1970).
Sant' Anselmo, Mantova e la lotta per le investiture, hg. v. P. Golinelli, Bologna 1987.
Schieffer, R., Spirituales latrones. Zu den Hintergründen der Simonieprozesse in Deutschland zwischen 1069 und 1075 (HJb 92), 1972, S. 19–60.
———, Gregor VII.-Ein Versuch über die historische Größe (HJb 97–98), 1979, S. 87–107.
———, Die Entstehung des päpstlichen Investiturverbots für den deutschen König, Stuttgart 1981.
———, „The Papal Revolution in Law" ? Rückfragen an Harold J. Berman, in: Bulletin of Medieval Canon Law N. S. 22, 1998, S. 19–30.
———, Motu proprio. Über die papstgeschichtliche Wende im 11. Jahrhundert, in: HJb 122,

2002, S. 27–41.
———, War Gregor VII. Mönch?, in: HJb 125, 2005, S. 351–362.
Schilling, B., Guido von Vienne - Papst Calixt II., 1998.
———, Zur Reise Paschalis' II. nach Norditalien und Frankreich 1106/1107 in: Francia 28/1, 2001, S. 115–158.
———, Ist das Wormser Konkordat überhaupt niche geschlossen worden? Ein Beitrag zur hochmittelalterlichen Vertragstechnik, in: DA 58, 2002, S. 123–191.
Schimmelpfennig, B., Zölibat und Lage der „Priestersohne" vom 11. bis 14. Jahrhundert (HZ 227), 1978, S. 1–44.
———, König und Fürsten, Kaiser und Papst nach dem Wormser Konkordat, München 1996.
Schmale, F. J., Papsttum und Kurie zwischen Gregor VII. und Innocenz II. (HZ 193), 1961, S. 265–85.
———, Synoden Papst Alexanders II. (1061–1073): Anzahl, Termine, Entscheidungen (AHC 11), 1979, S. 307–38.
Schmid, P., Der Begriff der kanonischen Wahl in den Anfängen des Investiturstreits, Stuttgart 1925.
Schmidt, T., Die Kanonikerreform in Rom und Papst Alexander II. (1061–1073) (StudGreg 9), 1972, S. 199–221.
———, Alexander II. 1061–1073 und die römische Reformgruppe seiner Zeit, Stuttgart1977.
Schneider, Ch., Prophetisches Sacerdotium und heilsgeschichtliches Regnum im Dialog 1073–1077. Zur Geschichte Gregors VII. und Heinrichs IV., Münster 1972.
Schneidmüller, B. - Weinfurter, St. (Hgg.), Salisches Kaisertum und neues Europa. Die Zeit Heinrichs IV. und Heinrichs V., Darmstadt 2007.
Schneidmüller, B. (Hg.), Ordnungskonfigurationen im hohen Mittelalter, Ostfildern 2006.
Schnith, K., Erzbischöflicher Primat und päpstlicher Primat. Zum Hintergrund der englischen Konzilien in der Zeit Heinrichs I., in: Ecclesia militans. Festschr. R. Bäumer, Bd. 1, Paderborn 1988, S. 37–65.
Schrör, M., Iussit eum Papa Rome residere - Halinard von Lyon und die Papstwahl von 1048/49, in: Römische Quartalschrift für christliche Altertumskunde und KG 100, 2005, S. 30–50.
Servatius, C., Zur Englandpolitik der Kurie unter Paschalis II., in: Deus qui mutat tempora. Festschr. A. Becker, Sigmaringen 1987, S. 173–90.
Servatius, L., Paschalis II. (1099–1118). Studien zu seiner Person und seiner Politik, Stuttgart 1979.
Somerville, R., The Councils of Urban II, vol. I: Decreta Claromontensia, Amsterdam 1972.
———, Papacy, Councils, and Canon Law in the 11th–12th Centuries, London 1990.
Spinelli, G., Urbano II e il mondo monastico italiano, in: Benedictina 47, 2000, S. 525–553.
Stroll, M., New Perspectives on the Struggle Between Guy of Vienne and Henry V (AHPont 18), 1980, S. 97–116.
———, Calixtus II. (1119–1124): a Pope Born to Rule, Leiden 2004.
Struve, T., Salierzeit im Wandel. Zur Geschichte Heinrichs IV. und des Investiturstreites, Köln 2006.

Suchan, M., Königsherrschaft im Streit. Konfliktaustragung in der Regierungszeit Heinrichs IV. zwischen Gewalt, Gespräch und Schriftlichkeit, Stuttgart 1997.

Sydow, J., Untersuchungen zur kurialen Verwaltungsgeschichte im Zeitalter des Reformpapsttums (DA 11), 1954/55, S. 18–73.

Tellenbach, G., Libertas. Kirche und Weltordnung im Zeitalter des Investiturstreites, Stuttgart 1936 (ND 1996).

———, Der Sturz des Abtes Pontius von Cluny und seine geschichtliche Bedeutung (QFIAB 42/43), 1963, S. 13–55.

Tessore, D., Gregorio VII. Il monaco, l'uomo politico, il santo, Roma 2003.

Unverhau, D., Approbatio-Reprobatio. Studien zum päpstlichen Mitspracherecht bei Kaiserkrönung und Königswahl vom Investiturstreit bis zum ersten Prozeß Johanns XXII. gegen Ludwig IV., Lübeck 1973.

Violante, C., La Pataria Milanese e la riforma ecclesiastica I, Rom 1955.

Vogel, J., Gregor VII. und Heinrich IV. nach Canossa. Zeugnisse ihres Selbstverständnisses, Berlin 1982.

———, Zur Kirchenpolitik Heinrichs IV. nach seiner Krönung und zur Wirksamkeit der Legaten Gregors VII. und Clemens' (III.) im deutschen Reich 1084/85 (FrühmSt 16), 1982, S. 161–92.

Vollrath, H., Kaisertum und Patriziat in den Anfängen des Investiturstreites (ZKG 85), 1974, S. 11–44.

Vones, L., Die „Historia Compostellana" und die Kirchenpolitik des nordwestspanischen Raumes 1070–1130. Ein Beitrag zur Geschichte der Beziehungen zwischen Spanien und dem Papsttum zu Beginn des 12. Jahrhunderts, Köln/Wien 1980.

Weinfurter, St., Das Jahrhundert der Salier. Kaiser oder Papst? Ostfildern 2004 Weiß, St., Die Urkunden der päpstlichen Legaten von Leo IX. bis Coelestin III. (1049–198), Köln etc. 1995.

———, Canossa. Die Entzauberung der Welt, München 2006.

Weitzel, I., Begriff und Erscheinungsformen der Simonie bei Gratian und den Dekretisten, München 1967.

Zey, C., Der Romzugsplan Heinrichs V. Neue Überlegungen zum Abschluß des Wormser Konkordats, in: DA 56, 2000, S. 447–504.

Ziese, I., Wibert von Ravenna. Der Gegenpapst Clemens III. (1084–1100), Stuttgart 1982.

Zimmermann, H., Der Canossagang von 1077. Wirkungen und Wirklichkeit, Mainz/Wiesbaden 1975.

———, Canossa 1077. Storia e attualità, Reggio-Emilia 2007.

七章　教皇の権威の構築 (1124 ～ 1198 年)

Aimone-Braida, P. V., Titoli attribuiti al Papa e all'Imperatore nella Decretistica (Apollinaris 59), 1986, S. 213–49.

Appelt, H., Die Papstwahlordnung des III. Laterankonzils (1179), in: Ecclesia peregrinans. Festschr. J. Lenzenweger, Wien 1986, S. 95–102.

Baaken, G., Die Verhandlungen zwischen Papst Coelestin III. und Kaiser Heinrich VI. in den

Jahren 1195–1197 (DA 27), 1971, S. 457–513.
Baaken, K., Zur Wahl, Weihe und Krönung Papst Cölestins III. (DA 41), 1985, S. 203–11.
Baldwin, M. W., Alexander III and the Twelfth Century, New York 1968.
Baumgärtner, I., Rombeherrschung und Romerneuerung. Die römische Kommune im 12. Jahrhundert (QFIAB 69), 1989, S. 27–79.
Benson, R. L., The Bishop Elect. A Study in Medieval Ecclesiastical Office, Princeton/N. I. 1968.
Blaauw, S. de, The solitary celebration of the supreme pontiff. The Lateran basilica as the new temple in the medieval liturgy of Maundy Thursday, in: Omnes circumadstantes. Contributions towards a History of the Role of the People in the Liturgy, hg. v. Ch. Caspers u. M. Schneiders, Kampen 1990, S. 120–43.
Cheney, C. R., The Deaths of Popes and the Expiry of Legations in Twelfth-Century England (RDCan 28), 1978, S. 84–96.
———, The Office and Title of the Papal Chancellor 1187–1216 (AHPont 22), 1984, S. 369–74.
Classen, P., Zur Geschichte Papst Anastasius' IV. (QFIAB 48), 1968, S. 36–63.
Constable, G., The Abbots and Anti-Abbot of Cluny during the Papal Schism of 1159 (Revue Benedictine 94), 1984, S. 370–400.
———, The Reformation of the Twelfth Century, Cambridge 1996. [『十二世紀宗教改革 — 修道制の刷新と西洋中世社会』ジャイルズ・コンスタブル（高山 博監訳），慶應義塾大学出版会，2014 年]
Csendes, P., Heinrich VI., Darmstadt 1993.
———, Philipp von Schwaben. Ein Staufer im Kampf um die Macht, Darmstadt 2003.
Deer, J., The Dynastic Porphyry Tombs of the Norman Period in Sicily, Cambridge, MA 1959.
———, Papsttum und Normannen, Köln/Wien 1972.
Ehrle, F., Die Frangipani und der Untergang des Archivs und der Bibliothek der Päpste am Anfang des 13. Jahrhunderts, in: Melanges M. E. Chatelain, Paris 1910, S. 448–83.
Engels, O., Kardinal Boso als Geschichtsschreiber, in: Konzil und Papst, Festgabe für Hermann Tüchle, München/Paderborn/Wien 1975, S. 147–68.
———, Zum Konstanzer Vertrag von 1153, in: Deus qui mutat tempora. Festschr. A. Becker, Sigmaringen 1987, S. 235–58.
Enzensberger, H., Der „böse" und der „gute" Wilhelm. Zur Kirchenpolitik der normannischen Könige von Sizilien nach dem Vertrag von Benevent (1156) (DA 36), 1980, S. 385–432.
Fabre, P. - Duchesne, L. (Hgg.), Le Liber Censuum de l'église romaine, 3 Bde., Paris 1889/ 1910u. 1952.
Falkenstein, L., Pontificalis maturitas vel modestia sacerdotalis: Alexander III. und Heinrich von Frankreich in den Jahren 1170–1172 (AHPont 22), 1984, S. 31–88.
———, Appellationen an den Papst und Delegationsgerichtsbarkeit am Beispiel Alexanders III. und Heinrichs von Frankreich (ZKG 97), 1986, S. 36–65.
———, Wilhelm von Champagne, Elekt von Chartres (1164–1168), Erzbischof von Sens (1168/69–1176), Erzbischof von Reims (1176–1202), Legat des apostolischen Stuhls, im Spiegel päpstlicher Schreiben und Privilegien, in: ZRG KA 89, 2003, S. 107–284.

Ferri, G., La Romana Fraternitas (ASR 26), 1903, S. 453–66.
Frugoni, A., Arnaldo da Brescia nelle fonti del secolo XII, Rom 1954.
Geisthardt, I., Der Kämmerer Boso, Berlin 1936.
Gleber, H., Papst Eugen III. unter besonderer Berücksichtigung seiner politischen Tätigkeit, Jena 1936.
Golinelli, P., Die Lage Italiens nach dem Investiturstreit: Die Frage der mathildischen Erbschaft, in: Herbers, K. (Hg.), Europa an der Wende vom 11. zum 12. Jahrhundert, Stuttgart 2001, S. 54–67.
Görich, K., Die Ehre Barbarossas. Kommunikation, Konflikt und politisches Handeln im 12. Jahrhundert, Darmstadt 2001.
Hageneder, O., Die Häresie des Ungehorsams und das Entstehen des hierokratischen Papsttums (RHM 20), 1978, S. 29–47.
Häring, N., Notes on the Council and the Consistory of Rheims (1148) (Mediaeval Studies 28), 1966, S. 39–59.
———, Das Pariser Konsistorium Eugens III. vom April 1147 (Studia Gratiana 11), 1967, S. 91–117.
Hehl, E.-D. - Ringel, I. H. - Seibert, H. (Hgg.), Das Papsttum in der Welt des 12. Jahrhunderts, Stuttgart 2002.
Hehl, E.-D., Krieg, Individualisierung und Staatlichkeit im ausgehenden 11. und 12. Jahrhundert, in: Herbers, K. (Hg.), Europa an der Wende vom 11. zum 12. Jahrhundert, Stuttgart 2001, S. 117–133.
Heinemeyer, W., Beneficium - non feudum, sed bonum factum. Der Streit auf dem Reichstag zu Besançon (ADipl 15), 1969, S. 155–236.
Herklotz, I., Der mittelalterliche Fassadenportikus am Ende des 12. Jahrhunderts (Röm. Jahrb. der Bibi. Hertziana 25), 1989, S. 25–95.
———, Die Beratungsräume Calixtus' II. im Lateranpalast und ihre Fresken. Kunst und Propaganda am Ende des Investiturstreits (Zeitschr. f. Kunstgesch. 52), 1989, S. 145–214.
Hiestand, R., Die Integration der Maroniten in die römische Kirche. Zum ältesten Zeugnis der päpstlichen Kanzlei (12. Jahrh.) (Orientalia Christiana Periodica 54), 1988, S. 119–52.
Hoffmann, H., Die beiden Schwerter im hohen Mittelalter (DA 20), 1965, S. 78–114.
Holtzmann, R., Der Kaiser als Marschall des Papstes, Berlin/Leipzig 1928.
Horn, M., Studien zur Geschichte Papst Eugens III. (1145–1153), Frankfurt a. M. 1992.
Imperium und Papsttum. Zur Geschichte des 12. und 13. Jahrhunderts, Festschr. G. Baaken, hg. v. K.-A. Frech- U. Schmidt, Köln 1997.
Inger, G., Das kirchliche Visitationsinstitut im mittelalterlichen Schweden, Lund 1961.
Janssen, W., Die päpstlichen Legaten in Frankreich vom Schisma Anaklets II. bis zum Tode Coelestins III. (1130–1198), Köln/Graz 1962.
Jounel, P., Le culte des saints dans les basiliques du Latran et du Vatican au douzième siècle, Rom 1977.
Kennan, E., The De consideratione of St. Bernard of Clairvaux and the Papacy in the Mid-Twelfth Century (Traditio 23), 1967, S. 73–115.
Kuttner, S., Repertorium der Kanonistik (1140–1234), Città del Vaticano 1937.

Laudage, J., Alexander III. und Friedrich Barbarossa, Köln 1997.
———, Rom und das Papsttum im frühen 12. Jahrhundert, in: Herbers, K. (Hg.), Europa an der Wende vom 11. zum 12. Jahrhundert, Stuttgart 2001, S. 23–53.
Le Troisième Concile de Latran (1179). Sa place clans l'histoire, Paris 1982.
Maccarrone, M., Papato e impero dalla elezione di Federico I alla morte di Adriano IV (1152–59), Rom 1959.
———, Ubi est papa, ibi est Roma, in: Aus Kirche und Reich. Festschr. Fr. Kempf, Sigmaringen 1983, S. 371–82.
Madertoner, W., Die zwiespältige Papstwahl des Jahres 1159, Wien 1978.
Maleczek, W., Das Kardinalkollegium unter Innocenz II. und Anaklet II. (AHPont 19), 1981, S. 27–78.
———, Papst und Kardinalskolleg von 1191 bis 1216. Die Kardinäle unter Coelestin III. und Innocenz III., Rom/Wien 1984.
———, Das Papsttum und die Anfänge der Universität im Mittelalter (RHM 27), 1985, S. 85–143.
Meduna, B., Studien zum Formular der päpstlichen Justizbriefe von Alexander III. bis Innocenz III. (1159–1216): die „non obstantibus"-Formel, Wien 1987.
Meschini, M., San Bernardo e la seconda crociata, Milano 1998.
Miethke, J., Geschichtsprozeß und zeitgenössisches Bewußtsein - Die Theorie des monarchischen Papats im hohen und späten Mittelalter, in: HZ 226, 1978, S. 564–599.
Miscellanea Rolando Bandinelli, papa Alessandro III, hg. v. F. Liotta, Siena 1986. Montecchi Palazzi, T., Cencius Camerarius et la formation du „Liber Censuum" de 1192 (MelArchH 96), 1984, S. 49–93.
Montecchi Palazzi, T., Formation et carrière d'un grand personnage de la Curie au XII' siècle: le cardinal Albinus (MélArchH 98), 1986, S. 623–71.
Moynihan, J. H., Papal Immunity and Liability in the Writings of Medieval Canonists, Rom 1961.
Ohnsorge, W., Die Legaten Alexanders III. im ersten Jahrzehnt seines Pontifikats (1159–1169), Berlin 1928.
Olsen, G. W., The Legal Definition of the Ecclesiastical Benefice during the Period of the Appearance of Papal Provisioning (1140–1230), Phil. Diss. Univ. of Wisconsin-Madison 1965.
Padoa Schioppa, A., I limiti all' appello nelle decretali di Alessandro III, in: Proceedings of the Eighth Intern. Congr. of Med. Can. Law (San Diego), Città del Vaticano 1992, S. 387–406.
Palumbo, P. F., Lo scisma del MCXXX. I precedenti. La vicenda romana e le repercussioni europee della lotta tra Anacleto e Innocenzo II, Rom 1942.
Paravicini Bagliani, A., Il trono di Pietro. L'universalità del papato da Alessandro III a Bonifacio VIII, Roma 1996.
Pennington, K., Pope and Bishops: The Papal Monarchy in the Twelfth and Thirteenth Centuries, Philadelphia, PA 1984.
Petersohn, J., Der Vertrag des römischen Senats mit Papst Clemens III. (1188) und das Pactum

Friedrich Barbarossas mit den Römern (1167) (MIÖG 82), 1974, S. 289–337.
———, Papstschisma und Kirchenfrieden. Geistesgeschichtliche Stellung und stadtrömischer Hintergrund des Traktats „De vera pace contra schisma sedis apostolicae" aus dem Jahre 1171 (QFIAB 59), 1979, S. 158–96.
———, Friedrich Barbarossa und Rom, in: Friedrich Barbarossa. Handlungsspielräume und Wirkungsweisen des staufischen Kaisers, Sigmaringen 1992, S. 129–146.
Pfaff, V., Papst Cölestin III. (ZRGKA 47), 1961, S. 109–28.
———, Die innere Verwaltung der Kirche unter Papst Coelestin III. Mit Nachträgen zu den Papstregesten 1191–98 (ADipl 18). 1972, S. 342–98.
———, Das Papsttum in der Weltpolitik des endenden 12. Jahrhunderts (MIÖG 82), 1974, S. 338–76.
———, Der Vorgänger: Das Wirken Coelestins III. aus der Sicht von Innocenz III. (ZRGKA 91), 1974, S. 121–67.
———, Das Papsttum und die Freiheit der Bischofsstädte im 12. Jahrhundert (ADipl 25), 1979, S. 59–104.
———, Der Widerstand der Bischöfe gegen den päpstlichen Zentralismus um 1200 (ZRGKA 66), 1980, S. 459–65.
———, Papst Clemens III. (1187–1191). Mit einer Liste der Kardinalsunterschriften (ZRGKA 66), 1980, S. 261–316.
———, Sieben Jahre päpstliche Politik. Die Wirksamkeit der Päpste Lucius III., Urban III., Gregor VIII. (ZRGKA 67), 1981, S. 148–212.
———, Die päpstlichen Klosterexemtionen in Italien bis zum Ende des 12. Jahrhunderts. Versuch einer Bestandsaufnahme (ZRGKA 72), 1986, S. 76–114.
Philips, J. - Hoch, M. (Hgg.), The Second Crusade. Scope and Consequences, Manchester 2001.
Pitz, E., Papstreskript und Kaiserreskript im Mittelalter, Tübingen 1971.
———, Die römische Kurie als Thema der vergleichenden Sozialgeschichte (QFIAB 58), 1978, S. 216–359.
Rassow, P., Honor Imperii, München 1940.
Renaissance and Renewal in the Twelfth Century, ed. by Benson, R. L./Constable, G., Cambridge/Mass. 1982.
Reuter, T., Zur Anerkennung Papst Innocenz' II. Eine neue Quelle (DA 39), 1983, S. 394–416.
Saurwein, E., Der Ursprung des Rechtsinstituts der päpstlichen Dispens von der nicht vollzogenen Ehe. Eine Interpretation der Dekretalen Alexanders III. und Urbans III., Rom 1980.
Schieffer, R., Der Investiturstreit im Bild der Zeit nach 1122, in: Herbers, K. (Hg.), Europa an der Wende vom 11. zum 12. Jahrhundert, Stuttgart 2001, S. 248–260.
Schimmelpfennig, B., Zisterzienser, Papsttum und Episkopat im Mittelalter, in: Die Zisterzienser. Ordensleben zwischen Ideal und Wirklichkeit Bonn 1980, S. 69–85.
Schludi, U., Der Weg nach Anagni - Versuch einer Rekonstruktion, in: MIÖG 110, 2002, S. 281–328.

Schmale, F.-J., Studien zum Schisma des Jahres 1130, Köln/Graz 1961.
———, Friedrich I. und Ludwig VII. im Sommer des Jahres 1162 (ZBLG 31), 1968, S. 315–68.
Scholz, S., Symbolik und Zeremoniell bei den Päpsten in der zweiten Hälfte des 12. Jahrhunderts, in: Hehl, E.-D. -Ringel, I. H. -Seibert, H., Das Papsttum in der Welt des 12. Jahrhunderts, Stuttgart 2002, S. 131–148.
Schwarzmaier, H., Zur Familie Viktors IV. in der Sabina (QFIAB 48), 1968, S. 64–79.
Somerville, R., Pope Alexander III and the Council of Tours (1163). A Study of Ecclesiastical Politics and Institution in the Twelfth Century, Berkeley/London 1977.
Stauferreich im Wandel. Ordnungsvorstellungen und Politik in der Zeit Friedrich Barbarossas, hg. v. St. Weinfurter, Stuttgart 2002.
Stoller, M. E., The Emergence of the Term 'Antipapa' in Medieval Usage (AHPont 23), 1985, S. 43–61.
Stroll, M., The Jewish Pope: Ideology and Politics in the Papal Schism of 1130, Leiden 1987.
———, Symbols as Power. The Papacy Following the Investiture Contest, Leiden 1991.
Sydow, J., Il Consistorium dopo lo scisma del 1130 (RSChlt 9), 1955, S. 165–76.
Teubner-Schoebel, S., Bernhard von Clairvaux als Vermittler an der Kurie. Eine Auswertung seiner Briefsammlung, Bonn 1993.
Thumser, M., Letzer Wille? Das höchste Angebot Kaiser Heinrichs VI. an die römische Kirche, in: DA 62, 2006, S. 85–135.
Tillmann, H., Die päpstlichen Legaten in England bis zur Beendigung der Legation Gualas, Bonn 1926.
———, Ricerche sull'origine dei membri del collegio cardinalizio nel XII secolo (RSChit 29), 1975, S. 363–402.
Ullmann, W., The Pontificate of Adrian IV (Cambridge Historical Journal 11), 1955, S. 233–52.
Walter, C., Papal Political Imagery in the Medieval Lateran Palace (CArch20), 1970, S. 155–76.
Weinfurter, St. (Hg.), Stauferreich im Wandel. Ordnungsvorstellungen und Politik in der Zeit Friedrich Barbarossas, Stuttgart 2002.
———, Venedig 1177 - Wende der Barbarossa-Zeit? Zur Einführung, in: Hehl, E.-D. - Ringel, I. H. - Seibert, H., Das Papsttum in der Welt des 12. Jahrhunderts, Stuttgart 2002, S. 9–25.
Wiegand, P., Kurie und Kloster im welfisch-staufischen Thronstreit. Zur Exemtionspraxis Papst Innocenz' III. im mitteldeutschen Raum, in: MIÖG 111, 2003, S. 104–145.
Willoweit, D., Die Entstehung exemter Bistümer im deutschen Reichsverband unter rechtsvergleichender Berücksichtigung ausländischer Parallelen (ZRGKA 52), 1966, S. 176–298.
Zenker, B., Die Mitglieder des Kardinalkollegiums von 1130 bis 1159, Würzburg 1964.
Zerbi, P., Papato, Impero e „respublica christiana" dal 1187 al 1198, 2. Aufl. Mailand 1980.

八章　権力の絶頂期の教皇権 (1198 ～ 1303 年)

Alberzoni, M. P., Innocenzo III e la riforma della chiesa in „Lombardia“. Prime indagini sui visitatores et provisores, in: QFIAB 73, 1993, S. 122–178.

Baethgen, F., Die Regentschaft Papst Innozenz' III. im Königreich Sizilien, Heidelberg 1914.

———, Quellen und Untersuchungen zur Geschichte der päpstlichen Hof- und Finanzverwaltung unter Bonifaz VIII. (QFIAB 20), 1928/29, S. 114–237.

———, Zur Geschichte der Weltherrschaftsidee im späteren Mittelalter, in: Festschr. P. E. Schramm, Bd. 1, 1964, S. 189–203.

Balard, M., L'Italie du Sud et la Quatrième Croisade, in: Bulletin de la Société nationale des Antiquaires de France 2001 (erschienen 2006), S. 254–266.

Barbiche, B., Les „scriptores“ de la Chancellerie Apostolique sous le pontificat de Boniface VIII (1295–1303) (Biblchart 128), 1970, S. 115–87.

Bartolomei Romagnoli, A., Celestino V. Il papa eremita, Seregno (Milano) 2005.

Bautier, R.H., Le Jubilé romain de 1300 et l'alliance Franco-pontificale au temps de Philippe le Bel et de Boniface VIII (Le Moyen Âge 86), 1980, S. 189–216.

Berg, G., Manfred of Sicily and Urban IV: Negotiations of 1262 (Mediaeval Studies 55), 1993, S. 111–36.

Bertram, M., Die Abdankung Papst Cölestins V. (1294) und die Kanonisten (ZRGKA 87), 1970, S. 1–101.

Boespflug, Th., La curie au temps de Boniface VIII. Étude prosopographique (Bonifaciana 1), Roma 2005.

Bolton, B., Innocent III: Studies on Papal Authority and Pastoral Care, Aldershot 1995.

Bonifacio VIII, i Caetani e la storia del Lazio, Roma 2004.

Bonifacio VIII. Atti del XXXIX Convegno storico internazionale, Todi 13–16 ottobre 2002, Spoleto 2003.

Brentano, R., Rome before Avignon. A Social History of Thirteenth Century Rome, London 1974.

Buisson, L., Potestas und Caritas. Die päpstliche Gewalt im Spätmittelalter, Köln/Graz 1958.

Bundy, D. D., Armenian Relations with the Papacy after the Mongol Invasions (Patristic and Byzantine Review 5), 1986, S. 19–32.

Carocci, S., Baroni di Roma. Dominazioni signorili e lignaggi aristocratici nel Duecento e nel primo Trecento, Rom 1993.

Celestino V e i suoi tempi: realtà spirituale e realtà politica, hg. v. W. Capezzali, L' Aquila 1990.

Celestino V nel settimo centenario della morte, a cura di B. Valeri, Casamari 2001.

Cheney, C. R., Pope Innocent III and England, Stuttgart 1976.

Cipollone, G., Cristianità - Islam. Cattività et liberazione in nome di Dio. Il tempo di Innocenzo III dopo „il 1187“, Rom 1992.

Claverie, P.-V., Un aspect méconnu du pontificat de Grégoire X: les débuts de sa politique orientale (1271–1273), in: Byzantion 68, 1998, S. 281–310.

Corvi, A., Il processo di Bonifacio VIII, Rom 1948.

De Simone, A., Pietro del Morrone. San Celestino V papa, Firenze 2005.

Die Register Innocenz' III., 5. Bd., 5. Pontifkatsjahr 1202/1203. Texte, bearb. v. O. Hagender,

Wien 1993; Indices, bearb. v. A. Sommerlechner, Wien 1994.

Die Register Innocenz' III., 6. Bd., 6. Pontifkatsjahr 1203/1204. Texte und Indices, bearb. v. O. Hageneder - J. C. Moore - A. Sommerlechner, Wien 1995.

Digard, G., Philippe le Bel et le Saint-Siège de 1285 à 1304, Paris 1936.

Dobson, C. J., The Thirteenth-Century Papacy as Viewed by those outside the Roman Curia, Phil. Diss. Michigan State Univ. 1975.

Dupré-Theseider, E., Roma dal comune di popolo alla signoria pontificia (1252–1327) (= Storia di Roma XI), Bologna 1952.

Dykmans, M., D'Innocent III à Boniface VIII. Histoire des Conti et des Annibaldi (BIHBelgR 45), 1975, S. 19–211.

———, Les transferts de la curie romaine du XIIIe au XVe siècle (ASR 103), 1980, S. 93–116.

———, Les pouvoirs des cardinaux pendant la vacance du Saint-Siège d'après un nouveau manuscrit de Jacques Stefaneschi (ASR 104), 1981, S. 119–45.

Eastman, J. R., Papal Abdication in Later Medieval Thought, Lewiston,

Egger, C., Papst Innocenz III. als Theologe. Beiträge zur Kenntnis seines Denkens im Rahmen der Frühscholastik (AHPont 30), 1992, S. 55–123.

Ermini, G., I parlamenti dello Stato della Chiesa dalle origini al periodo Albornoziano, Rom 1930.

Felten, F. J., Päpstliche Personalpolitik? Über Handlungsspielräume des Papstes in der ersten Hälfte des 14. Jahrhunderts, in: HJb 122, 2002, S. 43–86.

Finke, H., Aus den Tagen Bonifaz' VIII., Münster 1902 (ND Rom 1964).

Floridi, G., La „Romana Mater" di Bonifacio VIII e le libertà comunali nel basso Lazio, Guarcino 1986.

Foreville, R., Innocent III et la Croisade des albigeois, in: Dies., Gouvernement et Vie de l'Église au Moyen Âge, London 1979, Nr. XIII.

———, Le pape Innocent III et la France, Stuttgart 1992.

Frale, B., L'ultima battaglia dei Templari. Dal codice ombra d'obbedienza militare alla costruzione del processo per eresia, Roma 2001.

Franchi, A., Il Conclave di Viterbo (1268–1271) e le sue origini. Saggio con documenti inediti, Ascoli Piceno 1993.

———, Nicolaus papa IV, 1288–1292 (Girolamo d'Ascoli), Ascoli Frenz, Th. (Hg.), Papst Innocenz III. Weichensteller der Geschichte Europas, Stuttgart 2000.

Ganzer, K., Papsttum und Bistumsbesetzung in der Zeit von Gregor IX. bis Bonifaz VIII. Ein Beitrag zur Geschichte der päpstlichen Reservationen, Köln/ Graz 1969.

Gatto, L., Il pontificato di Gregorio X (1271–1276), Rom 1959.

———, Celestino V, pontefice e santo, a cura di E. Plebani, Roma 2006.

Golinelli, P., Il papa contadino. Celestino V. e il suo tempo, Firenze 1996 (vollständig überarbeitet unter dem Titel Celestino V. Il papa contadino, Milano 2007). Gottlob, A., Die Servitientaxe im 13. Jahrhundert, Stuttgart 1903.

Grano, A., Il papa santo. Celestino V, San Pietro a Maiella. Vita e miracoli dell'eremita abruzzese che a Napoli si dimise da pontefice ma non fece „per viltade ii gran rifiuto.", Napoli 2001.

Grison, R., Il problema del cardinalato nell'Ostiense (AHPont 30), 1992, S. 125–57.

Hageneder, O., Das Sonne-Mond-Gleichnis bei Innocenz III., in: MIÖG 65, 1957, S. 340–368.

———, Das päpstliche Recht der Fürstenabsetzung. Seine kanonistische Grundlegung (AHPont 1), 1963, S. 39–71.

———, Studien zur Dekretale „Vergentis" (X. V, 7. 10). Ein Beitrag zur Häretikergesetzgebung Innocenz' III. (ZRGKA 49) 1963, S. 138–73.

Hampe, K., Urban IV. und Manfred (1261–1264), Heidelberg 1905 (ND Nendeln 1977). Hechelhammer, B., Kreuzzug und Herrschaft unter Friedrich II. Handlungsspielräume von Kreuzzugspolitik (1215–1230), Osdildern 2004.

Hechelhammer, B., Kreuzzug und Herrschaft unter Friedrich II. Handlungsspielräume von Kreuzzugspolitik (1215–1230), Osdildern 2005.

Heft, J. L., Nicholas III (1277–1280) and John XXII (1316–1334): Popes in Contradiction? A Reexamination of Text and Contexts (AHPont 21), 1983, S. 245–57.

Herde, P., Beiträge zum päpstlichen Kanzlei- und Urkundenwesen im 13. Jahrhundert, 2. Aufl. Kallmünz 1967.

———, Ein Pamphlet der päpstlichen Kurie gegen Kaiser Friedrich II. von 1245/46 („Eger cui lenia"), in: DA 23, 1967, S. 468–538.

———, Audientia litterarum contradictarum, 2 Bde., Tübingen 1970.

———, Cölestin V. 1294 (Peter von Morrone). Der Engelpapst. Mit einem Urkundenanhang und Edition zweier Viten, Stuttgart 1981.

———, Die Entwicklung der Papstwahl im dreizehnten Jahrhundert (Osterr. Arch. f. Kirchenrecht 32),1981, S. 11–41.

———, Election and Abdication of the Pope: Practice and Doctrine in the Thirteenth Century, in: Proceedings of the Sixth Intern. Congr. of Med. Can. Law (Berkeley), Città del Vaticano 1985, S. 411–36.

———, Celestino V (Pietro del Morrone) 1294. Il papa angelico, trad. di A. M. Voci, L'Aquila 2004.

Holzapfel, Th., Papst Innocenz III., Philipp II. August, König von Frankreich, und die englisch-welfische Verbindung 1198–1216, Frankfurt a. M. 1991.

Houben, H., Friedrich II., der Deutsche Orden und die Burgen im Königreich Sizilien. Eine unbekannte Urkunde Honorius' III. von 1223, in: DA 56, 2000, S. 585–592.

Housley, N., The Italian Crusades. The Papal-Angevin Alliance and the Crusades against Christian Lay Powers, 1254–1343, Oxford 1982.

Il papato ducentesco e gli ordini Mendicanti, Atti del XXV convegno internazionale, Assisi 13–14 febbraio 1998, Spoleto 1998.

Imkamp, W., Das Kirchenbild Papst Innocenz' III. (1198–1216), Stuttgart 1983.

Innocenzo III - Urbs et orbis, a cura di A. Sommerlechner, 2 Bde., Roma 2003.

Kamp, N., Kirche und Monarchie im staufischen Königreich Sizilien. I: Prosopographische Grundlegung: Bistümer und Bischöfe des Königreichs 1194–1266, 4 Bde., München 1973–75 u.1982.

Kantorowicz, E. H., The King's Two Bodies. A Study in Mediaeval Political Theology,

Princeton/N. J. 1957. [『王の二つの身体── 中世政治神学研究』Ｅ．Ｈ．カントーロヴィチ（小林 公訳)，平凡社，1992 年（ちくま学芸文庫，2003 年）]
Kasten, B., Liebe, Furcht und andere Griinde, niche auf den fünften Kreuzzug (1217–1221) zu gehen, in: A. Gestrich-M. Krauss (Hgg.), Zurückbleiben. Der vernachlässigte Teil der Migrationsgeschichte, Stuttgart 2007, S. 89–124.
Kaufhold, M., Norwegen, das Papsttum und Europa im 13. Jahrhundert. Mechanismen der Integration, in: HZ 265, 1997, S. 309–342.
Kempf, F., Papsttum und Kaisertum bei Innocenz III., Rom 1954.
———, Die Absetzung Friedrichs II. im Lichte der Kanonistik, in: Probleme um Friedrich II., hg. v. I. Fleckenstein, Sigmaringen 1974, S. 345–60.
———, Innocenz III. und der deutsche Thronstreit (AHPont 23), 1985, S. 63–91.
Kennan, E. T., Innocent III, Gregory IX, and Political Crusades: A Study in the Disintegration of Papal Power, in: Reform and Anthority in the Medieval and Reformation Church, hg. v. G. F. Lytle, Washington, D. C. 1981, S. 15–35.
Kölmel, W., Regimen christianum. Weg und Ergebnisse des Gewaltenverstandnisses und des Gewaltenverhaltnisses (8. bis 14. Jh.), Berlin 1970.
Kolmer, L., Ad capiendas vulpes. Die Ketzerbekämpfung in Südfrankreich in der ersten Hälfte des 13. Jahrhunderts und die Ausbildung des Inquisitionsverfahrens, Bonn 1982.
Köpf, U., Hugolino von Ostia (Gregor IX.) und Franziskus, in: Franziskus von Assisi. Das Bild des Heiligen aus neuer Sicht, hg. v. D. R. Bauer - H. Feld - U. Kopf, Köln 2005, S. 163–182.
Krieb, St., Vermitteln und Versöhnen. Konfliktregelung im deutschen Thronstreit 1198–1208, Köln 2000.
Krieger, K.-F., Rudolf von Habsburg, Darm stadt 2003.
Kuttner, S., Universal Pope or Servant of God's Servants. The Canonists Papal Titles, and Innocent III (RDCan 32), 1981, S. 109–49.
La chiesa di Celestino V: S. Antonio abate a Ferentino, Casamari 1991.
Lackner, Chr., Studien zur Verwaltung des Kirchenstaates unter Papst Innocenz III. (RHM 29), 1987, S. 127–214.
Laufs, M., Politik und Recht bei Innozenz III. Kaiserprivilegien, Thronstreitregister und Egerer Goldbulle in der Reichs- und Rekuperationspolitik Papst Innozenz' III., Köln 1980.
Le Croisade albigeoise, sous la présidence de M. Roquebert, Carcasson 2004.
Le culture di Bonifacio VIII., a cura di I. Bonincontro, Roma 2006.
Linehan, P., The Spanish Church and the Papacy in the Thirteenth Century, Cambridge 1971.
Lupprian, K. E., Die Beziehungen der Päpste zu islamischen und mongolischen Herrschern im 13. Jahrhundert anhand ihres Briefwechsels, Città del Vaticano 1981.
Maccarrone, M., Studi su Innocenzo III, Padua 1972.
———, Nuovi studi su Innocenzo III, a cura di Roberto Lambertini, Roma 1995.
Maisonneuve, H., Études sur les origines de l'Inquisition, 2. Aufl. Paris 1960.
Maleczek, W., Petrus Capuanus. Kardinal, Legat am vierten Kreuzzug, Theologe (1214), Wien 1988.
———, Das Frieden stiftende Papsttum im 12. und 13. Jahrhundert, in: Träger und

Instrumentarien des Friedens im hohen und späten Mittelalter, hg. v. J. Fired, Sigmaringen 1996, S. 249–332.

———, Ecclesiae patrimonium speciale. Sizilien in der päpstlichen Politik des ausgehenden 12. Jahrhunderts, in: Die Staufer im Süden. Sizilien und das Reich, hg. v. Th. Kölzer, Sigmaringen 1996, S. 29–42.

Melloni, A., Innocenzo IV. La concezione e l'esperienza della cristianità come „regimen unius personae", Genua 1990.

Menzel, M., Kreuzzugsideologie unter Innocenz III., in: HJb 120, 2000, S. 39–79.

Meschini, Marco, Innocenz III. und der Kreuzzug als Instrument im Kampf gegen die Häresie, in: DA 61, 2005, S. 537–584.

Miethke, J., A. Bühler, Kaiser und Papst im Konflikt. Zum Verhältnis von Staat und Kirche im späten Mittelalter, Düsseldorf 1988.

Miethke, J., Die Traktate „De potestate papae". Ein Typus politiktheoretischer Literatur im späten Mittelalter, in: Les genres littéraires dans les sources théologiques et philosophiques médiévales, Louvain-La-Neuve 1982, S. 193–211.

Moore, J. (Hg.), Pope Innocent III and his World, Aldershot 1999.

Moore, J. C., Pope Innocent III, Sardinia, and the Papal State (Speculum 62), 1987, S. 81–101.

———, Pope Innocent III (1160/61–1216). To root up and to plant, Leiden 2003.

Morghen, R., Bonifacio VIII e il Giubileo del 1300 nella storiografia moderna, Rom 1975.

Murauer, R., Priusquam litteras aperiret, ... ad sedem apostolicam appellavit. Zu den Zusammenhängen von Exkommunikation, Appellation und (ad cautelam-) Absolution, in: MIÖG 105, 1997, S. 393–415.

———, Papst-Metropolit-Bischof um 1200. Zur Verzögerung der Weihe des Elekten Heinrich von Straßburg, in: Römische Historische Mitteilungen 43, 2001, S. 257–310.

Neiske, F., Reform oder Kodifizierung? Päpstliche Statuten für Cluny im 13. Jahrhundert (AHPont 26), 1988, S. 71–118.

Neitmann, K., Papst und Kaiser in den Staatsverträgen des Deutschen Ordens in Preußen 1230–1466 (ADipl 33), 1987, S. 293–321.

Niccolò IV: un pontificato tra Oriente ed Occidente, hg. v. E. Menestò. Spoleto 1991.

Nüske, G. F., Untersuchungen über das Personal der päpstlichen Kanzlei 1254–1304 Mittelalter, Darmstadt 2003.

Oberste, J., Der „Kreuzzug" gegen die Albigenser. Ketzerei und Machtpolitik im Mittelalter, Darmstadt 2003.

Pacaut, M., L' autorité pontificale selon Innocent IV (Le Moyen Âge 66), 1960, S.85–119.

Packard, S. R., Europe and the Church under Innocent III, 2. Aufl. New York 1968.

Paravicini Bagliani, A., Cardinali di Curia e „familiae" cardinalizie dal 1227 al 1254, 2 Bde., Padua 1972.

———, La mobilità della Curia romana nel secolo XIII. Riflessi locali, in: Societa e istituzioni dell'Italia comunale: l'esempio di Perugia (Secoli XII–XIV), Perugia 1988, S. 155–278.

———, Der Papst auf Reisen im Mittelalter, in: Feste und Feiern im Mittelalter, hg. v. J. Jarnut u. a., Sigmaringen 1991, S. 501–14.

———, Medicina e scienze della natura alla corte dei Papi nel Duecento, Spoleto 1991.
———, Bonifacio VIII, Torino 2003.
Pásztor, E., Censi e possessi della Chiesa Romana nel Duecento: due registri pontifici inediti (AHPont 15), 1977, S. 139–93.
———, La Guerra di Vespro e i suoi problemi: l'intervento di Martino IV (Quaderni Catanesi 1), 1979, S. 135–58.
Pennington, K., Pope Innocent III's Views on Church and State. A Gloss to „Per Venerabilem", in: Law, Church and Sociery. Essays in Honor of S. Kuttner, Univ. of Pennsylvania 1977, S. 49–67.
Petrucci, E., Innocenzo III e i Comuni dello Stato della Chiesa. Il potere centrale, in: Societa e istituzioni dell'Italia comunale: l' esempio di Perugia (Secoli XII–XIV), Perugia 1988, S. 91–135.
Picasso, G., Papato e nuovi ordini religiosi nel secolo XIII, in: AHP 36, 1998, S. 19–32. Piceno 1990. Pietro Celestino nel settimo Centenario dell' elezione pontificia, a cura di B. Valeri, Casamari 1995.
Potthast, A. (Hg.), Regesta pontificum Romanorum inde ab a. post Christum natum MCXCVIII ad a. MCCCIY, 2 Bde., Berlin 1874–75.
Purcell, M., Papal Crusading Policy 1244–1291, Leiden 1975.
Rabikauskas, P., „Auditor litterarum contradictarum" et Commissions de juges délégués sous le pontificat d'Honorius III (BiblChart 132), 1974, S. 213–44.
Rachewiltz, I. de, Papal Envoys to the Great Khans, London 1971.
Radke, G. M., Form and Function in Thirteenth-Century Papal Palaces, in: Architecture et vie sociale, hg. v. 1. Guillaume, Paris 1994, S. 11–24.
Ragusa, I. Mandylion - Sudarium: the „Translation" of a Byzantine Relic to Rome (Arte Medievale 5), 1991, S. 97–106.
Rainer, J.M., Innocenz III. und das römische Recht (RHM 25), 1983, S. 15–33.
Rehberg, A., Ein Orakel-Kommentar vom Ende des 13. Jahrhunderts und die Entstehungsumstände der Papstvatizinien. Ein Arbeitsbericht (QFIAB 71), 1991, S. 749–73.
Rembaum, J. E., The Talmud and the Popes: Reflections on the Talmud Trials of the 1240s (Viator 13), 1982, S. 203–23.
Ritzler, R., I cardinali e i papi dei frati minori conventuali (Miscellanea Franciscana 71), 1971, S. 3–77.
Roche, D., L'église romaine et les cathares albigeois, Narbonne 1969.
Rodberg, B., Das Zweite Konzil von Lyon (1274), Paderborn 1990.
Rodríguez de Lama, I., La documentación pontificia de Urbano IV (1261–1264), Rom 1981.
Roma anno 1300, Rom 1983.
Roscher, H., Papst Innocenz III. und die Kreuzzüge, Göttingen 1969.
Röttgen, H., Die Inbesitznahme des Lateran durch Bonifaz VIII. Überlegungen zur Wirklichkeit der Benediktionskanzel in Giottos Fresko und zur alten Benediktionskanzel des Lateran, in: Das Andere wahrnehmen, hg. v. M. Kintzinger, Köln 1991, S. 141–68.
Rusch, B., Die Behörden und Hofbeamten der päpstlichen Kurie des 13. Jahrhunderts, Königsberg/Berlin 1936.

Sayers, J.E., Papal Judges Delegate in the Province of Canterbury, 1198–1254. A Study in Ecclesiastical Jurisdiction and Administration, London 1971.

———, Papal Govemment and England during the Pontificate of Honorius III (1216–1227), Cambridge 1984.

———, Innocent III. Leader of Europe 1198–1216, London 1994.

Schatz, K., Papsttum und partikularkirchliche Gewalt bei Innocenz III. (1198–1216) (AHPont 8), 1970, S. 61–111.

Schein, S., Fideles Crucis. The Papacy, the West, and the Recovery of the Holy Land 1274–1314, Oxford 1991.

Schenkluhn, W., San Francesco in Assisi: Ecclesia specialis. Die Vision Papst Gregors IX. von einer Erneuerung der Kirche, Darmstadt 1991.

Schiff, O., Studien zur Geschichte Papst Nikdlaus' N., Berlin 1897 (ND Vaduz 1965).

Schimmelpfennig, B., Das Prinzip der „sanior pars" bei Bischofswahlen im Mittelalter (Concilium 16), 1980, S. 473–77.

———, Utriusque potestatis monarchia. Zur Durchsetzung der päpstlichen Hoheit im Kirchenstaat mittels des Strafrechtes während des 13. Jahrhunderts (ZRGKA 105), 1988, S. 304–27.

———, „Mitbestimmung" in der Römischen Kirche unter lnnozenz III., in: Proceedings of the Eighth Intern. Congr. of Med. Can. Law (San Diego), Città del Vaticano 1992, S. 455–70.

Schmidt, T., Papst Bonifaz VIII. und die Idolatrie (QFIAB 66), 1986, S. 75–107.

———, Der Bonifaz-Prozeß. Verfahren der Papstanklage in der Zeit Bonifaz' VIII. und Clemens' V., Köln 1989.

———, Papst Bonifaz VIII. als Gesetzgeber, in: Proceedings of the Eighth Intern. Congr. of Med. Can. Law (San Diego), Città del Vaticano 1992, S. 227–246.

Schopp, N., Papst Hadrian V. (Kardinal Ottobuono Fieschi), Heidelberg 1916 (ND Nendeln 1976).

Schwarz, B., Die Organisation kurialer Schreiberkollegien, Tübingen 1972.

Seegrün, W., Kirche, Papst und Kaiser nach den Anschauungen Kaiser Friedrichs II., in: HZ 207, 1968, S. 4–41.

Selge, K. V., Franz von Assisi und die römische Kirche (ZThK 67), 1970, S. 129–61.

Setton, K. M., The Papacy and the Levant (1204–1571), I: The Thirteenth and Fourteenth Centuries, Philadelphia, PA 1976.

Shannon, A. C., The Popes and Heresy in the Thirteenth Century, Villanova, PA 1949.

Sienell, St., Papst Innocenz III. (1198–1216) und die Kölner Erzbischöfe, in: Jb des köln. Geschichtsvereins 65, 1994, S. 13–53.

Smith, D., Innocent III and the Crown of Aragon. The Limits of Papal Authority, Aldershot 2004.

Sternfeld, R., Der Kardinal Johann Gaetan Orsini (Papst Nikolaus III.), 1244–1277. Ein Beitrag zur Geschichte der Römischen Kurie im 13. Jahrhundert, Berlin 1905 (ND Vaduz 1965).

Stickler, A. M., Imperator vicarius Papae. Die Lehren der französisch-deutschen Dekretisten-

schule des 12. und beginnenden 13. Jahrhundens über die Beziehungen zwischen Papst und Kaiser, in: MIÖG 62, 1954, S. 165–212.
———, Il Giubileo di Bonifacio VIII. Aspetti giuridico-pastorali, Rom 1977.
Stürner, W., Friedrich II., 2 Bde., Darmstadt 1992/2000.
Taylor, M. L., The Election of Innocent III, in: The Church and Sovereignty c. 590–1918. Essays in Honour of M. Wilks, Oxford 1991, S. 97–112.
Thumser, M., Rom und der römische Adel in der späten Stauferzeit, Tübingen 1995.
———, Zur Überlieferungsgeschichte der Briefe Papst Clemens' IV. (1265–1268), in: DA 51, 1995, S. 115–168.
Tillmann, H., Papst Innozenz III., Bonn 1954.
Trusen, W., Der Inquisitionsprozeß: Seine historischen Grundlagen und frühen Formen (ZRGK.A 105), 1988, S. 168–230.
Ullmann, W., Die Bulle Unam sanctam (RHM 16), 1974, S. 45–77.
Voci, A. M., Federico II imperatore e i Mendicanti: privilegi papali e propaganda anti-imperiale (Critica storica 22), 1985, S. 3–28.
Vries, W. de, Innozenz IV. (1243–1254) und der christliche Osten (OstkSt 12), 1963, S. 113–31.
———, Innozenz III. (1198–1216) und der christliche Osten (AH Pont 3), 1965, S. 87–126.
Waley, D., The Papal State in the Thirteenth Century, London 1961.
Walther, H. G., Ziele und Mittel päpstlicher Ketzerpolitik in der Lombardei und im Kirchenstaat 1184–1252, in: Die Anfänge der Inquisition im Mittelalter, hg. V. P. Segl, Köln etc. 1993, S. 103–30.
———, Das Reich in der politischen Theorie der Legistik und im Umkreis der päpstlichen Kurie, in: M. Werner (Hg.), Heinrich Raspe - Landgraf von Thüringen und römischer Känig (1227–1247), Frankfurt am Main 2003, S. 29–52.
Watt, J. A., The Theory of Papal Monarchy in the Thirteenth Century. The Contribution of the Canonists, New York 1966.
Webb, D. M., The Pope and the Cities: Anticlericalism and Heresy in Innocent III's Italy, in: The Church and Sovereignty c. 590–1918. Essays in Honour of M. Wilks, Oxford 1991, S. 135–52.
Wehrli-Johns, M., Voraussetzungen und Perspektiven mittelalterlicher Laienfrömmigkeit seit Innocenz III. Eine Auseinandersetzung mit Herbert Grundmanns „Religiosen Bewegungen“, in: MIÖG 104, 1996, S. 286–309.
Widmer, B., Das Haus Aragon und Bonifaz VIII. Nachrichten aus dem Briefwechsel Jakobs II. (BasZG 71), 1971, S. 37–78.

九章　アヴィニョン教皇庁時代 (1303 ～ 1378 年)

Accrocca, F., Ancora sul caso del papa eretico: Giovanni XXII e la questione della povertà. A proposito del ms. XXI del convento di Capestrano, AHP 32, 1994, S. 329–341.
Amargier, P., Urbain V. Un homme. Une vie (1310–1370), Marseille 1987.
Aux origines de l'État moderne. Le fonctionnement administratif de la Papauté d'Avignon, Rom 1990.

Backman Clifford, R., The Papacy, the Sicilian Church, and King Frederick III (1302–1321) (Viator 22), 1991, S. 229–49.
Baethgen, F., Der Anspruch des Papsttums auf das Reichsvikariat, in: Ders., Mediaevalia, Stuttgart 1960, S. 110–85.
Baluze, E. - Mollat, G. (Hgg.), Vitae paparum Avenionensium, 4 Bde., 2. Aufl. Paris 1914–1922.
Barraclough, G., Papal provisions, Oxford 1935.
Becker, H.-J., Das Mandat „Fidem catholicam“ Ludwigs des Bayern von 1338, in: DA 26, 1970, S. 454–512.
Beneyto, J., El cardenal Albornoz. Hombre de Iglesia y de Estado en Castilla y en Italia, Madrid 1986.
Bock, F., Einführung in das Registerwesen des avignonesischen Papsttums (QFIAB 31), 1941 (ganzer Band).
———, Studien zum politischen Inquisitionsprozeß Johannes' XXII. (QFIAB 26), 1935/36, S. 21–142.
Boehm, L., Papst Benedikt XII. als Förderer der Ordensstudien. Restaurator, Reformator oder Deformator regularer Lebensform?, in: Secundum regulam vivere, Festschr. für N. Backmund, Windberg 1978, S. 281–310.
Bowsky, W. M., Clement V and the Emperor Elect (Mediaevalia et Humanistica 12), 1958, S. 52–69.
Burr, D., Olivi and Franciscan Poverty. The Origins of the „usus pauper“ Controversy, Philadelphia, PA 1989.
Caggese, E., Roberto d'Angiò e i suoi tempi, 2 Bde., Florenz 1922–35.
Caillet, L., La Papauté d'Avignon et l'Église de France. La politique bénéficiale du pape Jean XXII en France (1316–1334), Paris 1975.
Canning J., A State Like Any Other? The Fourteenth-Century Papal Patrimony through the Eyes of Roman Law Jurists, in: The Church and Sovereignty c. 590–1918. Essays in Honour of M. Wilks Oxford 1991, S. 245–60.
Chiffoleau, J., La justice du pape. Délinquence et criminalité clans la région d' Avignon au quatorzième siècle, Paris 1984.
Colliva, P., Il cardinale Albornoz, lo Stato della Chiesa, le „Constitutiones Aegidianae“ (1353–1357), Bologna 1977.
Dehio, L., Der Übergang von Natural- zu Geldbesoldung an der Kurie (VSWG 8), 1910, S. 56–78.
Deprez, E., Les préliminaires de la guerre de Cent ans. La Papauté, la France et l'Angleterre (1328–1342), Paris 1902 (ND Genf 1975).
Di Carpegna Falconieri, T., Cola di Rienzo. Presentazione di G. Arnaldi, Roma 2002.
Dinzelbacher, P., Die Templer. Ein geheimnisumwitterter Orden? Freiburg 2002.
Dupré Theseider, E., I papi di Avignone e la questione romana, Florenz 1939.
———, Problemi del papato avignonese, Bologna 1961.
Ehrle, F., Der Nachlass Clemens' V. und der in Betreff desselben von Johann XXII. (1318–1321) geführte Prozeß (ALitKG 5), 1889, S. 1–158.

Erdmann, J., „Quod non est in actis, non est in mundo.“ Päpstliche Benefizialpolitik im sacrum imperium des 14. Jahrhunderts, Tübingen 2006.

Erkens, F.-R., Sol iusticie und regis regum vicarius - Ludwig der Bayer als „Priester der Gereichtigkeit“, in: Zeitschrift für bayerische Landesgeschichte 66, 2003, S. 795–818.

Erler, A., Aegidius Albornoz als Gesetzgeber des Kirchenstaates, Berlin 1970.

Esch, A., Die Ehedispense Johanns XXII. und ihre Beziehung zur Politik, Berlin 1929 (ND Vaduz 1965).

Felten, F. J., München, Paris und Avignon im Frühjahr 1337. Anmerkungen zur Wirkmächtigkeit von Geschichtsbildern, in: Bayern und Europa, Festschr. P. C. Hartmann, hg. v. K. Amann - L. Pelizaeus - A. Reese - H. Schmahl Frankfurt am Main 2005, S. 1–16.

Fürst, C. G., „Quia nonnulli“. Anmerkungen zu einer Bulle Clemens’ V. (Extravag. Com. V, 10, 4), in: Aus Kirche und Reich. Festschr. F. Kempf. Sigmaringen 1983, S. 419–30.

Gagnière, S., Le palais des papes d’Avignon, Caisse nat. demon. hist. 1965.

Genèse et débuts du Grand Schisme d’Occident (1362–1394), Paris 1980.

Gilmour-Bryson, A., The Trial of the Templars in the Papal State and the Abruzzi, Città del Vaticano 1982.

Guillemain, B., La Cour pontificale d’Avignon (1309–1376). Étude d’une société, Paris 1962 (ausführl. Literaturverzeichnis).

Hayez, A. M., À 1a Cour pontificale d’Urbain V, réceptions et déplacements (Annuaire de la Société des Amis du palais des Papes 63–64), 1986/87, S. 15–24.

Heft, J., John XXII and Papal Teaching Authority, Lewiston, NY- Queenston, Ont. 1986.

Housley, N., The Avignon Papacy and the Crusades, 1305–1378, Oxford 1986.

Jean XXII, Les sermons sur la vision béatifique, ed. M. Dykmans, Rom 1973.

La Papauté d’Avignon et le Languedoc 1316–1342, Toulouse 1991.

Leppin, V., Wilhelm von Ockham. Gelehrter, Streiter, Bettelmönch, Darmstadt 2003.

Lulvès, I., Päpstliche Wahlkapitulationen. Ein Beitrag zur Entwicklungsgeschichte des Kardinalats (QFIAB 12), 1909, S. 12–35.

———, Die Machtbestrebungen des Kardinalats bis zur Aufstellung der ersten päpstlichen Wahlkapitulation (QFIAB 13), 1910, S. 73–102.

Lunt, W. E., Papal Revenues in the Middle Ages, 2 Bde., New York 1934 (ND 1965).

———, Financial relations of the papacy with England, 1327–1534, Cambridge, MA 1962.

Mazeika, R. J. - Rowell, St. C., Zelatores maximi. Pope John XXII, Archbishop Frederick of Riga and the Baltic Mission 1305–1340, in: AHP 31, 1993, S. 33–68.

McDonald, P., Poor Clerks’ Provisions: A Case for Reassessment? (AHPont 30), 1992, S. 339–49. Menache, S., Clement V et le royaume de France. Un nouveau regard (RHEglF 74), 1988, S. 23–38. Menache, S., Clement V, Cambridge 1998.

Meyer, A., Zürich und Rom. Ordentliche Kollatur und päpstliche Provisionen am Frau- und Großmunster 1316–1523, Tübingen 1986.

Miethke, J., Ockhams Weg zur Sozialphilosophie, Berlin 1969.

———, Kaiser und Papst im Spätmittelalter. Zu den Ausgleichbemühungen zwischen Ludwig dem Bayern und der Kurie in Avignon, in: ZhF 10, 1983, S. 421–446.

———, Wilhelm von Ockham. Texte zur politischen Theorie, 1995.

———, Wirkungen politischer Theorie au£ die Praxis der Politik im Römischen Reich des 14. Jahrhunderts. Gelehrte Politikberatung am Hofe Ludwigs des Bayern, in: Political Thought and the Realities of Power in the Middle Ages, hg. v. J. Canning- O. G. Oexle, Göttingen 1998.

———, De potestate papae. Die päpstliche Amtskompetenz im Widerstreit der politischen Theorie von Thomas von Aquin bis Wilhelm Ockham, Tübingen 2000.

———, Der Kampf Ludwigs des Bayern mit Papst und avignonesischer Kurie in seiner Bedeutung für die deutsche Geschichte, in: Nehlsen, H. - Hermann, H.-G. (Hgg.), Kaiser Ludwig der Bayer. Konflikte, Weichenstellungen und Wahrnehmung seiner Herrschaft, Paderborn 2002, S. 39–74.

———, Politiktheorien im Mittelalter von Thomas von Aquin bis Wilhelm von Ockham, Tübingen 2008.

Mollat, G., La collation des benéfices ecclésiastiques par les papes d'Avignon (1305–1378), Paris 1921.

———, Les papes d'Avignon (1305–1378), 10. Aufl. Paris 1965 (ausführl. Literaturverzeichnis). Muldoon, I., The Avignon Papacy and the frontiers of Christendom: The Evidence of Vatican Register 62 (AHPont 17) 1979, S. 125–95.

Müller, E., Das Konzil von Vienne, 1311–1312. Seine Quellen und seine Geschichte, Münster 1934. Nold, P., Pope John XXII and His Franciscan Cardinal, Bertrand de la Tour and the Apostolic Poverty Controversy, Oxford 2003.

Offler, H. S., Church and Crown in the Forteenth Century. Studies in European history and political thought, ed. by A. I. Doyle, Aldershot 2000.

Pauler, R., Die Auseinandersetzungen zwischen Kaiser Karl IV. und den Päpsten. Italien als Schachbrett der Diplomatie, Neuried 1996.

Piola Caselli, F., La costruzione del palazzo dei papi di Avignone (1316–1367), Mailand 1981.

Quaglioni, D. (Hg.), La crisi del Trecento e il papato avignonese (1274–1378), Cisinello Balsamo 1994.

Rehberg, A., I papi, l'ospedale e l'ordine di S. Spirito nell'età avignonese, in: Archivio della Società Romana di storia patria 124, 2001, S. 35–140.

Renouard, Y., Les relations des papes d' Avignon et des compagnies commerciales et bancaires de 1316a 1378, Paris 1941.

———, La papauté à Avignon, 2. Aufl. Paris 1962.

Samaran, C., G. Mollat, La fiscalité pontificale en France au XIVe siècle. Période d'Avignon et du Grand Schisme d'Occident, Paris 1905.

Satolli, A., Le Rocche dell'Albornoz nella fascia mediana dello Stato Pontificio, in: Dall'Albornoz all'età dei Borgia. Questioni di cultura figurativa nell'Umbria meridionale, Todi 1990, S. 55–81.

Schimmelpfennig, B., Die Organisation der päpstlichen Kapelle in Avignon (QFIAB 50), 1971, S. 80–111.

———, Zisterzienserideal und Kirchenreform. Benedikt XII. (1334–42) als Reformpapst, in: Zisterzienser-Studien 3, Berlin 1976, S. 11–43.

———, Papal Coronations in Avignon, in: Coronations. Medieval and Early Modern

Monarchic Ritual, hg. v. J. Bak, Berkeley, CA 1990, S 179–96.
———, „Ad maiorem Pape gloriam". La fonction des pièces dans le palais des Papes d'Avignon, in: Architecture et vie sociale, hg. v. J. Guillaume, Paris 1994, S. 25–46.
Schmitt, C., Un pape réformateur et défenseur de l'unité de l'Église. Benoît XII et l'Ordre des Frères-Mineurs (1334–1342), Quaracchi/Florenz 1959.
Schmitz, M., Lebens- und Arbeitsweise zweier südfranzösischer Kollektoren in der ersten Hälite des 14. Jahrhunderts in England, Frankfurt a. M. 1993.
Scharmann, G. A., Beiträge zur Ehepolitik der Päpste von Benedikt XII. bis Gregor XL, Phil. Diss. Bonn 1969.
Schütz, A., Die Prokuratorien und Instruktionen Ludwigs des Bayern für die Kurie (1331–1345). Ein Beitrag zu seinem Absolutionsprozeß, Kallmünz 1973.
Schwobel, H. O., Der diplomatische Kampf zwischen Ludwig dem Bayern und der römischen Kurie im Rahmen des kanonistischen Absolutionsprozesses, Weimar 1968.
Seibt, G., Anónimo romano. Geschichtsschreibung in Rom an der Schwelle zur Renaissance, Stuttgart 1992.
Sibilio, V., Benedetto XI. Il papa tra Roma e Avignone, Appendice di C. Longo, Roma 2004.
Tabacco, G., Lacasa di Francia nell'azione politica di papa Giovanni XXII, Rom 1953.
Thier, L., Kreuzzugsbemiihungen unter Papst Clemens V., Werl 1973.
Thomas, H., Ludwig der Bayer. Kaiser und Ketzer, Regensburg 1993. in: Nehlsen, H. - Hermann, H.-G. (Hg.), Kaiser Ludwig der Bayer. Konflikte, Weichenstellungen und Wahmehmung seiner Herrschaft, Paderborn 2002, S. 75–117.
Tomasello, A., Music and Ritual at Papal Avignon 1309–1403, Ann Arbor, MI 1983.
Trenchs Odena, J., „De Alexandrinis" (el comercio prohibido con los musulmanes y el Papado de Avinón durance la primera mitad del siglo XIV) (Anuario de Estudios Medievales 10), 1980, S. 237–320.
———, La elección y la muerte de los papas (de Clemente Va Inocencio VI) según los volumenes de la Cámera Apostólica, in: Estudios en memoria del profesor D. Salvador de Moxó, Bd. 2, Madrid 1982, S. 665–72.
Trexler, R. C., Rome on the Eve of the Great Schism (Speculum 42), 1967, S. 489–509.
Turley, Th., Infallibilists in the Curia of Pope John XXII (JMedH 1), 1975, S. 71–101.
Ullmann, W., The Legal Validity of the Papal Electoral Pacts (Ephlur Can 12), 1956, S. 3–35.
Vones, L., Papsttum und Episkopat im 14. Jahrhundert. Probleme der avignonesischen Päpste mit den Bistümern des Deutschen Reiches unter besonderer Berücksichtigung des Pontifikats Urbans V. (1362–1370), in: Römische Quartalschrift für christliche Archäologie und KG 94, 1999, S. 149–182.
Vries, W. de, Die Päpste von Avignon und der christliche Osten (OrChr Per 30), 1964, S. 85–128.
Walsh, K., Papal Policy and Local Reform (RHM 21), 1979, S. 35–57.
Weakland, J. E., John XXII before his Pontificate (AHPont 10), 1972, S. 161–85.
Weber, W., Die Constitutiones Sanctae Matris Ecclesiae des Kardinals Aegidius Albornoz von 1357 unter besonderer Berücksichtigung der Strafrechtsnormen, Aalen 1982.
Weiss, St., Kredite europäischer Fürsten für Gregor XI. Zur Finanzierung der Rückkehr des

Papsttums von Avignon nach Rom, in: QFIAB 77, 1997, S. 176–205.
Williman, D., The Right of Spoil of the Popes of Avignon, 1316–1415, Philadelphia, PA 1988.
Wittneben, E. L., Lupold von Bebenburg und Wilhelm von Ockham im Dialog über die Rechte am Römischen Reich des Spätmittelalters, in: DA 53, 1997, S. 567–586.
Wood, D., Clement VI. The Pontificate and Ideas of on Avignon Pope, Cambridge 1987.
Wright, J. R., The Church and the English Crown 1305–1334. A Study based on the Register of Archbishop Walter Reynolds, Toronto 1980.
Wrigley, J. E., The Conclave and the Electors of 1342 (AHPont 20), 1982, S. 51–81.
Zacour, N. P., Talleyrand: the cardinal of Perigord (1301–1364), Philadelphia PA 1960.

十章　シスマと改革 (1378 ～ 1447 年)

Alberigo, G., Chiesa Conciliare. Identità e significato del conciliarismo, Brescia 1981.
Allle origini della nuova Roma. Martino V (1417–1431), hg. v. M. Chiabo u. a., Rom 1992.
Alvarez Palenzuela, V. A., Extinción del cisma de occidente. La legación del cardenal Pedro de Foix en Aragón (1425–1430), Madrid 1977.
Amédée VIII - Felix V, premier due de Savoie et pape (1383–1451), hg. v. B. Andermatten u. A. Paravicini Bagliani, Lausanne 1992.
Antonazzi, G., Lorenzo Valla e la polemica sulla Donazione di Costantino. Con testi inediti dei secoli XV–XVII, Rom 1985.
Battelli, G., Il rotolo di suppliche dello Studio di Roma a Clemente VII antipapa (1378) (ASR 114), 1991, S. 27–56.
Baum, W., Kaiser Sigismund, Hus, Konstanz und Türkenkriege, Graz/Wien/ Köln 1993.
Bäumer, R. (Hg.), Die Entwicklung des Konziliarismus. Werden und Nachwirken der konziliaren Idee, Darmstadt 1976.
Bérence, F., Les papes de la Renaissance. Du Concile de Constance au Concile de Trente, Paris 1966.
Boockmann, H. - Dormeier, H., Konzilien, Kirchen- und Reichsreform (1410–1495), Stuttgart 2005.
Brandmüller, W., Der Übergang vom Pontifikat Martins V zu Eugen IV. (QFIAB 47), 1967, S. 596–629.
———, Zur Frage nach der Gütigkeit der Wahl Urbans VI. Quellen und Quellenkritik (AHC 6), 1974, S. 78–120.
———, Die Gesandtschaft Benedikts XIII. an das Konzil von Pisa, in: Konzil und Papst. Festgabe für Hermann Tüchle, München/Paderborn/Wien 1975, S. 169–205.
———, Das Konzil, demokratisches Kontrollorgan über den Papst? Zum Verständnis des Konstanzer Dekrets „Frequens“ vom 9. Oktober 1417 (AHC 16), 1984, S. 328–47.
———, Infeliciter electus fuit in Papam. Zur Wahl Johannes' XXIII. in: Ecclesia et regnum. Festschr. F.-J. Schmale, Bochum 1989, S. 309–22.
———, Papst und Konzil im Großen Schisma (1378–1431). Studien und Quellen, Paderborn 1990.
———, Das Konzil von Konstanz 1414–1418, 2 Bde., Paderborn 1991/ 1997.
———, Das Konzil von Pavia-Siena 1423–1424, Paderborn 2002.

Caggese, R., Re Ladislao d' Angiò-Durazzo, 2 Bde., Mailand 1936.
Christian Unity. The Council of Ferrara-Florence 1438/39–1989, hg. v. G. Alberigo, Leuven 1991.
Christianson, G., Aeneas Sylvius Piccolomini and the Historiography of the Council of Basel, in: Ecclesia militans. Festschr. R. Bäumer, Bd. 1, Paderborn 1988, S. 157–84.
De Weese, Jr., M. L., A Study of Decision-Making in France During the Reign of Charles VI. (The Rejection of the Avignon Papacy 1395), Diss. Univ. of Washington 1973.
Delaruelle, E., u. a., L'Église au temps du Grand Schisme et de la crise conciliaire (1378–1449) (= Histoire de l'Église 14), Paris 1962–64.
Diener, H., Zur Persönlichkeit des Johannes de Segovia. Ein Beitrag zur Methode der Auswertung päpstlicher Register des späten Mittelalters (QFIAB 44), 1964, S. 289–365.
———, Die Vergabe von Klöstern als Kommende durch Papst und Konsistorium (1417–1523) (QFIAB 68), 1988, S. 271–83.
Dykmans, M., D'Avignon à Rome. Martin V et le cortège apostolique (BIHBelgR 39), 1968, S. 203–309.
———, La bulle de Grégoire XI a la veille du Grand Schisme (MélArchH 89), 1977, S. 485–95.
Esch, A., Bankiers der Kirche im Großen Schisma (QFIAB46), 1966, S. 277–394.
———, Bonifaz IX. und der Kirchenstaat, Tübingen 1969.
———, Das Papsttum unter der Herrschaft der Neapolitaner. Die führende Gruppe Neapolitaner Familien an der Kurie während des Schismas 1378–1415, in: Festschr. für H. Heimpel II, Göttingen 1972, S. 713–800.
———, Simonie-Geschäft in Rom 1400: „Kein Papst wird das tun, was dieser tut" (VSWG 61), 1974, S. 433–57.
Favier, J., Les finances pontificales à l'époque du Grand Schisme d'Occident 1378–1409, Paris 1966 (ausführl. Literaturverzeichnis) .
Ferrara e il Concilio 1438–1439, hg. v. P. Castelli, Ferrara 1992.
Fink, K. A., Martin V. und Aragon, Berlin 1938.
Firenze e il concilio del 1439, a cura di P. Viti, 2 Bde., Firenze 1994.
Franzen, A. - Müller, W. (Hgg.), Das Konzil von Konstanz, Freiburg/Basel/Wien 1964.
Ganzer, K., Päpstliche Gesetzgebungsgewalt und kirchlicher Konsens. Zur Verwendung eines Dictum in der Concordantia Catholica des Nikolaus von Kues, in: Von Konstanz nach Trient. Festgabe für A. Franzen, München/Paderborn/ Wien 1972, S. 171–88.
Gill, J., Eugenius IV. Pope of Christian Unity, Westminster, MD 1961.
Girgensohn, D., Wie wird man Kardinal? Kuriale und außerkuriale Karrieren an der Wende des 14. zum 15. Jahrhundert (QFIAB 57), 1977, S. 138–62.
———, Berichte über Konklave und Papstwahl auf dem Konstanzer Konzil (AHC 19), 1987, S. 351–91.
———, Ein Schisma ist nicht zu beenden ohne die Zustimmung der konkurrierenden Päpste. Die juristische Argumentation Benedikts XIII. (Pedro de Lunas) (AHPont 27), 1989, S. 197–247.
Haller, L., Papsttum und Kirchenreform 1, 2. Aufl. Berlin 1966.

Harvey, M., Solutions to Schism: A Study of Some English Attitudes 1378 to 1409, St. Ottilien 1983.

———, Martin V and Henry V (AHPont 24), 1986, S. 49–70.

———, England, Rome and the Papacy 1417–1464. The Study of a Relationship, Manchester/ New York 1993.

Helmrath, J., Das Basler Konzil 1431–1449. Forschungsstand und Probleme Köln 1987.

Hlavácek, I. - Patschovsky, A. (Hgg.), Reform von Kirche und Reich zur Zeit der Konzilien von Konstanz (1414–1418) und Basel (1432–1449), Konstanz 1996.

Hofmann, W. von, Forschungen zur Geschichte der kurialen Behörden vom Schisma bis zur Reformation, 2 Bde., Rom 1914.

Immenkötter, H., Ein avignonesischer Bericht zur Unionspolitik Benedikts XIII. (AHC 8), 1976, S. 200–49.

Kaminsky, H., Simon de Cramaud and the Great Schism, New Brunswick NJ 1983.

Landi, A., Il papa deposto (Pisa 1409). L'idea conciliare nel Grande Schisma, Turin 1985.

Lenzenweger, I., Das Kardinalskollegium und die Papstwahlen 1378 (ThPQ 126), 1978, S. 316–25.

Logoz, R. Ch., Clément VII (Robert de Genève). Sa chancellerie et le clergé romand au début du Grand Schisme (1378–1394), Lausanne 1974.

Lombardo, M. L., La Camera Urbis. Premesse per uno studio sulla organizzazione amminstrativa della città di Roma durante il pontificato di Martino V, Rom 1970.

Marosi, E., König Sigismund von Ungarn und Avignon, in: Orient und Okzident im Spiegel der Kunst. Festschr. H. G. Franz, Graz 1986, S. 229–249.

Märti, Claudia, Von Mäusen und Elefanten. Tiere am Papsthof im 15. Jahrhundert, in: DA 60, 2004, S. 183–200.

Meuthen, E., Das Basler Konzil als Forschungsproblem der europäischen Geschichte, Opladen 1985.

———, Reiche, Kirchen und Kurie im späteren Mittelalter, in: HZ 265, 1997, S. 597–637.

Meyer, A., Arme Kleriker auf Pfründensuche. Eine Studie über das Informa-pauperum-Register Gregors XII. von 1407 und über päpstliche Anwartschaften im Spätmittelalter, Köln 1990.

———, Spätmittelalterliches Benefizialrecht im Spannungsfeld zwischen päpstlicher Kurie und ordentlicher Kollatur: Forschungsansätze und offene Fragen, in: Proceedings of the Eighth Intern. Congr. of Med. Can. Law (San Diego), Città del Vaticano 1992, S. 247–62.

Moxó y Montoliu, F. de, El papa Luna. Un imposible empeño. Estudio politíco-económico, 2 Bde., Zaragoza 1986.

Müller, H., Die Franzosen, Frankreich und das Basler Konzil (1431–1449), 2 Bde. Paderborn 1990.

———, Konzil und Frieden. Basel und Arras 1435, in: Träger und Instrumentarien des Friedens im hohen und späten Mittelalter, hg. v. J. Fried, Sigmaringen 1996, S. 333–390.

———, Les pays rhénans, la France et la Bourgogne à l'époque du concile de Bâle. Une leçon d'histoire politique, in: Francia 30/1, 2003, S. 107–133.

Nikolaus von Kues. Kirchen und Respublica Christiana. Konkordanz, Repräsentanz und

Konsens, hg. v. K. Kremer - K. Reinhardt, Trier 1994.
Partner, P., The Papal State under Martin V. The administration and government of the temporal power in the early fifteenth century, London 1958.
Petersohn, J., Papst Gregors XII. Flucht aus Cividale (1409) und die Sicherstellung des päpstlichen Paramentenschatzes (RQ 58), 1963, S. 51–70.
Prerovsky, O., L'elezione di Urbano VI e l'insorgere dello Scisma d'Occidente, Rom 1960.
Puig y Puig, S., Pedro de Luna. Ultimo papa de Aviñón (1387–1430), Barcelona 1920.
Rathmann, Th., Geschehen und Geschichten des Konstanzer Konzils. Chroniken, Briefe und Sprüche als Konstituenten eines Ereignisses, München 2000.
Reinhard, W., Papa pius. Prolegomena zu einer Sozialgeschichte des Papsttums, in: Von Konstanz nach Trient. Festgabe für A. Franzen, München/Paderborn/Wien 1972, S. 262–89.
———, Herkunft und Karriere der Päpste 1417–1963. Beiträge zu emer historischen Soziologie der römischen Kurie (MNedHIR 38), 1976, S. 87–108.
Santorelli, P., Eugenio IV nel vortice di eventi drammatici, Città del Vaticano 1990.
Saraco, A., Il cardinale Domenico Capranica (1400–1458) e la riforma della Chiesa, Roma 2004.
Schneider, H., Die Halbbulle Felix' V. Zur Imitation kurialen Kanzleibrauchs in der Basler Konzilskanzlei (AHC 17), 1985, S. 457–63.
Schuchard, Ch., Die Deutschen an der päpstlichen Kurie im späten Mittelalter (1378–1447), Tübingen 1987.
Schwarz, B., Ämterkäuflichkeit an der Romischen Kurie. Voraussetzungen und Entwicklungen bis 1463, in: Proceedings of the Sixth Intern. Congr. of Med. Can. Law (Berkeley), Città del Vaticano 1985, S. 451–63.
———, Die Abbreviatoren unter Eugen IV Päpstliches Reservationsrecht, Konkordatspolitik und kuriale Ämterorganisation (mit zwei Anhängen: Konkordate Eugens IV.: Aufstellung der Bewerber) (QFIAB 60), 1980, S. 200–74.
Seidlmayer, M., Die Anfänge des großen abendländischen Schismas. Studien zur Kirchenpolitik insbesondere der spanischen Staaten und zu den geistigen Kämpfen der Zeit, Münster 1940.
Serra Estelles, J., Los registros de súplicas y letras pontificias de Clemente VII de Aviñón (1378–1394). Estudio diplomático, Rom 1988.
Setz, W., Lorenzo Vallas Schrift gegen die Konstantinische Schenkung De falso credita et ementita Constantini donatione. Zur Interpretation und Wirkungsgeschichte, Tübingen 1975.
Sieben, H.J., Traktate und Theorien zum Konzil. Vom Beginn des Großen Schismas bis zum Vorabend der Reformation (1378–1521), Frankfurt a. M. 1983.
Sigismund von Luxemburg. Kaiser und König in Mitteleuropa 1387–1437, hg. v. J. Macek - E. Marosi - F. Seibt, Warendorf 1994.
Souchon, M., Die Papstwahlen in der Zeit des großen Schismas. Entwicklung der Verfassungskämpfe des Kardinalates von 1378 bis 1417, 2 Bde., Braunschweig 1898/99(ND Aalen 1970).

Studien zum 15. Jahrhundert, Festschr. E. Meuthen, hg. v. J. Helmrath- H. Müller, München 1994 (mit zahlreichen Beiträgen zur Konzilszeit).

Studt, B., Papst Martin V. (1417–1431) und die Kirchenreform in Deutschland, Köln 2004.

Stump, Ph. H., The Reform of Papal Taxation at the Council of Constance (Speculum 64), 1989, S. 69–105.

———, The Reforms of the Council of Constance (1414–1418), Leiden/New York 1994.

Sudmann, St., Das Basler Konzil. Synodale Praxis zwischen Routine und Revolution (Tradition - Reform - Innovation 8), Frankfurt am Main 2005.

Thomson, J. A. F., Popes and Princes, 1417–1517, London 1980.

Tuilier, A., L'élection d'Alexandre V, pape grec, sujet vénitien et docteur de l'Université de Paris (Rivista di Studi Bizantini e Slavi 3), 1983, S. 319–41.

Ullmann, W., Origins of the Great Schism, 2. Aufl. Hamden 1967.

Umanesimo a Roma nel Quattrocento, hg. v. P. Brezzi u. M. de Fanizza Lorch, Rom/New York 1984.

Una Santa tutta romana. Saggi e ricerche nel VI centenario della nascita di Francesca Bussa dei Ponziani (1384–1984), hg. v. G. Picasso, Monte Oliveto Maggiore 1984.

Vincke, J., Der König von Aragon und die Camera apostolica in den Anfängen des Großen Schismas, Münster 1938.

Waldmüller, L., Materialien zur Geschichte Johannes' XXIII. (1410–1414) (AHC 7), 1976, S. 229–37.

Weiss, S., Kurie und Ortsbischof. Die Beziehungen zwischen Salzburg und dem päpstlichen Hof unter Martin V. (1417–1431), Tübingen 1994.

———, Salzburg und das Konstanzer Konzil (1414–1418), in: Mitteilungen der Gesellschaft für Salzburger Landeskunde 134, 1993, S. 173–189.

Wünsch, Th., Konziliarismus und Polen. Personen, Politik und Programme aus Polen zur Verfassungsfrage der Kirche in der Zeit der mittelalterlichen Reformkonzilien, Paderborn 1998.

十一章　再興とルネサンス (1447 ～ 1534 年)

Babinger, F., Mehmed der Eroberer und seine Zeit, München 1953.

Bauer, C., Studi per la storia delle finanze papali durante ii pontificato di Sisto N (ASR 50), 1927, S. 319–400.

Benzi, F., Sisto IV Renovator Urbis. Architettura a Roma 1471–1484, Rom 1990.

Berglar, P., Die kirchliche und politische Bedeutung des Pontifikats Hadrians VI. (AKG 54), 1972, S. 97–112.

Bignami-Odier, J., La bibliothèque Vaticane de Sucte N à Pie XI, Città del Vaticano 1973.

Blasio, M. G., Cum gratia et privilegio. Programmi editoriali e politica pontificia: Roma 1487–1527, Rom 1988.

Bonfigli, C., Niccolò V. Papa della rinascenza, Roma 1997.

Brandi, K., Kaiser Karl V., 2 Bde., München 1937–41.

Brandmüller, W., Die Reaktion Nikolaus' V. auf den Fall von Konstantinopel, in: Römische Quartalschrift für christliche Altertumskunde und Kirchengeschichte 90, 1995, S. 1–22.

Buddensieg, T., Die Statuenstiftung Suctus' N. im Jahre 1471. Von den heidnischen Götzenbildern am Lateran zu den Ruhmeszeichen des römischen Volkes auf dem Kapitol (RomJbKG 20), 1983, S. 33–73.

Burroughs, Ch., From Signs to Design. Environmental Process and Reform in Early Renaissance Rome, Cambridge, MA/London 1990.

Cantelar Rodriguez, F., El envío de misioneros a América y las bulas „Inter caetera" de Alejandro VI en 1493, in: Proceedings of the Eighth Intern. Congr. of Med. Can. Law (San Diego), Città del Vaticano 1992, S. 635–55.

Cardini, F., La Repubblica di Firenze e la crociata di Pio II (RSChlt 33), 1979, S. 455–82.

Carlen, L., Zeremoniell und Symbolik der Päpste im 15. Jahrhundert, Freiburg/ Schweiz 1993.

Carroll, W. W., L'invenzione della città. La strategia urbana di Nicolò Ve Alberti nella Roma del'400, Rom 1984.

Chambers, D. S., A Renaissance Cardinal and his Worldly Goods. The Will and Inventory of Francesco Gonzaga (1444–1483), London 1992.

Collectanea II: Studien zur Geschichte der päpstlichen Kapelle, hg. v. B. Janz, Città del Vaticano 1994.

D'Amico, J. F., Papal History and Curial Reform in the Renaissance. Raffaele Maffei's „Brevis Historia" of Julius II and Leo X (AHPont 18), 1980, S. 157–210.

———, Renaissance Humanism in Papal Rome: Humanists and Churchmen on the Eve of the Reformation, Baltimore, MD 1983.

———, Humanism and Theology at Papal Rome, 1480–1520, Ann Arbor, MI 1987.

Davies, C. S. L., Bishop John Morton, the Holy See, and the Accession of Henry VII (EHR 102), 1987, S. 2–30.

De'Giudici B., Apologia iudaeorum invectiva contra Platinam. Propaganda antiebraica e polemiche di Curia durante il pontificato di Sisto N (1471–1484), Rom 1987.

Diener, H., Die Mitglieder der päpstlichen Kanzlei des 15. Jahrhunderts und ihre Tätigkeit in den Wissenschaften und Künsten (QFIAB 69), 1989, S. 111–24.

Dünnebeil, S., Außenpolitisches Handeln im ausgehenden Mittelalter: Akteure und Ziele, Wien 2007.

Dupré Theseider, E., I Papi Medicei e la loro politica domestica, in: Studi Fiorentini, Florenz 1963, S. 271–324.

Dykmans, M., Le cinquième Concile du Latran d'après le Diaire de Paris de Grassi (AHC 14), 1982, S. 271–369.

———, Paris de Grassi (EL 99), 1985, S. 383–417; (ebda. 100), 1986, S. 270–333.

———, Le conclave sans simonie ou la bulle de Jules II sur l' élection papale, in: Miscellanea Bibi. Apost. Vaticanae 3, Città del Vaticano 1989, S. 203–55.

Enea Silvio Piccolomini. Uomo di lettere e mediatore di culture - Gelehrter und Vermittler der Kulturen, a cura di M. A. Terzoli, Basel 2006.

Esch, A. und D., Die Grabplatte Martins V. und andere Importstücke in den römischen Zollregistern der Frührenaissance (RomJbKG 17), 1978, S. 209–17.

Esch, A., Enea Silvio Piccolomini als Papst Pius II.: Herrschaftspraxis und Selbstdarstellung, in: Lebenslehren und Weltentwürfe im Übergang vom Mittelalter zur Neuzeit, hg. v. H.

Bookmann u. a., Göttingen 1989, S. 112–40.
Ettlinger, L. D., The Sistine Chapel before Michelangelo. Religious Imagery and Papal Primacy, Oxford 1965.
Falconi, C., Leone X. Giovanni de'Medici, Mailand 1987.
Fink, K. A., Das Scheitern der Kirchenreform im 15. Jahrhundert (Mediaevalia Bohemica 3), 1970, S. 237–44.
Frenz, Th., Humanistische Schriftformen in der päpstlichen Kurie im 15. Jahrhundert (ADipl 19), 1973, S. 287–418; (20), 1974, S. 384–506.
———, Die Gründung des Abbreviatorenkollegs durch Pius II. und Sixtus IV., in: Miscellanea in onore di M. Giusti I, Città del Vaticano 1978, S. 279–329.
———, Die Kanzlei der Päpste der Hochrenaissance (1471–1527), Tübingen 1986.
Frommel, C. L., Die Petruskirche unter Papst Julius II. im Lichte neuer Dokumente (Röm JbKG 16), 1976, S. 57–136.
Frommel, Ch. L., Francesco del Borgo: Architekt Pius' II. und Pauls II. (RömJbKG 20), 1983, S. 197–54; (ebda. 21), 1984, S. 71–164.
———, Papal Policy: The Planning of Rome during the Renaissance (Journal of lnterdisc. Hist. 17), Cambridge, MA 1986, S. 39–65.
Gazzaniga, J.-L., L'église du Midi à la fin du règne de Charles VII (1444–1461) d'après la jurisprudence du Parlement de Toulouse, Paris 1976.
Gilbert, F., The Pope, His Banker, and Venice, Cambridge, MA 1991.
Gli Sforza, la Chiesa lombarda, la Corte di Roma. Strutture e pratiche beneficiarie nel ducato di Milano (1450–1535), hg. v. G. Chittolini, Neapel 1989.
Gottlob, A., Aus der Camera Apostolica des 15. Jahrhunderts, Innsbruck 1889.
Günter, H., Die Straßenplanung unter den Medici-Päpsten in Rom (1513–1534) (Jahrb. d. Zentralinst. f. Kunstgesch. 1), München 1985, S. 237–293.
Halkin, L.-E., Adrien VI et la Réforme de l'Église (EphThLov 35), 1959, S. 534–42.
Hallman, B. M. C., Italian Cardinals, Reform, and the Church as Property, 1492–1563, Berkeley, CA 1985.
Heers, J., La vie quotidienne à la Cour pontificale au temps de Borgia et des Medicis 1420–1520, Paris 1986.
Helmrath, J., Enea Silvio Piccolomini (Pius II.) - Ein Humanist als Vater des Europagedankens? In: R. Hohls - I. Schröder - H. Siegrist (Hgg.), Europa und die Europäer, Festschr. H. Kaelble, Stuttgart 2005, S. 361–369.
Hoberg, H., Die Einnahmen der Apostolischen Kammer am Vorabend der Glaubensspaltung (RQ, Suppl. 35), 1977, S. 69–85.
Hofmann, G., Papst Kalixt Ill. und die Frage der Kircheneinheit im Osten, in: Miscellanea G. Mercati III, Rom 1946, S. 209–37.
I pontefici Sisto IV (1471–84) e Sisto V (1585–90), hg. v. L. Di Ponzo, Rom 1987.
Izbicki, Th. M., Protector of the Faith. Cardinal Johannes de Turrecremata and the Defense of the Institutional Church, Washington, D. C. 1981.
Jacoby, J. W., Den Päpsten zu Diensten. Raffaels Herrscherzyklus in der Stanza dell'Incendio im vatikanischen Palast, Hildesheim 1987.

Kroft, H. W., Ein Papst stiftet eine Stadt. Pius II. und Pienza, in: Mäzenatentum in Vergangenheit und Gegenwart. Hommage für K. Bosch, München 1988, S. 19–44.

L'età dei Della Rovere. V Convegno Storico Savonese, 2 Bde., Savona 1988/1989.

La Cappella Sistina. I primi restauri: la scoperta del colore, Novara 1986.

Landi, A., Concilio e papato nel Rinascimento (1149–1516). Un problema irrisolto, Torino 1997.

Le Bross, O. de, Le Pape et le Concile. La comparaison de leurs pouvoirs à la veille de la Réforme, Paris 1965.

Lee, E., Sixtus IV and Men of Letters, Rom 1978.

Leturia, P. de, Relaciones entre la S. Sede e Hispanoamérica I, Rom 1959.

Lowe, K. J.P., A Florentine Prelate's Real Estate in Rome between 1480 and 1524: the Residential and Speculative Property of Cardinal Francesco Soderini (Papers of the British School at Rome 59), 1991, S. 259–82.

Marc-Bonnet, H., Les Papes de la Renaissance. 1447–1527, 2. Aufl. Paris 1969.

Märti, C., Kardinal Jean Jouffroy († 1473). Leben und Werk, Sigmaringen 1996.

McCready, W. D., Papal plenitudo potestatis and the Source of Temporal Authority in the Late Medieval Papal Hierocratic Theory (Traditio 30), 1974, S. 325–49.

———, Papalists and Antipapalists. Aspects of Church/State Controversy in the Later Middle Ages (Viator 6), 1975, S. 241–73.

McNally, R. E., Pope Hadrian VI (1522–23) and Church Reform (AHPont 7), 1969, S. 253–85.

Meuthen, E., Der Fall von Konstantinopel und der lateinische Westen (HZ 237), 1983, S. 1–35.

Meyer, A., Das Wiener Konkordat von 1448 - Eine erfolgreiche Reform des Spätmittelalters (QFIAB 66), 1986, S. 108–52.

———, Bischofswahl und päpstliche Provision nach dem Wiener Konkordat (RQ 87), 1992, S. 124–35.

Minnich, N. H., The Healing of the Pisan Schism (1511–13) (AHC 16), 1984, S. 59–192.

———, The Fifth Lateran Council (1512–17): Studies on Its Membership, Diplomacy, and Proposals for Reform, London 1993.

Monaco, M., Le finanze pontificie al tempo di Clemente VII (1523–1534) (Studi Romani 6), 1958, S. 278–96.

———, Il primo debito pubblico pontificio: Il Monte della Fede (1526) (Studi Romani 8), 1960, S. 553–69.

———, La situazione della reverenda camera apostolica nell'anno 1525 Rom 1960.

Müller, G., Die römische Kurie und die Reformation 1523–1534. Kirche und Politik während des Pontifikats Clemens' VIL, Gütersloh 1969.

Naville, Ch. E., Enea Silvio Piccolomini. L'uomo, l'umanista, il pontefice (1405–1464), Bologna/Locarno 1984.

Nyberg, T., Papst Innocenz VIII. und Skandinavien (AHPont 22), 1984 S. 89–152.

O'Malley, I. W., Praise and Blame in Renaissance Rome, Durham, NC 1979.

Palermino, R. J., The Roman Academy, the Catacombs and the Conspiracy of 1468 (AHPont

18), 1980, S. 117–210.

Partner, P., The „Budget“ of the Roman Church in the Renaissance Period, in: E. F. Jacob (Hg.), Italian Renaissance Studies. A Tribute to the late Cecilia M. Ady, London 1960, S. 256–78.

———, Renaissance Rome 1500–1559. A Portrait of a Society, Berkeley, CA 1976.

———, Papal Financial Policy in the Renaissance and Counter-Reformation (Past and Present 88), 1980, S. 17–62.

———, The Pope's Men. The Papal Civil Service in the Renaissance, Oxford 1990.

Pfeffermann, H., Die Zusammenarbeit der Renaissancepäpste mit den Türken, Winterthur 1946.

Pio II e la cultura del suo tempo, hg. v. L. Rotondi Sacchi Tarugi, Mailand 1991.

Pitz, E., Supplikensignatur und Briefexpedition an der Römischen Kurie im Pontifikat Papst Calixts III., Tübingen 1972.

Prietzel, M., Guillaume Fillastre der Jüngere (1400/07–1473). Kirchenfürst und herzoglich-burgundischer Rat, Stuttgart 2001.

Raffaello architetto, hg. v. Ch. L. Frommel, Mailand 1984.

Ranke, L. von, Die römischen Päpste in den letzten vier Jahnhunderten I, 8. Aufl. Leipzig 1885 u. ö.

Re, N. del, Monsignor Governatore di Roma, Rom 1972.

Reinhardt, V., Der unheimliche Papst. Alexander VI. Borgia, 1431–1503, München 2005.

Rodocanachi, E., Histoire de Rome. Une cour princière au Vatican pendant la Renaissance. Sixte IV, Innocent VIII, Alexandre VI Borgia, Paris 1925.

Roma capitale (1447–1527), hg. v. S. Gensini, San Miniato 1994.

Roma e lo Studium Urbis. Spazio urbano e cultura dal Quattro al Se1cento, Rom 1992.

Roma centro ideale della cultura dell' Antico nei secoli XV e XVI. Da Martino V al s'acco di Roma 1417–1527, hg. v. S. Danesi Squarzina, Rom 1989.

Rome in the Renaissance: The City and the Myth, hg. v. P. A. Ramsey, Binghamton, NY 1982.

Roover, R. de, The Rise and Decline of the Medici Bank 1397–1494, Cambridge, MA 1968.

Roth, A., Studien zum frühen Repertoire der Päpstlichen Kapelle unter dem Pontifikat Sixtus' IV. (1471–1484), Città del Vaticano 1991.

Ruysschaert, J., La Bibliothèque Vaticane clans les dix premières années du pontificat de Sixte IV (AHPont 24), 1986, S. 71–90.

———, Sixte IV, Fondateur de la Bibliothèque Vaticane (15 juin 1475) (AHPont 7), 1969, S. 513–24.

Sägmüller,J. B., Die Papstwahlen und die Staaten von 1447–1555 (Nikolaus V. bis Paul IV.). Eine kirchenrechtlich- historische Untersuchung über den Anfang des staatlichen Rechtes der Exklusive in der Papstwahl, Tübingen 1890 (ND Aalen 1967).

Schimmelpfennig, B., Der Ämterhandel an der römischen Kurie von Pius II. bis zum Sacco di Roma (1458–1527), in: I. Mieck (Hg.), Ämterhandel im Spätmittelalter und 16.Jahrhundert, Berlin 1984, S. 3–41 (vgl. in dem Band auch B. Schwarz, S. 61–65).

———, Der Papst als Territorialherr im 15. Jahrhundert, in: Europa 1500. Integrationsprozesse im Widerstreit: Staaten, Regionen, Personenverbände, Christenheit, hg. v. F. Seibt u. W.

Eberhard, Stuttgart 1987, S. 84–95.
Schuchard, Ch., Deutsche an der päpstlichen Kurie im 15. und frühen 16. Jahrhundert (RQ 86), 1991, S. 78–97.
———, Rom und die päpstliche Kurie in den Berichten des Deutschordens-Generalprokurators Jodocus Hohenstein (1448–1468) (QFIAB 72), 1992, S. 54–122.
Schüller-Piroli, S., Die Borgia-Päpste. Kalixt III. und Alexander VI., München 1980.
Schulte, A., Die Fugger in Rom 1495–1523, 2 Bde., Leipzig 1904.
Schürmeyer, W., Das Kardinalskollegium unter Pius II., Berlin 1914 (ND Vaduz 1965).
Schwaiger, G. (Hg.), Konzil und Papst. Festschr. f. H. Tüchle, ünchen/Paderborn/Wien 1975.
Schwarz, B., Klerikerkarrieren und Pfründenmarkt. Perspektiven einer sozialgeschichtlichen Auswertung des Repertorium Germanicum (QFIAB 71), 1991, S. 243–65.
———, Über Patronage und Klientel in der spätmittelalterlichen Kirche am Beispiel des Nikolaus von Kues (QFIAB 68), 1988, S. 284–310.
Schwarz, U., Sixtus IV. und die deutschen Kurialen in Rom. Eine Episode um den Ponte Sisto (1473) (QFIAB 71), 1991, S. 340–95.
Setton, K. M., The Papacy and the Levant (1204–1571). II: The Fifteenth Century, Philadelphia, PA 1978.
Sohn, A., „Pauperes clerici" an der römischen Kurie zur Zeit Pauls II. (1464–1471). Ein Beitrag zur prosopographischen Auswertung eines Vatikanregisters (Reg. Vat. 541), in: Vinculum societatis, hg. v. F. Neiske u. a., Sigmaringendorf 1991, S. 276–301.
———, Deutsche Prokuratoren an der römischen Kurie in der Frührenaissance (1431–1474), Köln 1997.
Stadtwald, K., Roman popes and German patriots. Antipapalism in the politics of the German Humanist movement from Gregor Heimburg to Martin Luther, Genf 1996.
Staubach, N. (Hg.), Rom und das Reich vor der Reformation (Tradition, Reform, Innovation 7), Frankfurt am Main 2004.
Stieber, J. W., Pope Eugenius IV, the Council of Basel and the Secular and Ecclesiastical Authorities in the Empire. The Conflict over Supreme Authority and Power in the Church, Leiden 1978.
Stinger, Ch. L., The Renaissance in Rome, Bloomington, IN 1985.
Storti, N., La storia e il diritto della dataria apostolica dalle origini ai nostri giorni, Neapel 1969.
Strnad, A., Francesco Todeschini-Piccolomini. Politik und Mäzenatentum im Quattrocento (RHM 8/9), 1964–66, S. 101–425.
———, Johannes Hinderbachs Obödienz-Ansprache vor Papst Pius II. Päpstliche und kaiserliche Politik in der Mitte des Quattrocento (RHM 10), 1966/67, S. 43–183.
Tamburini, F., La riforma della Penitenziaria nella prima metà del sec. XVI e i cardinali Pucci in recenti saggi (RSChit 44), 1990, S. 110–29.
Tewes, G.-R., Die römische Kurie und die europäischen Länder am Vorabend der Reformation, Tübingen 2001.
Tönnesmann, A., Pienza. Städtebau und Humanismus, München 1990.
Un pontificato ed una città, Sisto IV (1471–1484), hg. v. M. Miglio, Città del Vaticano 1986.

Valentini, G., La Crociata da Eugenio IV a Callisto III (dai documenti d'archivio di Venezia) (AHPont 12), 1974, S. 91–123.
Vaughan, H. M., The Medici Popes (Leo X and Clement VII), Port Washington, NY 1971.
Voigt, G., Enea Silvio de' Piccolomini als Papst Pius II. und sein Zeitalter, 3 Bde., Berlin 1856–63 (ND Berlin 1967).
Wagendorfer, M., Die Editionsgeschichte der Historia Austrialis des Eneas Silvius Piccolomini, in: DA 64, 2008, S. 65–108.
Westfall, C. W., In This Most Perfect Paradise: Alberti, Nicholas V, and the Invention of Conscious Urban Planning in Rome, 1447–1455, University Park, PA 1974.
Wiesflecker, H., Neue Beiträge zur Frage des Kaiser-Papst-Planes Maximilians I. im Jahre 1511 (MIÖG 71), 1963, S. 311–32.

邦　文　献

『公会議史』フーベルト・イェディン（梅津尚志・出崎澄男訳），南窓社，1986年
『西洋教会史』小嶋潤，刀水書房，1986年
『パリとアヴィニョン―西洋中世の知と政治』樺山紘一，人文書院，1990年
『キリスト教用語辞典』小林珍雄，東京堂出版，1954年
『西欧中世の社会と教会』R.W. サザーン（上條敏子訳），八坂書房，2007年
『ローマ教皇』フランチェスコ・シオヴァロ，ジェラール・ベジエール（鈴木宣明監修），創元社，1997年
『ローマ教皇史』鈴木宣明，教育社，1980年
『新カトリック大事典』新カトリック大事典編纂委員会編，研究社，1996－2010年
『教皇改革の研究』関口武彦，南窓社，2013年
『教会会議の歴史』N.P. タナー（野谷啓二訳），教文館，2003年
『キリスト教史1・初代教会』ジャン・ダニエルー（上智大学中世思想研究所編訳），平凡社，1996年
『カトリック教会文書資料集』H．デンツィンガー編（浜寛五郎訳），エンデルレ書店，1976年
『歴代のローマ教皇　古代・中世篇』戸山靖一，新教出版社，1988年
『キリスト教史3・中世キリスト教の成立』M.D. ノウルズほか（上智大学中世思想研究所編訳），平凡社，1996年
『キリスト教史4・中世キリスト教の発展』M.D. ノウルズほか（上智大学中世思想研究所編訳），平凡社，1996年
『ローマ・カトリック教会の歴史』エドワード・ノーマン（百瀬文晃監修），創元社，2007年
『ローマ教皇事典』マシュー・バンソン（長崎恵子・長崎麻子訳），三交社，2000年
『キリスト教の成立』半田元夫，今野国雄，山川出版社，1977年
『ローマ―ある都市の伝記』クリストファー・ヒバート（横山徳爾訳），朝日新聞社，1991年
『中世ヨーロッパの教会と俗世』フランツ・フェルテン（甚野尚志編訳），山川出版社，

2010 年
『中世教皇庁の成立と展開』藤崎衛，八坂書房，2013 年
『古代教会史』N. ブロックス（関川康寛訳），教文館，1999 年
『ローマ教皇歴代誌』P.G. マックスウェル－スチュアート (高橋正男監修)，創元社，1999 年
『キリスト教の歴史 1』（宗教の世界史 8）松本宣郎編，山川出版社，2009 年
『キリスト教史 2・教父時代』H.I. マルー（上智大学中世思想研究所編訳），平凡社，1996 年
『図説ローマ教皇史』ブレンダ・ラルフ・ルイス（樺山紘一監修），原書房，2010 年

付録1　ペトルス(ペトロ)からクレメンス7世までのローマ司教と教皇のリスト

以下で番号が付されている者が今日ヴァチカンにより通常認められている教皇である。ただし，最近の『教皇庁年鑑(Annuario pontificio)』においては，このうちの何人かについては教皇として認めることが難しいという理由で，教皇リストからはずされている。また以下では、「対立教皇」はそれぞれの時代に対抗した教皇の下に記載されている。なお1世紀から3世紀初頭までの司教の治世期間は，4世紀の記述に依拠しているので疑わしい部分がある。また知られる限りで，選出（el.），聖別ないしは戴冠（c.）の日付 ― これらの日付は8世紀以降に詳細が記録された ―，また死去（ob.）ならびに廃位（d.）や退位（r.）の日付を記載した。教皇名の下の〔　〕内は教皇就任前の俗名

1. ペトルス(ペトロ)	30年?/33年? － 64年?/67年?
2. リヌス	64年?/67年? － 76年?/79年?
3. アネンクレトゥス(クレトゥス) (＝アナクレトゥス1世)	79年? － 90年?/92年?
4. クレメンス1世	90年?/92年? － 99年?/101年?
5. エウァリストゥス	99年?/101年? － 107年?
6. アレクサンデル1世	107年? － 116年?
7. シクストゥス(キストゥス)1世	116年? － 125年?
8. テレスフォルス	125年? － 136年?
9. ヒギヌス(イギヌス)	136年?/138年? － 140年?/142年?
10. ピウス1世	140年?/142年? － 154年?/155年?
11. アニケトゥス	154年?/155年? － 166年?
12. ソテル	166年? － 174年?
13. エレウテルス	174年? － 189年?
14. ウィクトル1世	189年? － 198年?/199年?
15. ゼフィリヌス	198年?/199年? － 217年
16. カリクストゥス1世	217年？ － 222年
ヒポリトゥス	217年? － 235年 (r.), 235年/236年 (ob.)
17. ウルバヌス1世	222年 － 230年
18. ポンティアヌス	230年 － 235年9月28日 (r.), 235 (ob.)
19. アンテロス	235年 － 236年1月3日 (ob.)
20. ファビアヌス	236年1月 － 250年1月20日 (ob.)
21. コルネリウス	251年3月 － 253年6月(?)
ノウァティアヌス	251年 － 258年
22. ルキウス1世	253年 － 254年３月5日 (ob.)

23. ステファヌス1世	254年5月12日 － 257年8月2日 (ob.)
24. シクストゥス(キストゥス)2世	257年8月30日 － 258年8月6日 (ob.)
25. ディオニシウス	259年/260年7月22日 － 267年/268年12月26日 (ob.)
26. フェリクス1世	268年/269年1月5日 － 273年/274年12月30日 (ob.)
27. エウティキアヌス	274年/275年 － 282年/283年
28. カイウス	282年/283年 － 295年/296年4月22日 (ob.)
29. マルケリヌス	295年(?)7月30日 － 304年10月25日 (ob.)
30. マルケルス1世	307年(?)5月 － 308年(?)1月16日 (ob.)
31. エウセビウス	308年/309年/310年4月18日 － 308年/309年/310年8月17日 (ob.)
32. ミルティアデス	310年/311年7月2日 － 314年1月11日 (ob.)
33. シルウェステル1世	314年1月31日 － 335年12月31日 (ob.)
34. マルクス	336年1月18日 － 336年10月7日 (ob.)
35. ユリウス1世	337年2月6日 － 352年4月12日 (ob.)
36. リベリウス	352年5月17日 － 366年9月24日 (ob.)
フェリクス2世	355年 － 358年 (r.), 365年11月22日 (ob.)
37. ダマスス1世	366年10月1日 － 384年12月11日 (ob.)
ウルシヌス	366年 － 367年11月16日 (ob.)
38. シリキウス	384年12月 － 399年11月26日 (ob.)
39. アナスタシウス1世	399年11月27日 － 401年12月 (ob.)
40. インノケンティウス1世	401年12月21日 － 417年3月12日 (ob.)
41. ゾシムス	417年3月18日 － 418年12月25日 (ob.)
42. ボニファティウス1世	418年12月29日 － 422年9月4日 (ob.)
エウラリウス	418年 － 419年 (r.), 423年 (ob.)
43. ケレスティヌス1世	422年9月10日 － 432年7月27日 (ob.)
44. シクストゥス(キストゥス)3世	432年7月31日 － 440年8月19日 (ob.)
45. レオ1世	440年9月29日 － 461年11月10日 (ob.)
46. ヒラルス(ヒラリウス)	461年11月13日 － 468年2月29日 (ob.)
47. シンプリキウス	468年3月3日 － 483年3月10日 (ob.)
48. フェリクス3世(2世)	483年３月13日 － 492年3月1日 (ob.)
49. ゲラシウス1世	492年3月1日 － 496年11月19日 (ob.)
50. アナスタシウス2世	496年11月24日 － 498年11月17日 (ob.)
51. シンマクス	498年11月22日 － 514年7月19日 (ob.)
ラウレンティウス	498年 － 506年 (r.), 506年 (ob.)
52. ホルミスダス	514年7月20日 － 523年8月6日 (ob.)

53. ヨハネス1世	523年8月13日 － 526年5月18日 (ob.)
54. フェリクス4世(3世)	526年7月12日 － 530年9月22日(?) (ob.)
55. ボニファティウス2世	530年9月22日 － 532年10月 (ob.)
ディオスクルス	530年9月22日 － 530年10月14日 (ob.)
56. ヨハネス2世 〔メルクリウス〕	533年1月2日 － 535年5月8日 (ob.)
57. アガペトゥス(アガピトゥス)1世	535年5月13日 － 536年4月22日 (ob.)
58. シルウェリウス	536年6月1日(?) － 537年11月11日 (r.), 537年12月2日 (ob.)
59. ウィギリウス	537年3月29日 － 555年6月7日 (ob.)
60. ペラギウス1世	556年4月16日 (c.) － 561年3月3日/4日 (ob.)
61. ヨハネス3世	561年7月17日 (c.) － 574年7月13日 (ob.)
62. ベネディクトゥス1世	575年6月2日 (c.) － 579年7月30日 (ob.)
63. ペラギウス2世	579年11月26日 (c.) － 590年2月7日 (ob.)
64. グレゴリウス1世	590年9月3日 (c.) － 604年3月12日 (ob.)
65. サビニアヌス	604年9月13日 (c.) － 606年2月22日 (ob.)
66. ボニファティウス3世	607年2月19日 (c.) － 607年11月12日 (ob.)
67. ボニファティウス4世	608年8月25日 (c.) － 615年5月8日 (ob.)
68. アデオダトゥス(デウスデディト)	615年10月19日 (c.) － 618年11月8日 (ob.)
69. ボニファティウス5世	619年12月23日 (c.) － 625年10月25日 (ob.)
70. ホノリウス1世	625年10月27日 (el.) － 638年10月12日 (ob.)
71. セウェリヌス	640年5月28日 (c.) － 640年8月2日 (ob.)
72. ヨハネス4世	640年12月24日 (c.) － 642年10月12日 (ob.)
73. テオドルス1世	642年11月24日 (c.) － 649年5月14日 (ob.)
74. マルティヌス1世	649年7月 (c.) － 653年6月17日 (d.), 655年9月16日 (ob.)
75. エウゲニウス1世	654年8月10日 (c.) － 657年6月2日 (ob.)
76. ウィタリアヌス	657年7月30日 (c.) － 672年1月27日 (ob.)
77. アデオダトゥス2世	672年4月11日 (c.) － 676年6月17日 (ob.)
78. ドヌス	676年11月2日 (c.) － 678年4月11日 (ob.)
79. アガト	678年6月27日 (c.) － 681年1月10日 (ob.)
80. レオ2世	682年8月17日 (c.) － 683年7月3日 (ob.)
81. ベネディクトゥス2世	684年6月26日 (c.) － 685年5月8日 (ob.)
82. ヨハネス5世	685年7月23日 (c.) － 686年8月2日 (ob.)
83. コノン	686年10月21日(c.) － 687年9月21日 (ob.)
テオドルス	687年末

パスカリス	687年 － 692年(?) (ob.)
84. セルギウス1世	687年12月15日 (c.) － 701年9月8日 (ob.)
85. ヨハネス6世	701年10月30日 (c.) － 705年1月11日 (ob.)
86. ヨハネス7世	705年3月1日 (c.) － 707年10月18日 (ob.)
87. シシニウス	708年1月15日 (c.) － 708年2月4日 (ob.)
88. コンスタンティヌス1世	708年3月25日 (c.) － 715年4月9日 (ob.)
89. グレゴリウス2世	715年5月19日 (c.) － 731年2月11日 (ob.)
90. グレゴリウス3世	731年3月18日 (c.) － 741年11月 (ob.)
91. ザカリアス	741年12月10日 (c.) － 752年3月22日 (ob.)
ステファヌス(2世)	752年3月23日 (el.) － 752年3月25日 (ob.)*
92. ステファヌス2世(3世)	752年3月26日 (el.) － 757年4月26日 (ob.)
93. パウルス1世	757年4月 (el.), 5月29日 (c.) － 767年6月28日 (ob.)
コンスタンティヌス2世	767年6月28日 (el.), 7月5日 (c.) － 768年8月6日 (d.), 769年4月13日(追放)
フィリップス	768年7月31日 (el.)
94. ステファヌス3世(4世)	768年8月1日 (el.), 8月7日 (c.) － 772年1月24日 (ob.)
95. ハドリアヌス1世	772年2月1日 (el.), 2月9日 (c.) － 795年12月25日 (ob.)
96. レオ3世	795年12月26日 (el.), 12月27日 (c.) － 816年6月12日 (ob.)
97. ステファヌス4世(5世)	816年6月22日 (el.) － 817年1月24日 (ob.)
98. パスカリス1世	817年1月25日 (el.) － 824年2月11日 (ob.)
99. エウゲニウス2世	824年2月/3月 － 827年1月27日 (ob.)
100. ウァレンティヌス	827年8月 － 827年9月 (ob.)
101. グレゴリウス4世	827年末 － 844年1月 (ob.)
ヨハネス	844年1月
102. セルギウス2世	844年1月 － 847年1月27日 (ob.)
103. レオ4世	847年1月 (el.), 4月10日 (c.) － 855年7月17日 (ob.)
104. ベネディクトゥス3世 〔アナスタシウス・ビブリオテカリウス〕	855年7月 (el.), 9月29日 (c.) － 858年4月17日 (ob.)
105. ニコラウス1世	858年4月24日 (c.) － 867年11月13日 (ob.)
106. ハドリアヌス2世	867年12月14日 (c.) － 872年12月14日 (ob.)
107. ヨハネス8世	872年12月14日 (el.) － 882年12月16日 (ob.)
108. マリヌス1世	882年12月16日 (el.) － 884年5月15日 (ob.)
109. ハドリアヌス3世	884年5月17日 (el.) － 885年9月 (ob.)
110. ステファヌス5世(6世)	885年9月 － 891年9月14日 (ob.)

*このステファヌスは選出の数日後，教皇職に就く前に没したので，現在の教皇庁は1961年以降，正式の教皇リストから除外している。だが，それ以前の教皇庁はステファヌス2世として正式の教皇と認めていたので，現在の歴史書では通常ステファヌス(2世)と表記される。これにより，その後のステファヌス名の教皇も2世(3世)，3世(4世)という表記になる

111. フォルモスス	891年10月6日 － 896年4月4日 (ob.)
112. ボニファティウス6世	896年4月 － 896年4月/5月 (ob.)
113. ステファヌス6世(7世)	896年5月 － 897年8月 (ob.)
114. ロマヌス	897年8月 － 897年11月 (ob.)
115. テオドルス2世	897年12月 － 897年12月 (ob.)
116. ヨハネス9世	898年1月 － 900年1月 (ob.)
117. ベネディクトゥス4世	900年1月/2月 － 903年7月 (ob.)
118. レオ5世	903年7月 － 903年9月
クリストフォルス	903年7月/9月 － 904年1月(追放)
119. セルギウス3世	904年1月29日 － 911年4月14日 (ob.)
120. アナスタシウス3世	911年4月 － 913年6月 (ob.)
121. ランド	913年7月 － 914年2月 (ob.)
122. ヨハネス10世	914年3月 － 928年5月/6月 (ob.)
123. レオ6世	928年5月 － 928年12月 (ob.)
124. ステファヌス7世(8世)	928年12月 － 931年２月 (ob.)
125. ヨハネス11世	931年2月/3月 － 935年12月 (ob.)
126. レオ7世	936年1月3日 － 939年7月13日 (ob.)
127. ステファヌス8世(9世)	939年7月14日 － 942年10月 (ob.)
128. マリヌス2世	942年10月30日 － 946年5月 (ob.)
129. アガペトゥス(アガピトゥス)2世	946年5月10日 － 955年12月 (ob.)
130. ヨハネス12世〔オクタウィアヌス〕	955年12月16日 － 963年12月4日 (d.), 964年5月14日 (ob.)
131. レオ8世	963年12月4日 (el.), 12月6日 (c.) － 965年3月1日 (ob.)
132. ベネディクトゥス5世	964年5月22日 － 964年6月23日 (d.), 966年7月4日 (ob.)
133. ヨハネス13世	965年10月1日 － 972年9月6日 (ob.)
134. ベネディクトゥス6世	973年1月19日 － 974年6月 (ob.)
ボニファティウス7世	974年6月 － 974年7月(追放後，対立教皇として984年に再即位)
135. ベネディクトゥス7世	974年10月 － 983年7月10日 (ob.)
136. ヨハネス14世〔ペトルス〕	983年12月 － 984年8月20日 (ob.)
ボニファティウス7世(2度目)	984年8月 － 985年7月 (ob.)
137. ヨハネス15世	985年8月 － 996年3月 (ob.)
138. グレゴリウス5世〔ブルーノ〕	996年5月3日 － 999年2月18日 (ob.)

ヨハネス16世	997年4月 － 998年5月 (d.), 1013年頃 (ob.)
139. シルウェステル2世 〔ジェルベール〕	999年4月2日 － 1003年5月12日 (ob.)
140. ヨハネス17世	1003年5月/6月 － 1003年11月6日 (ob.)
141. ヨハネス18世	1004年1月 － 1009年6月/7月 (ob.)
142. セルギウス4世 〔ペトルス, あだ名は「豚の口」〕	1009年7月31日 － 1012年5月12日 (ob.)
143. ベネディクトゥス8世 〔テオフィラクトゥス〕	1012年5月18日 － 1024年4月9日 (ob.)
グレゴリウス(6世)	1012年6月 － 1012年12月(追放)
144. ヨハネス19世 〔ロマヌス〕	1024年4月19日(?) － 1032年 (ob.)
145. ベネディクトゥス9世 〔テオフィラクトゥス〕	1032年8月/9月 － 1044年(追放)
146. シルウェステル3世 〔ヨハネス〕	1045年1月20日 － 1045年2月10日(追放), 1046年12月20日 (d.)
147. ベネディクトゥス9世(2度目)	1045年4月10日 － 1045年5月1日 (r.), 1046年12月20日 (d.)
148. グレゴリウス6世 〔ヨハネス・グラティアヌス〕	1045年5月5日 － 1046年12月20日 (d.), 1047年11月 (ob.)
149. クレメンス2世 〔ズイトガー〕	1046年12月24日 (el.), 12月25日 (c.) － 1047年10月9日 (ob.)
150. ベネディクトゥス9世(3度目)	1047年11月8日 － 1048年7月17日(追放), 1055年/1056年 (ob.)
151. ダマスス2世 〔ポッポ〕	1047年12月25日(指名), 1048年7月17日 (c.) － 1048年8月9日 (ob.)
152. レオ9世 〔ブルーノ〕	1048年12月(指名), 1049年2月12日 (c.) － 1054年4月19日 (ob.)
153. ウィクトル2世 〔ゲープハルト〕	1055年3月(叙任), 4月16日 (c.) － 1057年7月18日 (ob.)
154. ステファヌス9世(10世) 〔フリードリヒ〕	1057年8月2日 (el.), 8月3日 (c.) － 1058年3月29日 (ob.)
ベネディクトゥス10世 〔ヨハネス〕	1058年4月5日 (el.) － 1059年1月(追放), 1060年4月 (ob.)
155. ニコラウス2世 〔ゲラルドゥス〕	1058年12月6日 (el.), 1059年1月24日 (c.) － 1061年7月27日 (ob.)
156. アレクサンデル2世 〔アンセルモ〕	1061年10月1日 － 1073年4月21日 (ob.)

	ホノリウス2世 〔カダルス〕	1061年10月28日 － 1064年5月31日 (d.), 1071年/1072年 (ob.)
157.	グレゴリウス7世 〔ヒルデブランド〕	1073年4月22日 (el.), 6月30日 (c.) － 1085年5月25日 (ob.)
	クレメンス3世 〔グイベルトゥス〕	1080年6月25日 (el.), 1084年3月24日 (c.) － 1100年9月8日 (ob.)
158.	ウィクトル3世 〔デシデリウス〕	1086年3月24日 － 1087年 9月16日 (ob.)
159.	ウルバヌス2世 〔オド〕	1088年3月12日 － 1099年 7 月29日 (ob.)
160.	パスカリス2世 〔ライネリウス〕	1099年8月13日 (el.), 8月14日 (c.) － 1118年1月21日 (ob.)
	テオドリクス	1100年9月 － 1100年12月 (d.), 1102年 (ob.)
	アルベルトゥス	1102年2月 － 1102年3月 (d.)
	シルウェステル4世 〔マギヌルフス〕	1105年11月18日 － 1111年 (r.)
161.	ゲラシウス2世 〔ヨハネス〕	1118年1月24日 (el.), 3月10日 (c.) － 1119年1月28日 (ob.)
	グレゴリウス8世 〔マウリティウス・ブルディヌス〕	1118年3月8日 － 1121年 (d.)
162.	カリクストゥス2世 〔グイド〕	1119年2月2日 (el.), 2月9日 (c.) － 1124年12月13日 (ob.)
	ケレスティヌス2世 〔テバルドゥス・ブッカペクス〕	1124年12月15日 (el.), 12月16日 (r.)
163.	ホノリウス2世 〔ランベルト〕	1124年12月15日 (el.), 12月21日 (c.) － 1130年12月13日 (ob.)
164.	インノケンティウス2世 〔グレゴリウス・パパレスキ〕	1130年2月14日 (el.), 2月23日 (c.) － 1143年9月24日 (ob.)
	アナクレトゥス2世	1130年2月14日 (el.), 2月23日 (c.) － 1138年1月25日 (ob.)
	ウィクトル4世 〔グレゴリウス〕	1138年3月 － 1138年5月29日 (r.)
165.	ケレスティヌス2世 〔グイド・デ・カステッロ〕	1143年9月26日 (el.), 10月3日 (c.) － 1144年3月8日 (ob.)
166.	ルキウス2世 〔ゲラルドゥス〕	1144年3月12日 (el.) － 1145年2月15日 (ob.)
167.	エウゲニウス3世 〔ペトルス・ベルナルドゥス〕	1145年2月15日 (el.), 2月18日 (c.) － 1153年7月18日 (ob.)
168.	アナスタシウス4世 〔コンラドゥス・デ・スブラ〕	1153年7月12日 (el.) － 1154年12月3日 (ob.)

169. ハドリアヌス4世 〔ニコラウス・ブレイクスピア〕	1154年12月4日 (el.), 12月5日 (c.) － 1159年9月1日 (ob.)
170. アレクサンデル3世 〔ロランドゥス・バンディネッルス〕	1159年9月7日 (el.), 9月20日 (c.) － 1181年8月30日 (ob.)
ウィクトル4世 〔オクタウィアヌス・デ・モンティチェッリ〕	1159年9月7日 (el.), 10月4日 (c.) － 1164年4月20日 (ob.)
パスカリス3世 〔グイド・ディ・クレマ〕	1164年4月20日 (el.), 4月26日 (c.) － 1168年9月20日 (ob.)
カリクストゥス3世 〔ヨハネス・デ・ストゥルマ〕	1168年9月 － 1178年8月29日 (r.)
インノケンティウス3世 〔ランド・ディ・セッツェ〕	1179年9月29日 － 1180年1月 (d.)
171. ルキウス3世 〔ウバルドゥス・アッルチングリ〕	1181年9月1日 (el.), 9月6日 (c.) － 1185年11月25日 (ob.)
172. ウルバヌス3世 〔ウベルトゥス・クリヴェッリ〕	1185年11月25日 (el.), 12月1日 (c.) － 1187年10月20日 (ob.)
173. グレゴリウス8世 〔アルベルト・ディ・モッラ〕	1187年10月21日 (el.), 10月25日 (c.) － 1187年12月17日 (ob.)
174. クレメンス3世 〔パオロ・スコラーリ〕	1187年12月19日 (el.), 12月20日 (c.) － 1191年3月 (ob.)
175. ケレスティヌス3世 〔ヒアキントゥス・ボボ〕	1191年3月30日 (el.), 4月14日 (c.) － 1198年1月8日 (ob.)
176. インノケンティウス3世 〔ロタリオ・ディ・セーニ〕	1198年1月8日 (el.), 2月22日 (c.) － 1216年7月16日 (ob.)
177. ホノリウス3世 〔ケンキウス・サヴェッリ〕	1216年7月18日 (el.), 7月24日 (c.) － 1227年3月18日 (ob.)
178. グレゴリウス9世 〔ウゴリヌス・ディ・セーニ〕	1227年3月19日 (el.), 3月21日 (c.) － 1241年8月22日 (ob.)
179. ケレスティヌス4世 〔ゴッフレード・カスティリオーニ〕	1241年10月25日 (el.), 10月28日 (c.) － 1241年11月10日 (ob.)
180. インノケンティウス4世 〔シンニバルド・フィエスキー〕	1243年6月25日 (el.), 6月28日 (c.) － 1254年12月7日 (ob.)
181. アレクサンデル4世 〔リナルド・ディ・セーニ〕	1254年12月12日 (el.), 12月20日 (c.) － 1261年5月25日 (ob.)
182. ウルバヌス4世 〔ジャック・パンタレオン〕	1261年8月29日 (el.), 9月4日 (c.) － 1264年10月2日 (ob.)
183. クレメンス4世 〔ギー・ル・グロ〕	1265年2月5日 (el.), 2月15日 (c.) － 1268年11月29日 (ob.)

184. グレゴリウス10世 〔テダルド・ヴィスコンティ〕	1271年9月1日 (el.), 1272年3月27日 (c.) − 1276年1月10日 (ob.)
185. インノケンティウス5世 〔ピエール・ド・タランテーズ〕	1276年1月21日 (el.), 2月22日 (c.) − 1276年6月22日 (ob.)
186. ハドリアヌス5世 〔オットボーノ・フィエスキー〕	1276年7月11日 (el.) − 1276年8月18日 (ob.)
187. ヨハネス21世(20世の代わりに) 〔ペトルス・ヒスパヌス〕	1276年9月8日 (el.), 9月20日 (c.) − 1277年5月20日 (ob.)
188. ニコラウス3世 〔ジョヴァンニ・カエターノ・オルシーニ〕	1277年11月25日 (el.), 12月26日 (c.) − 1280年8月22日 (ob.)
189. マルティヌス4世 〔シモン・ド・ブリオン〕	1281年2月22日 (el.), 3月23日 (c.) − 1285年３月28日 (ob.)
190. ホノリウス4世 〔ジャコモ・サヴェッリ〕	1285年4月2日 (el.), 5月20日 (c.) − 1287年4月3日 (ob.)
191. ニコラウス4世 〔ジローラモ・マッシ〕	1288年2月22日 (el.) − 1292年4月4日 (ob.)
192. ケレスティヌス5世 〔ピエトロ・ダ・モッローネ〕	1294年7月5日 (el.), 8月29日 (c.) − 1294年12月13日 (r.), 1296年5月19日 (ob.)
193. ボニファティウス8世 〔ベネデット・カエターニ〕	1294年12月24日 (el.), 1295年1月23日 (c.) − 1303年10月11日 (ob.)
194. ベネディクトゥス11世 〔ニッコロ・ボッカシーニ〕	1303年10月22日 (el.), 10月27日 (c.) − 1304年7月7日 (ob.)
195. クレメンス5世 〔レモン・ベルトラン・ド・ゴ〕	1305年6月5日 (el.), 11月14日 (c.) − 1314年4月20日 (ob.)
196. ヨハネス22世 〔ジャック・アルノー・ドゥエズ〕	1316年8月7日 (el.), 9月5日 (c.) − 1334年12月4日 (ob.)
ニコラウス5世 〔ピエトロ・ディ・コルヴァーロ〕	1328年5月12日 (el.), 5月22日 (c.) − 1330年8月25日 (r.), 1333年10月16日 (ob.)
197. ベネディクトゥス12世 〔ジャック・フルニエ〕	1334年12月20日 (el.), 1335年1月8日 (c.) − 1342年4月25日 (ob.)
198. クレメンス6世 〔ピエール・ロジェ〕	1342年5月7日 (el.), 5月19日 (c.) − 1352年12月6日 (ob.)
199. インノケンティウス6世 〔エティエンヌ・オベール〕	1352年12月18日 (el.), 12月30日 (c.) − 1362年9月12日 (ob.)
200. ウルバヌス5世 〔ギョーム・ド・グリモアール〕	1362年9月28日 (el.), 11月6日 (c.) − 1370年12月19日 (ob.)
201. グレゴリウス11世 〔ピエール・ロジェ〕	1370年12月30日 (el.), 1371年1月5日 (c.) − 1378年3月27日 (ob.)

	ローマ：	
202.	ウルバヌス6世 〔バルトロメオ・プリニャーノ〕	1378年4月8日 (el.), 4月18日 (c.) － 1389年10月15日 (ob.)
203.	ボニファティウス9世 〔ピエトロ・トマチェッリ〕	1389年11月2日 (el.), 11月9日 (c.) － 1404年10月1日 (ob.)
204.	インノケンティウス7世 〔コジモ・ミリョラーティ〕	1404年10月17日 (el.), 11月11日 (c.) － 1406年11月6日 (ob.)
205.	グレゴリウス12世 〔アンジェロ・コッレル〕	1406年11月30日 (el.), 12月19日 (c.) － 1409年6月5日 (d.), 1415年7月4日 (r.),1417年10月18日 (ob.)
	アヴィニョン：	
	クレメンス7世 〔ロベール・ド・ジュネーヴ〕	1378年9月20日 (el.), 10月31日 (c.) － 1394年9月16日 (ob.)
	ベネディクトゥス13世 〔ペドロ・デ・ルナ〕	1394年9月28日 (el.), 10月11日 (c.) － 1409年6月5日 (d.), 1417年7月26日 (d.), 1423年5月23日 (ob.)
	クレメンス8世 〔ジル・サンチェス・ムニョス〕	1423年6月10日 (el.) － 1429年7月 (r.), 1447年12月28日 (ob.)
	ベネディクトゥス14世 〔ベルナール・ガルニエ〕	1425年11月12日 － 1430年 (ob.)
	ピサ：	
	アレクサンデル5世 〔ペトルス・フィラルグス〕	1409年6月26日 (el.), 7月7日 (c.) － 1410年5月3日 (ob.)
	ヨハネス23世 〔バルダッサーレ・コッサ〕	1410年5月17日 (el.), 5月25日 (c.) － 1415年5月29日 (d.), 1419年11月22日 (ob.)
206.	マルティヌス5世 〔オットー・コロンナ〕	1417年11月11日 (el.), 11月21日 (c.) － 1431年2月20日 (ob.)
207.	エウゲニウス4世 〔ガブリエーレ・コンドゥルマーロ〕	1431年3月3日 (el.), 3月11日 (c.) － 1439年6月25日 (d.), 1447年2月23日 (ob.)
	フェリクス5世 〔サヴォワ公アマデウス8世〕	1439年11月5日 (el.), 1440年7月24日 (c.) － 1449年4月7日 (r.), 1451年1月7日 (ob.)
208.	ニコラウス5世 〔トンマーゾ・パレントゥチェッリ〕	1447年3月6日 (el.), 3月19日 (c.) － 1455年3月24日 (ob.)
209.	カリクストゥス3世 〔アロンソ・ボルハ〕	1455年4月8日 (el.), 4月20日 (c.) － 1458年8月6日 (ob.)
210.	ピウス2世 〔エネア・シルヴィオ・ピッコローミニ〕	1458年8月19日 (el.), 9月3日 (c.) － 1464年8月15日 (ob.)
211.	パウルス2世 〔ピエトロ・バルボ〕	1464年8月30日 (el.), 9月16日 (c.) － 1471年7月26日 (ob.)

212. シクストゥス4世 〔フランチェスコ・デッラ・ローヴェレ〕	1471年8月9日 (el.), 8月25日 (c.) – 1484年8月12日 (ob.)
213. インノケンティウス8世 〔ジョヴァンニ・バッティスタ・チーヴォ〕	1484年8月29日 (el.), 9月12日 (c.) – 1492年7月25日 (ob.)
214. アレクサンデル6世 〔ロドリーゴ・ボルジア〕	1492年8月11日(el.), 8月26日 (c.) – 1503年8月18日 (ob.)
215. ピウス3世 〔フランチェスコ・トデスキーニ・ピッコローミニ〕	1503年9月22日 (el.), 10月1日 (c.) – 1503年10月18日 (ob.)
216. ユリウス2世 〔ジュリアーノ・デッラ・ローヴェレ〕	1503年11月1日 (el.), 11月26日 (c.) – 1513年2月21日 (ob.)
217. レオ10世 〔ジョヴァンニ・デ・メディチ〕	1513年3月9日 (el.), 3月19日 (c.) – 1521年12月1日 (ob.)
218. ハドリアヌス6世 〔アドリアン・フロリス〕	1522年1月9日 (el.), 8月31日 (c.) – 1523年9月14日 (ob.)
219. クレメンス7世 〔ジュリオ・デ・メディチ〕	1523年11月19日 (el.), 11月26日 (c.) – 1534年9月25日 (ob.)

付録2　パウルス３世からフランキスクス現教皇のリスト

以下パウルス３世からフランキスクス現教皇までの教皇名・在位年は原著リストには収録されていないが，読者の便宜に訳書として付け加えた。教皇名の下の〔　〕は同じく就任前の俗名である（訳者）

220. パウルス3世 〔アレッサンドロ・ファルネーゼ〕	(1534～1549)
221. ユリウス3世 〔ジョヴァンニ・マリア・チオッキ・デル・モンテ〕	(1550～1555)
222. マルケルス2世 〔マルチェロ・セルヴィーニ〕	(1555)
223. パウルス4世 〔ジョヴァンニ・ピエトロ・カラーファ〕	(1555～1559)
224. ピウス4世 〔ジョヴァンニ・アンジェロ・メディチ〕	(1559～1565)
225. ピウス5世 〔アントニオ・ギスリエーリ〕	(1566～1572)
226. グレゴリウス13世 〔ウゴ・ボンカンパーニ〕	(1572～1585)
227. シクストゥス5世 〔フェリーチェ・ペレッティ〕	(1585～1590)
228. ウルバヌス7世 〔ジャンバッティスタ・カスターニャ〕	(1590)
229. グレゴリウス14世 〔ニッコロ・スフォンドラート〕	(1590～1591)
230. インノケンティウス9世 〔ジョヴァンニ・アントニオ・ファキネッティ〕	(1591)
231. クレメンス8世 〔イッポリト・アルドブランディーニ〕	(1592～1605)
232. レオ11世 〔アレッサンドロ・オッタヴィアーノ・デ・メディチ〕	(1605)
233. パウルス5世 〔カミーロ・ボルゲーゼ〕	(1605～1621)
234. グレゴリウス15世 〔アレッサンドロ・ルドウィーシ〕	(1621～1623)

235. ウルバヌス8世 (1623～1644)
〔マッフェオ・バルベリーニ〕

236. インノケンティウス10世 (1644～1655)
〔ジョヴァンニ・バティスタ・パンフィーリ〕

237. アレクサンデル7世 (1655～1667)
〔ファビオ・キジ〕

238. クレメンス9世 (1667～1669)
〔ジュリオ・ロスピリョーシ〕

239. クレメンス10世 (1670～1676)
〔エミリオ・アルティエリ〕

240. インノケンティウス11世 (1676～1689)
〔ベネデット・オデスカルキ〕

241. アレクサンデル8世 (1689～1691)
〔ピエトロ・オットボーニ〕

242. インノケンティウス12世 (1691～1700)
〔アントニオ・ピニャテリ〕

243. クレメンス11世 (1700～1721)
〔ジョヴァンニ・フランチェスコ・アルバーニ〕

244. インノケンティウス13世 (1721～1724)
〔ミケランジェロ・コンティ〕

245. ベネディクトゥス13世 (1724～1730)
〔ピエトロ・フランチェスコ・オルシーニ〕

246. クレメンス12世 (1730～1740)
〔ロレンツォ・コルシーニ〕

247. ベネディクトゥス14世 (1740～1758)
〔プロスペロ・ロレンツォ・ランベルティーニ〕

248. クレメンス13世 (1758～1769)
〔カルロ・デラ・トーレ・レッツォニコ〕

249. クレメンス14世 (1769～1774)
〔ロレンツォ・ガンガネリ〕

250. ピウス6世 (1775～1799)
〔ジョヴァンニ・ブラスキ〕

251. ピウス7世 (1800～1823)
〔ルイジ・バルナバ・キアラモンティ〕

252. レオ12世 (1823～1829)
〔アニーバレ・セルマッテイ・デラ・ジェンガ〕

253. ピウス8世 (1829～1830)
〔フランチェスコ・サヴェリオ・カスティリョーネ〕

254. グレゴリウス16世 (1831～1846)
〔バルトロメオ・アルベルト・カッペラリ〕

255. ピウス9世 (1846～1878)
〔ジョヴァンニ・マリア・マスタイ=フェレッティ〕

256. レオ13世 (1878～1903)
〔ジョアッキーノ・ヴィンチェンツォ・ペッチ〕

257. ピウス10世 (1903～1914)
〔ジュゼッペ・メルキオーレ・サルト〕

258. ベネディクトゥス15世 (1914～1922)
〔ジャコモ・デラ・チェーザ〕

259. ピウス11世 (1922～1939)
〔アンブロージオ・ダミアノ・アキッレ・ラッティ〕

260. ピウス12世 (1939～1958)
〔エウジェニオ・マリア・ジュゼッペ・ジョヴァンニ・パチェリ〕

261. ヨハネス23世 (1958～1963)
〔アンジェロ・ジュゼッペ・ロンカリ〕

262. パウルス6世 (1963～1978)
〔ジョヴァンニ・バッティスタ・モンティーニ〕

263. ヨハネス・パウルス1世 (1978)
〔アルビーノ・ルキアーニ〕

264. ヨハネス・パウルス2世 (1978～2005)
〔カロル・ウォイティワ〕

265. ベネディクトゥス16世 (2005～2013)
〔ヨーゼフ・アロイス・ラッツィンガー〕

266. フランキスクス（日本では「教皇フランシスコ」と通称されている） (2013～　)
〔ホルヘ・マリオ・ベルゴリオ〕

人間科学叢書 47
ローマ教皇庁の歴史　古代からルネサンスまで

2017年11月9日　初版1刷印刷
2017年11月15日　初版1刷発行

著　者　ベルンハルト・シンメルペニッヒ
訳　者　甚野尚志
成川岳大
小林亜沙美
発行者　中村文江

発行所　株式会社 刀水書房
〒101-0065 東京都千代田区西神田2-4-1 東方学会本館
TEL 03-3261-6190　FAX 03-3261-2234　振替00110-9-75805

組版　MATOI DESIGN
印刷　亜細亜印刷株式会社
製本　株式会社ブロケード

 ISBN978-4-88708-432-2 C3322

人 間 科 学 叢 書

A 5 上製　平均250頁　随時刊

1	C. モリス／平井正樹訳 宗教改革時代のイギリス政治思想 ［品切］ 1981　030-1　A 5 上製　263頁　￥3800	中世から近代への転換期16，17世紀の政治思想に与えたプロテスタンティズムのインパクトを，社会的文化的大変動のうえに描いた概説書
2	M. ヘーダエートゥッラ／宮元啓一訳 中世インドの神秘思想 ［品切］ ヒンドゥー・ムスリム交流史 1981　031-X　A 5 上製　240頁　￥4200	中世インドの宗教詩人カビールにいたる神秘思想の系譜を，回印両文化の交流と民衆エネルギーの高揚のうちに捉えた宗教史・中世史の労作。他に類例のない貴重書
3	P. アンダーソン／青山吉信・尚樹啓太郎・高橋秀訳 古代から封建へ 1984　050-6　A 5 上製　325頁　￥4200	イギリスの新左翼的歴史理論家として注目される著者が，ヨーロッパ史の発展の軌跡を全時代・世界的な視野から論じた問題提起の書。ヨーロッパ史の巨視的把握
4	中村吉治 日本封建制の源流 (上)氏と村　(下)身分と封建 1984　053-0,054-9　A 5 上製　(上)上229頁 (下)293頁　各￥3800	古代から近世まで，氏族と土地，名と寄進・托身，同族と儀礼，職業と身分などの実証的研究を根底に，「身分論」を提唱する。日本社会史の先達のラジカルな視線に注目

5　（缺番）

6	大谷瑞郎 歴 史 の 論 理 「封建」から近代へ 1986　074-3　A 5 上製　227頁　￥4400	「封建」の概念を検討，その具体相を比較し，さらにブルジョア革命・資本主義に及んで，西欧モデルの単系発展論を克服。自由な発想による比較歴史学的業績
7	大塚徳郎 みちのくの古代史 都人と現地人 1984　058-1　A 5 上製　284頁　￥4660	東北古代史に具体的に現れる人間を実証的に追求した労作。とぼしい史料の中から最近の考古学の成果もとり入れて支配者，被支配者を具体的に描きだす東北古代史研究の一方法を示した好著
8	吉村忠穂 社会主義とファシズム ［品切］ 1986　077-8　A 5 上製　222頁　￥2800	独・露を中心にイタリア・日本をふくめて，基本的な史料・史実の洗いなおしによる冷静な立論，戦後40年にしてようやく出現。ソヴィエト崩壊以前に発表された労作

小嶋　潤

9 **西洋教会史**

1986　078-6　Ａ５上製　414頁　￥4757

新約聖書学者によるほとんど唯一の書き下ろし。中世ヨーロッパ史の中心をなす教会の動き，教義論争，異端などをキリスト教哲学の立場で解説する専門家ならではの通史

E. コルプ／柴田敬二訳

10 **ワイマル共和国史**

研究の現状

1987　083-2　Ａ５上製　290頁　￥2900

第二次大戦の前提となった不幸な共和国とヒトラーの進出は，ドイツの現状にとって避けて通れないばかりでなく，ヨーロッパ諸国にとっても忘れ得ない。現時点での概観と研究の総括

藤田健治　［品切］

11 **哲学的人間学方法論・生の連続と非連続のパースペクティヴ**

1988　085-9　Ａ５上製　183頁　￥1800

西洋哲学の泰斗がインド，中国，日本の古典を眺望し，混迷する現代に新たなる人間的生の展望を与えようとする

P. ブリックレ／前間良爾・田中真造訳

12 **1525年の革命**

ドイツ農民戦争の社会構造史的研究

1988　087-5　Ａ５上製　389頁　￥4800

重厚な実証的地域研究を背景に，マルクス史学・社会史学を批判的に摂取し，歴史学の抽象的概念論争に終止符を打った注目の書。その方法論的影響は大きい

小嶋　潤

13 **イギリス教会史**

［付　東方教会史要］

1988　093-X　Ａ５上製　275頁　￥3300

西洋史の中枢をなした教会，政治権力をめぐる教会の動きを教義と霊性の相克とし，イギリスにピューリタニズムの伝統を見る。『西洋教会史』の姉妹編

岩本由輝

14 **村と土地の社会史**

若干の事例による通時的考察

1989　105-7　Ａ５上製　312頁　￥2800

「耕す者が収穫を得る者である」という本源的土地所有の原理を解明……。古代から現代までを見通して論ずる土地と共同体の根本的考察。事例研究が古代から現代まであること自体が例の少ない，有効な方法である

G. シュタットミュラー／矢田俊隆解題・丹後杏一訳

15 **ハプスブルク帝国史**

中世から1918年まで

1989　106-5　Ａ５上製　246頁　￥2800

誕生から終焉まで，ハプスブルク朝800年の歴史。欧州全域にまたがる大国家の政治・外交・民族問題を注視して現代ヨーロッパを暗示する第一人者によるコンパクトな名著

R. ベッセル編／柴田敬二訳

16 **ナチ統治下の民衆**

1990　112-X　Ａ５上製　206頁　￥3300

ナチズムとその世代を非難すれば足りた時代が終り，あの時代を生きた平凡な民衆のレベルで第三帝国を視つめると，まったく新しい歴史が現れる。歴史と民衆，支配と民衆，新たな視点を提起する

S.N. アイゼンスタット／内山秀夫訳

17 **文明としてのヨーロッパ**

伝統と革命

1991　117-0　Ａ５上製　200頁　￥3301

伝統と革命，近代とダイナミズム，参加と抗議，社会主義と全体主義，ヨーロッパを統一的に把握する比較ヨーロッパ文明論の試み

吉村忠穂

18 **マルクシズムと 国際共産主義の興亡**

1990 119-7 Ａ５上製 193頁 ¥3301

前著『社会主義とファシズム』（本叢書８）につづく社会主義運動史。マルクシズムはベルンシュタインに修正され，民主社会主義が西欧の主流となった。西欧のマルクシストは実践面では修正主義者である

I. T. ベレンド，Gy. ラーンキ／柴宜弘・柴理子・今井淳子・今村労訳

19 **ヨーロッパ周辺の近代**

1780～1914

1991 128-6 Ａ５上製 276頁 ¥3786

周辺は中心にいかに対応して「永い19世紀」の経済発展をとげたか？　ヨーロッパの「南北問題」。その後進性は全世界各地のモデルでもあり，日本の発展の道でもあった

小嶋　潤

20 **西洋思想史上のキリスト教**

1992 138-3 Ａ５上製 336頁 ¥4660

キリスト教の水脈でたどる西洋の思想。原始キリスト教，スコラ哲学，ドイツ神秘主義，パスカル，スピノザ……そして実存主義まで，それらの背景にいかにキリスト教が大きな陰をやどしているか

I. ケルショー／柴田敬二訳

21 **ヒトラー神話**

第三帝国の虚像と実像

1993 149-9 Ａ５上製 308頁 ¥3689

19世紀ドイツ統一以後の困難，敗戦・革命・インフレ・賠償など，ドイツ国家と民族の物質的・精神的窮乏が民衆に救世主を期待させた。そこにヒトラーの登場する要因を見るヨーロッパ歴史学の成果

岩本由輝

22 **東北開発120年**（増補版）

1994 *378-3 Ａ５上製 209頁 ¥2400

東北の近代～現代を戊辰戦争の怨念から解き放ち，東北自立へいたる道程として，東北に育ち学んだ歴史・経済史学者が語る東北論。地域としての東北をいかに自覚すべきか（その後の20年を増補。最新の東北経済論）

J. ロスチャイルド／大津留　厚監訳

23 **大戦間期の東欧**

民族国家の幻影

1994 170-7 Ａ５上製 428頁 ¥5700

突然にやってきた東欧共産主義体制の崩壊とソ連による東欧支配の終焉の前提に，大戦間期の民族と国家の自立があった。74年に現在の情況を予言したに等しい本書の存在を確認したい

矢田俊隆

24 **オーストリア現代史の教訓**

1995 172-3 Ａ５上製 260頁 ¥4200

ハプスブルク帝国から小国へ転落，次いでナチス・ドイツに併合され，敗戦後は永世中立国へ，激動するオーストリアに歴史の教訓を見るという意味で「現代史」が書かれている。本書は歴史学のあり方の一典型といえる

M. ワトソン編／浦野起央・荒井　功訳

25 **マイノリティ・ナショナリズムの現在**

1995 171-5 Ａ５上製 346頁 ¥3700

近代は民族と国家が興隆し，帝国主義と二つの大戦に彩られた。現代はエスニック，地域主義その他のマイノリティがマジョリティを脅かす。マイノリティとは何か。研究は始まったばかりである

木村和男，P. バックナー，N. ヒルマー共著

26 **カナダの歴史**

大英帝国の忠誠な長女　1713—1982

1997　219-3　A 5 上製　271頁　¥4500

第 8 回（1997）

カナダ首相出版賞受賞

カナダと日本の歴史学者の協力によるユニークな通史。フランスの植民地ケベックから始まり，しかしいまだにイギリス性から脱却しきれず，「大英帝国の忠誠な長女」と呼ばれるカナダは，同時に最も先進的な多民族国家でもある。このユニークな若い多文化主義の国は現代国家のモデルとして注目を浴びている

堀本武功

27 **インド現代政治史**

独立後半世紀の展望

1997　216-9　A 5 上製　229頁　¥4700

ガンディー，ネルーのもとに独立し，アジアの盟主であったインドの50年。根深い宗教と民族の対立を背景に，困難をきわめる国際関係。インドはその貧困とカーストのくびきから脱しうるか？　現状を冷静に把握

R. H. ヒルトン／瀬原義生訳

28 **中世封建都市**

—英仏比較論—

2000　267-3　A 5 上製　240頁　¥4800

中世都市は封建領主によって支配された小都市・市場都市を本質とし，都市の商品生産が中世の封建社会を崩壊させたとする漠然たる通説は成立しないとする。ローマの奴隷制や中世の手工業ギルドにも疑問を呈する

松浦高嶺

29 **イギリス近代史を彩る人びと**

2002　269-X　A 5 上製　205頁　¥2800

イギリス近代史の先達が学生・一般人向けに書き下ろした問題史。時代順に 8 つのテーマを選び，生き生きとした人間像の点描により近代英国の興亡を描く。ホイッグ史学の批判的継承の上に，新千年期の未来を展望

M. バーリー，W. ヴィッパーマン／柴田敬二訳

30 **人種主義国家ドイツ**

1933-45

2001　270-3　A 5 上製　302頁　¥4800

社会政策の近代性と人種政策の野蛮が同居するナチとは何か？　ユダヤ・ジプシー・同性愛者への蛮行と民族純血の追求は，世界的人種政策か。冷静に事実を収集し，いまあらためて歴史的事実を検証し，事の本質に迫る

阿部重雄

31 **ギリシア独立とカポディーストリアス**

2001　278-9　A 5 上製　275頁　¥3800

フランス革命後の独立の気運に乗って，ウィーン会議以後の国際社会の権謀術数の中から，オスマン帝国の支配を脱するギリシア人の苦闘。古代ギリシアがローマの属州に落ちて以来2000年の独立である

S. ベラー／坂井榮八郎監訳・川瀬美保訳

32 **フランツ・ヨーゼフとハプスブルク帝国**

2001　281-9　A 5 上製　323頁　¥3800

ハプスブルク帝国を崩壊に導いた皇帝の役割と責任は？　時代への対応を誤った多民族帝国の運命と，在位68年の皇帝の政治的生涯を厳密に検証。古くて新しい問題「歴史における個人の役割」に真っ向から挑戦する

P. L. グプタ／山崎元一・鬼生田顯英・古井龍介・吉田幹子訳

33 **インド貨幣史**

古代から現代まで

2001　282-7　A５上製　305頁　¥3800

インドのコインの初めての通史。写真370点に，銘文および解説を付け，全時代を網羅する。インド本国でも版を重ね，特にムスリム支配以前の研究は抜群！

L. セア編／小林一宏・三橋利光訳

34 **現代ラテンアメリカ思想の先駆者たち**

2002　296-7　A５上製　242頁　¥4700

「ヨーロッパでもなく，先住民でもない」真のラテンアメリカ人のアイデンティティを模索した先駆者たち。ホセ・マルティーほか10人の代表作。文化と思想の独自性を主張する南米の新しい波！

C. ノヴァコヴィチ／越村勲・唐沢晃一訳

35 **セ　ロ**

中世セルビアの村と家

2003　294-0　A５上製　276頁　¥4700

中世セルビアの農村社会史。家族・共同体・村・国家を法制史・地理学・社会学・民俗学と多角的な方法により考察。刊行後100余年の今でもバルカン研究の基本図書とされ，原文が難解なため長く訳出が待ち望まれていた

M. L. ブッシュ／指昭博・指珠恵訳

36 **ヨーロッパの貴族**

歴史に見るその特権

2002　295-9　A５上製　369頁　¥4500

「ヨーロッパの貴族とは何か？　何故に貴族たり得たのか？」「貴族の特権？」「貴族の残存？」これらの問いに，ヨーロッパ全域，古代末から20世紀までを対象に答える

近藤仁之

37 **スペイン・ユダヤ民族史**

寛容から不寛容に至る道

2004　306-8　A５上製　218頁　¥4700

スペインにおけるユダヤ人の歴史を古代から近世までたどり，キリスト教・イスラム教・ユダヤ教の長期に亘る共存を通して相互に保たれていた寛容が，不寛容に変わる転換過程を分析する

姚荷生／多田狷介訳

38 **雲南のタイ族**

シプソンパンナー民族誌

2004　320-3　A５上製　334頁　¥4700

日中戦争中，中国西南部（シーサンパンナ）を訪ねた生物学徒の見聞録。人と自然が，現代にも通じる豊かな感性と，ユーモアに溢れた筆致で描かれる。巻末に，この地域特有のタイ語表を収録

H. キュング，J. チン／森田安一(訳者代表)

39 **中国宗教とキリスト教の対話**

2005　307-6　A５上製　284頁　¥4500

ユダヤ教やキリスト教は唯一絶対神の預言を特徴とし，中国宗教は聖賢と民間土俗の神々の共存を信ずるところから始まる。二つの宗教の差異を対比して，宗教の本質にせまる

M. L. ブッシュ／永井三明監訳，和栗了・和栗珠里訳

40 **貧乏貴族と金持貴族**

2005　308-4　A５上製　294頁　¥4000

貴族社会の本質的特性は“多様性”だった。中世から近代まで，東欧・西欧・北欧・南欧と時空間を縦横に駆け巡り様々な貴族を描き出しながら，貴族の特性を追究する。『ヨーロッパの貴族』の続編

O. ザンズ／有賀貞・西崎文子訳

41 **アメリカの世紀**

それはいかにして創られたか？

2005　344-0　A５上製　308頁　¥3600

20世紀は「アメリカの世紀」。世紀初めは新興国に過ぎなかったアメリカが世紀末には超大国に。フランス生まれの社会史研究者が「消費の民主化」に答えを見出した，画期的考察

L.ダイアモンド，M.F.プラットナー編／中道寿一監訳

42 シビリアン・コントロールとデモクラシー

2006　345-9　Ａ５上製　256頁　￥3000

1995年，米国で開催された国際会議「政軍関係と民主主義の定着」を基にした論集。ハンチントン他12人が，ロシア等ポスト共産主義諸国及びラテンアメリカ等発展途上国の，文民優位の現状と市民社会の成熟度を分析

S.ベラー／桑名映子訳

43 世紀末ウィーンのユダヤ人

1867—1938

2007　＊368-4　Ａ５上製　390頁　￥4700

フロイト，ツヴァイク，マーラー，シェーンベルク，ヴィトゲンシュタイン…19世紀末に花開いたウィーン文化の担い手とされるユダヤ人。ユダヤ人問題と「世紀末」ウィーン文化の関わり合いを統計的手法を含めて読み解く

G.ステッドマン・ジョーンズ／長谷川貴彦訳

44 階級という言語

イングランド労働者階級の政治社会史　1832-1982年

2010　＊390-5　Ａ５上製　330頁　￥4500

英国ニューレフト史学の記念碑的著作。チャーティズムをめぐる分析では「言語は実体を反映するものではなく，実体に先行して意味内容を規定する」という言語認識を歴史分析に応用，歴史学における言語論的転回を示す

ケヴェール・ジェルジ／平田 武訳

45 身分社会と市民社会

19世紀ハンガリー社会史

2013　＊408-7　Ａ５上製　350頁　￥4600

ハンガリー社会史学界を代表する著者による，ブダペシュト大学のハンガリー近現代社会史講義。ハンガリー社会史研究最新の成果！　20世紀後半以来，久し振りにハンガリー史学の最先端に触れる

J.ダインダム／大津留厚・小山啓子・石井大輔訳

46 ウィーンとヴェルサイユ

ヨーロッパにおけるライバル宮廷　1550～1780

2017　＊424-7　Ａ５上製　430頁　￥4500

膨大な史料を駆使，それぞれの人員・費用・宮廷生活・儀式・ヒエラルキーを比較して，新たな宮廷像を描き出し，二つの国家の形成過程における宮廷の役割を照射。エリアスの宮廷論を超える「野心的研究」と評価される

B.シンメルペニッヒ／甚野尚志・成川岳大・小林亜沙美訳

47 ローマ教皇庁の歴史

古代からルネサンスまで

2017　＊432-2　Ａ５上製　460頁　￥6000

古代ローマのキリスト教信徒共同体から16世紀のルネサンス教皇の時代まで。今，世界中で最も読まれている中世教皇庁史の概説書。制度・財政・儀礼を網羅し従来の理解への徹底的批判も入る。付録に全教皇リスト